제 3 판

인지심리학

FOR INFORMATION:

SAGE Publications, Inc.
2455 Teller Road
Thousand Oaks, California 91320
E-mail: order@sagepub.com

SAGE Publications Ltd.
1 Oliver's Yard
55 City Road
London EC1Y 1SP
United Kingdom

SAGE Publications India Pvt. Ltd.
B 1/I 1 Mohan Cooperative Industrial Area
Mathura Road, New Delhi 110 044
India

제3판

인지심리학

Ronald T. Kellogg 지음 | 박권생 옮김

Σ 시그마프레스

인지심리학 제3판

발행일 | 2016년 5월 25일 1쇄 발행
       2022년 3월 10일 2쇄 발행

저 자 | Ronald T. Kellogg
역 자 | 박권생
발행인 | 강학경
발행처 | Σ 시그마프레스
디자인 | 차인선
편 집 | 정영주

등록번호 | 제10-2642호
주소 | 서울특별시 영등포구 양평로 22길 21 선유도코오롱디지털타워 A401~403호
전자우편 | sigma@spress.co.kr
홈페이지 | http://www.sigmapress.co.kr
전화 | (02)323-4845, (02)2062-5184~8
팩스 | (02)323-4197

ISBN | 978-89-6866-737-4

Fundamentals of Cognitive Psychology, Third Edition

* 책값은 책 뒤표지에 있습니다.

* 이 도서의 국립중앙도서관 출판예정도서목록(CIP)은 서지정보유통지원시스템 홈페이지 (http://seoji.nl.go.kr)와 국가자료공동목록시스템(http://www.nl.go.kr/kolisnet)에 서 이용하실 수 있습니다.(CIP제어번호: 2016012492)

인지심리학을 공부하겠다고 이 교과서를 구입했다면, 이 책을 통해 배우고 익혀야 할 것이 인지심리학자들의 사고방식이라는 사실을 명심하기 바란다. 인지심리학자들의 사고방식을 배우는 첩경 중 하나는 인지심리학자들이 하는 일이 무엇이며 그 일을 왜 하고 또 어떻게 하는지를 터득하는 것이다. 이 책의 가장 큰 장점은 바로 이 일을 용이하게 만들어놓았다는 점이다.

인지심리학자들은 우리 인간의 행동을 이해하고 설명하기 위해 주변 환경보다는 머릿속에서 벌어지는 정신작용을 분석한다. 즉, 환경의 변화를 지각하는 일에서부터 그 상황에 맞는 최적의 행동을 결정하여 실행하기까지 우리의 머릿속에서는 어떤 일이 어떻게 벌어지는지를 명시하려 한다. 이를 위해 지난 반세기 동안 수많은 인지심리학자들이 투자한 노력과 그 성과를 일목요연하게 정리해놓은 것이 이 책이다.

시판되고 있는 인지심리학 교과서 중 이 책보다 분량이 작은 책은 없는 것 같다. 대부분의 교과서에서 12~16장에 걸쳐 정리한 내용을 이 책에서는 10장의 분량으로 간추려놓았다. 그럼에도 불구하고 인지심리학을 공부하는 학부학생들이 갖추어야 할 기초 지식을 제공하는 데는 전혀 부족함이 없어 보인다. 분량이 작은 만큼 책 속에 소개된 사실과 원리와 방법을 이해하는 데 투자할 시간을 아껴, 이 책에 소개된 사실과 원리를 밝혀내기까지 인지심리학자들의 머릿속에서 벌어졌던 생각의 흐름을 추적해보기 바란다.

끝으로 이 책이 출판되기까지 수고를 아끼지 않은 (주)시그마프레스 편집부 김성남 님과 김은실 님께 깊이 감사드린다.

저자 서문

지난 반세기에 걸쳐 발달해온 인지심리학은 실질적으로 심리학의 모든 측면에서 지배적인 접근법으로 자리 잡게 되었다. 인지심리학의 영향력은 특히 임상심리학, 심리측정 및 평가, 발달심리학, 사회심리학, 비교심리학, 생리심리학에서 강력하게 발휘되고 있다. 이에 반해 인지주의 심리학의 대안적 접근법에 해당하는 정신분석학, 행동주의 심리학, 인본주의 심리학의 세력은 심리학뿐 아니라 심리학 관련 분야에서도 감소하고 있다. 한편 언어학, 컴퓨터과학, 철학, 인류학, 그리고 기타 인지심리학의 자매 분야는 인지과학이라고 하는 포괄적이면서도 활기찬 학문분야의 일부로 그 지위를 굳혀가고 있다. 더욱이 21세기에 접어든 후 지난 10여 년 동안 '심리학' 하면 곧 '인지주의'를 떠올릴 정도로 인지주의 접근법은 심리학의 기틀이 되어버렸다. 그러므로 인지심리학의 기본 개념을 확실하게 이해하는 일은 심리학을 공부하고자 하는 모든 학생들에게 중요한 과제가 되고 말았다.

표적 독자층

이 책의 목적은 인지심리학을 읽기 쉽고 비교적 간단하게 소개하는 것이었다. 이 책은 인지심리학에 입문하는 학생들과 인지심리학의 기초를 가르치려는 교수들의 욕구를 충족시키기 위해 고안되었다. 이 책은 대학에서 한 학기에 어렵지 않게 다룰 수 있는 10장으로 구성되어 있다. 한 학기 동안 10장 모두를 다루면서 *Current Directions in Psychological Science* 같은 논문집에 실려 있는 짧은 논문 몇 편을 보충교재로 사용하면 이 책에 소개된 인지심리학의 기본 개념에 대한 학생들의 이해를 확장시킬 수 있을 것이다.

논문 읽기를 주된 과제로 부과하는 대학원 강좌의 경우에는 이 책을 학부에서 다루었던 개념을 재고하는 데 필요한 보충교재로 이용할 수도 있을 것이다. 또한 이 책은 간호학과나 교육학과, 유아교육과 등 심리학과가 아닌 학과에서도 교재로 사용될 수 있도록 인지심리학을 간단하면서도 읽기 쉽게 소개하였다. 이 책을 집필한 일차적 목적은 인지심리학의 기본 개념을 간단명료하게 소개하는 것이었다. 학부학생이라면 심리학 개론 강좌를 이수하지 않았더라도 읽어나갈 수 있는 책을 만들자는 게 필자의 의도였다. 그렇기 때문에 이 책은 인지심리학이라는 분야에 관심을 가진 일반 독자들에게도 적합한 입문서가 될 것이다.

이 책의 구조

머리글에 해당하는 제1장에서는 학생들에게 인지심리학 전체의 역사, 범위, 연구방법, 그리고 인지신경과학에서 일구어낸 흥미진진한 발견을 이해할 수 있는 준비를 갖추게 하였다. 인지의 기본 측면에 해당하는 지각과 주의는 각각 제2장과 3장에서 소개하였다. 기억을 다룬 제4장에서는 기억에 관한 연구에서 50년 이상을 표준 모형으로 기여해온 저장고 모형을 소개하였다. 그런 후 언어의 생성과 이해 및 사고를 지원하는 작업기억은 단기기억 저장고와 주의의 여러 기능이 통합된 시스템으로 소개하였다. 그다음 장인 제5장은 장기기억 시스템의 구조를 다루면서 서술적 또는 외현적 기억 그리고 비서술적 또는 암묵적 기억을 구분하고 아울러 외현적 기억에 속하는 일화기억도 소개하였다. 망각과 허위기억을 통해 기억이 왜곡될 수 있는 다양한 방법은 제6장에서 자세하게 묘사하였다. 제7장은 의미기억 속에 표상된 지식과 사실적 질문에 답을 할 때 그 지식이 이용되는 방식을 소개하였다. 지식표상의 수단으로 심상의 중요성도 강조되었다. 언어를 다룬 제8장에서는 말 생성에 관한 연구는 생략했지만 언어의 본질, 즉 언어가 표상된 방식 그리고 언어가 이해되는 방식까지 철저하게 논의하였다. 언어가 표상된 방식에 관한 논의에서는 언어의 신경생물학적 기반까지 포함시켰다. 문제해결을 다룬 제9장에서는 창의적 통찰작용에 개입하는 뇌의 작용을 신경영상법으로 포착한 새로운 연구도 소개하였다. 마지막 장인 제10장에서는 추리와 의사결정을 다루었다. 문제해결, 추리, 의사결정에서 전개되는 고차적 사고활동은 모든 모양의 지각과 주의와 기억 그리고 언어를 기반으로 전개된다.

요약 차례

차례

제 **1** 장

서론

학습목표

- 인지심리학의 범위와 인지심리학과 인지과학 간 관계를 이해한다.
- 인지심리학의 핵심 개념 5개를 명명하고 정의한다.
- 인지신경과학이 인지심리학에 기여하는 방식을 이해한다.

인지심리학 그리고 그보다 포괄적인 분야에 해당하는 인지과학(cognitive science)은 심리학 전체에 강력한 영향력을 행사하고 있으며, 인간의 마음에 대한 과학적 설명을 제공할 것이라고 다짐한다. 여러분은 이 책에서 인간의 마음을 분석하는 데 필요한 연구방법과 이론 그리고 연구결과를 공부하게 될 것이다. 인지심리학자들이 제기하는 문제는 대개 오래된 철학적 연구에 그 뿌리를 박고 있지만, 그에 대한 답은 최근에 만들어진 것이며 아직도 다듬어지고 있다. 이 책에서 여러분은 과학사에서 가장 심오한 탐구라고 할 마음에 관한 탐구가 어느 정도의 성과를 거두고 있는지를 알게 될 것이다.

인지과학은 인지심리학, 신경과학, 발달심리학, 진화생물학, 인류학, 언어학, 철학, 컴퓨터과학 및 기타 연구프로그램으로 구성된 학제적 분야로, 지금은 한창 발전하는 중이다. 인지과학에서 제공하는 새로운 발견을 보고 있으면, 우리 인간이 지각하고 기억하고 상상하고 생각하고 창출하는 방식을 머지않아 이해할 수 있을 것이라는 느낌이 들기도 한다.

난독증 때문에 학교에서 고군분투하는 아이들이 겪는 절망감을 고려해보자. 난독증이란 학습장애 중 하나로 읽기능력이 손상된 경우에 해당한다. 이 장애에 관심을 가진 인지심리학자들은 읽기에 관여하는 여러 가지 인지작용/과정 중 어떤 작용이 어떻게 잘못되었기에 난독증이 발생하는지를 밝혀내려고 한다. 교육자들은 인지심리학에서 개발해놓은 개념과 이론을 바탕으로 학습장애를 이해하게 되고, 이를 기초로 읽기 및 기타 학습문제로 고생하는 학생들을 위한 중재프로그램을 고안하게 된다.

또 다른 보기로 알츠하이머(일종의 치매)로 고생하는 부모 때문에 괴로워하는 가족을 생각해 보자. 이 질환은 환자의 지적 능력을 차츰차츰 퇴화시키다 말기가 되면 환자의 정체성은 물론 기억까지 빼앗아버리는 무서운 병이다. 이 질환은 주로 65세 이상의 노인들에서 발생하며 85세 이상의 노인이 이 질환에 걸릴 확률은 거의 50%에 육박한다. 따라서 고령화 시대와 더불어 알츠하이머로 고생하게 될 사람도 점점 늘어나고 있는 셈이다. 이런 비극적인 질환을 사전에 진단해내고 예방하고 또 치유할 수 있는 능력은 인지과학, 그중에서도 인지심리학과 인지신경과학의 발달에 의해 결정된다.

인지심리학의 범위

역사적 관점

William James(1890)는 그의 저서 *The Principles of Psychology*에서 심리학을 "정신생활의 현상과 조건을 다루는 과학"(p. 1)이라고 정의했다. 그러한 James의 비전은 100여 년이 지난 후에야 인지심리학이라는 분야에서 달성되었다. 오늘날에는 인지적 접근법이 심리학 내 모든 분야, 심지어는 이웃 과학에까지 퍼져 있다. 인지발달, 사회인지, 인지신경과학, 인지치료, 인지인류학에서처럼 인지라는 용어도 아주 광범위하게 이용되고 있다.

James(1890)의 *The Principles of Psychology*는 100년이 지난 지금에도 읽을 만한 가치가 다분한 책으로 남아 있다. 그 책에 소개됐던 수많은 개념과 가설은 오늘날에도 살아 있다. 그는 Ebbinghaus의 선구적 업적도 논의했다. Ebbinghaus는 자기 자신을 상대로 무의미 음절 학습능력을 체계적으로 연구했다. Ebbinghaus가 무의미 음절을 학습재료로 사용한 이유는 과거의 학습경험과 의미의 효과를 통제하기 위함이었다. 그는 자신의 회상능력을 직접적 방법으로 측정하지 않았다. 무의미 음절로 구성된 자극목록을 만들어 그 목록을 완전히 학습하였다. 즉 그 목록 속에 있는 무의미 음절 모두를 틀리지 않고 기억해낼 수 있을 때까지 학습하였다. 그리고는 일정한 시간이 지나 그중 일부를 망각하게 되었을 때, 그 목록을 다시 완전히 학습하는 데 소요되는 시간을 측정하는 간접적인 방법을 이용하였다. Ebbinghaus는 그 목록을 처음 완전히 학습하는 데 걸리는 시간에서 부분적으로 망각한 목록을 재학습하는 데 걸리는 시간을 뺀 시간[그는 이 시간을 절약(savings)이라 칭했다]을 계산했다. 학습시간에서의 이러한 차이에 대한 Ebbinghaus의 연구는 재생검사로 측정되는 외현적 기억과 학습행동의 변화로 측정되는 암묵적 기억을 구분케 하는 전조로 작용했다.

초기의 심리학사는 구조주의와 기능주의라고 하는 두 가지 학파의 이야기로 점철된다(Boring, 1957). 구조주의 심리학의 목적은 의식(특히 감각과 심상과 느낌)의 요소를 분석해내는 데 있었다. 구조주의는 Wundt가 개척하고 Titchener가 발달시킨 내성법에 그 기반을 두고 있다. 내성법의 문제는 연구자들이 설정한 실험조건에서 관찰자들이 내놓는 내성의 결과가 관찰자에 따라 달라지는 경우가 너무 많다는 데 있었다. 또한 모든 인지작용/과정이 의식하에 들어오지 않는 것도 문제였다. 예컨대 2개의 공을 두고 어느 것이 더 무거운지를 판단할 때 관찰자는 많은 감각경험을 의식한다. 그런데도 판단의 과정은 관찰자가 의식하지 못하는 사이에 진행되는 것 같았다. 이러한 문제를 해결하기 위해 구조주의 심리학의 대안으로 부상한 것이 기능주의 심리학이었다. Angell과 Thorndyke를 위시한 기능주의 심리학자들은 유기체와 환경 사이에서 이 둘을 중재하는 정신작용을 연구했다. 기능주의는 마음을 구성하는 요소보다는 마음이 존재하는 이유를 밝혀내고 싶어 했다. 오늘날 인지심리학자들은 마음의 구조뿐 아니라 자극과 반응 사이에서 중재역할을 담당하는 정신작용까지 밝혀내려고 노력한다.

행동주의는 19세기 말에서 20세기 초반에 부상한 여러 심리학파의 대안으로 출발했다. 행동주의 심리학자들은 인지보다는 행동을 연구하기로 작정했다. 행동주의는 1913년 Watson의 논문, 'Psychology as the Behaviorist Views It'으로 시작되었다. 행동주의자들은 심리학을 물리학과 화학처럼 객관적인 학문으로 만들려고 노력했다. 행동주의자들은 의식과 의식의 내용에 대한 내성적 보고를 더 이상 논의하지 않았고, 심리학의 범위를 관찰 가능한 행동에 대한 연구로 축소시켜 버렸다. 자극과 반응 사이에서 벌어지는 인지작용에 대한 추론을 비과학적 행동으로 간주해버렸다.

옛 소련의 생리학자로 1904년 소화에 관한 연구업적으로 노벨상을 수상한 Ivan Pavlov는 Watson 시절에 이미 널리 알려진 인물이었다. Pavlov는 고전적 조건형성으로 알려진 학습의 과정을 개척했다. 고전적 조건형성이라는 학습과정에서는 반사행동(예 : 음식물을 눈앞에 둔 개의 입에서 침이 분비되는 일)도 학습된 반응으로 간주되었다. 음식물을 보여주기 전에 종소리 같은 중립자극을 반복해서 제시하다 보면, 조건자극인 종소리와 무조건자극인 음식물 사이에 새로운 결합이 생성된다. 조건자극과 무조건자극 사이에 이러한 결합이 형성되고 나면, 개는 종소리만 듣고도 침을 흘리게 된다. 침을 분비하는 행동이 학습된 것이다. Watson은 이런 Pavlov의 연구를 확장하여 어린아이들의 공포반응도 고전적 조건형성을 통해 학습될 수 있음을 입증하였다.

Skinner는 조작적 조건형성이라는 개념을 개발함으로써 행동주의의 영향력을 크게 확대시켰다. 이러한 사건의 발단은 Thorndyke가 개발한 '효과의 법칙'에서 시작되었다. 효과의 법칙은 보상을 받은 행동은 그 빈도가 증가한다로 진술된다. 조작적 조건형성에서는 자극이 반응을 통제하는데, 그 반응은 보상을 받게 되면 발생빈도가 증가하고 처벌을 받게 되면 발생빈도가 감소한다. Skinner에게는 사람들의 현재 행동이 이러한 보상 및 처벌의 경력에 따라 결정된 것으로 보였다. 실험에 사용된 쥐는 물론 사람의 행동까지도 이와 똑같이 원리에 의해 결정된다는 게 Skinner의 믿음이었다. 이러한 믿음은 그가 발표한 *Behavior of Organisms*(1938) 그리고 *Verbal*

Behavior(1957)에 기록되어 있다.

1950년대 중반 심리학에 정보처리라는 개념이 등장하면서 자극과 반응 사이에서 작용하면서도 관찰되지 않았던 정신작용에 관한 관심이 되살아났다(Leahey, 1987). 컴퓨터에서 벌어지는 정보처리가 마음과 뇌와의 관계에 대한 모형으로 작용했다. 컴퓨터 소프트웨어(프로그램)에 의한 정보처리가 맘속에서 벌어지는 정보처리와 유사해보였고 컴퓨터 하드웨어(즉, 기억장치와 처리기기)도 뇌의 '하드웨어'와 비슷해보였다는 뜻이다. 디지털 컴퓨터와 정보처리라는 개념에 힘입어 행동주의에 대한 반항이 시작되었고, 사가들은 이 사건을 '인지혁명'(cognitive revolution)이라 불렀다. 예컨대 하버드대학에서는 Miller와 Bruner가 'Center for Cognitive Studies'(인지연구소)를 설립했고 영국에서는 Broadbent가 정보처리의 관점에서 주의와 기억에 관한 연구를 시작했다. Chomsky는 언어습득 및 사용방식에 관한 Skinner의 행동주의식 설명을 기각해버림으로써 언어처리에 관한 그때까지의 견해를 뒤집어버렸다. 행동주의 전성기에 영국에서 Bartlett이 실시한 기억에 관한 연구의 중요성도 재발견되었다. 유아기에서 아동기를 거쳐 청소년기까지 전개되는 인지발달을 두고 스위스에서 실시된 Piaget의 연구 역시 그 중요성을 인정받게 되었다.

정보처리 접근법에서는 맘속표상을 인지의 핵심 요소라고 가정하고, 맘속표상을 수정하는 일을 정신활동이라고 보았으며, 맘속표상을 수정하는 정신활동이 일련의 단계를 거쳐 진행된다고 주장한다(Massaro & Cowan, 1993). 물리적 기호 가설(Simon, 1990)은 정보처리 접근법 중에서 그 영향력이 아주 강한 접근법이다. Simon에 따르면, "어떤 시스템이든 물리적 기호 시스템일 때에만 지적 행동을 할 수 있다. …기호의 구조를 입력하고 저장하고 수정하고 출력할 수 있으며, 이런 행동 중 일부는 기호에 대한 반응만으로 생성될 수 있다"(p. 3). 이런 모양의 정보처리에는 기호 모형이 운용된다. Neumann(1958)이 일구어낸 컴퓨터와 뇌에 관한 선구적인 업적이 그러한 모형의 기반으로 작용했다. 그러나 나중에 알게 되겠지만, 연결주의 모형으로 알려진 다른 접근법에서는 정보처리가 다른 모양으로 전개된다고 가정한다. 초기에 나타난 연결주의 모형의 보기는 McCulloch와 Pitts(1943) 그리고 Hebb(1949) 업적에서 발견된다.

결론적으로, 정보를 입력하고 출력하고 저장하고 처리하는 디지털 컴퓨터의 역량은 정신활동을 연구하는 데 매우 유용한 모형으로 작용했다. 그 덕분에 100여 년 전 James가 상상했던 정신활동에 관한 연구가 되살아났던 것이다. 오늘날의 이 분야는 20세기에 부상한 개념들과 뇌가 마음 및 마음 속에서 벌어지는 정보처리의 매체로 작용하는 방식에 관한 연구결과의 통합으로 구성되어 있다. 이들 연구결과 중 많은 부분은, 지난 20여 년 동안 개발된 신기술, 즉 살아 있는 뇌의 신경활동을 영상으로 포착해내는 기술에 의해 확보되었다. 이제 이 분야는 뇌 속에서 벌어지는 정보처리를 실시간으로 연구할 수 있는 수단을 갖추게 된 것이다. 때문에 뇌와 컴퓨터와의 유사성이 제공하는 유용성도 더 오래갈 수 없게 되었다. 예컨대, Rubin(2006)은 심상과 정서는 뇌와 컴퓨터와의 유사성보다 뇌 자체를 모형으로 분석했을 때 더 잘 설명되는 주제라고 주장했을 정도이다.

인지심리학 : 정의하기

인지심리학이란 인간의 정신작용과 우리 인간이 생각하고 느끼고 행동하는 일에 그 정신작용이 어떤 역할을 수행하는지에 대한 연구를 일컫는다. 그 연구는 지각, 기억, 지식 및 전문성 습득, 언어구사, 문제해결, 창의 활동, 의사결정, 그리고 추리 활동 같은 다양한 범주를 대상으로 이루어진다. 인지심리학의 중심에는 실험이 위치한다. 수학적 모형 및 컴퓨터 시뮬레이션도 이용된다. 인지심리학자들은 정신작용에 관한 결론을 도출하기 위해 실험실 과제를 수행하는 행동을 측정한다. 인지심리학과 연관된 인지신경과학에서는 신경영상기법을 이용하여 뇌에서 벌어지는 활동을 측정하여 행동측정과 관련지어보려고 노력한다.

인지심리학에서는 인간의 마음을 정보처리기로 묘사하곤 한다. 인간의 마음이 당면 문제에 대한 답을 계산하는 방식이 컴퓨터 프로그램이 문제를 해결하는 방식과 유사하다고 생각한다는 뜻이다. 디지털 컴퓨터는 "21 + 14 = ?"과 같은 산수문제를 정해진 규칙에 따라 0과 1이라는 기호로 표상한다. 그 문제를 0과 1이라는 기호의 집합으로 바꾸어놓는다는 뜻이다. 이때 각각의 단위 수(digit)는 8비트의 정보로 변형된다. 8개의 기호(0과 1)가 모인 집합(예 : 00010101)으로 바뀐다는 말이다. 그리고 나면 컴퓨터 프로그램이 덧셈 규칙에 따라 이들 기호를 처리하여(즉, 0과 1의 위치를 바꾸어) 35라는 정답을 내놓는다. 사람들이 이 문제를 읽고 그 답을 확인할 때도 사람들 마음 속에서는 숫자를 해석하고 처리하는 일이 이와 비슷한 방식으로 전개되었을 것이라는 생각이다. 정신작용과 계산이 유사하다고 보는 이 관점은 매우 유용한 것으로 입증되었다. 그리하여 인지심리학자들은 이 견해, 즉 정보처리 접근법을 정신활동을 연구하는 핵심 도구로 활용하게 되었다.

하지만 인간의 마음은 컴퓨터와는 달리 정보처리보다 더 많은 일을 한다. 전문가들은 정보를 사건에 대한 불확실성으로 간주한다. 동전 던지기를 그런 사건이라고 생각해보자. 물론 동전을 던졌을 때 그 결과(앞/뒷면이 나올 것인지)는 불확실하다. 앞면이 나왔다면, 그 사건의 불확실성은 사라진다. 즉 이제 우리는 그 결과를 알고 있다. 이러한 불확실성 감소를 수학적으로 표현하면, "1비트의 정보가 전달되었다"가 된다. 이 경우는 정보는 전달되었지만 의미는 없는 경우에 해당한다. 이제 그 동전을 다시 던져, 앞면이 나오면 내가 50만 원을 잃고 뒷면이 나오면 50만 원을 딴다고 해보자. 이번에도 동전을 던진 결과는 불확실성 감소로 나타나고, 1비트의 정보가 전달되었다는 점에서 앞의 경우와 다를 바 없다. 그러나 이번 사건의 결과(불확실성 감소 또는 1비트의 정보 전달)는 나에게 매우 중요하다. 이제 이 사건이 의미를 가지게 되었다는 뜻이다. 이 사건의 결과에 따라 나에게는 의미심장한 일(기쁜 일 또는 슬픈 일)이 벌어질 것이라는 말이다. 컴퓨터와는 달리 사람에 있어서는 수학에서 말하는 정보가 아닌 의미가 정신활동의 핵심으로 작용한다는 뜻이다(Bruner, 1990). 우리의 마음은 의미를 통해 숨을 쉬고 살아간다. 우리가 물체와 사

학습활동 1.1	기억에서 의미의 중요성 확인

의미의 유무가 기억/학습에 얼마나 중요한지를 다음 목록 속 자극에 대한 여러분의 기억력을 통해 입증해보자. 아래의 자극목록 중 왼편 목록은 의미가 없는 무의미 음절인데 반해, 오른편 목록은 모두 의미를 가진 음절, 즉 단어이다. 각각의 목록을 30초 동안 공부한 후, 몇 개의 항목을 회상할 수 있는지를 비교해보라. 대부분의 사람들은 오른편 목록 속 항목을 기억하기가 훨씬 쉽다고 말한다.

무의미 음절	단어
왁	궐
넥	술
덥	창
틉	틀
먼	밤
둥	꿈
슬	달
딜	팥
몬	물
팅	통

건 및 그 밖의 경험을 지칭하기 위해 기호를 사용하는 일, 세상사에 대한 우리의 경험이 왜 지금 우리가 경험하는 방식인지를 이해하기 위한 우리의 노력, 그리고 우리 자신의 존재목적을 이해하려는 우리의 궁극적 희망은 모두 의미를 추구하는 인간의 욕구를 반영한다. 학습활동 1.1을 통해 의미의 중요성을 음미해보기 바란다.

끝으로, 인지심리학자들은 마음과 뇌를 볼 때, 진화를 통해 부상한 시스템으로 간주한다. 이 두 시스템은 우리가 유기체로 번성할 수 있도록 도와주는 적응기능을 수행한다. 영장류의 엄지손가락은 다른 손가락과 반대방향으로 접히는 구조를 지녔다. 이 때문에 물체를 거머쥐는 능력이 부상한 것처럼, 뇌와 마음의 구조도 이들의 적응기능에 관련되어 있음이 틀림없다. 지각하고 기억하고 생각하는 시스템도 우리가 환경에 더 잘 적응하도록 진화되었다. 이들 시스템을 신경생리학과 진화생물학의 맥락에서 이해하는 일도 이 분야에서 완수해야 할 또 하나의 과제이다. 인간의 마음은 컴퓨터과학자들이 작업하는 깨끗한 실험실에서 부상한 것이 아니라 생물적 발달과 생존이라는 치열한 투쟁 속에서 부상한 것이다. 환경에의 적응은 자연선택을 통해 대대손손 지속되었다.

진화론적 관점에서 마음을 이해하고자 하는 심리학자들은 여러 종에서 작용하는 인지기능

(예 : 기억)을 비교하기도 한다. 또 다른 유용한 방법은 특정 종을 골라 어릴 때부터 늙을 때까지 기억력이 발달하는 양상을 연구하기도 한다. 아주 어릴 때부터 신속하게 발달하는 기능은 유전적으로 결정된 특질, 즉 그 종이 진화되면서 자연적으로 획득하게 된 소질로 간주된다. 예컨대, 말을 배우고 사용하는 소질은 인간의 유전자에 기억되어 있는 것 같은데 글을 배우고 사용하는 소질은 유전자에 들어 있는 소질이 아닌 것 같다. 말은 누구나 태어난 후 오래지 않아 곧 그리고 재빨리 배우는데 반해 글을 읽고 쓰는 능력은 아예 터득하지 못하는 사람도 있고 습득한다고 하더라도 늦게야 그것도 서서히 터득한다.

인지심리학은 보다 광범한 인지과학의 한 부분에 해당한다. 인지과학은 인지심리학, 생물학, 인류학, 컴퓨터과학, 언어학, 그리고 철학이라는 여러 분야 간 관계 및 융합에 대한 연구로 정의된다(Hunt, 1989). 근본적으로 인지과학은 인지심리학에서 다루는 문제를 해결하기 위한 학제적 노력이다. 지식은 어떻게 표상되어 있을까? 사람들은 새로운 지식을 어떻게 터득하는 것일까? 우리의 시각기관은 어떻게 감각경험을 의미 있는 물체 및 사건으로 조직하는 것일까? 기억은 어떻게 작동하는 것일까? 그림 1.1에서 볼 수 있듯이, 이들 문제에 대한 답을 배경지식이 다양한 학자들이 이해할 수 있는 말로 설명하는 것이 인지과학의 목적이다.

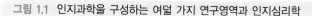

그림 1.1 인지과학을 구성하는 여덟 가지 연구영역과 인지심리학

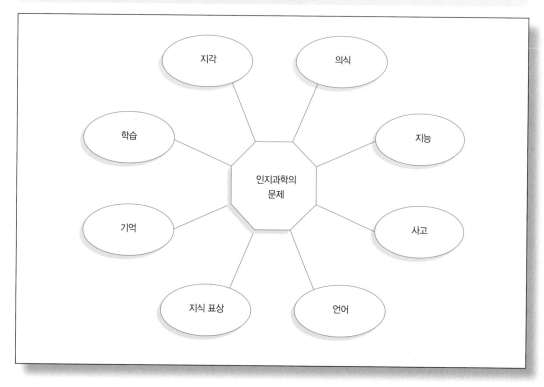

인지심리학은 인지과학의 한 분야일 뿐이다. 인지과학에는 행동 및 인지신경과학, 인지인류학, 그리고 컴퓨터과학도 포함되어 있다.

인지과학은 하나의 학문분야라기보다 여러 분야에 관련된 질문을 바라보는 하나의 관점에 해당한다(Hunt, 1989). 자기 자신을 인지과학자로 간주하는 연구자들은 대개 이들 분야 중 최소한 한두

분야에서 교육을 받은 사람들이다. 그리고 이들은 마음과 뇌에 관한 문제를 해결하려고 할 때 자기들이 교육받은 분야의 연구방법을 이용한다. Stillings과 동료들(1987)은 이러한 사태를 그들이 지은 인지과학 교과서에서 다음과 같이 설명했다.

> 심리학자들은 엄격하게 통제된 실험연구와 자연스럽게 전개되는 행동에 대한 세밀하고 체계적인 관찰을 강조하며, 언어학자들은 문법적 구조에 관한 가설을 검증하기 위해 문법에 맞는 문장과 문법에 맞지 않는 문장에 관한 사람들의 직관 또는 아이들이 말할 때 범하는 실수를 분석한다. 인공지능을 연구하는 학자들은 지적으로 행동하는 프로그램을 작성하여 그 프로그램이 엉뚱한 행동을 하지 않는지를 관찰하여 자신의 이론을 검증한다. 철학자들은 인지과학 이론의 개념적 일관성을 탐색하고 훌륭한 이론이 충족시켜야 할 일반적인 제약을 만들어낸다. 그리고 신경과학자들은 뇌에서 벌어지는 정보처리의 생리적 기초를 연구한다. (p. 13)

이 책의 초점은 인지심리학의 이론과 연구방법 및 연구결과에 맞추어져 있다. 이따금씩 여러분은 인지과학에서 인지심리학과는 다른 분야의 교과서에 들어 있을 법한 내용(논증과 증거)을 마주칠 수도 있다. 이 책은 예컨대, 신경과학을 공부하지 않은 학생들도 신경과학과 관련된 내용을 이해하는 데 필요한 맥락을 충분히 제공하려고 노력하고 있다.

핵심 개념

맘속표상

정보처리 접근법의 기본 가정은 우리가 지각하고 이해하고 학습하고 결정하고 활동할 수 있는 것은 모두 맘속표상 덕분이라는 믿음이다. 맘속표상(mental representation)이란 관찰 불가한 내적 부호를 일컫는 용어이다. 특정 물체에 대한 맘속표상과 물리적 표상을 까치에 대한 표상을 예로 들어 비교해보자. 까치에 대한 우리의 맘속표상에는 까치의 모습과 크기와 색깔 그리고 까치만의 소리에 관한 정보가 부호화되어(즉, 어떤 기호로 기록되어) 있다. 까치를 그려놓은 그림은 까치라고 하는 실물에 대한 외적인 물리적 표상에 해당한다. 이 그림에도 까치의 모습과 크기와 색깔은 들어 있을 것이다. 그러나 그 그림 속에 까치 소리가 들어 있을 리는 없다.

이제, 눈을 감고 까치를 상상해보라. 이 요청을 들어주기 위해서는, 즉 까치를 아무도 볼 수 없

는 여러분의 마음 속에 그려보기 위해서는 까
치에 대한 여러분의 맘속표상을 이용할 수밖에
없다. 맘속표상 중 일부는 시각이나 청각, 또는
다른 감각기관을 통한 지각경험과 비슷한 심상

> 지각, 기억, 상상의 나래, 꿈 등 이런 모든 것이 일
> 어나는 것은 정보를 담고 있는 맘속표상 때문이다.

(images)으로 경험될 수도 있다. 그러나 이러한 맘속표상은 그림과는 달리 우리 자신 외에는 어
느 누구도 관찰할 수 없다. 맘속표상은 사적인 것이어서, 혹 경험/지각될 수 있다고 하더라도 그
주인 외에는 아무도 경험할 수 없다는 말이다. 물론 모든 맘속표상이 심상/이미지로 지각되는 건
아니고 또 주인조차 의식할 수 없는 표상도 있다. 뇌를 검사하는 새로운 기법이 날로 발달하고 있
음에도 과학자들이 우리의 생각을 읽을 수 없는 것은 아직까지는 과학자들도 우리의 맘속표상에
접근할 수 없기 때문이다. 신경활동의 양상을 관찰하는 것과 맘속표상을 경험하는 일은 전혀 별
개의 일이다. 마음 속으로 까치를 다시 한 번 살펴보라. 까치 소리를 들을 수 있는가? 들을 수 있
었을 것이다. 그러나 진짜 까치 소리를 듣는 일은 까치 울음소리에 대한 맘속표상을 구축한 후에
야 가능해진다. 까치 소리와 까마귀 소리를 구분하지 못한다면, 이들의 울음소리에 대한 여러분
의 맘속표상이 잘못되었기 때문이다.

　이러한 점에서, 맘속표상은 모든 인지능력의 기반으로 작용한다. 주변 환경을 지각하기 위해
서도 주변에서 벌어지는 사건과 그 속에 있는 물체에 대한 맘속표상을 계산해야 한다. 이 책을 읽
고, 읽은 내용을 이해하고 또 거기서 배움을 얻기 위해서도 책 속의 글을 통해 제공된 정보를 마
음 속으로 표상해야 한다. 세상사에 관해 여러분이 알고 있는 모든 것, 즉 세상과의 상호작용에
필요한 유일한 기반도 여러분의 맘속표상에서 발견된다.

처리단계

인지심리학의 기본 개념 중 또 하나는 맘속표상을 바꾸는 작용/작업이 일련의 단계를 거쳐 전개
된다는 믿음이다(Massaro & Cowan, 1993). 학습활동 1.1에 제시되었던 기억과제 같은 구체적인
과제를 고려해보면, 이 믿음을 쉽게 이해할 수 있다. 자극으로 제시된 글자를 기억하기 위해서
는 먼저, 글자를 지각하고 부호화해야 한다. 즉, 자극글자를 읽어야 한다. 이 부호화 단계를 어렵
게 하려면, 조명을 낮추어 글자를 구성하는 낱자를 쉽게 구별하지 못하게 하면 된다. 그런 다음
부호화된 글자를 기억 속에 저장해두어야 한다. 뜻을 가진 글자, 즉 단어를 저장해두는 일이 뜻
이 없는 무의미 글자를 저장해두는 일보다 수월할 것이다. 그런 후, 저장해두었던 자극을 인출해
야 한다. 이때도 의미 없는 글자보다는 의미 있는 단어를 인출하기가 더 쉬울 것이다. 끝으로, 마
지막 출력 단계에서는 인출해낸 자극을 말로 또는 글자로 표현해야 한다. 그러니까 왁을 회상해
낼 수 있기 위해서는 부호화 단계에서 그 글자에 대한 맘속표상을 계산해야 한다. 그리고는 이 표

상을 자극목록 속에 있었던 자극 중 하나로 저장해뒀다가, 회상을 해야 할 때가 되면 그 표상을 인출해내어, 그 표상을 말이나 글자로 바꾸어 표현해야 한다는 말이다. 여기서 우리는 처리단계 (stages of processing)라는 용어가 인지과제 수행에 필요한 맘속표상을 생성하고, 수정/변경하고, 활용하는 단계를 일컫는다는 사실을 알게 된다.

처리단계의 실례로 자동차 운전을 꼽을 수 있다. 운전자는 먼저 도로의 전방에 있는 자동차, 물체, 사람, 신호 등을 지각하고 부호화해야 한다. 앞서 가던 차가 속도를 줄이면, 운전자는 이 감속을 탐지하여 그 정보를 단기기억 속 임시 보관소에 부호화해두어 잠시 후 재평가할 수 있도록 해야 한다. 그리고는 얼마간의 변화를 탐지하고 부호화하여 임시 보관소에 저장한 후, 차선을 바꿀 것인지 브레이크 페달을 밟아 속도를 줄일 것인지를 결정해야 한다. 이 간단한 양자 선택 과제에도 시간이 소요된다. 그 시간은 정지신호를 탐지한 운전자가 즉각적으로 브레이크를 밟는 데 걸리는 시간보다 훨씬 길다. 부호화, 저장, 그리고 결정의 단계를 거친 후에는 반응을 준비하고 이행해야 한다. 이 작업에도 시간이 소요된다. 따라서 차선 변경 작업이나 감속 작업이 시작되기 전에 이미 상당한 시간이 소요된다는 사실을 주목하자. 시속 100km로 주행하는 차가 1초에 주행하는 거리는 약 28m에 이른다. 정상적인 운전 조건에서 주변 환경의 변화를 지각하여 그 결과를 부호화하고 저장하고 결정을 내린 후 반응을 시작하기까지는, 운전자의 주의가 주행 도로에 집중되어 있을 때에도 2초 또는 그 이상 걸리는 것으로 밝혀져 있다(Evans, 1991). 따라서 대부분의 고속도로에서 제한 속도에 맞추어 운전할 경우에도 운전자가 문제를 발견하고 그에 적절한 반응 (예 : 제동 또는 차선 변경 행동)을 할 때까지 차가 주행하게 될 거리는 거의 60m에 육박한다. 우리 인간 두뇌의 일 처리 속도가 이처럼 느린(오늘날의 고속도로에서 고속 운전에 필요한 속도에 비하면 턱없이 느리다) 것은 반응이 시작되기까지 거쳐야 하는 처리단계가 많기 때문이다.

순차처리 대 동시처리

처리(또는 정보처리)가 단계별로 이루어진다는 관념에서 발생하는 근본적 질문 중 하나는 각 단계에서 벌어지는 여러 가지 인지작용/작업이 한 번에 하나씩 전개되는 것일까, 아니면 모든 작용이 동시에 전개되는 것일까라는 의문이다. 기억과제의 부호화 단계를 고려함으로써 문제를 분명하게 해보자. 자극목록 속에 있는 각각의 자극글자가 하나씩 부호화되는 것일까 아니면 모두가 동시에 부호화되는 것일까? 순차처리(serial processing)는 이 단계에 관여하는 인지작용이 한 번에 하나씩 차례차례 전개됨을 일컫고, 동시처리(parallel processing)는 이들 인지작용이 모두 동시에 전개됨을 일컫는다. '귤'은 기억 속에 저장된 단어이기 때문에 이 글자를 구성하는 4개의 낱자가 동시에 처리되어 글자 전체가 하나의 단어로 신속하게 인식될 수 있다. 이에 비해, '왁'이란 자극글자는 기억 속에 하나의 단위로 표상되어 있지 않을 것이기 때문에 낱자 4개가 하나씩 차례로

(즉, ㅇ－ㅗ－ㅏ－ㄱ 순으로) 부호화되어야 할지도 모른다. 이처럼 각각의 자극글자를 처리하는 방식이 다르기 때문에 '왁'보다 '궐'을 처리하는 데 걸리는 시간이 더 짧아진다고 주장할 수 있을 것이다.

순차처리와 동시처리 간 차이를 보다 분명하게 하기 위해 운전을 다시 한 번 고려해보자. 운전자가 자기가 주행하는 도로의 전방에 있는 차와 물체를 부호화하는 일은 동시처리를 통해 촉진될 수 있다. 자기 차 바로 앞에 가는 차의

> 동시처리에서는 여러 가지 인지작용이 한꺼번에 전개될 수 있다. 그럴 수 없을 때는 한 번에 하나씩 순차적으로 전개된다.

모양과 색깔과 크기는 동시에 처리될 수 있다. 그리고 그 앞에 가는 차의 특징까지도 동시에 처리될 수 있다. 그러나 이런 일이 가능하기 위해서는 앞에 가는 차 두 대를 모두 한눈에 즉, 시선을 옮기지 않은 상태에서 볼 수 있어야 한다. 하지만 브레이크 밟는 행동 같은 신체 반응을 준비하는 일은 다른 신체 반응을 준비하는 일과 동시에 수행할 수 없다. 예컨대, 운전자는 라디오의 채널을 바꾸려는 행동/반응과 브레이크를 밟는 행동/반응을 동시에 수행할 수 없다. 반응 준비를 순차적으로 진행할 수밖에 없는 이유는 이 책의 뒷부분에서 더욱 자세하게 소개될 것이다.

위계적 시스템

생물학에서는 몸통을 여러 부분으로 구성된 계, 즉 시스템으로 나눈다. 그리고 이들 시스템/계는 위계적으로 조직되어 있다. 호흡계, 근육계, 심혈관계, 그리고 신경계가 모두 이런 식으로 조직되어 있다. 예를 들어, 신경계는 말초신경계와 중추신경계로 나뉘고, 말초신경계는 다시 감각신경계와 자율신경계로 나뉜다. 그리고 자율신경계는 다시 교감신경계와 부교감신경계로 나뉜다.

인지심리학에서는 마음을 수많은 요소 기능으로 구성된 위계적 시스템으로 간주한다(Simon, 1969). 예컨대, 마음을 그 기능에 따라 지각시스템, 기억시스템, 그리고 운동출력시스템으로 나누기도 한다. 기억시스템은 다시 단기기억과 작업기억 그리고 장기기억으로 나뉘며, 장기기억은 여러 개의 하위시스템으로 구성된다고 생각한다. 인지심리학의 핵심 과제 중 하나는 이들 기능성 요소(시스템)의 개수와 구조를 결정하는 일이다. 인지심리학과 4촌 격인 인지신경과학에서는 이들 각각의 기능성 시스템(요소)을 받쳐주는 뇌 속 구조물을 명시하려 노력한다.

정보처리 요소 및 그들 요소로 구성된 시스템의 구조가 위계적인 것은 인지심리학자들이 일컫는 인지구조(cognitive architecture)의 한 가지 특징이다. 예를 들어보자. 작업기억시스템과 장기기억시스템을 구분하는 것도 이 두 기억시스템의 구조적 차이를 다루는 일이며, 장기기억시스템을 구성하는 요소 또는 하위시스템의 구조에 대한 이야기 역시 장기기억시스템의 인지구조를 다루는 일에 해당한다. 그리고 마음을 구성하는 일부 요소를 각각 얼굴지각이나 언어재인 같은 구

체적인 기능만 수행하는 독립적인 모듈로 간주하는 것 역시 인지구조를 두고 하는 말이다. 모듈 (module)이란 자동적으로 신속하게 그리고 다른 인지시스템과는 분리된 별개의 시스템으로 작용하는 한 세트의 작업공정(process)을 일컫는다. 모듈의 보기는 주로 뇌의 특정 영역에서 발견된다. 특화된 모듈의 인지구조와는 달리, 마음 속의 다른 요소/시스템은 다양한 기능을 수행하는 다목적용 기제로 다른 인지시스템과 복잡하게 연결되어 있다. 예컨대 작업기억은 읽기, 쓰기, 문제해결, 추리, 결정짓기 등 여러 가지 인지과제 수행에 이용된다.

마음의 인지구조를 묘사할 때 사용되는 또 다른 개념은 기호 모형과 연결주의 모형의 차이이다. 기호 모형(symbolic models)은 마음이 디지털 컴퓨터와 같이 만들어졌다고 가정한다. 기호 모형은 맘속표상이 기호로 구성되어 있으며 이들 기호는, 컴퓨터 속 자료(data)가 컴퓨터 프로그램에 명시된 규칙에 따라 처리되듯, 정해진 규칙에 따라 순차적으로 처리된다고 가정한다. 기호 모형은 주로 인지구조에 대한 거시적 틀을 제공한다. 기호 모형은 주로 마음을 구성하는 주요 인지요소(또는 시스템)와 그들이 조직된 방식을 보여준다는 말이다. 예컨대, 학습활동 1.1의 자극목록 속 단어(밤, 달, 술 등)는 각각 하나의 기호이기 때문에 빛의 형태로 감지되어, 읽기를 통해 인식되고, 후속 처리를 위해 단기기억에 보관되어야 하며, 처리된 후에는 장기기억에 저장되어야만 한다. 뜻이 없는 비단어(넥, 덥, 슬 등)의 경우에는 각각의 자극글자를 구성하는 3개의 낱자(ㄴ, ㅔ, ㄱ)가 처리 대상 기호가 될 수도 있다. 왜냐하면 이들 글자는 통째로는 의미가 없기 때문에 하나의 기호로 표상되어 있을 가능성이 낮기 때문이다.

> 기호 모형은 기호를 부호화, 저장, 조작하는 컴퓨터 프로그램의 작용 방식을 모방하여 인지를 설명한다.

연결주의 모형(connectionist models)은 기호 모형의 대안으로 제안된 모형이다. 연결주의 모형을 주창하는 사람들은 디지털 컴퓨터 대신, 뇌의 구조를 모방하여 마음의 구조에 대한 모형을 구축했다.

기호와 기호를 조작하는 규칙을 기반으로 구축된 기호 모형과는 달리, 연결주의 모형은 뉴런이라고도 하는 단순한 단위의 무리와 그들 서로 간 연결(association)을 기반으로 구축된다. 연결주의 인지구조에는 특정 위치에 저장되어 처리되기를 기다리는 기호가 없다. 그 대신 한 무리의 뉴런에 분산되어 부호화된 맘속표상이 존재한다. 연결주의 모형의 또 다른 특징은 처리가 동시에 이루어진다는 점이다. 연결주의 모형에서는 단어 물, 밤, 꿈 각각에 대한 별개의 맘속표상을 만들지 않는다. 그 대신 여러 개의 뉴런으로 구성된 층(layer)이 있는데 이 층을 구성하는 뉴런은 각각 알파벳의 낱자(letter)를 나타낸다. 이들 뉴런 중 예컨대 ㅁ, ㅜ, ㄹ의 활성화는 단어 물을 표상한다. 즉, 단어 물은 이들 뉴런 중 ㅁ, ㅜ, ㄹ의 활성화로 표상된다. 그러니까 단어의 표상은 한곳에 모인 기호로 존재하는 게 아니라 여러 개의 단위에 분산되어 있는 셈이다. 따라서 위의 보기에서 활성화됐던 뉴런 ㅁ은 단어 밤의 분산된 표상이 활성화될 때도 또 단어 꿈의 분산된 표상이 활성화될 때도 활성화된다. 그러므로 연결주의 인지구조는 기호가 정보처리의 기본 단위라는 생각도 또 이들 기호가 장기기억 속 특정한 위치에 국지화된 표상으로 존재한다는 생각도 부정한다. 그보다는 우리의 중추신경계를 구성하는 개개 뉴런에 필적하는 단순한 단위를 정보처리 단위로 가정하고 맘속표상은 이들 단위 여러 개에 분산되어 있다고 주장한다. 연결주의 모형을 기호 모형과 구분시켜주는 또 다른 속성은 동시처리에 대한 의존성이다. 기호 모형에서는 작업기억에서 하나의 기호(물)가 처리되고 나서 두 번째 기호(밤)가 처리되는 식의 순차적 처리를 가정한다. 이에 반해 연결주의 모형에서는 특정 단어(예 : 물)가 처리될 때는 그 단어를 표상하는 여러 개의 뉴런(ㅁ, ㅜ, ㄹ)이 동시에 활성화되어야만 한다.

> 연결주의 모형은 복잡하게 배열된 연결망을 구성하는 뉴런 같은 단순한 단위의 작용 방식을 모방하여 인지를 설명한다.

의식

인지심리학에서의 핵심 개념 중 하나가 의식임에는 의심의 여지가 없다. 그러나 의식은 여러 가지 이유로 연구하기가 어려운 주제였고 그 때문에 연구 역시 답보상태였다. 의식을 연구하기 어려운 이유 중 하나는 의식에 대한 정의가 분명하지 않다는 데 있다. 의식이란 말의 의미가 사용하는 사람에 따라 달라지는 경우가 많다는 뜻이다. 심지어는 의식을 연구하는 과학자들조차 의식을 서로 다른 의미로 사용하곤 했다. 인지과학자들은 의식을 자기지식으로 이야기하곤 하지만 보통 사람들은 의식을 그런 뜻으로 사용하지 않는다는 게 Pinker(1999)의 설명이었다. **자기지식**(self-knowledge)이란 바깥세상에서 만나는 물체, 사건, 관념 이외에 자기 자신까지도 마음 속에 표상할 수 있는 능력을 일컫는다. 다시 말해, 사람들이 지닌 여러 가지 지식 중에는 자기개념에 관한 지식도 있다는 말이다. 우리 인간은 거울을 들여다보고 거울 속에 비친 사람이 우리 자신이라는 것을 아는데, 이런 일이 가능한 것은 우리가 우리 자신에 관한 지식을 가지고 있기 때문이다.

의식의 두 번째 의미는 **정보접근성**(informational access), 즉 맘속표상과 맘속표상을 대상으로 전개되는 정신작용을 보고할 수 있는 능력이다. 접근성이라는 의식은 우리 지각시스템의 최종산물로 구성된다. 즉 주변 세상에 대한 시각, 청각, 후각, 미각, 촉각 경험을 보고할 수 있는 능력과 우리 사지의 정확한 위치 및 긴장감을 보고할 수 있는 능력으로 이루어진다. 이들 맘속표상 중 일부는 단기기억에서 처리되어 수 초 동안 그곳에 보관되기도 한다. 또 우리는 우리의 정서상태와 자기개념에도 접근 가능한 것 같다. 다시 말해, 우리는 우리의 현재 기분이 어떠한지를 알고 또 관리주체로서의 나, 즉 세상사가 왜 현재 상태로 벌어지는지를 해석하여 그에 대한 반응으로 어떤 행동이 적절한지를 결정하는 나를 알고 있다. 또한 우리는 많은 맘속표상과 그들 맘속표상을 대상으로 전개되는 정신작용을 의식하지 못하고 있으며, 그에 대한 보고도 할 수가 없다. 우리가 우리의 심장혈관계 또는 자율신경계의 작동을 전혀 의식하지 못하는 것처럼, 우리는 시각이나 청각경험이 생성되는 과정에 접근할 수가 없다. 예컨대 여러분은 이 단어를 구성하는 낱자(문자) 속 선분이 탐지되는 과정, 낱자의 모습을 기억 속 표상과 비교하는 작업, 그 낱자의 위치를 알아내는 작업 등을 전혀 의식하지 못한다. 우리는 모두 그 작업/과정의 산물, 즉 지각된 낱자와 글자 또는 단어만 알아차린다.

모든 인지활동에 의식, 정보접근성이라는 의미에서의 의식이 동반되는 건 아니다. 의식 밖에서 벌어지는 인지작용/활동은 빠르고, 자동적이고, 직관적이며 반성불가 작용이다. 이들 의식 밖 인지작용/활동은 의식의 다른 측면과 관련된 각성도 자기지식도 또 정보접근성도 없이 벌어진다. 이에 반해, 의식을 유발하는 인지작업/활동은 느리고 노력을 요하고 고의적으로 전개된다. 이 책에서 논의되는 많은 이론은 의식 밖 인지작용과 의식 속 인지작용이라는 이중성 작용에 근거를 두고 있다. 현대 인지이론에서 거론되는 의식 밖 인지/정신활동은 정신역동이론에서 거론되는 Freud식 무의식과는 다른 개념에 속한다.

끝으로, 의식은 각성(sentience), 즉 처리되지 않은 감각경험이나 느낌 등 모든 종류의 주관적 경험을 가질 수 있는 능력으로 정의되기도 한다. 어떻게 물리적인 뇌가 정신적인 주관적 경험을 야기할 수 있을까? 각성으로서의 의식과 뇌와의 관계를 묻는 이 질문이 바로 철학자와 심리학자들을 그토록 괴롭힌 심-신의 문제(mind-body problem)이다. 자기지식 그리고 정보접근성으로서의 의식에 관해서는 알려진 바가 매우 많다. 심-신의 문제를 다룬 책과 논문도 그 수를 헤아리기 어려울 정도로 많다. 그럼에도 불구하고 뇌가 어떻게 각성을 야기하는지에 관해서는 이해는 고사하고 심지어는 뇌가 각성을 유발하는지 하지 않는지에 대한 이해조차 별 진척을 이루지 못하고 있다. 심-신의 문제에 관한 논의는 이 책의 범위를 벗어난다. 이 책에서 여러분이 만나게 될 의식에 관한 내용은 거의가 자기지식과 정보접근성으로서의 의식에 관한 연구결과일 것이다.

> 인지심리학에서 사용하는 의식이라는 용어는 자기지식, 정보접근성, 또는 각성을 일컫는다.

정서

전통적으로 정서는 인지심리학의 주제가 아니었다. 정보처리 접근법과 마음을 디지털 컴퓨터와 닮은 신호처리기로 보는 입장에서는 불안, 분노, 슬픔, 행복, 혐오 등에 대한 연구를 쉽게 수용할 수 없었다. 인지심리학은 그 초점을 '냉철한' 인지에 둔 채, '열렬한' 인지(정서가 스며든 사고)에 대한 연구는 사회심리학, 성격심리학, 임상심리학 등 다른 분야의 과제로 남겨두었다(Phelps, 2006). 그러나 최근에는 인지신경과학과 연결주의 모형(마음을 이해하기 위해 뇌의 구조를 선택한 모형)에 대한 관심이 고조되면서 정서가 인지심리학의 주요 주제로 부각되기 시작했다.

인지심리학에서 벌어지고 있는 논쟁의 중심에는 이제 정서의 기본 구조가 자리를 잡고 있다. 전통적인 견해에서는 일부 정서(기본 정서라고도 함)를 유전적으로 프로그램 된 생리적, 행동적 반응양상이라고 가정한다. 이들 기본 정서는 얼굴표정을 통해 표출되는 사회적 자극으로 누구에게나 경험되고 인식된다(Ekman, 1972). 다시 말해, 인간은 누구나 기본 정서상태를 얼굴표정으로 표현하고 또 얼굴표정에서 그 정서상태를 인식하는 능력을 가지고 있다. 이 능력은 보편적인 능력이어서 인간이면 누구나 인종을 불문하고 두려움과 즐거움 같은 기본 정서가 담긴 얼굴표정을 어렵지 않게 읽어낼 수 있다는 뜻이다. 요즘에는 기본 정서 각각에 상응하는 신경활동 양상을 포착하기 위해 신경영상기법이 널리 활용되고 있다. 예컨대, 일반적으로 동물은 공포심을 유발하는 위협적인 자극과 마주치면 얼어붙는 행동을 하는데, 바로 이때 머릿속에 있는 편도체라는 구조물 속 신경세포 한 무리가 활발한 활동을 한다(LeDoux, 2000). 사람의 경우에도 편도체는 두려운 정서상태를 중재하는 신경회로로 간주되고 있다. 구체적으로, 편도체는 공포자극에 대한 신속하고 무의식적 반응을 자아내는 일을 하는 것 같다. 인간의 경우에는 이런 신속하고 무의식적 반응에 이어 고의적이고 의식적으로 그 상황을 서서히 평가하는 일이 벌어지는 것 같다. 여기서도 우리는 인간의 정서반응을 설명하기 위해 이중 처리 이론이 이용되고 있음을 본다.

이와 다른 이론적 입장에서는 두려움, 슬픔, 행복 같은 정서를 자연적으로 형성된 개념/범주로 간주하지 않는다. 이 견해에서는 이들 심리적 범주/개념을 생물적으로 보다 단순하고 근본적인 차원인 정의성(affective valence, 유쾌–불쾌)과 흥분성(고–저)을 기초로 사람들이 만들어낸 정교한 구성개념으로 간주한다. 이러한 정의성 차원에서 보면, 예컨대 두려움이라는 구성개념(정서)에 해당하는 구체적인 신경회로는 존재할 수가 없다. 그러므로 위에서 언급했던 얼어붙는 반응 그리고 이 반응과 연관된 편도체의 활성화는 여러 가지 정서상태의 일부일 수 있다. 이 입장을 취하는 연구자들은 두려움에 작용하는 신경회로가 예컨대 노여움에 작용하는 신경회로와 독립적으로 존재하는지를 밝히려고 노력한다(Barrett & Wager, 2006). 이들 두 정서는 정의성과 흥분성 차원에서 서로 비슷하고 또 이들 두 정서와 연관된 뇌의 영역도 같다. 관심사로 남아 있는 문제는 각각의 정서개념/범주가 별개의 '뇌 표지'(brain marker)를 가지고 있느냐는 것이다.

이제, 인지와 정서가 상호작용하는 방식도 중요한 연구주제가 되었다(Salzman & Fusi, 2010). 인지를 조절하는 책임은 주로 전전두피질에 있는데 정서를 조절하는 주요 구조는 편도체라는 사실은 이미 오래된 사실이다. 하지만 이 두 영역 간 상호연결은 매우 두텁다. 따라서 우리의 정신상태에서 인지와 정서가 조합되는 방식을 이해하는 일도 중요한 과제가 되었다. 편도체와 전전두피질 간 연결방식이 양방성인 것을 기초로, Salzman과 Fusi(2010)는 이 두 영역 내 신경세포들이 인지와 정서가 섞여 있는 '말려든(entangled) 표상'을 형성하는 수단으로 작용할 수 있다고 주장한다(p. 173). 이러한 관점에서 보면, 인지활동인 사고가 정서적 경험을 직접적으로 바꾸어놓을 수도 있고, 그 반대로 정서가 사고의 특징을 바꾸어놓을 수도 있다. 인지와 정서 간에 벌어지

는 이러한 상호작용은 정보를 장기기억에 저장하는 작업에 정서가 미치는 영향력을 소개하는 제
5장에서 다시 거론될 것이다.

뇌

허파의 기능은 호흡이고 심장의 기능은 혈액순환인 것처럼 뇌의 기능은 인지라고들 믿고 있다.
인간의 뇌는 어마어마하게 복잡한 기관이며, 이 우주에서 가장 복잡한 것이 아니라면 그중 하나
라는 점을 부정할 사람은 없을 것이다. 뇌에서 벌어지는 정보처리는 신경세포를 기초로 이루어
진다. 신경과학자들의 추정에 의하면 인간의 뇌에는 이런 신경세포 1,000억 개 이상이 계산하는
단위로 작용하고 있다. 그러나 최근에 새로운 방법으로 추정된 개수는 이보다 다소 적은 860억
개였다(Herculano-Houzel, 2012). 그럼에도 불구하고 신경과학자들은 인간이 갖춘 특출한 인지
역량의 기반은 신경세포의 어마어마한 개수라고 단언한다. 코끼리와 고래 같은 덩치가 큰 포유
동물은 인간에 비해 훨씬 큰 뇌를 가지고 있지만, 그들이 가진 신경세포, 즉 인지계산의 생물성
단위는 그 개수가 훨씬 적다. 이러한 차이는 영장류의 뇌에 있는 신경세포의 밀도가 영장류가 아
닌 동물에 비해 훨씬 높은 데서 발생한다. 가장 큰 뇌를 가진 영장류 중에서도 인간은 다른 종에
비해 신경세포의 개수 면에서 압도적인 위치에 있다. Herculano-Houzel(2012)은 고래의 뇌에 있
는 "신경세포의 개수는 210억 개에 불과하고, 이 수치는 침팬지와 고릴라 각각의 뇌에 있을 것으
로 추정되는 280억 개와 330억 개보다 적다"고 결론지었다(p. 10665).

그림 1.2에서 볼 수 있듯이, 신경세포는 가지돌기와 세포체 그리고 축삭으로 구성되어 있다.
가지돌기는 다른 신경세포로부터 신호를 받아들이는 일을 하고 축삭은 시냅스를 통해 다른 신
경세포로 신호를 전달하는 일을 한다. 물론 이는 우리 몸에 있는 여러 가지 신경세포 중 한 가지
를 알기 쉽게 소개한 것에 불과하다. 우리 몸에 있는 여러 가지 신경세포는 그 종류에 따라 크기
와 모양과 개수 및 가지돌기와 축삭의 배열에서 서로 다르다. 그림에서 전혀 볼 수 없는 것 하나
는 신경세포들 간 연결의 복잡성이다. 신경세포와 신경세포 간 전형적인 이음인 시냅스형 연결
은 신경세포마다 수천 개에 이른다. 신경세포 하나에 있는 가지돌기는 많게는 1만 개의 시냅스를
통해 다른 신경세포로부터 신호를 받아들인다(Sejnowski & Churchland, 1989).

대뇌피질

인간의 뇌는 전뇌, 중뇌, 후뇌라고 하는 세 부분으로 구성되어 있다(Beatty, 2001). 전뇌는 다시
두 부분으로 나뉘기도 한다. 뇌의 바깥쪽을 덮고 있는 '나무껍질' 모양의 구조물인 대뇌피질은 종
뇌라고 하는 첫 번째 부분에 속한다. 대뇌피질은 뇌에서도 가장 늦게 진화된 부분이다. 그런 이

그림 1.2 신경세포를 구성하는 기본 요소

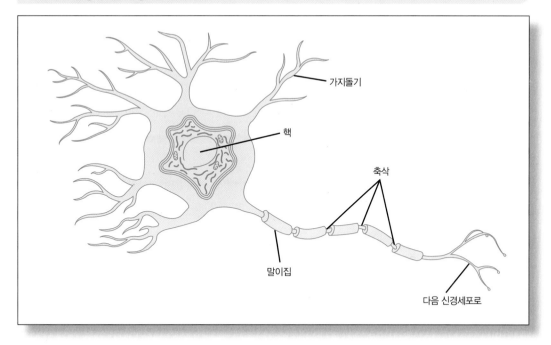

가지돌기

핵

축삭

말이집

다음 신경세포로

유로 이 부분을 피질 중에서도 보다 원시적이고 오래된 부분(예 : 변연계)과 구분시키기 위해 신피질(neocortex)이라 부르기도 한다. 대뇌피질은 인간을 포함한 영장류 그리고 돌고래와 고래의 머릿속에서 특히 잘 발달되어 있다. 인간의 대뇌피질이 차지하는 영역의 너비는 $2,200\sim2,400\text{cm}^2$에 달하는데 그중 대부분은 고랑(sulcus)이라고 하는 골짜기 속에 깊이 묻혀 있다(Gazzaniga, Ivry, & Mangun, 1998). 신경조직의 대부분을 인간 두개골 속 작은 공간에 밀어넣는 일은 결코 쉬운 일이 아니었다. 진화는 피질을 접어넣음으로써 이 어려움을 해결했고 그 결과 그림 1.3에 그려진 모양을 갖게 되었다. 안쪽으로 접혀들어간 영역이 고랑에 해당한다. 대뇌피질 속 세부 영역의 구조는 각 영역에 있는 신경세포의 구조 및 그 구조가 배열된 방식을 기초로 광범하게 분석되어 있다. 대뇌피질의 겉쪽은 회질로 구성되어 있다. 회질은 말이집이 없는 신경세포들이 조밀하게 연결되어 이루어진 영역에 해당한다. 대뇌피질에서 이 회질의 아래쪽은 백색으로 보인다. 그곳에 있는 신경세포의 축삭은 지방질의 말이집으로 둘러싸여 있기 때문이다. 이들 신경세포의 축삭이 말이집으로 덮여 있는 것은 신호전달 속도를 높이기 위함이다(그림 1.3 참조).

그림 1.3은 대뇌피질을 구성하는 4개의 엽을 네 가지 측면에서 바라본 모습이다. (1) 바깥 측면의 모습, (2) 중앙에서 바깥쪽으로 우반구를 바라본 모습, (3) 등쪽에서 아래쪽으로 내려다본 모습, (4) 턱 아래에서 위쪽으로 바라본 모습이다. 이들 영역은 중심구, 외측구, 세로 틈새라는 해부학적 표지로 부분적으로 분리되어 있다. 대뇌피질은 세로 틈새를 따라 좌반구와 우반구로 나

뉜다. 피질 속 큰 주름은 각 반구에 있는 엽의 경계선으로 작용한다. **전두엽**(frontal lobe)은 뇌의 앞 꼭지에서 중심구까지 펼쳐지고, **측두엽**(temporal lobe)은 외측구 아래쪽으로 펼쳐진 뇌의 옆쪽에 놓여 있다. **두정엽**(parietal lobe)은 중심구에서 시작하여 뇌의 뒤쪽으로 펼쳐져 있고, **후두엽**(occipital lobe)은 뇌의 뒤꼭지에 자리 잡고 있다.

반구 2개는 구조가 비슷해보인다. 그러나 그들이 수행하는 기능까지 동일한 건 아니다. 두 반구는 각각 어느 정도 특별한 기능을 수행하도록 진화되었다(Ornstein, 1997). 예컨대, 좌반구는 언어처리를 위해 특화되었고 우반구는 얼굴재인과 물체들 간 공간관계를 처리하도록 특화되었다.

전뇌의 두 번째 부분은 대뇌의 좌우 반구 바로 아래에 위치한다. 간뇌(diencephalon)로 불리는 이곳은 종뇌로 들고 나는 모든 정보가 지나가는 통로로 작용한다(Beatty, 2001). 간뇌는 시상(thalamus)과 시상하부(hypothalamus)로 구성되어 있다. 시상은 눈, 귀 등에서 들어오는 감각정보를 신피질 내에 있는 각각의 영역으로 중계하며, 시상하부는 자율신경계와 신체 내부의 다양한 기관을 관장하는 시스템을 통제한다.

그림 1.3 대뇌피질을 구성하는 엽에 대한 네 가지 조망

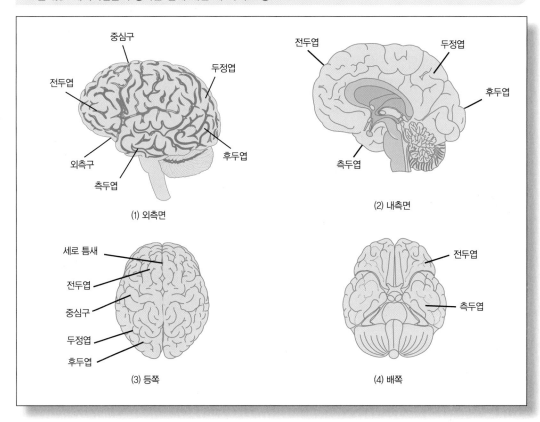

중뇌는 전뇌와 후뇌 사이(즉, 전뇌의 아래/후뇌의 위)에 위치한다. 제2장에서는 중뇌에서 시각에 개입하고 있는 부분인 좌우 상구체(superior colliculus)가 강조될 것이다. 상구체 바로 밑에 붙어 있는 하구체(inferior colliculus)는 후뇌에서 들어오는 청각정보를 간뇌까지 중계해준다. 중뇌에서 흑질(substantia nigra)이라는 영역은 신경전달물질 도파민(dopamine)을 담고 있는 수많은 신경세포가 밀집해 있는 곳이다. 흑질에서 간뇌로 전달되는 도파민의 양이 부족하면 파킨슨병(Parkinson's disease)으로 알려진 운동장애가 발생한다(Beatty, 2001). 기저핵(basal ganglia)은 종뇌 바로 아래에 자리 잡고 있다. 몸놀림 통제에 결정적인 역할을 수행하는 이 구조가 정상적으로 작동하기 위해서는 도파민이 적절하게 공급돼야 한다.

종뇌의 기저, 즉 중뇌 인근에는 종뇌에 속하는 여러 가지 구조물이 더 있다. 이들을 모두 합해 구성된 시스템이 변연계(limbic system)인데, 변연계에 속하는 대표적인 구조물로는 대상 회(cingulate gyrus), 뇌궁(fornix), 해마(hippocampus), 편도체 등이 꼽힌다. 그림 1.4에서 볼 수 있듯이, 변연계를 구성하는 이들 구조물은 정서와 동기의 상태를 조절한다(Beatty, 2001). 변연계의 조절을 받는 상태에는 원시적인 쾌락(보상)과 고통(처벌)에서 보다 복합적인 욕구(예 : 배고픔, 갈증, 성욕)까지 포함된다. 두려움, 슬픔, 노여움, 행복 같은 기본 정서 역시 변연계에서 중재한다. 그러나 제4장에서 알게 되겠지만, 측두엽의 내측에 있는 해마와 그 주변 영역들은 기억이라고 하

그림 1.4 정서에 관여하는 뇌의 구조물

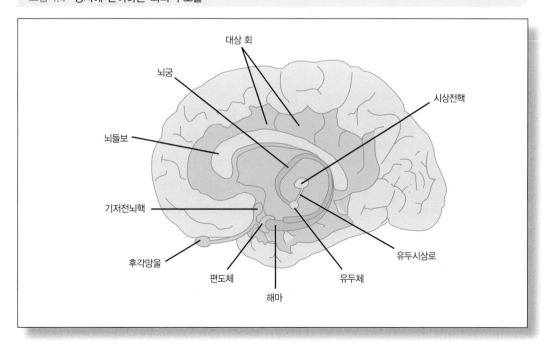

는 인지작용의 근간으로 작용한다(LeDoux, 2000).

끝으로, 중뇌 밑에 자리 잡고 있는 것이 후뇌이다. 후뇌는 아래로 뻗어 척수와 연결되어 있다. 후뇌에 포함되는 대표적인 구조물로는 연수(medulla oblongata), 뇌교(pons), 그리고 소뇌(cerebellum)가 꼽힌다. 척수 안에 있는 오름 신경경로는 신체에서 생성된 감각신호가 연수와 뇌교를 거쳐 대뇌로 전달되는 길을 제공하며, 내림 신경경로는 신호가 그 반대 방향으로 가는 길을 제공한다(R. F. Thompson, 2000). 후뇌는 자율신경계가 제 기능을 수행하는 일, 즉 뇌로 하여금 호흡, 심박률, 혈압 등 기본 생존 기제를 조절할 수 있게 하는 일에도 결정적으로 작용한다. 소뇌는 뇌교 위에 위치한 커다란 구조물이다. 오래전에 진화된 구조물로 알려진 소뇌는 모든 모양의 외현적 행동에 필요한 몸놀림을 관장한다(Beatty, 2001). 때로는 중뇌와 후뇌를 통틀어 뇌간(brain-stem)이라고도 한다. 따라서 인간의 뇌는 전뇌와 뇌간으로 구성되어 있는 셈이다.

동시처리

뇌가 인지기능을 지원하는 또 다른 방법은 동시처리 방식이다. 뇌는 한 가지 인지기능을 지원하기 위해 여러 갈래의 자료를 동시에 처리한다. 이들 각 갈래의 정보처리는 일련의 처리단계로 구성된다. 그러니까 많은 사람이 북적거리는 실내에서 친구의 얼굴을 인식하는 일 같은 얼굴재인 기능이 피질 속 특정 영역의 지원을 받아 이루어진다는 생각은 잘못된 생각이다. 측두피질의 특정 영역이 얼굴이나 다른 물체를 재인하는 데 반드시 필요한 것은 사실이다. 하지만 우리의 뇌 속 두정엽에는 그곳으로 흘러드는 정보를 이용하여 실내에 있는 친구의 위치까지 동시에 계산해낸다(Gazzaniga et al., 1998). 그림 1.5에서 알 수 있듯이, 배쪽 경로는 후두엽에서 측두엽으로 진행한다. 이 경로는 '정체 경로'로 불리기도 한다. 그리고 등쪽 경로는 후두엽에서 두정엽으로 뻗어 있다. 이 경로는 '위치 경로'로 불리기도 한다.

> 후두엽에서 벌어지는 일차적 시각정보 처리 같은 기능은 신피질에 국지화된 것으로 알려져 있다. 그러나 시지각은 뇌의 여러 영역에서 동시에 그리고 순차적으로 벌어지는 작업으로 성취된다. 측두엽에서는 물체의 정체확인 작업과 두정엽에서는 물체의 위치파악 작업이 동시에 수행되듯 말이다.

fMRI를 이용한 얼굴지각 연구에서 등쪽 '위치 경로'와 배쪽 '정체 경로'가 선별적으로 활성화되는 것으로 입증되었다. 실험의 한 조건에서는 참여자들에게 표적 얼굴이 여러 개의 얼굴 중 어느 것과 같은지를 판단해야 하는 정체확인 과제를 수행하게 했다. 두 번째 조건의 참여자들은 얼굴의 정체가 아니라 위치에 주의를 기울여야 했다. 정체 확인 과제를 수행할 때는 배쪽의 정체 경로가 더욱 활발하게 반응하는데 반해 위치 판단 과제를 수행할 때는 등쪽의 위치 경로가 더욱 활발하게 반응하는 것으로 밝혀졌다(Haxby, Clark, & Courtney, 1997).

우리의 뇌는 동시처리 능력을 널리 활용하고 있지만 순차처리도 이용한다. 예컨대, 얼굴재인

그림 1.5 배쪽 '정체 경로'와 등쪽 '위치 경로'

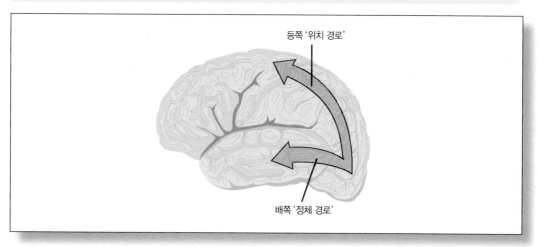

등쪽 '위치 경로'

배쪽 '정체 경로'

출처 : Steven E. Petersen, Washington University, St. Louis, IL 허가받음.

과 위치 파악에 이용되는 정보도 모두 후두엽의 시각피질에서 벌어진 순차처리의 산물이다. 우리가 친구를 알아보는 일에도 후두엽, 두정엽, 측두엽 모두가 작용해야 한다. 한 영역만으로는 이런 일을 할 수 없으며 또 동시처리는 물론 순차처리도 이루어져야만 한다.

연구방법

실험실에서 행동을 측정하는 실험이 인지심리학 연구방법의 근간을 차지한다. 행동측정 결과는 우리에게 인지작용에 관한 정보를 제공한다. 예컨대, 학습활동 1.1에 제시된 목록 속 단어를 정확하게 재생해낸 개수를 세어보면 기억과정에 관한 힌트를 얻을 수 있다. 인지심리학자들과 신경과학자들은 뇌활동을 나타내는 생리적 지표를 측정하기도 한다. 예컨대, 인지기능을 지원하는 뇌의 구조를 이해하기 위해 신경영상법을 사용하는 횟수가 증가하고 있다. 일반적으로 인지심리학자들은 인지기능의 특정 요소(예 : 작업기억)를 분리해내려고 노력한다. 인지심리학자들은 실험과제를 고안하여 독립변인을 조작함으로써 이들 요소의 특징을 분석해내려고 한다. 예컨대, 숫자 폭 과제는 실험 참여자들에게 숫자 목록(예 : 1-6-4-8-3-9-2)을 한 번 읽어보게 하거나 들려준 후 곧바로 들었거나 읽었던 숫자를 재생해내라고 한다. 이 실험의 경우, 보여주거나 들려준 숫자의 개수가 독립변인에 해당한다.

독립변인은 종속변인(또는 정해진 과제의 수행수준)의 변화를 야기한다. 독립변인을 조작하고 그 조작의 효과로 나타나는 종속변인의 변화를 측정함으로써 우리는 이들 두 변인 간에 존재하는 인과관계를 찾아낼 수도 있다. 위 예의 경우 숫자를 정확하게 재생해낸 비율이 종속변인에 해당한다. 목록을 구성하는 숫자의 개수가 7개를 넘으면 정확하게 재생해내는 비율이 감소하기 시작한다. 이런 유형의 연구는 제4장에서 소개될 것이다. 연구자들은 대개 한 번에 둘 이상의 독립변인을 조작한다. 예컨대, 연구자들은 목록 속 숫자의 개수와 그 숫자를 제시하는 양식(보여주거나 들려주거나)을 변화시키곤 한다.

행동측정법

인지심리학에서 자주 측정되는 종속변인으로 과제를 완수해내는 속도와 정확성을 꼽을 수 있다. 경우에 따라 오류가 거의 없을 정도로 쉬워 자동적으로 완수되는 과제가 이용되기도 한다. 예컨대, 다음 괄호 속 두 글자는 같은가 다른가? (백–뱅). 그럼 이 두 글자는? (백–턱). 이 과제를 수행하는 데 소요되는 시간, 즉 반응시간(reaction time, 대개는 1/1,000초 단위로 측정됨)은 이 과제 수행에 관여하는 인지작용에 대한 민감함 측정치가 된다. 참여자 앞에다 2개의 버튼을 놓아두고, 두 글자가 같으면 오른쪽 버튼을 누르고 다르면 왼쪽 버튼을 누르라고 주문한다. 위 예의 경우 정확한 반응은 둘 다 왼쪽 버튼을 누르는 것이다. 그런데 앞의 글자 쌍은 종성만 다르고 뒤의 글자 쌍은 초성도 중성도 다르다. 이들 두 자극 쌍에서 나는 이러한 차이 때문에 반응은 동일한데도 반응시간은 조금이나마 달라질 것인데, 1/1,000초 단위(ms)로 반응시간을 측정하면 이 작은 차이도 어렵지 않게 포착된다. 이러한 '같다–다르다' 판단 과제의 경우 비교 대상 자극에 따라 다르지만, 반응시간은 대개 400ms에서 500ms 사이에 떨어진다. 이 시간은 정보를 눈에서 뇌로 들여보내는 신경반응이 전달되는 시간과 뇌에서 골격근으로 내보내는 운동신경의 반응시간보다 훨씬 길다. 또한 반응시간은 과제에다 처리단계를 더하거나 빼는 데 따라서도 체계적으로 변한다(S. Sternberg, 1995).

정반응 비율 또는 그 반대인 오류율(proportion of errors)도 널리 이용되는 측정치에 해당한다. 예컨대, 학습활동 1.1에 예시한 것 같은 기억실험의 경우, 연구자는 단어나 의미 없는 글자를 재생할 때 범한 오류율만 측정할 수도 있다. 참여자에게 단어를 회상해보라는 재생검사 대신, "다음 두 단어 중 학습활동 1.1에서 제시되었던 것은 (팥|콩)?"과 같은 재인검사를 했다고 가정해보자. 이 경우 연구자는 오반응의 개수뿐 아니라 각 반응을 선택하는 데 걸린 시간(반응시간)도 어렵지 않게 측정할 수 있다. 일반적으로 반응시간이 빠를수록 오류율도 증가하는데, 이 관계를 속도–정확성 교환(speed-accuracy tradeoff)이라 한다.

마지막으로, 사람들이 과제를 수행할 때 자기들의 머릿속에서 떠오르는 생각을 말로 표현한 것을 녹음 또는 기록하는 어문적 보고법(verbal protocols)은 의식적 작용에 관한 풍부한 자료를 제공한다. 예컨대, 실험에 참여한 사람들에게 산수문제를 하나 제시하고, 그 문제를 풀면서 머릿속에서 벌어지는 모든 생각을 말로 표현하라는 지시를 했다고 해보자. 여러분이 이 실험에 참여했는데, 제시된 산수문제는 *482 + 341 = ?*이었다고 가정하고 이 지시를 따라보라. 문제를 푸는 동안 머릿속에 떠오르는 모든 생각을 말로 표현해야 한다는 사실을 명심하기 바란다.

이 경우, 참여자는 자신의 마음 속을 들여다보고 의식(마음) 속을 지나가는 모든 생각을 하나도 빼놓지 않고 모두 보고하는 것이 가장 이상적인 방법이다. 똑같이 중요한 것은 이 생각표현(think alouds) 작업 때문에 참여자의 문제해결 작업이 방해를 받아서는 안 된다는 점이다. 만약 생각표현 때문에 말없이 문제를 수행할 때 벌어지던 생각이 조금이라고 왜곡된다면, 생각표현 기법의 타당성은 그만큼 훼손되고 말 것이기 때문이다. 생각표현 기법은 문제해결, 추리, 작문 등 여러 관련 과제 수행을 연구하는 데 널리 이용되어 왔다. 이들 과제의 경우, 참여자가 마지막 해결책을 내놓을 때까지 거쳐야 하는 여러 가지 작업단계를 찾아낼 수 있었다. 따라서 특정 과제 수행에 요구되는 작업공정이 어문적 모양으로 마음 속에 표상될 수 있거나 또는 쉽게 어문적으로(즉, 단어나 구나 문장으로) 번역될 수 있는 한 생각표현 기법의 사용도 정당화된다(Ericsson & Simon, 1980). 그러나 생각표현은 활동성이 없는 작업이어서 연구자가 밝혀내고 싶어 하는 과정에 따라 바뀌지도 않고 또 그 과정을 바꾸어놓지도 않는다는 확실한 증거가 있어야 한다(Russo, Johnson, & Stephens, 1989).

생리적 측정법

실험에서는 행동을 측정하는 방법 이외에 뇌를 비롯한 신체 기관의 생리적 반응을 측정하는 방법도 이용된다. 그런 실험에는 안구 움직임이나 기타 근육 활동을 추적하는 실험도 있고 자율신경계에서 벌어지는 변화(예 : 심박률, 혈압, 호흡률, 피부전도성 등)를 측정하는 실험도 있다.

뇌파 뇌의 활동을 직접 측정하는 방법도 이용된다. 뇌파(electroencephalogram, EEG)는 뇌에서 벌어지는 전기적 활동을 여러 채널을 통해 기록한 것이다. 여러 채널로 구성된 뇌파 기록기는 두개골에 부착된 여러 채널의 전극이 그 아래쪽에 위치한 많은 신경세포에서 생성되는 전압의 변화를 탐지해낸 결과를 종이 위에 기록한다. 주파수와 진폭으로 기록되는 이들 전압의 변화는 뇌의 각성상태(예 : 깨어 있는지 졸고 있는지)와 수면의 단계에 따라 달라진다. 이 단계에는 안구가 신속하게 움직이는 REM 수면도 포함된다. 초당 서너 주기 반복되는 델타파(1~4Hz)는 가장 깊은 단계의 수면에서 나타나는 특징이다. 옅은 단계의 수면에서는 세타파(5~7Hz)가 흔하며, 알파파(8~13Hz)는 이완된 상태로 깨어 있을 때 관찰되는 것이 특징이다. 이런 상태는 명상을 통해 유발될 수도 있다. 베타파(18~24Hz)는 뇌가 깨어 있고 각성수준이 높은 상태를 반영한다. 초당 주파수가 28Hz를 상회하는 감마파에서는 베타파보다 더 높은 주파수도 기록될 수 있다. 제6장에서 논의되겠지만, 감마 대역에 속하는 뇌파(EEG)의 활동은 뇌의 기억작업이 성공적으로 이루어졌음을 알려주는 중요한 표지에 해당한다.

특정 자극의 개시에 대한 뇌의 반응을 나타내는 뇌파(EEG)를 사건 관련 전위(event-related potential, ERP) 또는 단순히 유발 전위(evoked potentials)라 한다. 낯선 자극을 발견했을 때 일어날 뇌의 반응을 고려해보자. P300(간단하게 P3a라고도 함)이라고 하는 ERP는 EEG 신호 중에서 자극이 제시된 300ms 후에 양성(+) 꼭짓점이 기록되는 부분을 일컫는다(그림 1.6 참조). 이 부분은 주의가 낯선 자극에 포착됐을 때 발생하는 뇌파의 일부로 전두엽에 부착된 전극을 통해 기록된다(Knight, 1996). 이 경우 연구자는 주로 괴팍스런 과제를 이용한다. 예컨대, 연이어 제시되는 일련의 자극에서 참여자는 자주 나타나는 자극(예 : 청색 점)은 무시한 채 이따금씩 나타나는 자극(예 : 붉은 점)을 세야 하는 과제가 이용된다. 정상인의 경우에는 붉은 점이 나타났음을 탐지하고 기억하는 일과 관련된 P3a ERP가 기록된다. 그런데 알코올 중독자의 경우에는 술을 끊은 후에도 이런 반응이 기록되지 않는 것으로 드러났다. 금주 중인 알코올 중독자한테서는 괴팍스런 과제에서 기록되는 ERP가 늦게 나타나거나 그 진폭이 낮게 기록된다. 이는 낯선 정보를 처리하는 능력이 장기적으로 손상되었음을 반영한다(Rodriguez, Porjesz, Chorlian, Polich, & Begleiter, 1999). 이 효과는 술을 마시지 않은 상태에서 실시한 실험에서 발견된 결과이기 때문에 술에 취했기 때문에 발생하는 현상이 아니다.

> ERP는 피질의 특정 영역에 있는 많은 신경세포의 활동 때문에 두개골에서 발생하는 전압 변화를 포착하여 기록한 것이다. 자극이 처음 뇌에 탐지된 후 시간이 경과하면서 여러 가지 ERP가 발생한다.

또한 P300이 지적하는 낯선 자극 탐지능력 결함은 만성적 음주 행동만으로 야기된 효과가 아닌 것 같다. 알코올 중독자의 아들딸은 아직 술을 마셔본 적이 없는데도 괴팍한 과제를 수행할 때 알코올 중독자와 동일한 결함이 나타난다. 그러므로 이러한 인지적 결함은 알코올 때문에 야기된 효과라기보다는 처음 보는 자극을 무시해버리는 유전적 기질을 반영할 수도 있다. 중요한 것은 바로 이러한 ERP 결함을 유전적 결함의 표지로 활용할 수 있다는 점이다. ERP 결함을 보이는 어린애들이나 청소년들은 알코올 의존성이 매우 높기 때문에 음주 행동을 아예 시작하지 말아야 한다.

다양한 자극과 과제가 뇌의 상이한 영역에서 유발하는 활동 양상을 보여주는 신경반응 분석표(neurometric profile)를 개발할 수도 있을 것이다. Posner의 연구진은 그런 분석표를 확보하기 위해 128개의 전극으로 구성된 측지감시망(geodesic sensor net)을 개발했다(Posner & Raichle, 1994). 식염수가 들어 있는 튜브 속에 위치한 각각의 전극은 얇은 스펀지 위에 박혀 있어 측정 대상의 두개골 위의 정해진 곳에 부착되도록 고안되었다. 이 장치를 이용하는 연구자는 자극을 제시한 후에 각 전극을 통해 기록되는 전압 변화의 평균을 계산함으로써 각각의 전극이 부착된 두개골 아래에서 발생하는 뇌파를 그려낼 수 있다.

EEG와 ERP는 시간에 따라 바뀌는 신경활동의 역동적 변화와 관련된 정보를 1/1,000초 단위

그림 1.6 낯선, 예상치 못했던 시각적 사건이 제시된 300ms 후에 기록된 이상적인 P3a ERP. 관습에 따라 전압의 양(+)극 변화를 x-축 아래쪽으로 그려놓았다.

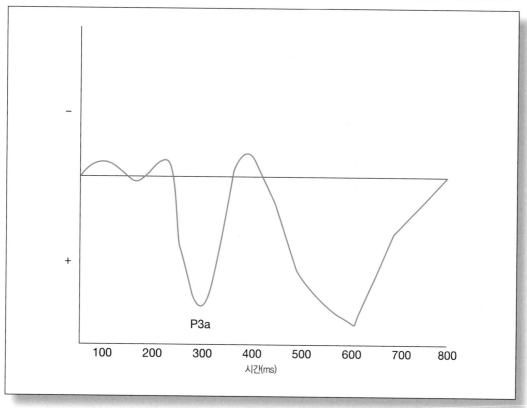

P3a

시간(ms)

출처 : Knight(1996) 인용.

로 제공한다. 이러한 신경생리적 측정치는 뇌의 활동이 시간에 따라 변하는 모습을 매우 정밀하게 알려준다(그림 1.7 참조). 그러나 그러한 뇌파가 생성되는 신경망의 정확한 위치 및 분야를 구체적으로(mm 단위로) 알려주지는 못한다. 신경활동이 벌어지는 정밀한 위치를 꼬집어내기 위해서는 다른 방법을 동원해야 한다.

신경영상법 신경영상법은 인지과제를 수행할 때 우리의 머릿속에서 생성되는 신경활동의 위치를 측정한다. 현재 널리 이용되고 있는 신경영상법으로 EEG나 ERP에 비해 신경활동의 위치를 보다 구체적으로 측정할 수 있는 기법은 두 가지이다. 그중 첫째가 **양전자방출단층촬영법**(positron emission tomography, PET)이다. PET는 방사능 딱지가 붙은 물(수소와 산소 15)을 이용하여 뇌 속에서 신진대사활동이 활발한 영역을 탐지해낸다. 뇌 속에서 방사능 물질이 완전히 소멸되어 방사능 작용이 사라지기 전(약 10분)에 뇌를 여러 차례 스캔해야만 한다. PET를 이용하면 신경활동 영역에 대한 3D(3차원) 그림을 만들어낼 수 있다.

두 번째 기법은 **기능성자기공명영상법**(functional magnetic resonance imaging, fMRI)이다. 이 기법에서는 강력한 자기장(magnetic field)을 머릿속으로 통과시켜 신경섬유와 그곳에서 발생하는 신진대사율의 변화(즉, 뇌의 인지활동을 반영하는 변화)를 영상으로 만들어낸다. 이 기법은 신경구조(뇌의 구조)를 정물 영상으로 그려내는 MRI를 확장시킨 기법이다.

> PET와 fMRI는 살아 있는 뇌가 인지과제를 수행할 때 벌어지는 신경활동을 영상으로 보여준다. 머릿속 특정 영역의 신경활동이 증가할 때 발생하는 그곳의 혈류 증가를 탐지해내는 것이 PET이고 그곳의 핏속 산소농도 증가를 탐지해내는 것은 fMRI이다.

우리의 머릿속 특정 영역에서 신경활동이 증가하면 그와 함께 그 영역에 일련의 생리적 변화가 일어나는데, PET와 fMRI는 그 변화를 측정하는 도구이다(Buckner & Petersen, 2000). 따라서 PET와 fMRI는 신경−혈류역학적 측정치로 혈관망에서 뇌 속 신경세포로 산소를 공급하는 방식을 평가한다. 이 산소 공급은 신경세포에서 벌어지는 대사활동을 지원하기 위해 혈류량을 증가시킨다. 그러니까 PET는 일군의 신경세포에다 피를 공급하는 혈관망에서 발생하는 혈류의 증가를 탐지하여 영상으로 재구성한 것이다. 뇌 속에서 신경활동이 증가하면 혈류도 함께 증가한다는 것은 오래전부터 알려진 사실이다. 하지만 혈류량이 증가해도 그 부근의 산소 소비량은 즉각적으로 증가하지 않는다는 사실을 깨닫게 된 것은 PET 스캔을 사용하기 시작한 후의 일이었다(Raichle, 2003). 일군의 신경세포가 반응하는 일을 지원하기 위해 혈액이 그 세포들이 있는 곳으로 흘러감에 따라 그 부근의 산소 농도는 오히려 증가한다. 이 사실로 fMRI가 개발되는 길이 열렸다. fMRI는 핏속에서 발생하는 산소의 농도 변화(이 변화를 fMRI 연구에서는 BOLD 신호라고도 함)를 탐지해낸 결과를 영상으로 구성한 것이다. (BOLD는 blood oxygenation level−dependent의 첫 낱자를 따서 만든 약어이다.) 따라서 PET와 fMRI는 신경활동의 간접적 측정치를 제공함으로서 뇌가 인지과제 수행을 지원하는 방식을 보여준다고 할 것이다. 그러나 이들 생리적 측정치에는 심각한 단점도 있다. 뇌영상 구축에 필요한 자료를 확보하는 데 걸리는 시간이 신경세포가 반응하는 데 걸리는 시간보다 훨씬 길다. 때문에 이들 영상에는 신경발화율에서 발생하는 순간적인 변동이 포착되지 않는다. PET와 특히 fMRI의 공간적 해상도는 높은 편이지만 시간적 해상도는, 적어도 유발 전위에 비해 매우 낮은 편이다(그림 1.7 참조). 그 결과, 인지신경과학자들은 참여자가 실험과제를 수행하는 동안에 두 가지 자료를 모두 수집한 후, fMRI를 통해 확보한 공간적 정밀성과 ERP를 통해 확보한 시간적 정밀성을 조합하려는 노력을 아끼지 않는다. 이 책에 있는 색판에도 PET 영상과 fMRI 영상이 여러 개 들어 있다. 그리고 그림 1.8은 fMRI 스캔을 뜨고 있는 모습을 보여준다.

MRI(자기공명영상법)는 신경활동을 반영하는 BOLD 신호 이외의 다른 속성을 탐지하는 데도 이용된다. **확산텐서영상법**(diffusion tensor imaging, DTI)은 MRI와 같은 장치를 사용하는데 산소가 아닌 물 분자를 탐지하도록 설정된다(Johansen-Berg & Rushworth, 2009). 물 확산 탐지가 중

그림 1.7 영상 기법별 시간적(x-축) 민감도와 공간적(y-축) 민감도

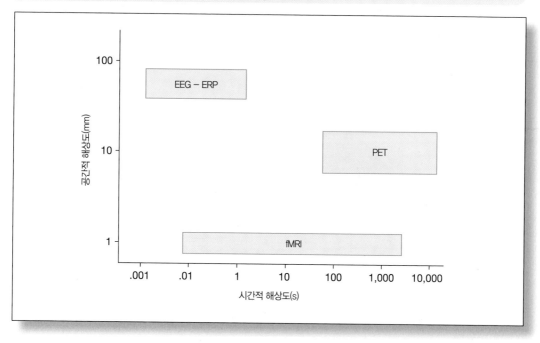

요한 것은 그 확산 방향에서 뇌 속에서 백질이 나아가는 경로를 찾아낼 수 있기 때문이다. 백질은 그 축삭이 말이집으로 덮인 신경세포로 구성된다는 점을 기억하고 있을 것이다. 여러 장의 뇌영상을 손에 쥐게 되면, DTI(확산텐서영상법)를 이용해서 뇌의 상이한 영역들이 백질 경로를 통해 서로 연결된 모습을 그려낼 수 있다. 이 기법 덕분에 살아 있는 인간 뇌의 해부에 대한 우리의 이해가 크게 확장되었다. Johansen-Berg와 Rushworth(2009)는 "어디에서 연결 양상이 변하는지를 탐지해냄으로써 살아 있는 인간 뇌에서는 처음으로 피질 영역과 피질 하 핵(구조물) 사이의 해부학적 경계선을 그을 수 있게 되었다"고 지적했다(p. 75). 그러한 확산-기반 MRI는 뇌 속에 있는 주요 섬유다발(예 : 뇌 속의 여러 영역을 연결시키고 있는 백질 경로)에 대한 세밀하고 정교한 그림을 제공한다(색판 1 참조).

뇌의 일정한 영역에서 벌어지는 신경활동이 활발하다는 것은 검토 중인 인지과제를 수행하는 데 그 영역이 필수적이라는 증거를 제공한다. 하지만 그 영역만으로도 검토 중인 과제를 충분히 수행된다는 의미는 아니다. 우리의 뇌는 여러 가지 자료를 동시에 처리하며, 대개의 경우 특정 과제를 수행할 때는 뇌의 여러 구조물이 활성화된다. 그러면 특정 인지과제를 수행하는 데 관여하는 영역을 어떻게 찾아낼 수 있을까?

인지작업의 특정 단계에서 벌어지는 속성을 골라내려고 할 때는 공제법(method of subtrac-tion)이 이용된다. 이 방법은 단순과제 수행에 관여하는 처리단계는 그 과제에 결정과제가 추가

그림 1.8   미주리 주 세인트루이스 소재 워싱턴대학교 실험실에 있는 fMRI 스캐너

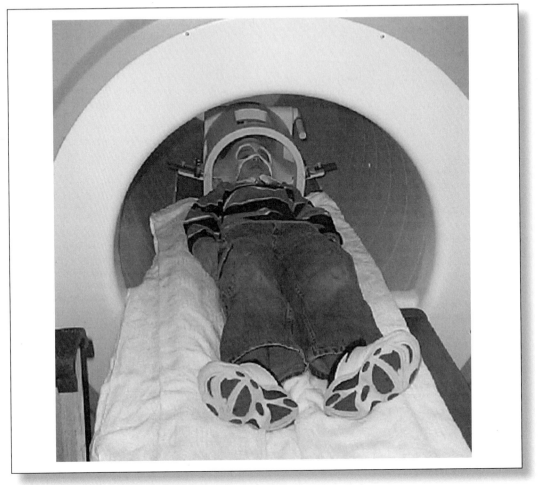

출처 : Steven E. Petersen, Washington University, St. Louis, MO 허가받음.

되어도 바뀌지 않는다고 가정한다. 이 가정을 순수 첨가의 가정이라고도 한다. 예컨대, 통제과제
수행에는 처리단계 1과 2가 필요하고 실험과제 수행에는 처리단계 1과 2와 3이 필요하다고 하자.
이 경우, 실험과제를 수행할 때 단계 1과 단계 2에서 벌어지는 작업과 그 작업에 소요되는 시간
이 전혀 바뀌지 않는다면 순수 첨가가 이루어졌다고 본다. 이제, 통제과제 수행에 걸리는 시간보
다 실험과제 수행에 걸리는 시간이 더 길면 이 길어진 시간은 단계 3의 작업에 소요된 시간이라
고 간주해도 된다는 말이다(S. Sternberg, 1969, 1995).

예를 들어보자. 어떤 연구자가 두 가지 과제(과제 1과 2)를 고안했다. 그런데 과제 2를 수행하
는 데 필요한 인지작용은 연구자가 검토하고자 하는 인지작용 하나만 제외하고는 과제 1을 수행
하는 데 필요한 인지작용과 동일하다. 연구에 참여한 사람이 이들 과제를 수행하는 동안 그 사람

의 뇌에서 벌어지는 신경활동을 측정한 후, 과제 2에서 측정한 값에서 과제 1에서 측정한 값을 빼고 나면, 검토 중인 인지작용에 관여하는 뇌의 영역과 활동을 찾아낼 수 있게 된다.

공제법을 이용한 고전적 연구로는 단어의 이름이 장기기억에서 인출되는 방식을 연구하기 위해 PET를 이용한 Posner, Peterson, Fox와 Raichle(1988)의 연구를 들 수 있다. 이 연구에서는 참여자들에게 일련의 명사(예 : 물병)를 한 번에 하나씩 제시하였다. 이들 단어가 제시된 방법과 제시된 단어를 처리해야 할 방법을 알려주는 지시문은 실험이 진행되는 도중에 바뀌었다. 실험은 위계적으로 설계되었기 때문에, 한 가지 지시문에 따라 수행된 인지작용은 그 위계의 바로 위에 있는 조건에서 수행된 인지작용을 분석하는 데 필요한 통제조건이 되었다. 그림 1.9는 이 실험의 설계를 보여준다.

'고정점 지각' 또는 통제조건에서는 참여자가 화면의 중앙에 제시된 고정점 '+' 표시를 바라보며 그 점에 주의를 쏟고 있는 동안 참여자의 뇌활동을 측정한다. '단어 지각' 또는 실험조건에서는 참여자가 화면의 중앙에 나타난 단어를 읽는 동안 참여자의 뇌활동을 측정한다. 그런 후, 실험조건에서 측정된 뇌활동 수준에서 통제조건에서 측정된 뇌활동 수준을 공제함으로써 '단어 지각'에 관여했던 뇌의 영역과 활동 수준을 잡아낸다. 그다음 실험조건에서는 참여자에게 단어를 들려주고 그 단어를 따라 말하게(즉, 반복하게) 하고는 뇌활동을 측정한다. 이번에는 '단어 지각' 조건을 통제조건으로 삼고, 이 조건에서 측정된 뇌활동을 '반복조건'의 뇌활동에서 공제함으로써, 따라 말하기, 즉 '언어 생성'에 관련된 뇌의 영역과 활동 수준을 찾아낸다. 끝으로 단어의 기능 생성(즉, 의미 처리)에 관여하는 뇌의 활동을 포착하고자 할 때는 '반복조건'의 뇌활동이 통제조건으로 이용된다. 예컨대, 화면에 제시된 단어가 지칭하는 물건의 용도를 대라고 지시한 후, 물병이라는 단어를 제시하면, 참여자는 마시기라고 반응할 것이다. 이때 측정된 참여자의 뇌활동에서 '반복조건'의 뇌활동을 빼고 나면, 단어의 의미 파악에 관여하는 뇌의 영역과 활동 수준이 남게 된다.

색판 2는 이 결과를 보여준다. 관례에 따라 혈류의 상대적 양을 상이한 색상으로 구분해놓았다. 흰색은 활동 수준이 가장 높은 것을 나타내고 그다음이 빨간색, 주황색, 녹색, 청색 순이며 보라색은 가장 낮은 활동 수준을 나타낸다. 이들 색깔은 네 가지 과제로 측정된 좌반구만의 활동 양

그림 1.9 인지작용에 대한 신경영상 연구에 이용된 공제법

통제조건	실험조건	통제조건-실험조건
고정점 지각	단어 지각	단어 재인
단어 지각	단어 따라 말하기	언어 생성
단어 따라 말하기	용도 생성	의미 처리

상에서 적절한 통제조건의 활동 양상을 공제한 후의 모습을 보여준다. 좌측 상단 영상은 각각의 단어를 눈으로 지각한 조건에서 측정한 것인데, 이 조건에서는 뇌의 뒤쪽에 있는 후두엽 내 시각피질이 활동하고 있음을 알 수 있다. 우측 상단 영상도 수동적인 지각조건의 활동을 보여주는데, 이 조건에서는 참여자에게 단어를 보여준 것이 아니고 들려주었다. 이 조건에서는 측두엽의 청각피질이 활동했다. '반복조건'에서는, 즉 참여자들이 단어를 따라 말했을 때에는 양측 반구의 전두엽에 있는 운동영역이 반응했음을 알 수 있다. 끝으로 각 단어와 관련된 동사를 생성할 때는 좌반구 전전두피질에 있는 Broca의 영역을 비롯한 여러 영역에서 활동이 벌어졌다. 이 마지막 과제인 의미 처리 과제를 수행할 때는 측두엽의 피질도 활동하고 있음을 알 수 있다. 단어의 의미(개념 또는 범주)에 관한 정보가 측두엽에 표상되어 있다는 주장은 이미 다른 연구에서 제기된 바 있다.

공제법은 다양한 실험과제를 이용하여 처리의 각 단계를 추출해내는 방법이다. 예컨대, 휴식을 취하고 있는 통제조건에서 기록된 뇌의 활동을 단어를 지각/재인하는 실험조건에서 기록된 활동에서 공제하는 식이다. 그러나 참여자가 통제조건에서 아무것도 하지 않고 있을 때 뇌에서는 정확하게 어떤 인지활동이 벌어지는 것일까? 신경세포의 기본적 활동을 유지시키기 위해 우리 뇌에서 소비하는 에너지는 그 양이 매우 많다. 기초대사율이 매우 높다는 뜻이다. 구체적으로 아무것도 하지 않고 있는 뇌에서 소비하는 에너지는 우리 몸이 소비하는 전체 에너지의 20%에 해당한다. 뇌의 무게만을 따지면 전체 몸무게의 약 2%에 불과한 뇌가 전체 에너지의 20%를 소비한다는 사실을 감안하면, 꽤나 높은 수치임에 틀림없다(Raichle, 2009). 놀랍게도 인지과제 수행에 필요한 활동전위를 생성하는 데 소요되는 추가 에너지는 약 5%에 불과하다. 일을 하는 뇌가 소비하는 에너지의 양이 쉬고 있는 뇌에 들어가는 에너지의 양에 비해 그다지 많지 않다는 뜻이다. 따라서 근본적으로 높은 뇌의 활동을 지원하는 영역이 어디이며, 뇌가 쉬고 있을 때 이들 영역에서는 어떤 정신활동이 전개되고 있는지를 살펴보는 것도 매우 흥미로운 일이 될 것이다.

그림 1.9에서 고려됐던 예의 경우, 실험의 각 시행이 시작되기 직전에 잠깐 제시된 고정점을 응시하는 동안에는 시각과 주의집중에 관여하는 영역이 작용할 것이라는 가정이 깔려 있었다. 잠시 제시되었던 고정점이 사라진 직후에 곧바로 자극단어를 제시한 것은 참여자의 주의가 그 과제에 집중된 그대로 유지되도록 하기 위함이었다. 즉, 관찰자의 마음이 당면 과제와는 무관한 맘속표상으로 흩어지는 일을 예방하기 위함이었다. 그러나 심리학 실험에 참여하는 사람들은 실험상황과 실험과제와는 무관한 생각을 보고하기도 한다(Antrobus, Singer, Goldstein, & Fortgang, 1970). 이런 일이 벌어질 가능성은 과제 수행에 요구되는 인지부하가 낮을수록, 즉 각 시행에서 벌어질 사건 간 시간간격이 길어질수록 커진다. 그럼 인지작용이 자발적으로 전개될 때(예 : 과거사를 떠올리거나 미래에 관한 공상에 잠길 때처럼 참여자의 마음이 아무런 제약을 받고 있지 않을 때)는 뇌의 어느 영역이 활동을 하게 되는 것일까?

Buckner, Andrews-Hanna, Schacter(2008)는 사람들이 아무런 구속을 받지 않고 그냥 과거사를 회상하거나 미래사를 상상하고 있을 때 그 사람들의 뇌에서 활동을 하는 **기정 연결망**(default network)을 발견했다. 자신의 과거에 있었던 일을 회상할 때는 대상피질 뒤쪽과 그와 인접한 영역이 활성화되었다(색판 3의 A 참조). 이 영상은 이 활동이 좌반구에서 일어나고 있는 것을 보여준다. 측두피질의 바깥쪽 영역도 활성화되었음을 주목하라. 이 영역은 측두엽 안쪽에 있는 해마의 외부에 해당한다. A의 오른쪽 영상은 좌반구의 안쪽 시상단면(sagittal plane, 뇌의 중앙을 앞뒤 수직으로 가로지르는 가상의 평면)을 시각화한 것이다. 좌반구 안쪽을 보여주는 이 영상을 보면, 대상 회 뒤쪽과 그 인접 영역 그리고 해마(신경활동의 아래쪽에 위치한 영역)까지 광범한 영역이 활동하고 있음을 알 수 있다. 또한 전전두피질의 내측 표면의 활동이 두드러진다는 사실도 주목하자. 제5장에서 소개되겠지만, 자신이 관련된 미래의 사건을 상상을 통해 내다보는 일에 관여하는 뇌의 영역은 자신의 과거사를 회상하는 일에 개입하는 뇌의 영역과 동일한 것으로 밝혀지고 있다. B의 영상을 들여다보면, 자신의 미래를 내다볼 때 작용하는 기정 연결망의 모습과 자신의 과거를 회상할 때 작용하는 기정 연결망의 모습이 거의 동일함을 알 수 있다.

끝으로, 미래를 내다보는 일도 또 과거를 회상하는 일도 후두엽의 시각피질을 활성화시킨다는 사실을 주목하자. 이 후두엽의 작용은 참여자가 자기의 과거사를 기초로 재창출하는 시각적 심상과 미래를 위해 창출해보는 시각적 심상을 반영한다고 할 것이다. 그러나 이것이 기정 연결망의 작용을 반영하는 것일까 아니면 회상이나 공상에만 개입하는 특유한 신경활동을 반영하는 것일까? Buckner 등(2008)은 우리가 자신의 미래나 과거를 보는 것이 아니라 다른 사람의 생각이나 관점에 관한 생각을 할 때는 기정 연결망의 핵심에 해당하는 세 곳이 활성화된다는 사실을 발견하였다. 다른 사람의 생각과 느낌까지 고려해야만 하는 사회적 상호작용을 재연할 때는 과거사나 미래사를 시각화하는 데 필요한 후두엽을 불러들이지 않고, 전전두피질의 새로운 영역을 활성화시켜 기정 연결망을 지원하는 것으로 드러났다. 마음 이론(theory-of-mind)과 도덕적 추리과제 수행에 관여하는 뇌의 영역을 포착한 영상은 바로 이 점을 예증하고 있다. 나중에 이 두 가지에 대한 자세한 소개가 제공될 것이기 때문에 여기서는 이 정도로 이야기를 닫기로 한다.

사람들이 자신의 관점이 아니라 다른 사람의 관점을 취해보기 위해서는 다른 사람의 맘속에 뛰어들거나 그 사람의 마음을 읽어야 한다. 예를 들어, 다리를 삐어 고통스러워하고 있는 친구의 마음을 느껴보기 위해서는 그 친구의 입장이 되어 생각하고 느껴봐야 한다. 마찬가지로, 자신의 의도와 목적과 계획과는 다른 사람의 의도와 목적과 계획을 생각해보는 일은 그 사람이 무엇을 생각하고 있는지(즉, 그 사람의 마음)를 읽어내야 가능해진다. 인지심리학자들은 이러한 일을 마음 이론 과제라 한다. 이들 과제는 다른 사람의 마음이 작용하는 방식을 이해하는 능력이 있어야 수행 가능한 과제이기 때문이다. 다른 사람의 관점을 취해봐야 해결되는 과제는 기정 연결망과 더불어 전전두피질의 등쪽에 위치한 영역 몇 군데를 활성화시킨다(C 참조). 윤리적 추리문제도 다른 사람들의 느낌과 생각을 고려해봐야 하는 과제에 속한다. 예를 들어 다른 사람을 위해 도덕적 책임을 지는 일은 무엇보다도 다른 사람들의 어려움을 공감할 수 있는 능력이 있어야 가능한 일이다. 도덕적 의사결정을 타진하기 위해 고안된 실험과제 역시 기정 연결망을 활성화시킨다(D 참조).

결론적으로, 뇌의 기정 연결망은 실제로 발생했거나 발생할 수 있는 사건을 구축하고 상기하고 탐구하는 일을 할 수 있게 해주는 것 같다. 기정 연결망은 측두엽 내측에 있는 기억저장 시스템, 특히 해마를 이용한다. 기억 속의 정보가 미래의 시나리오를 예상하는 작업 또는 다른 사람들과의 사회적 상호작용을 상상해보는 일에 이용될 수 있다. 전전두피질의 내측 시스템은 기억 속에서 인출된 이들 정보가 다양하게 재조합되고 탐구되도록 도울 것이다. 그리고는 이들 요소가 대상 회 뒤쪽으로 모여들어 통합을 이루는 것 같다. 쉽게 말해, Buckner 등(2008)은 기정 연결망을 맘속재연을 위한 적응으로 간주한다. 미래에 벌어질 사건이나 사회적 상호작용을 마음 속으로 재연해봄으로써 인간의 뇌는 한가한 시간(즉 마음을 외부 환경에서 내부로 돌려 백일몽을 꿀 때)에 과거 경험을 적응에 활용하고 있는 것이다.

실험조작

다른 분야에서와 마찬가지로, 인지심리학에서도 종속변인들만 측정하여 그들 서로 간 상관관계를 찾아내는 일로는 인과관계를 설정할 수 없다. 경험적 연구의 황금률은 실험이다. 실험에서는 다른 중요한 독립변인의 효과를 일정하게 유지하면서 특정 독립변인만을 조작한다. 그런 다음 하나 이상의 종속변인을 선택하고 측정하여 독립변인의 효과 여부를 결정한다. 이때 그 효과의 신뢰성, 즉 믿을 만한 효과인지를 결정하기 위해 통계적 방법이 자주 이용된다. 인지심리학에서 주로 조작되는 것은 실험과제의 일정한 측면/특성이다. 예를 들어, 학습활동 1.1에서 조작된 것은 학습/기억해야 할 재료의 의미성이고 측정된 것은 재생해낸 항목/자극의 개수였다. 과제의 다른 속성(예 : 학습재료를 공부할 수 있는 시간)도 조작될 수 있다. 과제의 본질을 조작하는 이런 기본적인 방법 말고도 인지신경과학 연구에서는 뇌에 조작을 가하는 일도 감행된다. 그런 방법 중 하나가 뇌의 특정 영역에다 손상을 입히는 일이다. 물론 이런 조작은 윤리적 문제 때문에 동물을 이용한 연구에서만 행해진다. 예컨대, 실험조작으로 쥐의 머릿속 해마를 파괴할 수도 있다. 그런 후, 미로학습 같은 과제를 수행하는 수준을 측정하여 이런 쥐들로 구성된 실험집단을 뇌에 그런 수술을 받은 쥐 또는 뇌의 다른 영역에 손상을 입힌 쥐들로 구성된 통제집단과 비교해본다. 통제집단에 비해 해마가 손상된 실험집단의 수행수준이 떨어지면, 해마가 기억형성의 원인 역할을 수행한다는 결론을 지을 수 있게 된다. 실험을 위해 인간의 뇌에다 손상을 가할 수는 없다. 하지만 사고나 질병 때문에 그런 손상을 입은 환자가 발생할 수는 있다. 더욱이, 인간의 두개골에다 자기장을 쏘아보는 방법을 이용하면, 피질에 있는 신경세포를 자극하여 뇌 속 특정 영역의 신경기능을 일시적으로 바꾸어놓을 수도 있다. 이들 각각을 차례로 살펴보기로 하자.

뇌손상 뇌의 기능을 연구하는 가장 오래된 방법은 사고, 뇌졸중, 알츠하이머병, 파킨슨병 같은 뇌질환으로 뇌에 손상을 입은 환자들의 뇌를 분석해보는 방법이다. 예컨대, 1960년대 Paul Broca 는 탄이라는 사람에 대한 사례연구를 보고한 바 있다. 뇌손상을 입은 이 사람은 언어능력을 잃어버려 탄이라는 말밖에 반복할 수 없었던 것으로 알려졌다. 이러한 비극적 상황도 뇌의 특정 영역이 손상되었을 때 행동 및 인지능력에는 어떤 결함이 발생하는지를 밝히고 싶어 하는 임상 신경심리학자들에게는 더없이 중요한 자료를 제공해주었다. 동물(예 : 쥐, 토끼, 원숭이 등의 포유동물)을 이용한 실험연구에서는 계획적으로 뇌의 특정 부분을 손상시킴으로써 그 손상된 영역의 기능을 찾아내기도 한다. 정신과 환자를 대상으로 하는 뇌수술 이외에 인간을 대상으로 하는 뇌손상 연구는 윤리적 이유로 허용되지 않고 있다. 사실 전두엽과 변연계에 손상을 입어 그 증상이 아주 심각한 정신과 환자들을 치료하는 일에 있어서도 윤리성의 문제를 제기하는 사람들도 많다.

최근까지만 해도 임상신경심리학자들은 손상의 정확한 위치를 확인하는 방법으로 환자가 죽은 후 뇌를 부검해보는 방법밖에 사용할 수 없었다. 예컨대, Broca가 탄의 좌반구 전두엽이 손상된 것을 발견했을 때도 이 방법이 이용

> 사례연구법은 인지신경과학에서 특히 중요한 도구이다. 특정 환자의 행동을 종양이나 사고 또는 뇌졸중으로 손상된 것으로 밝혀진 뇌의 특정 영역과 관련지을 수 있게 해주기 때문이다.

되었다. 그리고 이 영역을 'Broca 영역'으로 부르게 된 것은 언어장애로 고생하는 다른 환자들의 경우에도 그곳이 손상되었던 것으로 밝혀진 후부터였다. 그러나 오늘날에는 기능성 MRI가 아닌 구조성 MRI를 이용하면 뇌졸중으로 손상된 영역을 확인할 수 있다. 뇌가 인지에 개입하는 방식에 대한 사례연구까지 수행할 수 있게 된 것이다.

한 개인이나 일정 집단을 대상으로 연구할 경우, 연구자들은 정상적인 사람들의 수행수준과 뇌의 특정 영역이 손상된 환자들의 수행수준을 구분할 수 있게 해주는 두 가지 과제를 찾아내려 한다(Gazzaniga et al., 1998). 두 가지 과제가 필요한 이유는 각각의 인지과제 수행에 개입하는 뇌의 영역이 서로 다르다는 증거를 확보해야 하기 때문이다. 서로 다른 인지작용에 개입하는 것 외에도 영역이 서로 다르다는 결론을 내리기 위해서는 이중 분리 효과를 찾아내야만 한다. 이중 분리 효과란 뇌손상의 유형이 다르면 이들이 두 가지 과제 수행에 영향을 미치는 방식도 다르게 나타나는 현상을 일컫는다.

일반적인 말로 바꾸어 표현해보면, **이중 분리**(double dissociation) 효과란 독립변인 1은 과제 A 에는 영향을 미치지만 과제 B에는 영향을 미치지 못하고 독립변인 2는 과제 B에는 영향을 미치

는데 과제 A에는 영향을 미치지 못하는 현상을 일컫는다. 두정엽의 특정 영역에 손상이 발생한 조건은 독립변인 1이라고 하고 전두엽의 특정 영역에 손상이 발생한 조건을 독립변인 2라고 하자. 그리고 과제 A는 문제해결에서 기획능력을 측정하는데 반해 과제 B는 물체의 공간 내 위치 파악능력을 측정한다고 하자. 전두엽의 특정 영역이 손상(독립변인 1)된 환자들은 정상인에 비해 기획능력은 저조하지만 물체의 공간 내 위치를 파악하는 능력에서는 정상인과 다르지 않을 수 있다. 이러한 발견은 단순 분리 효과를 입증하는 증거가 된다(그림 1.10 참조). 이제, 또 하나의 단순 분리 효과, 즉 두정엽에 손상(독립변인 2)을 입은 환자들은 물체의 위치 파악능력에서 정상인에 비해 저조한데 비해 문제해결의 기획능력에서는 정상인과 다르지 않은 일이 벌어지면 이중 분리 효과가 확립되는 것이다. 여기서 발견된 이중 분리 효과에는 전두엽과 두정엽은 서로 별개의 기능을 수행한다는 뜻이 숨어 있다. 즉, 문제해결에 필요한 기획은 전두엽의 기능이며 물체의 공간 내 위치 파악은 두정엽의 기능이라는 뜻이다.

경두개자기자극법 강한 전류를 구리 코일로 잠깐 흘려보내면 그 전류의 벡터와 수직을 이루는 자기장이 생성된다. 그런 일이 인간의 머리 위에서 벌어지면, 급격히 요동하는 자기장이 두개골을 통과하여, 뇌 속으로 들어가 피질에 있는 한 무리의 신경세포에 작은 전류를 일으킨다(Rogasch &

그림 1.10 단순 분리와 이중 분리를 예시하고 있는 가상적 연구결과

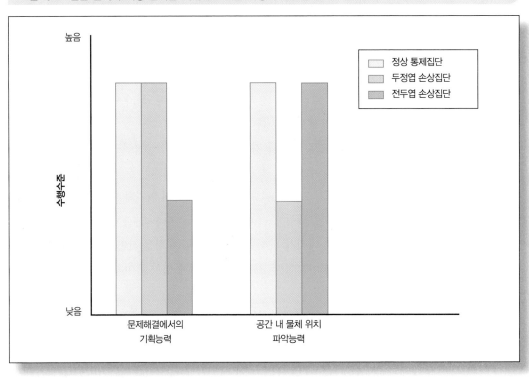

Fitzgerald, 2013). **경두개자기자극법**(transcranial magnetic stimulation, TMS)은 피질의 신경세포를 자극하기 위해 자기장을 인간의 두개골에 생성시켜 뇌의 특정 영역이 담당하는 신경기능을 일시적으로 바꾸어놓는 방법이다. TMS를 통해 뇌에 쏟아붓는 전류의 강도는 신경세포를 탈분극화 시키기에 충분한 크기이다. 이 방법은 전류를 잠깐씩 반복적으로 쏟아넣어 신경활동을 바꾸어놓는다. 이 방법을 이용하면 신경활동을 높일 수도 또 낮출 수도 있다(Wagner, Valero-Cabre, & Pascual-Leone, 2007).

그러니까 TMS는 뇌활동을 조작하는 비침습적 방법이다. 이 조작에 이용되는 자극은 신경섬유를 손상시키지도 않고 그 효과도 일시적이라는 뜻이다. TMS는 코일이 위치한 바로 아래쪽에 있는 피질 영역의 신경활동을 바꾸어놓는 동시에 이 영역과 신경경로를 통해 연결되어 있는 다른 영역의 신경활동도 바꾸어놓는다. 즉 국지적 효과와 원거리 효과를 동시에 유발한다는 뜻이다. 이 원거리 효과는 뇌의 피질 하 영역까지 확장되기도 한다. TMS의 잠재적 용도는 정신과나 신경과에서 실시되는 뇌치료법에의 적용 등 여러 가지가 있다. 인지신경과학에서는 TMS가 뇌손상 실험과 비슷한 실험을 윤리적으로 실시하게 해주는 방법이 되기도 한다. 예컨대, 실험 참여자가 학습활동 1.1에 이용됐던 무의미 음절 목록을 공부하는 동안 속말을 하게 하는 전두피질의 작용을 방해할 목적으로 TMS를 이용할 수도 있다. TMS용 코일을 전두피질에 위치시키면 음절을 암송하기 위해 속으로 말하는 능력을 방해하게 된다. 그런 후, 참여자들이 학습하여 기억하고 있는 음절의 개수를 측정하여 TMS 처치를 받은 실험집단과 그런 처치를 받지 않은 통제집단을 비교할 수 있을 것이다.

기법 조합하기

인지심리학과 신경과학의 목적은 행동과 뇌의 기능을 이론적 개념(이를 '구성개념'이라고도 함)으로 설명하는 데 있다. 예를 들어, 인지심리학자들은 사람들이 어떻게 해서 일-단위 수(1부터 9까지) 서너 개로 구성된 자극 목록은 정확하게 재생할 수 있는데 일-단위 수 13~14개로 구성된 자극목록을 정확하게 재생할 수는 없는지를 설명하기 위해 **기억폭**(memory span)이라는 구성개념을 이용하기도 한다. 그러고 나면, 기억폭 검사에서 관찰되는 사람들의 행동도 작업기억의 제한된 용량이라는 용어를 이용하여 설명할 수 있게 될 것이다.

그림 1.11은 인지연구의 황금삼각형을 보여준다(Decety & Cacioppo, 2010). 이 삼각형의 왼편에 있는 것은 연구자들이 주로 실험실에서 평가하는 행동유형(예 : 재생, 선택, 판단 등)이다. 이들 반응을 감행하는 데 걸리는 시간은 1/1,000초(ms) 단위로 측정될 수 있을 만큼 민감한 측정치를 제공한다. 연구자들은 이러한 행동측정치와 관련된 뇌활동을 반영하는 생리적 변화를 측정하기도 한다. EEG, ERP, PET, fMRI, 피부전도도, 심박률 등은 외현적 행동의 생리적 상관관계

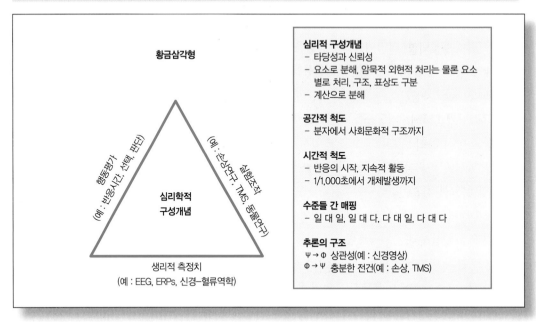

그림 1.11 인지연구의 황금삼각형. 뇌활동을 반영하는 생리적 측정치를 이용한 상관증거를 뇌에 가한 실험조작 및 행동측정 방법과 조합한다.

출처 : Decety, J., & Cacioppo, J. (2010). Frontiers in human neuroscience: The Golden Triangle and beyond. *Perspectives on Psychological Science, 5, 767 – 771.*

를 나타낼 뿐이다. 연구방법에 따라 시간을 재는 척도의 눈금은 짧게는 1/1,000초(ms) 단위(예 : ERP 또는 반응시간 측정치)에서 길게는 평생(예 : 특정인의 지능발달을 유년기부터 노년기까지 조사한 종단적 연구)에 이르기까지 다양할 수 있다. 각각의 생리적 측정치에도 장단점이 있기 때문에 두 가지 측정치를 조합하여 이용하면, 인지과제를 수행하는 동안 뇌에서 벌어지는 중요한 활동도 탐지해낼 수 있다. 예를 들어, **자기뇌파검사법**(magnetoencephalography, MEG)은 뇌의 전기적 활동을 ms 단위의 정밀성으로 추적할 수 있는 방법이다. 이 기법은 먼저 뇌의 전기적 활동에서 자연적으로 발생하는 자기장을 기록한 후, 그 기록을 분석하여 그 자기장을 발생시킨 신경세포의 위치를 찾아낸다. 그런 후, 그 결과를 공간적 해상도가 높은 MRI와 조합하여 뇌의 구조와 기능에 관한 정보를 추출해낸다. 뇌파(EEG)를 통해 탐지해낸 전기장(electrical fields)은 뇌와 두개골에 의해 왜곡되기 때문에 EEG를 기초로 신호의 정밀한 위치를 찾아내는 일은 쉽지가 않다. 이에 반해, 두개골 밖에 있는 자기장은 이들 요인에 의해 왜곡되지 않는다. 때문에 그 신호(자기장)를 방출하는 신경세포의 공간적 위치를 정밀하게(3~4mm 이내의 범위 내에서) 찾아내고 그 세포의 시간적 변화도 매우 정밀하게(1/1,000초 단위로) 추적할 수 있게 해준다(Hämäläinen, 1992). 그러니까 뇌의 활동을 한 번만 측정하는데도 MEG는 시간적 해상도는 물론 공간적 해도

까지 높은 측정치를 확보할 수 있게 해주는 기법인 셈이다.

그러나 뇌활동을 아주 정밀하게 측정한 결과라고 하더라도 생리적 측정치는 인지과정과 상관관계에 있는 측정치일 뿐이다. 인과추론이 아닌 상관추론밖에 허용하지 않는 관계라는 뜻이다. 인과추론 또는 뇌활동과 인지과정 간 관계가 인과관계임을 밝히기 위해서는 실험적 조작을 사용해야만 한다. 그럼, 어떤 실험조작을 부과해야 특정 심리적 작용 또는 효과를 관찰할 수 있을까? 일반적으로 인지심리학에서 선호하는 실험적 조작은 수행돼야 할 과제에 가해진다. 그러나 인지 및 사회신경과학에서는 뇌에다 조작을 가하기도 한다. 이러한 조작의 보기로는 동물의 뇌에 가하는 손상, 인간의 뇌에 가하는 TMS, 또는 뇌손상 환자들의 비교 등이 꼽힌다. 하지만 모든 심리학 연구에서 그렇듯이, 심리학적 구성개념을 신뢰롭고 타당하게 측정하는 가장 좋은 방법은 행동평가라는 사실을 명심하기 바란다. 구성요소의 위계적 조직 및 그들 구성요소의 기저에 깔려 있는 기본적 인지작용을 지배하는 원리를 명시하는 일이 과학적 설명의 근본이다. 과학적 설명은 특정 과제 수행을 중재하는 인지과정이 어떤 것인지를 이해하는 일로 시작된다. 그 이해가 이루어지고 나면, 심리학자들은 세밀한 분석 수준에서 그 과제 수행에 개입했던 각각의 인지작용/과정의 특징을 나타내는 뇌–행동 관계를 구명하기 위한 노력을 시작한다.

단적으로, 인간의 인지행동 및 뇌기능을 다루는 과학이 발전하기 위해서는 위에서 소개한 황금삼각형의 세 변이 모두 발달하고 활용돼야만 한다. 특정 심리적 기능이 활발하게 전개되고 있을 때 어떤 생리적 변화가 관찰돼야 하는지에 관한 추론을 하곤 한다. 예컨대, 학습활동 1.1에서 무의미 음절을 기억하고자 할 때에는 좌반구 전두엽 언어영역 인근이 활발하게 활동하는 모습이 신경영상에 포착될 것이라는 예측을 할 수도 있을 것이다. 이 추론은 무의미 음절을 기억하고자 하는 사람들은 학습하기 힘든 음절을 맘속으로 되뇔 것이라는 가정을 기초로 생성된다. 물론 이와는 반대되는 추론도 이용할 수 있다. 예를 들어, 서술형 산수문제를 해결할 때도 뇌의 언어영역이 활동을 활발하게 하는 것으로 드러났다고 해보자. 그러면, 그런 문제를 푸는 데 관여하는 인지작용의 일환으로 속말이 이용됐다는 추론을 할 수도 있을 것이다. Decety와 Cacioppo(2010)는 이렇게 지적했다.

이들 세 변에는 각각의 한계가 있다. 그러나 이들 셋을 합치면 뇌의 기능에 대한 우리의 이해를 촉진할 수 있다. 여기서의 요점은 신경영상법이 이 모든 설비의 중요한 부분이라는 사실이다. 그러나 그 부분을 통해 확보된 지식은 (1) 복잡한 심리적 개념을 그것을 구성하는 구조, 표상, 과정, 계산으로 분해하는 개념적 분석법, (2) 상이한 시간적, 공간적 정밀성으로 신경활동을 측정하는 수렴적 측정법, (3) 뇌–행동 간 관련성을 세밀하게 분석할 수 있게 해주는 뇌 측정법, (4) 구체적인 뇌의 구조나 회로 또는 작용의 역할을 검증하는 실험연구와 동물연구와 통합됐을 때 유익해질 가능성이 더 커진다(p. 769).

요약

1. 인간의 마음에 대한 과학적 이해는 인지심리학과 인지과학에서 그 모양새를 잡아가기 시작했다. 정신활동을 다루는 과학이 마땅히 그래야 하겠지만, 이 두 영역은 다양한 연구영역과 연계되어 있다. 인지심리학은 인간의 정신작용과 이들 정신작용이 생각하고 느끼고 행동하는 일에서 수행하는 역할을 연구한다. 인지과학은 마음 또는 뇌를 계산 장치로 간주하고 심리학, 생물학, 인류학, 언어학, 철학, 그리고 컴퓨터과학 등의 연구결과와 방법론을 원용한다.

2. 정보는 마음 속에 표상되어야만 지각, 기억 등 다른 인지활동에 이용될 수 있다. 세상사에 대한 우리의 앎은 맘속표상을 통해 이루어진다. 맘속표상은 정보를 부호화하고 기억 속에 저장하고 필요할 때 인출하고, 결론을 내리기 위해 조작하는 등의 단계를 거쳐 처리된다. 예컨대, 기억 속에서 특정 정보를 인출하는 데 필요한 인지활동은 적어도 이론적으로는 일련의 단계를 거쳐 순차적으로 전개될 수도 있지만 그와는 달리 동시에 전개될 수도 있다. 기호 모형과 연결주의 모형은 정보처리 시스템의 구조를 묘사하는 두 가지 방식에 해당한다.

3. 의식은 인지심리학의 핵심 개념이지만 의식에 대한 이해는 정보처리 이론에서 시작되지 않았다. 우리가 의식하지 못하는 사이에 벌어지는 인지활동과 의식을 동반하는 인지활동은 구분되어야 한다. 인지심리학에서는 의식이라는 용어가 세 가지 의미로 쓰인다. 자기지식은 물체와 사건과 관념 이외에 자신을 마음 속에 표상할 수 있는 능력을 의미한다. 정보접근성은 맘속표상을 의식하고 그 표상에 대한 보고까지 할 수 있다는 뜻이다. 그리고 각성은 느낌과 그 외의 주관적 경험을 겪을 수 있다는 뜻이다.

4. 인간의 뇌는 각각 수천 개의 시냅스를 가진 약 860억 개의 신경세포를 담고 있는 구조물로 아마 우리가 알고 있는 우주 내에서 가장 복잡한 시스템일 것이다. 대뇌의 바깥 층(즉, 대뇌피질)은 2개의 대칭형 반구로 나뉘고 각 반구는 다시 전두엽, 측두엽, 두정엽, 후두엽 등 4개의 엽으로 구분된다. 이들 해부학적 구조물 내의 각 영역은 서로 다른 기능(예 : 언어처리 기능과 얼굴재인 기능)을 수행한다. 변연계는 대뇌피질의 아래쪽에 위치하며 정서, 학습, 기억에 중요한 역할을 담당한다. 뇌의 조직은 고도로 병렬적이어서 특정 공간 속의 특정 대상을 지각하는 일 같은 한 가지 기능을 수행하는 데도 여러 가지 독립적인 자료가 처리된다.

5. 인지심리학자들은 인지작용에 관한 정보를 제공하는 행동을 측정한다(예 : 생각을 표명하는 어문적 보고). 또한 뇌의 활동을 나타내는 생리적 지표도 측정한다. 뇌의 전기 및 자기장 활동은 뇌파도(EEG), 자기뇌파검사(MEG), 신경영상법(PET와 fMRI)으로 측정된다. 뇌가 제공하는 인지기능을 연구하기 위해 뇌의 손상부위를 분석하기도 한다. 이중 분리란 뇌 속의 두 영역 중 예컨대

영역 a가 손상되었을 때는 과제 A의 수행수준은 훼손되지만 과제 B의 수행수준은 온전한 데 반해 영역 b가 손상되었을 때 과제 B의 수행수준은 훼손되지만 과제 A의 수행수준은 온전하게 남아 있는 조건을 일컫는 말이다. 이러한 이중 분리의 의미는 이들 두 영역이 각각 상이한 인지기능(즉, 과제 A를 수행하는 기능과 과제 B를 수행하는 기능)을 뒷받침하고 있다는 뜻으로 해석된다.

핵심 용어

각성(sentience)
경두개자기자극법(transcranial magnetic stimulation, TMS)
공제법(method of subtraction)
기능성자기공명영상법(functional magnetic resonance imaging, fMRI)
기정 연결망(default network)
기호 모형(symbol models)
동시처리(parallel processing)
두정엽(parietal lobe)
맘속표상(mental representation)
모듈(module)
반응시간(reaction time)
사건 관련 전위(event related potential, ERP)
순차처리(serial processing)
양전자방출단층촬영법(positron-emission

tomography, PET)
어문적 보고법(verbal protocol)
연결주의 모형(connectionist model)
오류율(proportion of errors)
이중 분리(double dissociation)
인지과학(cognitive science)
인지구조(cognitive architecture)
자기뇌파검사(magnetoencephalography, MEG)
자기지식(self-knowledge)
전두엽(frontal lobe)
정보접근성(information access)
처리단계(stages of processing)
측두엽(temporal lobe)
해마(hippocampus)
확산텐서영상법(diffusion tensor imaging, DTI)
후두엽(occipital lobe)

생각해볼 문제

- 학습활동 1.1에서처럼 단어 또는 무의미 음절을 속말로 되뇌는 일 같은 정신작용이 뇌의 어떤 영역에서 조절되는지를 이해하는 것이 중요한 이유는 무엇인가? 그 자극목록을 공부하고 학습하는 동안 앞서 확인된 뇌의 특정 영역이 활성화된다는 사실을 기초로 실제로 그런 되뇜이 일어난다는 결론을 내릴 수 있을까?

- 20세기 중반의 초기부터 중기까지 성행했던 행동주의는 맘속표상과 마음 속에서 벌어지는 작용을 직접 관찰 불가라는 이유로 무시해버렸다. 오늘날의 여러분은 그런 행동주의 입장을 어떻게 반박하겠는가? 연구대상을 관찰 가능한 행동에 국한시켜야 한다는 견해가 21세기의 심리과학에

어떻게 적용되고 또 도움이 된다고 생각하는가?

- 기호 모형에서는 인간의 마음이 디지털 컴퓨터가 하는 일과 같다고 가정한다. 이 비유가 어떤 점에서 타당하고 어떤 점에서 부당한지 또는 오해를 유발할 것 같은지를 설명해보라.

제 **2** 장

지각

학습목표

- 시각경험에 기여하는 후두엽 일차 시각피질의 역할을 기술하고 이 역할을 이해하는 데 맹시가 어떤 도움을 주는지를 설명한다.
- 형태재인을 정의하고, 이 공정이 성취되지 않음을 나타내는 두 가지 인식 불능증을 설명한다.
- 물체 재인에 개입하는 개념 주도적 처리와 자료 주도적 처리의 기능을 설명한다.
- 독특 속성을 찾아내는 것만으로는 물체의 정체 파악 과정을 제대로 설명할 수 없는 이유를 이해한다.

우리는 주변 환경에 대한 감각과 지각을 통해 세상을 알게 된다. 감각(sensation)이란 물리적 에너지(예 : 소리나 빛)가 정신적 에너지(즉, 맘속표상)로 탈바꿈하는 최초의 과정(또는 이 과정에 의해 야기된 의식의 변화)을 일컫는다. 시각의 경우, 눈으로 들어간 빛(전자기 에너지)이 망막에서 신경반응(전기적 에너지)으로 바뀌는데, 이처럼 특정 유형의 에너지가 다른 유형의 에너지로 바뀌는 일을 변환(transduction)이라 한다. 이러한 변환을 통해 생성된 신경반응(전기적 신호)은 신경계에서 더욱 자세하게 분석되고 또 변형된다. 우리가 주변에 있었던 물체나 사건을 지각(즉, 탐지)하게 되는 것은 이러한 추가적 처리를 통해 가능해진다. 이런 추가적 처리가 진행된 후에야 우리는 그 물체나 사건을 재인(즉, 범주화)하게 된다는 말이다. 심지어 자신의 어머니를 재인하는 일도 약 1/2초 동안 전개되는 복잡한 처리를 거쳐야만 이루어진다.

신속하면서도 아무런 노력을 요구하지 않는 지각과정이 실제로는 맘속표상이 여러 단계에 걸쳐 변형되는 일로 구성되어 있다는 사실을 수용하기가 쉽지는 않을 것이다. 지각이란 환경에서 수집된 정보를 기초로 그 환경에 대한 맘속표상을 구축하는 정신작업의 산물을 일컫는 용어이다. 맘속표상을 구축하는 그 작업에는 주변에서 수집된 정보뿐 아니라 기억 속에 저장돼 있던 정보도 이용된다. 앞으로 알게 되겠지만, 지각경험의 일부는 우리가 살고 있는 세상사가 어떻게 보이고 어떻게 들려야 한다는 우리의 기대에 따라 달라진다. 물론 이러한 기대는 장기기억에 저장돼 있는 세상에 관한 지식을 기초로 생성된다. 우리가 꾸는 꿈이나 정신병 환자의 환상 속에서 벌어지는 괴상한 지각은 순전히 기억 속에서 인출된 정보로 조립된 것이다.

맘속표상이 구축된다는 점을 이해하기 위해 착각을 고려해보기로 하자. 착각은 지각작용으로 구축된 맘속표상이 환경 속 물체를 정확하게 반영하지 못할 때 일어나는 현상이다. 달 착시를 예로 들어 생각해보자. 중천에 떠 있는 보름달보다 수평선/지평선 위에 떠 있는 보름달이 훨씬 더 커 보인다. 어떻게 이런 일이 벌어지는 것일까? 지구에서 달까지의 거리(약 41만 6,000km)는 고정되어 있다. 수평선 위에 떠오르는 달이든 중천에 떠 있는 달이든 달에서 우리 눈까지의 거리는 변하지 않는다는 말이다.

우리에게 친숙한 물체는 멀리 있을 때 더 작아 보인다. 그리고 우리는 이 사실을 잘 알고 있다. 달 착시도 바로 이 지식 때문에 발생하는 현상이다. 거리/깊이 정보(관찰자로부터 물체까지의 주관적 거리)는 지각모듈의 거리 계산 장치에서 자동적으로 계산된다. 달 착시의 직접적 원인은 이 거리 정보 계산에서 발생한 오류에 있다. 달이 지평선/수평선 가까이 있을 때는 우리 시각시스템 속 지각모듈에서 달까지의 거리를 계산하는 데 이용할 수 있는 단서가 많다. 예컨대, 지평선/수평선 가까이에 있어 아주 작게 보이는 건물이나 나무는 그들과 가까이 있는 지평선/수평선 위에 있는 달까지의 거리가 매우 멀다고 암시한다. 이에 비해, 중천의 달을 품고 있는 머리 바로 위의 하늘까지의 거리를 계산하는 데는 이용할 단서가 거의 없다. 다만 관찰자와 가까이 있는 것처럼 보일 뿐이다. 따라서 그 하늘 속에 있는 달까지의 거리도 가깝다고 암시한다(Kaufman & Rock, 1962; Rock & Kaufman, 1962).

결국 깊이 지각모듈의 무의식적 추론에 따르면 수평선/지평선 가까이 있는 달까지의 거리보다 중천에 있는 달까지의 거리가 더 가깝다. 일반적으로 특정 물체에 의해 우리 눈의 망막에 투사되는 망막 상(retina image)의 크기는 코끝에서 그 물체까지의 거리에 반비례한다. 같은 물체일지라도 그 물체까지의 거리가 멀어지면 그 물체에서 투사된 망막 상의 크기는 작아진다는 말이다. 그런데 달의 경우, 그 위치가 중천이든 수평선/지평선 위든 관찰자로부터 달까지의 거리는 달라지지 않는다. 따라서 달이 떠 있는 위치가 달라도 그 달에서 투사된 망막 상 크기는 변하지 않는다. 결과적으로 달의 크기를 두고 형성되는 우리의 기대는 지상에 있는 물체의 크기를 두고 형성되는 우리의 기대와 어긋나게 된다. 구체적인 예를 들어보자. 멀리 서 있던 친구가 여러분 쪽으로 다가오고 있는 동안 여러분 망막에 맺힌 그 친구의 상이 변하는 모습을 상상해보자. 그 상은 점점 커질 것이다. 그리고 그 크기 변화 때문에 여러분은 그 친구까지의 거리가 점점 가까워지고 있다고 정확하게 판단하게 된다. 앞서도 언급했듯이, 달 착시는 지각모듈의 거리 계산에 상반되는 정보가 이용되기 때문에 발생한다―지평선 위에 있는 달이 중천에 떠 있는 달보다 더 멀리 있는 것처럼 보인다. 그런데도 달이 떠 있는 위치가 바뀌어도 그 달에서 투사된 망막 상의 크기는 변하지 않는다. 이 모순을 해결하기 위해 우리의 지각모듈에서는 수평선 위에 있는 달은 보통 달보다 더 큰 게 틀림없다는 결론을 짓는다. 보통보다 더 큰 달이라는 맘속표상이 구축된다는 뜻이다. 다시 말해, 우리의 지각모듈에서는 수평선 위에 있는 달까지의 거리가 먼데도 그 달에서 투사된 망막상의 크기가 변하지 않는 사실을 근거로 중천의 달보다 그 크기가 더 크기 때문에 그런 일이 벌어진 것이라는 결론을 내리게 된다는 말이다.

지각은 그 범위가 매우 넓다. 때문에 인지심리학 교과서의 한 장에서 그 내용을 자세히 다룰 수 없다. 하지만 외부 자극을 탐지하고 재인하는 등의 기본적인 개념은 인지에도 필수적인 개념이다. 때문에 여기서는 서로 관련된 문제 네 가지에만 논의를 집중하기로 한다. 우리는 도대체 왜 세상에 존재하는 사물을 지각할 수 있는 것일까? 어떤 것을 볼 때 우리는 어떻게 그것이 옷걸이가 아닌 사람으로 재인하게 되는 것일까? 보다 구체적으로, 우리는 어떻게 우리가 보고 있는 것이 어떤 사람의 옆면이나 뒷모습이 아닌 그 사람의 얼굴이라는 것을 인식하는 것일까? 마지막으로, 우리는 사람들이 입술을 움직여 소리를 낼 때 그 사람이 무슨 말을 하는지를 어떻게 인식하는 것일까? 시각감각, 물체 재인, 얼굴재인, 언어재인 등은 지각에서도 핵심 개념에 속한다. 이들 개념에 대한 이해가 중요한 것은 인지심리학의 바탕에 깔려 있는 정신작용이 바로 지각작용이기 때문이다.

시각적 의식

가시광선은 전자기 에너지의 일부이다. 인간의 시각시스템이 감지할 수 있는 빛(가시광선)의 파장은 약 400nm에서 700nm까지이다. 여기서 nm(nanometer)은 10^{-9}m와 같다. 그림 2.1을 보면, 빛은 전자기파가 취할 수 있는 광범한 파장의 극히 일부임을 알 수 있다. 인간의 시각시스템은 파장이 400nm 이하이거나 700nm 이상인 전자기파에는 반응하지 않는다. 따라서 자외선, X선, 감마선 등은 그 파장이 너무 짧아 우리의 시각시스템을 움직이지 못한다. 이와 반대로 적외선, 레이다, 라디오파, AC 회로 등은 파장이 너무 길어 우리의 시각시스템을 움직이지 못한다. 시각시스템이 어떤 물체에 대한 맘속표상을 구축하기 위해서는 먼저, 그 물체에서 반사되는 전자기 에너지를 신경신호로 변환시켜야만 한다. 인간의 시각시스템은 그 물체에서 반사되는 전자기 에너지 중 파장이 400nm에서 700nm 사이에 속하는 빛(가시광선)에만 반응한다. 우리의 시각시스템은 파장이 그 사이에 속하는 전자기 에너지만 변환시킬 수 있다는 뜻이다.

태양과 기타 광원(예 : 전등)에서 방출되는 빛이 우리 주변의 물체에 닿으면 그 즉시 반사된다. 반사된 빛은 시야에 산재한 물체의 구조에 맞추어 구조화된다. 여기서 '구조화된다'는 말은 물체에서 반사된 여러 광선의 파장 및 강도(빛의 세기)가 동일하지 않고 달라진다는 뜻이다. 시야에

그림 2.1 가시광선이라는 작은 띠가 속해 있는 전자기파가 취하는 파장의 범위

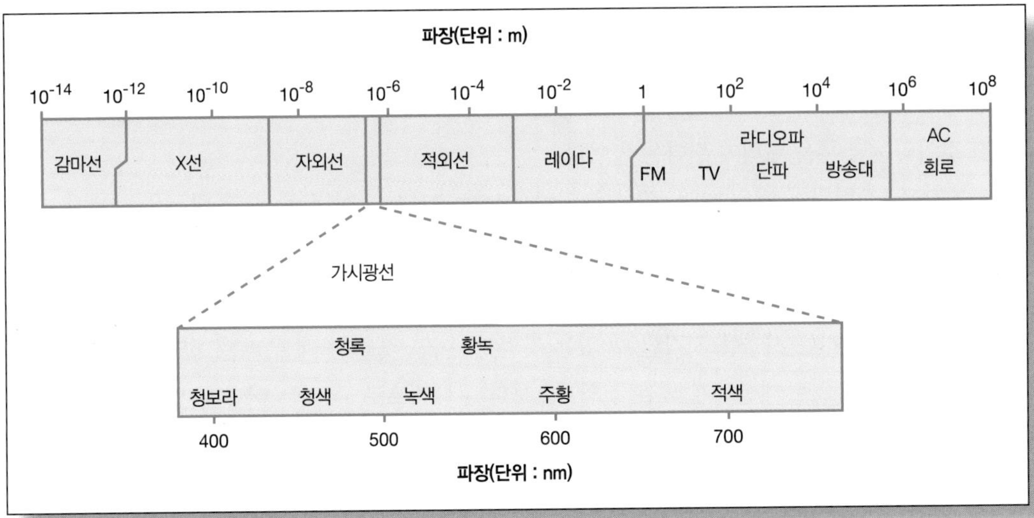

있는 빛(즉, 물체에 의해 반사된 광선)이 구조화되지 않으면(즉, 모든 광선의 파장이 동일하고 또 모든 광선의 강도가 동일하다면) 우리의 시각기관은 물체를 탐지할 수도 또 그 물체가 무엇인지를 알아낼 수도 없게 된다. 시야에서 구조화된 빛을 탐지하여 전기적 에너지(즉, 신경반응)로 변환하는 작업은 안구의 망막에 있는 광수용기에서 시작된다. 광수용기는 신경세포의 일종으로 가시광선을 전기적 신호로 바꾸어놓는 특별한 기능을 수행한다. 광수용기에서 변환된 신경반응은 여러 가지 신경세포의 작업을 통해 시각시스템으로 전파된다.

인간의 시각시스템은 빛에서 나는 파장의 차이를 기초로 색상을 구별할 수 있도록 진화되었다. 장파의 빛이 붉은색으로 보이는 것은 우리의 뇌가 장파의 빛을 처리하고 표상하는 방식이 청색이나 보라색으로 지각되는 단파의 빛을 처리하고 표상하는 방식과 다르기 때문이다. 인간의 뇌는 진화를 통해 물체, 얼굴, 말소리를 지각할 수 있는 능력도 갖추게 되었다. 이들은 모두 인간의 생존에 필수적이라는 점에서 우리의 지각시스템에 중요한 입력 정보를 제공한다. 하지만 유념해야 할 것은 뇌의 이러한 능력이 인간 진화의 초기 단계에 벌어졌다는 점이다. 이 사실에는 지각능력 중에는 오늘날 우리의 생존에 매우 중요한데도 우리가 현재 필요로 하는 역량을 충족시키지 못할 수도 있다는 뜻이 담겨 있다. 운전에 관한 이야기로 되돌아 가보자. 인간의 시각시스템은 빨리 움직이던 물체의 속도가 느려지는 일에 극히 둔감하다. 때문에 고속도로에서 앞서 가던 차가 속도를 줄이거나 정차 직전의 상황에 다다랐는데도 우리의 뇌는 이 정보를 추돌 직전까지 탐지해내지 못하기 십상이다(Evans, 1991). 인간이 지구상에 나타난 초창기, 그러니까 모두가 걸어다니던 선사시대에는 인간의 시각시스템이 감속에 민감할 필요가 없었을 것이다. 하지만 모두가 고속으로 질주하는 오늘날에는 감속에 대한 시각시스템의 민감성이 생사를 좌우하는 중요

한 능력으로 변해버린 것이다. 바로 이 사실이 자동차 같은 운송장치의 뒷면 중앙에도 제동/감속 점빛을 붙여놓는 계기로 작용했다. 감속 점빛을 중앙에 붙여놓은 것은 그 점빛의 상이 뒤따르는 운전자 망막의 중심와에 맺히게 하기 위함이며, 등불의 색깔이 빨간색인 것은 운전자의 주의를 끌기 위함이다.

시각경로

눈앞에 있는 물체에서 반사된 빛의 초점이 망막(광수용기가 들어 있는 구조물)에 맺히게 되는 것은 각막과 수정체의 협력 덕분이다. 이 초점은 망막의 중심와, 즉 세밀한 시각경험을 야기하는 곳에 형성된다. 특정 물체에서 반사된 빛의 초점이 이처럼 망막의 중심와에 형성되지 않으면 가까이 있는 물체나 멀리 있는 물체를 선명하게 볼 수 없는 문제가 발생한다. 가까이 있는 물체를 선명하게 볼 수 없는 조건을 원시라 하고 멀리 있는 물체를 선명하게 볼 수 없는 조건을 근시라 한다. 망막에서 생성된 신경신호는 시신경을 따라 뇌 속 깊은 곳에 위치한 시상의 외측 슬상핵으로 전달된다(그림 2.2 참조). 시상은 시각뿐 아니라 청각 및 다른 감각기관의 신호도 받아들인다. 시상에 도착한 신경신호를 전달하는 시각경로는 후두엽에 있는 일차 시각피질까지 이어진다.

왼쪽 눈의 시신경을 따라가는 시각경로는 좌우 반구의 후두엽으로 뻗어간다. 이와 마찬가지로 오른쪽 눈에서 수집된 입력 정보도 양측 반구 모두로 전달된다. 그림 2.2가 보여주는 것처럼, 시신경은 시교차에서 뇌의 반대쪽으로 건너간다. 시교차에서 반대쪽으로 넘어가는 시신경은 각 눈 망막의 코 쪽(안쪽)에 위치한 신경절세포의 축삭에 해당한다. 각 망막의 귀 쪽(바깥쪽) 절반에 위치한 신경절세포의 축삭(시신경)은 뇌의 같은 쪽에 투사된다. 시각경로의 이러한 구조 때문에 시야의 우측에 위치한 물체에 관한 정보는 좌반구에서 처리되고 시야의 좌측에 위치한 물체에 관한 정보는 우반구에서 처리되는 분업이 발생한다. 따라서 우측 시야에 제시된 자극에 대한 표상은 좌반구 시각피질로 투사되는데 좌측 시야에 제시된 자극에 대한 표상은 우반구 시각피질로 투사되는 일이 벌어진다.

망막에서 생성된 대부분의 신경신호는 위에서 소개한 경로를 따라 전달되고 처리된다. 하지만 그중 약 20%는 중뇌의 맨 위에 위치한 상구체로 전달된다(Schiffman, 2000). 이 구조물은 안구 움직임을 통제한다. 중요한 것은 망막에서 생성된 신호 중 일부가 일차 시각피질이 아닌 다른 영역에서 처리된다는 사실이다. 이 경로가 얼마나 중요한지는 잠시 후에 알게 될 것이다.

시각피질

그것이 무엇이든 어떤 것을 보는 일은 일차 시각피질 작용 덕분이다(Crick, 1994). 망막이나 시신경 그리고 외측 슬상핵의 작용만으로는 시각적 의식이 일어나지 않는다. 시각피질까지 제대로

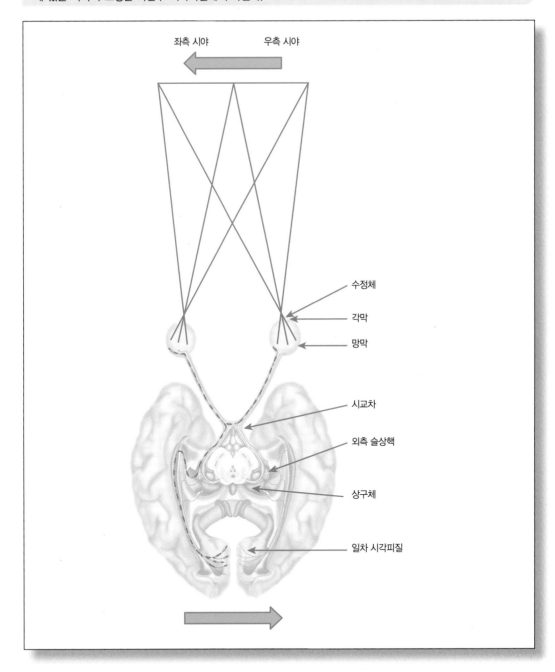

그림 2.2 시각경로의 구조 덕분에 시야의 좌측에 있는 자극의 표상은 우반구 시각피질에 투사되고 우측 시야에 있는 자극의 표상은 좌반구 시각피질에 투사된다.

작용해야만 우리는 시야에 있는 물체를 의식할(알아차릴) 수 있다는 뜻이다. 이 결론을 지지하는 증거는 두 가지로 구분된다.

첫 번째 증거는 시각피질에 있는 신경세포의 발달에 관한 실험에서 밝혀진 사실이다. 이곳의 신경세포가 정상적으로 발달하기 위해서는 '결정적 시기'라고도 하는 특정 시기에 반드시 자극을 받아야(즉, 활동을 해야)만 했다. 고양이의 경우에는 결정적 시기가 생후 2~3주에서 시작되어 3~4개월간 지속되는 것으로 밝혀졌다. 인간의 경우에는 결정적 시기가 훨씬 길어질(약 4~5년까지) 수 있다(Schiffmann, 2000). 예를 들면, Blakemore와 Cooper(1970)는 새끼 고양이를 특수 환경에서 양육함으로써 이들이 경험할 수 있는 시각자극을 엄격하게 제한해보았다. 이 실험에 이용된 고양이는 하루 약 5시간만 빛이 있는 곳에서 생활하고 나머지 시간은 모두 어둠 속에서 보냈다. 이들 고양이가 빛이 있는 곳에서 경험한 시각자극은 흰색의 벽에 그려진 검은색 줄무늬뿐이었다. 큰 드럼통의 내벽을 흑색과 백색 줄무늬로 채워놓은 실험용 공간을 상상해보면 감이 잡힐 것이다. 한 집단이 생활한 곳의 줄무늬는 모두 수평 무늬였고 다른 집단이 생활한 곳의 줄무늬는 모두 수직 무늬였다. 이런 조건에서 생활하게 하고는 5개월쯤 지난 후 수평 선분과 수직 선분에 대한 이들의 지각능력을 측정하는 검사를 실시했다.

그 검사에는 이들 고양이의 일차 시각피질에 있는 신경세포의 반응을 분석하는 검사도 있었다. 신경세포 하나의 반응을 기록하는 단세포 기록법을 이용한 검사였다. 검사결과, 이들 고양이의 시각피질에 있는 신경세포는 그들이 생활한 곳에서 경험한 자극의 방위에만 반응하는 것으로 밝혀졌다. 예컨대, 수평 줄무늬만 보고 자란 고양이의 시각피질에 있는 신경세포는 수평 자극에만 반응했다는 뜻이다. 수평 줄무늬만 보며 자란 고양이가 놀고 있는 곳에다 검은색 막대를 수평으로 들고 있으면 이들 고양이는 막대를 앞발로 쳐보기도 했다. 이런 행동으로 미루어 이들은 이 막대를 볼 수 있는 것이 분명했다. 그런데 수직 줄무늬만 보고 자란 고양이들은 이 막대를 무시하는 것이었다. 이로 미루어 이들은 이 막대를 보지 못하는 게 분명했다. 이 결과는 시각자극의 존재를 의식하기 위해서는 일차 시각피질에 있는 세포의 반응이 필수적이라고 말한다.

시각적 의식에 시각피질의 작용이 필수적이라는 결론을 지지하는 두 번째 증거는 신경심리학적 사례연구에서 확보되었다. D. B로 알려진 환자는 34세의 남성으로 심한 편두통으로 고생하고 있었다. 온갖 처치가 무용지물이었다. 편두통이 너무 심했기 때문에 의사는 D. B의 후두엽 피질을 제거하는 극단의 조치를 취할 수밖에 없었다. 이 수술로 편두통을 줄이는 데는 성공을 했다. 그러나 그는 시야의 약 1/4을 볼 수 없게 돼버렸다. 특히 그는 자신의 왼쪽에 제시된 물체를 볼 수 없었다. D. B 앞에 설치된 화면에다 검사용 표적(빛)을 제시하고는 그 표적이 자리 잡은 위치를 손가락으로 지적해보라고 했다. 그 표적이 제시된 위치는 검사시행에 따라 무선으로 바뀌었다.

그림 2.3에서 볼 수 있듯이, 표적이 D. B의 오른쪽 시야(정상적으로 볼 수 있는 시야)에 제시되

었을 때는 그가 말로 지적하는 표적의 위치와 손가락으로 가리키는 위치가 정확하게 일치했다. 표적이 그의 왼쪽 시야(수술로 볼 수 없게 된 시야)에 제시되었을 때는 놀라운 일이 벌어졌다. D. B는 아무것도 보이지 않는다고 말했다. 그래도 연구자는 표적이 있다고 생각하고 그곳을 추측을 해서라도 지적해보라고 강권했다. D. B는 마지못해 연구자의 지시를 따랐고, 그 결과는 놀라웠다. D. B가 손가락으로 가리킨 표적의 위치가 완벽하지는 않았지만 표적의 실제 위치와 거의 일치했던 것이다(Weiskrantz, 1986).

시각피질이 손상되어 시각경험을 의식할 수 없는 조건을 맹시(blindsight)라 한다. 이 현상 역시 시각경험을 의식하는 데는 피질의 작용이 필수적임을 입증하고 있다. 위에서 소개한 실험에서 D. B가 볼 수 없는 왼쪽 시야에 제시된 자극의 위치를 지적할 수 있었던 것은 D. B의 상구체에서 처리된 정보였을 것으로 추측된다. 중뇌의 맨 위쪽에 위치하여 안구 움직임을 통제하는 이 구조

그림 2.3 눈앞에 제시된 자극이 존재한다는 것조차 알아차리지 못하면서도 그 자극의 위치를 손가락으로 지적하는 일은 할 수 있었다.

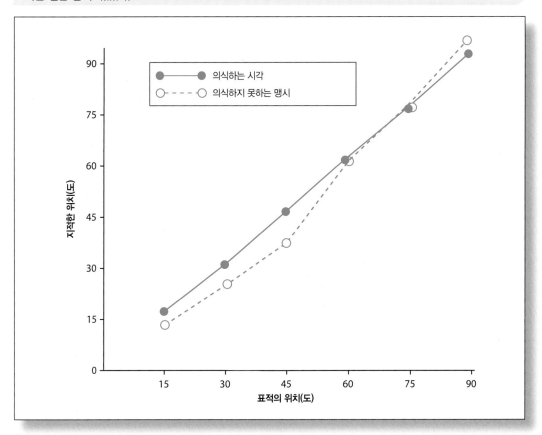

출처 : Weiskrantz, L., Warrington, E. K., Sanders, M. D., & Marshall, J., Visual capacity in the hemianopic field following a restricted occipital ablation, in *Brain: A Journal of Neurology*, copyright © 1974. Oxford University Press 허락하에 재수록.

물이 D. B로 하여금 보이지 않는 자극의 위치를 확정하게 했던 것 같다는 뜻이다.

> 후두엽 피질이 손상된 환자한테서 관찰되는 맹시는 의식 없이 이루어지는 시각경험을 일컫는다.

형태재인

형태재인(pattern recognition)이란 주변에 있는 자극이 감각기관을 통해 처리되어 유의미한 물체로 범주화되는 일을 일컫는다. 보는 일 또는 듣는 일은 환경 속에 가용한 빛이나 소리의 형태를 지각/인식하는 일로 끝나지 않는다. 자극물의 속성을 기초로 그 물체를 범주화하는 일이 벌어져야 한다. 그림 2.4에 있는 사진을 보자. 동일 물체를 네 가지 다른 관점에서 찍은 사진이다. 이들 사진에서 우리 망막에 투사된 시각정보는 각각 다르다. 그런데도 우리는 이들이 동일 물체임을 어렵지 않게 알아차린다. 우리는 이들 사

> 지각능력을 결정하는 형태재인은 사물에 대한 감각표상을 기억 속에 저장된 형태(맘속표상)와 비교하여 환경 속의 사물을 범주화한다.

진 속에 담긴 물체의 시각적 속성을 지각하고 그것을 기초로 그림 속의 물체를 개라고 범주화한

그림 2.4 각 사진 속 상이한 속성들이 셸티로 범주화되는 형태재인의 한 예

다. 이런 재인(즉, 범주화)이 성취되기 위해서는 개(보다 구체적으로 셸티라는 목양견)에 대한 맘속표상을 장기기억에서 인출해낸 후, 그 맘속표상을 구성하는 시각적 속성과 그림 속에서 지각된 시각적 속성을 일일이 비교하여 일치하는 맘속표상을 찾아내야만 한다.

실인증

실인증 환자는 자극의 속성을 지각하고 이해할 수는 있는데도 그 자극을 유의미한 물체로 재인하지는 못한다. 뇌의 특정 영역에 손상을 입어 발생하는 이런 환자들은 물체를 볼 수는 있지만 분류를 하지 못한다는 뜻이다. 그렇다고 눈이 먼 것도 아니다. 다만 그 물체의 정체가 무엇인지를 알아차리지 못한다.

Sacks(1970)가 Dr. P로 소개한 사례를 들어보자. Dr. P는 뇌종양 또는 퇴행성 뇌질환 때문에 후두엽 피질의 상당 부분이 훼손된 경우에 속했다. 그는 학교에서 음악을 가르치고 있었고, Sacks가 보기에는 매력도 있고 유머와 상상력까지 갖춘 교양이 풍부한 사람이었다. 심각한 뇌장애 때문에 험한 고생을 겪으며 사는 사람으로는 보이지 않았다. 그러나 정밀검사 결과 시각실인증으로 고생하는 환자임이 분명했다. Dr. P는 특히 모양을 기초로 물체를 재인하는 능력을 상실한 경우에 해당했다. 예컨대, 신경검사가 실시되는 동안 Dr. P는 반사검사의 한 부분으로 자신의 신발을 벗어야 했다. 그런데 신발을 다시 신어보라는 주문을 받은 그는 당황하기 시작했다. 자신의 발을 물끄러미 들여다보더니 그 위에 손을 갖다대고는 "이게 내 신발 아닌가요?"라고 말했다. 깜짝 놀란 Sacks는 "아닌데요, 그건 발입니다. 신발은 저기 있는데요"라고 말했다. 놀란 Dr. P는 "아! 나는 그게 내 발인 줄 알았네요!"(p. 9)라고 대꾸했다. Dr. P의 뇌에 생긴 손상은 특히 물체의 결(texture)과 기타 세밀한 것을 지각하는 능력을 앗아가버렸다. 자기 발의 윤곽이 자기 신발의 윤곽과 같았기 때문에 그는 이 둘을 구분할 수 없었다. 검사실에서 나갈 준비를 하면서 Dr. P는 "손을 내밀어 자기 아내의 머리카락을 거머쥐고는 그걸 들어 …위에 올려놓으려 했다. 자기의 아내를 자기 모자로 착각했던 것이 분명했다. 그의 아내는 그런 일에 익숙해진 것처럼 보였다"(p. 10).

기록에 따르면, 시각실인증은 두 가지가 있다. 한 가지는 우반구의 손상으로 야기된 경우이고 다른 한 가지는 좌반구의 손상으로 야기된 경우에 해당한다(Gazzaniga et al., 1998). 두 가지 경우 모두 일차 시각피질은 온전하다. 때문에 시야에 있는 물체를 보는 능력에는 문제가 없다. 문제는 보고 있는 물체를 재인할 수 없다는 점이다. 일반적으로 사람들은 물체 외모의 세세한 점에서 발견되는 많은 차이에도 불구하고 수많은 물체를 어렵지 않게 재인하곤 한다. 개를 바라보는 시각이 달라도 거리가 달라도 또 개의 자태가 달라도 개는 개로 인식된다. **통각실인증**(apperceptive agnosia)의 경우 이러한 단순한 물체 재인이 이루어지지 않는데, 이는 지각적 범주를 정의하는 시각속성을 찾아낼 수 없기 때문에 발생하는 어려움이다.

 E. K. Warrington(1982)은 우반구 뒤쪽이 손상된 환자들은 이상한 각도에서 제시된 물체를 재인하는 데 실수를 범하는 일이 잦다는 사실을 발견했다. 앞서 제시된 그림 2.4에서 개의 정면에서 찍은 사진, 즉 몸통과 머리가 담긴 사진을 보고 셸티를 알아차리지 못하는 환자는 없었다. 그러나 사진을 뒤에서 찍어서 개의 얼굴이나 발을 볼 수 없게 된 경우에는 우반구 뒤쪽에 손상을 입은 환자들이 실수를 자주 범하는 것으로 드러났다(그림 2.5 참조). 이에 반해, 좌반구의 뒤쪽이 손상된 환자들은 이 검사에 실패하는 경우가 거의 없었다. 또 다른 연구에서는 좌우 반구를 불문하고 앞쪽에 입은 손상은 이상한 관점에서 본 물체를 재인하는 능력에 아무런 문제가 없는 것으로 드러났다. 이들 결과를 종합하면, 눈으로 본 물체를 범주화하는 일에는 우반구 뒤쪽 영역이 결정적인 역할을 수행한다는 결론이 도출된다.

 결합실인증(associative agnosia) 환자들도 물체를 재인하지 못한다. 하지만 결합실인증은 의미-기반 범주를 정의하는 기능성 속성을 잘 찾아내지 못하기 때문에 발생하는 조건이다. 이 문제의 본질은 지각능력과 무관하다. 결합실인증으로 고생하는 환자들은 물체를 추상적인 의미 차원에서 범주화하는 일을 잘 못한다. 통각실인증 환자들이 잘 수행하지 못하는 이상한 관점검사는 결합실인증 환자들에게는 전혀 문제가 되지 않는다. 이에 반해, 결합실인증 환자들은 물체의 모습을 무시한 채 그 의미를 기초로 짝을 지어야 하는 분류 과제를 어려워한다. 예를 들어, 어떤 사람

그림 2.5 통각실인증 환자는 우반구 뒤쪽 손상 때문에 지각-기반 범주화를 못한다.

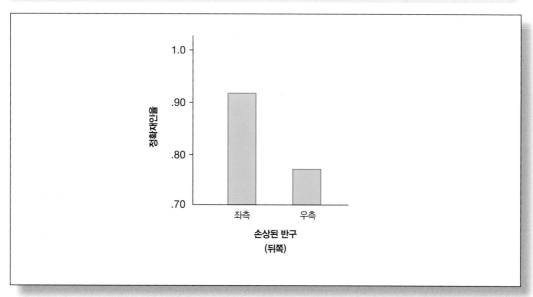

출처 : Warrington, E. K., Neuropsychological studies of object recognition, in *Philosophical Transactions of the Royal Society of London*, 298B (1982). 허락하에 재수록.

에게 지팡이와 접힌 우산 그리고 펼쳐진 우산을 보여주며 그 기능이 같은 물건 2개를 골라보라고 했다고 하자. 지각/통각실인 환자들은 이 과제를 어렵지 않게 수행한다. 즉, 이들은 접힌 우산과 펼쳐진 우산을 동일 범주에 속하는 물건으로 골라내는 일에 별다른 어려움을 보이지 않는다. 그러나 결합실인증 환자들은 이 과제를 제대로 수행하지 못한다. 즉, 이들은 지팡이와 접힌 우산에서 발견된 지각적 유사성밖에는 보지 못한다.

이 두 가지 실인증은 형태재인 과정이 두 가지 차원의 범주화 작업으로 구성된다고 암시한다. 먼저, 물체의 시각속성을 찾아내어 이들 속성을 기초로 장기기억 속에 저장되어 있는 물체의 표상(물체의 지각-기반 범주를 정의하는 표상) 중 하나를 골라내야만 한다. 이때는 물체의 모습에서 나는 변화(예 : 물체의 정위나 그 물체를 바라본 각도에 따라 달라지는 모습)는 무시하고 중요한 속성(예 : 눈, 귀, 털, 꼬리 등)에만 주의를 기울여야 한다. 지각차원에서 이루어지는 이 범주화 작업에는 우반구 뒤쪽 영역이 개입하며, 의미 차원의 범주화 작업이 벌어지기 전에 이루어지는 것 같다(E. K. Warrington, 1985). 그리고 결합실인증 환자들에게서 볼 수 있었던 것처럼, 두 물체(예 : 지팡이와 접힌 우산) 간 지각적 유사성을 지각하면서도, 그 두 물체가 의미(기능) 차원에서는 서로 다른 범주에 속해 그 이름이 다르다는 사실을 알아차리지 못하는 일도 벌어진다. 따라서 특정 물체의 의미 차원 범주를 찾아내어 그 물체에 이름을 붙이기 위해서는 그 물체의 기능성 속성을 찾아내어 그 속성을 기초로 장기기억에 저장되어 있는 표상 중에서 이 속성을 갖춘 표상을 인출해내야만 한다. E. K. Warrington(1985)은 바로 두 번째 범주화(즉, 의미 차원의 범주화) 작업이 좌반구의 작용을 기반으로 이루어진다고 주장한다.

> **통각실인증**은 시각적 속성을 이용하는 범주화 능력이 부족해서 형태재인을 못하는 조건을 일컫고 **결합실인증**은 물체의 의미(예 : 기능)에 기초한 범주화 능력이 부족해서 형태재인을 못하는 조건을 일컫는다.

하향처리 대 상향처리

스키마(schema)라는 맘속표상은 관련된 개념들 간 관계에 관한 지식을 조직한다. 우리가 수강하고 있는 인지심리학 수업시간 중 한 시간을 상상해보자. 이때, 우리는 그 시간의 교실 모습을 마음 속에 그려보기 위해 일반적인 교실 그리고 교실과는 다른 실내(예 : 연구실, 사무실)와의 관계에 관해 우리가 알고 있는 것을 표상하는 스키마를 활성화시킨다. 이 스키마는 많은 개념(예 : 실내, 책상, 교탁, 컴퓨터, 프로젝터, 프로젝터 스크린, 칠판 등)으로 구성된다. 이들 예에 속하는 각 물체를 상상할 때 우리는 그들 각각에 대한 개념적 표상을 활성화시킨다. 이렇게 활성화된 표상은 특정 물체(예 : 책상)의 범주를 규정하는 일반적 속성(예 : 4개의 다리, 상판)에 관해 우리가 알고 있는 것들로 구성되어 있다. 구조화된 지식 표상, 즉 스키마는 우리가 환경을 탐색할 때 지각

될 사물 또는 사건의 속성을 선별하게 해준다.

인지심리학 강의실이 있는 건물을 들어설 때, 우리는 우리도 모르는 사이에 잠시 후 우리가 보고 듣게 될 사물을 예상하기 시작한다. 이들 예상은 주변을 어떻게 탐색해야 할 것인지를 안내하는 데 결정적인 역할을 수행한다(Neisser, 1976). 우리의 발걸음과 머리를 돌리는 방향, 우리가 손을 내밀어 거머쥐려는 물체, 우리의 안구 움직임 등이 이 예상에 의해 좌우된다. 예를 들어, 우리가 주변을 탐색할 때 벌어지는 안구 움직임은 우리의 즉각적 목적에 의해 결정된다(Yarbus, 1967). 예컨대, 교실에서 특정 친구를 만나게 될 것이라는 예상을 하면, 이 예상을 확정하기 위해 교실에 있는 사람들의 얼굴을 신속하게 주사(scan)하는 안구 움직임이 벌어진다. 다른 이상한 사건 때문에 그 예상이 어긋나면, 우리는 이들 사건을 집중적으로 탐색한다. 예를 들어, 어느 날 어떤 친구가 애완용 뱀 보아를 강의실에 데리고 왔다고 해보자. 급우들과 책상과 책 등을 예상했던 우리는 즉각적으로 보아라는 예상 밖 물체를 탐색하게 된다.

이처럼 하향처리 또는 **개념 주도적 처리**(conceptually drive processing)는 우리에게 예상을 제공함으로써 주변에 가용한 정보를 모두 탐색해야 하는 수고를 덜어준다. 하향처리와 동시에 전개되는 상향처리 또는 **자료 주도적 처리**(data-driven processing)는 감각기억 속에서 잠깐만 가용한 물리적 속성(예 : 가장자리, 선분, 빛의 명암, 색깔, 소리 등)을 분석한다. 이러한 상향처리는 예상의 옳고 그름을 판단하는 데 필요한 속성을 골라낸다. 동시에 전개되는 상향처리와 하향처리를 통해 우리는 환경의 속성을 신속하면서도 정확하게 지각할 수 있는 것이다.

이들 두 가지 처리가 기여하는 정도는 우리가 처한 환경에 따라 달라진다(Shepard, 1984). 조용하고 쾌청한 환경 속에서는 상향처리의 활동이 강해진다. 그러나 어둡고 시끄러운 환경 속에서는 상향처리보다 하향처리가 지각의 신속 정확성을 높여준다. 우리가 잠 속에서 꾸는 꿈은 거의가 하향처리에 의해 결정된다고 할 것이다. 꿈을 꿀 때는 감각기관을 통해 수집되는 외적 정보가 없기 때문에 꿈속 경험이 실제처럼 느

> 자극의 정체파악에서 개념 주도적 처리는 장기기억에서 감각기억 쪽(즉, 하향)으로 작용하는데, 자료 주도적 처리는 동일 목적을 달성하기 위해 감각기억에서 장기기억 쪽(즉, 상향)으로 작용한다.

껴지는지도 모른다(Antrobus, 1991). 깨어 있을 때 꾸는 백일몽이나 상상하기도 하향처리에 의해 전개되는데도 그 경험의 강도가 별로 강하지도 않고 또 그다지 실제 같지도 않은 것은 그와 동시에 외적 사건에 대한 상향처리가 어느 정도는 벌어지기 때문일 것이다.

우리가 특정 물체의 정체를 신속 정확하게 재인하는 능력은 이 과제가 수행되는 맥락에 따라서도 달라진다(Biederman, Glass, & Stacy, 1973; Friedman, 1979; Palmer, 1975). 우리는 농촌에 가면 소를 보게 될 것이고 도심의 길가에서는 소화전을 보게 될 것이라고 기대한다. 이런 예상과는 반대로 소와 소화전을 각각 도심과 농촌에 가져다두어서 상향처리와 하향처리가 서로 상치되게 만들어버리면 이들을 재인하는 능력은 크게 낮아질 것이다. 맥락을 없애거나 뒤섞어 통일성

을 손상시켜버리면 스키마가 활성화될 수 없게 된다. 이런 조건에서는 모든 정보처리가 상향처리로만 이루어져야 한다. 따라서 이런 조건에서도 재인이 느려진다.

이 책을 읽을 때 각각의 단어를 지각하는 일은 상당부분 개념 주도적으로 이루어진다. Reicher(1969)의 실험에서는 단어(예 : WORK), 비단어(ORWK), 또는 낱자(예 : K)가 자극으로 제시되었다. 그런 잠시 후 자극이 제시됐던 그 자리에다 차폐(예 : ####)를 제시하였다. 시각 감각기억의 내용을 자극과는 무관한 요소로 메워버림으로써 원래 자극에 대한 처리작업을 막기 위함이었다. 탐사낱자 2개가 차폐자극과 함께 제시되었다. 2개의 탐사낱자 중 하나(D)는 자극을 구성하는 단어/비단어의 네 번째 낱자 바로 위에 제시되고 다른 하나(K)는 네 번째 낱자 바로 아래에 제시되었다. 참여자의 과제는 자극단어/비단어의 네 번째 낱자가 K였는지 D였는지를 판단하는 것이었다. 위 예의 경우, 그 네 번째 낱자가 K였다고 정확하게 판단하는 일이 K가 홀로 제시되었던 세 번째 조건보다 단어의 일부로 제시되었던 첫 번째 조건에서 더 자주 발생하는 놀라운 일이 벌어졌다. 특정 낱자가 홀로 제시되었을 때보다 단어의 일부로 제시되었을 때에 더 정확하게 재인/지각되는 이런 현상을 **단어우월 효과**(word superior effect)라 한다. 단어가 개념 주도적 처리를 작동시켜 개별적 낱자의 재인을 용이하게 만들었기 때문이라는 것이 이 효과에 대한 표준적 설명이다. 이 설명이 옳다면, 자극이 비단어인 조건에서는 이런 개념 주도적 처리가 작동할 수 없기 때문에 낱자 재인능력도 향상되지 말아야 한다. 실제로 이 조건의 재인능력은 낱자가 홀로 제시된 조건과 다르지 않았다.

> 역설적으로 낱자는 홀로 제시됐을 때보다 단어의 일부로 제시되었을 때 빨리 재인된다. 이 현상, 즉 단어우월 효과는 그 단어에 의해 작동하게 된 하향 처리 또는 개념 주도적 처리 덕분에 발생하는 효과로 해석된다.

Tulving, Mandler, Baumal(1964)은 글을 읽을 때 제공되는 맥락의 정도에 따라서도 읽기속도가 달라진다는 사실을 밝혀냈다. 참여자들에게는 표적단어(여기서는 해결했다)를 다음과 같이 제시하였다.

해결했다
매우 어려운 문제를 쉽게 해결했다
한국의 아인슈타인으로 알려진 철수는 매우 어려운 문제를 쉽게 해결했다

표적단어(해결했다)가 홀로(맥락 0단어) 또는 특정 구의 마지막 단어(맥락 4단어)로 또는 특정 문장의 마지막 단어(맥락 8단어)로 제시되었음을 주목하자. 참여자들은 맥락이 0단어인 조건에서는 표적단어만 읽고 다른 두 조건에서는 맥락을 읽은 다음에 표적단어를 읽었다. 표적단어는 잠시 동안만 제시되었다. 제공된 맥락이 0단어에서 8단어까지 커질수록 개념 주도적 처리가 표적단어 재인에 더 큰 도움을 줄 것이라는 자신들의 생각(가설)을 실험으로 입증했던 것이다.

이 실험에서 Tulving의 연구진(1964)은 마지막 단어(즉, 표적단어)가 노출된 시간 간격도 0에서 140ms까지 변화시켜보았다. 노출시간이 길어짐에 따라 자료 주도적 처리가 표적단어 재인에 더 큰 도움을 주게 될 것이라는 자신들의 생각(가설)을 검증하고 싶었던 것이다. 노출시간이 0인 조건에서 작동할 수 있었던 것은 개념 주도적 처리(즉, 추측)밖에 없음을 주목하자. 그림 2.6에서 볼 수 있듯이, 맥락이 8단어였던 조건에서는 정확 재인(엄격하게는 추측) 확률이 20%에 육박했다. 재인정확률이 노출시간과 함께 체계적으로 증가하는 것은 상향처리에 필요한 자료의 가용성이 표적단어 재인작업에서 수행하는 역할의 중요성을 보여준다. 맥락 단어의 개수(0, 4, 8개)로

그림 2.6 맥락의 정도와 노출시간에 따라 변하는 단어재인 정확률

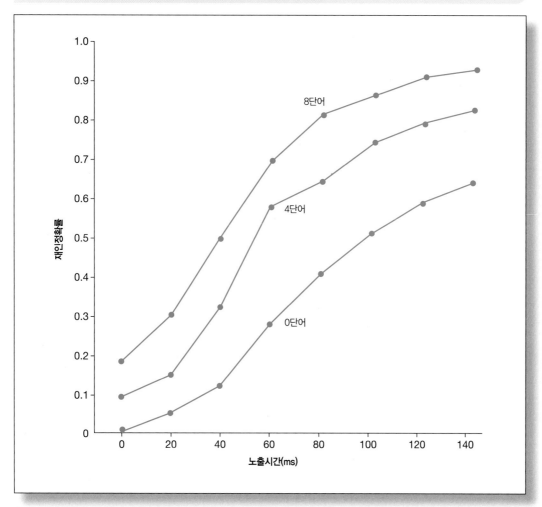

출처 : Tulving, E., Mandler, G., & Baumal, R., Interaction of two sources of information in tachistoscopic word recognition, in Canadian Journal of Psychology, 18, © 1964. 허락하에 재수록.

표시된 곡선이 서로 다른 것은 하향처리로 작용하는 예상의 정밀성에서 나는 차이를 반영한다.

실험실에서 발견되는 현상 중에서 변화 맹(change blindness)도 어느 정도는 개념 주도적 처리로 설명될 수 있는 현상이다. 여러분이 다른 사람과 이야기를 하고 있는 동안 그 대화 상대가 비밀리에 다른 사람으로 대체되었다면, 여러분은 그 사실을 알아차렸을 것 같은가? 두 사람이 찍혀 있는 사진을 들여다보며 시선을 이곳저곳으로 옮겨가면서 그 사진 속 특징을 살피고 있는 동안 사진 속 두 사람의 머리를 비밀리에 뒤바꿔놓는다면 여러분은 그 사실을 알아차릴 수 있을 것 같은가? 대부분의 사람들은 알아차릴 수 있을 것이라고 생각한다. 그러나 실험의 결과는 이와 달랐다. 관찰자 중 거의 50%가 이런 식의 시각적 변화를 알아차리지 못했다(Simons & Ambinder, 2005). 변화 맹이란 사람들이 주변의 시각적 환경에서 발생하는 큰 변화를 알아차리지 못하는 현상을 일컫는 말이다. 한정된 주의 및 기타 요인도 변화 맹을 유발하는 데 일조했을 것이다. 주변 환경에 대한 우리의 예상은 그 환경 속에서 우리가 무엇을 표집하게 될 것인지에 주된 역할을 담당한다. 그런데, 그런 변화는 예상 밖의 일이기 때문에 자료 주도적 처리만으로는 알아차리기가 어려울 수밖에 없다.

물체 표상

형태재인이 감각표상과 장기기억 속에 저장된 기억표상과의 비교를 통해 이루어지는 것이라면, 이들 표상의 본질은 무엇일까? 여러 가지 가능성이 검토되었지만, 아직도 확고한 답은 확보되지 않은 상태이다. 한 가지 가능성은 지각경험을 통해 형성된 개념이 한 무리의 독특 속성(distinctive features)으로 저장돼 있다고 보는 것이다. 요즘 전광판이나 승강기에서 쉽게 볼 수 있는 숫자의 독특 속성을 고려해보자. 0부터 9까지 모두 10개의 숫자가 존재하지만 이들은 모두 수평 선분, 수직 선분, 그리고 열림(예 : 3)과 닫힘(예 : 8)이라는 네 가지 속성의 조합으로 정의(구분)된다. 비교적 소수의 독특 속성을 기초로 이런 숫자는 물론 영어 알파벳인 ABC(Gibson, 1969 참조), 한글 알파벳인 기역니은까지도 만들어낼 수가 있다.

속성 탐지기 포유동물의 시각피질은 위에서 소개한 것과 비슷한 단순한 속성을 탐지해내도록 조직되어 있다. Hubel과 Wiesel(1959, 1963)은 고양이 또는 원숭이의 눈에다 물체의 가장자리, 밝은 선분, 검은 막대 등을 자극으로 제시하며 그 방위

> 형태재인 작업에서는 독특 속성을 기초로 물체를 분류한다. 시각피질에 있는 신경세포는 그 세포가 담당하는 시야의 특정 영역(즉, 수용장)에 일정한 선분이 특정 방위로 제시되었을 때에만 반응한다.

(orientation)를 바꾸어보았다. 그러고는 이들 동물의 시각피질에 있는 개별 신경세포의 반응을 기록하였다. Hubel과 Wiesel은 이들 신경세포가 특정 자극이 특정 방위를 취하고 있을 때에 가장 활발하게 반응한다는 사실을 발견했다. 예컨대, 어떤 신경세포는 검은 막대 자극이 수직으로

서 있을 때 가장 활발하게 반응하는데 어떤 신경세포는 그 막대가 수평으로 누워 있을 때 가장 활발하게 반응하는 것으로 드러났다. 그 후부터, 사람들은 이들 신경세포를 속성 탐지기(feature detector)라 부르기도 했다.

학습활동 2.1

아래 첫 줄의 낱자 열에서 낱자 X가 나타난 횟수를 최대한 빨리 세어보자. 그런 다음, 그다음 줄에는 X가 몇 번이나 나타났는지 세어보자.

BCGQOXPSXQPBGUPXQRBCQPRGBUXPQPSRUCBPUPXQURSQPUCBCGXUQPUCBXUS
TYAZTXIKFWFTMNXLIAZLXVFTELNAWLXWYTAZXMKLNHWHVZLATXMZVFITAXZY

X를 찾는 일이 어느 줄에서 더 어려웠는가? 왜 그게 더 어려웠을까?

인간의 경우에도 속성 탐지기가 존재한다는 증거는 시각 탐색과제에서 발견되었다. Neisser (1963)는 학습활동 2.1에 예시된 것과 비슷한 과제, 즉 수십 개의 짧은 줄로 구성된 자극목록을 참여자에게 제시하고 어느 줄에 특정 낱자(표적낱자)가 들어 있는지를 찾아내라고 주문했다. 이 목록의 각 줄에는 5~6개의 영어 알파벳(예 : *WQPTY*)이 적혀 있었다. 한 조건에서는 표적낱자와 교란낱자가 많은 속성을 공유했다. 예컨대, *TLKZMV* 속에 표적낱자 Z가 들어 있는지를 판단해야 하는 조건이 그런 조건에 속했다. 그리고 다른 조건에서는 표적낱자 Z가 교란낱자와 확연히 구별되었다. 그런 조건에서는 예컨대, *BDOZQP* 속에서 Z를 찾아내야 했다. 여러분도 예상했겠지만, 실험 참여자들이 표적을 찾아내는 데 걸리는 시간은 두 번째 조건에서 더 짧았다. Neisser는 이 발견을 두고 인간의 시각피질에서 자극을 단순한 기본 속성의 집합으로 분석하기 때문에 관찰된 결과라고 주장했다. 특정 물체(여기서는 영어 낱자)를 구성하는 독특 속성이 그 물체에 대한 맘속표상의 일부라는 생각이다. 사람들이 낱자를 재인할 때, Neisser의 주장처럼 속성을 분석하여 그 결과를 기억 속의 표상과 비교하지 않고, 각 낱자의 형판(template)을 찍어내어 기억 속의 형판과 비교한다면, 표적낱자와 교란낱자가 서로 공유하는 속성의 양은 낱자 재인시간에 영향을 미치지 않아야 한다. Neisser의 이 발견은 형태재인의 형판 이론과 상치되는 여러 실험결과 중 하나일 뿐이다(Hummel & Biederman, 1992).

구조 묘사　다른 연구자들은 위에서 소개한 속성 탐지 이론의 문제점을 발견하게 되었다. 형태재인 과정에서는 물체의 모양을 결정하는 기본 속성도 중요하지만 속성들 간 관계 역시 그에 못지않게 중요하다는 사실이 드러났던 것이다. 예컨대, 얼굴을 구성하는 요소인 눈과 귀와 코와 입 등을 아무렇게나 모아놓거나 흩어놓으면 얼굴로 재인되지 않는다. 얼굴을 구성하는 이들 속성 간 관계가 얼굴의 구조를 규정하는 규칙과 일치해야만 얼굴로 분류된다. 다시 말해, 하나의 물체는 그 물체를 구성하는 속성들의 단순한 집합 또는 그 속성들을 단순하게 열거한 목록만으로는 정의되지 않고 속성들 서로 간 관계도 함께 명시돼야 정확하게 정의된다는 말이다. 따라서 이처럼 속성들 간 구조적 관계를 중시하는 구조 이론에 따르면, 우리의 머릿속에는 여러 속성이 어떻게 조직돼야 하는지를 명시하는 규칙도 들어 있어야 한다(Reed, 1973; Sutherland, 1968). 우리가 물체를 지각할 때는 물체를 구성하는 여러 속성들 간 관계가 처리된다는 증거가 여러 연구에서 확보되었다(Hummel & Biederman, 1992; Reed, 1974; Reed & Johnson, 1975).

> 구조 이론은 형태재인 과정에서는 물체의 속성뿐 아니라 속성들 간 관계도 고려돼야 한다고 주장한다.

Biederman(1987)은 기본적인 기하학적 속성[지온(geon)] 26개를 제안하며, 이들을 구조적 관계에 맞추어 적절하게 배열하면, 우리 주변에 존재하는 모든 시각적 물체를 만들어낼 수 있다고 주장했다. 그림 2.7에는 이들 지온 중 일부와 이들 지온을 조합했을 때 만들어지는 물체 중 일부가 있다. 컵이나 물통 같은 단순한 물건은 지온 3번과 5번을 이용하면 만들어진다. 전화기는 컵이나

그림 2.7 장면 지각에 이용되는 물체와 그들 물체를 구성하는 지온 중 일부

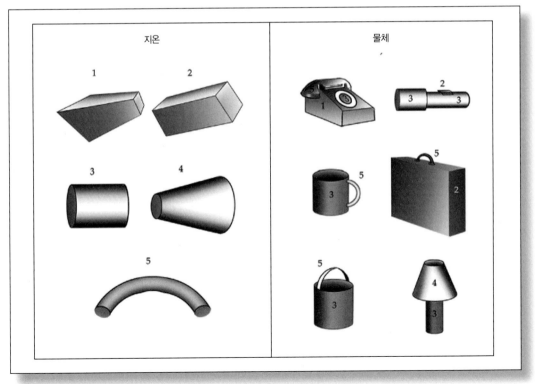

출처 : Biederman, I., Human image understanding: Recent research and a theory. *Computer Vision, Graphics, and Image Processing, 32,* 29-73. Copyright © 1985. Elsevier 허락하에 재수록.

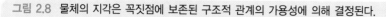
그림 2.8 물체의 지각은 꼭짓점에 보존된 구조적 관계의 가용성에 의해 결정된다.

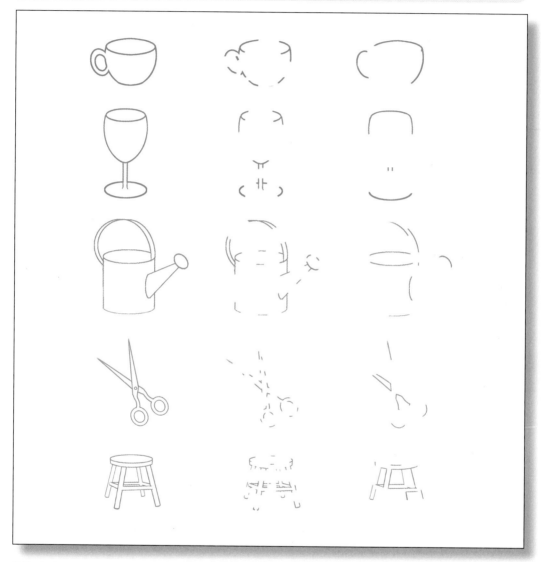

출처 : Biederman, I., Human image understanding: Recent research and a theory. *Computer Vision, Graphics, and Image Processing, 32,* 29－73. Copyright © 1985. Elsevier 허락하에 재수록.

물통과는 많이 다른 속성들로 구성되어 있다.

　Biederman의 이론은 속성들 간 관계 정보가 필요할 뿐만 아니라 그 관계가 속성 자체보다 지각에 더 결정적인 역할을 할 것이라고 예측한다. Biederman(1985)은 일상의 물건을 그려놓은 선화에서 윤곽선의 65%를 지워보았다(그림 2.8 참조). 그런데 그림 2.8 속 컵의 경우 왼쪽에 있는 그림에는 꼭짓점이 보존돼 있다. 즉 지워지지 않았다. 그 결과 윤곽 선분들 간 관계 정보가 보존되어 있다. 그러나 오른쪽에 있는 그림에는 꼭짓점을 구성하는 윤곽선이 지워져버렸다. 그 결과 남아 있는 윤곽 선분 간 관계 정보가 파괴되어버렸다. 이들 자극을 잠깐(100ms 동안) 제시한 후 그 정체를 확정하게 했을 때, 정확하게 확정할 확률이 왼쪽 그림의 경우가 오른쪽 그림의 경우보다 훨씬 높았다(70% 대 50%). 재인작업에는 우리의 지각경험을 풍성하게 만들어주는 색상이나 결 같은 세밀한 속성도 꼭짓점에 비해 별 도움이 되지 않는다. 이 주장을 지지하는 증거는 Biederman과 Ju(1988)의 연구에서도 확보되었다. Biederman과 Ju는 도식적 선화로 묘사된 물체도 천연색 사진 속에 담긴 물체만큼 신속하게 재인된다는 사실을 발견했다.

모듈

지금까지의 논의를 통해 사람들이 친숙한 물체를 보고 그 물체를 재인하는 방식을 설명하는 일이 결코 쉬운 일이 아니라는 것을 깨달았을 것이다. 우리의 시각시스템은 주변에 있는 물체를 보고 그 물체의 기능이 무엇인지를 알게 해주는 맘속표상을 구축한다. 이 장의 남은 두 절에서는 특화된 처리를 요구한다는 점에서 특이한 유형의 형태재인(얼굴지각과 언어지각)을 소개할 것이다. 지금까지의 증거에 의하면, 얼굴지각과 언어지각에는 이들 과제만의 요구특성에 대처하기 위해 진화된 특이한 작용이 이용되고 있다. 모듈(module)이란 자동적이고도 신속하게 전개되는 한 세트의 처리작용을 일컫는다. 모듈식 처리작용의 특징은 뇌의 특정 영역에서 다른 인지시스템으로부터 독립되어 구현된다는 점이다(Fodor, 1983). 우리의 머릿속에는 얼굴이나 언어 같은 중요한 자극을 지각하는 과제 수행에 특화된 여러 개의 모듈이 있을 수도 있다.

우리 인간의 생존과 번식에는 사회적 상호작용이 필수적이다. 이러한 상호작용에는 얼굴 및 언어지각능력이 결정적인 역할을 한다. 그렇기 때문에 우리가 가진 인지시스템 중에는 이들 자극만 처리하는 모듈이 있을 법도 하다. 사람들 간 의사소통에는 말이 결정적인 역할을 수행한다. 이는 누구도 부정할 수 없는 사실이다. 수긍하기 어려울 수도 있지만, 얼굴표정은 사람들이 서로의 정서상태를 전달하는 핵심 수단으로 이용된다. 사람들은 신체 언어 특히 얼굴표정을 통해 자신의 정서상태(예 : 행복한지, 화났는지, 슬픈지, 괴로운지 등등)를 표현하고 다른 사람들의 정서상태를 지각한다. 다음 절에서는 얼굴처리가 모듈을 통해 통째로 처리된다는 증거가 소개될 것이다. 그리고 마지막 절에서는 언어지각에 대한 논의를 개진하는 일로 이 장을 마감할 것이다.

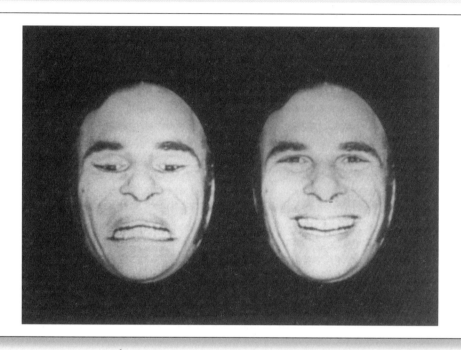

출처 : Bartlett, J. C., & Searcy, J., Inversion and configuration of faces. *Cognitive Psychology, 25*, 281 – 316. Copyright © 1993. Elsevier 허락하에 재수록.

통째 처리 대 분석적 처리

심리학자들은 특정 물체를 구성하는 속성 또는 부분 부분을 찾아내기도 하지만, 보통 사람들은 물체를 구성하는 부분 부분 또는 속성보다는 그냥 하나의 물체를 지각할 때가 더 많다. 특정 물체가 통째로 또는 부분 부분으로 지각되는 정도는 여러 가지 요인(예 : 관찰자에게 제시된 자극의 종류와 관찰자에게 부과된 과제)에 의해 결정된다(Treisman, 1987). **통째 처리**(holistic processing)는 특정 물체를 하나의 전체로 지각하는 작업을 일컫고, **분석적 처리**(analytic processing)는 하나의 물체에 속하는 속성을 지각하는 작업을 일컫는다. 따라서 통째 처리의 목적은 얼굴을 구성하는 속성들 간 공간관계의 특징을 파악하는 데 있고, 분석적 처리의 목적은 눈 · 코 · 입 및 기타 속성의 특징을 파악하는 데 있다. 다른 물체보다 얼굴이 통째로 처리될 가능성이 높다. 이 주장을 지지하는 증거 중 하나는 얼굴을 구성하는 속성 각각의 방위를 평상시의 상태에서 거꾸로 바꾸어 놓았을 때 드러난다(P. G. Thompson, 1980).

먼저, 그림 2.9에 있는 한 쌍의 얼굴을 있는 그대로 들여다보자. 왼쪽에 있는 얼굴의 경우, 눈과 입을 거꾸로 돌려놓았다. 그 얼굴이 괴상한 모습으로 보이는 것은 바로 이 두 가지 속성을 돌려놓았기 때문이다. 이제, 책을 거꾸로 들고 두 얼굴을 다시 들여다보자. 이번에는 괴상하게 보이던 얼굴도 그리고 그 옆의 얼굴도 거의 정상으로 보인다. 이 현상에서 우리는 얼굴의 정위가 정상적일 때는 얼굴지각이 통째 처리의 영향을 크게 받는다는 사실을 깨닫는다. 이때도 개별 속성은 처리된다. 하지만 얼굴모습을 결정하는 속성들 간 관계도 처리된다. 눈, 코, 입, 눈썹 등을 재배열하여 그들 간의 정상적인 관계를 훼손해버리면 얼굴은 괴상한 모습으로 보이게 된다. 그러나 얼굴의 원래 모습을 180도 회전시켜 평상시에는 거의 볼 수 없는 얼굴모습을 취하게 되면 그 얼굴에 대한 통째 처리가 방해를 받게 된다. 이제 우리의 시각시스템은 완성된 모습의 얼굴을 지각할 수 없게 되었다. 이런 조건에서는 각각의 속성이 개별적으로 처리될 수밖에 없기 때문에 정상적으로 보인다는 것이 Thompson(1980)의 주장이다.

자극의 위와 아래를 거꾸로 제시한 것이 그 자극을 지각하는 데 미치는 영향은 다른 물체보다 얼굴에서 더 큰 것으로 밝혀졌다(Searcy & Bartlett, 1996; Valentine, 1988). 그리고 Murray, Yong, Rhodes(2000)는 얼굴을 0도에서 180도까지 회전시켰을 때, 그 모습이 비연속적으로 변하는 지점이 있다는 사실을 발견하였다. 90도까지 변하는 동안에는 정상적인 얼굴모습이 점점 더 괴상해지는데 반해, 변형된 얼굴은 점점 덜 괴상해지는 것이었다. 그러다가 90도에서 180도까지 회전하는 동안에는 변형된 얼굴의 모습에 문제가 없어 보이기 시작하고 이 상태는 그 자극이 180도 회전되어 완전히 거꾸로 제시될 때까지 계속되었다. 그러나 정상적인 얼굴지각에는 다른 일이 벌어졌다. 180도 회전할 때까지 점점 더 괴상하게 보이는 것으로 드러났다. 이 책의 그림 2.9 속 얼굴을 바라보면서 책을 회전시켜보라. 책의 회전 각도가 90도에서 120도 사이일 때 변형된 얼굴에서 어떤 일이 벌어지는지를 주의해보라. 물체의 모습을 거꾸로 제시하게 되면 얼굴의 속성을 찾아내는 분석적 처리보다는 공간적 관계 정보를 처리하는 통째 처리가 방해를 더 많이 받게 된다.

> 얼굴지각의 특이성은 분석적 처리보다는 통째 처리의 영향을 더 많이 받는다는 점이다.

얼굴지각

그럼, 왜 바로 선 얼굴지각에는 분석적 처리보다는 통째 처리가 더 강하게 작용하는 것일까? Farah(1990, 1998)는 얼굴재인에 특화된 모듈이 존재한다는 여러 갈래의 수렴성 증거를 제시하였다. 얼굴실인증(prosopagnosia)은 얼굴재인 능력만 손상된 조건을 일컫는다. 얼굴 이외의 다른 물체를 지각하는 일에는 문제가 없다는 뜻이다. 얼굴실인증 환자 중에는 유명한 사람의 사진은 재인하지 못하면서도 복잡한 시각변별력 검사에서는 아무런 손상이 발견되지 않는 경우도 있다(MacNeil & Warrington, 1993). 예컨대, 양을 치는 농부의 경우, 자기가 키우는 양을 찍은 사진과 다른 농장에서 키우는 양을 찍은 사진을 구별하는 일은 아무런 어려움 없이 수행해냈다. 그러나 사람의 얼굴을 재인하는 능력은 크게 훼손되어 있었다.

만약 얼굴을 구성하는 속성들 간 공간관계에 대한 통째 처리를 얼굴재인에 특화된 모듈에서 관장한다면, 얼굴실인증 환자의 경우처럼, 이 모듈에 고장이 생기면 어떤 일이 벌어질까? 정상적인 사람들은 똑바로 제시된 얼굴을 재인하는 일보다 거꾸로 제시된 얼굴을 재인하는 일을 더 어려워했다. 얼굴처리 모듈이 검사용 얼굴에 대한 정확한 표상을 구축했기 때문일 것이다. 만약 이 모듈이 손상되면 정확한 표상을 구축할 수 없을 것이고 재인능력도 떨어질 것이다. Farah(1991)가 검사한 얼굴실인증 환자는 똑바로 제시된 얼굴보다 거꾸로 제시된 얼굴에 대한 정확 재인율이 더 높았다(58% 대 72%). 그러나 정상인들은 예상대로 거꾸로 제시된 얼굴보다는 바로 선 얼굴을 더 정확하게 재인하였다(94% 대 82%). 얼굴을 거꾸로 제시하자 얼굴실인증 환자의 얼굴처리 모듈이 할 일이 없어져버렸고, 그 결과 이 환자의 재인능력이 향상되었다는 게 Farah의 설명이었다.

Farah(1990)도 후두엽과 측두엽(대개는 양 반구 모두의) 피질에 입은 손상과 얼굴실인증이 관련돼 있다는 사실을 발견했다. 얼굴재인작업에는 측두엽의 특정 영역이 필수적인 것 같다. 이러한 사실을 입증하는 방법 중 하나는 이와는 다른 신경장애를 찾아내어 이들 장애가 여러 가지 검사 점수에 미치는 효과를 비교해보는 것이다. 읽기검사와 얼굴재인검사는 둘 다 복잡한 시각능력을 요구하는 과제로 이중 분리(double dissociation)를 밝히는 데 유용하게 이용된다. 후천성 난독증(acquired dyslexia)이란 뇌에 입은 부상이나 기타 다양한 종류의 뇌손상에서 발생한다. 난독증 환자들은 정상 통제집단에 비해 읽기검사의 점수만 낮을 뿐, 얼굴재인검사 점수에서는 차이가 나지 않는다. 이와는 대조적으로 얼굴실인증 환자들은 정상 통제집단에 비해 얼굴재인검사 점수만 낮을 뿐 읽기검사의 점수에서는 차이가 나지 않는다. 이들 환자 중 일부는 뇌손상 범위가 아주 넓어 모든 물체 재인에 어려움을 겪기도 했다. 다시 말해, 위에서 소개된 환자들 중에는 얼굴실인증을 넘어서 일반실인증으로 고생하는 사람도 있고 난독증은 물론 일반실인증으로 고생하는 사람도 있었다. 그러나 얼굴실인증과 난독증 둘 모두로 고생하는 환자는 거의 없었다. 요컨대, 얼굴실인증과 후천성 난독증은 서로 무관했다. 즉, 얼굴재인과 읽기는 뇌의 상이한 구조에서 처리되며 선별적으로 손상될 수 있다는 뜻이다.

얼굴재인만 담당하는 모듈이 있다는 또 다른 증거는 물체 전체 재인과제와 부분 재인과제를 이용한 실험에서 확보되었다. 실험의 첫 단계에서는 대학생들에게 얼굴과 물체를 정립으로 제시하고 그들의 이름을 익히게 했다. 그런 다음, 앞서 제시됐던 얼굴 또는 물체에 대한 재인검사를 실시하였다(전체 조건). 예컨대 참여자들에게 얼굴을 하나 보여주며 "이 얼굴이 정수의 얼굴인가?"라고 묻거나, 물체를 하나 보여주며 "이 집이 정수의 집인가?" 물었다. 한편 부분 조건에서는 첫 단계에서 익힌 얼굴이나 물체의 특정 속성에 대한 재인검사를 실시했다. 예컨대, 첫 단계에서 봤을 법한 코를 하나 보며주며 "이 코가 정수의 코인가?"라고 묻거나, 첫 단계에서 봤을 법한 문짝을 하나 보여주며 "이 문짝이 정수네 집의 문짝인가?" 물었다. 집(물체)의 경우, 집(전체)

에 대한 재인 정도와 문짝(부분)에 대한 재인 정도에서 차이가 나지 않았다. 그런데 얼굴의 경우에는 코(부분)에 대한 재인 정도가 얼굴(전체)에 대한 재인 정도에 비해 턱없이 낮았다. 학습을 할 때나 검사를 받을 때에 얼굴을 분석적으로(예 : 코 하나만 집중적으로) 처리하기가 어려웠다는 뜻이다. 얼굴은 얼굴처리에 특화된 모듈에 의해 통째로 처리된다고 가정하면 이 결과는 쉽게 이해된다.

통째 처리능력에서 발견되는 개인차를 이용하면 얼굴재인 능력에서 나는 개인차를 꽤나 정확하게 예측할 수 있는 것으로 밝혀졌다(Richler, Cheung, & Gauthier, 2011). 얼굴의 전체적 구도에 특히 민감한 사람은 얼굴의 위쪽과 아래쪽이 잘못 조합된 과제에서 특히 수행수준이 저조했다. 그런데 케임브리지 얼굴기억검사(Cambridge Faces Memory)라고 하는 표준화 검사에서는 바로 이 사람들의 수행수준이 가장 높았다.

얼굴은 특화된 모듈의 작용으로 지각된다. 언어재인과 같은 특별한 지각을 담당하는 또 다른 모듈이 존재할 수도 있다.

후두엽과 측두엽 내 영역들이 하나의 연결망을 이루어 얼굴처리 모듈로 작용한다는 사실이 fMRI를 이용한 연구에서 밝혀졌다. 이 모듈에는 측두엽에 있는 방추-얼굴영역(fusiform-face area, FFA)과 후두엽 아래쪽에 위치한 후두-얼굴영역(occipital-face area, OFA)이 포함돼 있다. 이들 영역은 좌우 반구에 모두 있지만, 우반구에 위치한 영역이 얼굴에 더욱 강하게 반응한다(Steeves et al., 2009). 얼굴지각에 이들 영역이 구체적으로 어떤 작용을 하는지는 분명하지 않다. 그러나 얼굴 실인증 환자 2명을 비교한 연구에서 중요한 단서가 발견되었다. 이 두 환자 모두 우반구의 OFA는 손상되었었다. 그러나 일반적인 얼굴에 대한 우반구 FFA의 반응(즉, fMRI 활성화 정도)은 정상 범위인 것으로 밝혀졌다. 이러한 결과를 기초로 Steeves의 연구진은 얼굴이 자극으로 제시되면 먼저, FFA의 작용으로 범주화가 이루어지고, 각개의 얼굴을 지각하는 데 필요한 세밀한 정보는 OFA의 작용으로 확보된다고 주장했다.

모듈의 장점은 지각에 필요한 정보를 환경 속에서 신속하게 추출해낸다는 점이다. 예컨대, 얼굴을 얼핏 보고도 그 사람에 대한 첫인상을 형성할 수 있을 만큼 충분한 정보를 추출할 수 있는 것은 바로 이러한 얼굴처리 모듈의 처리속도 덕분이라고 할 수 있다. Willis와 Todorov(2006)는 매력이나 호감, 신뢰감, 자신감 같은 성격특성에 관한 추론은 자동적이고 직관적으로 그리고 신속하게 이루어진다고 주장했다. 이들은 얼굴을 단 1/10초만 볼 수 있었던 조건에서 내린 얼굴에 대한 사람들의 판단과 얼굴을 살펴보는 시간에 제한을 가하지 않았던 조건에서 내린 판단 사이에 매우 밀접한 관계가 있다는 사실을 발견했다. 얼굴을 살필 수 있는 시간을 1/10초에서 1/2초로 늘려도 이 상관관계는 변하지 않았다. 하지만 자신이 내린 판단에 대한 확신 정도는 높아졌고 또 살필 시간이 길어짐에 따라 검사대상 얼굴 모두에 대한 판단이 다소 부정적으로 변했던 것으로 드러났다. 그리고 그 시간을 1/2초에서 1초로 늘려도 판단에 대한 확신 정도만 다소 높아질 뿐 판단 자체는 거의 바뀌지 않았다. 그렇다고 해서 서서히 진행되는 심사숙고가 예컨대, 매력적인 사람과 자신감이 높은 사람을 구별해내는 데 도움이 되지 않는다는 뜻은 아니다. 의식적인 처리가 자신감을 높여주는 것도 사실이다. 다만 첫인상은 무의식적 처리로 형성된다는 말이다.

위협적인 얼굴을 탐지해내는 작업에는 두려운 자극을 자신도 모르는 사이에 신속하게 자동적으로 감지해내는 편도체가 개입하는 것 같다. Winston, Strange, O'Doherty, Dolan(2002)은 믿을 만한 것으로 평정된 얼굴을 쳐다보는 조건과 믿지 못할 것으로 평정된 얼굴을 바라보는 조건에서 편도체가 활성화되는 정도를 비교해보았다. 편도체가 활성화되는 정도는 후자의 조건에서 더 높게 나타났다. 얼굴지각에 관여하는 기제가 사회성 기능까지 수행한다는 뜻이기도 하다. 인간은 다른 사람을 바라볼 때 우호적이어서 가까이해도 좋을 사람인지 아니면 위협적이어서 피해야 할 사람인지를 신속하게 그리고 직관적으로 판단한다는 말이다.

여기서 우리는 얼굴지각이 모듈식 처리의 대표적인 보기라는 사실 그리고 이 모듈의 출력이 정서연결망의 처리와 통합되는 방식을 알게 되었다. 얼굴처리 모듈은 얼굴을 신속하게 자동적으로 처리한다. 그러나 이 모듈을 구성하는 여러 영역이 모두 얼굴처리에만 매달리는 것은 아닐 수도 있다. 완전히 새로운 물체(연구에서는 이 물체를 Greebles라 칭했다)를 시각적으로 변별하는 학습에 10시간을 투자한 후부터 참여자들은, 마치 얼굴을 처리할 때처럼, 이들 물체를 통째로 처리하기 시작하는 것으로 드러났다. 또한 Greebles란 물체에 대한 방추-얼굴영역(FFA)과 후두-얼굴영역(OFA)의 선별적 활성화 정도도 높아졌다(Bukach, Gauthier, & Tarr, 2006). 따라서 뇌 속에 있는 이들 영역을 두고는 반복해서 만나게 되고 그래서 생존에 중요한 복잡한 물체를 통째로 처리하게끔 특화된 모듈이라고 생각하는 것이 더 적절할 수도 있다. 우리 인간은 사회활동을 특히 많이 하는 동물이기 때문에 인간의 얼굴은 인간이 반복적으로 만나는 그래서 생존에 중요한 시각처리의 대상임에 틀림없다.

말소리(언어) 지각

지각성 모듈의 또 다른 보기는 인간이 수행하는 가장 놀라운 재주에 해당하는 형태재인일 것이다. 코앞에 서 있는 사람의 얼굴을 재인하고 나면, 그 사람의 성대에서 나오는 말소리를 해독해야만 한다. 말 그리고 말을 이해하는 일은 방대한 주제여서 제8장에서 따로 논의될 것이다. 여기서 다룰 문제는 말소리라고 하는 청각신호가 어떻게 그렇게 신속하게 재인되기에 우리는 들은 말을 그 자리에서 금방 이해할 수 있게 되는 것일까라는 문제이다.

말소리 지각(speech perception)과 언어이해(language comprehension)는 같은 용어가 아니다. 언어이해는 제8장에서 다룬다. 여기서 말하는 말소리 지각은 입말이라는 청각신호를 기초로 장기기억에 저장되어 있는 특정 단어를 활성화시키는 형태재인을 일컫는다. 다시 말해, 귀에서 생성되는 청각 신호로부터 장기기억 속에 저장된 특정 음운표상이 활성화되는 과정을 일컫는다. 우리의 뇌에는 얼굴지각 전용 모듈이 개발되어 있듯이 말소리 지각 전용 모듈도 개발되어 있다. 때문에 말을 듣는 청자는 의도적인 노력을 하지 않는데도 단어가 자동적으로 그리고 신속하게 지각된다. 인간의 말소리 지각모듈은 복잡하게 설계되어 있어 입말을 전달하는 엄청나게 복잡한 청각신호를 어렵지 않게 처리할 수 있다.

우선, 청각언어 처리에서는 기본 말소리를 이용하여 단어를 구분한다는 사실부터 고려해보자. 특정 언어를 구성하는 말소리의 가장 작은 단위(또는 음운조각)를 음소(phoneme)라 한다. 각각의 음소는 다른 모든 음소와 다르게 발음된다. 발음된 신호에서 나는 바로 이 차이 때문에 단어가 달라지고 그 단어의 의미가 달라진다. 예컨대, 우리말에서 발과 팔은 첫 음소만 다르다. 첫 음소에서 나는 이 차이 때문에 이 두 단어의 의미가 달라진다. 우리가 일상에서 하는 말에서는 초당 약 12개의 음소(음운조각)가 발성된다. 우리의 언어지각 시스템은 이런 빠른 속도로 발성되는 소리를 어렵지 않게 처리한다. 심지어는 인위적으로 속도를 높여 초당 50개의 음소를 발음해도 충분히 처리해낸다(Foulke & Sticht, 1969). 우리는 문장을 속삭이는 사람까지도 이해한다. 속삭임은 음향신호의 강세는 물론 주파수까지 바꾸어놓는다는 사실을 감안하면 말소리 처리능력은 놀라운 재주가 아닐 수 없다. 말소리를 구성하는 가장 작은 단위인 음소를 재인하기 위해 우리의 뇌가 처리해야만 하는 정보는 초당 4만 비트가 넘는 것으로 추정되고 있다(Fodor, 1983). 말소리를 이렇게 빨리 그리고 자동적으로 처리할 수 있다는 것은 이 과제를 수행하는 장치가 말소리를 처리하기 위해 특화된 모듈일 것이라는 암시로 간주된다.

일상의 말소리에는 소음과 불확정성이 가득하다. 이 사실 때문에 말소리 지각은 훨씬 더 어려워진다(McClelland & Elman, 1986). 화자가 문장을 완전하게 만들어 조용한 곳에서 천천히 그리고 명확하게 발음하지 않는 한, 말소리는 조각조각을 나열해놓은 것에 불과하다. 그런데도 청자는 완전하지도 않은 문장이 신속하게 발성된 것까지 이해하곤 한다. 심지어는 주변의 잡음에 의해 왜곡된 말까지도 청자는 이해한다. 화자가 발음을 분명하게 하지 않는데도 청자는 하향식 재인처리를 이용하여 괴리를 채워넣는다. 예컨대, Warren(1970)은 실험용 문장을 테이프에 녹음한 후, 그 문장을 구성하는 단어 중 하나를 골라 그 단어를 구성하는 음소 중 하나를 기침소리로 대체시켰다. 구체적으로, "The state governor met with respective legi*latures convening the capital city"라는 문장 속 '*'는 /s/가 있어야 하는 곳에 /s/ 대신 기침소리가 0.12초 동안 제시된 곳을 표시한다. 이렇게 가공된 문장을 참여자 20명에게 들려주고는 문장 속에서 혹 빠진 소리가 없었냐고 물었다. 빠진 소리가 있었다고 대답한 참여자가 1명 있었다. 그러나 이 참여자가 빠졌다고 보고한 소리는 엉뚱한 소리였다. 참여자들이 빠진 음소를 복원시킨 게 분명했다. 심지어는 빠진 음소가 단어의 초성인 경우(예 : *eel) 그리고 이 단어의 정체가 그 문장 속에서 나중에 나오는 단어(예 : shoe)에 의해 분명해지는 경우에도 빠진 음소를 지각하는 경우는 거의 없었다.

말소리 지각을 위해 특화된 모듈은 청각시스템을 자극하는 복잡한 음향신호를 처리하도록 진화됐다. 이 음향신호가 복잡한 이유는 음향신호와 음소와의 관계가 1 대 1 대응관계가 아니기 때문이다. **말소리 분석도**(speech spectrogram)를 고려해보자. 특정 발성의 음향에너지를 나타내는 이 그림의 y축은 그 발성을 구성하는 음파의 주파수를 나타내고 x축은 시간의 흐름을 나타낸다. 그림 2.10은 영국인이 'bab', 'dad', 'gag'를 발음했을 때 생성된 말소리 분석도를 보여준다(Ladefoged, 1982). 특정 주파수의 에너지 띠가 검을수록 그 음파의 진폭(소리의 강세)이 높다는 뜻이다. 주파수가 저, 중, 고로 나뉘고 있음을 주목하자. 이들 띠를 **포르만트**(formant)라 한다. 주파수가 가장 낮은 띠를 1차 포르만트라 하고 그다음을 2차, 그다음을 3차, … 포르만트라 한다. 사람들은 예컨대, 'gag'를 나타내는 분석도를 시간에 따라 나누면, 3개의 조각이 분명하게 드러날 것이라고 생각할 수도 있다. 첫 조각은 /g/라는 첫 음소의 불변속성을, 그다음은 /a/라는 음소의 불변속성을, 그리고 마지막 조각은 다시 음소 /g/의 불변속성을 나타내는 조각으로 말이다. 그러나 시간에 따라 나눈 이 세 조각의 분석도는 'gag'를 구성하는 3개의 음소 /g/, /a/, /g/와 일치하지 않는 것으로 밝혀졌다.

기실, 음향신호의 각 조각은 하나 이상의 음소에 관한 단서를 제공한다(Liberman, Cooper, Shankweiler, & Studdert-Kennedy, 1967). 이를 **동시조음**(coarticulation)이라 하는데, 그림 2.11이 보여주듯, 'beg'를 구성하는 음소 3개가 거의 동시에 전파되고 있다는 뜻이다. 즉, 맨 먼저 /b/

그림 2.10 영국인이 발음한 'bab', 'dad', 'gag'(좌에서 우로)에 대한 말소리 분석도

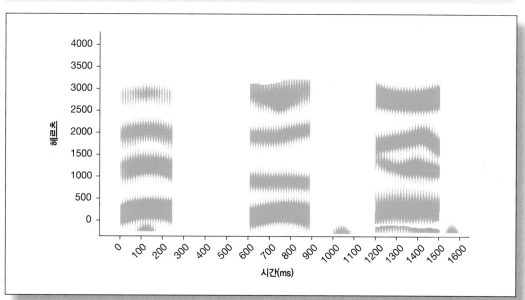

출처 : *Course in Phonetics, 2nd edition*, by Ladefoged, P., 1982. Heinle 허락하에 재수록, a division of Thomson Learning: http://www.thomsonrights.com, fax 800-730-2215.

가 전파되고 그다음에 /æ/가 그리고 마지막에 /g/가 전파되는 식으로 따로따로 전파되는 게 아니라, 음소 /b/에 해당하는 음향에너지가 나머지 두 음소의 음향에너지와 중첩되어 전파된다는 말이다. 달리 표현하면, /b/에 대한 조음이 완료되기 전에 화자의 성도는 /æ/를 조음하는 데 필요한 모양을 갖추기 시작한다. 또한 그림 2.11을 가만히 살펴보면, /b/에 대한 조음이 끝나기 전에 이미 /g/에 대한 조음까지 시작되고 있음을 알 수 있다. 동시조음에서 중요한 점은 여러 개의 음운조각(음소)이 각각의 시점에서 동시다발적으로 조음된다는 사실이다.

또한 이 음향스펙트럼에는 특정 음소를 구성하는 독특한 불변속성, 즉 맥락이 바뀌어도 변하지 않는 속성이 보이지 않는다(Liberman et al., 1967). 음소에는 독특한 불변속성이 없다. 그림 2.12에서 /di/와 /du/를 나타내는 분석도를 보면, 음소 /d/에 해당하는 포르만트가 그 뒤에 오는 음소가 /i/냐 /u/냐에 따라 다르다는 것을 알게 된다. 각각의 경우 1차 포르만트는 같다. 그러나 고주파수를 나타내는 2차 포르만트를 보라. 화자가 음소 /d/를 발음할 때 엄청난 변화가 일어난다. /i/가 뒤따를 때는 그 포르만트가 더 높은 주파수로 바뀌는데 /u/가 뒤따를 때는 더 낮은 주파수로 바뀐다. 따라서 청자가 음향스펙트럼에 집중한다고 해도 음운조각 /d/를 정의하는 불변속성(즉, 어떠한 맥락에도 변하지 않는 속성)을 찾아내어 그것을 기초로 그 음운조각의 정체를 파악할 수는 없다.

동시조음과 불변속성 부재라는 현상을 통해 우리가 알게 되는 것은 청자가 말을 알아듣기 위해서는 특정 음향신호가 발생하는 맥락까지 처리해야만 할 것이라는 점이다. 속성들 간 관계는 속성 그 자체만큼 중요하다. 시각적 물체 재인을 이해하는 데도 속성들 간 관계는 중요했었다. 형태재인의 경우, 속성과 속성들 간 관계를 명시하는 이론만 적절했다는 것을 기억할 것이다. 말을 알아듣기 위해서는 화자의 말과 함께 흘러나오는 수많은 음소 중 단 하나의 정체를 확인하는 데도 엄청나게 많은 속성과 그들 간 관계를 순간적으로 처리해야만 한다. 또한 바뀌지 않고 가만히 있는 시각적 물체와는 달리, 말소리를 처리할 때는 시간에 따른 변화도 극복해야만 한다. 특정 음운조각에 대한 지각경험은 그 조각 앞에 나타났던 소리는 물론 그 조각 뒤에 오는 소리에 따라서도 달라진다(Salasoo & Pisoni, 1985). 말소리라는 음향신호가 맥락에 따라 변한다는 사실 때문에 청자가 해야 할 일이 엄청나게 복잡하게 변해버렸다. 예를 들어보자. 화자가 조음을 할 때 한 가지 속성만 바꾸면 음소 /b/가 /p/로 바뀌어버린다. 음소 /p/를 발음할 때는 성대가 진동하지 않는데 반해, 음소 /b/를 발음할 때는 성대가 진동한다. 단어 'pad'와 'bad'를 구분하고자 하는 청자는 바로 이 차이를 찾아내야만 한다. 그런데 이 차이를 찾아내기 위해 청자는 /b/와 /p/를 정확하게 구분하는 데 필요한 속성 16가지를 처리해야만 한다(Lisker, 1986).

> 음소가 동시에 조음된다는 사실은 음향신호의 각 조각이 제공하는 단서에 음소 2개 이상의 정체에 관한 정보가 들어 있음을 뜻한다. 그 결과 그 음향신호에는 특정 음소의 불변속성(맥락이 바뀌어도 변하지 않는 속성)이 결여돼 있다.

그림 2.11 3개의 음소(/b/, /æ/, /g/)가 동시조음되는 모습

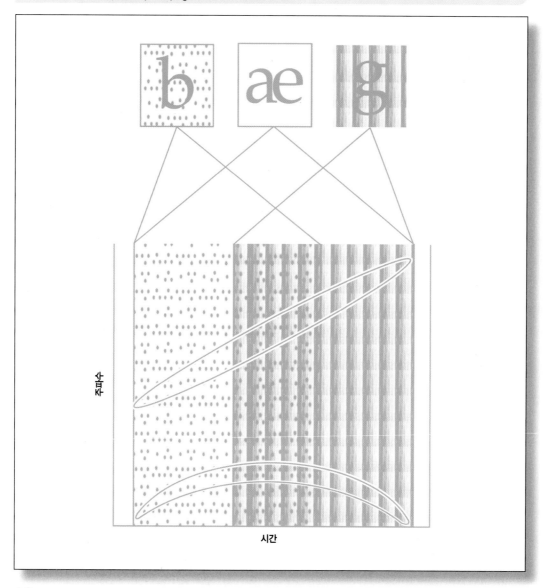

출처 : Liberman, A. M., Cooper, F., Shankweiler, D., & Studdert-Kennedy, M. (1967). Perception of the speech code. *Psychological Review*, 74, 431–459. 허락하에 재수록.

그림 2.12 /di/와 /du/를 나타내는 분석도

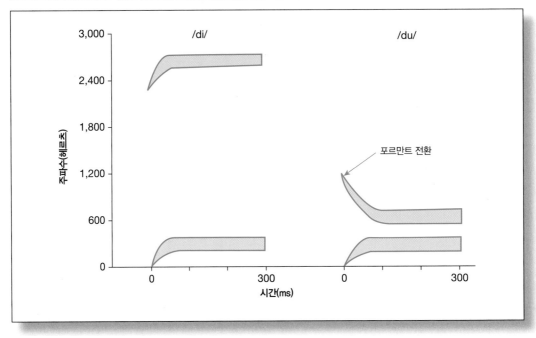

출처 : Liberman, A. M., Cooper, F., Shankweiler, D., & Studdert-Kennedy, M. (1967). Perception of the speech code. *Psychological Review*, 74, 431–459. 허락하에 재수록.

셋째, 말소리를 구성하는 음향신호는 문장이 끝날 때까지 연속적으로 변한다(Foss & Hakes, 1978). 음향신호에는 끊김(pause)이 거의 없다는 뜻이다. 놀라운 사실은 드물게 발생하는 끊김도 대개는 단어와 단어 사이가 아닌 단어 속에서 발생한다는 점이다. 끊김이 단어와 단어 사이의 경계에서 일어나는 경우는 40%도 되지 않는다(R. A. Cole & Jakimik, 1980). 그림 2.13은 이 사실을 "John said that the dog snapped at him"이라는 문장을 나타내는 분석도로 예시하고 있다.

결론적으로, 말소리 지각모듈은 음소를 정확하고 신속하게 추출해내기 위해 많은 일을 동시에 처리해야 한다. 이때 벌어지는 머릿속 신경계산에는 측두엽 상측 이랑의 음운처리 역량이 중요한 역할을 수행한다. 그러나 말소리 지각모듈은 하나의 신경망을 구성하는 여러 영역에 분산되어 있는 것으로 생각된다(Poeppel & Monahan, 2008). 복측 경로에서는 단어의 발음법이 그 단어의 의미와 결부된다. 다시 말해, 복측 경로는 단어의 음운표상을 그 단어의 개념표상과 연결시켜준다. 나중 제7장에서 알게 되겠지만, 이들 개념표상은 측두엽 전체에 걸쳐 저장되어 있다. 그리고 등쪽 경로는 음운표상을 말소리로 바꾸어놓는 조음/운동프로그램과 연결시켜준다.

그림을 보면, /s/와 /n/ 사이 그리고 /p/와 /t/ 사이에서 끊김이 일어났음을 알 수 있다. 청자에게 들리는 단어와 구 사이의 끊김은 음향에너지(신호)가 제공하는 것이 아니다. 그 끊김은 음향신

그림 2.13 "John said that the dog snapped at him"이라는 문장을 나타내는 분석도의 일부

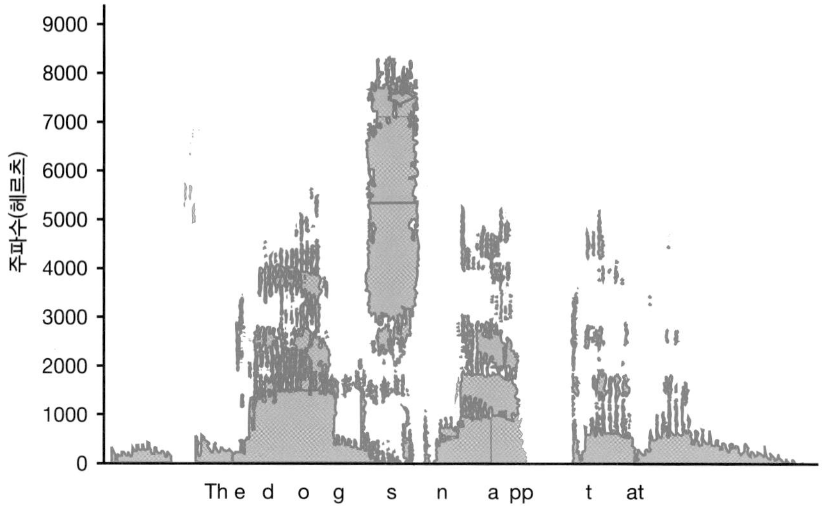

출처 : Liberman, A. M., Cooper, F., Shankweiler, D., & Studdert-Kennedy, M. (1967). Perception of the speech code. *Psychological Review*, 74, 431–459. 허락하에 재수록.

호를 분류(범주화)하는 언어재인 작업과정에서 끼워넣은 것이다. 이 과정에서는 개념 주도적 처리(하향처리)를 통해 음향에너지를 단어, 구, 절, 문장으로 분석하는 일이 벌어진다. 이에 반해, 음향에너지가 제공하는 끊김(예 : *snapped*에 있는 끊김)은 언어의 단위를 알려주는 신호가 못 되기 때문에 청자에게는 아예 들리지 않는 것이다.

언어지각에서 개념 주도적 처리의 역할은 외국어를 들을 때 더욱 분명해진다. 이 경우 말소리의 연속성이 거의 그대로 지각된다. 한 단어 내에서 발생하는 끊김은 정확하게 들리는데 반해 단어 간 경계는 들리지 않는다. 앞서 소개했던 동시조음 효과가 단어 내에서는 물론 단어 간 경계를 넘어서도 적용된다. 따라서 화자가 특정 순간에 발성을 통해 내보내는 음향신호에는 이웃 단어 속의 음소에 관한 정보까지 들어 있는 셈이다. 특히 원어민이 말하는 외국어를 자료 주도적 처리 또는 상향처리만으로 분석하려 할 때는 말소리가 진짜 복잡해진다. 그러나 우리 모국어를 들을 때는 그런 말소리가 잘 정돈된 소리의 꾸러미(의미를 명시하는 소리의 단위)가 정연하게 이어지는 것처럼 들린다.

말-처리모듈의 중요한 기능 중 하나는 말소리를 음소로 분류하는 일이다. 이때 음향신호에서 발생하는 미묘한 차이가 음소 간 경계에서 발생하는 것이 아니면 그 차이를 무시해버려야 한다.

예컨대, 음소 /b/와 /p/와의 차이는 입술이 열린 후부터 발성 개시까지의 시간 차이뿐이다. /b/의 발성 개시는 즉각적(0초)으로 이루어지는데, /p/의 발성 개시까지는 0.06초가 걸린다. 0초에서 0.06초까지라는 좁은 시간 간격 사이에 /b/와 /p/를 구분하는 경계선이 놓여 있는 것이다.

Lisker와 Abramson(1970)은 범주적 지각(categorical perception)이라는 현상을 입증하기 위해 발성 개시 시간을 −0.15초에서 +0.15초까지 변화시켜보았다. 이 실험에는 컴퓨터를 이용한 합성 언어가 이용되었다. 자극으로 제시된 음향신호는 31개였고, 각 신호 간 다른 점은 발성 개시 시간 차 0.01초(예 : −0.15초~−0.14초)뿐이었다. 자극은 31개였으나 들리는 음소는 2개뿐이었다. 참여자들은 발성 개시 시간이 −0.15초인 자극에서 시작해 발성 개시 시간이 0.00초 약간 넘는 자극까지를 모두 /b/로 지각/분류/범주화했다. 그러나 발성 개시 시간이 0.00초를 약간 상회하는 자극부터 발성 개시 시간이 +0.15초까지의 자극은 모두 /p/로 분류/범주화했다. 그러니까 발성 개시 시간의 변화 정도는 중요한 게 아니었다. 0.00초에서 0.15초 사이의 모든 변화가 동일한 음소로 들렸기 때문이다. 중요한 건 변화의 양이 아니라 음향신호의 변화가 두 음소 간 경계를 넘어서느냐는 것이었다. 음향신호에서 발생하는 동일한 크기의 변화일지라도 그 변화가 경계선을 사이에 두고 발생하면, 그 변화가 발생하기 전과 후에는 서로 다른 음소로 지각되는 것이었다. 이처럼 지각결과가 갑작스레 달라지는 현상을 범주적 지각이라 한다.

> 말소리는 분명한 범주 경계에 따라 음소로 범주화된다. 연속적으로 흘러나오는 말소리가 별개의 단어와 구로 들리는 것은 개념 주도적으로 전개되는 재인작업의 결과이다.

말소리를 구성하는 음소의 경우, 그 범주 경계가 분명한 건 사실이다. 하지만 우리의 청각 시스템이 발성 개시 시간에서 나는 점진적 변화를 감지할 수 없었던 건 아니다. 감각자극에 대한 자료 주도적 처리는 이들 차이를 분명하게 꼬집어낸다(Massaro, 1994). 즉, 우리의 감각시스템은 말소리의 연속적인 변화를 탐지한다. 그러나 결정 과정에서는 그 신호(연속적 변화)를 음소(예 : /p/ 혹은 /b/)로 분류해버린다. 그런데 이들 두 범주(음소) 간 경계가 다소 유동적인 것으로 밝혀졌다(Repp & Liberman, 1987). 정확한 경계선의 위치가 맥락에 따라 달라지기도 한다는 뜻이다.

말소리에서 음소를 추출해내는 일도 이처럼 복잡한 일이다. 그럼에도 불구하고 유아들도 1~4개월만 되면 한 음소를 다른 음소와 구별시켜주는 속성을 탐지할 수 있다. 기실 이맘때의 유아들은 모국어의 음소뿐 아니라 사람들이 사용하는 다양한 언어에 이용될 수 있는 모든 음소를 찾아낼 수 있는 것으로 보인다(Eimas, Miller, & Jusczyk, 1987). 이러한 증거는 언어가 특화된 모듈에 의해 처리된다는 생각과 일치한다(Eimas & Miller, 1992).

물론, 유아들은 자기가 들은 것을 보고할 수 없다. 그러나 발달심리학자들은 아이들이 젖꼭지를 빠는 속도를 측정함으로써 자극에 대한 아동들의 주의 변화를 추론할 수 있었다. 한 달 난 유아의 경우에도 빨기 스키마는 잘 확립되어 있는 편이다. 기실 출생 시부터 나타나는 몇 안 되는 반사행동 중 하나가 빨기이다. 빨기 스키마라는 기본적인 감각운동 스키마는 젖을 빠는 경험과 함께 발달하여 결국에는 빨기라는 반사행동을 대신하게 된다. 재미있는 건 아이들도 신기한 자극을 만나게 되면 젖꼭지를 빠는 속도가 빨라진다는 점이다. 그러다가 그 자극을 반복해서 만나게 되면, 그 자극에 대한 습관화가 형성되어 빠는 속도 또한 느려진다. 습관화가 형성되던 중 갑자기 자극이 바뀌고 아이가 그 변화를 탐지하게 되면 탈습관화(즉, 젖꼭지를 빠는 속도가 빨라지는 일)가 벌어진다. 따라서 자극을 바꾸기 전과 바꾼 후에 일어나는 빨기 속도를 비교해보면, 아이에게 제시된 자극의 변화가 탐지되었는지를 판단할 수 있다.

Eimas(1974)는 이 방법을 이용해서 아이들이 말소리를 범주화한다는 사실을 발견했다. 아이들에게 제시된 음향신호가 음소경계를 넘어설 때 아이들의 반응에서 탈습관화가 기록됐던 것이다. 후속 연구에서는 유아들에게는 하나의 음운경계 내에 속하는 여러 자극을 변별할 수 있는 능력까지 있는 것으로 밝혀졌다(Miller & Eimas, 1983). 그런데도 어른들처럼, 아이들도 개별 음소를 구분시켜주는 결정적인 차이에 민감하게 반응하고 또 음향신호가 나타나는 맥락까지 처리하도록 정해진 것 같다.

유아가 말소리를 범주화할 수 있는 완전한 능력을 가지고 태어나는 건 아니다. 신생아들도 상이한 음소로 구성된 음절들 간 차이를 탐지할 수 있다. 그러나 이 단계에서는 음운조각(즉, 그 음절을 구성하는 음소들)에 대한 신생아들의 표상(지식)이 아직 완전히 발달한 건 아닌 것 같다(Eimas & Miller, 1992 참조). 생후 첫 1~2개월을 지나는 동안 음절을 하나의 단위로 취급하던 단계에서 그 음절을 구성하는 음소를 개별적으로 처리할 수 있는 능력(지식/표상)을 갖춘 단계로 발전하는 것 같다(Bertoncini, Bijeljac-Babic, Jusczyk, Kennedy, & Mehler, 1988).

요약

1. 지각은 자극의 물리적 에너지를 자극에 대한 초기의 신경표상으로 변환하는 일에서 시작된다. 변환의 결과로 주변의 물체와 사건이 지각되는데, 여기서의 지각은 그냥 탐지되었다는 뜻이다. 이렇게 탐지된 사건과 물체에 대한 인식(즉, 의미 있는 것으로 범주화한다는 뜻에서)은 더 많은 처리가 이루어진 후에야 벌어진다. 눈으로 본 물체나 사건을 의식하기 위해서는 이들 자극에 대한 처리와 표상이 시각피질에서 이루어져야만 한다. 맹시라는 조건을 가진 환자들은 눈앞에 있는 물체에 대한 의식은 하지 못하는데도 그 물체의 위치는 추측해낼 수 있다.

2. 지각능력은 형태재인능력, 즉 환경 속에서 탐지된 물체와 사건을 범주화하는 능력에 의해 결정된다. 형태재인은 감각기관을 통해 탐지된 물체와 사건에 대한 표상(형태)을 장기기억 속에 표상

(저장)된 물체와 사건의 형태와 비교함으로써 성취된다. 실인증이라는 신경심리학적 조건에서는 자극의 속성은 지각되고 이해되면서도 자극 그 자체는 의미 있는 물체로 재인되지 않는다. 뇌의 특정 영역에 손상을 입은 환자들은 물체를 볼 수는 있어도 그 물체를 재인(범주화)하지는 못한다. 통각실인증은 지각경험을 기초로 물체를 범주화하는 능력, 즉 형태를 재인할 수 없어서 발생하는 조건을 일컫는다. 이에 비해 결합실인증은 물체를 그 기능이나 의미를 기초로는 범주화하지 못하는 조건을 일컫는다.

3. 스키마는 우리가 살아가며 마주치게 될 물체나 사건에 관한 기대를 생성하게 해준다. 우리는 이런 기대를 기초로 주변 환경을 탐구한다. 스키마에 의해 생성된 기대는 안구 움직임과 그 밖의 몸놀림을 통제함으로써 탐구활동을 감독한다. 기대에 맞추어 진행된 탐구활동은 주변에서 가용한 정보를 솎아내는 작업으로 구현된다. 이렇게 표집된 정보는 애초의 기대를 충족시키거나 수정하게 만들고, 그 결과는 다시 새로운 탐구활동을 유도한다. 하향처리식 또는 개념 주도적 형태재인은 세상사에 관한 지식을 저장하고 있는 장기기억 속 스키마 중에서 감각자극과 일치하는 것을 찾아내는 작업에 기대가 활용되는 일을 일컫는다. 기대를 이용하면 형태재인에 필요한 검색작업이 용이해진다. 상향처리식 또는 자료 주도적 형태재인은 감각기관을 통해 수집한 환경 속성이 재인작업에 이용되는 일을 일컫는다. 신속하고 정확한 적응성 지각에는 기대와 자료 둘 다가 필수적이다.

4. 장기기억 속에는 물체에 대한 정보가 그 물체를 구성하는 속성의 목록으로 표상돼 있다고 보는 견해도 있고 속성들의 구조에 관한 묘사로 표상돼 있다고 보는 견해도 있다. 물체는 그 물체를 다른 물체와 구분시켜주는 독특 속성의 집합(목록)으로 표상될 수도 있다. 그러나 이 견해는 동일한 독특 속성을 공유하면서도 속성들 서로 간 관계가 달라서 상이한 물체로 나타나는 현상을 설명할 수 없다. 속성들의 구조를 묘사하면, 독특 속성의 정체는 물론 그들 간 관계까지 고려하게 되기 때문에 이런 문제가 사라진다.

5. 통째 처리는 물체 전체를 하나로 지각하는 일을 일컫고, 분석적 처리는 전체를 구성하는 속성들을 지각하는 일을 일컫는다. 얼굴지각이 특이한 건 분석적 처리보다는 통째 처리에 더 큰 영향을 받기 때문이다. 얼굴지각은 특화된 모듈의 작용으로 이루어지는 것 같다. 얼굴지각은 자동적이고 신속하며 다른 인지시스템으로부터 독립적으로 전개되고 뇌의 특정 영역에서 성취된다. 이 모듈의 손상으로 발생하는 얼굴실인증 환자는 얼굴재인 능력만 상실했을 뿐 일반적인 물체 재인 능력은 온전한 편이다.

6. 언어지각이 어려운 이유는 말소리를 구성하는 음향신호에서 의미 전달에 이용되는 음소가 매우 복잡하다는 데 있다. 첫째는 음소가 동시조음된다는 데 있다. 음향신호의 각 조각이 제공하는 단

서에는 두 가지 이상의 음소에 관한 정보가 들어 있다는 뜻이다. 그 결과 음향신호에서 특정 음소를 정의하는 속성이 맥락에 따라 바뀌어버린다. 말소리가 음소로 분류되는 일은 분명한 범주의 경계를 기초로 이루어진다. 연속적으로 변하는 음향신호가 범주로 지각된다는 뜻이다. 끝으로 말소리의 물리적 에너지는 단어가 바뀌어도 달라지지 않는 경우가 많다. 말소리는 끊김 없이 흘러나오는데도 우리는 별개의 단어와 구를 듣는다. 단어 및 구 재인이 개념 주도적 처리로 성취된다는 뜻이다.

핵심 용어

개념 주도적 처리(conceptually driven processes)
결합실인증(associative agnosia)
단어우월 효과(word superiority effect)
독특 속성(distinctive features)
동시조음(coarticulation)
말소리 분석도(speech spectrogram)
맹시(blindsight)
범주적 지각(categorical perception)
변화 맹(change blindness)

분석적 처리(analytic processing)
스키마(schema)
얼굴실인증(prosopagnosia)
음소(phoneme)
자료 주도적 처리(data-driven processes)
통각실인증(apperceptive agnosia)
통째 처리(holistic processing)
포르만트(formants)
형태재인(pattern recognition)

생각해볼 문제

- 자동차를 운전할 때 운전자는 많은 물체와 교통신호의 정체를 찾아내야 한다. 이 일을 어렵지 않게 완수하는 일에 개념 주도적 형태재인이 어떤 도움이 될 것 같은가? 여건이 어떠할 때는 자료 주도적 처리가 더 중요할 것 같은가?
- 말소리를 범주적으로 지각하는 일이 말소리 지각모듈에서 벌어지는 신속한 음소처리에 어떤 도움이 될 것 같은가?
- 통각실인증, 결합실인증, 얼굴실인증은 어떤 점에서 비슷한가? 그리고 구체적으로 어떻게 다른가?

제 **3** 장

주의

학습목표

● 칵테일파티 효과와 이 효과가 주의의 초기 선별 모형, 약화 모형, 후기 선별 모형으로 설명되는 방식을 기술한다.

● 어떤 과제가 어떤 상황에서 자동화되어 주의자원을 소모하지 않고도 수행될 수 있는지를 설명한다.

● 주의의 세 가지 측면인 지향, 경보, 관리기능과 그에 관련된 뇌 영역을 이해한다.

● 휴대전화 사용에 손을 사용하지 않아도 운전 중 휴대전화 통화가 사고를 유발하게 되는 이유를 설명한다. 중앙 병목 및 부주의 맹의 구체적인 역할을 상술한다.

우리의 감각기관은 주변 환경 속 여러 가지 신호(예 : 시각, 청각, 후각, 촉각 등)를 끊임없이 받아들인다. 이와 동시에 우리는 몇 초 전에 일어났던 사건에 대한 표상에서부터 아주 오래된 사건에 대한 표상은 물론 상상만 했던 미래의 사건에 대한 표상까지 다양한 맘속표상을 경험한다. 그러나 우리는 특정 순간에 어떤 한 가지 생각에 빠져들면 다른 생각은 할 수 없게 된다. 우리의 의식이 어떤 외적 또는 내적 사건에 사로잡히고 나면, 다른 사건은 거의 모두 또는 모두가 의식에서 사라져버린다는 말이다. 주의(attention)는 우리의 의식/마음을 사로잡으려는 많은 자극 중에서 특정 자극을 선별하고, 선택된 자극에다 우리의 인지자원(또는 정신적 노력)을 집중하는 일을 일컫는다. 초창기의 미국 심리학자 William James(1890)는 주의를 소개할 때 "동시에 전개될 법한 여러 가지 생각 중에서 딱 한 가지가 명백하고 선명하게 마음을 점유하는 것으로 … 의식의 집중을 그 정수로 한다"(pp. 403~404)라고 말했다. 주의는 특정 순간에 중요한 것에는 집중을 하고 나머지 것은 무시할 수 있게 해준다. 주의가 없다면 우리는 외부에서 입력되는 감각정보와 내부 세계에서 생성되는 기억과 상상에 의해 압도당하고 말 것이다. 주의가 제 기능을 발휘하지 못하면 우리는 침착하게 생각하고 행동할 수 없어, 결국에는 인간으로서의 기능을 상실하고 말 것이다.

일상생활에서 주의가 중요하게 작용하는 장면/상황을 몇 가지 고려해보자. 우리가 누군가와 대화를 하고 있을 경우에도 대화와는 무관한 수없이 많은 배경 자극이 끼어든다. 가까이 있는 TV에서 방영되는 광경과 잡다한 소리, 길거리를 뒤덮고 있는 자동차 소음, 창밖에서 지저귀는 새소리, 피부를 자극하는 겉옷의 무게, 얼마 전에 다친 손가락 끝의 통증 등 모두가 주의를 차지하기 위해 경합을 벌인다. 대화를 할 경우에는 말을 듣는 일과 말을 하는 일에 주의를 분할하거나 이동시켜야 한다.

이제, 차를 운전하면서 전개되는 휴대전화 대화를 고려해보자. 차내 오디오 소리나 교통소음 같은 교란자극을 무시해야만 통화에 집중할 수 있다. 하지만 운전도 주의를 요구한다. 길을 보며 다른 차와 보행자를 살피는 일은 통화를 어렵게 하는 요인 중 일부일 뿐이다. 특히 교통이 복잡할 경우에는 핸들을 회전하며 브레이크를 밟는 일도 주의를 요하는 작업이 된다. 그렇기 때문에 통화를 하면서 동시에 운전을 할 때는 주의가 여러 가지 과제에 분산될 수밖에 없다. 이들 여러 가지 과제 각각도 순간순간에 따라 고도의 주의를 요할 수 있다. 부주의가 교통사고의 주된 원인임을 감안하면, 운전 중 휴대전화 통화는 위험한 일임에 틀림없다(Evans, 1991).

통화에 주의를 너무 많이 기울이면, 운전자가 두 손으로 핸들을 다루고 또 두 눈은 도로를 주시하고 있어도, 운전에 필요한 주의가 부족할 가능성이 커진다. 다시 말해, 휴대전화를 사용할 때 양손이 모두 자유로워도 부주의 운전이라는 위험은 사라지지 않는다. 왜냐하면 이 위험은 몸놀림이 자유롭지 못해서 발생하는 것이 아니고 주의라는 인지자원이 부족한 데서 발생하기 때문이다. 전화를 걸거나 문자 메시지를 입력하기 위해 제어장치에 손을 떼다 보면, 주의가 운전이 아닌 엉뚱한 곳으로 쏠리게 된다. 그 결과 운전자 자신은 물론 도로상의 다른 사람들까지 위험에 빠지게 된다. 하지만 두 눈은 도로를 주시하고 두 손은 핸들을 잡고 있을 때라도 휴대전화 통화는 운전을 어렵게 한다. 브레이크나 추진기를 밟는 반응시간이 너무 길어지는 등의 위험이 발생하게 된다.

인지심리학자들은 운전 중 휴대전화 통화의 위험을 여러 가지 방법으로 연구해왔다. 실제 도로 주행 중에, 실험실에서 컴퓨터 시뮬레이션(그림 3.1 참조)을 이용해서, 그리고 자동차 충돌 사고에 관한 역학조사를 통해서 연구해왔다. 운전 중 휴대전화 사용에 대한 연구가 이처럼 중요한 것은 운전을 하면서 휴대전화를 사용하는 운전자가 미국만 해도 1억 명이 넘기 때문이다(Strayer & Drews, 2007). 주의라는 관점에서 볼 때, 운전 중 휴대전화 사용은 두 가지의 위험을 초래한다. 첫째는 두 가지 과제를 동시에 수행하려는 데서 발생하는 비용이다. 나중에 알게 되겠지만, 주의라는 병목 때문에 우선순위가 높은 과제부터 반응하려 하다 보면 다른 과제에 대한 반응은 지연될 수밖에 없다. 휴대전화 통화가 우선순위를 점하는 만큼 운전이라는 과제는 수행의 질이 낮아질 수밖에 없다는 뜻이다. 나중에 알게 될 또 하나의 사실은 운전자가 주의를 다른 데 쏠게 되면 바로 눈앞에 있는 물체까지 못 보는 수가 생긴다는 점이다. 이런 실수는 운전자의 시선이 그

그림 3.1 시뮬레이터를 타고 운전하면서 손을 사용하지 않고 휴대전화로 통화하는 장면

출처 : Strayer, D. L., & Drews, F. A. (2007). Cell-phone-induced driver distraction, *Current Directions in Psychological Science, 16*, 128–131, copyright © 2007 Association for Psychological Science. Published by SAGE Publications on behalf of Association for Psychological Science.

물체에 고정된 상태에서도 벌어진다. 이런 실수를 부주의 맹(inattentional blindness)이라 하는데, 이 현상을 이용하면 휴대전화 통화가 운전과 어울리지 않는 이유를 더욱 자세히 설명할 수 있게 된다(Drews, Johnston, & Strayer, 2003). 인지심리학자들의 이러한 연구결과는 운전 중 휴대전화 사용과 문자 메시지 송신을 법으로 금지해야 할 것인지(마치 음주운전을 법으로 금하듯)에 대한 논쟁을 잠재우는 결정적인 정보원으로 작용하게 될 것이다. 기실 몇몇 연구에서는 손을 사용하지 않는 휴대전화 통화에 따른 주변 시야 훼손 정도가 음주운전에 버금간다는 사실까지 밝혀냈다(Holzner, Kopp, Langer, & Magnet, 2005). 휴대전화 통화가 운전 기능을 훼손하는 정도는 혈중 알코올 농도가 0.08인 운전자의 운전 기능이 훼손되는 정도와 필적한다(Strayer, Drews, & Crouch, 2006).

그럼, 라디오나 CD 플레이어를 듣는 것을 어떠할까? 왜 다른 음향기기 사용은 금지하지 않고 휴대전화 사용만 금지해야 한다는 것일까? 연구에 의하면, 라디오 방송이나 녹음해놓은 책은 운전을 방해하지 않는 것으로 밝혀졌다(Strayer & Drews, 2007). 어문적 재료를 수동적으로 듣기만

하는 일은 문제가 되지 않는다는 말이다. 운전자의 주의를 빼앗는 것은 주고받는 대화이다. 대화를 할 때는 상대방과 번갈아가며 말을 해야 하고 상대방이 하는 말의 의도와 목적을 이해해야 한다. 때로는 상대방에 대한 격한 감정도 끼어든다. 대화는 그냥 듣기만 하는 것보다 훨씬 더 복잡하고 주의도 많이 앗아간다.

혹자는 운전 중 승객들과는 대화를 하는데 왜 통화는 안 되느냐고 반문할 수도 있다. 승객과의 대화와 휴대전화를 이용한 대화가 무엇이 다르냐는 생각이다. 이 생각이 옳다면 승객과 운전자 간 대화도 금지해야 할 것이다. 그러나 그 생각은 옳지 않다. 운전 중 실수는 승객과 대화할 때 또는 주의가 산만하지 않을 때에 비해 휴대전화를 사용할 때가 훨씬 잦은 것으로 드러났다(Drews, Pasupathi, & Strayer, 2008). 예를 들어, 휴대전화 사용은 차선을 지키는 일이나 휴게소를 들르는 일을 어렵게 만들었다. 그러나 승객은 실제로 운전자의 주행을 도와주고 주변의 교통상황을 알려주는 일까지 하고 있었다. 그 결과 운전자는 자신의 주의를 잠재적인 문제에 집중할 수 있었다. 운전자가 임박한 문제에 주의를 집중해야 할 일이 생기면 승객은 말을 멈추기도 하였다. 그러나 휴대전화로 통화를 하는 사람은 통화 중에 발생하는 도로상황의 변화를 알 길이 없다. 따라서 심각한 위험 요소로 작용하는 것은 차내에 없는 사람과의 대화이지 대화 자체가 아니다. 주의가 도로와 운전 작업으로부터 흩어지는 일이 발생할 가능성은 승객과 대화를 하는 동안보다 휴대전화를 이용한 대화를 할 때가 훨씬 높다.

현대의 기술은 동시에 두 가지 이상의 과제를 시도할 다양한 기회를 제공하고 있으며, 운전 중 휴대전화 사용은 그중 하나에 불과하다. 수업 중 또는 회의 중에 문자 메시지를 보내는 일, 다른 사람들과 대화를 하면서 인터넷을 검색하는 일, 공부를 하면서 TV를 시청하는 일 등은 모두 학생이나 노동자들이 자주 시도하는 동시작업(multitasking)에 해당한다. 사람들은 두 가지 이상의 일을 동시에 수행하는 것이 주어진 시간을 가장 생산적으로 활용하는 방법이라고 믿고 동시작업을 감행하곤 한다. 하지만 동시작업의 효율성을 믿는 일은 착각일 가능성이 높다. 이 사실은 곧 알게 될 것이다. 두 가지 일을 동시에 할 때는 대가를 치러야 한다. 한 번에 한 가지 작업에 주의를 집중할 때보다 동시작업을 수행할 때는 시간이 더 걸리거나 작업의 질이 떨어질 수밖에 없다는 뜻이다.

동시작업을 하면서도 혼란을 겪지 않는 사람도 있을까? Watson과 Strayer(2010)는 운전 시뮬레이터 속에서 운전자 200명의 행동을 평가해보았다. 이들 중 절반은 방해를 받지 않고 운전만 하는 조건에 그리고 나머지 절반은 작업기억 과제를 수행하면서 운전하는 이중 과제 조건에 배정되었다. 대부분의 사람들에게 작업기억 과제는 운전을 방해할 것이고 동시에 운전은 작업기억 과제 수행을 어렵게 할 것이라는 게 연구자들의 예상이었다. 기실, 이중 과제 조건에 참여한 대다수의 사람들은 한 가지 또는 두 가지 과제 모두에서 수행수준이 떨어지는 것으로 드러났다. 그러나 약 2.5%에 해당하는 소수의 경우에는 운전 및 작업기억 과제 둘 다를 수행하는 데도 아무런 어려움을 겪지 않은 것으로 밝혀졌다. 연구자들은 동시작업능력이 뛰어난 이런 사람들을 동시작업가능자(supertaskers)라 일컬었다. 재미있는 사실은 Watson과 Strayer의 연구에 참여했던 많은 사람들이 "다른 사람들이 휴대전화를 사용하면서 운전하느라 어려움을 겪는 일은 자주 봤다고 주저 없이 인정하면서도 자기는 운전 중 휴대전화를 사용해도 전혀 문제가 없었다고 우긴다는 점이었다"(p. 479). 부주의 맹이 운전자들로 하여금 운전석에서 겪는 자신의 어려움을 깨닫지 못하게 만들었을 수도 있고 또는 자신도 동시작업가능자라고 믿고 싶은 마음 때문에 생긴 착각일 수도 있을 것이다. 그러나 앞서 지적했듯이, 두 가지 이상의 과제를 수행하면서 모든 과제를 잘 수행할 수 있는 동시작업가능자는 극소수에 불과하다.

동시작업은 스스로를 혼란스럽게 만드는 한 가지 방법이다. 대부분의 사람들은 해야 할 일이 많을 때 우선순위를 정할 수 있다. 그리고 과제를 잘 수행하는 것이 특히 중요할 때면 한 번에 한 과제에만 주의를 집중하기도 한다. 그러나 모든 일상 활동에 영향을 미치는 주의장애로 고생하는 사람들도 있다. 이들은 자신의 주의를 자기 마음대로 제어할 수 없게 된다. 주의가 본래의 기능을 수행하지 못하는 일이 심해지면, 주의가 일상의 인지 및 활동에 얼마나 중요하게 작용하는지가 확연해진다. 주의결함/과잉행동장애(attention deficit/hyperactivity disorder, ADHD)는 아주 흔한 정신장애 중 하나로 대개 7세 이하의 어린 아동한테서 자주 발생한다. ADHD로 고생하는 아이들은 주의가 쉽게 산만해지고 가만히 있지를 못하며 충동적으로 행동하는 경향이 강하다. 이 장애는 아이들로 하여금 사회 및 학교 환경에 맞는 활동을 하지 못하게 하며, 성장한 후에는 직업에 맞는 활동까지 방해한다. 이 장애의 대표적 행동증상으로는 과도한 부주의성 실수, 지시를 따르지 못하거나 과제를 완수하지 못함, 장시간의 노력을 요하는 과제를 회피, 지나친 안달과 말, 그리고 충동적 행동이 꼽힌다. ADHD는 어린아이들의 행동에서 부주의와 과잉행동성 그리고 충동성이 정상 범위를 벗어나 지나치고 잦은 경우에 진단된다(Shaywitz, Fletcher, & Shaywitz, 1995).

이후에서는 주의에 대한 이론적 설명이 먼저 소개될 것이다. 주의에 관한 이론은 두 가지, 여과 이론과 용량 이론으로 대분된다. 여과 이론은 주의가 자극 중 일부만을 선별하여 처리되도록 하는 여과기 작용을 한다고 가정한다. 이 이론의 주된 관심사는 정보처리의 어느 단계에서 선별 작업이 이루어지느냐에 있다. 용량 이론은 우리가 정보처리에 이용할 수 있는 정신/인지자원의 최대 용량은 한정되어 있다고 가정한다. 그리고 우리는 이 자원 중 일부를 할당하여 더 처리하고 싶은 자극을 적극 선택한다고 가정한다. 자원의 보고가 하나뿐이라는 입장도 있고 여러 개라는 입장도 있다. 이 이론의 주된 관심사는 정신활동에 주의/자원이 할당되는 방식을 구명하는 데 있다. 주의의 본질에 관한 수많은 연구가 이 두 가지 이론에 의해 창출되었다. 그다음은 자동적 처리와 통제된 처리 간의 차이점이 소개된다. 자동적 처리는 주의가 할당되지 않아도 전개되는데 반해 통제된 처리는 주의가 할당돼야만 전개된다. 마지막으로 시각적 주의에 대한 논의로 이 장이 마감될 것이다. 행동적 증거를 이용한 분석에서도 또 신경적 증거를 이용한 분석에서도 가장 많이 연구된 것이 시각적 주의이다.

여과 이론

선별 주의(selective attention)란 수많은 자극 중에서 다른 건 모두 무시하고 관심 대상 자극만 지각하는 능력을 일컫는다. 선별 주의와 대조되는 **분할 주의**(divided attention)는 두 가지 이상의 자극이 인지자원을 나누어 가지는 상태를 일컫는다. 시끌벅적한 모임에 참여하여 오랜만에 만난 친구와 대화를 나누고 있다고 상상해보라. 주변에 있는 많은 사람들 역시 끼리끼리 대화를 나누고 있다. 주변의 모든 소리는 무시한 채 앞에 있는 친구의 말소리에만 집중할 수 있는 것은 여러분이 가진 선별적 주의능력 덕분이다. 앞에 있는 친구와 대화를 계속하면서 뒤에 있는 다른 사람들의 대화를 엿듣는다면, 여러분은 분할된 주의능력을 이용하고 있는 것이다.

선별 주의의 아주 특이한 경우는 통증을 제어하기 위한 최면에서 발견된다. 통증 유발 자극을 무시하고 다른 자극에다 주의를 선별적으로 기울일 수만 있다면, 통증을 느끼지 못할 수도 있다. 이 가능성에 대한 연구는 일종의 분열된 의식을 경험하는 사람(즉, 아주 쉽게 최면에 걸리는 사람)을 대상으로 오랫동안 진행돼왔다(Hilgard, 1986). 어떤 사람들은 최면에 걸려 신체의 특정 부분에서 발생하는 통증을 느끼지 못하기도 한다. 따라서 고통스러운 수술을 마취제 없이 시행할 수도 있다. 이 사람들은 즐거운 생각에 선별적으로 집중함으로써 통증 신호를 걸러내버린다. Hilgard는 참여자에게 얼음 물통에다 팔을 최대한 오랫동안 담그고 있어보라고 주문했다. 통증을 유발하기 위함이었다. 대개는 20~30초가 지나면 통증을 참지 못한다. 그런 사람도 깊은 최면에 걸리고 나면 통증을 어렵지 않게 참아낼 수 있었다.

여과 이론은 선별 주의가 작용하는 방식을 설명하기 위해 고안되었다. 양이청취(dichotic listening)란 선별 주의를 연구할 때 이용된 고전적 과제에 속한다. 양이청취 과제에서는 참여자의 두 귀에 상이한 자극을 제시하고 한쪽 귀(또는 채널)에 입력되는 자극에만 주의를 기울이라고 지시한다. 참여자가 이 지시를 따를 수밖에 없도록 하기 위해 **따라 말하기**(shadowing)라는 과제가 함께 부과된다. 따라 말하기란 주의를 기울이기로 되어 있는 귀(또는 채널)의 자극은 들리는 족족 따라 말하면서 다른 채널로 입력되는 자극은 무시하는 일을 일컫는다.

따라 말하기를 이용한 초기의 연구에서 Cherry(1953)는 사람들이 주의를 기울이지 않은 채널(귀)에 제시된 자극을 인식하지도 기억하지도 못한다는 사실을 발견했다. 그 실험에 참여한 사람들은 주의를 기울이지 않은 말 중에서 특히 의미를 기억해내지 못하였다. 심지어는 그 자극언어가 영어에서 독일어로 바뀐 사실조차 알아차리지 못하는 경우도 있었다. 그런데 의미나 의미의 속성은 놓치면서도, 물리적 또는 감각적 속성의 변화(예 : 자극이 남성 목소리에서 여성 목소리로 바뀌는 일)는 알아차리는 것이었다. 선별 주의는 주의를 기울이지 않은 자극의 감각적 속성은 처리되도록 놔두면서 의미 관련 속성은 처리를 허용하지 않는다는 뜻이다. 따라서 바로 이 점이 선별 주의에 관한 연구에서 설명돼야 할 첫 번째 발견으로 부각되었다.

초기 선별

따라 말하기 과제를 이용해 수집된 연구결과를 설명하기 위한 모형은 Broadbent(1958)에 의해 처음 제안되었다(그림 3.2 참조). 그는 선별 주의와 관련된 현상을 설명하기 위해 정보처리가 두 단계를 거쳐 이루어진다고 가정했다. 첫 단계에서는 감각기관을 통해 수집된 모든 정보가 부분적으로만 처리된다고 생각했다. 오늘날에는 이 단계를 감각기억이라고들 한다. 부분적으로 처리된 정보에 선별 여과기가 개입하여 관심 대상 정보를 선별해내면, 선별된 소량의 정보만 완전히 처리된다고 생각했다. 소량의 정보만 선별돼야 하는 이유는 우리의 정보처리 시스템은 그 역량이 한정돼 있어 모든 정보를 깊이 있게 처리할 수 없다고 가정했기 때문이다. 초기 선별(early selection)이란 주의라는 여과기가 감각처리는 끝났지만 의미 부여 작업은 시작되기 전에 작용함을 일컫는 말이다. 이 모형에는 과거사에 관한 조건 확률 저장고가 포함돼 있다. 오늘날에는 이 저장고를 장기기억이라 한다. Broadbent는 정보처리 결과에 따른 행동을 통제하는 시스템도 소개하였다.

　　Broadbent(1957)는 양이청취 조건에서 자극으로 제시된 일련의 한 자릿수가 기억(재생)되는 정도를 검토하였다. 예를 들어보자. 왼쪽 귀에는 7-3-5가 하나씩 그리고 오른쪽 귀에는 1-6-2가 하나씩 동시에 제시되었다고 하자(그림 3.3a 참조). 한 쌍의 숫자가 제시되고 그다음 쌍이 제시되기(예 : 7과 1이 제시되고 3과 6이 제시되기)까지의 시간 간격은 500ms였다. 세 쌍의 숫자

그림 3.2 초기 선별 모형

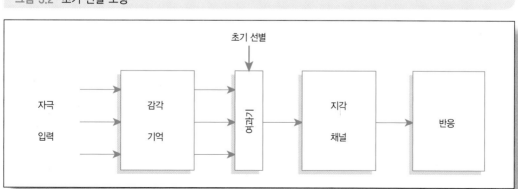

출처 : Broadbent, D. E. (1958), *Perception and communication*. New York: Pegamon 인용.

그림 3.3 양이청취 조건에서 들은 자극에 대한 재생을 초기 선별로 설명하기

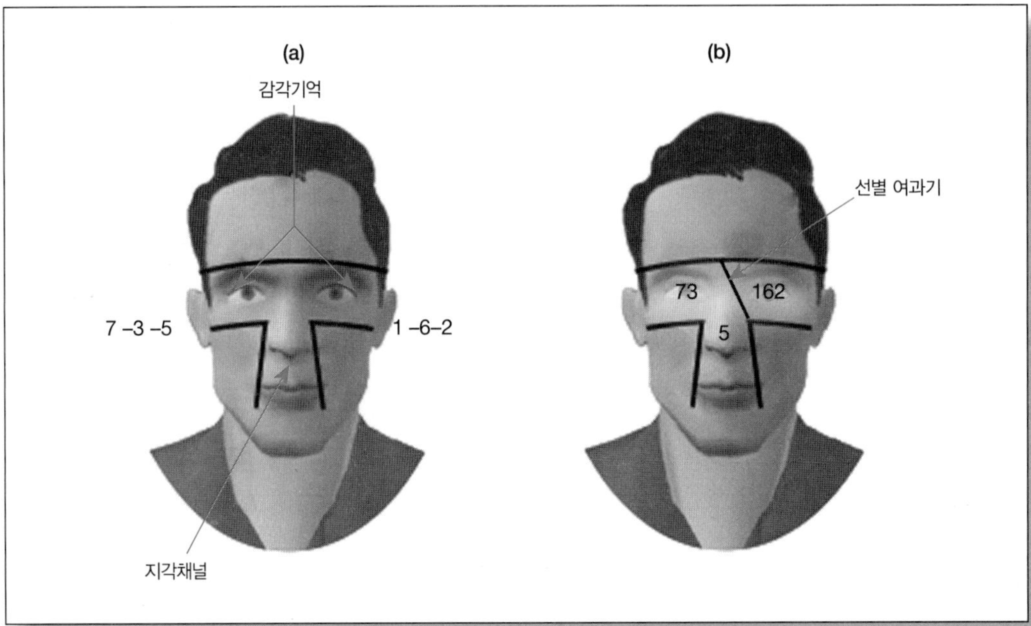

(a)

감각기억

7 –3 –5   1 –6 –2

지각채널

(b)

선별 여과기

73   162

5

출처 : Broadbent(1957) 인용.

를 모두 제시한 후, 들었던 숫자를 순서에 관계없이 재생하라고 하면, 대부분의 참여자들은 제시된 자극의 2/3 정도(이 예의 경우 약 4개)를 재생할 수 있었다. 재미있는 것은 이 성공 확률이 한쪽 귀에 제시된 숫자를 모두 재생한 후 다른 귀에 제시된 숫자를 예컨대, 7–3–5–1–6–2의 순으로 재생했을 때에만 관찰되었다는 점이다. 숫자가 들린 순서대로(예 : 7–1–3–6–5–2) 재생해보라고 했을 때는 재생 성공 확률이 1/5에도 못 미쳤다.

Broadbent(1957)는 이 발견을 초기 선별 모형으로 설명하기 위해 기계적 장치를 예로 들었다(그림 3.3b 참조). 자극으로 제시된 숫자는 각 귀의 감각기억에 잠시잠깐 보관된다. 지각단계의 채널은 감각기억에 비해 그 용량이 제한되어 있다. 따라서 지각이 이루어지기 전에 많은 자극 중 일부만 선별돼야 한다. Broadbent는 지각채널의 한정된 용량이 한 번에 자극 하나밖에 처리할 수 없는 크기라고 가정했다. 선별적 여과기는 자극이 감각기억에서 지각단계로 넘어가는 일을 방해한다. 이 여과기에는 왼쪽 귀에는 열리고 오른쪽 귀에는 닫히거나 그 반대로 왼쪽 귀에는 닫히고 오른쪽 귀에는 열리는 식의 개폐 장치 또는 한쪽 귀의 모든 자극을 통과시킬 때까지 다른 쪽 귀에는 닫혀 있는 식의 개폐 장치가 붙어 있다. 여과기를 개폐하는 작업은 어려운(시간이 많이 걸리거나 정신적 자원이 많이 소요되는) 일이다. 따라서 양쪽 귀에 동시에 제시한 2개씩의 숫자를 그때그때 지각단계로 보내기 위해 여과기가 왼쪽 귀에 열렸다 오른쪽 귀에 열렸다를 번갈아가며 반

복하게 되면, 기억에 남는 숫자의 개수가 줄어들 수밖에 없다. 한편, 제시된 숫자는 감각기억에 잠시나마 보존될 수 있다고 생각했다. 왼쪽 귀에 제시된 숫자가 모두 지각될 때까지 오른쪽 귀에 제시된 숫자는 그 귀의 감각기억에 보관해둘 수 있다는 말이다. 따라서 왼쪽 귀의 숫자가 모두 지각되자마자 오른쪽 귀의 감각기억에 보관돼 있던 숫자를 지각단계로 들여보내는 방법이 이용될 수도 있다. 제시된 자극의 2/3가 재생되었다는 사실은 이 두 번째 방법이 이용되었음을 암시한다.

Broadbent(1957)의 모형은 Cherry(1953)의 발견을 잘 설명하고 있다. Cherry는 주의를 기울인 채널로 입력된 자극만 그 의미까지 분석된다는 사실을 발견했었다. Broadbent의 모형에 따르면 주의를 기울이지 않은 채널의 경우, 참여자는 자극으로 제시된 언어가 영어에서 독어로 바뀐 사실도 알아차리지 못해야 한다. 언어가 바뀌었다는 사실을 알아차리는 일은 자극언어의 의미를 분석한 후에야 가능한 일인데, 의미 분석은 선별 여과기를 통과한 후에 벌어지는 일이기 때문이다. 하지만 음고(예 : 남성 목소리 대 여성 목소리) 같은 감각적 속성의 변화는 작업의 초기 단계(즉, 선별 주의가 작용하기 이전의 단계)인 음향기억 저장고(echoic store)에서 처리되기 때문에 주의를 기울이지 않은 채널에서도 탐지돼야 한다. 음고를 탐지하여 음향기억에 보관하는 일은 선별 여과기가 작용하기 전에 벌어지는 일이기 때문에 두 채널에서 동시에 전개될 수 있다. 이 모형은 Broadbent 자신의 발견도 설명할 수 있었다. 한 쌍의 숫자가 각 귀에 하나씩 제시된 후에 그 다음 쌍이 제시되기까지는 500ms밖에 되지 않았다. 이 간격은 한 쌍의 숫자 중 한쪽 채널에 입력된 한 짝을 처리한 후 다른 쪽 채널로 주의(선별 여과기)를 돌려 나머지 한 짝을 처리하기에는 너무 짧은 시간이다. 따라서 제시된 숫자를 순서대로 기억해내는 일에 오류가 생길 수밖에 없다. 그러므로 선별 여과기를 한쪽 채널(귀)에 열어둔 채 그 채널로 입력되는 숫자 3개를 모두 처리한 후, 다른 채널(귀)로 돌려 그 채널로 입력되는 숫자를 처리하는 방식이 더 높은 정확 재생률을 초래할 수 있었던 것이다.

약화

초기 선별 모형은 인간의 주의를 너무 단순하게 생각한다는 게 다른 연구에서 입증되었다. 예컨대, 주의를 기울이지 않은 채널(귀)에다 참여자의 이름을 제시하면 참여자들은 그 사실을 알아차리기도 했다(Moray, 1959). 참여자가 주의를

> 주의를 기울인 귀(또는 채널)에 들리는 전갈을 따라 말하는 일(추적)은 선별 주의를 작동시킨다. 따라서 추적이 전개되는 동안에 다른 귀에 들리는 전갈의 의미는 처리되지 않는다.

두 채널에다 분할했던 건 아닐까라는 생각을 해볼 수도 있다. 그러나 따라 말하기라는 과제 자체가 매우 힘든 과제여서 참여자들이 주의를 분할했을 가능성은 없는 것으로 간주된다. 따라서 두 채널(대화)에다 주의를 분할하려는 시도를 하지 않았는데도 참여자의 이름 같은 자극은 선별 장

치를 통과할 수 있었다고 봐야 한다. 기실 Moray의 발견은 많은 대화가 동시에 벌어지는 복잡한 실내에서는 관찰되는 현상이었다. 앞사람과의 대화에만 모든 주의를 기울이고 있을 때는 주변에서 벌어지는 대화 속 단어는 무시된다. 그러나 주변의 대화 속에서 우리의 이름이 거론되는 순간 우리의 주의는 그때까지 무시돼왔던 대화에 쏠리게 된다.

이 현상은 무시됐던 채널을 두드리는 자극의 의미도 어느 정도는 처리되어야만 벌어질 수 있는 현상이다. 그렇지 않고서는 무시된 담화에 언급된 자신의 이름을 인식하는 일은 벌어질 수 없는 일이기 때문이다. 주의의 도움 없이도 의미가 분석될 수 있을까라는 의문을 해결하기 위해 다음과 같은 과제를 이용한 실험이 시행되기도 했다. Treisman(1960)은 왼쪽 귀와 오른쪽 귀 각각에다 상이한 문장을 하나씩 제시하며, 왼쪽 귀에 제시된 문장은 따라 말하고 오른쪽 귀에 제시된 문장은 무시하라고 지시했다. 오른쪽 귀에 제시된 문장 속 단어 중 하나는 왼쪽 귀에 제시된 문장 속에 들어가도 무방한 단어였다. 예를 들어보자. 아래 제시된 두 문장에서 이탤릭체로 적힌 단어는 참여자가 따라 말한 단어를 나타낸다.

왼쪽 귀 : …*sitting at the mahogany three possibilities*…

오른쪽 귀 : …let us look at these *table* with her head…

오른쪽 귀에 제시된 단어 중 하나도 이탤릭체임을 주목하자. 왼쪽 귀에 제시되어 따라 말했어야 할 단어 *three*는 무시되고, 오른쪽 귀에 제시되어 무시했어야 할 그 단어(*table*)를 따라 말했다는 뜻이다. 주목할 것은 그 의미로 봤을 때, 이 단어가 그때까지 따라 말한 구절(sitting at the mahogany) 바로 다음에 나타날 단어로 적격이었다는 점이다. 달리 표현하면, 주의를 받지 않은 오른쪽 채널로 입력된 단어의 의미가 따라 말하던 문장의 의미와 어울리자, 그 사실이 즉각 지각되었고 그 결과 그 단어를 따라 말하는 실수가 발생했다. 따라 말하기에서 발생한 이 실수는 선별 주의의 오작동에서 유발된 것이다.

이러한 결과는 초기 선별 모형의 가정에 위배된다. 선별 주의장치인 여과기가 주의를 기울인 (즉, 따라 말한) 자극만을 선별하여 지각(형태재인)작업에 투입했다면, 주의를 기울이지 않은(즉, 따라 말하지 않은) 자극은 어떤 것이든 그 의미가 처리되지 않아야 한다. 따라서 Treisman(1960) 의 실험에서 *table*이란 단어가 지각된 일과 Moray(1959)의 실험에서 자신의 이름이 지각된 일은 이 모형의 예측과 상치된다. 이러한 현상까지 설명할 수 있는 새로운 모형이 필요하다는 뜻이다.

Broadbent(1958) 모형의 대안으로 제안된 Treisman(1970)의 모형은 여과기를 정보처리단계의 초기, 즉 형태재인 이전 단계에 위치시켰다. 구체적으로 Treisman은 한 번에 한 채널(주의를 기울인 채널)의 자극만 형태재인 단계로 보내는 양자택일형 여과기가 아니라 주의를 기울이지 않은 채널의 자극의 강도를 약화시켜 들릴 가능성만 낮게 만드는 여과기를 제안하였다. 약화 (attenuation)란 주의를 쏟지 않은 채널의 감각자극 강도가 선별 여과기에 의해 줄어드는 일을 일

그림 3.4 선별 주의의 약화 모형

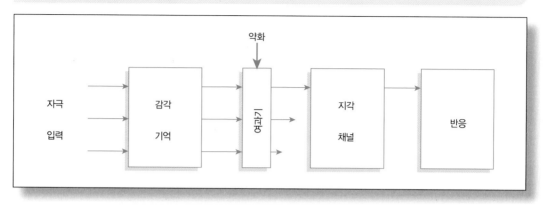

컫는다. 그림 3.4는 Treisman의 약화 모형을 시각화한 것이다. 특정 자극이 형태재인 단계에서 분석되는 정도는 그 자극의 강도뿐 아니라 형태재인에 필요한 식역에 따라서도 달라진다. 특정 단어가 지각/재인되기 위해서는 그 단어가 갖는 자극으로서의 강도가 여과기를 통과해야 하고 또 재인에 필요한 재인식역을 넘어서야 한다. 이 점을 표시하기 위해 그림 3.4에서는 여과기와 지각채널 사이에 있는 가장 긴 화살의 촉을 지각채널에 닿게 해두었다. 다른 2개의 화살촉이 지각채널에 닿지 않은 것은 이들이 나타내는 자극은 너무 약화되어 재인에 필요한 재인식역을 넘어서지 못했음을 나타낸다.

특정 단어의 재인식역은 특정 맥락에서 그 단어가 중요한 정도 또는 예상된 정도에 의해 결정된다. 따라서 자신의 이름은 중요하기 때문에 신호로서의 강도는 약한데도 재인식역을 넘어설 수 있어 중요한 자극으로 인식될 수 있다. 또한, Treisman(1960)의 실험에서는 하향처리식 형태재인 작용 때문에 *mahogany*란 단어를 읽자마자 *table*이란 단어에 대한 기대가 형성되어 *table*에 대한 재인식역이 일시적으로 낮아졌을 수 있다. 그 결과 *mahogany* 뒤에 제시된 단어(*three*)가 아니라 기대됐던 *table*이란 단어가 지각/재인되고 기억되는 일이 벌어졌을 것이다.

후기 선별

Broadbent(1958) 모형의 또 다른 대안에서는 여과기의 위치를 뒤로 옮겨놓았다. 초기 선별 모형에서는 선별이 지각단계 이전에 벌어진다고 가정한다. 이에 반해 후기 선별 모형에서는 모든 자극이 지각단계를 거쳐 재인된 후 반응을 준비하는 동안에 가장 중요한 정보만 선별된다고 주장한다. 다시 말해, Deutsch와 Deutsch(1963)가 제안하고 Norman(1968)이 수정한 후기 선별 모형에서는 여과기를 형태재인 이후에 위치시켰다. 후기 선별(late selection)이란 주의의 여과 작용이 지각/재인에 필요한 정보처리가 끝나고 반응을 준비하기 전에 시작된다는 생각을 일컫는 말이다. 귀에 들리는 모든 단어가 지각되지만 참여자는 그 맥락에 가장 중요한 단어에만 반응을 한다는 뜻이다(그림 3.5 참조). 다시 말해, 후기 선별 모형에 의하면, Treisman(1970)이 생각했던 것과 흡사한 작업이 지각분석은 끝나고 반응준비는 시작하기 전에서 벌어진다. 그리고 개념 주도적 처리 때문에 자기의 이름 같은 가장 중요한 단어에만 반응하는 편파가 발생하기도 한다고 가정한다. 두 귀로 입력된 단어는 자료 주도적 처리에 의해 모두가 의미 수준까지 분석되지만 반응을 하기 직전에 그 반응에 가장 중요한/적절한 단어만 선별된다는 생각이다.

후기 선별 모형도 Treisman(1970)의 약화 모형으로 설명되는 결과를 설명할 수 있다. 후기 선별 모형에서는 주의를 기울이지 않은 채널로부터 자기 자신의 이름을 지각하기도 하고 또 기대했던 단어를 따라 말하게 되는 이유를 두 가지라고 주장한다. 즉, 자기 이름이나 기대했던 자극은 식역이 낮아 의미 수준까지 분석되기도 한다. 하지만 이들 자극은 적절성도 높기 때문에 그런 일이 벌어진다는 게 이 모형의 주장이다. 따라서 이들 모형 중 주의 관련 현상을 가장 잘 설명하는 모형을 골라내는 유일한 방법은 주의도 받지 못하고 또 후속 처리를 위해 선택된 적도 없는 자극도 의미까지 처리되는지를 판단하는 것이다. 실제로 그런 일이 벌어진다고 암시하는 실험도 있다.

예컨대, MacKay(1973)는 참여자의 한쪽 귀에다 "They were standing near the bank"라는 문장을 들려주며 따라 말하라고 지시하고는 다른 쪽 귀에다가는 *river*나 *money*라는 단어를 들려주었다. 이 실험의 결과는 주의도 기울이지 않고 또 선택되지도 않은 단어(여기서는 river와 money)에 의해 주의를 기울였던(따라 말했던) 문장의 의미가 다르게 해석되는 일이 벌어졌다. 즉 따라 말했던 문장의 마지막 단어 'bank'가 은행으로 해석되기도 하고 강둑으로 해석되기도 했다는 말이다.

Marcel(1983)은 후진 차폐(backward masking)라는 전혀 다른 방법을 동원했는데도 동일한 결론에 도달했다. 화면에다 단어를 잠깐 제시한 후 바로 그 자리에다 다른 시각자극을 제시하면 앞서 제시됐던 단어가 후진 차폐된다. 관찰자는 후진 차폐된 그 단어를 지각하지 못한다. 따라서

그림 3.5 주의의 후기 선별 모형

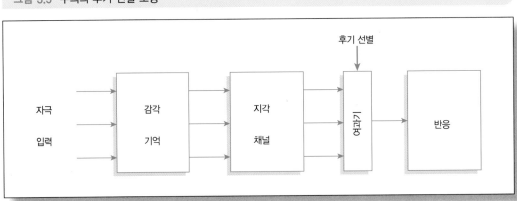

이 단어는 주의를 받지도 못했고 또 후속 처리를 위해 선택된 적도 없는 자극에 속한다. 그런데도 이 단어가 의미까지 처리되었다는 해석을 할 수밖에 없는 결과, 즉 점화효과가 확보되었다. 점화(priming)란 특정 자극을 제시한 것이 그다음 자극을 처리하는 방식에 영향을 미치는 일을 일컫는다. Marcel의 실험에 이용된 절차를 예로 들어보자. 차폐자극 앞에 제시됐던 단어의 의미가 차폐자극 다음에 제시된 단어의 의미와 관련되어 있으면, 이 두 번째 단어에 대한 어휘성 여부를 판단하는데 걸리는 시간이 짧아진다. 즉, 그 단어가 의미 있는 진짜 단어인지 아니면 의미 없는 가짜 단어인지를 판단하는 데 걸리는 시간이 짧아진다. 구체적으로 병원에 대한 어휘판단 시간은 차폐됐던 단어가 변호사였을 때보다 간호사였을 때 더 짧다는 말이다. 이 결과는 차폐됐던 단어, 즉 주의를 받지도 못하고 또 후속 처리를 위해 선택도 되지 않은 단어(이 단어를 '점화어'라고도 함)의 의미가 분석됐음을 시사한다.

그러나 MacKay(1973)와 Marcel(1983)이 보고한 결과로도 후기 선별 모형이 더 나은 모형이라는 결론이 완전히 수용되지는 않았다. 무엇보다도 참여자들이 보고할 수 없었던 단어가 주의 및 의식의 범위를 완전히 벗어났었다고

> 선별은 주의를 기울이지 않은 채널이 여과기에 의해 배제된 결과인 셈이다. 이 여과작용은 정보처리 과정의 초기(즉, 감각처리 직후) 또는 후기(즉, 의미 처리 후)에 전개될 수 있다. 세 번째 가능성은 주의를 기울이지 않은 채널의 신호를 완전히 배제하는 대신 그 강도를 약하게 만드는 일이 여과기의 기능일 수도 있다.

주장할 수 있느냐는 의문이 제기되었다(Cheesman & Merikle, 1984; Holender, 1986). 둘째, 정보처리 과정에서 병목 또는 여과기의 위치가 초기라는 증거도 또 후기라는 증거도 무시할 수 없을 정도로 확보되었다(Johnston & Heinz, 1978). 당면 과제에 따라 여과기의 위치가 이동하는 것 같았다. 셋째, 병목 이론의 대안으로 새로운 이론적 접근법이 확립되었고, 그 결과 여과 이론으로는 그것이 어떤 유형이든 인간 주의의 복잡성을 완전히 설명할 수 없는 것으로 밝혀졌다.

역량 이론

Kahneman(1973)은 우리 각자가 가진 주의의 전반적 역량(capacity)은 한정돼 있으며, 과제를 동시에 수행할 수 있는 우리의 능력은 부분적으로 그 과제 수행에 얼마만큼의 역량이 필요한가에 따라 결정된다고 주장했다(그림 3.6 참조). 예를 들어, 앞서 소개한 양이청취 과제의 경우, 주의를 쏟지 않은, 2차 채널의 신호가 처리되는 정도는 1차 채널에 제시된 문장을 따라 말하는 데 주의의 제한된 역량 중 얼마만큼이 소요되는가에 따라 결정된다. 따라 말하기는 거의 모든 사람들에게 매우 어려운 과제이다. 때문에 그 과제 수행에 투자하고 남는 역량이 거의 없다. 2차 채널에 배당할, 남은 역량이 클수록 2차 채널에 제시된 신호가 처리되는 정도 역시 커질 것이다. 따라서

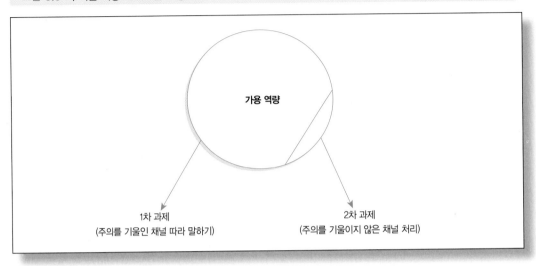

그림 3.6 주의를 역량으로 보는 모형

가용 역량

1차 과제
(주의를 기울인 채널 따라 말하기)

2차 과제
(주의를 기울이지 않은 채널 처리)

초기 또는 후기 선별 모형을 지지하는 것으로 보였던 여러 결과는 따라 말하기 과제의 2차 채널에 할당된 역량의 정도를 반영한다고 주장할 수 있게 되었다.

정신적 노력

역량 이론에서는 주의를 그 양이 한정된 자원으로 간주한다. 이 자원을 필요로 하는 정도는 과제에 따라 달라진다. 어떤 과제는 이 자원을 거의 필요로 하지 않는다. 그러나 가진 자원을 모두 투자해야만(즉, 모든 주의를 집중해야만) 완수되는 과제도 있다. 어떤 과제이든 그 과제 수행에 요구되는 자원이 많으면 많을수록 그 과제를 수행하는 사람은 더 많은 정신적 노력을 쏟아부어야 한다. 정신적 노력(mental effort)이란 가용한 주의역량 중에서 특정 인지활동에 순간적으로 할당된 비율을 일컫는다. 다음 학습활동 3.1을 해보면, 정신적 노력이라는 개념을 파악할 수 있을 것이다.

동공확장을 기초로 정신적 노력을 측정하는 기법을 동공측정술(pupillometry)이라고들 한다 (Laeng, Sirois, & Gredebäck, 2012). 이 기법은 특정 과제에 쏟는 주의의 양이 시시각각 바뀌는 모습을 간접적으로 잡아내는 방법이다. 이 기법은 정신적 작업량을 평가하는 두 번째 방법(어문적 보고법)을 보완한다. 사람들은 자신의 주관적 경험을 이용하여 특정 과제가 요구하는 노력의 양을 말이나 글로 보고할 수도 있다. 정신적 노력을 평가하는 세 번째 방법은 이중 과제법이다. 헤드폰으로 제시된 일련의 쉬운(문제 a 같은) 또는 어려운(문제 b 같은) 곱셈문제를 풀고 있는 실험 참여자에게 또 하나의 과제(2차 과제)를 제시한다. 예컨대, 이 2차 과제는 참여자가 앞에 있는 컴퓨터 화면에서 작은 점을 탐지하면 손에 든 버튼을 최대한 빨리 눌러야 하는 과제일 수 있다. 그

학습활동 3.1

먼저 다음 3개의 곱셈문제를 계산기나 지필을 사용하지 말고 암산으로 풀어보라.

a. $2 \times 3 = ?$
b. $6 \times 13 = ?$
c. $32 \times 14 = ?$

첫 번째 문제에는 정신적 노력이 소요된다고 해도 많은 노력을 필요로 하지 않을 것이다. 초등학교 때 외워둔 구구단 덕분에 기억 속에서 그 답을 인출해낼 수 있기 때문이다. 두 번째 문제의 답은 기억 속에서 인출하는 게 아니라 계산을 해야 할 것이다. 이 계산은 노력하지 않고 이루어지지 않는다. 그러나 마지막 문제에 소요되는 노력의 양보다는 훨씬 적을 것이다. 마지막 문제의 답을 구하기 위해서는 더 많은 계산 단계를 거쳐야 하고 그 과정에서 생성되는 숫자의 개수가 너무 많아 작업기억에 다 보관할 수 없을 수도 있다. 간단히 말해, 마지막 문제를 풀려고 시도하는 일만 해도 첫 번째 문제를 푸는 데 필요한 노력보다 더 많은 노력을 요구한다. 첫 번째 문제인 2×3에다 더 많은 주의를 기울이려 노력을 해도 32×14에 드는 노력보다 많이 들지 않을 것이다.

이제, 친구한테 부탁해서 위의 세 문제를 풀어보게 하고는 그 친구의 동공크기가 어떻게 변하는지 살펴보라. 첫 번째 문제(2×3)를 풀 때는 동공이 커지는 모습을 볼 수 없겠지만 세 번째 문제(32×14)를 풀 때는 동공이 확장되는 현상을 관찰할 수 있을 것이다. 그리고 두 번째 문제(6×13)를 풀 때는 약간의 확장이 관찰될 것이다. 동공의 크기 변화는 일종의 스트레스 반응이다. 이 반응은 뇌의 주의신경망에 요구되는 정신적 노력에 대한 반응인데, 자율신경계 내 교감신경의 작용으로 확장된다. 요구되는 정신적 노력이 클수록 동공도 커진다. 눈을 감시하는 카메라를 이용하면, 특정 과제가 요구하는 정신적 노력의 정도를 측정할 수 있다.

점은 정해진 시간 간격 없이 무선으로 출몰한다. 참여자는 주의를 1차 과제(곱셈)에 집중함으로써 2차 과제 때문에 1차 과제 수행이 훼손되는 일이 없도록 하라고 특별 주문까지 받는다. 이 경우, 1차 과제에 더 많은 노력을 투자하면 컴퓨터 화면에서 점을 찾아 반응해야 하는 2차 과제에 할애할 자원은 그만큼 줄어든다. 이 방법을 이용한 연구자는 이중 과제에서의 반응시간(점이 화면에 나타난 순간부터 버튼을 누르기까지의 시간 간격)을 단순 반응시간과 비교할 수 있게 된다. 여기서 말하는 단순 반응시간은 화면을 주시하고 있다가 점이 나타나기만 하면 즉시 버튼을 누르는 단순한 과제 수행에서 확보된 반응시간을 일컫는다. 따라서 이중 과제에서의 반응시간이 단순 반응시간보다 길어지는 정도는 1차 과제 수행에 요구되는 정신적 노력의 정도가 그

> 과제 수행에 요구되는 주의/자원이 증가하면, 정신적 노력도 증가한다. 정신적 노력을 측정하는 방법 중 하나는 한정된 주의/자원을 두고 1차 과제와 경합을 벌이는 2차 과제를 수행하는 데 소요되는 시간이 길어지는 정도를 측정하는 것이다.

만큼 크다는 뜻이다. 위에서 예로 든 실험의 경우, 쉬운 곱셈문제를 풀 때보다 어려운 곱셈문제를 풀 때에 2차 과제(점을 탐지하여 버튼을 누르는 과제) 수행에 걸리는 시간(반응시간)이 훨씬 길어질 것이다.

주의 배분/할당은 지속적 성향, 순간적 의도, 그리고 당면 과제가 요구하는 자원의 정도에 대한 평가에 의해 결정된다. 예를 들어, 경부고속도로에서 시속 110km로 주행하면서 라디오에서

흘러나오는 음악에 주의를 기울이게 되면 운전에 사용할 수 있는 자원이 다소 감소할 것이다. 그러나 휴대전화를 걸어 아주 중요한, 그래서 많은 주의자원을 요구하는 통화를 하게 되면 운전에 사용할 수 있는 자원은 크게 줄어들 것이다. 또는 도로 상에서 예상치 못한 일, 예컨대 트레일러가 갑자기 차선을 변경하여 운전자 앞으로 들어오는 일이 벌어지면, 그 상황에 대처하는 데 필요한 요구사항을 신속히 평가하여 가용한 모든 자원을 방향전환과 제동작업에 투자해야 할 것이다. 이때 모든 주의자원을 운전에 집중하는 일이 너무 늦거나 제대로 완료되지 않으면 사고는 불가피하게 될 것이다. 과로나 과음 및 약물 중독은 운전에 이용할 수 있는 주의자원을 처음부터 감소시킨다.

> 역량 이론은 주의의 전반적 자원이 한정돼 있고 우리가 동시에 여러 가지 과제를 수행할 수 있는 역량은 일부나마 그 과제의 요구특성에 따라 달라진다고 가정한다. 선별 주의의 여과는 따라 말하기 과제가 거의 모든 자원을 앗아가 주의를 기울이지 않은 채널에는 배당할 자원이 남아 있지 않기 때문에 발생한다.

Johnston과 Heinz(1978)는 여과 작용이 정보처리 과정의 초기 또는 후기에 벌어지는지에 관한 결론이 일치하지 않는 이유를 역량 이론으로 설명하고자 하였다. 이들은 후기에 벌어지는 의미 처리에는 더 많은 자원을 투자해야 하지만, 과제의 요구특성에 따라 선별(즉, 여과 작용)이 초기에 벌어질 수 있고 후기에 벌어질 수 있다고 주장했다. 이 주장의 타당성을 검증하기 위해 이용된 양이청취 과제에서 이들은 과제의 요구특성을 조작했다. 구체적으로, 따라 말해야 할 전갈을 감각/물리적 속성(예 : 남성 목소리 대 여성 목소리)만으로 구분할 수 있는 조건과 의미(예 : 도시 관련 전갈인지 직업 관련 전갈인지)까지 분석해야만 구분할 수 있는 조건으로 나누었다. 그리고는 따라 말하기를 하면서 수행해야 했던 2차 과제(불빛 탐지)의 반응시간을 측정했다. 전갈을 물리적 속성만으로 확정할 수 있는 조건에서는 초기 선별이 가능하지만 의미까지 분석해야 하는 조건에서는 후기 선별이 일어날 수밖에 없음을 주목하라.

1차 과제 없이 불빛만 탐지하는 데 걸리는 시간에 비해 따라 말하기 과제를 수행하면서 불빛을 탐지하는 데 소요되는 시간이 더 길었다. 그러나 반응이 느려지는 정도는 과제의 요구특성에 따라 달랐다. 즉, 목소리만으로 과제를 확정할 수 있는 조건(즉, 초기에 선별이 가능한 조건)에서는 120ms 더 걸린데 반해 의미까지 분석해야 과제를 확정할 수 있는 조건(즉, 후기에야 선별이 가능한 조건)에서는 170ms 더 걸렸다. Johnston과 Heinz(1978)의 주장과 일치하는 결과가 확보된 것이다. 또한 의미 분석이 요구되는 조건에서의 오류율이 4배나 높게 기록되었는데, 후기 선별만 가능한 조건에서 과제를 정확하게 수행하기 위해서는 더 많은 시간이 필요했을 것이라는 점을 감안하면 이는 이미 예상된 결과였다. 따라서 역량 이론은 여과 이론을 검증하는 과정에서 확보된 결과에도 적용되며 그 결과에 나타나는 미묘한 차이까지 설명할 수 있는 것으로 밝혀졌다.

중다 자원

주의의 복잡성을 완전히 설명하기 위해서는 Kahneman의 역량 이론에서 본 것보다 더 자세한 분석이 필요한 것으로 밝혀졌다(Navon & Gopher, 1979). 중다 자원 이론에서는 동시에 수행해야 하는 두 가지 과제가 서로를 간섭하는 방식이 각 과제에 요구되는 자원의 종류와 정도에 의해 결정된다고 설명한다. 예컨대, C. D. Wickens(1980)는 과제에 요구되는 자원을 다음 세 가지 차원에서 구분하였다. 첫째, 지각양식을 청각 대 시각으로 구분했다. 둘째, 자원을 지각-인지 자원(읽기나 암산 같은 과제 수행에 요구되는 자원) 대 반응성 자원(말을 하거나 손을 움직여야 하는 과제 수행에 요구되는 자원)으로 구분했다. 셋째, 처리 대상 부호를 언어적 부호 대 공간성 부호로 구분했다. 말과 글은 언어적 부호에 속하며 그림과 다이어그램은 공간성 부호에 속한다.

중다 자원 이론에서는 동시에 수행되는 두 가지 과제의 수행수준을 설명하기 위해, 한편으로는 요구되는 역량/노력을 명시하고 다른 한편으로는 요구되는 자원의 유형을 명시하려 한다. 예컨대, 말하면서 글을 읽는 과제보다는 말하면서 그림을 그리는 과제가 그래도 더 용

> 중다 자원 이론은 Kahneman의 접근법을 정교화한 것이다. 두 가지 과제를 동시에 수행하는 능력은 각각의 과제에 요구되는 자원의 양뿐 아니라 요구되는 자원의 종류(예 : 지각 대 인지)에 의해 결정된다고 주장한다.

이할 것이라고 예측한다(Allport, Antonis, & Reynolds, 1972). 그리고 말하면서 글을 읽는 과제도 이들 과제 수행에 요구되는 자원이 많을 때(예 : 따라 말해야 하는 전갈을 구분하기 위해 의미까지 분석해야 할 때)보다 적을 때(예 : 음고/목소리만으로 구분할 수 있을 때)가 더 용이할 것이라고 예측한다(Johnston & Heinz, 1978).

여과 이론과 역량 이론 : 결론

요약하면, 여과 이론은 주의의 선별성을 설명하기 위해 개발되었다. 여러 여과 이론을 검증하기 위해 실시된 실험의 결과는 정보처리의 과정에 구조적인 병목이 존재한다는 가정의 타당성을 입증하였다. 그러나 그 병목의 정확한 위치를 꼬집어내기는 쉽지 않다는 것도 이들 실험에 의해 입증되었다. 역량 이론은 병목 이론을 바탕으로 구축되었다. 그러나 병목의 위치가 초기의 감각처리단계는 물론 후기의 지각/재인단계에도 위치할 수 있음을 알게 되었다. 구체적으로, 당면 과제의 요구특성에 따라 선별이 초기에 일어날 수도 또 후기에 일어날 수도 있음을 밝혀낸 것이다. 역량 이론에서는 구조적 간섭이 예컨대, 어문정보를 이용하는 구조와 시각정보를 이용하는 구조 간 차이 같은, 다양한 차원에서 벌어질 수 있다는 사실도 밝혀냈다. 마지막으로, 가장 중요한 것은 역량 이론에서 주의의 선별성 측면과 함께 정신적 노력(자원) 측면도 인식했다는 점이다. 특정

과제가 주의자원(정신적 노력)을 요구하는 정도는 후속 연구의 핵심 과제로 작용했다. 이에 관해서는 다음 절에서 설명될 것이다.

자동적 처리

지각과정과 인지과정 및 운동과정이 의도적인 노력 없이 자동적으로 전개될 수도 있다는 생각은 오래된 생각이다. 인간은 새로운 행동을 학습하는 능력을 가지고 태어났다. 기실 인간이 지구상 거의 모든 환경에 살아남았고 나아가 번성할 수 있었던 일차적 이유도 인간 행동이 지닌 가변성 또는 적응력 덕분이다. 인간은 다양한 환경(예 : 북극, 아프리카의 적도, 해변, 고산지대)에서 살아남는 데 필요한 기능도 학습할 수 있다. 뿐만 아니라 고된 연습을 통해 새로 학습한 기술에 요구되는 주의를 점점 줄이다가 결국에는 그 기술이 자동적으로 실행되도록 만들기도 한다. 더 읽어나가기 전에 잠시 시간을 내어 학습활동 3.2를 따라 해봄으로써 자동성이라는 개념부터 파악하기로 하자.

글을 유창하게 읽기 위한 필수 요소 중 하나가 단어재인이다. 그런데 대학생들의 경우, 단어재인은 자동적으로 이루어진다. Stroop(1935)은 읽기의 자동성을 검증할 수 있는 매우 독창적인 방법을 고안하였다. 색상 이름(예 : 빨강, 파랑, 노랑)을 적은 글자를 각각 그 색상과는 다른 잉크로 인쇄하였다. 예컨대, '빨강'이란 두 글자를 초록색으로 적고 '초록'이란 두 글자는 파란색으로 적었다. 참여자의 과제는 글자가 아닌 글자의 색깔을 큰 소리로 말하는 것이었다. 위에 든 예의 경우, /빨강/과 /초록/ 대신 /초록/과 /파랑/으로 읽어야 했다는 말이다. Stroop은 이처럼 글자와 그 글자의 색이 불일치할 경우, 사람들은 색상의 이름을 쉽게 대지 못한다는 사실을 발견했다. 다시 말해, '빨강'이란 단어의 글자가 초록색으로 적혀 있을 경우, '빨강'이란 단어를 무시하고 그 글자의 색상인 /초록/이라고 말하기가 무척 어렵다. /초록/이라고 말하는 게 옳은 반응이지만 이 반

학습활동 3.2

천연색 사진 중에서 색판 4를 펼쳐보라. 여러 가지 색상 이름이 다양한 색깔로 적혀 있다. 첫 번째 과제는 글자의 잉크 색깔은 무시하고 색상의 명칭, 즉 단어를 최대한 신속하게 소리 내어 읽는 일이다. 첫 단어부터 마지막 단어까지 읽는 데 걸리는 시간을 측정해본다. 몇 초나 걸렸는가? 혹 실수로 잘못 읽은 건 없는가? 있다면 몇 개나 되는가?

이제 두 번째 과제를 수행할 차례가 됐다. 방금 읽었던 자극목록을 최대한 신속하게 읽고 첫 번째 과제에서처럼 그 시간을 측정해본다. 그러나 이번에는 색상 이름(즉, 단어)을 읽는 게 아니라 글자를 적어놓은 잉크 색의 이름을 대야 한다. 그러니까 '빨강'이라는 단어가 '파란색' 잉크로 적혀 있으면, /빨강/이 아닌 /파랑/이라고 말해야 한다는 뜻이다.

두 번째 과제를 완수하는 데는 몇 초나 걸렸는가? 실수한 건 없는가? 몇 개나? 왜 이 두 번째 과제가 더 어려웠다고, 즉 완수하는 데 시간이 더 많이 걸리고 실수도 더 많이 범했다고 생각하는가?

응이 '빨강'이란 단어에 대한 습관적 반응인 /빨강/과 경합을 벌이고 있는 것이다. 이 과제의 전형적인 결과는 많은 오반응(/빨강/이라는 반응) 혹은 반응시간(예 : /초록/이라고 읽는 데 걸리는 시간)이 길어지는 현상이었다. 이 현상은 **Stroop 효과**(Stroop effect)로 알려져 있다. 글자와 그 글자를 적은 잉크 색 간 불일치에서 벌어진 간섭 때문에 발생한 현상, 즉 Stroop 효과는 색상 이름을 적은 단어가 자동적으로 읽힌다는 사실을 반영한다. Stroop 효과와 거기서 파생된 많은 변형 효과는 벌써 수십 년 동안 자동적 처리와 통제적 인지활동의 본질에 관한 중요한 혜안을 제공해 왔다(MacLeod, 1991). 변형 Stroop 과제의 보기 중 하나로 그림-단어 과제를 꼽을 수 있다(박권생, 2002 참조).* 이 과제에서는 예컨대 선화로 '고양이', '강아지' 등 물체를 그려놓고 그 그림 속에 '강아지', '고양이'라는 단어를 적어놓는다. '고양이' 그림 속에 '강아지'라는 단어가 적혀있으면 그림-단어 불일치 자극이 되고 '고양이'라는 단어가 적혀 있으면 그림-단어 일치 자극이 된다. 불일치 자극이 제시되었을 경우, '강아지'라는 단어가 자동적으로 읽히는 바람에 그림 이름인 /고양이/를 신속 정확하게 말하는 작업이 간섭을 받게 된다.

단어-색상 일치 조건에 비해 불일치 조건에서 더 많은 정신적 노력이 소모된다는 사실은 동공측정 자료에서도 확인되었다. 그림 3.7에서도 알 수 있지만, 동공의 크기는 자극이 제시된 후부터 매 200ms(1/5초)마다 측정되었다. 각 조건에서 측정된 반응시간은 색깔이 있는 수직 선분으로 표시되었다. 그림에서 볼 수 있듯이, 일치하는 이름(예 : 빨간색으로 적힌 '빨강')에 대한 반

그림 3.7 Stroop 과제의 단어-색상 일치 조건, 불일치 조건, 통제조건에서 측정된 동공지름의 조건별 평균치

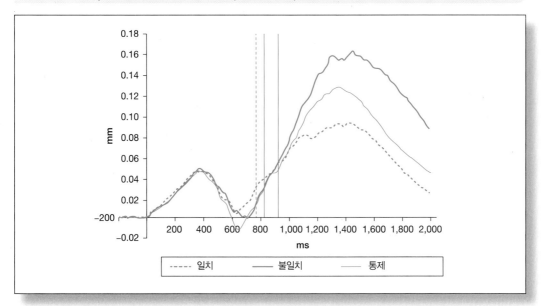

출처 : Laeng, B., Sirois, S., & Gredebäck, G. (2012). Pupillometry: A window to the preconscious. *Perspectives on Psychological Science, 7*, 18–27.

응시간이 가장 짧았다. 그다음은 색상 이름이 아닌 단어(예 : 빨간색으로 적힌 '공책')였다. 이러한 촉진현상은 잉크 색깔 및 그 색깔의 명칭에 의해 활성화된 색상에 대한 개념적 표상에서 파생된 이득을 반영한다. '공책'과 같은 통제조건에 이용된 자극의 경우, 이 단어에 의해 활성화되는 개념과 잉크 색깔에 의해 활성화되는 개념이 서로 다르고 연관성도 없다. 가장 흥미로운 결과는 단어-색상 불일치 조건(예 : 파란색으로 적힌 '빨강')에서 관찰된다. 이 조건의 반응시간을 나타내는 수직 선분을 보면, 불일치 자극에 대한 평균 반응시간이 900ms를 상회한다는 것을 알 수 있다. 이에 반해, 일치 자극에 대한 평균 반응시간은 800ms를 밑돌았다. 이 차이는 불일치 자극처리에 소모되는 정신적 노력이 증가했다는 확실한 지표로 간주된다. 동공의 지름은 정신적 노력이 더 투자됐다는 후속 지표임을 주목하자. 과제가 제시된 첫 1초(1,000ms) 동안에 동공이 먼저 확장되었다가는 수축되고, 다시 최대로 확장되었음을 주목하라. 그러나 이런 변화는 세 가지 조건에서 동일한 크기로 관찰되었다. 반응을 감행하기 전에 쏟아넣은 정신적 노력을 나타내는 후속 지표로 간주되는 세 조건 간 차이는 자극이 제시된 1초 후에야 부상한다. 그래프의 오른편에서 우리는 일치 조건에 비해 불일치 조건을 반영하는 동공크기가 훨씬 컸다는 것을 분명하게 알 수 있다. 그리고 색상 이름이 아닌 단어 조건에서 측정된 동공크기는 그 중간 정도라는 사실 역시 반응시간에서 관찰된 결과와 일치한다.

　단어재인은 많은 연습과 성숙을 통해 자동화된 여러 가지 처리(process) 중 하나이다. 걷기, 달리기, 자전거 타기, 자판의 타자치기 등은 연습을 통해 자동화되는 운동기능에 속한다. 지각 및 인지기능도 자동화된다. 제2장에서 봤듯이, 많은 계산이 요구되는 깊이 및 물체 지각도 자동적으로 처리된다. 나중에 알게 되겠지만 말소리 지각은 우리가 감행하는 가장 복잡한 지각과제 중 하나이다. 그런데도 5세만 되면 노력하지 않고도 많은 말을 해독하고 이해한다.

자동성의 준거

Posner와 Snyder(1974, 1975)는 다음 세 가지 준거를 충족시키는 처리를 자동적 처리로 간주하였다. 하나는 의도하지 않아도 일어나야 한다는 것이고, 다른 하나는 의식하지 못하는 사이에 벌어져야 한다는 것이며, 세 번째는 주의자원을 사용하지 않아야 한다는 것이다. 자동적 처리는 주의자원을 요구하는 과제 수행을 방해하지 않는다. 그런 의미에서 자동적 처리는 전주의적 처리로 간주되기도 한다. 자동적 처리(automatic processes)는 비의도적이고 무의식적이며 주의를 필요로 하지 않는 반면, 통제된 처리(controlled processes)는 의도적이고 의식적이며 주의를 필요로 한다. 이 차이는 지각과 주의(Schneider & Shiffrin, 1977), 기억(Hasher & Zacks, 1979), 언어(Fischler, 1998), 그리고 추리 같은 고차적 사고기능(Stanovich, 1999)을 이해하는 데 결정적인 역할을 한다.

연습과 자동성

일반적으로 타자치기 같은 특정 기능에 이용되는 하나의 과정 또는 일군의 과정은 많은 연습을 통해서만 자동화된다. 여러 날, 여러 달, 여러 해에 걸친 연습을 통해 우리는 다양한 지각 및 운동 기능을 자동적으로 전개되게 만든다. 예를 들어, 많은 사람들은 어릴 적에 자전거 타는 법을 배우고 어른이 된 지금도 자동적으로 자전거를 탈 수 있다. 운전 중 차체가 차선을 벗어나지 않게 하는 기술, 평행 주차 같은 복잡한 기술 등 많은 기술도 자동화될 수 있다. 수동 변속기를 가진 자동차의 경우, 클러치를 조작하는 기술 또한 많은 연습을 통해 습득해야만 하는 또 하나의 운전 기술이다. 그런데도 여러 가지 이유 때문에 운전자는 도로에 주의를 기울여야만 한다. 예컨대, 예기치 못했던 사건에 신속하게 반응하는 일에도 또 주변에서 주행 중인 다른 차의 위치를 감시하는 일에도 주의를 기울여야 한다. 부주의 맹 때문에 운전자는 빨간 경고등을 보지 못할 수 있으며, 앞서가던 차가 속도를 늦추는 줄도 모르고 너무 가까이 접근할 수도 있다. 하지만 운전대를 틀거나 제동을 걸거나 기어를 바꾸는 것 같은 기본적인 운전 기술이 자동화되지 않으면, 예기치 못한 사건에 반응하는 일에 또는 차 간 간격을 감시하는 일에 주의를 집중하지 못할 수도 있다. 마찬가지로 음악가들도 악기 연주에 필요한 여러 기본 기술을 자동화될 때까지 연습한다. 그렇게 해야만 연주를 할 때 고차원적인 일에 주의를 쏟을 수 있기 때문이다. 예를 들어, 바이올린 연주자는 손가락이나 활 놀림을 자동화시켜 두어야만 악절이나 음질에 주의를 집중할 수 있게 된다.

Shiffrin과 Schneider(1977)는 그런 과제에서 자동성이 발달하는 과정을 검토하고자 했다. 그러나 대부분의 대학생들은 타자치기나 운전 같은 과제를 연습하는 데 이미 오랜 시간을 보낸 사람들이기 때문에 그전에는 해본 적이 없는 새로운 과제를 선택해야 했다. 그래야 그 과제를 수행하는 데 필요한 학습 및 연습의 전 과정을 살필 수 있기 때문이다. 그들은 인지심리학자들에게는 잘 알려져 있지만 일반 대학생들에게는 낯선 과제일 것으로 생각되는 시각검색 과제를 선택했다. 이 과제에서는 문자와 숫자가 들어 있는 일련의 '카드'(frame)가 컴퓨터 화면에 제시된다. 참여자의 과제는 각 카드에 들어 있는 문자와 숫자 중에서 교란자극은 무시하고 표적만 찾아내는 일이다. 참여자들에게는 각 시행을 시작하기 전에 표적이 무엇인지를 보여주었다. 그림 3.8은 2회의 시행을 보여주고 있다. 시행 (a)의 경우, 문자 J와 D가 표적이었고 시행 (b)의 경우에는 숫자 4, 7, 8, 1이 표적이었다. 표적을 보여준 후에는 일련의 카드가 하나씩 신속하게 제시되었다. 즉, 잠깐 동안 나타났다 사라졌다. 참여자들은 이들 표적을 기억하고 있다가 그다음에 제시되는 일련의 카드 각각에 표적이 들어 있는지를 찾아내야 했다. 각각의 카드에는 표적 외에도 문자나 숫자 또는 무의미 차폐(여러 개의 점을 흩어 만든 도형)가 들어 있었다. 그림에서 볼 수 있듯이, 참여자들이 기억하고 있어야 할 표적의 개수는 시행마다 달랐다. 하지만 각 시행에 표적이 들어 있는 카드

그림 3.8 자동적 처리와 통제된 처리를 연구하기 위해 고안된 시각검색 과제

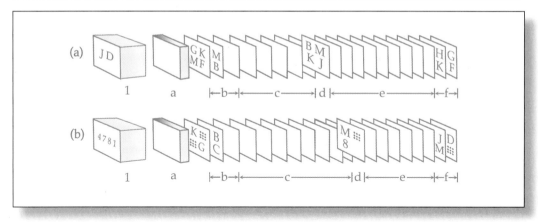

출처 : Schneider, W., & Shiffrin, R. M. (1977). Controlled and automatic human information processing: Detection, search, and attention. *Psychological Review, 84,* 1–66. The American Psychological Association. 허락하에 재인쇄.

의 개수도 달랐다. 그림 속의 두 시행에는 각각 중간쯤에 제시된 카드에 표적(J와 8)이 들어 있다. 참여자는 표적이 발견되자마자 최대한 신속하게 정해진 버튼을 눌러야 했다(긍정 시행). 제시된 모든 카드에 표적이 들어 있지 않았던 부정 시행의 경우에는 시행의 끝에 가서 다른 버튼을 눌러야 했다.

Schneider와 Shiffrin(1977)은 변동 관계와 고정 관계라고 하는 두 가지 조건을 비교하였다. 변동 관계의 경우, 앞 시행에서 표적항목이었던 문자나 숫자가 그 뒤에 오는 시행에서는 교란항목으로 나타날 수도 있었다. 이들은 문자-문자(또는 숫자-숫자) 시행이었다. 왜냐하면 참여자는 특정 세트로 구성된 문자(숫자)를 검색하면서 교란항목으로 제시된 다른 문자(숫자)는 무시해야 하는데, 나중의 시행에 가서는 앞서는 교란항목으로 무시했던 바로 그 문자(숫자)를 표적항목으로 찾아내야 하는 경우도 있었기 때문이다. 따라서 표적항목을 정확하게 찾아내기 위해서는 각 시행을 구성하는 모든 카드를 조심해서 검색하고 각 카드에 있는 항목을 그 시행의 기억항목(즉, 표적항목)과 비교해봐야만 했다. 고정 관계의 경우, 기억해두어야 했던 표적항목은 항상 표적항목으로만 나타났다. 즉, 실험의 모든 시행에서 교란항목이 표적항목(즉, 기억세트)으로 이용되는 일은 없었다는 말이다.

참여자들은 실험에 임하기 전에 10시간 동안 검색 과제를 연습했고 실험 중에도 연습을 했다. Schneider와 Shiffrin(1977)은 기억항목(표적항목)의 개수(1, 2, 4개)와 각 시행에 제시된 카드 속 항목의 개수(1, 2, 4개)를 조작했다. 그림 3.9는 기억항목의 개수가 4개인 긍정 반응 시행의 결과를 각 카드 속 항목의 개수별로 제시하고 있다. 변동 관계 조건에서는 카드 속 항목의 개수가 많아지면서 표적탐지에 걸리는 시간도 크게 증가하였다. 하지만 고정 관계 조건에서는 카드 속 항

그림 3.9 고정 관계 조건에서는 자동적 처리, 변동 관계 조건에서는 통제된 처리가 관찰됐다.

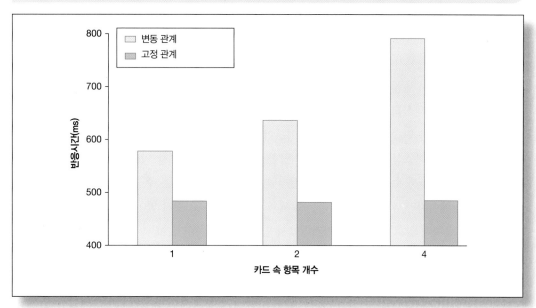

출처 : Schneider, W., & Shiffrin, R. M. (1977). Controlled and automatic human information processing: Detection, search, and attention. *Psychological Review, 84*, 1–66. The American Psychological Association. 허락하에 재인쇄.

목의 개수가 많아져도 표적탐지에 걸리는 시간은 짧았고 또 거의 일정했다. 변동 관계 조건에서는 표적검색이 노력을 요하는 통제된 처리로 진행됐던 것이다. 참여자는 표적항목이 일련의 카드 속에 있는지를 판단하기 위해 각 카드 속에 있던 항목 하나하나와 단기기억 속에 보관돼 있던 표적항목 하나하나를 일일이 의도적으로 비교해봐야만 했다. 이와는 대조적으로 고정 관계 조건에서는 반응시간이 짧았을 뿐 아니라 카드 속 항목의 개수가 많아져도 반응시간은 길어지지 않았다. 이 조건에서는 검색이 노력을 요하지 않는 자동적 처리로 전개됐다는 뜻이다.

Spelke, Hirst, Neisser(1976)는 연습만 많이 하면, 적어도 이론적으로는 주의를 많이 요하는 과제까지도 서로를 간섭하지 않고 수행될 수 있다고 보고했다. Spelke 등은 실험자가 하는 말을 받아쓰면서 짧은 이야기를 읽어야 하는 과제를 2명의 참여자에게 훈련시켰다. 이 실험에 참여한 사람들이 수행해야 했던 과제, 즉 글을 읽으면서 실험자가 말하는 문장을 받아써야 하는 과제는 많은 노력을 요구하는 의미 처리 작업이었다. 그러나 많은 연습을 한 후에는 2명 모두 읽은 글을 완전히 이해하면서 받아쓰기도 정확하게 완수할 수 있었다. 그런 어려운 과제 두 가지를 동시에 수행할 수 있었다는 사실은 인상적일 뿐 아니라 주의가 한정돼 있다는 견해까지 위협한다. Spelke 등은 이 결과는 자동성으로도 또 주의의 신속한 교대로도 설명할 수 없다고 주장했다. 이들은 참여자들이 훈련을 통해 주의를 분할하는 법을 배운 덕분에 글을 읽으면서 동시에 받아쓰기도 할 수 있었다고 주장했다. 앞서 고찰한 주의이론 중 이러한 동시작업을 설명하는 데 가장 적합한 이론은 중다 자원 이론이다. 이들의 과제에서 주의 분할이 가능했던 것은 받아쓰기에는 청각자원이 이용되고 읽기에는 시각자원이 이용되었기 때문이라고 보면 설명이 가능해진다. 하지만 받아쓰기와 읽기를 동시에 할 수 있게 된 것은 많은 연습을 한 후에 일어난 일임을 유념해야 한다. 따라서 읽기나 받아쓰기 또는 두 과제 모두에 개입하는 여러 공정/과정 중 적어도 일부는 자동화되어 자원을 소모하지 않고도 전개되었다고 해야 할 것이다. 그리고 나머지 과정/공정은 신속한 주의 교대를 통해 의식적으로 통제되었을 수도 있었을 것이다.

Logan(1988)은 연습을 통해 자동화가 이루어질 수 있는 방식을 한 가지 제안했다. 과제수행에 필요한 정보를 재조직하여 장기기억에 저장한 후 필요시 그 정보를 인출하여 과제를 수행할 수 있게 되면, 그 과제 수행이 자동적으로 전개될 수도 있을 것이라는 주장이었다. 이 장의 앞쪽에서 소개된 예이지만, $6 \times 6 = ?$이라는 문제의 답을 36이라고 주저 없이 말할 수 있는 것은 곱셈법칙을 이용하지 않고 그 답을 장기기억에서 인출했기 때문이다. 이 과정/공정은 빠르고 노력을 요하지 않고 (무엇보다도 여기서 중요한 것은) 다른 공정과 그 본질이 다르다. 그러나 문제가 $18 \times 32 = ?$이라면 그리고 이 문제를 몇 분 전에 풀어본 경험이 없다면, 곱셈법칙을 이용해서 답을 만들어낼 수밖에 없을 것이다. 따라서 연습을 통해 특정 과제를 자동적으로 수행할 수 있게 되면, 과제 수행 공정이 질적으로 바뀌어 필요한 정보를 기억에서 직접 인출하는 작업이 더 자주 이용될 수도 있다고 할 것이다.

인간의 인지활동 중 대부분은 학습과 연습을 통해 자동화되어야만 한다. 하지만 Hasher와 Zacks(1979, 1984)는 인간이 가지고 태어난 능력 중에도 자동적으로 전개되는 인지기능이 있다고 주장했다. 그들은 그러한 인지기능의 보기로 환경 속성의 출현 빈도 및 사건의 발생 빈도를 처리하는 일을 꼽았다. 그들은 어른들뿐 아니라 어린애들도 자극의 빈도를 기억한다는 증거를 들어, 사건(단어)의 빈도를 처리하는 인지기능은 발달하는 게 아니라고 주장했다. 이런 결과에는 어린애들까지도 일상생활 속에서 지각되는 사건의 통계적 속성(빈도)에 민감하게 반응한다는 뜻이 담겨 있다. 그리고 이러한 빈도 처리능력에서는 개인차조차 매우 작다. 이들 속성 모두는 빈도 처리능력은 선천적인 기능으로 인간 게놈에 병합되어 있을 정도로 학습에 필수적인 기능이라고 시사한다. 자극/사건의 발생 빈도를 처리하는 타고난 능력 덕분에 어린아이들은 주변 세상의 통계적 구조(예 : 규칙성)를 이해하게 된다.

예를 들어, 언어학습에 관한 연구에서는 말소리를 개별 단어로 분할하는 작업에 통계적 정보가 이용되는 것으로 알려져 있다(Saffran, Aslin, & Newport, 1996). 일반적으로 말소리는 연속적인 신호이며, 혹 말소리에 멈춤/끊김이 발생한다고 하더라도 그 멈춤/끊김은 단어와 단어 사이가 아니라 단어의 중간에 발생할 때가 많다(제2장 참조). 따라서 말소리에서 발생하는 멈춤/끊김에 주의를 기울이는 일만으로는 단어의 경계를 학습하기 어렵다. 다행히도, 유아들은 단어와 단어 사이의 적절한 경계를 학습하는 일에 단어를 구성하는 말소리의 통계적 분포를 이용할 수 있다. 한 단어의 마지막 음절과 그다음 단어의 첫 음절 사이에서 일어나는 소리의 변화는 다소 무차별적이다. 이에 반해, 한 단어의 앞뒤 음절 사이에서 발생하는 소리의 변화는 훨씬 자주 발생한다(빈도가 높다). 따라서 어린아이들은 그냥 말소리를 구성하는 소리와 소리 사이에서 발생하는 변화의 빈도/확률을 찾아내어 기억하기만 하면, 특정 단어를 구성하는 소리가 어떤 소리인지를 학습할 수 있게 된다. 예컨대, 말소리가 /예쁜#아기/로 이어져 있다면, /예/에서 /쁜/으로 바뀔 확률이 /쁜/에서 /아/로 바뀔 확률보다 크다(Saffran et al., 1996). 따라서 적어도 이론적으로는 말소리의 멈춤/끊김이 단어와 단어 사이가 아니라 단어의 중간에 일어나도 아이들은 단어 간 경계를 학습할 수 있게 된다. 말소리를 구성하는 소리와 소리가 연이어 발생하는 빈도를 자동적으로 처리한 결과는 특정 단어에는 어떤 소리와 어떤 소리가 함께 출몰할 것인지를 확인하는 빼어난 통계적 단서를 제공하기 때문이다. 말소리를 단어와 단어로 분할해내는 일은 언어습득에 필수적인 기능인데, 말소리가 갖는 속성의 발생 빈도를 자동적으로 처리하는 타고난 능력 덕분에 우리는 이 기능을 어렵지 않게 터득하게 된다.

하지만 수많은 연구에서 빈도가 완전히 자동적으로 처리된다는 Hasher와 Zack의 결론에 이의를 제기해왔다. 때로는 빈도를 기억하려는 의도에 따라 수행수준이 달라지기도 하고, 세심한 주의를 요하는 과제를 동시에 수행할 때는 빈도 처리가 잘못되기도 한다는 게 그 증거로 제시되었다. 그러나 빈도 처리에서 발견되는 이러한 맹점은 빈도 처리의 자동성이 학습과 연습의 산물이라는 증거라기보다는 선천적 기질임을 반영한다고 할 것이다. 어떻든 그 수행수준이 최적에 못 미칠 때도 있지만, 지금까지의 증거는 빈도 처리가 선천적 기능이며 자동적으로 이루어진다는 결론을 강력하게 지지하고 있다(Sanders, Gonzalez, Murphy, Liddle, & Vitina, 1987).

중앙 병목

만약 주의를 기울이지 않아도 어떤 과제를 자동적으로 완수할 수 있다면 이론적으로는 그 과제와 다른 한 가지 과제를 동시에, 속도나 정확성에서 손해를 보지 않고 수행할 수 있어야 한다. 다시 말해, 두 가지 일을 동시에 수행하는 것도 훌륭한 작업전략이 될 수 있다. 그러나 이런 일이 가능하기 위해서는 이들 두 과제 중 하나는 비교적 단순하고 자동적으로 처리되는 과제여야만 한다. 두 가지 과제 각각이 상당한 주의를 필요로 하고 또 노력을 해야만 수행할 수 있는 과제라면 두 가지를 동시에 수행하려는 노력은 실패할 게 명약관화하다. 예를 들어, 복잡한 암산을 하면서 보고서를 작성한다면, 그 결과는 많은 시간을 들여 작성한 보잘것없는 보고서와 오류투성이 암산이 될 것이다. 이 장의 주제가 강조하듯 주의라고 하는 자원은 한정돼 있다. 초기 선별 모형과 후기 선별 모형은 물론 약화 모형도 하나의 반응만 선별되어야 실행될 수 있다고 가정한다. 이들 모형의 다른 점은 선별용 여과기의 위치와 여과의 정도에 대한 견해일 뿐, 어느 모형도 두 가지 반응이 동시에 실행될 수 있다고 가정하지 않는다. 단일 역량 모형도 이들과 비슷한 가정을 한다. 즉 동시에 전개되는 두 가지 과제는 하나뿐인 한정된 주의를 서로 많이 차지하려는 경합을 벌인다고 가정한다. 따라서 둘 중 한 과제에 대한 반응이 빨라지거나 더욱 정확해지면 다른 과제에 대한 반응의 속도나 정확성은 줄어들 수밖에 없다. 두 과제가 하나의 공통 자원을 나누어 쓰기 때문이다.

동시작업이 효율적으로 전개될 가능성을 수용할 수 있는 이론은 중다 자원 이론뿐이다. 2개의 과제가 서로 다른 자원을 필요로 한다면, 각각은 서로를 간섭하지 않고 완수될 수 있을 것이다. 그러나 중다 자원 이론도 반응에 이용되는 자원은 그 자원이 한정된 단일 자원이라고 주장한다. 지각 또는 인지작용이 반응과 동시에 전개될 수 있을지 몰라도 두 가지 반응(예 : 받아쓰기를 하면서 글을 읽는 일)을 동시에 수행할 수는 없다. 예컨대, Spelke 등(1976)의 연구에서 참여자들은 글을 읽으면서 동시에 받아쓰기도 했다. 청각양식(받아쓰기)과 시각양식(읽기)이 성공적으로 조합된 사례였다. 그러나 여기서도 반응은 받아쓰기 한 가지만 수행되었음을 주목하자.

중앙 병목(central bottleneck)이란 이중 과제를 수행할 때는 반응이 차례로 선택되어야 함을 일컫는 말이다. 따라서 중앙 병목이란 말 속에는 2차 과제에 대한 반응선택은 1차 과제에 대한 반응선택 때문에 늦어진다는 뜻이 담겨 있다. 지각작업과 인지작업은 동시에 벌어질 수 있지만 구체적인 반응에 필요한 결정은 한 번에 하나씩 해야만 한다. 따라서 반응선택이라는 병목은 여과기 이론은 물론 역량 이론 등 모든 주의이론에 적용되는 개념이다. 그리고 이 개념은 자동적 처리에 중요한 제약을 부과한다. 중앙 병목은 2차 과제에 대한 반응선택이 1차 과제에 대한 반응선택이 완료될 때까지 지연된다고 암시한다. 1차 과제에 대한 반응실행은 2차 과제에 대한 반응선택과 동시에 벌어질 수 있지만, 어떤 반응을 해야 할지를 결정하는 단계에는 병목이 존재할 수밖에 없다.

예를 들어, 두 가지 과제가 있는데 이들 과제는 각각 서로 다른 두 가지 자극에 대해 신속한 반응을 해야 하는 과제라고 해보자. 첫 번째 과제의 자극(S1)이 제시됐을 때 옳은 반응(R1)을 골라서 실행하는 데 걸리는 시간을 1/1,000초(ms) 단위로 측정했다고 하자. 두 번째 과제의 자극(S2)이 제시됐을 때도 그에 대한 옳은 반응(R2)을 골라서 실행하는 데 걸리는 시간을 같은 방식으로 측정할 수 있을 것이다. 여기서 만약 중앙 병목이 작용한다면, 첫 번째 반응(R1)이 선택될 때까지는 두 번째 반응인 R2에 대한 결정을 내릴 수 없어야 한다. 실험결과, 중앙 병목의 작용에 관한 이 예측이 타당한 것으로 입증되었다(Pashler, 1992). 첫 번째 자극 S1이 제시된 후 두 번째 자극인 S2가 제시될 때까지의 시간 간격이 짧을수록 S2에 대한 R2 반응시간이 길어지는 것으로 드러났던 것이다.

이제, 첫 번째 과제는 단어(S1)를 보고 그 단어를 소리 내어 읽는 일(R1)이라고 하자. 그리고 이 과제를 특정 소리(S2)를 듣고, 그 고저에 따라 2개의 단추 중 하나를 눌러야(R2) 하는 과제와 조합하여 복합 과제를 만들었다고 하자. 이들 두 과제 간 시간 간격이 매우 길어 두 과제를 차례로 수행할 수 있을 때는 두 번째 자극 S2에 대한 반응 R2가 느려질 이유가 없다. 따라서 R2 반응시간이 500ms였다 하자. 이제, 두 과제가 제시된 시간 간격이 짧아져, 읽어야 할 단어(S1)가 제시된 150ms 후에 두 번째 자극인 소리(S2)가 제시되었다고 하자. 그러면 두 번째 반응(R2)시간은 500ms에서 600ms로 길어진다. 두 번째 자극이 첫 번째 자극보다 50ms 늦게 제시되었다면, 두 번째 반응시간은 700ms로 더 길어진다. 두 번째 과제에 대한 반응시간이 길어지는 이러한 현상을 기술하기 위해 심리적 불응기라는 개념이 이용돼왔다. 일단 첫 번째 과제에 대한 반응선택이 끝나고 나면, 두 번째 반응을 선택할 수 있기 전에 일정한 회복기간 또는 불응기간이 필요하다는 생각이다. 이런 식으로 생각해보라―소리에 대한 반응을 실행하기 위해 단추를 선택해야 하는데, 그 일은 단어를 보고 읽어야 할 발음이 선택된 후(그러니까 그 선택 장치를 다시 사용할 수 있을 때)까지 기다려야 한다고. 때문에 단어와 소리가 거의 동시에 제시될수록 기다리는 시간은 길어질 수밖에 없다. 따라서 반응선택이 병목으로 작용하는 셈이다.

앞서도 지적했듯이, 반응선택이라는 중앙 병목 때문에도 휴대전화 통화는 운전을 어려워지게 만든다(Strayer & Drews, 2007). 상대방이 하는 말에 대한 대꾸로 무슨 말을 해야 할 것인지를 결정하는 일이 우선순위를 점하게 되면, 어느 방향으로 핸들을 돌려야 할지를 결정하는 일이나 언제 제동을 걸어야 할지(브레이크를 밟아야 할지)를 결정하는 일이 늦어질 수밖에 없다. 중앙 병목을 두고 대화를 위한 반응선택이 제동을 걸기 위한(핸들을 돌리기 위한) 반응선택과 경합을 벌이게 되기 때문이다. Levy, Pashler, Boer(2006)는 시뮬레이터를 이용한 실험에서 참여자들에게 앞차의 브레이크 등이 빨간색으로 바뀌면 최대한 빨리 자기가 타고 있는 차의 브레이크를 밟으라고 지시했다. 앞차의 브레이크 등이 빨간색으로 바뀌는 일은 참여자가 헤드폰으로 들리는 소리의 개수에 대해 말로 반응한 직후 또는 잠시 후에 벌어졌다. 심리적 불응기가 분명하게 관찰되었다. 소리가 헤드폰으로 제시된 시각과 브레이크 등이 빨간색으로 바뀐 시각 간 간격이 짧아지면서 브레이크를 밟는 데 걸리는 시간은 점점 길어졌다. 혹자는 운전하며 통화하는 실제 상황에서는 브레이크를 밟는 데 걸리는 시간이 길어질 가능성이 희박하다고 주장할 수도 있다. 운전자가 무슨 말을 할 것인지에 대한 결정을 미루고 브레이크 밟는 일을 우선적으로 하면 될 것 아니냐는 반론이다. 이 반론의 타당성은 그다음 실험(Levy & Pashler, 2008)에서 검토되었다. 운전과는 무관한 과제에 대한 반응은 하지 말라는 지시를 분명하게 했는데도 브레이크를 밟는 데 걸리는 시간은 동시에 수행해야 할 과제가 없을 때보다 길었다. 따라서 중앙 병목은 동시작업에 투자할 수 있는 인간의 역량을 엄격하게 제한하고 있는 셈이다. 그리고 이 제약을 극복하는 일은 매우 어려운 일일 것으로 판단된다.

시각적 주의

앞서 논의했던 중다 자원 이론에서는 주의의 시각양식과 청각양식을 구분한다. 지금까지는 시각적 주의에 관한 연구가 가장 많이 진행되었다. 그 결과 시각적 주의의 구체적인 측면에 개입하는 신경망을 보다 구체적으로 명시할 수 있게 되었다. 예컨대, 세 가지의 상이한 신경망이 주의의 경보, 지향, 관리기능을 담당한다는 사실이 밝혀졌다(Posner & Rothbart, 2007a, 2007b). 이들 각각의 신경망을 구성하는 뇌의 영역이 MRI를 이용한 연구에서 확정되었다. 그림 3.10은 이들 영역을 개략적으로 예시하고 있다. Posner의 연구진이 개발한 검사는 참여자들에게 (1) 시야의 다양한 위치에 제시된 시각자극에 지향을 요구하는 과제, (2) 제시될 자극에 관한 경보신호에 유의해야 하는 과제, (3) Stroop 과제와 같이 옳은 반응과 기대했던 반응과의 대립을 해결해야 하는 과제로 구성되었다. 대립을 해결하는 일은 주의의 관리기능을 필요로 한다. 이제 이들 주의신경망 각각을 하나씩 살펴보기로 하자.

주의신경망

지향 시야의 특정 신호에다 주의를 집중하는 일을 지향(orienting)이라 한다. 지향을 할 때는 시선을 그 신호에 맞추기 위해 안구를 그쪽으로 돌릴 수도 있다. 하지만 안구를 움직이지 않고도 지향

> **그림 3.10** 경보, 지향, 관리기능에 관여하는 주의 망

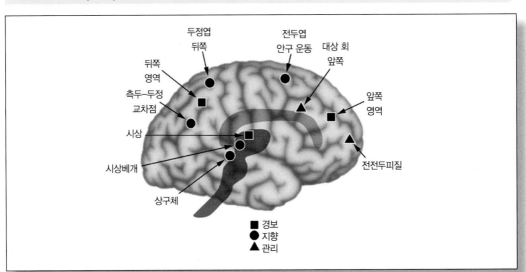

출처 : Posner, M. I., & Rothbart, M. K. (2007a). *Educating the human brain*. APA 허락하에 재인쇄.

은 가능하다. 지향 신경망(혹은 지향-망)에는 두정엽의 정수리와 뇌의 뒤쪽에서 두정엽과 측두 엽이 만나는 영역(측두-두정 교차점)이 포함된다. 그리고 전두엽에서 시야와 연관된 영역과 안 구 움직임에 관여하는 중뇌의 상구체도 지향 신경망에 포함된다. 지향 신경망에 포함된 이들 영 역은 좌우 반구 모두에서 발견된다. 지향 신경망, 즉 지향-망은 당면 목적을 달성하는 데 중요한 자극에다 주의를 집중시키는 하향식으로 작용하는 것으로 보인다.

양 반구 중 한쪽 반구가 손상되었을 때 발생하는 장애 중 하나가 지향-망의 고장이다(Posner, Cohen, & Rafal, 1982). 이 장애를 공간 무시(spatial neglect)라고들 한다. 이 장애로 고생하는 환자 는 손상된 뇌의 반대쪽에 있는 시각자극을 무시해버리기 때문이다. 예컨대, 우반구가 손상된 환 자일 경우, 자신의 정면에서 왼쪽에 있는 사람들에게는 주의를 기울이지 않는가 하면 심지어는 자기 얼굴의 왼쪽만 면도하기도 한다. 이런 사람도 시지각능력에는 아무런 문제가 없다. 다만 시 야의 왼쪽에 있는 자극을 그냥 무시해버린다. 실험실에서 실시된 검사에서 문단을 하나 읽어보 라고 했을 때, 우반구 손상 때문에 공간 무시 환자가 된 사람들은 문단의 오른쪽에 있는 단어만 읽고 왼쪽에 있는 단어는 읽지 않았다. 그리고 그림을 보여주며 그려보라고 하면, 이들은 그림의 오른쪽만 그리고 왼쪽은 생략해버리는 것으로 관찰되었다(McCarthy & Warrington, 1990).

좌반구 손상은 그 반대쪽인 우측 시야를 무시하는 현상을 유발할 수 있다. 하지만 그 결함효 과는 오래가지 않는다. 이와는 대조적으로 우반구 손상은 좌측 시야를 영구적으로 무시하게 하 는 문제를 유발하곤 한다. 색판 5는 좌측 시야만을 무시하는 공간 무시 현상을 모형으로 제시 한 것이다. 이 장애의 일차적 원인은 우반구에서 주의와 안구 움직임을 통제하는 하향성 신경망 의 오작동이다(Corbetta & Shulman, 2011). 색판 5의 (a)가 보여주는 이 등쪽 전-정 신경망(dorsal fronto-parietal network)은 정상적인 경우 좌우측 시야를 대칭적으로 검색하게 해준다. 좌반구와 우반구 간에 벌어지는 상호작용은 좌우 반구의 시각영역과 좌우 반구의 등쪽 주의신경망 활동에 균형을 잡아준다. 그러나 색판 5의 (b)에서 볼 수 있듯이, 우반구의 손상은 좌측 시야 탐색에 필요 한 등쪽 신경망을 망가뜨려버렸고 그 결과 시각적 탐색에서 무시되는 일이 벌어지는 것이다.

공간 무시에 개입하는 지향-망은 또 있다(Corbetta & Shulman, 2002). 배쪽 신경망은 입력 자 료에 대한 상향식 처리를 제공함으로써 등쪽 신경망, 즉 하향식 처리 망의 범위 밖에 있는 중요한 자극까지도 탐지할 수 있게 해준다. 측두-두정 교차지역과 전두엽 하측으로 구성되는 배쪽 신경 망은 우반구에 편재되어 있다. 때문에 이 상향식 처리 망(배쪽 신경망)에 생긴 문제를 이용하면 우반구 손상에서 유발된 공간 무시가 지속되는 이유를 설명할 수 있고 또 공간 무시 환자들이 스 스로는 그렇게 못하면서도 그렇게 하라는 말을 듣고서는 자신의 주의를 반대쪽 시야로 옮길 수 있는 현상까지 설명할 수 있게 된다. 이들 현상이 벌어지는 이유는 무시된 시야에 있는 자극은 중 요한데도 주의를 받지 못해서 환자들은 그 존재를 알아채지 못하지만 환자들의 하향식 지향-망 은 온전하기 때문인 것 같다. 좌반구에 비해 우반구의 배쪽 신경망이 보다 적극적으로 반응한다.

학습활동 3.3	선분 분할 과제

다음 선분을 자세히 살핀 후, 선분의 정중앙에 수직 선분을 하나 그어보라.

_____

이제, 양분된 선분을 자로 재어 좌우 선분의 길이가 똑같은지를 확인하자. 정중앙이 아니면, 여러분이 그은 수직 선분의 위치가 어느 쪽(왼편/오른편)에 있는가?

왜냐하면 뇌간에 있는 각성기제에서 우반구 배쪽 신경망으로 보내는 각성신호가 더 강하기 때문이다(Corbetta & Shulman, 2011). 뇌간에서 오는 각성자극 강도의 이러한 차이 때문에 좌반구보다 우반구가 더 적극적으로 반응한다는 사실은 정상적인 시각검색에서도 그리고 우반구 손상으로 공간이 무시될 때에도 나타난다(색판 5 참조). 우반구에서 관찰되는 보다 강한 활성화는 선분 분할 과제를 통해서도 관찰할 수 있다. 더 읽어나가기 전에 학습활동 3.3부터 해보라.

선분 분할 과제에서 많은 사람들은 수직 선분을 정중앙에서 약간 왼쪽에다 긋는 작은 오류를 범한다(Ciçek, Deouell, & Knight, 2009). 배쪽 시스템은 우측으로 국지화되어 있기 때문에 우측 시야로 주의가 더 많이 쏠리는 일이 벌어진다. 수평 선분의 우측에 비해 좌측에다 더 많은 주의를 기울이면 좌측이 아닌 정중앙에다 수직 선분을 그리게 될 것이다. 공간 무시 환자에게 이 과제를 수행하게 해보면, 그들은 수직 선분을 영 오른쪽에 긋는 오류를 범한다. Ciçek 등이 보고한 fMRI 결과를 보면, 배쪽 상향처리 신경망은 물론 등쪽 하향처리 신경망도 좌반구에 비해 우반구가 더 적극적으로 활동하는 국지화 현상이 벌어지고 있음을 알 수 있다. 지향성 주의에서 발견되는 이러한 우반구 편파를 이용하면, 왜 좌측 시야에 더 많은 주의를 기울이는 작은 편파(예 : 선분 분할 과제에서 관찰되는 결과)가 발생하는지를 설명할 수 있다. 그리고 공간 무시 현상이 왜 우반구에 손상을 입은 환자들한테서 관찰되는지도 설명할 수 있다.

경보   경보(alerting)는 입력되는 자극에 대한 민감도를 높이고 준비상태를 유지시켜준다. 경보–망은 두정엽, 시상, 우반구 전두엽의 한 영역으로 구성된다. 경보–망을 활성화시키는 한 가지 방법은 자극을 제시하기 전에 경고신호를 보내는 것이다. 경고가 발생하면, 뇌간에 있는 수면 주기 관장 영역에서 노르아드레날린이라는 신경전달물질이 방출되어 경보영역인 두정엽, 시상, 우반구 전두엽으로 투입된다. 어떤 의미에서 경보–망은 뇌를 활성화시켜 만약의 경우에 주의를 필요로 하는 곳에 집중시킬 수 있도록 대비를 한다. 지향–망과는 달리, 경보–망은 환경 속 특정 자극으로 주의를 돌리게 하는 게 아니라, 유사시에 주의를 신속하게 기울일 수 있도록 뇌를 준비된 상태에 머물게 한다. 인지심리학자들은 경보–망에 대한 연구를 수십 년째 해오고 있다. 경보–망에 대한 연구에서는 주로 장시간 경계태세를 요하는 과제가 이용된다. 여러 시간에 걸쳐 단순한 과제를 수행하여 지루함이니 피로가 엄습할 때는 경보-망도 준비태세를 유지할 수 없게 된다. 예 컨대, 먼 거리를 운전하느라 여러 시간을 보내고 나면, 운전자의 경보-망이 효율성을 잃게 되어 위험이 생겨난다. 고속도로 최면이라는 현상(즉 마음이 심란해지고 주의집중이 어려운 상태)은 경보-망이 폐쇄되어 운전자가 핸들을 잡은 상태에서 잠들어버릴 위험이 닥쳤다는 지표로 작용 한다. 자동차가 운전자의 집중력 저하를 탐지해내는 능력을 갖게 되면, 경보음을 이용하여 운전 자의 경보-망을 재활시킬 수도 있을 것이다.

관리기능   세 번째 신경망은 정신작용을 통제하는 일에 개입한다. **주의의 관리기능-망**(executive network)이란 생각과 느낌과 반응 간 부조화를 감시하여, 부조화가 발견되면 부적절한 맘속표상 은 억제하고 적절한 맘속표상만 활성화시켜 그 부조화를 해결하려는 신경망을 일컫는다. 이 신 경망의 기능은 우리의 생각과 행동을 상황에 맞도록 통제하는 일이다. 퇴근길에 주차장에서 차 를 몰고 나오는 일을 상상해보자. 곧바로 집으로 운전해 가는 게 통상적인 일이라면, 집에 가는 길에 먼저 식품가게부터 들러야 하겠다고 생각을 하고 그 생각을 실행하기 위해서는 주의의 관 리기능이 작동해야만 한다. 곧바로 집으로 오는 자동적 행동을 억제해야 하기 때문이다. Norman 과 Shallice(1986)는 다음과 같은 조건에서는 주의의 관리기능이 반드시 필요하다고 주장했다. (1) 계획을 수립하거나 결정을 내릴 때, (2) 오류를 바로잡을 때, (3) 해야만 하는 반응이 새롭거나 덜 익숙할 때, (4) 인지적 부하가 높거나 위험한 조건에 반응할 때, (5) 자동적 반응을 억제하거나 극 복해야 할 때.

주의의 관리기능에 관여하는 뇌의 핵심 영 역은 신피질의 아래쪽에 위치한 변연계(limbic system)의 일부로 대상 회(cingulate gyrus)라고 하는 곳에 있다. 대상 회는 기저핵(basal ganglia, 뇌간 가까이에 신경세포가 밀집해 있는 영역)

> 주의의 관리기능은 생각과 느낌과 반응 사이의 부 조화를 감시하여 부적절한 맘속표상을 억제하고 적 절한 맘속표상을 활성화시킴으로써 그 부조화를 해 결하는 데 관여하는 신경망의 작용을 일컫는다.

과 해마와 편도체 그리고 변연계의 다른 구조물과 연결되어 있다. 주의의 관리기능-망은 **대상 회 전측**(anterior cingulate gyrus)과 대상 회 아래쪽에 위치한 기저핵 그리고 대상 회 전측 바로 위 에 있는 전전두피질 외측으로 구성된다(그림 3.11).

Stroop 과제는 주의의 관리기능을 연구하는 데 유용한 도구로 이용된다. 왜냐하면 옳지 않은 자동적 반응(즉, 단어의 이름을 읽으려는 반응)과 옳은 반응(즉, 색상의 이름을 말해야 하는 반응) 이 강하게 맞서고 있기 때문이다. 참여자들이 Stroop 과제를 수행하는 동안 그들의 머릿속에서 벌어지는 일을 fMRI와 PET로 기록해보면, 그림 3.10에 표시해둔 대상 회 전측에 활발한 활동이 벌어지고 있음을 알 수 있다. 이 활동은 자동적이지만 옳지 않은 반응을 억제하고 옳은 반응을 활 성화시키려는 대상 회 전측의 노력을 반영하는 것으로 해석된다. Stroop 과제에서 반응이 맞서고

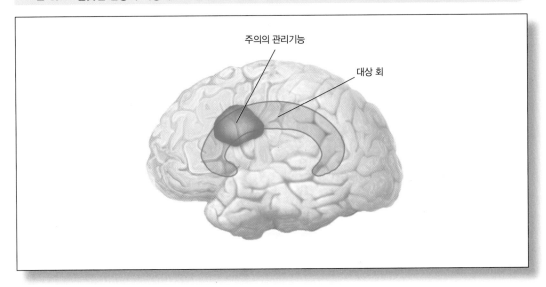

그림 3.11 잘못된 반응이 자동적으로 일어나는 것을 억제하는 주의의 관리기능에 관여하는 대상 회

주의의 관리기능

대상 회

있는 동안 벌어지는 대상 회 전측과 전전두피질 외측의 신경활동을 기록한 많은 연구에 대한 고찰은 Posner와 DiGirolamo(1998)에서 발견된다.

　조현병의 대표적 증상인 지각장애와 사고장애도 적어도 부분적으로는 주의의 비정상적 작용과 관련된 것으로 보인다(David, 1993; Place & Gilmore, 1980). 이들 증상은 전전두피질과 대상 피질(회)의 억제 역량에 발생한 손상에 기인됐을 가능성이 크다(Cohen, Barch, Carter, & Servan-Schreiber, 1999). 조현병 환자들은 부적절한 정보를 억제할 능력이 없기 때문에 환경 맥락의 표상과 당면 과제를 관리하는 데 어려움을 겪게 된다. 생각을 하는 데 기억과 환각이 환자의 의지와는 관계없이 수시로 스며들면 그 생각은 붕괴될 수밖에 없다. 부적절한 정보가 개입하는 일을 억제하는 능력이 망가지면, 과제 관련 사고가 일관성 있게 진행될 수 없다는 말이다.

　시각적 주의에 관한 연구결과는 주의 관련 신경망 여러 개가 작용한다고 밝혔다. 이들 신경망은 대뇌피질 및 피질 하부에 퍼져 있는 여러 영역들로 구성되어 있다. 이들 신경망만으로 주의의 기능을 충분히 발휘할 수 없을 경우에는 다른 기제가 당면 과제와 무관한 자극은 모두 무시하고 하나의 시각자극만 선별하는 일을 돕는다. 이 선별 작업은 후두엽의 일차 시각피질에서 시각 처리의 초기에 벌어진다. 시각의 선별적 주의집중을 이해하는 쉬운 방법 중 하나는 선별적 주의를 스포트라이트에 비유해보는 방법이다. 선별된 자극은 스포트라이트의 밝은 조명 덕분에 분명하게 보이지만, 주의를 받지 못해 선택되지 않은 자극은 모두 어둠 속에 남게 된다. 후두엽 시각피질에 있는 신경세포 중에는 속성 탐지기로 활동하는 세포들도 많다. 이들은 특정 방위를 취하고 있는 선분 같은 극히 구체적 시각속성에만 반응한다. 이 사실은 제2장에서 소개됐었다. 또한 그 속성(선분)은 망막의 특정 영역(이 영역이 지금 소개 중인 신경세포의 수용장임)을 자극해야만 한다. 망막 위에 있는 일군의 세포로 구성되는 수용장은 각각 피질에 있는 신경세포 하나하나와 연결되어 있다. 이들 신경세포는 각각이 탐지해내도록 고안된 그 속성을 끊임없이 '찾고 있는 중'이라고 보면 된다. 바로 그 속성이 자기의 수용장에 나타나면 그 신경세포는 열렬한 반응을 하게 된다. 이 반응을 그 신경세포가 찾고 있던 속성을 찾아냈다(탐지했다)는 신호라고 간주하면, 이들 신경세포를 '속성 탐지기'라고 칭하는 이유도 이해될 것이다. 시각피질을 구성하는 여러 영역 중 V4라는 영역에 대한 연구에서 다른 자극은 무시하고 중요한 자극에만 스포트라이트를 집중하는 일이 벌어지고 있음이 발견되었다.

예컨대, 당면 과제에 부적절한 자극은 제외시키고 적절한 자극만을 꼬집어내기 위해 수용장의 크기가 줄어드는 일이 발견되었다. 이런 일은 적절한 자극과 부적절한 자극 둘 다가 원래의 수용장 내에 포함될 때 벌어졌다(Moran & Desimone, 1985). 또한 두 선분의 방위를 구분해야 하는 일 같은 세밀함을 요하는 과제가 주어지면, 자극선분의 방위에 대한 신경세포의 반응 역시 더욱 세밀하게 조준되는 것으로 드러났다(Spitzer, Desimone, & Moran, 1988). 따라서 "수용장의 축소 작용과 조준 곡선의 정밀화가 선별적 주의기능을 수행하는 것 같다"(Kinchla, 1992, p. 734).

시각수용장에서 일어나는 이러한 변화를 통제하는 곳은 시상에 있다. 시상(thalamus)은 전뇌 속 깊숙이 숨어 있는 구조물로 여러 감각기관을 통해 수집한 정보를 대뇌피질의 적절한 곳에 배분하는 역할을 한다. 신경영상법을 이용한 연구에서 참여자들에게 분명히 보이는 시각자극을 무시하라는 지시를 내렸을 때 시상의 베개핵(pulvinar nucleus)이라는 곳의 신경활동이 증가하는 것을 발견하였다(LaBerge & Buchsbaum, 1990). 시상의 베개핵 손상으로 고생하는 환자들로부터 수집된 증거도 분명하다. 이곳이 손상되면 시각적 주의를 통제하기 어려워진다(Rafal & Posner, 1987). Posner와 Peterson(1990)은 적절한 증거를 기초로 주의라는 스포트라이트를 현재의 위치에서 다른 위치로 옮기는 일은 상이한 영역의 개입으로 이루어진다고 결론지었다. 이들의 견해에 따르면, 시상의 베개핵은 주의의 새로운 초점(즉, 스포트라이트가 옮겨갈 곳)에서 가용한 정보를 읽어들이는 일을 한다. 그리고 현재의 초점에서 주의를 분리시키고 분리된 주의를 새로운 초점으로 이동시키는 작업은 뇌의 다른 영역에서 관리한다.

지각적 묶기

주의에 관한 또 다른 연구에서는 물체 재인에 주의가 필수적이라고 주장한다(Treisman & Gelade, 1980). 속성 통합 이론(feature integration theory)은 어떤 물체를 구성하는 속성에 대한 전주의적 처리가 자동적으로 이루어진 후, 여러 속성을 묶어 하나의 물체로 만들어내는 통제된 처리를 통해 그 물체가 지각/재인된다고 주장한다. 이 이론에 따르면, 물체의 색깔이나 모양 같은 기본적 차원에 대한 일차적 처리/분석은 시각적 주사(scan)라고 하는 전주의적 처리로 이루어진다. 그러나 이렇게 분석된 여러 속성을 통합하여 하나의 물체로 조립해내는 두 번째 단계(통합 단계)의 처리에는 주의집중이 요구된다. 이 이론을 검증하기 위해 Treisman과 Gelade는 참여자들에게 표적탐지 과제를 부과해보았다. 이 과제에서의 표적은 방해 자극과 단일 차원(예 : 색상)에서만 달랐다.

만약 방해 자극의 모든 속성이 동시에 자동적으로 처리된다면, 방해 자극의 개수는 표적을 탐지해내는 시간에 아무런 영향을 미치지 못해야 한다는 게 Treisman과 Gelade(1980)의 예측이었다. 예컨대, 여러 개의 X와 O로 구성된 자극판에서 표적(빨간색 X)을 제외한 모든 방해 자극(X와 O)이 파란색이었다면 표적은 자동적으로 탐지돼야 한다는 뜻이다(색판 6의 맨 위에 있는 자극판 참조). 예측했던 대로, 방해 자극(파란색의 X와 O)의 개수가 3개에서 30개로 늘어나도 표적탐지에 걸리는 시간은 증가하지 않았다(Treisman & Gelade, 1980; Treisman & Sato, 1990). 이 현상을 일컬어 '돌출 검색'(pop-out search)이라고 하는데, 표적이 관찰자에게 튀어나오는 것 같기 때문이다(그림 3.12 참조). 색상과 모양을 조합해 만든 자극을 검색해야 하는 과제를 수행하기 위해서는 이들 두 가지 속성(모양과 색상)을 통합해야 하는데 이 통합 작업에는 주의집중이 요구될 것이라는 게 Treisman과 동료들의 예측이었다. 예컨대, 빨간색의 O와 파란색의 X로 구성된 자극판에서 빨간색 X를 찾아내는 과제를 수행하는 데는 주의집중이 필요할 것이라는 생각이다(색판 6의 아래 자극판 참조). 이러한 조합형 검색에서는 방해 자극의 개수가 많아질수록 표적을 찾아내는 데 걸리는 시간도 길어질 것이라는 게 그들의 예측이었고, 실험결과는 이 예측과 일치했다.

> 묶기 문제는 특정 물체의 다양한 속성 정보가 뇌의 여러 곳에서 분산 처리되는데, 어떻게 그 결과가 통합되어 하나의 물체로 지각되는 것일까라는 궁금증을 일컫는다. 주의가 하는 일이 바로 분산 처리된 여러 속성을 하나로 묶어주는 접착제 역할일 수 있다.

이러한 경우에는 주의가 자극의 여러 속성을 묶어 하나의 물체로 지각되도록 하는 접착제 역할을 했다고 할 수 있다. 앞서도 논의했듯이, 물체의 모양에 관한 정보와 물체의 위치에 관한 정보는 각각 뇌의 상이한 곳(측두엽과 두정엽)에서 처리된다. 마찬가지로 물체의 색상과 움직임 그리고 깊이(거리)에 관한 정보 역시 뇌의 상이한 곳에서 처리된다(Livingston & Hubel, 1987). 이처럼 물체의 다양한 속성에 관한 정보는 뇌의 여러 곳에서 분산 처리된다. 그런데 분산 처리된 여러 가지 정보가 어떻게 통합되어 하나의 물체로 지각되는 것일까라는 궁금증을 묶기 문제(binding problem)라고 한다. 우리가 눈앞에 있는 어떤 물건(예 : 책)을 바라볼 때, 우리는 특정 방향(예 : 정면)의 특정 거리(예 : 70cm 앞)에 특정 색상(예 : 초록색)을 가지고 있는 책을 보고 있는 것이다. 따라서 그 책은 우리의 머릿속에 최소한 세 가지(정면에 있는 책, 70cm 전방에 있는 책, 초록색 책)로 표상되는데도 우리는 이 책을 하나, 즉 '정면의 70cm 전방에 있는 초록색 책'으로 지각한다.

그림 3.12 자동적 돌출 검색과 통제된 결합 검색에 소요되는 시간의 변화

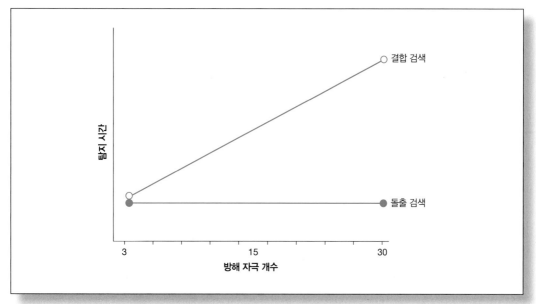

출처 : Treisman, A. M., & Gelade, G., A feature-integration theory of attention. *Cognitive Psychology, 12*, 97–136. Copyright © 1980. Elsevier 허락하에 재인쇄.

묶기 문제가 아직까지 완전히 해결되진 않았다. 하지만 여기서 중요한 점은 묶는 일에는 주의가 요구된다는 사실이다. 이 사실에는 특이한 뜻이 숨어 있다. 즉, 어떤 물체에 주의를 기울이지 않는다면, 그 물체를 구성하는 속성은 처리될 수 있어도 그 물체는 지각/인식되지 않아야 한다. 그림 3.13에 소개된 Mack과 Rock(1998)의 실험을 고려해보자. 참여자는 시선을 가운데 있는 고정점(+ 표시)에 고정시키면서, 속으로는 왼편에 있는 커다란 +에다 주의를 쏟는다. 그다음에 제시되는 차폐자극은 모든 정보에 대한 후진 차폐를 유발한다. 이 후진 차폐로 감각기억에 있는 다른 자극을 주사(scan)하는 일이 미리 차단되어버린다. 실험의 결정적 시행에서는 고정점에 작은 물체(그림 3.13에서는 '다이아몬드')가 제시된다. 이 경우, 그 작은 물체가 망막의 중심와에 200ms 동안 투사된다는 점을 주목하자. 만약 주의가 고정점(즉, 중심와)에 집중되어 있었다면 200ms는 그 물체의 정체를 파악하고도 남을 긴 시간에 해당한다. 그러나 앞서 지적했듯이 주의는 고정점에서 왼쪽으로 상당히 떨어진 곳에 집중되어 있었다. 이런 상황에서 참여자들이 그 작은 물체(위의 예에서는 '다이아몬드')의 정체를 파악하지 못하는 경우가 60~80%에 이르렀다. 구체적으로, "이번 시행에서 이전 시행에서는 본 적이 없는 물체를 무엇이든 봤느냐?"고 물으면, 60~80%의 참여자들이 아무것도 보지 못했다고 대꾸했다는 뜻이다. 그 작은 물체의 모양이 다이아몬드가 아니라 동그라미인 경우에도 또 정방형인 경우에도 그리고 그 모양 전체가 검은색인 경우에도 또 윤곽만 검은색인 경우에도 동일한 결과가 관찰되었다.

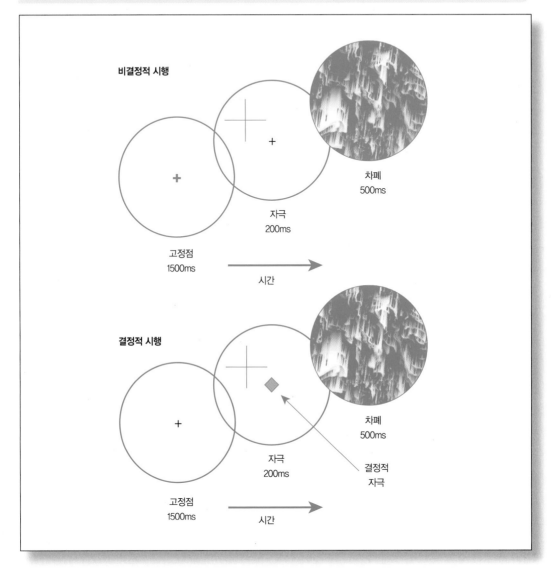

그림 3.13 부주의 맹을 연구하는 데 이용된 두 가지 시행

출처 : Mack, A., & Rock, I., *Inattentional blindness*. Copyright © 1998. MIT Press 허락하에 재인쇄.

　　Mack과 Rock(1998)은 자기들이 발견한 현상을 **부주의 맹**(inattentional blindness)이라 칭했다. 식역치를 훨씬 넘어서는 자극을 200ms 동안이나 주시하고 있었는데도 보이지 않았던 것이다. 이 사실이 놀라운 점은, 보통 때처럼 시선이 집중되었던 그 자극에 주의도 집중되었더라면, 200ms 라는 시간은 그 자극의 정체를 충분히 파악하고도 남을 시간이라는 점이다. 부주의 맹이라는 현상 때문에 우리는 물체를 구성하는 속성을 하나로 묶는 데는 주의가 필수적 요인임을 인정하지 않을 수 없게 되었다. 주의와 주의를 바탕으로 이루어지는 묶기가 없으면 지각도 없어진다는 말이다.

부주의 맹이란 개념을 이용하면, 일찍이 Neisser와 Becklen(1975)이 보고한 결과를 쉽게 설명할 수 있다. Neisser와 Becklen의 연구에는 우리가 앞에서 소개했던 양이청취 실험을 본뜬

> 부주의 맹이란 주의를 기울이지 않은 대상은 보고도 지각하지 못하는 현상을 일컫는다.

선별적 주의집중 과제가 이용되었다. 이 실험에서는 시각과제 두 가지를 겹쳐서 제시했는데, 바닥에 제시된 과제에서는 세 사람이 농구공을 패스하고 있었고 그 위에 겹쳐 제시된 과제에서는 두 사람이 손을 반복적으로 만지고 있었다. 참여자들에게는 한 가지 과제에 집중하고 다른 과제는 무시하라고 지시했다. 예를 들어, 세 사람 사이에 농구공이 오고 가는 것을 주시하며 패스가 이루어질 때마다 버튼을 눌러 패스의 횟수를 세어보라고 지시했다. 공을 패스하는 속도가 분당 40회 정도로 빠른 경우에는 이 과제의 수행이 무시해야 할 과제의 간섭을 받지 않았다. 패스 횟수에 대한 기록이 약 97% 정확했고, 이 수치는 겹쳐 제시된 두 번째 과제가 없는 조건에서의 정확률과 같았다. 시각과제를 선별하는 작업이 매우 성공적이었다는 뜻이다. 분명히 참여자들은 눈앞에서 손을 만지고 있는 두 사람을 보지 못했다(부주의 맹)는 뜻이다.

Simons과 Chabris(1999)는 부주의 맹의 효과가 아주 강렬할 수 있다고 보고했다. 이들의 실험에서는 위에서 소개한 농구 게임의 변종이 이용되었다. 세 사람씩으로 구성된 두 팀이 농구공을 주고받고 있는 모습이 동영상으로 제시되었다. 한 팀은 윗옷이 검은색이었고 다른 팀은 흰색이었다. 이들은 좁은 공간 안에서 끊임없이 위치를 이동하며 공을 무작위로 주고받았다. 각 팀은 자기편끼리만 공을 주고받았다. 바운드를 이용한 패스도 있었고 공중 패스도 있었다. 또한 선수들은 드리블도 하고 손을 흔들기도 함으로써 복잡하고 역동적인 시각장면을 창출했다. 참여자들에게는 한 팀은 무시하고 한 팀에만 주의를 기울이며 그 팀에서 이루어진 패스의 횟수를 속으로 세어보라고 주문했다. 특히 농구 게임에만 몰두하도록 고안된 조건에서는 참여자들에게 바운드 패스와 공중 패스의 횟수를 따로따로 세어야 한다고 지시했다. 게임이 시작되고 약 45초가 지날 즈음에 뜻밖의 일이 두 가지 벌어졌다. 고릴라 모습의 검은 옷을 착용한 사람 또는 우산을 펼쳐든 사람 1명이 게임을 하고 있는 사람들 사이를 지나갔다. 그런 일이 있은 후 곧 게임을 끝내고 참여자들에게 어떤 이상한 점을 눈치채지 못했었냐고 물어보았다. 검사한 모든 조건을 통해 그 이상한 점을 눈치챈 사례는 54%에 불과했다. 그러나 참여자들에게 두 팀 모두에서 주고받는 패스를 세어보라고 했을 때는 이 수치도 45%로 떨어졌다. 그러므로 부주의 맹은 관람 중인 농구장에 나타난 고릴라나 우산 같은 시각적으로 매우 독특한 대상까지도 절반의 경우에는 알아채지

> 지각을 하지 못하는 이유는 그 대상의 속성이 한 묶음으로 묶이지 않았기 때문으로 간주된다.

못하게 만드는 강력한 힘을 가졌다고 할 것이다.

역하 지각

부주의 맹은 주의를 받지 못한 자극도 어느 정도는 처리되지만 의식적인 지각이 이루어질 정도까지 처리되는 건 아니라고 말한다. 역하 지각(subliminal perception)이라는 용어는 주의를 쏟지 않았는데도 벌어지는 무의식적 지각을 일컫는다. 위에서 고찰한 사실을 고려하면, 이 용어는 오해의 여지를 안고 있다. 주의를 받지 못한 자극도 처리는 되지만 온전한 자극으로는 지각되지 않는다. 때문에 그 자극과 관련된 정보를 재인 또는 재생하는 능력에 별 영향을 미치지 못한다. 광고주들은 시각적 광고에서 전갈을 숨기거나 영화에서 전갈을 아주 짧은 시간 동안만 제시함으로써 소비자들이 의식하지 못하는 사이에 그들의 구매행동에 영향을 미치고자 했었다. 이러한 역하 전갈은 청각으로 제시되기도 했다. 청각자극을 제시한 직후 큰 잡음으로 차폐를 하거나 녹음한 전갈을 역순으로(뒤에서부터 앞으로) 재생시키기도 했다. 특히 이 후자의 방법은 미국 캘리포니아 주 의회에서 록(rock) 음악이 애청자들에게 미치는 역하 영향력을 두고 악의에 찬 논쟁을 야기하는 등 사회적 물의를 일으키기도 했다.

그러나 사실은 지각되지 않고 기억되지 않은 전갈은 지각되고 기억된 전갈에 비해 그 영향력이 우리 행동을 바꾸어놓을 만큼 중요하지 않다고 말한다. Vokey와 Read(1985)는 역순으로 제시된 전갈을 듣고 그 의미를 파악할 가능성을 검토해보았다. 진술의 내용은 다섯 가지였다―동요, 예수의 가르침, 악마의 저주, 포르노 소설, 광고. 참여자들의 과제는 그냥 들은 자극이 이들 중 어느 범주에 속하는지를 판단하는 것이었다. 따라서 이 과제에서 추측만으로 옳은 판단을 내릴 확률은 20%였다. 그런데 이 실험에 참여한 사람들의 판단이 옳을 확률은 19%였다. 이는 참여자들이 역순으로 재생한 녹음테이프의 내용을 분석할 수 없었음을 뜻한다. 이와 비슷한 부정적인 결과에 대한 자세한 고찰은 Holender(1986)에서 발견된다.

역하 자극은 지각되지 않기 때문에 재생되거나 재인될 수가 없다. 하지만 그들 자극의 속성은 전주의적으로 처리되기 때문에 검사를 잘만 하면 그러한 처리결과를 꼬집어낼 수도 있을 것이다(Merikle & Reingold, 1992). 예를 들어, 식역 이하로 제시된 자극이기 때문에 명백하게 회상되지는 않는데도 나중에 일어나는 그 자극에 대한 정서반응에는 작은 변화가 발생하는 것으로 밝혀졌다(Kunst-Wilson & Zajonc, 1980; Seamon, Marsh, & Brody, 1984). 사람들에게서 그전에 자기도 모르는 사이에 제시되었던 자극을 더 좋아하는 경향이 발견되었던 것이다. Coren(1984)은 역하 광고의 효과는 이 정도의 정서반응을 유발하는 게 전부라고 결론지었다. 그러한 정서적 변화를 유발하는 데는 전갈의 의미가 이해될 필요도 또 회상될 필요도 없다는 뜻이다. 다시 말해, 자극의 정서적 특징은 주의를 기울이지 않아도 자동적으로 처리된다는 말이다.

식역하에서나마 어떤 자극을 반복적으로 제시하면, 나중에 그 자극에 대한 호감이 향상된다는 단순 노출 효과를 보고한 연구는 200편이 넘는다. 그러나 그 단순 노출 효과가 생성되는 기제는 아직도 그 모습을 드러내지 않고 있다. Monahan, Murphy, Zajonc(2000)는 단순 노출은 노출된 자극에 대한 경각심과 긴장감을 줄여주고, 이렇게 생성된 안정감에 대한 느낌, 즉 정서반응이 호감으로 의식된다고 주장한다. 단순 노출 효과는 반복해서 제시된 자극에 대한 친숙성 때문에 유발된 게 아니기 때문에 관련 자극은 물론 관련이 없는 새로운 자극에도 일반화될 수 있다는 게 이들의 주장이다. 만약 이들의 주장이 옳은 것으로 드러나면, 반복된 역하 노출에 의해 유발된 정서적 변화의 효과는 그 자극에만 한정되지 않는다.

요약

1. 주의는 여러 자극 중 특정 자극을 선별하는 작업을 일컫는다. 선별의 목적은 선택된 자극을 더욱 깊이 있게 처리하기 위함이다. 또한 주의는 특정 처리에 정신자원을 집중하는 작업을 일컫기도 한다. 주의와 관련된 현상을 설명하기 위해 개발된 이론은 크게 두 가지로 대분된다. 여과 이론은 주의의 선택적 측면을 다루는 반면, 역량 이론은 정신자원의 배분이라는 측면을 다룬다. 여과 이론은 감각기관을 통해 수집된 자극에 대한 감각처리단계와 그 자극을 의식하는 단계 사이에 병목이 존재한다고 가정한다. 역량 이론에서는 하나 이상의 병목이 존재할 수 있다고 생각하며, 아울러 여러 가지 정신활동은 제한된 자원을 두고 경합을 벌인다고 가정한다.

2. 초기 선별 이론은 병목/여과기가 감각기억 직후에 위치한다고 주장한다. 주의를 받은 자극은 형태재인 단계로 진행하는 반면, 주의를 받지 못한 자극, 즉 병목/여과기를 통과하지 못한 자극은 감각기억에서 금방 사라져버린다. 약화 이론도 여과기/병목의 위치가 감각기억 바로 다음에 있다고 주장한다. 그러나 이 이론은 여과기의 작용을 주의를 끌지 못한 자극이 갖는 신호로서의 강도를 감소시키는 일이라고 가정한다. 만약 주어진 자극(예 : 자신의 이름)에 대한 형태재인식역이 매우 낮으면 주의를 받지 못해 약화된 경우에도 형태재인이 일어날 수 있다. 후기 선별 모형에서는 여과기/병목이 형태재인 단계 뒤에 위치한다고 가정한다. 즉, 주의를 받은 자극이든 받지 않은 자극이든 형태재인이 이루어진 후에 여과기/병목의 영향을 받는다는 생각이다. 이 이론에서는 모든 자극은 의미까지 분석되지만 주의를 기울인 자극만 의식 수준을 거쳐 기억에 저장된다고 주장한다.

3. 단일 역량 이론은 정신활동은 하나뿐인 일반 주의자원을 두고 경합을 벌인다고 가정한다. 따라서 일반적인 주의자원을 많이 요구하는 과제 둘 이상을 동시에 수행하게 되면, 이 두 과제는 서로

를 방해하게 된다. 주의자원의 최대 역량은 한정되어 있기 때문이다. 하지만 가용한 최대 역량은 각성수준 같은 기타 요인에 따라 다소 변하기도 한다. 특정 과제 또는 정신활동에 사용되는 자원의 정도를 그 과제/활동에 필요한 정신적 노력이라고 정의한다. 중다 역량 이론은 주의/정신 자원을 여러 가지 상호독립적인 차원으로 나누어질 수 있는 것으로 간주한다. 청각처리자원 대 시각처리자원 그리고 어문처리자원 대 공간처리자원 등이 그런 차원에 해당한다. 따라서 만약 두 가지 과제가 모두 예컨대, 언어처리자원을 요구하면 그 두 과제의 수행수준은 둘 다 낮아질 수밖에 없다. 하지만 둘 중 하나는 언어처리자원을 필요로 하고 다른 과제는 공간처리자원을 필요로 한다면, 이들 두 가지 과제 수행은 서로를 방해하지 않고 진행될 수 있다. 따라서 중다 역량 이론은 주의를 보다 포괄적이면서도 세밀하게 묘사하기 위해 여과 이론과 단일 역량 이론의 교훈을 통합한 이론이라 할 것이다.

4. 자동적 처리는 정신적 노력을 필요로 하지 않는다. 또한 의도적으로 통제하지 않아도 진행되며, 저절로 전개되기 때문에 Stroop 과제에서처럼 작업이 벌어지지 않게 막을 수도 없다. 그리고 자동적 처리는 의식하지 못하는 사이에, 그러니까 자신도 모르는 사이에 벌어진다. 어떤 처리과정이 자동적 처리과정으로 바뀌는 일은 유전적 프로그램 또는 연습을 통해서만 일어난다. 특정 기능을 유창하게 수행할 수 있기 위해서는 그 기능을 구성하는 여러 공정/과정이 자동적으로 진행되도록 해야 할 때가 많다. 통제된 처리는 이들 각각에서 자동적 처리와 대조된다. 즉, 통제된 처리는 많은 정신적 노력을 필요로 하고, 의도적인 통제를 통해 진행되며, 의식하에서 전개된다.

5. 중앙 병목은 두 가지 이상의 과제를 연이어 수행하는 상황에서 발생하는 반응선택의 필요성을 일컫는 말이다. 중앙 병목은 첫 번째 과제에 대한 반응을 선택한 일 때문에 두 번째 과제에 대한 반응선택이 지연되는 현상을 반영한다. 지각작업과 인지작업 중에는 동시에 벌어질 수 있는 것도 있다. 그러나 구체적인 반응을 실행하는 결정은 한 번에 하나씩 이루어질 수밖에 없다. 따라서 반응선택이란 병목에 대한 견해에서는 여과기 이론이나 역량 이론을 막론하고 크게 다를 수가 없다. 그리고 반응선택이라는 병목은 자동적 처리에 중요한 제약을 부과한다. 중앙 병목이란 개념에 따르면, 두 번째 과제에 대한 반응선택의 결정은 첫 번째 과제에 대한 반응선택이 완료될 때까지 지연돼야만 한다. 첫 번째 과제에 대한 운동(반응)실행과 두 번째 과제에 대한 반응선택 결정은 동시에 벌어질 수도 있다. 하지만 어떤 반응을 실행할 것인지를 결정하는 단계에서는 병목이 발생한다.

6. 시각적 주의의 배후에서 작용하는 신경기반이 그 모습을 드러내기 시작했다. 시야에 있는 신호에다 주의를 집중하는 일을 지향이라 하는데, 지향은 주로 시선을 그 신호에 집중시키는 일과 함께 일어날 수도 있지만 시선을 움직이지 않고도 일어날 수 있다. 이 지향의 배후에 깔린 신경망은 두정엽의 정점 그리고 두정엽과 측두엽이 만나는 뇌의 뒤쪽 영역으로 구성된다. 그리고 전두

엽의 시야 관련 영역, 중뇌에서 안구 움직임과 관련된 상구체도 지향–망에 포함된다. 경보는 입력 자극에 대한 민감도를 높이며 준비태세를 유지시켜준다. 경보작업의 배후에 깔린 신경망, 즉 경보–망에는 두정엽과 시상 그리고 우반구 전두엽에 있는 한 영역으로 구성된다. 경보–망은 뇌에 활력을 제공하는 활력소로 작용하여 만약의 경우를 대비하게 한다고 볼 수도 있다. 주의의 관리기능은 생각과 느낌과 반응 사이에 발생하는 알력을 찾아내고, 부적절한 맘속표상은 억제하고 적절한 맘속표상만 활성화시킴으로써 갈등을 해결하는 일을 한다. 주의의 주요 기능은 우리가 하는 생각과 행동의 적응력을 높이는 일이다. 주의의 관리기능–망은 대상 회 전측, 대상 회 바로 아래에 있는 기저핵, 그리고 대상 회 바로 위에 있는 전전두피질 외측으로 구성된다.

7. 속성 통합 이론에 따르면, 시각적 형태재인에는 주의가 필수적이다. 자극의 모양, 색상 등 각각의 속성은 전주의적 또는 자동적으로 작용하는 속성 탐지기가 찾아낸다. 속성 탐지기가 찾아낸 이들 속성 두 가지 이상(예 : 모양과 색깔)으로 구성된 자극을 찾아내는 일에는 주의가 요구된다는 뜻이다. 두 가지 이상의 속성을 하나로 묶어 온전한 물체로 만들어내는 이 작업에서 주의는 접착제 역할을 하는 셈이다. 두 눈으로 바라보고 있는 물체일지라도 주의를 기울이지 않으면 의식적인 지각은 일어나지 않는 것으로 드러났다. 부주의 맹은 주의를 기울이지 않고는 지각이 일어나지 않는 보기에 해당한다.

핵심 용어

경보(alerting)
공간 무시(spatial neglect)
대상 회 전측(anterior cingulate gyrus)
따라 말하기(shadowing)
묶기 문제(binding problem)
부주의 맹(inattentional blindness)
분할 주의(divided attention)
선별(적) 주의(selective attention)
속성 통합 이론(feature integration theory)
약화(attenuation)
역하 지각(subliminal perception)

자동(적) 처리(automatic processes)
점화(priming)
정신적 노력(mental effort)
주의(attention)
주의의 관리기능(executive attention)
중앙 병목(central bottleneck)
지향(orienting)
초기 선별(early selection)
통제된 처리(controlled processes)
Stroop 효과(Stroop effect)

생각해볼 문제

- 운전 중 휴대전화 사용은 비록 손을 이용하지 않을지라도 의사결정에 오류를 유발하고 반응시간을 지연시킬 수 있다. 운전에서 발생하는 이러한 어려움을 중앙 병목이라는 개념을 이용하여 설명해보라. 부주의 맹 때문에 이 문제가 더욱 악화될 가능성은 없을까? 운전 중 휴대전화 사용으로 사고가 나는 것은 남의 일일 뿐 자기는 이런 효과와 무관하다고 생각하는 사람들이 아주 많다. 어떻게 된 일일까?

- 널리 알려진 실험 중 하나에서는 흰 셔츠를 입은 팀과 검은 셔츠를 입은 팀, 즉 두 팀의 선수들에게 같은 공간에서 농구공을 주고받는 게임을 하게 하고, 참여자들에게는 흰 셔츠를 입은 팀에서 벌어진 패스의 수를 세어보라고 지시했다. 그 와중에 고릴라 한 마리가 경기장을 지나가는데도 거의 절반의 참여자들은 그 고릴라를 보지 못한다. 주의의 초기 선별 모형에서는 이 결과를 어떻게 설명할까? 참여자들은 흰 셔츠를 입은 팀에 주의를 집중한다는 점을 고려하라. 그럼, 경기장을 지나간 게 고릴라가 아니고 북극곰이었으면 보기가 더 쉬웠을까? 단일 역량 이론에서도 그 대상이 북극곰인가 고릴라인가에 따라 탐지될 가능성에서 차이가 난다고 예측할까?

- 주의의 지향-망, 주의의 경보-망, 주의의 관리기능-망이 개입되어 있을 것 같은 활동의 보기를 일상생활에서 찾아보라.

---

* 박권생(2002). 한글단어처리와 음운부호 : 그림-단어 과제에서 수집된 증거. 한국심리학회지 : 실험 및 인지, 14(1), 1-14.

제**4**장

기억

학습목표

- 기억의 저장고 이론 및 그 이론을 지지하는 행동성 증거와 신경성 증거를 이해한다.
- 감각기억, 단기기억, 장기기억 저장고의 용량과 파지기간에서 나는 차이를 기술한다.
- 전진형 기억상실증과 후진형 기억상실증을 구분한다.
- 작업기억의 기능을 중다 요소 모형에 따라 기술한다.
- 작업기억의 중다 요소 모형과 중첩 처리 모형을 비교하고 대조한다.

이 장의 주제에 관한 체계적인 연구는 100여 년 전 Hermann Ebbinghaus(1885/1964)에 의해 시작되었다. 그 후 인지심리학자들에 의해 집중적으로 연구되고 있다. 기억이 없다면 우리의 삶에도 의미가 있을 수 없다. 따라서 기억에 관한 심리학자들의 관심은 많을 수밖에 없었다. 우리가 누구이고, 무엇을 믿고 있고, 무엇을 할 수 있으며, 무엇을 느끼는지는 모두 우리의 과거에 의해 정의된다. 기억을 잃어버린 삶이 어떨 것 같은지 한번 상상해보라. 자신이 태어난 고향이 어디이고, 어디서 자랐으며, 학교에서는 무엇을 했고, 일은 어디서 했고, 누구와 함께 살았으며, 어떻게 생겼었는지, 조금 전에는 무엇을 생각했는지, 무슨 말을 했는지조차 기억해낼 수 없다고 상상해보라. 지각능력이나 주의력을 상실하는 것도 비극이기는 하지만, 기억을 잃지 않는 한 우리는 여전히 자신이 누구이고 어떤 사람인지는 알 수 있다. 그러나 기억을 잃게 되면, 우리는 자신의 삶과 개성을 잃게 된다.

우리는 우리가 5년 전에는 어디서 살았고, 5일 전에는 무슨 일을 했으며, 5분 전에는 무슨 생각을 했었는지를 어떻게 회상해낼 수 있는 것일까? 기억에 관한 연구에서 밝혀낸 중요한 사실 중 하나는 회상에 관한 이러한 평범한 질문에 대한 답조차 매우 복잡하다는 점이다. 곧 소개될 기억의 저장고 모형에서는 우선 기억을 감각기억, 단기기억, 장기기억으로 나누어 생각한다(그림 4.1 참조). 기억이라는 위계적 시스템의 첫 수준이 이들 세 가지 저장고로 구성된다는 생각이다. 이

그림 4.1 기억시스템의 위계 : 세 가지 기본 저장고

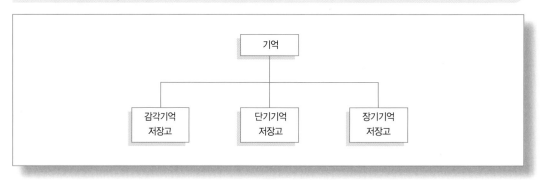

장과 다음 장을 통해 이들 저장고 각각은 하위요소로 구성되어 있음을 알게 될 것이다. 그리고 단기기억은 작업기억이라는 시스템 속에서 주의와 연계되어 있는데, 이에 대한 이야기는 이 장의 마지막 절에서 소개될 것이다.

기억에 관한 이야기는 이들 세 가지 저장고에 관한 이야기로 끝나지 않는다. 그 이야기 속에는 맘속표상을 생성하고 형성된 표상을 조종하는 기본적 처리작업 세 가지도 포함돼야 한다. 먼저, 부호화(encoding)란 어떤 물체나 사건을 지각하고 재인하고 또 후속 처리를 통해 그 물체나 사건에 관한 정보를 나중에 회상할 수 있도록 저장고에 들이는 작업을 일컫는다. 곧 알게 되겠지만, 맘속표상에 부호화된 정보가 나중에 얼마나 잘 회상될 것인지는 그 정보가 부호화되는 방식에 따라 달라진다. 예를 들어, 애초에 부호화가 잘못된 정보는 아예 기억이 나지 않을 수도 있다. 부호화를 하고 난 다음에는 그 물체나 사건에 대한 맘속표상이 장기기억 속에 성공적으로 저장(storing)되어야만 한다. 어떤 물체나 사건은 부호화된 후 단기기억에 잠시 동안만 보관되는 일이 벌어지기도 한다. 부호화된 사건이나 물체를 오랜 시간이 지난 후에도 기억해낼 수 있기 위해서는 그 물체나 사건에 대한 맘속표상을 장기기억 속에 저장해두어야 한다는 뜻이다. 따라서 단기기억 속 정보를 장기기억으로 옮겨놓지 못하는 것도 그 정보를 기억하지 못하는 또 하나의 이유가 된다. 마지막으로, 인출(retrieving)은 장기기억을 검색하여 이전에 부호화하여 저장해두었던 특정 물체나 사건에 관한 정보를 찾아내는 작업을 일컫는다. 어떤 사건/물체에 관한 정보가 적절하게 부호화되고 장기기억에 성공적으로 저장되었다고 하더라도 그 정보를 인출해낼 수 없다면, 그 정보는 의식적으로 사용될 수 없게 된다.

기억이 우리를 괴롭히는 방식도 여러 가지이다. Schacter(2001)는 기억이 우리가 원하는 대로 작동하지 않는 일곱 가지 방식을 '기억의 일곱 가지 흠'이라는 말로 소개하였다. 무상함(transience)은 순식간에 기억을 잃어버리는 일을 일컫는다. 이런 일은 정보를 장기기억에다 옮겨놓지(저장해두지) 못했을 때 벌어진다. 팔린 정신(absent-mindedness)은 주의의 고장으로 사건이나 물체에 관한 정보가 아예 단기기억에도 부호화되지 않은 일을 일컫는다. 방해(blocking)는 장

기기억에 저장된 정보를 인출하지 못하는 현상을 일컫는다. 무상함과 팔린 정신 그리고 방해는 모두 누락의 흠, 즉 우리가 기억해내고 싶어 하는 것을 기억해내지 못하게 하는 오작동에 해당한다.

기억에는 누락의 흠만 있는 게 아니라 범실의 흠(sins of commission)도 있다. 옳지 않은 정보나 잊어버리고 싶었던 정보가 생각나는 일도 벌어진다는 말이다. 예를 들어, 기억하고 있는 정보의 출처를 엉뚱한 곳으로 돌리는 귀인오류(misattribution) 덕분에 우리는 영화나 꿈속에서 경험했던 사건과 실제로 벌어졌던 사건을 혼동하기도 한다. 피암시성(suggestibility)은 실제로 일어났던 사건에 관한 타인의 의견이 그 사건에 대한 우리의 회상에 혼란을 일으키는 경향성을 일컫는다. 귀인오류와 피암시성 때문에 발생하는 목격자 증언의 오류는 사법제도의 정의 구현을 저해하는 중요한 요인으로 작용한다. 편파(bias)는 우리의 과거사를 재구축하는 일이 왜곡되는 일을 일컫는다. 장기기억에서 정보를 인출하는 작업이 우리가 기억해내려는 사건에 관한 현재의 생각 및 느낌에 따라 달라지기도 한다는 말이다. 마지막 흠인 집요함(persistence)은 과거사가 지나치게 세밀하게 회상되는 현상을 일컫는다. 잊어버렸더라면 훨씬 좋았을 아픈 기억이 자꾸만 의식 속에 되살아나는 일도 우리 모두가 익숙한 범실의 흠에 해당한다. 충격적인 사건에 대한 경험이 의식 속으로 집요하게 침습하면, 그 결과는 충격 후 스트레스 장애(post-traumatic stress disorder)에서 벌어지는 일처럼 우리 마음을 약화시킬 수 있다.

여러분은 Schacter(2001)가 소개한 기억의 일곱 가지 흠을 다음 세 장에 걸쳐 만나게 될 것이다. 누락의 흠은 이 장에서 감각기억, 단기기억, 장기기억을 소개할 때와 제5장에서 부호화 과정을 집중적으로 다룰 때 거론될 것이다. 그리고 주로 인출과정을 소개하는 제6장에서는 기억의 왜곡과 불원기억의 집요함이 논의될 것이다.

감각기억

Atkinson과 Shiffrin(1968)은 인간의 기억을 단일 시스템으로 간주하지 않았다. 그들이 제안한 저장고 모형에 의하면 감각기억, 단기기억, 장기기억이라고 하는 3개의 저장고는 그 용량과 파지기간에서 구분된다. 감각기억은 변환된 입력 자극이 잠시 동안 유지되는 일을 일컫는다. 감각기억의 기능은 자극이 지각되고 재인되어 단기기억으로 이송되는 일을 돕는 일이다. 따라서 감각기억이 없다면, 주변에서 벌어진 사건이 신경계에 등록되자마자 망각되고 말 것이다. 지금까지의 거의 모든 연구는 시각 및 청각 감각기억에 집중되었다(그림 4.2 참조).

영상기억

영상기억(iconic memory)으로 불리기도 하는 시각 감각기억은 주로 Sperling(1960)에 의해 연구

그림 4.2 기억시스템의 위계 : 감각기억의 구성요소

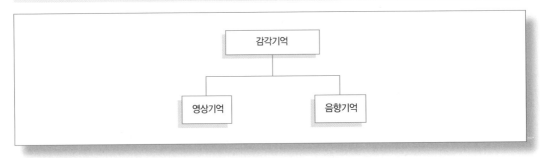

되었다. Sperling은 순간 노출기(tachistoscope)라고 하는 장치를 이용하여 실험에 참여한 사람들에게 9~12개의 문자(영어 알파벳)가 담긴 자극판을 보여주었다. 자극판의 문자는 한 줄에 3~4개씩 석 줄로 정렬됐었다. 그림 4.3에는 그런 자극판의 견본이 실험결과와 함께 제시되어 있다. 딱 50ms(1/20초) 동안 제시되었던 자극판이 사라진 직후, 가능한 한 많은 낱자를 기억해내보라고 하면(이런 실험조건을 '전체 보고'라 했다), 대부분의 참여자는 4~5개를 기억해냈다. 하지만 Sperling은 참여자들의 영상기억저장고에는 낱자 9개 모두에 대한 정보가 유지되었을 것이라고 생각했다. 일단 낱자 9개 모두가 제자리를 잡고 나면, 그 모양이 결정되고, 그런 후 문자의 이름이 재인된다. 그러는 동안 문자 몇 개에 관한 정보가 잊혔기 때문에 4~5개밖에 보고하지 못했을 것이라는 게 Sperling의 생각이었다. 이 생각을 저장고 모형의 용어로 바꾸어 표현해보자. 자극 낱자 9개에 관한 정보가 영상기억에 잠시 동안 보존된다. 낱자를 하나씩 보고하기 위해서는 낱자 하나하나가 재인되어 단기기억에 표상되어야만 한다. 영상기억 속 낱자 이름을 4~5개 대고 나면, 나머지 낱자에 관한 정보는 이미 감각기억(영상기억)에서 소멸되어 그 이름을 찾아내는 데 필요한 처리가 일어날 수 없게 된다.

　이 가설을 검증하기 위해 Sperling(1960)은 '부분 보고'라는 실험조건을 고안하였다. 부분 보고 조건에 참여한 사람들에게는 자극판에 담긴 세 줄의 낱자 중 한 줄의 낱자만 보고하라고 주문했다. 그러나 어떤 줄의 낱자를 보고해야 할 것인지는 자극판이 제시되기 전이 아닌 자극판이 사라진 후에 알려주었다. 구체적으로, 50ms 동안 제시되었던 자극판이 사라짐과 동시에 '고음'이 들리면, 첫 줄의 문자(그림 속의 보기에서 J-M-C)를 보고해야 했고 '저음'이 들리면 맨 아랫줄의 문자를 그리고 중간 높이의 음이 들리면 중간 줄의 낱자를 보고해야 했다. Sperling의 생각은 이러했다—이 '부분 보고' 조건에서 한 줄에 있는 3개의 낱자를 모두 정확하게 보고한다면, 이는 참여자가 보고하라는 신호음을 들었을 때, 참여자의 영상기억 속에 보존되어 있어 실제로 보고될 수 있었던 낱자의 개수가 모두 9개(= 줄당 3개 × 3줄)였음을 의미한다. 이러한 논리적 근거를 바탕으로, Sperling은 영상기억이 얼마나 빨리 소멸되는지를 검토하기 위해 자극판이 사라진 후부

그림 4.3 영상기억의 용량과 파지기간을 측정하기 위해 이용된 부분 보고 과제

그림 4.3 영상기억의 용량과 파지기간을 측정하기 위해 이용된 부분 보고 과제

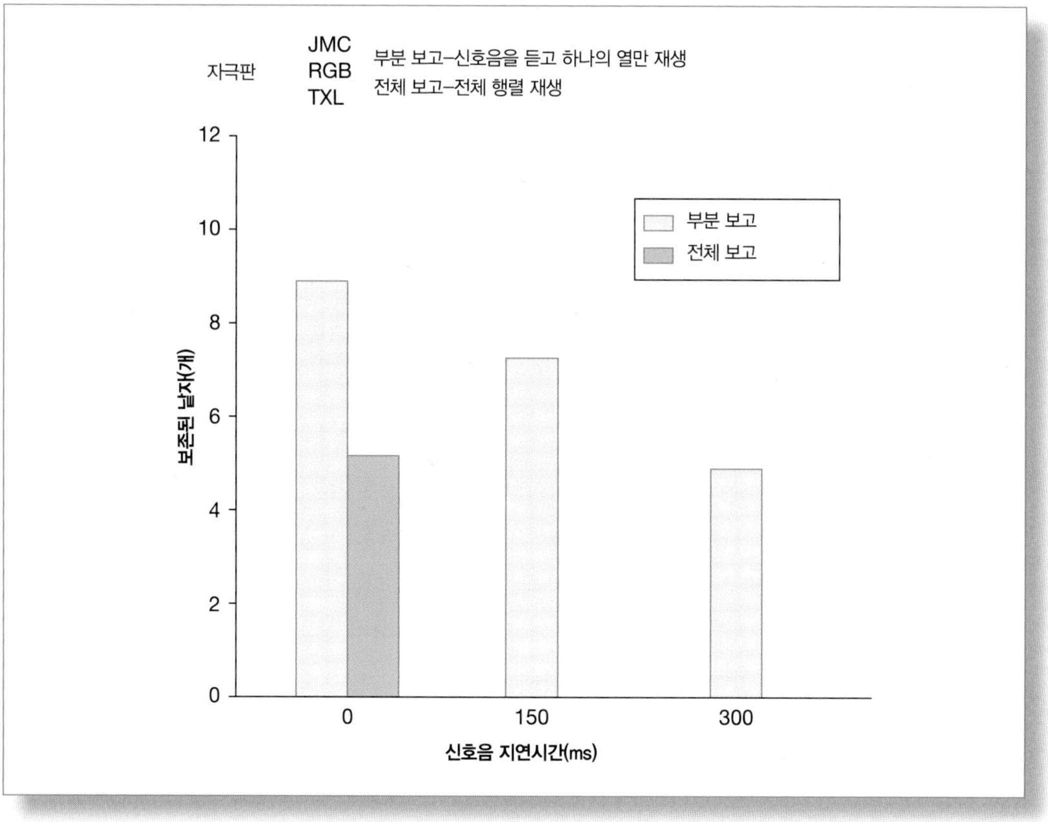

출처 : Sperling(1960).

터 보고를 시작하라는 신호음이 제시되기까지의 시간 간격을 0초에서 1초까지 지연시켜보았다. 그 결과, 그림 4.3에서 알 수 있듯이, 신호음이 즉각(자극판이 사라진 0초 후) 제시되었을 때는 약 2.5개의 낱자가 보고되었다. 제시된 9개의 낱자가 거의 모두 영상기억에 보존되어 있었다는 뜻이다. 그러나 자극판이 사라지고 약 200~300ms가 지나자 영상기억 속에 남아 있었던 것으로 추정된 낱자의 개수가 4~5개로 줄어들었다. 이 수치는 '전체 보고' 조건에서 확보된 수치와 다르지 않다는 점을 주목하자.

　Sperling(1960)의 연구에서 분명해진 것은 영상기억저장고의 용량은 상당히 크지만(우리가 한 번에 읽어낼 수 있는 양보다 크다) 영상기억의 파지기간은 매우 짧다(약 250ms=1/4초)는

> 시각 감각기억을 영상기억이라 한다. 영상기억 저장고에는 상당히 많은 양의 정보가 아주 짧은 시간 동안(약 1/4초, 250ms)만 보존된다.

사실이었다. 그 후에 실시된 다른 연구자들의 실험에서는 망막에 잠깐 등록됐던 거의 모든 감각 정보가 영상기억에 보존되는 것으로 드러났다(예 : Averbach & Coriell, 1961).

Schacter(2001)가 주장한 기억의 흠 일곱 가지 중 무상함의 흠은 정보가 단기기억저장고에서 장기기억저장고로 이송되지 못했을 때 벌어지는 일을 두고 한 말이다. 보통 사람들의 경우, 감각기억의 무상함은 아무런 문제가 되지 않는다. 또 감각기억 속 정보가 오랫동안 파지되는 경우도 드물다. 그러나 사진기억(eidetic memory 또는 photographic memory)이라고 하는 희귀한 기억력을 가진 사람도 있다. 이런 사람들은 세세한 사항까지도 오랫동안 기억한다. 대학생들 중에는 아주 열심히 공부한 교과서에 있는 책장의 이미지까지 회상해낼 수 있어, 시험을 칠 때 그 책장의 이미지를 정확하게 인출하는 학생도 있다. Neisser(1981)는 그런 강력한 심상능력은 주로 어린아이들에게서 발견되며 청소년기가 끝날 무렵에는 대개 사라진다는 사실을 발견하였다. 그러나 보다 엄격한 사진기억검사를 통과하기 위해서는 감각기억 속에 있는 '사진' 2개를 포개어 세 번째 사진을 만들어낼 수 있어야 한다.

지금까지 보고된 바에 의하면, 이러한 사진기억력을 가진 게 확실한 사람은 엘리자베스라는 화가뿐이다. 엘리자베스는 자신의 강력한 심상기술을 이용하여 작업 중인 자신의 작품을 하얀 캔버스에 생생하게 '그려낼' 수 있었다. 자신의 사진기억력을 이용하여 자신의 그림에 대한 환상을 만들어낼 수 있었다는 뜻이다. 엘리자베스의 이런 능력을 확인하기 위한 실험이 벌어졌다(Stromeyer & Psotka, 1970). 검은 점 1만 개가 무작위로 흩어져 있는 자극판 2개를 엘리자베스의 각 눈에 하나씩 제시하였다. 자극판을 하나씩 보면, 그냥 수많은 점이 아무렇게나 흩어져 있는 것처럼 보인다. 그러나 각 눈에 하나씩 제시된 이 두 자극판을 입체경을 통해 (즉, 동시에 그러나 따로따로) 바라보면 2개의 자극판이 하나로 융합되면서 문자 *T*와 같은 물체가 보이기 시작한다. Stromeyer와 Psotka는 먼저 검은 점 1만 개로 구성된 자극판 하나를 엘리자베스의 오른쪽 눈에 1분 동안 제시하였다. 그런 후 휴식시간 10초가 지난 다음, 그 자극판과 짝지어놓은 자극판(역시 1만 개의 검은 점으로 구성된 자극판)을 엘리자베스의 왼쪽 눈에 제시하고는 두 자극판을 겹쳐보라고 지시했다. 이 지시를 듣자마자 엘리자베스는 문자 *T*가 보인다고 대답했다. 이번에는 이 두 자극판을 입체경을 통해 바라보게 했다. 그 결과 입체경을 통해 본 문자 *T*와 그에 앞서 사진기억을 통해 경험했던 문자 *T*가 동일했던 것으로 확인되었다. 놀라운 것은 엘리자베스가 자신의 사진기억력을 통해 문자 *T*를 볼 수 있기 위해서는 오른쪽 눈에 1분간 제시됐던 검은 점 1만 개의 위치를 정확하게 기억하고 있어야 했다는 점이다. 엘리자베스는 오른쪽 눈에 제시됐던 이미지를 왼쪽 눈에 제시된 이미지와 겹쳐보기 전에 최장 24시간까지 그 이미지를 보존할 수 있는 것으로 추가 연구를 통해 밝혀졌다. 따라서 엘리자베스의 사례는 기억의 흠 중 무상함과는 정반대되는 일이 벌어지는 이상한 경우에 해당한다.

음향기억

청각시스템도 감각정보를 잠시 동안 보관할 수 있다. Neisser(1967)는 이 보관소를 음향기억 (echoic memory)이라 했다. 음향기억저장고의 용량과 파지기간을 측정하기 위해 Sperling의 실험과 대등한 실험이 실시되었다(Darwin, Turvey, & Crowder, 1972; Moray, Bates, & Barnett, 1965). Darwin의 연구진은 3개씩으로 구성된 낱자 열 3개를 참여자들에게 다음과 같은 방법으로 제시하였다—스테레오 헤드폰을 이용하여 한 열은 왼쪽 귀에만 제시하고 두 번째 열을 오른쪽 귀에만, 그리고 세 번째 열은 양쪽 귀 모두에 제시하였다. 이 세 번째 경우에는 낱자 읽는 소리가 머리의 중앙에서 나는 것으로 들린다. Sperling과 마찬가지로 전체 보고 조건에서는 들었던 모든 낱자의 이름을 보고하라고 주문했고 부분 보고 조건에서는 들었던 3개의 낱자 열 중 한 열(예 : 왼쪽 귀 또는 오른쪽 귀 또는 중앙에 들렸던 낱자 열)만 보고하라고 주문했다. 이 두 조건에서 수집된 자료를 기초로 이들은, 영상기억저장고와 마찬가지로, 음향기억저장고에도 참여자들이 할 수 있었던 것보다 더 많은 정보가 저장되어 있었다고 결론지었다. 하지만 음향기억의 파지기간은 영상기억의 파지기간 1/4초보다는 훨씬 긴 약 2초로 추정되었다.

청각 감각기억을 음향기억이라 한다. 음향기억 저장고에는 상당히 많은 양의 청각정보가 대략 2초 동안 보존된다.

영상기억과 음향기억에 관한 연구에서 발견된 이러한 차이는 많은 후속 연구를 조장하였다. 다음은 이들 연구에 대한 재고(review)를 통해 내린 Cowan(1988)의 결론이다—음향기억에 관한 연구에서는 정보저장의 두 국면이 타진되었다. 첫 국면은 감각정보가 분명했다. 그 파지기간도 약 250ms로 영상기억의 파지지간과 비슷했다(예 : Massaro, 1970). 그러나 두 번째 국면은 3~4초로 훨씬 오래 지속되었다(Crowder, 1982). 이 3~4초 동안 보존된 청각표상이 지각되고 재인되어 그 이름까지 보고되었던 것이다. 따라서 이들 연구에서 관찰된 긴 국면의 정보는 실제로 단기기억에 저장된 정보라고 할 것이다(Penney, 1989).

단기기억 대 장기기억

친구와 길을 가다 친구의 친구를 만났다. 친구는 그 친구를 소개했고 우리는 통성명을 한 후 만나서 반갑다, 기회가 되면 나중에 또 보자는 둥 몇 마디 나누고는 헤어졌다. 가던 길을 다시 가며 방금 만났던 그 친구의 이름을 생각해보려는데 도무지 생각이 나지 않는다. 여러분도 이런 경험을 해봤을 것이다. 그 친구의 이름이 단기기억 저장고에 잠깐 동안 머물렀다 사라져버린 느낌이다. 잠시 짧은 대화를 했을 뿐인데도 우리가 나눈 대화가 그 이름이 활성화된 상태로 단기기억에 머무는 일을 방해하여 그 이름은 기억 속에서 사라져버린 것이다. 그런데, 친한 친구나 친척의 이

학습활동 4.1	어문학습 및 기억탐구에 이용되는 자유재생 과제

아래 단어목록 속 단어를 초당 하나씩 소리 내어 읽는다. 읽은 단어는 손으로 덮어 다시 읽는 일이 없도록 한다. 또는 친구에게 읽어달라고 부탁할 수도 있을 것이다. 모든 단어를 읽은/들은 다음 책을 덮고, 할 수 있는 모든 단어를 순서는 개의치 말고 생각나는 대로 적어본다.

1.	벽돌	9.	연필
2.	트럭	10.	책상
3.	도마	11.	염소
4.	사과	12.	배추
5.	대문	13.	야구
6.	공책	14.	나무
7.	지붕	15.	창문
8.	대포		

름을 재생하려 할 때 우리가 겪는 경험은 많이 다르다. 애를 쓰지 않아도 원할 때는 언제나 그들의 이름을 생각해낼 수 있기 때문이다. 단기기억 속에 있던 이름과는 달리 이들의 이름은 우리의 장기기억 속에 영원히 보관되어 있고 원할 때는 언제나 인출할 수 있는 게 분명하다.

이러한 경험을 돌이켜보면, 우리의 머릿속에는 정보를 잠시 동안 보관하는 단기기억저장고와 정보를 오랜 세월 보관하는 장기기억저장고가 있어야 한다는 생각을 하게 된다. 사실 이러한 생각은 W. James(1890)의 *Principles of Psychology*에서도 발견된다. James는 우리가 현재 주의를 기울이고 있는 사건에 대한 기억을 일차 기억(primary memory)이라 하고 다른 모든 기억을 이차 기억(secondary memory)이라 했다. Atkinson과 Shiffrin(1968)의 저장고 모형에서는 이 두 가지 기억을 단기기억과 장기기억으로 구분했다. 이들 두 가지 기억저장고 간 차이를 연구하는 고전적 방법 중 하나는 여러 개의 단어를 나열하여 만든 목록을 들려주거나 읽어보라고 한 후, 그 목록 속 단어를 순서에 관계없이 모두 회상해보라고 하는 자유재생 과제를 이용하는 방법이었다. 학습활동 4.1에 제시된 과제를 따라 해보기 바란다. 자유재생 과제가 어떤 과제인지를 이해할 수 있을 것이다.

계열위치 효과

그림 4.4는 자유재생 과제를 통해 확보된 전형적인 현상 중 하나인 계열위치 효과(serial position effect)를 예시하고 있다. 우선, '즉시 재생'이라는 명칭이 붙은 곡선을 주목하자. 목록의 앞부분에 있었던 단어가 가장 많이 재생되었다. 이 현상을 초두 효과(primacy effect)라 한다. 학습활동 4.1의 결과를 분석하여 여러분의 자료에서도 초두 효과가 나타나는지를 살펴보라. 중간에 있는 단

그림 4.4 계열위치 효과와 단기기억과 장기기억 간 차이

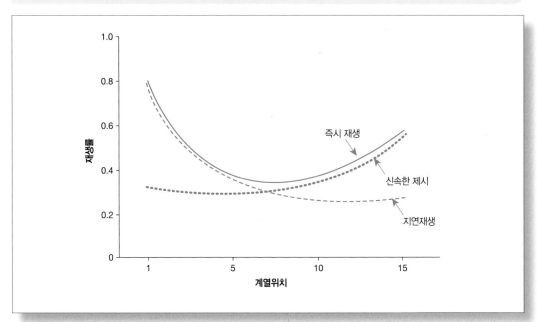

어는 생각나지 않는 경우가 대부분이다. 끝으로, 목록의 끝 부분에 있었던 단어도 상당히 많이 재생되었다. 대개의 경우, 이들 단어가 제일 먼저 기억나는 단어이기도 하다. 이 현상을 **최신 효과**(recency effect)라 한다. 학습활동 4.1에서 여러분이 적어놓은 단어 중에도 끝 부분의 단어가 맨 앞에 적혀 있는가? 이들 효과가 세상에 알려진 지도 벌써 100년이 넘었다(Nipher, 1878).

계열위치 효과는 Atkinson과 Shiffrin의 모형 및 이 모형과 관련된 수학적 모형을 이용하면 쉽게 설명된다(Murdock, 1974). 일단 단어가 재인되고 나면 그 단어는 감각기억에서 단기기억으로 전달된다. 단기기억에 보관되는 동안 그 단어를 되뇌게 되면, 그 단어는 이제 장기기억으로 이전된다. 그런데 단기기억의 용량은 한정되어 있기 때문에 단어목록 속 앞부분에 있던 단어는 뒤에 있던 단어에 비해 더 긴 시간 동안 단기기억에 보관되는 일이 벌어진다. 단기기억에 보관된 단어의 수가 용량을 초과해야만 기존의 단어가 단기기억에서 밀려나고 새로운 단어가 들어가게 되기 때문이다. 그러므로 목록의 앞쪽에 있었던 단어는 단기기억에 보관되어 있으면서 되뇜을 통해 장기기억으로 이전될 충분한 시간을 가지게 된다. 따라서 초두 효과는 장기기억으로부터의 정보인출을 반영하는 현상이라고 할 수 있다. 한편, 최신 효과는 단기기억으로부터의 정보인출을 반영한다. 목록의 끝 부분에 있던 단어는

> 단어목록에 대한 자유재생 검사결과를 분석하면 계열위치 효과가 나타난다. 목록 끝 부분 단어가 일찍 그리고 더 잘 재생되고(최신 효과), 앞쪽에 있던 단어도 더 잘 재생된다(초두 효과). Atkinson과 Shiffrin의 저장고 모형에서는 최신 효과는 단기기억 관련 현상으로, 초두 효과는 장기기억 관련 현상으로 설명한다.

재생작업을 시작할 때에 단기기억에 남아 있었다. 때문에 되뇜이 없었는데도 재생작업을 시작한 잠시 후까지는 인출이 가능했던 것이다. 물론 계열위치 효과는 이와는 다르게 설명될 수도 있다 (Crowder, 1993; Greene, 1986). 그런데도 이 효과는 단기기억과 장기기억이 별개의 저장고라는 생각을 지지하는 증거로 이용되고 있다(Healy & McNamara, 1996).

그림 4.4에는 단기기억과 장기기억이 별개의 저장고라는 생각을 지지하는 증거 두 가지가 더 들어 있다. 재생작업을 목록이 끝난 직후가 아니라 30초 후에 시작하게 하면(지연재생), 초두 효과는 그대로 나타나는데 최신 효과는 사라져버린다(Glanzer & Cunitz, 1966). 중요한 건 30초라고 하는 지연시간 동안 참여자들이 목록 끝 부분에서 만났던 단어를 되뇌지 못하게 하는 일인데, 이런 경우 자주 애용되는 과제가 있다. 숫자를 하나(예 : 573) 제시하고 거기서 7씩 제하는 작업을 소리 내어 수행해야 하는 과제이다(예 : 566, 559, 552, 545…). 이 지연과제는 단기기억 속 정보를 제거해버린다. 하지만 장기기억에는 아무런 영향을 미치지 못하기 때문에 장기기억 관련 현상인 초두 효과는 그대로 남아 있다. 이와는 달리, 단어제시 속도를 증가시켜 각각의 단어가 단기기억에 보관될 시간을 줄여버리면(신속한 제시), 단어를 되뇔 시간이 줄어들어 초두 효과는 사라지고 최신 효과만 남게 된다(Atkinson & Shiffrin, 1968).

단기기억의 정보를 장기기억으로 옮겨놓는 과정은 예컨대, 읽은/들은 단어를 반복해서 속말로 암송하는 작업(즉, 되뇜)으로 구성될 것이라는 게 초기의 생각이었다(예 : Atkinson & Shiffrin, 1968). 초두 효과와 되뇜 작업과의 관계를 확실하게 설정하기 위해 Rundus(1971)는 참여자들에게 목록 속 단어를 하나하나씩 5초 간격으로 읽어주며, 그 5초 동안 어떤 단어든 자기 마음대로 말해보라고 주문했다. 그 결과 참여자들은 목록의 뒷부분에 제시된 단어보다 앞부분에 제시된 단어를 훨씬 많이 되뇌는 것으로 밝혀졌다. 앞부분의 몇 안 되는 단어는 여러 차례 되뇔 시간이 충분했을 것이다. 하지만 들은/읽은 단어가 많아지면서 더 많은 단어를 되뇌어야 하는데, 설상가상으로 단기기억에 가용한 용량이 줄어든다. 결국 뒷부분의 단어는 되뇌지 못하게 된다. 이로써 Rundus는 초두 효과를 되뇜으로 설명할 수 있게 되었다.

신경성 분리

단기기억저장고와 장기기억저장고를 구분해야 하는 또 다른 이유는 기억상실증 특히, 전진형 기억상실증(anterograde amnesia)에 관한 연구에서 발견된다. 전진형 기억상실증은 그 증상이 나타나기 시작한 이후에 벌어진 사건에 대한 기억이 훼손되는 조건을 일컫고, 후진형 기억상실증 (retrograde amnesia)은 그 증상이 나타나기 이전에 벌어졌던 사건에 대한 기억이 손상되는 조건을 일컫는다.

전진형 기억상실증 전진형 기억상실증으로 고생한 환자 중 가장 널리 알려진 환자가 H. M일 것이다. H. M은 불치의 간질병을 앓고 있었다. 그가 간질의 고통에서 벗어날 수 있었던 것은 양 반구의 측두엽 내측 앞부분을 수술로 도려낸 후에 벌어진 일이었다. 그 수술로 해마도 함께 제거되었다. 그림 4.5의 왼쪽에 보이는 것은 좌반구 측두엽 내측에 있어야 할 해마의 정상적인 모습이다. 그림의 오른쪽에는 우반구 측두엽 내측에 있는 해마가 손상된 모습이 보인다. 이 모습은 H. M의 우반구 측두엽 내측의 앞쪽이 제거되어 생긴 모습과 비슷하다. H. M의 경우에는 좌우 반구 모두의 해마가 제거되었기 때문에, 그림 4.5의 왼쪽에 보이는 해마의 모습은 H. M의 좌반구 측두엽 내측에서는 발견되지 않는 모습이다. H. M은 그 수술로 간질병은 치료할 수 있었으나 그 대가로 전진형 기억상실증이라는 또 다른 고통을 겪어야 했다.

Milner(1966)는 H. M의 기억력 상실을 다음과 같이 묘사했다.

그는 그와 오랫동안 알고 지낸 의사 Scoville 말고는 병원 의료진 누구도 더 이상 알아보지 못했다. 화장실 가는 길도 기억하지 못했을 뿐 아니라 새로이 익히지도 못했다. 그는 병원에서 매일 일어나는 일을 하나도 기억하지 못하는 것 같았다… 일 년이 지났는데도 H. M은 새로 이사한 집의 주소를 외지 못했고 또 자기 집을 찾아갈 수 있다는 믿음도 주지 못했다… 물건이 보관된 일반적인 장소도 터득하지 못했다(p. 113).

그림 4.5 사라져버린 H. M의 해마. 좌우 반구를 비교해보면, 좌반구에는 보이는 해마가 우반구에는 보이지 않는다. H. M은 좌우 반구의 해마 둘 다가 손상된 경우에 해당한다. 이 그림은 예시를 위해 고쳐 그린 것이다.

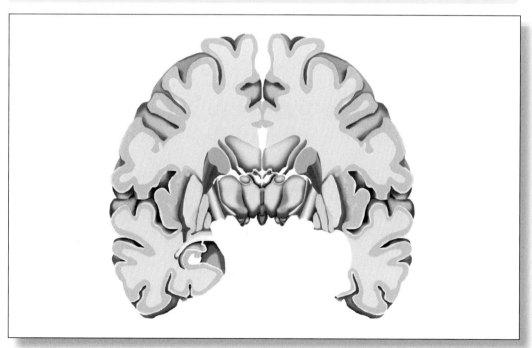

전진형 기억상실증은 뇌에 문제가 생긴 후 일어난 사건에 대한 기억이 상실된 조건이다. 이 증상은 학습을 할 때 장기기억으로의 정보전이가 중단되었음을 반영하는 것 같다. 후진형 기억상실증은 뇌가 손상되기 전에 겪었던 사건에 대한 기억이 상실된 조건으로 장기기억 저장고에 보관돼 있던 정보가 망각되었음을 반영하는 것으로 보인다.

Milner(1966)의 연구진은 H. M이 상실한 기억력의 본질을 자세하게 명시하기 위해 여러 가지 검사를 실시했다. 검사결과, 단어목록 같은 어문적 재료는 물론 얼굴 같은 비어문적 재료를 학습하고 기억하는 능력에도 심각한 결함이 발견되었다. H. M의 경우와 같은 전진형 기억상실증은 단기기억의 정보가 장기기억으로 이전되지 못하기 때문이라는 게 Milner의 결론이었다. 전진형 기억상실증을 겪고 있는 다른 환자들에 관한 검사에서도 이 결론은 확인되었다. 전진형 기억상실증 환자들도 단어목록을 이용한 자유재생 과제에서는 정상인에 못지않은 강한 최신 효과를 보인다(Baddeley & Warrington, 1970). 단기기억 그 자체는 정상이라는 뜻이다. 하지만 초두 효과는 조금도 나타나지 않는다. 이 결과는 새로운 사건에 관한 정보를 장기기억으로 이전하는 과정에 문제가 생겼을 때 일어날 것으로 예측됐던 바로 그런 결과이다.

H. M으로부터 확보된 증거 이외에도, 뇌졸중으로 좌우 반구 해마의 CA1이 손상되었을 때도 새로운 정보학습이 이루어지지 않는 것으로 드러났다(Zola-Morgan, Squire, & Amaral, 1986). 심각한 전진형 기억상실증 환자 4명의 뇌를 촬영한 MRI 자료에서도 추가의 증거가 확보되었다. 이들 4명의 해마는 모두 정상인의 해마에 비해 크기가 작았다(Squire, Amaral, & Press, 1990). 원숭이의 해마 영역을 실험적으로 손상시켰을 때도 새로운 것을 학습하는 능력이 파손되었다(Mishkin, 1978; Zola-Morgan & Squire, 2000). 동물을 대상으로 한 이들 연구는 해마의 구체적인 역할을 확증하는 데 결정적인 기여를 한다. 뇌손상 환자의 대부분이 그렇듯, H. M의 손상 역시 해마에 국한되지 않았다. H. M의 경우에는 편도체도 손상되고 또 해마 인접 영역의 뇌조직도 손상되었다. H. M에 적용된 사례연구법을 통해서도 해마와 그 인접 영역이 기억에서 어떤 역할을 수행하는지에 관한 중요한 정보를 확보할 수 있었다. 그러나 기억/학습에 해마가 수행하는 구체적인 역할을 확정하기 위해서는 동물을 대상으로 실시한 연구가 필요했다(Squire & Wixted, 2011).

끝으로, 정상인을 이용한 fMRI 연구에서는 새로운 사진을 장기기억에 부호화하려고 할 때 좌우 반구의 측두엽 내측과 해마가 활성화된다는 사실을 밝혀냈다(색판 7 참조). 이 색판의 내용은 Martin, Wiggs, Weisberg(1997)의 연구에서 따온 것이다.

계열위치 효과는 새로운 정보를 장기기억에 저장하는 과정에서 해마의 역할을 알려주는 지표에 해당한다. 목록의 앞부분에 있던 단어가 정확하게 재생될 때는 측두엽 내측의 해마가 있는 곳에서 활발해지는 신경활동이 fMRI 영상에 포착되었다(Talmi, Grady, Goshen-Gottstein, Moscovitch, 2005). 이에 반해, 목록의 뒷부분에 있던 단어가 정확하게 재생될 때는 해마의 활동이 기록되지 않았다. 이 결과는 계열위치 효과를 기억저장고가 2개라는 주장을 반영한다고 보는 견해와 일치하며, 해마가 정보를 장기기억에 저장하는 데 중요하게 작용한다는 주장을 지지한다.

그러나 Squire(1992)는 해마의 역할에 대한 다른 이론을 제안하였다. 신피질의 여러 곳에서 벌어지는 다양한 작업(예 : 새로운 물체의 모양, 색상, 공간 내 위치 등 여러 속성을 처리하는 작업)을 하나로 묶어주는 것이 해마의 역할이라는 생각이다. 새로운 물체/사건의 여러 속성은 신피질의 여러 곳에서 처리되고 처리된 곳에 저장된다. 따라서 새로운 물체/사건이 하나로 지각/재인되기 위해서는 여러 곳에 분산 저장된 이들 속성이 하나로 통합돼야 한다. 그런데 영장류의 경우, 신피질에 속한 이들 영역에서 해마로 신경신호를 보내는 것으로 밝혀져 있다. 따라서 해마 및 그와 관련된 구조물은 신피질의 여러 곳에 분산 저장된 새로운 물체/사건의 여러 속성을 통합하기에 적합한 위치에 있다는 게 Squire의 생각이다. Squire의 이론에 따르면, 이미 주의의 중심에서 벗어난 물체/사건을 회상해내기 위해서는 해마의 이러한 통합 작용이 필수적인 활동이 된다. 예컨대, 눈앞의 물체를 지각할 때, 그 물체의 모양과 색깔은 측두엽에 있는 재인 경로를 통해 그리고 그 물체의 위치는 두정엽에 있는 위치 경로를 통해 확인된다. 눈앞의 물체를 바라볼 때는 잠시 동안이나마 이들 신피질 영역에서 동시에 그리고 하나의 단위로 전개되는 이들 활동만으로도 그 물체가 하나로 지각될 수 있었다. 그러나 주의를 시야의 다른 물체나 맘속에서 벌어지는 생각으로 돌리고 난 후에는 이야기가 달라진다. 해마의 작업을 통해 그 물체의 모양과 색깔과 위치에 대한 정보가 종합돼야만 그 물체에 관한 정보가 인출될 수 있다는 생각이다. 따라서 물체의 모양 같은 특정 단서가 제공되면, 해마는 이 단서를 처리하여 신피질에서 이 단서와 관련된 모든 영역을 재활성화시키고 그 단서와 결합된 물체를 통째로 인출해낸다는 생각이다. 제3장에서도 언급했듯이, 특정 물체에 대한 지각이 이루어지는 동안 그 물체를 구성하는 여러 속성이 하나로 결합하는 일에는 주의가 필수적이다. 이때 해마는 그 물체에 대한 기억표상을 구성하는 모든 속성이 신피질의 어느 곳에 저장되어 있는지를 알려주는 색인을 제공한다는 게 Squire(1992)의 주장이다.

기억이 신경계에 부호화될 때 특정 영역에만 국소 표상되는지 아니면 여러 곳에 분산 표상되는지를 두고 연구자들은 오랫동안 논쟁을 벌여왔다. fMRI는 특정 인지기능에 개입된 뇌의 국소 영역을 부각시키는 데 자주 이용되었다. 그러나 특정 과거사를 회상해내는 일에서는 fMRI 자료도 그 회상 작업을 성사시키기 위해서는 뇌의 여러 영역이 동시에 활성화돼야 한다는 주장을 지지한다. 회상을 하려 할 때는 전두엽, 두정엽, 측두엽 내측 및 측두엽과 후두엽의 경계 영역에 걸쳐 분산돼 있던 기억표상이 활성화되기 시작한다(Rissman & Wagner, 2012). 장기기억 속 정보는 분산되어 표상되어 있지만, 나중에 인출 또는 회상될 수 있도록 묶여 있다는 뜻이다.

> 해마와 해마 관련 구조물은 신피질의 여러 영역에 분산 저장된 특정 물체의 여러 속성을 하나로 묶는 일을 한다. 이미 주의의 초점에서 벗어난 물체/사건을 회상하는 작업에는 기억 속에 있는 이들 속성이 반드시 하나로 결합돼야 한다.

굳히기 장기기억에다 사건에 관한 정보를 성공적으로 저장하고 또 그 표상을 강화하여 나중에 재생될 수 있도록 하는 작업을 **굳히기**(consolidation)라 한다. 일단 특정 사건에 관한 정보가 장기기억에서 완전히 굳어지고 나면 속성에 색인을 달고 결합하는 과제는 해마에서 완료된다. 그러고 나면, 그 사건에 관한 정보를 장기기억에서 인출하는 일은 해마의 개입 없이 진행된다. 해마가 활성화되는 일은 최근에 학습되어 신피질 영역에 아직 덜 굳어진 사건에 관한 정보를 인출할 때에만 발견될 뿐, 완전히 굳어진 사건을 인출할 때는 발견되지 않는다(McClelland, McNaughton, & O'Reilly, 1995). 제5장에서도 논의되겠지만, 사건이나 일화(에피소드)에 관한 기억과 기술이나 방법에 관한 기억을 구분할 수 있어야 한다. 해마가 결정적인 역할을 맡고 있는 것은 사건에 관한 기억을 굳히는 일이지 자전거를 타는 일 같은 감각–운동기능에 관한 기억을 굳히는 일이 아니다. 기능 또는 방법에 관한 정보를 저장하는 일은 해마가 아닌, 다양한 피질 및 피질하 영역에 의해 결정된다(Squire, 1992).

굳히기는 긴 시간을 두고 전개된다. 수면의 중요한 기능 중 하나도 기억표상을 굳히는 작업으로 밝혀졌다. 수면 주기 중 처음 3~4시간 동안에 주로 전개되는 서파 수면은 사건 관련 기억을 굳히는 데 필수적으로 작용한다(Payne, 2010). 신속한 안구 움직임이 그 특징인 REM 수면은 수면 주기의 후기에 더 자주 일어나고 기술 관련 기억을 굳히는 데 도움을 준다. 따라서 이번 크리스마스 선물로 여자/남자 친구에게 자전거를 사주기로 한 약속을 기억하는 데 필요한 것은 서파 수면인데, 자전거 타는 방법/기술을 익히는 데 필요한 건 REM 수면이라고 할 것이다. 학생들이 주목해야 할 것은 수면 초기에 주로 벌어지는 서파 수면은 물론 후기에 주로 전개되는 REM 수면까지 충분히 취하는 게 학습 및 기억에 득이 된다는 사실이다. 대학생들은 거의 모두가 수면 박탈이 심각할 정도로 잠을 아껴가며 공부를 한다. 그런데 바로 이런 사실이 학생들이 해야 하는 공부 및 학습에 해가 된다는 사실은 아이러니가 아닐 수 없다. 깨어 있는 동안에 어떤 것을 학습하든, 학습한 것을 장기기억 속에 영구적으로 굳히기 위해서는 잠을 충분히 자야 한다.

성공적인 회상에 굳히기가 얼마나 중요한지는 만취가 기억에 미치는 효과에서 확연해진다. 혈중 알코올 농도가 높아지면 해마가 제 기능을 수행할 수 없게 되고, 그 결과 속어로 "필름이 끊겼다"고 하는 현상이 발생한다(White, 2003). 이 '필름–끊김'은 일종의 전진형 기억상실증으로 술에 취한 사람은 취한 후의 사건에 대한 기억을 형성할 수 없게 된다. 경험하는 일이나 사태는 지각도 되고 부호화도 되지만 그 경험을 굳히는 작업이 진행되지 않아 망각이 발생하는 것 같다. 이때의 기억상실은 일괄적일 수도 있고 부분적일 수도 있다. 즉 특정 사건의 모든 사항을 기억해낼 수는 없어도 그 사건 중 부분 부분은 생각이 날 수도 있다는 말이다. White(2003)가 지적했듯이, 이런 필름–끊김 현상은 알코올 중독자가 아니라도 발생한다. 많은 양의 술을 짧은 시간에 들이마셔 혈중 알코올 농도가 급격히 상승하면 누구에게나 나타날 수 있는 현상이라는 뜻이다.

후진형 기억상실증 특정 사건의 여러 속성을 장기기억에 저장하기 위해서는 그들 속성을 하나로 결합해야 하는데, 바로 이 일에 해마가 필요하다고 했다. 그렇다면 저장된 정보가 장기기억에 굳어지는 데 걸리는 시간은 얼마나 될까? 이 질문에 대한 답은 해마의 손상으로 후진형 기억상실증을 겪고 있는 환자를 대상으로 한 연구에서 발견된다. 해마가 손상되면 새로운 것을 학습하는 능력을 잃는 전진형 기억상실증뿐 아니라 후진형 기억상실증도 일어난다. 해마 손상을 유발한 사고나 뇌졸중 발생 이전에 일어났던 사건에 대한 기억을 상실하는 일도 벌어진다는 뜻이다. 이런 환자들을 대상으로 사고가 일어나기 얼마 전까지의 기억이 훼손되었는지를 연구함으로써 우리는 학습된 사건에 대한 정보인출에 해마가 관여하는 기간을 추정할 수 있게 되었다. 그림 4.6은 정상 통제집단과 환자 집단의 기억훼손 정도가 시간에 따라 변하는 모습을 보여주고 있다. Squire, Haist, Shimamura(1989)는 이 자료를 확보하기 위해 1950년부터 1980년 사이에 발생한 공적 사건에 대한 환자들의 재생능력을 검사해보았다.

그림에서 볼 수 있듯이, 1950년대에 벌어진 사건에 대한 재생률의 경우에는 환자 집단과 정상 집단 간 차이가 없다. 그러나 1960년대에서 70년대를 거쳐 80년대로 가면서, 즉 뇌손상을 입은 시기에 가까워지면서 환자들의 재생률이 점점 줄어들었다. 1960년대 이후에 발생한 사건에 대한

그림 4.6 과거에 일어났던 공적 사건에 대한 후진형 기억상실증 환자들의 재생능력

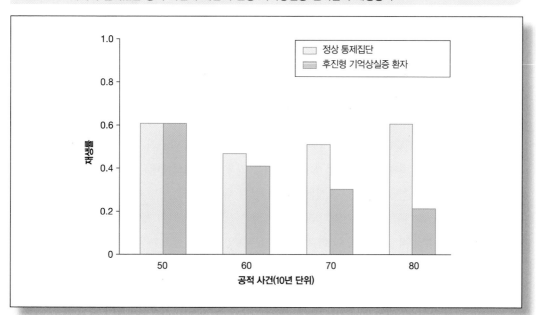

출처 : Squire, L. R., Haist, F., & Shimamura, A. P. (1989). The neurology of memory: Quantitative assessment of ret-rograde amnesia in two groups of amnesic men. *Journal of Neuroscience, 9*, 828–839. Society of Neuroscience. Copyright 1989 by the Society of Neuroscience. 허락하에 재인쇄.

기억의 굳히기 과정은 그때까지도 완료되지 않아 후진형 기억상실증에 휘말리고 말았던 것 같다.

손상된 단기기억   지금까지의 논의는 새로운 사건에 관한 정보가 장기기억에 저장되고 응고
될 때 발생하는 문제에 관한 신경심리학적 증거에 집중되었다. 단기기억과 장기기억이 분리
되었다는 또 다른 증거는 즉각적인 재생능력이 손상된 환자들한테서 발견된다. Warrington과
Shallice(1972)는 K. F라는 환자한테서 단기기억 자체에 결함이 있는 것처럼 보이는 증거를 발견
했다. 일반적으로 단기기억저장고에는 7개의 항목(item)을 보관할 수 있는 것으로 알려져 있다.
즉 단기기억의 기억폭이 7개의 항목(예 : 숫자, 낱자, 단어 등)인 것으로 알려져 있다. 그런데 K.
F 및 그와 비슷한 사람들의 단기기억의 기억폭은 이보다 훨씬 작았다. 자극이 시각적으로 제시되
었을 때보다는 청각적으로 제시되었을 때 더욱 그러했다. K. F의 경우, 낱자 하나는 60초가 지난
후에도 정확하게 재생할 수 있었다. 그러나 낱자 2개만 들려주어도 금방 잊어버렸다. 낱자 3개는
시각적으로 제시했을 때도 금방 잊어버렸다.

> 전진형 기억상실증 환자와 후진형 기억상실증 환자
> 그리고 단기기억의 기억폭이 턱없이 작은 환자로부
> 터 수집된 증거는 모두 단기기억과 장기기억이 별
> 개라는 주장을 지지한다.

용량

용량(capacity)이 크지 않은 장기기억저장고는 무용
지물이다. 우리의 장기기억저장고는 용량이 그만
큼 크다는 뜻이다. 우리 평생의 기억도 쉽게 저장
된다. 그리고 우리가 평생에 걸쳐 얼마나 많은 경험을 하고 그 경험을 통해 학습한 것을 기억하게
될 것인지 그 한계에 관해서는 아직 알려진 바 없다. 이에 반해 단기기억저장고의 용량은 작기로
유명하다(G. A. Miller, 1956). 단기기억의 용량이 작다는 사실을 쉽게 터득하는 방법은 학습활동
4.2를 따라 해보는 것이다. 이 학습활동부터 따라 해보기 바란다.

순서에 맞추어 정확하게 기억해낸 숫자는 몇 개였는가? 보통 사람들은 대부분 5~6개까지는
어렵지 않게 재생해낸다. 그러나 8개 내지 9개는 단기기억에 부담스러운 개수가 된다. 사실 학습
활동의 끝에서 두 번째 줄에서처럼 9개의 숫자를 정확하게 재생해내는 사람은 별로 많지 않다.
하지만 맨 마지막 줄에 있는 숫자 9개는 누구나 쉽게 재생해낸다. 어떻게 된 일일까?

G. A. Miller(1956)는 단기기억의 제한된 용량은 생물성(타고난) 제약임을 깨달았다. 그러나
Miller는 후천적인 작업을 통해 이 한계를 극복할 수 있다는 사실도 깨달았다. 그는 이 작업을 결
집(chunking)이라 했다. 학습활동 4.2의 마지막 줄에 있었던 9개의 숫자를 쉽게 회상할 수 있었던
것은 바로 이 결집작용 덕분이었다. 9개의 숫자가 하나의 묶음(1에서 9까지)으로 결집되었던 것
이다. 이처럼 정보의 모양새에 의미를 부여할 수 있을 때는 개별 항목 7개보다 훨씬 많은 항목을
기억할 수 있게 된다.

위에서 경험해본 숫자폭 검사결과는 단기기억의 최대 용량이 7개의 결집이라고 암시한다. 그

학습활동 4.2	단기기억의 한정된 용량을 입증하는 숫자폭 검사

먼저 휴대전화 크기만 한 백지 조각을 2개 만든다. 그중 한 조각으로 아래의 숫자를 모두 덮는다. 그런 후, 한 번에 한 줄씩 노출시키고는 그 줄의 숫자를 하나씩 소리 내어 재빨리 읽은 다음, 그 줄의 숫자를 다시 덮는다. 그리고는 다른 백지 조각에다 방금 읽었던 숫자를 회상하여 읽은 순서대로 적는다.

　　　6842
　　　59317
　　　274319
　　　4952876
　　　52968472
　　　629479876
　　　123456789

러나 다른 연구결과는 단기기억의 최대 용량은 3~5개 결집에 불과하다고 암시한다(Broadbent, 1975). 단기기억의 정확한 용량은 그 용량을 추정하는 데 이용된 과제에 따라서도 또 과제에 이용된 재료에 따라서도 달라진다(Cavanagh, 1972). 또한 높은 추정치는 되뇜 작업과 장기기억 및 감각기억의 관여로 과장되었을 가능성이 크다(Cowan, 2001). 이들 요인을 효과적으로 통제한 후에는 순수한 단기기억의 최대 용량이 약 4개의 결집임이 분명해진다.

파지기간

우리는 처음 듣는 전화번호를 전화를 거는 데 필요한 기간 동안 기억하기 위해 그 번호를 속말로 되뇌곤 한다. 그러나 다른 일 때문에 되뇜을 계속하지 못하게 되면 오래지 않아 그 번호를 잊어버리기도 한다. 그럼 되뇜을 하지 않으면 그 전화번호는 얼마나 오래 보존될까? 이 질문의 답은 약 20초인 것으로 알려져 있다. 정보가 보존되는 기간(즉, 파지기간)을 측정할 때 이용되는 재료 및 과제에 따라 달라지기는 하지만, 단기기억의 정보 파지기간은 10초에서 30초 사이에 속한다(Cowan, 1988). 기억의 일곱 가지 흠 중에서 무상함의 흠은 여기서도 나타난다(Schacter, 2001).

　단기기억의 파지기간을 연구하는 데는 Brown-Peterson 절차가 이용되었다. 이 절차는 J. A. Brown(1958)과 Peterson 부부(Peterson & Peterson, 1959)의 업적을 기리기 위한 이름이다. Brown-Peterson 절차에서는 참여자들에게 영어의 자음 낱자 3개씩으로 구성된 자극(예 : QKX)을 들려준 후 들은 낱자를 재생해보라고 한다. 재생검사는 자극낱자를 들려준 직후에 실시되기도 한다. 이 즉시 재생조건의 정확 재생률은 특별한

> 단기기억의 최대 용량은 정보의 결집으로 4개 정도에 불과하고, 그 파지기간은 30초에도 못 미친다. 장기기억의 최대 용량은 알려지지 않았고 그 파지기간은 10년 단위로 측정된다.

이유가 없는 한 100%에 이른다. 재미나는 일은 자극을 읽어준 후 재생작업을 시작하기 전에 교란과제를 수행하게 한 조건에서 발견된다. 교란과제는 백 단위 숫자(예 : 765)를 하나 제시하는 일로 시작된다. 참여자는 이 수에서 3씩 거꾸로 빼가며, 남는 값을 말하는 일을 반복한다. 이 교란과제는 "그만!"이라는 실험자의 신호와 함께 끝난다. 교란과제를 끝냄과 동시에 참여자는 자극으로 제시됐던 낱자 3개를 재생해내야 한다. 주어진 수에서 3을 뺀 값(예 : 762, 759, 756⋯)을 말하는 속도는 초당 2번씩 째깍대는 메트로놈 소리에 맞추어야 했다. 물론 이 과제는 참여자가 자극낱자를 암송하는 일을 예방하기 위한 교란과제였다. 교란과제를 그만하라는 신호는 교란과제 시작 후 짧게는 3초에서 길게는 18초까지 다양한 간격을 두고 제시되었다. 그림 4.7은 자극낱자를 정확하게 재생할 확률이 교란과제를 수행한 시간(즉, 재생 지연시간 또는 파지간격)에 따라 변하는 모습을 보여준다. 재생 지연시간(또는 파지간격)이 길어지면서 정확 재생률이 감소하는 이 곡선은 파지간격의 장단(20초든 20주든 20년이든)에 관계없이 관찰되는 고전적 망각 곡선이다(Rubin & Wenzel, 1996). 따라서 단기기억 속 정보는 3개의 결집으로 구성되어 단기기억의 최대 용량을 초과하지 않는데도 비교적 짧은 시간(약 20초) 내에 망각되어버린다고 할 것이다.

장기기억의 파지기간은 초가 아닌 햇수로 측정해야만 한다. 일단 장기기억에 저장된 정보는 평생 동안 그 속에 남아 있을 것이기 때문이다. 그러한 기간은 측정 자체가 어렵기 때문에 정밀

그림 4.7 파지간격이 길어지면서 기억 속 정보손실이 커지는 모습을 보여주는 망각 곡선

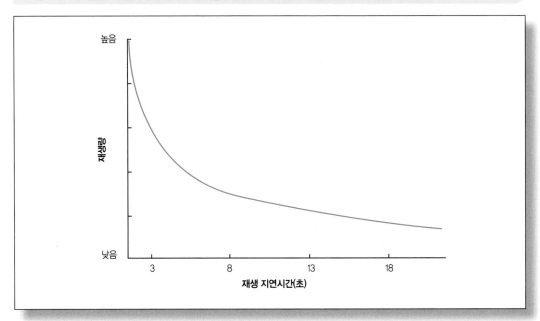

출처 : Peterson, L. R., & Peterson, M. J., Short-term retention of individual verbal items, in *Journal of Experimental Psychology*, 58, pp. 193–198. Copyright © 1959, American Psychological Association. 저자 허락하에 재인쇄.

한 추정치를 찾아낼 수가 없다. 그러나 Bahrick과 동료들이 수행한 연구(Bahrick, 1983, 1984; Bahrick, Bahrick, & Wittlinger, 1975) 덕분에 우리는 장기기억의 파지기간이 최소한 50년이라는 것을 알게 되었다. 고등학교나 대학에서 습득한 정보에 대한 기억을 오랜 기간이 지난 후 평가해 보았다. 예를 들어, 급우들의 이름과 얼굴, 외국어 단어, 캠퍼스 내 건물의 위치 등에 대한 기억을 검사했다. 많은 정보를 망각한 것으로 드러났지만, Bahrick(1983)은 졸업한 지 50년이 지난 후까지도 많은 정보가 기억에 남아 있다는 확실한 증거도 발견하였다. 예컨대, 46년이 지난 후에도 학생들은 교정의 건물 이름을 재생할 수 있었고, 캠퍼스 지도에서 그 위치를 정확하게 지적할 수 있었다.

Conway, Cohen, Stanhope(1991)는 학생들이 인지심리학 수업에 관해 기억하는 것을 약 10년에 걸쳐 측정했다. 학생들이 습득한 연구자의 이름과 개념에 관한 기억을 검사했다. 학생들이 수업에서 배운 정도에서 나는 개인차는 학생들이 그 과목에서 받은 등급(예 : A, B 등)을 이용하여 통제하였다. 연구자 이름과 개념에 대한 재인 정확률은 첫 40여 개월 동안 급격히 감소했으나 그 후부터는 큰 변화가 없었다. 재인 정확률은 125개월이 지난 후에도 우연 수준을 훨씬 상회했다. 동일한 정보에 대한 자유재생검사 점수는 훨씬 낮았다. 일반적으로 재생보다는 재인이 용이하기 때문이다. 그런데 10년 후에 실시된 재생검사에서도 학생들이 학습한 재료의 1/3 정도를 파지하고 있는 것으로 밝혀졌다(그림 4.8 참조).

여러분이 자신의 과거사(즉, 자서전적 기억) 중에서 기억해낼 수 있는 맨 처음 사건은 어떤 것인가? 그 사건은 여러분이 어릴 적에 실제로 겪었던 사건을 기억해낸 사건이 확실한가? 직접 경험한 사건이 아니고 나중에 여러분이 성장한 후에 부모님께 들은 사건을 기억해낸 것일 수도 있지 않을까? 예컨대, 여러분은 그 사건을 겪었던 경험을 기억해낸 것이 아니라 여러분의 부모님이 그 사건을 담은 사진을 여러분에게 보여주었고 여러분은 그 사진을 보고 그 사건을 겪었던 것으로 알고 있을 수도 있지 않을까? 장기기억 속 정보는 수십 년이 지난 후에도 생각해낼 수 있는데도 아주 어린 시절의 경험을 기억해내는 사람은 거의 없다. 생후 2~3년 동안에 있었던 사건을 기억해내지 못하는 현상을 유아 기억상실증이라 한다(Howe & Courage, 1993; Spear, 1979). 유아 기억상실증의 원인은 아직 밝혀지지 않았다. 유아 시절 사건은 영구히 저장되는데 인출을 못할 뿐이라는 견해도 있고, 유아 때 사건은 애당초 적절하게 부호화되지도 않았고 또 저장되지도 않았다는 견해도 있다.

위의 첫 번째 견해를 주장한 사람은 Freud(1900/1953)였다. 정신분석학 이론에서는 어린 시절에 있었던 경험 중 불안 유발 경험을 억압하는 일, 즉 기억이 나지 않게 하는 일을 자아붕괴를 예방하는 방어기제로 간주한다. Freud는 억압된 기억을 해방시키기 위해 자유연상법을 이용했다. 억압된 기억을 풀어주는 다른 기법으로 최면이 이용되기도 했다. 최면을 통해 어릴 적 성격으로 되돌아가게 함으로써 그때의 기억이 되살아나도록 한다는 생각이었던 것 같다(Nash, 1987). 그

그림 4.8 인지심리학 관련 사실에 대한 정확 재생률이 파지기간에 따라 변하는 모습

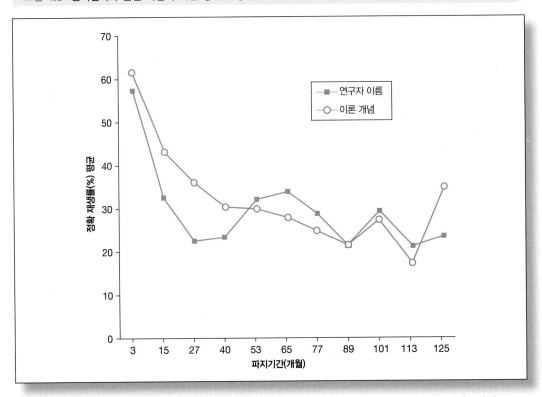

출처 : Conway, M. A., Cohen, G., & Stanhope, N., On the very long-term retention of knowledge acquired through formal education: Twelve years of cognitive psychology, in *Journal of Experimental Psychology*: General, 120, 395–409, © 1991 American Psychological Association. 허락하에 재인쇄.

러나 인출 실패를 설명하는 데 억압만 이용되는 게 아니다. 인출 실패는 어릴 적에 사건 관련 정보를 부호화할 때 이용된 방식이 어른이 되어 그 정보를 인출하려 할 때 이용되는 인출 단서와 연결이 되지 않아 발생할 수도 있기 때문이다. 예컨대, 어릴 적의 부호화 작업에는 사건이나 물체에 이름을 붙이는 언어가 이용되지 않았는데, 어른들의 기억검색은 사건이나 물체와 관련된 개념에 대한 언어적 표상(즉, 단어)을 중심으로 전개될 수 있다.

다른 연구자들은 어릴 적 기억의 영구성을 믿으려 하지 않는다(Kail, 1984; Loftus & Loftus, 1980). 어릴 적의 기억을 인출하지 못하는 이유가 인출할 내용이 없기 때문이라는 생각이다. 그럴 만한 이유 중 하나는 어릴 적의 주의 및 지각시스템이 사건을 적절하게 부호화할 정도로 충분히 발달하지 못했을 가능성이다. 다른 하나는 사건이 부호화되고 잠시 동안은 인출도 가능했었지만, 곧 기억에서 소멸되어버렸을 가능성이다.

이 현상에 대한 연구에서는 2세밖에 되지 않은 아이들도 3개월 또는 6개월 전에 일어났던 사건

을 재생해낼 수 있다는 증거가 확보되었다(Fivush, Gray, & Fromhoff, 1987). 또한 Perris, Myers, Clifton(1990)은 2.5세 난 아이들도 그들이 생후 6.5개월 되었을 때 심리학 실험실에서 겪었던 경험을 재생할 수 있었다고 보고했다. 이 결과는 어린아이들의 기억력이 놀라울 정도였다거나 또는 심리학 실험실이 괴상했다는 증거로 해석된다.

하지만 Howe와 Courage(1993)는 학령기 전 아동들의 이러한 회상능력은 본질적으로 매우 불완전하다고 지적했다. 이들은 아이들이 생후 18개월쯤 지나 '자기'라는 개념을 개발할 때까지는 자기들이 겪은 경험에 대한 기억을 자서전식으로 조직할 수 없다고 주장했다. 그런 후 약 22개월쯤 지나면, 아이들은 나와 너 같은 대명사를 습득하게 된다. 언어를 습득하면서 아이들은 자기가 겪은 여러 경험을 자서전식으로 조직할 수 있는 강력한 도구를 가지게 된다(Nelson, 1990). 이들의 이론에 따르면, 유아 기억상실증의 근원은 자기개념이 아예 형성되지 않은 데서 또는 경험에 대한 기억을 조직하는 데 필요한 언어가 없었다는 데서 발견되어야 한다.

기타 준거

그림 4.9에는 감각기억과 단기기억과 장기기억의 용량 및 파지기간에서 나는 차이가 요약되어 있다. 이들 기억저장고에서 발견되는 이러한 기본적 차이점 이외에 정보저장에 이용된 부호, 망각의 원인, 인출의 수단 등에서 나는 다른 점을 찾아내기 위한 노력도 경주되었다. 그러나 Craik와 Lockhart(1972)는 이들 준거만으로는 3개의 기억저장고가 별개의 독립적인 저장고임을 입증할 수 없다고 지적하였다. 예컨대, 단기기억은 물론 장기기억에서도 시각부호와 청각부호 그리고 의미부호까지 모두 이용되고 있는 것으로 드러났던 것이다. 이러한 유사성을 근거로 Craik와 Lockhart는 기억에 대한 구조적 견해(즉, 인간의 기억시스템은 3개의 저장고로 구성된다는 견해)를 버리고 기억의 과정을 강조하는 견해를 제안하기에 이르렀다. 구체적으로, 기억표상이 사건 관련 정보를 부호화하고 저장하는 동안에 벌어지는 지각과정과 인지과정에 연계된다는 게 이들의 주장이었다. 제6장에서 알게 되겠지만, 부호화 과정을 강조한 이들의 견해는 그 후 30여 년 동안의 연구방향에 강력한 영향력을 행사했다.

그림 4.9 감각기억, 단기기억, 장기기억의 특징에서 나는 차이

	기억저장고의 차이		
	감각기억	단기기억	장기기억
파지기간	250ms	20초	1년
용량	큼	4개의 결집	매우 큼

부호화 Sperling(1960)은 영상기억 정보의 모양새는 범주화되기 전의 모양이라고 주장했다. 다시 말해, 그 정보에 대해서는 정보원을 재인하는 데 필요한 예비 작업만 벌어지기 때문에 그 정보원 (즉, 자극)의 위치만 찾아낼 뿐 그 자극에 이름을 붙이거나 그 자극이 속하는 범주(의미)를 확인하는 일은 벌어지지 않는다는 생각이었다. 이 주장의 근거를 제공한 Sperling의 실험에서는 각 자극 판을 구성하는 자극항목 중 절반은 숫자이고 절반은 문자였다. 이 실험의 부분 보고 조건에서는 위-중간-아래 중 한 줄의 항목만 보고해야 하는 조건 이외에 또 하나의 조건이 추가되었다. 이 새로운 조건에서는 자극항목 중 숫자 또는 문자만 보고해야 했다. 그 결과는 분명했다—자극판 속 위치를 기준으로 보고하게 한 조건에서는 거의 모든 항목이 정확하게 재생되었다. 그런데 자극항목의 범주를 기준으로 보고하게 한 새로운 조건에서는 부분 보고의 장점이 나타나지 않았던 것이다. 그러나 Merikle(1980)은 부분 보고의 장점이 나타나지 않은 것은 Sperling의 실험 속 자극 판의 문자와 숫자가 무선으로 배열되었기 때문이라고 밝혔다. 구체적으로, 자극판의 문자와 숫자가 무선으로 배열되었기 때문에 자극항목을 한 번에 하나씩 처리할 수밖에 없어서 벌어진 현상이라는 게 Merikle의 주장이었다. Merikle은 자극항목이 자극판 속에 배열된 모양과 위치를 치밀하게 정돈해 제시함으로써 숫자와 문자의 범주 차이가 영상기억의 정보처리에도 어느 정도는 이용되고 있음을 보여주었다. 따라서 자극의 물리적 속성(예 : 위치)이 의미속성(예 : 범주)보다 더 빨리 처리되는 것은 사실이라고 하더라도 부호의 모양새(예 : 범주 대 위치)만을 기초로 영상기억과 단기기억을 확고하게 구분하기란 매우 어려운 일인 것으로 드러났다. 음향기억에 관한 연구에서도 이와 비슷한 어려움이 발견되었다(Penney, 1975, 1989).

기실, 감각부호는 장기기억에서도 이용되고 있다. Paivio(1971, 1983, 1991)는 사람들이 장기기억에다 정보를 저장할 때는 단어를 이용해 어문적으로 부호화할 수도 있고 또 심상을 이용해 시각적으로 부호화할 수도 있다는 증거를 대량 확보하였다. 이러한 부호화 작업의 결과(즉, 표상)에는 감각기관을 통해 확보된 지각의 특징이 보존되어 있다. 언어적 자극은 말과 글로 지각되기 때문에 어문적으로(즉, 단어로) 부호화된다. 비언어적 자극은 우리가 듣고, 보고, 느끼고, 맛보고, 냄새 맡은 것에 대한 이미지로 부호화된다. Paivio의 **이중 부호화 이론**(dual-coding theory)은 정보가 장기기억에 가장 잘 기억되는 조건은 그 정보가 언어적 부호와 이미지 부호 두 가지 모두로 저장될 때라고 주장한다. 제5장에서 더욱 자세하게 논의되겠지만, 학습활동 4.1에서 한 무리의 단어를 기억하려 할 때, 각 단어에 대한 심상을 생성하면서 그 단어의 이름에 주의를 쏟았더라면 정확 재생률이 더욱 높아졌을 것이라는 뜻이다.

처음에는 단기기억의 기반도 감각부호 특히, 단어를 발성할 때 이용되는 음향/조음 부호로 간주되었다. 즉시 재생검사에서 확보된 오류를 분석하면, 잘못 재생된 오반응과 정반응의 발음이 유사한 경우가 대부분이었다(R. Conrad, 1964). 예를 들면, 단기기억 재생검사에서 자극목록에 포함된 낱자 V에 대한 그릇된 재생은 주로 B였다는 말이다. 이에 반해, 표기상 유사성 때문에 시각적 부호를 혼동하는 경우는 거의 없었다. 문자 *F*와 *E*의 시각적 차이는 속성 하나에서만 발견되는데도 Conrad의 실험에 참여한 사람들 중에는 이 둘을 혼동하는 경우가 거의 없었다. 자극 간 발음의 유사성 때문에 단기기억 재생검사에서 오류의 확률이 높아지는 이 현상을 **음운유사성 효과**(phonemic similarity effect)라 한다.

따라서 나중에 재생해야 할 어문적 재료(글이나 말)를 처리할 때 사람들은 음운부호를 사용하는 게 확실한 것 같다. 그러나 단기기억에 대한 후속 연구에서는 단기기억에 청각부호만

> 음운유사성 효과란 단기기억 재생검사에서 자극 간 발음의 유사성에 따라 오류를 범할 확률이 달라지는 현상을 일컫는다.

저장되는 게 아니라는 사실을 밝혀냈다. 잠시 동안이나마 맘속에 심상을 간직해야 할 때는 시각적 부호도 이용된다는 뜻이다(Brooks, 1968; Penney, 1975, 1989). 이 결론의 배후 논리를 음미하기 위해, 우선 Wickens, Dalezman, Eggemeier(1976)의 실험부터 고려해보기로 하자.

Wickens 등(1976)이 실시한 실험의 각 시행은 단어 3개를 제시하는 일에서 시작되었다. 뒤이어 제시된 숫자는 교란과제용이었다. 교란과제를 끝낸 후, 첫 단계에서 제시되었던 단어를 회상하는 일로 한 시행이 종료되었다. 주어진 숫자에서 일정한 값을 빼나가야 하는 교란작업은 앞서 제시된 단어가 되뇌는 일을 예방하기 위한 조치였다. 첫 세 번째 시행까지 제시된 3개의 단어는 모두 그 의미에서 동일 범주(예 : 과일)에 속하는 단어였다. 실험조건의 경우, 네 번째 시행에 제시된 단어 3개는 세 번째 시행까지 이용되었던 범주와는 다른 범주(예 : 야채, 꽃, 육류, 전문직)에 속하는 단어였다. 그러나 통제조건에서는 그때까지 이용됐던 것과 동일 범주(예 : 과일)에 속한 단어가 3개 제시되었다. 그림 4.10은 시행에 따라 정확 재생률이 변하는 모습을 보여준다. 첫 세 시행까지는 재생률이 체계적으로 감소했음을 알 수 있다. 특정 시행에서 제시됐던 과일을 회상해내기가 점점 어려워졌다는 뜻이다. 네 번째 시행의 경우는 이야기가 달라진다. 자극단어가 속한 범주가 바뀌자 정확 재생률이 향상되었다. 범주와 과일 간 유사성에 따라 재생률의 향상 정도가 변하고 있음을 주목하자. 이 결과가 단기기억에도 의미부호가 이용되고 있다는 바로 그 증거이기 때문이다. 범주의 의미가 과일에서 멀어질수록 간섭으로부터의 해방도 커졌다. 이 결과는 자극단어 3개씩의 의미부호가 단기기억에 저장돼 있다는 확실한 증거로 간주된다.

망각 Wickens 등(1976)이 실시한 실험의 세 번째 시행까지 기록된 정확 재생률 감소는 망각의 중요한 원인이 간섭임을 예증하고 있다. **전진형 간섭**(proactive interference)이란 과거의 학습이 새로운 정보를 학습/기억하는 능력을 저해하는 일을 일컫는다. 예컨대, 첫 번째 단어목록(목록 A)을 학습한 것이 두 번째 단어목록(목록 B)을 학습하고 재생하는 작업을 어렵게 만드는 현상이 전진형 간섭에 해당한다. 다음과 같은 실험을 상상해보자. 실험조건에서는 목록 A를 먼저 학습하게 한 다음, 목록 B를 학습하게 하고, 마지막에 목록 B에 대한 재생검사를 실시한다. 그리고 통제조

그림 4.10   전진형 간섭으로부터의 해방-단기기억에 의미부호가 이용된다는 증거

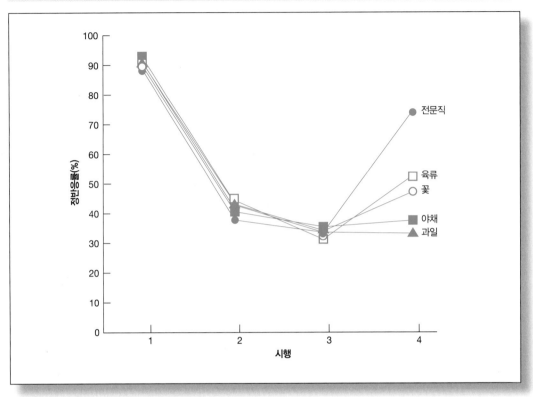

출처 : Wickens, D. D., Dalezman, R. E., & Eggemeier, T. (1976). Multiple encoding of word attributes in memory. *Memory & Cognition*, 4(3), Figure 1, p. 308. Psychonomic Society 허락하에 재인쇄.

건에서는 목록 A를 학습하는 대신 휴식을 취한 다음, 목록 B를 학습하게 하고는 그다음에 목록 B에 대한 재생검사를 실시한다. 여기서 전진형 간섭은 통제조건의 정확 재생률에서 실험조건의 정확 재생률을 제한 값으로 정의된다. Wickens 등이 실시한 실험의 네 번째 시행에서 자극단어를 새로운 범주에 속하는 단어로 바꾸어 제시하였다. 따라서 해방이 일어나기 전 세 번째 시행까지 관찰된 정확 재생률 감소는 전진형 간섭이 누적되고 있었음을 반영한다. **후진형 간섭**(retroactive interference)은 늦게 학습한 것이 앞서 학습한 내용을 회상하는 작업을 방해하는 일을 일컫는다. 따라서 실험조건에서는 목록 A를 먼저 학습하고 목록 B를 학습한 다음, 목록 A에 대한 재생검사 점수를 구한다. 그러나 통제조건에서는 목록 A를 학습한 후, 목록 B를 학습하는 대신 휴식을 취하고 나서 목록 A에 대한 재생검사 점수를 구한다. 그런 후, 목록 A에 대한 재생검사에서 통제집단의 점수보다 실험집단의 점수가 낮으면, 목록 B를 학습한 것이 목록 A의 재생을 간섭한 것으로 해석된다.

그러므로 단기기억에서 망각을 유발하는 요인 중 하나는 간섭이라 할 것이다. Waugh와 Norman(1965)은 단기기억의 망각에 대한 이 설명과는 대립되는 설명, 즉 단기기억 속 정보는 시간과 함께 소멸되기 때문에 그것을 재생하려 할 때는 이미 존재하지 않는다는 가설을 검증하였다. 참여자들에게 1단위 수 16개로 구성된 목록 속 숫자를 하나씩 들려주었다. 신호음과 함께 들려준 16번째 숫자가 탐사숫자였다. 참여자의 과제는 탐사숫자보다 먼저 들은 15개의 숫자 중에서 탐사숫자를 찾아내고 그 바로 뒤에 있었던 표적숫자를 답지에 적는 일이었다. 예컨대, 목록이 '5 1 4 8 1 9 2 7 3 9 6 3 2 5 6 4'라면, 탐사숫자가 '4'이기 때문에 참여자가 적어야 할 표적숫자는 '8'이 된다. 실험자는 탐사숫자의 목록 내 위치를 3번째(위의 경우)에서 14번째까지로 조작하였다. 탐사숫자의 목록 내 위치가 이렇게 바뀜에 따라 표적숫자 재생에 후진형 간섭을 일으킬 숫자의 개수가 1개에서 12개까지 증가한다. 따라서 후진형 간섭이 단기기억에서 벌어지는 망각의 주된 요인이라면, 간섭을 일으킬 숫자가 많아지면서 정확 재생률이 감소해야 한다. 또한 Waugh와 Norman은 표적숫자의 파지간격도 조작했다. 파지간격이 긴 조건에서는 숫자를 초당 1개의 속도로 들려주고, 파지간격이 짧은 조건에서는 초당 4개의 속도로 들려주었다. 위에서 예로 든 목록의 표적숫자 8의 경우, 초당 1개씩 들은 조건에서는 파지기간이 12초가 되고 초당 4개씩 들은 조건에서는 3초가 된다. 만약 시간 경과에 따른 소멸이 단기기억에서 벌어지는 망각의 주된 원인이라면 파지기간이 3초인 조건보다 12초인 조건의 정확 재생률이 훨씬 낮아야 한다. Waugh와 Norman이 발견한 것은 후진형 간섭을 일으킬 숫자가 많아지면서 재생률이 감소하는 현상이었다. 한편, 파지기간이 달라져도 재생률은 크게 달라지지 않았다. 요컨대, 단기기억에서 벌어지는 망각의 주된 요인은 시간 경과에 따른 소멸이 아니라 후진형 간섭인 것으로 밝혀진 것이다.

그러나 간섭은 단기기억에서만 일어나는 일이 아니다. 장기기억의 망각도 그 주된 원인이 간섭이라는 사실은 밝혀진 지 오래다(McGeoch, 1942). 그른 반응이 옳은 반응을 방해할 때 일어나는 망각에 대한 자세한 모형은 1940년대와 1950년대 이론가들에 의해 개발되었다. 또한 Waugh와 Norman(1965)의 후속 연구에서는 간섭 이외에 소멸도 단기기억의 망각에 한몫하는 것으로 드러났다(Baddeley & Scott, 1971; Reitman, 1974). 제6장에서 알게 되겠지만, 망각을 초래하는 요인이 소멸과 간섭만 있는 것도 아니다. 그러나 여기서 주목할 점은 단기기억과 장기기억에서 벌어지는 정보소실이 비슷한 방식으로 이루어진다는 점이다.

Rubin과 Wenzel(1996)도 이 점과 일치하는 결과를 내놓았다. 이들은 단기기억과 장기기억의 망각을 파지기간에 따라 초, 일, 주, 월 단위로 조사하여 발표한 자료 210묶음을 검토하였다. 그 모든 경우, 망각은 그림 4.7에 그려진 것과 동일한 함수에 따라 벌어졌다. 파지기간의 장단은 중요하지 않았다. 파지기간이 길든 짧든 망각의 진행과정은 동일한 모양이었다. 딱 한 가지 예외는 자서전기억(autobiographical memories)에서 발견되었다. 각 개인에 따라 의미가 달라지는 사건에 대한 기억은 오랜 시간이 지나도 기억이 크게 소실되지 않았다.

인출 망각을 기준으로 해서는 단기기억과 장기기억을 분명하게 구분하기 어렵듯이, 인출 과정에서도 이 두 기억은 겹치는 부분이 많다. 순차검색(serial search)이란 기억 속에 저장된 정보가 어떤 순서에 따라 정돈되어 있고 그 정보에 대한 검색이 한 번에 하나씩 차례로 이루어진다는 뜻이다. 이에 반해, 동시검색(parallel search)이란 말에는 기억 속에 저장되어 있는 모든 정보가 동시에 검색된다는 뜻이다. 특히 장기기억 속 정보처럼 검색 대상 정보의 양이 엄청날 때는 동시검색이 훨씬 효율적인 정보인출 전략일 것이다.

만약 어떤 검색이 순차적으로 이루어진다면, 그 검색은 언제 끝이 날까? 자동종결검색(self-terminating search)은 원하는 정보를 발견하는 순간에 끝나는 검색법이다. 따라서 기억 속에 D-B-K-X-M 순으로 정돈된 낱자 사슬에서 K를 찾는 일이 순차적 자동종결검색으로 전개된다면 이 작업은 세 번째 낱자를 검색한 후 끝나게 된다. 이에 반해, 완전검색(exhaustive search)은 검색 중간에 표적항목이 발견된 후에도 나머지 항목까지 모두를 검색하는 방법이다. 따라서 위에서 든 예의 경우, 순차적 완전검색이 이용되었다면 낱자 5개 모두를 한 번에 하나씩 검색한 후에 작업이 끝난다. 검색 작업이 세 번째 낱자를 검색한 후에 끝나지 않는다는 말이다.

단기기억에서 벌어지는 이러한 정보검색을 검토한 고전적 연구는 S. Sternberg(1966)의 연구이다. Sternberg는 각 시행마다 참여자에게 짧은 낱자 목록을 하나씩 기억하게 했다. 기억세트라고 하는 이 목록을 구성하는 낱자는 1개에서 6개까지 바뀌었다. 따라서 기억세트의 낱자 개수는 단기기억 용량 내에 있었다. 그런 다음 탐사낱자를 하나 제시했다. 탐사낱자를 읽은 참여자는 앞서 제시된 기억세트의 낱자를 검색하여 그 속에 탐사낱자가 있었다고 판단되면 "네" 버튼을, 없었다고 판단되면 "아니요" 버튼을 최대한 신속하게 눌러야 했다. 위에서 든 예의 경우, 기억세트(D-B-K-X-M)의 크기는 5였고 탐사낱자는 K였다. 따라서 "네" 버튼을 누르는 게 정반응이었다. 만약 탐사낱자로 L이 제시되었더라면 "아니요" 버튼을 누르는 게 정반응이었을 것이다.

이 과제를 수행하기 위해 기억세트의 낱자를 검색할 때 동시검색법이 이용되었다면, 기억세트의 크기는 검색 시간에 영향을 미치지 못할 것이다. 또한 부정반응 시행(즉, 기억세트에 탐사낱자가 없는 시행)의 반응시간과 긍정반응 시행(즉, 기억세트에 탐사낱자가 들어 있는 시행)의 반응시간 간에 차이가 없어야 한다. 그러나 만약 순차검색이 이용되었다면, 반응시간이 기억세트의 크기와 함께 증가해야 한다. 기억세트 속의 각 낱자를 검색할 때마다 기억세트에서 낱자 하나를 검색하는 데 필요한 만큼의 시간이 증가할 것이기 때문이다. 만약 이러한 순차검색이 완전검색으로 이루어진다면, 기억세트의 크기에 따른 반응시간 증가가 긍정반응 시행과 부정반응 시행에서 동일해야 한다. 긍정반응 시행에서든 부정반응 시행에서든 반응은 기억세트 속 모든 낱자를 검색한 후에야 하게 될 것이기 때문이다. 검색 중간에 탐사낱자가 발견되어도 나머지 낱자까지 모두 검색하는 게 완전검색임을 기억할 것이다. 이에 반해 자동종결검색이 순차적으로 전개되면, 긍정반응 시행의 반응시간 증가율이 부정반응 시행의 반응시간 증가율의 절반에 불과해야 한다. 긍정반응 시행의 경우에는 탐사낱자가 기억세트의 여섯 번째 낱자일 수도 있지만 첫 번째 낱자일 수도 있기 때문이다.

S. Sternberg(1966)의 실험결과, 단기기억의 정보인출은 순차적 완전검색에 따라 이루어지는 것으로 나타났다(그림 4.11 참조). 그림에서 알 수 있듯이, 기억세트의 크기에 따른 반응시간 증가를 가장 잘 묘사하는 방정식은 $y = 38x + 397$이었다. 여기서 y는 반응시간을 ms 단위로 나타내고 x는 기억세트의 크기를 나타낸다. 이 방정식에 따르면, 기억세트의 크기가 0($x=0$)일 때는 반응시간(y)이 397ms가 되는데, 이는 탐사낱자를 지각한 후 즉각(즉, 단기기억에 있는 정보를 검색하지 않고) 반응("네" 또는 "아니요") 버튼을 누르기까지 걸리는 시간이라고 생각하면 된다. 그리고 이 방정식의 기울기 38의 의미는 기억세트의 낱자가 하나씩 늘어남에 따라 반응시간은 38ms씩 길어진다는 뜻이다. 이 그림에서 주목해야 할 또 한 가지는 기억세트의 크기에 따른 반응시간 변화가 긍정반응 시행이나 부정반응 시행이나 다르지 않다는 점, 즉 순차검색이 완전검색으로 이루어졌다는 증거이다. 반직관적인 결과가 관찰된 것이다. 이 결과를 반직관적이라고 하

그림 4.11 단기기억 속 정보검색이 순차적 완전검색으로 이루어진다는 증거

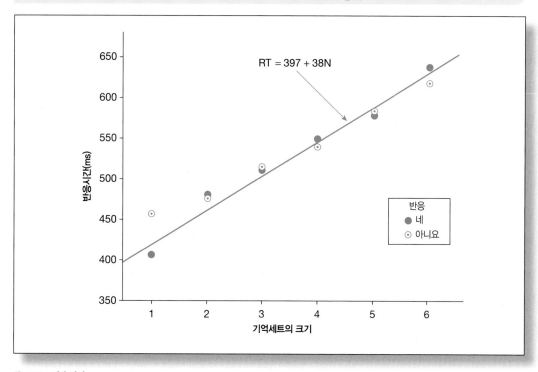

주 : RT = 반응시간.
출처 : Sternberg, S., High-speed scanning in human memory, in *Science, 153*, 652 – 654. Copyright © 1966 AAAS 허락하에 재인쇄.

는 이유는 우리의 직관에 따르면 완전검색보다 자동종결검색이 이용됐어야 하기 때문이다. 탐사낱자가 이미 발견됐는데도 굳이 나머지 낱자까지 검색할 이유가 무엇이란 말인가? 긍정/부정반응을 하기 위해서는 검색한 낱자가 탐사낱자와 같은지를 판단해야 한다. 따라서 판단을 하는 데 상당한 시간이 걸린다고 가정하면, 이야기는 달라진다. 자동종결검색에서처럼, 기억세트 속 각 낱자를 검색할 때마다 판단을 해야 한다면 기억세트별로 평균 3.5회의 판단이 필요해진다. 그러나 완전검색에서처럼 모든 기억세트를 검색한 후에는 단 한 번의 판단으로도 반응을 할 수 있다. 이제 평균 3.5회의 검색과 3.5회의 판단에 소요되는 시간 그리고 평균 6회 검색과 1회의 판단에 소요되는 시간 중 더 짧은 것이 후자라면, 단기기억의 정보검색이 순차적 완전검색에 따라 이루어진다고 해도 전혀 이상한 일이 되지 않는다는 게 Sternberg의 생각이었다.

그러나 이야기가 그렇게 단순하지 않았다. S. Sternberg(1966)의 실험결과에서 긍정반응 시행과 부정반응 시행에서 기록된 기울기가 동일하다는 점은 완전검색 가설과 일치한다. 이 실험에서 측정된 반응시간은 검색 단계의 영향만 받는 게 아니라 반응선택 단계의 영향도 받을 수밖에 없다. 긍정반응 시행은 자동종결검색의 특징을 반영한다고 할 수도 있다. 하지만 반응선택에 소요되는 시간은 긍정반응 시행보다 부정반응 시행에서 더 길다고 할 수 있다. 다시 말해, 긍정반응 시행과 부정반응 시행에서의 기울기가 동일한 이유로 두 가지 반응 모두에 반응선택 단계가 끼어 있기 때문이라는 주장을 할 수도 있다는 말이다. 검색 과제를 수행하는 동안의 뇌를 자기뇌파검사(magnetoencephalography, MEG)를 이용해 기록한 결과에서는 반응선택 단계와는 전혀 무관한 기억검색 그 자체와 관련된 징후가 드러났다(Rojas, Teale, Sheeder, & Reite, 2000). 구체적으로, 자기뇌파 기록에서는 알파파 억압과 관련된 신호가 기억세트의 크기(즉, 단기기억에서 주사돼야만 하는 자극의 개수)와 함께 변하는 것으로 밝혀졌다. 검색 과정에서 벌어지는 이러한 생리적 반응을 측정함으로써 긍정반응 시행보다 부정반응 시행에서 알파파에 대한 억압이 더 크다는 사실을 밝혀냈다. 이 결과에는 긍정반응 시행에서의 검색은 자동종결된다는 뜻이 들어 있다. 이러한 결과는 S. Sternberg(1966)의 원래 연구에서 관찰됐던 것처럼 부정반응 시행과 긍정반응 시행의 기울기가 동일한 경우에도 확보되었다. 따라서 Rojas 등(2000)은 단기기억 검색은 순차적으로 진행되지만 검색은 완전검색이 아니라 자동종결로 이루어진다고 결론지었다.

인출 과정에서 나는 특징을 기초로 단기기억과 장기기억을 구분하기 위해서는 장기기억에서의 인출이 동시에 벌어진다는 증거가 필요하다. 장기기억저장고의 용량이 방대한데도 그 속에 있는 사실, 개념, 사건에 관한 정보가 엄청난 속도로 인출될 수 있다는 사실을 감안하면, 장기기억으로부터의 정보인출이 동시에 벌어질 개연성은 충분하다. 만약 장기기억 속 모든 정보가 한 번에 하나씩 순차적으로 검색된다고 가정하면 사람들이 사건, 사실, 개념 지식을 빠른 속도로 인출해낼 수 있다는 사실을 설명할 수 없을 것 같다. 그리고 장기기억 속 정보를 검색하는 일도 자동종결돼야만 한다는 생각 역시 자명해보인다. 장기기억 속 모든 정보를 순차적으로 완전검색하는 일은, 그 속도가 단기기억 검색에 관한 실험에서 Sternberg(1966)가 추산한 개당 38ms가 아니라 개당 1ms라고 하더라도, 장기기억으로부터의 인출이 순식간에 이루어진다는 사실과는 부합되지 않는다.

　그러나 인출의 본질에 따라 단기기억과 장기기억이 깔끔하게 구분된다는 주장에는 의문의 여지가 두 가지나 들어 있다. 첫째, 연구자들은 단기기억 속 정보검색을 묘사하기 위해 여러 가지 수학적 모형을 제안했고 이들 모형은 단기기억 검색이 순차적이 아니라 동시에 벌어진다고 가정한다. 그런데도 이들 모형으로도 Sternberg의 결과를 잘 설명할 수 있다(Greene, 1992). 자동종결형 동시검색 모형도 동시다발성 완전검색 모형도 또 자동종결형 순차검색 모형도 적절한 가정 위에 구축되기만 하면 모두 순차적 완전검색 모형을 지지하는 자료를 설명할 수가 있다는 뜻이다. 이처럼 논쟁의 끝이 명료하지 않은 것은 평균 반응시간으로 구성된 자료에는 다른 모형보다 특정 모형을 더 지지한다는 확실한 정보가 포함되어 있지 않기 때문이다. 그 덕분에 반응시간에 추가하여 자기뇌파(MEG) 기록만 검토하고서도 Rojas 등(2000)은 검색이 순차적 자동종결식으로 진행된다는 결론을 지을 수 있었다. 둘째, 장기기억으로부터의 정보인출이 순식간에 성취될 때도 있다. 이 사실을 감안하면 장기기억 검색이 동시에 벌어진다는 생각에도 일리가 없는 것은 아니다. 하지만 순차검색이 진행될 것 같은 상황도 충분히 상상할 수 있다. 예를 들어보자. "한글의 기억니은에서 'ㄷ' 뒤에 오는 네 번째 낱자는?"이란 질문에 답을 해보자. 아마 ㄷ에서 시작하여 ㄹ, ㅁ, ㅂ까지를 순차적으로 검색한 후에 'ㅅ'을 인출할 것이다. 우리는 기억니은을 이 순서대로 읽은 적이 아주 많기 때문에 이러한 순차검색이 이루어졌을 것이다. 또는 어제 11시 30분, 그러니까 12시에 점심 식사를 하기 조금 전에 무엇을 하고 있었는지를 생각해보자. 이번에도 동시검색을 통해 그 사건을 인출해내려 하기보다는 아침 식사에서 시작하여 오전 중에 있었던 일을 하나씩 점검하여 11시 30분에 무엇을 했었는지를 기억해내려 할 것이다. 따라서 정보인출 과정의 특징을 기초로 해서는 단기기억과 장기기억을 구분하는 일이 불가능해져버렸다.

결론

우리의 기억시스템이 3개의 저장고로 구성되어 있다고 본 저장고 모형 덕분에 인간 기억에 관한 우리의 이해는 크게 향상되었다. 이 모형이 안고 있는 많은 문제가 제기되기도 했다. 하지만 이 모형의 핵심 주장, 즉 감각기억, 단기기억, 장기기억이라고 하는 3개의 저장고는 그 최대 용량과 파지기간에서 서로 다르다는 주장은 아직도 건재하며 놀라울 정도로 광범한 증거를 설명하고 있다(Estes, 1988; Healy & McNamara, 1996). 그러나 부호화의 본질, 망각의 기제, 그리고 인출을 위한 정보검색 절차에서는 단기기억과 장기기억이 명백하게 구분되지 않는다는 사실은 이러한 인지구조의 타당성에 의문을 제기한다(Crowder, 1993). 저장고 모형의 대안으로 제안된 모형에서는 단기기억을 장기기억 중에서 활성화된 부분이라고 가정한다. 별개의 저장고로 간주하지 않는다는 뜻이다. 다음 절에서 알게 되겠지만, 다른 연구에서는 학습과 이해 및 기타 인지과제에 단기기억저장고가 어떻게 이용되는지를 밝혀내고 있다. 이 맥락에서는 단기기억을 장기기억과는 별개로 보는 견해도 있고, 이와는 달리 단기기억을 장기기억과 동일한 저장고의 하부구조로 보는 견해도 있다. 하지만 감각기억저장고와 장기기억저장고 간 차이는 여전히 타당성을 간직하고 있다. 그 지속기간이 아주 짧은(시각의 경우 1/4초인) 영상정보와 음향정보는 아무래도 장기기억저장고와는 분리된 게 분명하다.

작업기억

단기기억저장고라는 개념을 이용하면, 일군의 단어나 숫자 또는 간단한 자극을 잠시 동안 맘속에 간직할 수 있는 능력은 설명할 수 있다. 그러나 보다 복잡한 인지과제를 수행하기 위해 필요한 정보를 맘속에 보관하는 따위의 능력을 설명하는 데는 이 개념이 적절하지 않은 것 같다. 예를 들어, 읽기능력의 개인차는 단기기억에 간직할 수 있는 숫자의 개수에서 나는 개인차와 별 상관이 없다(Daneman & Carpenter, 1980). 우리가 책을 읽을 때는 앞 문장의 의미를 기억하고 있으면 다음 문장의 의미를 파악하기가 용이해진다. 그리고 대화를 할 때도 방금 내놓은 상대방의 주장을 맘속에 간직하고 있어야 적절한 대꾸를 꾸려낼 수 있다. 읽기나 대화 같은 일상의 인지과제를 수행할 때는 생각의 사슬을 이어가기 위해 단기기억에 있는 정보를 가지고 작업을 벌여야 한다.

사고의 흐름을 이어가야만 하는 인지과제 수행을 적절하게 설명하기 위해서는 단기기억보다 복잡한 시스템이 필요하다는 뜻이다. 작업기억(working memory)은 인지과제 수행에 연관된 맘속 표상을 활성화된 상태로 잠시 동안 관리하는 시스템을 일컫는다. 그림 4.12에서 보여주듯, 작업기억 속에는 구체적인 방식으로 부호화된 맘속표상을 저장하는 단기기억저장고도 들어 있다. 이들 저장고는 장기기억저장고와 분리되어 있을 수도 있다. 하지만 장기기억에서 현재 활성 상태에 있는 표상을 작업기억으로 간주하는 게 가장 적절한 견해일 것으로 보인다(Cowan, 1988). 작업기억에는 관리기능을 수행하는 주의도 들어 있다. 이 주의는 단기 또는 활성 상태의 기억 속에 보관된 맘속표상을 통제한다. 제3장에서도 지적했듯이, 주의의 관리기능은 일종의 감독 시스템으로 맘속표상 중 일부는 억제하면서 다른 맘속표상은 활성화시키는 일을 한다.

작업기억이라는 용어는 인지작업을 수행하는 데 필요한 시스템이라는 점을 강조하고 있다. 작업기억폭 측정에 이용되는 이중 과제는 일련의 단어를 기억하는 일 이외의 일에도 주의를 기울이게 한다. 예컨대, 읽기폭(reading span) 검사에서는 피검자들에게 일련의 문장을 읽고 각 문장의 마지막 단어를 기억하는 일 외에 그 내용까지 파악해야 한다고 지시한다(Daneman & Carpenter,

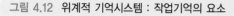

그림 4.12 위계적 기억시스템 : 작업기억의 요소

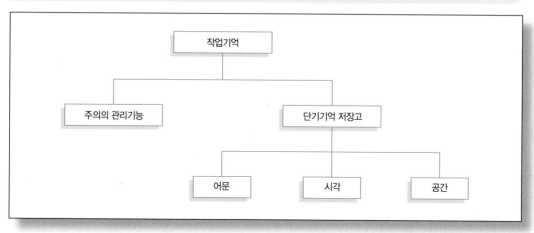

1980). 조작폭(operation span) 검사에서는 피검자들에게 일련의 산수문제를 각각 단어 하나씩과 짝지어 제시하고는, 각 단어를 기억하면서 그 단어와 짝지어 제시된 산수문제도 풀어야 한다고 지시한다(Engle, Cantor, & Carullo, 1992). 단기기억의 용량을 측정할 때 이용되는 숫자폭 검사에서와는 달리, 작업기억의 용량을 측정하는 이 두 검사는 정해진 재료(정보)를 단기기억저장고에 간직하면서 동시에 과제 관련 정보를 적극적으로 처리하라고 한다. 이처럼 읽기폭 검사와 조작폭 검사에서는 동시에 두 가지 과제를 수행해야 하기 때문에 주의의 관리기능 조절이 필요하게 된다. 따라서 단기기억 용량이 클수록 숫자폭도 큰 것처럼, 주의의 관리기능 용량이 클수록 작업기억저장고에 있는 내용을 통제하고 조작하는 일도 쉬워진다. 그러므로 이렇게 측정된 작업기억의 폭이 읽기, 쓰기, 추리, 문제해결 등 여러 가지 복잡한 인지과제 수행에서 나는 개인차를 상당히 정확하게 예측하는 것은 놀라운 일이 못 된다(Engle, Tuholski, Laughlin, & Conway, 1999).

작업기억이 단기기억저장고와 주의의 관리기능으로 구성된다는 견해에는 학생들에게 특히 중요한 숨은 뜻이 하나 있다. 학생들은 누구나 공부를 할 때나 수업 중 또는 보고서를 작성할 때에 마음이 주제와는 무관한 엉뚱한 생각이나 기억이나 상상으로 흘러가는 경험을 한 적이 있을 것이다. 공부나 수업이나 보고서 작성 같은 힘든 인지활동에 직면했을 때 과제와 무관한 생각에 빠지는 이러한 일은 작업기억 용량이 큰 사람보다 작은 사람들에게 더욱 자주 발생하는 것으로 밝혀졌다(Kane & McVay, 2012). 예습이나 복습을 위해 교과서나 관련 재료를 읽을 때에도 우리는 읽은 내용을 효과적이고도 효율적으로 이해하기 위해 학습용 재료에 가용한 최대한의 주의를 집중해야만 한다. 이때에도 마음은 엉뚱한 생각에 빠져들곤 하는데, 이 역시 주의를 제대로 통제하지 못하기 때문에 발생하며, 그 결과 글을 읽고도 그 내용을 이해하지 못하는 일이 벌어지고 만다.

이러한 발견은 작업기억 용량이 큰 사람들에게는 좋은 소식이 되겠지만, 그 용량이 작은 사람들에게는 믿고 싶지 않은 소식일 것이다. 그럼, 작업기억 용량이 작은 사람들이 직면한 이런 어려움을 극복하는 방법은 아예 없는 것일까? 꼭 그렇지만은 않은 것 같다. 작업기억 용량을 특별한 훈련으로 향상시킬 수 있다는 연구결과가 보고되었기 때문이다. 그런 방법 중에는 어려운 작업기억 과제를 수행하게 하는 핵심 훈련기법도 있다. 핵심 훈련기법에서는 정보를 신속하게 부호화하고 인출하는 연습과 많은 노력을 투자해야 하는 고된 훈련을 강조한다(Morrison & Chein, 2011). 그런 훈련 중 하나로 작업기억 내 정보갱신을 관장하는 관리기능 강화 훈련을 꼽을 수 있다. 이 훈련에서는 일군의 낱자가 각각 2초씩 차례로 제시된다. 제시되는 낱자의 개수는 5개에서 11개까지 변한다. 이 훈련을 받는 사람은 마지막에 제시된 낱자 4개만 보고하면 된다. 작업기억의 단기기억저장고 속 내용을 끊임없이 갱신하며 불필요한 내용은 지워버리는 일을 계속해야만 한다. 또 다른 훈련에서는 동시작업 관리기능을 강화하는 일을 연습한다. 이 훈련에서는 시각과제 하나와 청각과제 하나를 동시에 수행하게 한다. 훈련생은 당면 시행보다 2회 앞선 시행에서 만났던 두 가지(청각 및 시각) 자극을 모두 보고해야만 한다. 소위 2-BACK 과제로 알려진 이 과제를 제대로 수행하기 위해서는 아주 많은 노력을 해야 한다. 핵심 훈련프로그램으로 집중적인 연습을 한 후에는 연습에 이용된 적이 없는 작업기억 과제를 수행하는 능력도 향상되는 것으로 밝혀졌다(Morrison & Chein, 2011).

마음잡기 훈련(mindfulness training)을 운용하는 방법도 있다. 이 훈련프로그램에서는 숨쉬기와 같은 특정 감각경험에다 주의를 집중하는 기술을 배운다. 이 훈련의 목적은 훈련받는 내내 자신의 호흡에다 주의를 집중하는 것이다. 마음이 과거사나 환상 또는 다양한 지각경험으로 떠돌기 시작하면, 훈련생에게 주의를 숨쉬기로 되돌리라는 지시만 한다. 마음잡기 훈련의 목표는 주의집중을 요구하는 인지과제를 수행하는 동안에 마음이 부유하는 정도를 줄이는 것이다. 자신의 주의를 호흡에 집중된 상태로 유지하는 훈련을 받고 난 후에는 적어도 이론적으로는 수강에도 또 독서에도 주의를 오랫동안 집중할 수 있을 것이라는 생각이다. 마음잡기 훈련 2주 과정을 끝낸 대학생들은 독해력 점수가 향상된 것으로 드러났다(Mrazek, Franklin, Phillips, Baird, & Schooler, 2013). 독해력은 대학원 수학능력을 측정하기 위해 개발된 검사(GRE)에서 따온 문제로 측정되었다. 또한 조작폭 검사로 측정된 작업기억 용량이 향상되는 것 이외에 여러 가지 다른 측정치에서도 마음을 붙잡는 능력도 향상되는 것으로 드러났다. 따라서 핵심 훈련도 또 마음잡기 훈련도 주의의 관리기능이 지닌 통제력을 향상시킬 수 있을 것으로 전망된다.

중다 요소 모형

작업기억을 묘사하기 위한 모형으로 여러 가지가 제안되었지만, 이들 모두에서 발견되는 공통점이 하나 있다. 작업기억이 여러 가지 구성요소로 이루어진다는 가정이다(Shah & Miyake, 1999). 이들 작업기억 모형 중 가장 오래되고 가장 영향력이 큰 모형은 Baddeley(1986)의 중다 요소 모형이다. 처음 제안되었을 때 이 모형은 2개의 단기기억저장고로 구성되어 있었다. 둘 중 하나는 어문정보를 일시적으로 보관하는 데 특화되고 다른 하나는 시각/공간정보를 간직하는 데 특화된 저장고였다. Baddeley는 어문정보를 보관하는 장치를 음운루프(phonological loop)라 했고 시각/공간정보를 간직하는 장치를 시공 메모장(visual-spatial sketch pad)이라 했다. 음운루프는 다시 그냥 보관만 하는 저장고와 이 저장고에 있는 정보를 활성 상태로 유지하는 되뇜루프로 나뉘었다. 어문정보는 이 되뇜루프를 통해 반복적으로 암송되기(즉, 단어나 문자를 속으로 되뇌기) 때문에 오랜 시간 유지될 수 있다. 시공 메모장은 시각심상에 이용된 표상을 관리하는 장치로, 이 표상을 시각화하거나 문제를 상상하고 맘속으로 그 해결책을 모색하는 데 이용된다(그림 4.13 참조).

Baddeley(2001)가 이 모형을 개정하면서 세 번째로 추가한 장치가 에피소딕 버퍼(episodic buffer)라는 장치이다. 이 장치는 다른 단기기억저장고에 있는 시각, 공간, 어문부호와 장기기억에 있는 정보를 함께 묶어놓은 통합된 표상을 보관한다. 따라서 에피소딕 버퍼는 통합된 일화에 해당하는 다차원적 표상을 보관하는 장치인 셈이다. 지각의 과정에서 여러 속성이 하나로 통합되면, 사건에 대한 표상이 에피소딕 버퍼에 일시적으로 보관되고, 그 내용은 의식의 세계로 들어간다. 따라서 작업기억에는 갖가지 감각양식의 정보로 구성된 복잡한 사건이나 장면에 관한 정보가 보관되고 조작될 수 있다. 과거를 생각하고 미래를 설계하며 문제를 해결하는 우리의 능력은 에피소딕 버퍼에 있는 이들 표상을 적극적으로 조작할 수 있을 때 갖추어지는 능력이다. 그러므로 에피소딕 버퍼는 장기기억시스템과 단기기억시스템을 연결시켜주는 고리로 작용한다. 다른 모형에서는 이 고리의 필요성을 충족시키기 위해 장기기억표상 중 현재 활성 상태에 있는 일부를 작업기억시스템의 구성요소로 간주하기도 한다(Cowan, 1988).

에피소딕 버퍼를 가정하게 된 계기 중 하나는 Daneman과 Carpenter(1980)의 연구결과였다. 사람들은 음운루프에다 단어를 저장하는 일을 하는 동시에 작업기억을 이용하여 문장을 읽을 수 있다. 하지만 사람들이 여러 개의 문장 속에 있는 단어를 읽는 일과 각 문장의 마지막 단어를 기억하는 일에 음운루프의 한정된 용량이 어떻게 사용되는지에 대해서는 특정 기억검사가 개발되기 전까지 밝혀지지 않았다(Baddeley, 2012). 만약 음운루프의 작은 용량이 그들 문장을 읽고 이해하는 일에까지 이용된다면, 그 한정된 용량의 음운루프 속에 어떻게 각 문장의 마지막 단어까지 보관될 수 있는 것일까? 시공 메모장은 이 작업에 도움을 줄 수 없다. 그 역시 저장 용량이 크지 않기 때문이다. Baddeley의 개정판 모형에서는 작업기억과 장기기억 간 정보를 주고받는 고

그림 4.13 작업기억이 여러 요소로 구성된다는 모형의 한 예

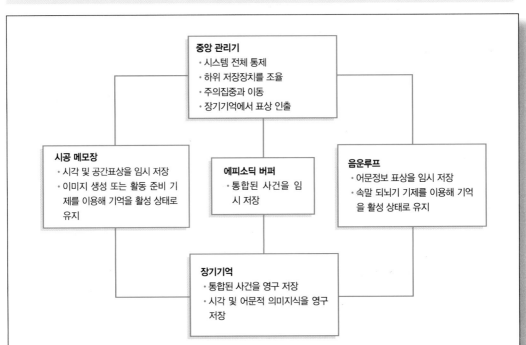

출처 : Baddeley, A. D., Is working memory still working? *American Psychologist, 56*, 849–864. Copyright © 2001, American Psychological Association. 허락하에 재인쇄.

> 작업기억이란 현재 작업 중인 인지과제 수행에 필요한 맘속표상을 일시적으로 관리하는 시스템을 일컫는다.

리로 에피소딕 버퍼를 설정해두었다. 그렇게 함으로써 문장을 처리하는 일은 물론 각 문장의 마지막 단어를 저장하는 일까지 동시에 수행하면서도 단기기억의 한정된 용량을 분할할 필요가 없도록 만들어버렸다.

　작업기억시스템을 구성하는 마지막 요소는 중앙 관리기이다. 중앙 관리기(central executive)는 주의를 관리하는 핵심 요소로, 단기기억과 장기기억의 활용을 통제한다(Baddeley & Logie, 1999). 복잡한 인지과제를 수행하기 위해서는 필요한 정보가 들어 있는 기억저장고를 통제하고 조절해야 하는데, 바로 이 작업을 담당하는 요소가 중앙 관리기(즉, 제3장에서 소개했던 주의의 관리기능 망)인 것이다. 예를 들어, 글을 읽기 위해선 어문표상뿐 아니라 시공표상도 필요해진다. 때문에 글을 읽을 때는 이들 표상이 보관되어 있는 기억저장고를 통제해야만 한다. 이때의 제어작업을 하는 게 중앙 관리기라는 뜻이다. 작업기억 용량을 측정하기 위해 이용되는 과제에서는 물론 일상생활의 추리 과제에서도 주의를 특정 자극에 집중했다가 적절한 순간에 다른 자

극으로 이동해야 할 경우가 많다. 그리고 우리가 글을 읽거나 쓰고 또는 문제를 해결할 때는 적절한 정보를 장기기억으로부터 인출하여 주의의 초점에 가져다놓아야 한다. 이런 모든 일을 담당하는 중앙 관리기는 그 자체도 여러 가지 기능에 관여하는 여러 가지 요소로 구성된 복합적인 시스템이라 할 것이다(Baddeley, 1996).

그 밖에도 다양한 현상이 음운루프 또는 어문적 단기기억에 관한 이 모형의 기본 가정을 지지하고 있다. 앞서 논의됐던 음운유사성 효과는 작업기억 속 어문기억에는 음운표상이 저장되어 있다는 생각과 일치한다. 단어나 문자를 잠시 동안 보관해야 할 경우, 발음이 비슷할수록 혼동오류가 더 자주 발생한다(Baddeley, 1986). 이 모형에 따르면, 음운루프에 손상이 생기면 언어 관련 정보에 대한 단기기억도 훼손되어야만 한다. 언어 표현과 관련된 여러 가지 문제 중 주된 문제는 운동불능증(apraxia) 혹은 통합운동장애(dyspraxia)로 알려져 있다. 통합운동장애는 발언 프로그램 능력이 손상되어 발생하기도 한다. 그런데 이 능력이 손상되면 음운루프 속에 있는 정보를 속으로 되뇌는 속말 프로그램 능력까지 잃고 만다. 따라서 Baddeley(1986, 2001)의 작업기억 모형에 따르면, 이 장애로 고생하는 환자들은 어문기억을 요하는 과제를 수행할 때 오류를 범해야 하는데, 이 예측이 사실로 구현된 것이다(Waters, Rochon, & Caplan, 1992). 되뇌기를 방해하는 또 다른 방법에는 조음억제법도 있다. 이 기법에서는 특정 단어를 하나 제시하고 그 단어를 속으로 반복해서 말하게(예 : 더, 더, 더, 더…) 한다. 이 기법을 이용하여 단어목록을 암송하는 수단인 조음과정을 억제해버리면 어문적 단기기억폭이 크게 줄어드는 것으로 나타났다. 끝으로 어문적 기억과제와 동시에 또 하나의 어문과제를 수행하게 하면, 어문적 단기기억 과제는 방해를 받지만 시각적 단기기억 과제는 간섭을 받지 않는다. 거꾸로, 시각적 기억과제와 동시에 또 하나의 시각적 과제를 수행하게 하면, 시각적 단기기억 과제는 방해를 받지만 어문적 단기기억 과제는 간섭을 받지 않는다(Baddeley, 1986). 또한 공간 작업기억검사는 통과하지 못했는데도 시각 작업기억검사 결과는 정상인에 못지않은 환자도 발견되었다(Della Sala, Gray, Baddeley, Allamano, & Wilson, 2000). 이들 검사에서는 이중 분리(double dissociation)도 발견되었다. 즉, 공간 작업기억검사는 통과했는데도 시각 작업기억검사는 통과하지 못하는 환자가 발견되었다는 뜻이다.

신경영상법을 이용한 최근 연구에서는 작업기억을 구성하는 여러 가지 요소에 관여하는 뇌의 영역이 서로 다르다는 사실을 밝혀냈다. 동물을 대상으로 실시한 많은 연구결과 덕분에, 전전두피질이 작업기억에 필수적인 신경 기반이라는 점은 이미 밝혀져 있었다(Goldman-Rakic, 1995). 그런데 최근의 신경영상 연구를 통해 이 점이 재확인되었으며, 그 밖의 영역도 작업기억에 관여하는 것으로 드러나고 있다. 신경영상을 이용한 이들 연구에서는 작업기억에다 상이한 종류의 정보(예 : 어문, 공간, 시각적 물체 표상)를 보관할 때 관여하는 뇌의 영역을 공제법을 이용해 분리해낸다. 예를 들어, 어문정보 보관에 관여하는 영역을 분리해내려 할 때는 피검자들에게 4개의 낱자를 기억하게 하고는 탐사낱자를 하나 제시한 후, 기억하고 있는 낱자 중에 탐사낱자가 들어 있는지를 결정하라고 주문한다. 공간 내 위치에 관한 정보 그리고 물체의 모양에 관한 정보 보관에 관여하는 뇌의 영역도 이런 식으로 확정되었다.

이들 연구결과는 그림 4.14에 요약되어 있다. 맨 윗줄에는 PET 스캔에서 가장 활발하게 활동했던 좌우 반구의 여러 영역을 공간정보 처리조건 대 어문정보 처리조건으로 나누어 대조하고 있다. 어문정보를 처리할 때는 좌반구에 있는 Broca의 영역과 연관된 영역 그리고 전두피질에서 입말 생성/표현 및 되뇜루프와 연관된 운동영역이 여러 곳 활동했음을 알 수 있다. 좌반구 두정엽 뒤쪽의 한 영역도 활동했던 것으로 드러났다. 아마 되뇜을 통해 생생해진 어문표상이 저장된 결과였을 것이다. 이와는 대조적으로 공간정보를 처리할 때는 우반구의 두정엽과 전두엽에 있는 몇 군데가 열심히 활동했었음을 알 수 있다.

그림 4.14의 중간 줄에서는 물체의 모양(시각정보)을 작업기억에 간직하고 있을 때는 좌반구의 또 다른 영역이 활동했음을 알 수 있다(Smith & Jonides, 1997). 이 결과에는 작업기억 내에서

그림 4.14 PET 스캔 자료를 통해 본 공간 작업기억과 어문 작업기억 간 분리 양상

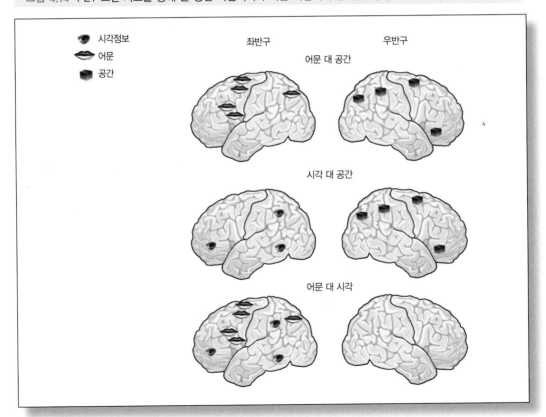

출처 : Smith, E. E., & Jonides, J., Working memory: A view from neuroimaging, in *Cognitive Psychology, 33*, copyright © 1997. Elsevier 허락하에 재인쇄.

시각정보를 처리하는 부분과 공간정보를 처리하는 부분이 분리돼 있다는 뜻이 숨어 있다. 한 부분에는 시각정보가 저장되고 다른 부분에는 공간정보가 저장되어 있다는 이 결과는 지각경로에서 '정체'(what) 분석 경로와 '위치'(where) 분석 경로가 별개라는 주장(제1장에서 소개한

> 작업기억은 음운이나 어문속성, 시각속성, 공간위치, 그리고 통합된 사건을 일시적으로 보관하는 저장고로 구성된다. 그리고 이들 저장고를 사용하고 관리하는 주의장치인 중앙 관리기도 작업기억에 포함된다.

바 있음)과 일치한다. 기실, 작업기억의 일시적 정보 보관에 개입하는 뇌의 기제와 지각과정에 개입하는 뇌의 기제가 동일한 것 같다(Jonides, Lacey, & Nee, 2005). 지각과정에서 의식의 세계로 들어온 맘속표상은 지속적인 주의를 받거나 재연되거나 되살아나지 못하면 시간 및 간섭과 함께 점차적으로 의식의 세계에서 사라지고 만다.

중첩 처리 모형

그림 4.15는 작업기억의 인지구조(cognitive architecture)에 대한 또 다른 대안을 보여준다. Cowan(1988)은 작업기억이 장기기억과는 독립된 여러 개의 단기기억(예 : 어문정보 보관용, 시각정보 보관용, 공간정보 보관용)으로 구성되어 있다는 생각을 수용하지 않았다. 뇌의 여러 상이한 영역이 일시적 저장고로 작용한다는 생각보다는 그때그때 일시적으로 활성화된 장기기억의 일부를 단기기억이라고 주장했다. 따라서 Cowan의 주장에 따르면, 단기기억은 장기기억 내에서 벌어지는 활동에 해당한다. 현재 활성 상태에 있는 이들 표상은 비활성 상태에 있어 장기기억에서 인출을 해야만 하는 표상들에 비해 의식의 세계에 들어가기가 훨씬 용이하다. 그러나 이 활성 상태도 되뇜을 통해 유지되지 않으면 약 20초 만에 시들어버린다. 끝으로 Cowan은 주의의 초점에 있는 맘속표상을 사용하기가 가장 쉽다고 생각했다. 다시 말해, 주의의 현재 초점은 활성화된 단기기억 내에서 벌어지는 작업에 집중된다는 말이다.

주의의 초점에는 표상 단위로 최대 4개밖에 들어가지 않는다(Cowan, 20010). 주의의 용량이 이렇게 한정되어 있기 때문에 소량의 정보만 주의의 초점에 놓일 수 있고 또 이들만 최고의 가용성을 누리게 된다. 바로 이런 현상 때문에 비활성 상태인 장기기억 또는 감각기억으로부터의 인출 가능성을 제거해버리면, 단기기억의 최대 용량이 결집으로 4개밖에 되지 않는다는 게 Cowan의 생각이었다. 다른 연구자들은 주의의 초점이 더 좁다(하나의 단위일 뿐이다)고 주장하기도 한다. 그런데도 그보다 더 커보이는 이유는 표상을 고차적 구조로 결집하는 일이 순간적으로 벌어지기 때문이라고 본다(McElree, 2001; Oberauer & Kliegl, 2006). 이들 중 어떤 견해를 취하든 단기기억의 용량이 장기기억의 용량보다 제한적이라는 점은 변하지 않는다.

장기기억에는 정보가 어문부호, 시각부호, 공간부호로 저장되기 때문에 신경영상법을 이용한

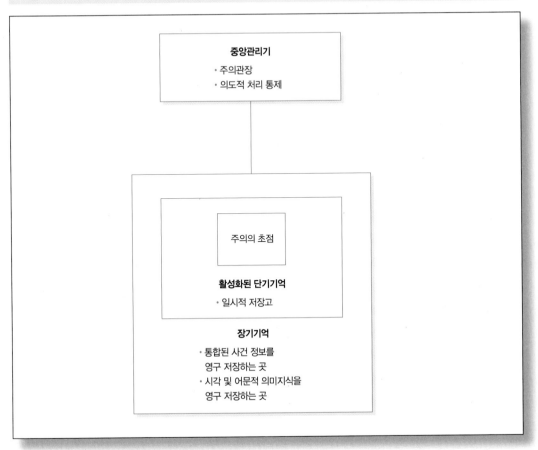

출처 : Cowan, N., Evolving conceptions of memory storage, selective attention, and their mutual constraints within the human information-processing system. *Psychological Bulletin, 104*, 163–191, © 1988 인용.

연구결과는 서로 다른 관점에서 해석될 수 있다. 중첩 처리 모형(embedded-process model)에 의하면 어문, 시각, 공간정보가 저장되는 곳은 장기기억의 신피질 영역 중 어문적, 시각적, 공간적 작업기억 과제를 수행하는 동안 일시적으로 활성화되는 곳이어야 한다. 음운유사성 효과도 장기기억에 있는 어문부호들 간 음향혼동으로 해석될 수도 있고 또 단기기억의 음운저장고에 있는 어문부호들 간 음향혼동으로 해석될 수도 있다. 그리고 조음억제가 되뇜 작업을 방해한다고 보면, 조음억제 효과 역시 이들 두 가지 모형 모두로 설명될 수 있다.

많은 기본적 발견을 설명하는 능력에서는 중다 요소 모형이나 중첩 처리 모형이나 큰 차이가 없다. 그러나 Chein과 Fiez(2010)는 단기기억 재생검사에서 발견된 부적절한 말의 방해효과와 단순한 소음의 방해효과에 대한 예측에서는 이 두 모형이 서로 다르다고 주장했다. 우선, 과제와는 무관한 소리가 들리는 조건에서 시각적으로 제시된 7개의 낱자를 암기하려 한다고 상상해보자.

중다 요소 모형에서는 이 소리가 낱자에 대한 단기기억검사에 미치는 효과가 그 소리의 본질(말소리 대 백색소음)에 따라 달라질 것이라고 예측한다. 구체적으로, 그 소리가 말소리일 경우에는 음운저장고를 차지하게 되어 자극낱자를 암송할 기회가 줄어들고, 그 때문에 이들 낱자에 대한 단기기억검사 결과가 훼손될 것이라고 예측한다. 그러나 그 소리가 단순한 백색소음일 경우에는 음운저장고를 잃게 되는 일은 없을 것이고, 기껏해야 주의의 관리기능을 방해하여 재생을 다소 훼손시킬 수 있을 것이라고 예측한다. 이에 반해, 중첩 처리 모형은 그 소리가 말소리든 백색소음이든 재생을 훼손하는 정도는 동일할 것이라고 예측한다. 이 소리는 그 본질에 관계없이 주의의 초점이 자극낱자에 집중되는 일을 방해할 것이기 때문이다. Chein과 Fiez의 실험결과는 이 두 번째 예측과 일치했다. 또한 fMRI를 이용한 연구에서도 작업기억과 관련된 여러 영역의 활성화 정도가 그 소리의 본질에 관계없이 동일했던 것으로 드러났다.

결론

오래전에 벌어졌던 일을 장기기억에 저장해두었다가 나중에야 인출해낼 수 있는 우리의 능력을 고려할 때, 일시성이 특징인 작업기억은 별로 중요하지 않게 생각될 수도 있다. 그러나 Goldman-Rakic(1995)의 지적처럼 그 중요성으로 봤을 때 작업기억도 결코 장기기억에 뒤지지 않는다.

뇌의 작업기억 기능, 즉 직접적 자극을 제공하지 않는 사건을 맘속에 불러들이는 능력은 뇌가 선천적으로 가지게 된 가장 유연한 기제이며 뇌의 진화과정에서 가장 중요한 성취일 것이다. 가장 기본적인 차원에서 눈앞에 존재하지 않는 물체를 음미할 수 있는 우리의 관념적 능력은 사건에 대한 직접적인 경험을 초월하여 우리의 맘속에다 그 사건을 간직할 수 있는 역량에 의해 결정된다. 특정 조건하에 있는 거의 모든 인간을 포함해서 유기체 중 일부의 경우, '보지 못하는 것'이 곧 '마음에서 멀어지는 것'이다. 그러나 작업기억 덕분에 우리는 과거 경험과 현재 활동 간 시각적, 공간적 연속성을 유지하게 된다. 작업기억은 모든 형태의 인지 및 언어활동에 이용되고 있으며 문장을 이해하는 일과 문장을 구축하는 일 모두의 근본으로 작용한다. 작업기억은 암산하는 데, 바둑 두는 데, 피아노 치는 데, 특히 음악 없이 피아노 치는 데, 즉석연설을 하는 데, 끝으로 미래를 상상하고 설계하는 데도 필수적이다 (p. 483).

요약

1. 기억이 3개의 저장고로 구성되어 있다고 보는 저장고 모형은 기억저장고를 감각기억, 단기기억, 장기기억으로 구분한다. 영향력이 막대한 이 모형은 각 저장고가 갖는 특유의 특징을 찾아내려고 노력했다. 이 노력은 각 저장고의 용량과 파지기간을 구분하는 데는 성공했다고 할 수 있으나 부호화와 망각 그리고 인출 과정을 구분하는 데는 실패했다. 단기기억저장고의 최대 용량은 정보의 결집을 단위로 4개밖에 되지 않으며, 그 파지기간은 30초 이내인 것으로 드러났다. 장기기억저장고의 최대 용량은 밝혀진 바 없으며 파지기간도 햇수를 단위로 측정된다.

2. 해마는 장기기억에 저장된 사건을 분류하는 데 결정적인 역할을 수행한다. 뇌의 측두엽 내측에 자리 잡은 구조물, 해마는 우리가 학습을 할 때 신피질 내 여러 곳에 일어나는 신경활동을 하나로 묶는 일을 한다. 사건에 관한 정보가 장기기억에서 굳어질 때까지 해마는 뇌의 여러 곳에 분산되어 있는 기억표상의 위치를 서로 관련짓는 일에 관여한다. 해마가 손상되면 심각한 전진형 기억상실증을 겪게 된다. 즉 최근에 경험한 새로운 일을 장기기억에 저장할 수 없게 된다는 말이다.

3. 일련의 단어로 구성된 자극목록을 공부하게 한 후 실시되는 자유재생검사에서는 계열위치 효과가 발견된다. 자극목록의 끝 부분에 있던 단어가 먼저 재생되고 또 정확하게 재생되는 최신 효과와 자극목록의 앞부분에 있던 단어 역시 정확하게 재생되는 초두 효과가 발견된다는 뜻이다. 저장고 모형에서는 최신 효과가 발생하는 이유는 단기기억에서 찾고 초두 효과가 발생하는 이유는 장기기억에서 찾는다. 이 모형을 이용하면, 전진형 및 후진형 기억상실증 환자들 그리고 단기기억 용량이 줄어들어 고생하는 사람들한테서 수집된 증거를 설명할 수 있다.

4. 작업기억은 활성 상태에 있는 인지과제 수행에 필요한 맘속표상을 일시적으로 유지하고 관리하는 시스템을 일컫는다. 작업기억은 단기기억저장고와 인지과제 수행을 통제하는 주의시스템으로 구성된다. 작업기억의 중다 요소 모형은 어문정보 저장고에 해당하는 음운루프, 비어문정보를 저장하는 곳에 해당하는 시공 메모장, 그리고 사건 표상을 통합하는 곳에 해당하는 에피소딕 버퍼로 구성된다. 또 하나의 요소인 중앙 관리기는 이들 단기 저장고에서 벌어지는 일을 통제한다. 중다 요소 모형에 대한 대안으로 제안된 중첩 처리 모형은 단기기억을 장기기억 중에서 활성 상태에 있는 부분이라고 가정한다. 이들 두 모형은 여러 가지 면에서 비슷한 예측을 내놓는다. 예를 들어, 어문정보를 처리하는 작업기억의 신경 기반이 좌반구에 산재한다는 이 두 모형의 예측은 신경영상을 이용한 연구에서 사실로 드러났다. 물체의 시각적 모양을 처리하는 작업기억과 물체의 공간 내 위치를 처리하는 작업기억의 신경 기반은 우반구의 상이한 영역에 있는 것으로 밝혀졌다. 신피질에 산재한 이들 독특한 영역은 장기기억 중 활성 상태에 있는 일부를 반영할 수

도 있고 장기기억과는 단절된 개별적인 단기기억저장고를 반영할 수도 있다.

핵심 용어

결집(chunking)

계열위치 효과(serial position effect)

굳히기(consolidation)

동시검색(parallel search)

순차검색(serial search)

영상기억(iconic memory)

완전검색(exhaustive search)

음운유사성 효과(phonemic similarity effect)

음향기억(echoic memory)

이중 부호화 이론(dual-coding theory)

자동종결검색(self-terminating search)

작업기억(working memory)

전진형 간섭(proactive interference)

전진형 기억상실증(anterograde amnesia)

초두 효과(primacy effect)

최신 효과(recency effect)

후진형 간섭(retroactive interference)

후진형 기억상실증(retrograde amnesia)

생각해볼 문제

- 여러분은 과거 몇 살 적 일까지 기억이 나는가? 왜 우리는 첫 서너 해에 벌어졌던 일을 잘 기억하지 못하는 것일까?
- 만취상태는 경험했던 일을 장기기억에 제대로 저장하지 못하게 하는 '필름-끊김'을 유발하기도 한다. 술에 취했던 사람은 일어났던 일을 알고는 있는 것 같은데, 뒷날 아침에는 그 일을 부분 부분밖에 기억해내지 못하거나 아무것도 기억해내지 못하기도 한다. 이 현상을 저장고 모형 및 해마의 기능으로 설명해보라.
- 여러분은 일상 과제에서 작업기억을 어떻게 사용하고 있는가? 이들 과제를 수행하는 데 장기기억이 제공하는 도움은 어떤 것인가?

제5장

사건 회상

학습목표

- 장기기억에서 서술형 기억과 비서술형 기억을 구별한다.
- 의미기억과 일화기억에 대한 맘속시간여행이 다르다는 증거를 설명한다.
- 정보를 장기기억에 보관할 때는 유지용 시연보다 정교화 시연이 더 유리함을 이해한다.
- 처리수준, 독특성, 관계 처리가 장기기억 속 정보 파지에 미치는 영향을 설명한다.
- 부호화 구체성 원리와 이 원리를 지지하는 증거를 기술한다.

이 책에서는 지금까지 장기기억을 하나의 단위(단일 시스템)로 취급했었다. 후속 장에서는 장기기억을 다중 시스템으로 간주하고, 이들 시스템을 나누어 소개할 것이다. 자동차를 운전하려는 사람이 알아야 할 것이 무엇인지를 고려해보자. 무엇보다도 자동차가 어떻게 생겼는지를 알아야 한다. 운전대가 무얼 하는 물건인지도 알아야 하고 발끝에 닿는 2개의 페달은 각각 무엇이고 그들이 수행하는 역할이 무엇인지도 알아야 한다. 이뿐 아니다. 도로상에서 지켜야 할 규칙도 알아야하고 교통표지판 속 신호에 담긴 의미도 알아야 하며, 노상에 흰색과 노란색 페인트로 그어놓은 선분의 목적도 알아야 한다. 시동을 거는 데 필요한 지각 · 운동 · 인지기능도 익혀야 하며, 기어를 바꾸고 가속장치와 제동장치를 적용하는 법, 운전대 사용법, 목적지까지 운행하는 기술도 익혀야 한다. 그럼 이렇게 많고 다양한 지식 중 어느 하나를 기억해내는 일과 약 5분 전에 주변에서 일어났던 일 또는 5년 또는 50년 전에 벌어져 오랫동안 머릿속(장기기억)에 저장되어 있던 일을 기억해내는 능력과는 어떤 관계가 있는 것일까? 재미있는 것은 과거사에 대한 장기기억이 심하게 손상된 경우에도 위에서 언급한 운전 관련 지식에 대한 장기기억은 거의 그대로 보존될 수도 있다는 사실이다. 장기기억은 상이한 하위시스템으로 나뉘고, 그들 중 특정 하위시스템의 기능이 보존되고 상실되는 것은 다른 하위시스템의 기능이 보존되고 상실되는 것과는 무관한 것 같다.

이 장에서는 새로운 사건에 대한 경험이 학습되는 방식, 즉 새로운 사건에 대한 경험이 장기기억에 부호화되고 보관되는 방식을 다룬다. 새로운 사건의 학습에 관여하는 조작에 관해서도 논의될 것이다. 그런 다음, 장기기억에 저장된 사건을 인출하는 데 그리고 인출에 실패하는 데 개입하는 과정이 논의될 것이다. 끝으로, 인출 단서가 과거에 겪었던 일화에 대한 회상 능력을 바꾸어놓는 방식이 거론될 것이다. 망각은 인출 단서가 있는데도 그것이 사건에 대한 표상을 활성화시키지 못할 때 일어나는 현상이다. 그러나 사건에 대한 기억이 어떻게 회상되는지에 관한 자세한 사항을 논의하기 전에 상이한 유형의 장기기억부터 정의하기로 하자.

장기기억의 유형

작업기억이 2개 이상의 요소로 구성되었듯, 장기기억 역시 단일 시스템이 아닌 것 같다. 그러나 장기기억이 여러 하위시스템으로 구성되었다는 결론의 준거에 대해서는 아직도 학자들 간 의견이 일치하지 않고 있다. 수학적 모형 그리고 이와 관련된 컴퓨터 시뮬레이션은 하위유형의 개수가 적으면 적을수록 좋다는 가정에서 시작한다. 장기기억 저장고가 하나뿐이라고 보면 기억 관련 현상을 설명하는 일도 훨씬 단순해지고 또 수학을 이용한 정밀한 모형을 구축하기도 훨씬 쉬워지기 때문이다(Hintzman, 1990). 그러나 수학적 관점에서 정교한 컴퓨터 시뮬레이션을 찾아내려고 노력하다 보면, 살아 있는 유기체의 복잡성을 간과할 위험도 커지게 된다.

진화생물학적 관점에서 보면, 단순성과 우수성이 반드시 일치하지는 않는다. 상이한 시스템이 진화된 것은 생존이라는 난제를 성공적으로 해결하는 일에 바로 그런 시스템이 필요했기 때문이다. 유기체의 다른 특징이 그러했듯, 특정 종의 하위집단에서 나타난 신기한 기억시스템도, 그것이 어떤 식으로든 그들의 생존과 번식에 도움을 주었다면 그 종 모두에서 나타나게 된다. 그리고 기존의 기억시스템으로 새로운 환경에서 발생하는 난제를 해결할 수 없을 때는 기존의 시스템과는 다른 기억시스템이 진화하게 된다(Sherry & Schacter, 1987). 이러한 생물학적 관점의 위험은 겉으로 달라 보이는 기억현상마다 그에 따른 별개의 기억시스템을 상정하다 보면 기억이론이 지나치게 혼란스러워질 수 있다는 데 있다. 다음 절에서는 중다 시스템을 지지하는 증거를 소개한 후, 그들 증거가 해석되는 방식에 대한 비판을 살펴볼 것이다.

서술기억 대 방법기억

철학자들은 서술기억과 방법기억(즉, 무엇에 관한 지식 대 어떻게에 관한 지식)을 나누어 생각했다. 야구의 규칙과 전통을 아는 것과 야구를 할 수 있는 것과는 다르다. '어떻게'에 관한 지식은

그림 5.1 기억시스템의 위계 : 장기기억의 구성요소

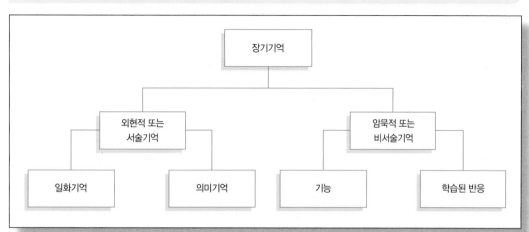

의식의 밖에 있을 때가 많은데, '무엇'에 관한 지식은 의식하에 있다. 그림 5.1이 보여주듯, 기억을 연구하는 사람들은 장기기억이 서술기억과 방법기억이라고 하는 두 가지 시스템으로 구성되어 있다고 주장한다(예 : Tulving, 1985; Zola-Morgan & Squire, 1990).

 서술기억(declarative memory)은 사건, 사실, 개념에 관한 지식, 간단히 말해 세상사에 관한 지식을 일컫는다. 서술기억을 외현적 기억이라고도 하는데, 그 이유는 당사자가 이 기억과 관련된 맘속표상의 유형을 의식하고 있기 때문이다. 당사자는 이들 표상 속 정보에 접속할 수 있고 또 경우에 따라 그 표상에 관한 내용을 말/글로 보고할 수도 있다. 다른 경우에는 이들 표상이 이미지(예 : 어머니가 웃는 모습)로 기억되어 있어 말로 표현하기가 어렵기는 해도 의식적으로 접속할 수는 있다.

 그림 5.1이 보여주듯, 서술기억은 다시 두 가지 요소로 나뉜다. **의미기억**(semantic memory)에는 개념과 사실에 관한 지식이 저장되어 있다. 야구가 무엇인지를 아는 것은 이런 개념적 지식을 반영한다. 넥슨 소속 박병호 선수가 2015년 10월 2일 롯데와의 경기에서 시즌 53호 홈런을 쳤다는 사실도 의미기억에 저장되어 있는 사실 지식에 속한다. 그러나 박병호 선수가 대 롯데전에서 자신의 53호 홈런을 치는 것을 목격하는 것 같이 특정 시간에 특정 장소에서 벌어진 일에 대한 기억은 사건에 대한 기억이다. **일화기억**(episodic memory)은 이처럼 특정 장소에서 특정 시간에 벌어졌던 과거사에 대한 기억을 일컫는 말이다. 의미기억과는 달리 일화기억은 시각-공간 그리고 시간적 관계라는 맥락 속에 기억된다.

 방법기억(procedural memory) 또는 **비서술기억**(nondeclarative memory)은 세상사의 변화에 어떻게 반응해야 할 것인지에 대한 앎을 반영하는 기능(skill)과 학습된 반응을 일컫는다. 방법기억을 암묵적 기억이라고도 하는데, 그 이유는 노력을 해도 의식의 세계로 불러들일 수 없도록 표상되어 있기 때문이다. 달리기나 타이핑 같은 운동기능은 우리 모두에게 익숙한 기능이다. 우리의 몸이 달리기를 하고 타이핑을 하는 방법을 알아서 하기 때문에, 우리의 마음이 이들 일을 담당하는 표상을 의식할 필요가 없다. 기실 이러한 운동기능이 전개되는 각 단계에서 벌어지는 일을 의식하려고 노력하면 오히려 그 기능을 수행하기가 더 어려워진다. 생각 자체가 일의 진행을 방해한다는 뜻이다.

물론 모든 기능이 운동기능은 아니다. 읽기나 그림 감상과 같은 지각기능도 방법기억에 해당하며, 글쓰기나 문제해결 같은 인지기능도 방법기억에 속한다. 기실 운동기능, 지각기능, 인지기능 이외에 학습된 반응 같은 행동도 방법기억에 포함된다(그림 5.1 참조). 특정 환경 자극이 학습된 행동을 유발하면, 이 역시 일종의 방법기억인 셈이다. 학습된 반응은 조건형성을 통해 학습되는데, 조작적 조건형성에서는 보상을 사용하여 특정 자극이 나타나면 특정 반응을 하게 만든다. 학습된 반응은 고전적 조건형성을 통해서도 방법기억으로 남게 되는데, 고전적 조건형성에서는 조건자극과 무조건자극 간 관련성이 형성된다. 예컨대, 고전적 조건형성에서는 학습 전에는 무조건반응이었던 공포반응(조건반응)이 번갯불(조건자극)에 대한 조건반응으로 바뀌는데, 이는 번갯불에 뒤따라 나타나는 천둥소리(무조건자극)가 자동적으로 공포반응(무조건반응)을 유발했기 때문에 일어난 변화(학습)일 것이다.

> 장기기억은 여러 가지 기억시스템으로 구성되어 있다. 이들 시스템은 크게 서술기억('무엇'에 관한 지식)과 비서술기억('어떻게'에 관한 지식)으로 대분된다.

장기기억이 여러 가지라는 가설은 갖가지 기억의 배후에서 작용하는 뇌의 구조가 서로 다르다는 사실의 지지를 받고 있다(Squire, 1992). 예를 들어, 골격근이 개입된 학습인 고전적 조건형성에 필요한 방법기억의 경로는 해마 관련 시스템이 아닌 소뇌에서 발견된다. 해마 관련 시스템은 일화기억 속 사건을 의식적으로 회상해내는 데 관여한다(R. F. Thompson, 2000). 또한 PET, fMRI, 뇌손상 기법을 이용하여 여러 가지 비서술적 기억에 개입하는 뇌 영역을 분리해내려는 연구도 급증하고 있다. 감각–운동기능(예 : 거울에 비친 도형 추적하기) 학습, 지각기능(예 : 거울에 비친 글 읽기) 학습, 그리고 인지기능(예 : 문제해결) 학습에 관여하는 뇌의 기반은 서로 다르다. 더욱이 고전적 조건형성에 개입하는 뇌 영역도 도구적 조건형성에 개입하는 뇌 영역과는 다른 것으로 드러났다.

기억검사의 유형 외현적 또는 직접 기억검사는 정보를 의식적으로 회상해내는 정도를 측정한다. 예컨대 직접 검사의 피검자는 과거사를 재인 또는 재생해야 한다. 암묵적 또는 간접 기억검사도 장기기억에 저장된 정보를 사용할 것을 요구한다. 하지만 검사점수를 높이기 위한 의도적 회상은 요구하지 않는다(Richardson-Klavehn & Bjork, 1988; Schacter, 1987). 지각점화과제는 대표적인 암묵적 기억과제에 속한다. 점화(priming)란 특정 자극에 대한 반응의 정확성, 확률, 또는 속도가 그 자극에 대한 사전 경험 때문에 높아지는 현상을 일컫는다. 지각점화의 경우, 점화자극 (예 : 의자라는 단어)에 대한 앞선 경험(예 : 그 단어를 봤던 일)이 나중에 잠깐 제시된 그 자극(의 자)을 정확하게 지각할 확률을 높여놓는다(Jacoby & Dallas, 1981). 시각적으로 제시된 단어의 활 자체를 반복해서 사용해도 지각점화가 유발된다(Schacter & Tulving, 1994). '식탁'이라는 단어를 재인하는 일도 그에 앞서 '식탁'을 봤을 때보다 '식탁'을 봤을 때가 더 용이해진다는 뜻이다. 신경 영상법을 이용한 연구결과, 후두엽의 일차 시각피질 바로 바깥쪽이 이런 비서술적 기억에 관여 하는 것으로 드러나고 있다(Buckner, Goodman, et al., 1998).

검사분리의 해석　Tulving과 Schacter(1990)는 암묵적 기억검사와 외현적 기억검사 결과에서 발 견되는 분리(dissociation)가 기억을 중다 시스템으로 간주하는 견해를 지지한다고 주장한다. 정 상인과 기억상실증 환자에서 발견되는 분리를 고려해보자. 기억상실증 환자들은 과거에 경험했 던 일화성 사건에 대한 기억을 잃어버린 경우에 해당한다. 그러나 이들한테서도 정상인에 버금 가는 점화효과가 기록되는 것으로 밝혀졌다(Graf, Squire, & Mandler, 1984; Shimamura, 1986). 기억상실증 환자들한테서도 정상적인 점화효과가 기록된다는 사실은 단어완성검사를 이용한 Warrington과 Weiskrantz(1970)의 연구에서 처음 발견되었다. 이들은 환자들과 정상인들에게 단 어목록을 보여주고 공부하게 한 후, 그 목록에 대한 외현적 기억검사와 암묵적 기억검사를 실시 하였다. 외현적 기억검사로는 목록 속 단어에 대한 재생 및 재인검사가 실시되었고, 암묵적 기억 검사로는 단어완성검사가 실시되었다. 단어완성검사란 예컨대 '의_'와 같은 단어조각을 제시하 고 가장 먼저 머릿속에 떠오르는 단어를 만들어보라고 하여, 어떤 단어가 만들어지는지를 분석 하는 검사이다. 앞서 공부하라고 보여주었던 단어목록에 의자라는 단어가 들어 있었고, 피검자가 단어완성 과제에서 만들어낸 단어도 의자였다면, 점화효과가 나타난 것으로 기록되었다. 기억검 사 결과를 분석한 결과, 재인 및 재생검사 점수에서는 기억상실증 환자와 정상인을 비교할 수 없 었으나 점화효과에서는 이 두 집단의 점수가 다르지 않았다.

　　Milner(1965)도 환자 H. M이 거울에 비친 도형의 윤곽을 추적해야 하는 과제를 학습할 수 있 음을 발견했었다. H. M은 뇌수술을 받은 이후부터 자기가 겪은 일을 기억할 수 없게 되었음에도 이러한 운동기능을 학습하는 능력은 잃지 않았던 것이다. 기억상실증 환자들은 고전적 조건형 성을 통한 반응습득 능력을 보유하고 있듯(Weiskrantz & Warrington, 1979), 지각기능을 학습하 는 능력도 간직하는 것으로 알려졌다(Moscovitch, 1982). 눈에다 혹 입바람을 불기 직전에 불빛 을 깜박 제시하는 일을 여러 번 반복하고 나면, 정상인은 물론 기억상실증 환자도 불빛만 깜박해 도 눈을 깜박이는 조건반응을 습득하게 된다. 기억상실증 환자의 경우, 실험이 끝난 후 24시간이 지나 실시된 검사에서도 눈을 깜박이는 조건반응은 관찰되는데, 그 실험에 참여했었다는 사실은 실험이 끝나고 10분만 지나도 기억해내지 못하는 것으로 밝혀졌다.

암묵적 기억검사와 외현적 기억검사 간 분리는 약물로도 유발되는 것으로 나타났다. 알코올이나 스코폴라민 같은 약물은 취해 있는 동안 벌어진 일화에 대한 기억상실을 초래할 수 있다. 그런데 이들 약물도 비서술적 방법기억에 대한 암묵적 기억검사에는 악영향을 미치지 못하는 것으로 밝혀졌다(Hashtroudi, Parker, DeLisi, Wyatt, & Mutter, 1984; Nissen, Knopman, & Schacter, 1987). 논란의 여지가 없는 건 아니지만, 환자가 마취 상태에 있을 때 제시된 단어에서도 점화효과가 발생한다는 증거도 있다. 수술이 끝난 후에는 마취 상태에서 제시된 단어에 대한 재생은 일어나지 않았다. 그러나 단서로 제시된 단어에 대한 자유연상을 주문했을 때는, 마취 상태에 있을 때 제시되었던 단어와 관련된 단어로 반응할 가능성이 그런 단어를 제시하지 않은 통제집단보다 높았다(Kihlstrom, Schacter, Cork, Hunt, & Bahr, 1990).

서술기억의 일반적 특징 중 하나는 시간과 함께 일어나는 망각이다. 실험실에서 읽었던 단어에 대한 재인능력은 1주일이 지나면서 크게 떨어진다. 그런데 단어완성검사에서 기록된 점화효과는 그 1주일 동안 전혀 줄어들 줄 몰랐다. 일반적으로 단어보다는 기억이 훨씬 잘 되는 그림의 경우, 그런 점화효과는 여러 해가 지나도 전혀 줄어들지 않는다. Mitchell(2006)이 보고한 이례적인 발견에 의하면, 실험실에서 1~3초 동안 딱 한 번 본 그림도 17년이 지난 후까지 신뢰로운 점화효과를 유발했다. 이 암묵적 기억검사에서는 참여자들에게 그림의 한 부분을 기초로, 단어완성검사에서처럼, 그 그림의 정체를 밝혀보라고 지시했다. 이 과제에서 그림-조각을 보고 그 정체를 정확하게 밝혀낼 확률이 그 그림을 처음 본 사람들보다 17년 전에 그 그림을 잠깐이나마 본 적이 있는 사람들에게서 훨씬 높게 나타났던 것이다.

일화기억 대 의미기억

요약컨대(그림 5.1), 서술기억은 일화기억과 의미기억이라고 하는 두 가지 하위요소로 구성된다(Tulving, 1985). 일화기억은 과거 특정 시간, 특정 장소에서 일어났던 사건에 대한 기억을 일컫는다. 의미기억은 세상사에 관한 사실적 지식과 개념적 지식 그리고 그러한 지식을 부호로 나타낸 단어에 관한 지식으로 구성된다. 의미기억은 특정 시간에 특정 장소에서 벌어졌던 일화를 지칭하지 않는다. 교정에서 우연히 자전거를 보게 되었다고 해보자. 바퀴가 2개 달린 이 물건을 특정 범주의 구성원으로 분류하는 일에는 의미기억이 사용된다. 즉, 그 물체를 봤을 때 우리의 머릿속에서는 '자전거'라는 개념과 그 물체를 지칭할 때 이용되는 단어에 관한 기억이 활성화됐다(즉, 작용했다)는 말이다. 자전거의 일반적 속성(예 : 바퀴 2개, 핸들, 의자 등)에 관한 생각을 하기 시작하면, 이때도 여전히 의미기억을 사용하고 있는 셈이다. 그러나 옛날에 생일선물로 받았던 자전거에 대한 생각을 하면, 이번에는 일화기억이 이용되고 있는 것이다. 그때 그 자전거를 배웠던 일이나 자전거를 타다가 넘어졌던 일 등 구체적인 사건에 대한 기억은 과거 특정 장소에서 특정 시간에 발생했던 사건에 대한 일화기억에 해당한다.

앞에서 소개했던 전진형 기억상실증 환자 (H. M)에 관한 연구를 통해 우리는 일화기억과 의미기억이 분리될 수 있음을 알았다. H. M은 새로운 일화에 관한 정보를 장기기억에 저장하는 능력이 크게 손상되었지만, 세상사에 관한 일반 지식 및 어문능력은 전혀 손상되지 않았다. 지능검사로 측정한 그의 사실적 지식 및 개념적 지식 그리고 단어의미에 관한 지식도 정상이었다. 평균 점수가 100인 지능검사에서 그가 획득한 점수는 112점이었다(Milner, 1966).

> 일화기억은 구체적인 맥락하에서 특정 시간에 일어난 사건에 대한 기억이다. 의미기억은 세상사에 관한 사실적 지식 및 개념적 지식을 일컫는다. 서술기억은 이 두 가지 기억으로 구성된다.

대부분의 사람들은 H. M과는 달리 일상생활에서 일어났던 사건을 일화기억에 저장해두었다가 나중에 그들 사건을 큰 오류 없이 인출해내는 능력을 지니고 있다. 그러나 자서전적 사건에 대한 일화기억 능력이 너무 높아 예외에 해당하는 사례도 있다(Parker, Cahill, & McGaugh, 2006). A. J로 알려진 이 여인은 과거의 기억이 자신의 일상생활에 제멋대로 끼어드는 일로 고생하는 경우에 해당한다. A. J는 자신의 과거를 세밀한 것까지 재생하는 데 많은 시간을 보낸다. 예컨대, 15년 전의 어떤 날을 지적해주면, A. J는 바로 그날 자기가 했던 일은 물론 그날이 속한 그 주의 나날에 자기가 했던 일까지 기억해낼 수 있다. 그렇다고 A. J가 자기의 일화기억을 향상시키기 위해 특별한 기억술을 쓰는 것도 아니다. 다만, 일상의 활동을 기록하기 위한 일기는 작성하는 것으로 밝혀졌다. 그런 일기를 쓰는 사람들은 많지만, 그 사람들의 일화기억이 A. J의 일화기억만큼 비상한 것은 아니다.

자신의 과거에 있었던 일을 재생하는 능력, 즉 특정 자서전적 사건이 일어났던 날과 그 날짜까지 기억해내는 능력을 특출한 자서전적 기억력(Highly Superior Autobiographical Memory, HSAM)이라고 한다. 이러한 기억이 특이한 것은 사적인 경험에만 한정되어 일어나며 기억술의 영향을 받지 않는다는 점이다. 나중에 논의되겠지만, 기억술은 주로 시각심상을 이용하는 부호화 및 저장 향상용으로, 정보를 장기기억에다 부호화하는 능력을 향상시키는 일종의 정교화 시연이다. 이런 기법을 이용하는 사람들은 보기에는 전혀 무관한 사실을 엄청나게 많이(예 : 도시 전체의 도로망, 기다란 목록의 단어, 소수점 이하 20,000자리까지의 π값) 기억할 수 있다(LePort et al., 2012).

A. J 이외에도 특출한 자서전적 기억력을 가진 사람이 10명 더 있는 것으로 확인되었다. LePort 등(2012)은 이들의 기억력이 정확한지를 점검하기 위해 공적 사건에 대한 기억검사를 이용하였다. 예컨대, 이 기억검사를 구성하는 여러 문항 중에는 지미 카터 미국 39대 대통령이 노벨 평화상을 수상한 날 같이 공식적으로 발표된 날짜를 묻는 문항도 있었다. 또한 사건을 알려준 후 그 사건이 발생한 날짜를 기억해내보라는 문항도 있었다. 이 검사를 통과한 사람에게는 열흘 퀴즈

중 하나가 실시되었다. 여기서 '열흘'이란 피검자의 15번째 생일부터 현재 사이에서 무선으로 선택된 10일을 일컫는다. 이 검사를 통과하기 위해서는 선택된 날짜에 벌어졌던 구체적인 사건을 기억해내야 했다. 그날이 무슨 요일인지를 알고 그날 있었던 공적인 사건이나 사적인 사건 중 입증할 수 있는 것을 정확하게 회상해내면 점수가 주어졌다. 이 검사를 통과한 10명은 자서전적 기억력(예 : 입학 첫날 또는 자신의 18번째 생일날 있었던 일에 대한 기억으로 친구나 일가친척을 통해 확증할 수 있는 것들)을 측정하는 표준검사에서 극히 높은 점수를 받았다. 그러나 이들도 숫자폭 검사나 단어를 이용한 쌍–결합 학습 같은 실험실에서 자주 이용된 기억검사에서는 통제집단의 참여자들과 다르지 않았다. 특출한 자서전적 기억력을 가진 것으로 알려진 이 사람들의 뇌와 보통 사람들의 뇌에서 몇 가지 구조적 차이가 발견되었다. 그중에서도 특별한 관심을 끄는 것은 뇌 속 신경망에서 드러난 두 집단 간 차이였다. 자서전적 기억에 관여하는 것으로 알려져 있는 이 신경망에는 측두엽에 있는 여러 이랑(gyrus)과 측두엽극(temporal pole), 해마 곁 영역(parahippcampal area), 그리고 우반구의 뇌섬 전측이 포함된다. 뇌섬의 위치는 색판 16의 (c)에서 찾아볼 수 있다. 나중에 알게 되겠지만, 이들 영역은 정서가 스며 있는 과거사를 회상할 때도 활성화된다(Fink et al., 1996). 관심을 끄는 또 하나는 특출한 자서전적 기억력을 가진 사람들의 경우, 자서전적 기억을 부호화하고 인출하는 데 개입하는 뇌의 여러 부분을 연결하는 백질 신경로가 뛰어나다는 점이다. LePort 등(2012)은 자서전적 기억이 특출한 사람들의 경우, 자서전적 기억에 관여하는 여러 영역 간 정보전달이 보통 사람들에 비해 효율적으로 이루어진다고 생각한다.

세밀한 일화기억을 간직하고 있는 A. J 같은 이례적인 사례도 있는가 하면, 자신의 과거에서 자서전적 기억을 깡그리 잃어버린 놀라운 사례도 발견되었다(Tulving, 2002). K. C는 그가 30세 때 일어난 오토바이 사고로 뇌에 심한 손상을 입고 말았다—뇌의 다른 영역과 함께 측두엽 내측까지 손상되어버렸다. H. M 및 다른 기억상실증 환자들처럼, K. C도 일반 지능과 언어능력에서는 거의 달라진 게 없었다. 책을 읽고 글을 쓸 수도 있었으며 체스와 카드놀이도 할 수 있었다. 오르간을 연주하는 능력도 그대로 지니고 있었다. H. M처럼 K. C도 심각한 전진형 기억상실증을 겪고 있어, 새로운 일화나 의미 있는 정보를 학습할 수 없었다. 그런데 K. C는 심한 비대칭성 후진형 기억상실증도 겪고 있었다. 과거에 개인적으로 경험했던 사건은 물론 두 번 이상 벌어졌던 사건까지도 기억해낼 수 없었다. 그런데도 K. C의 의미지식은 거의 그대로였다. 세상사에 관한 일반 지식은 물론 역사, 지리, 수학 등 고등학교에서 배웠던 과목에 대한 지식도 그대로였다. 이상하게도 K. C는 자신의 삶에 관한 많은 사실적 지식 예컨대, 자기 생일, 어릴 적에 살았던 집 주소, 자기가 다녔던 학교 이름 등을 그대로 간직하고 있었다. 이처럼 멀쩡한 의미기억을 지니고 있으면서도 K. C는 자신의 과거에 있었던 구체적인 사건이나 상황을 전혀 기억해내지 못했다. 자신이 살아온 삶의 일부였던 사건에 관한 구체적인 정보를 집중적으로 제공해도 K. C는 그런 자신의 경험을 기억해내지 못했다. K. C가 자신의 과거에서 기억해낼 수 있는 것은 1~2분 전에 일어났던 일뿐이었다.

서술기억을 구성하는 일화기억과 의미기억을 구분해야 한다는 생각을 지지하는 또 다른 증거는 재생기억검사에서 요구되는 판단 두 가지에서 발견되는 분리이다. 참여자들의 과제는 과거에 일어났던 사건에 관해 알고 있는지 또는 그 사건의 발생 사실을 회상할 수 있는지를 판단하는 것이었다(Rajaram & Roediger, 1997). 회상하는 것(remembering)은 자신의 과거로 되돌아가 그때 일어났던 사건에 대한 자신만의 경험을 되살려보는 일이다. 따라서 고등학교 졸업하던 날을 재생할 때 우리는 마음 속에서 옛날로 되돌아가 우리 각자가 겪었던 특별한 사건, 만났던 사람, 있었던 일 등등을 생각하는 셈이다. 아는 것(knowing)은 자신의 과거 경험을 되살리지 않은 상태에서 사실이나 개념을 자신의 의식에 가져다놓는 것이다. 따라서 아는 것은 추상적인 개념에 대한 친근감으로 다가올 수도 있고 또 마음 속에서 옛날로 되돌아가지도 않고 그때 겪었던 경험을 되살리지 않은 상태에서 과거사가 일어났었음에 대한 인식의 형태로 다가올 수도 있다. 예를 들어, 졸업식에서 축사가 있었던 것은 알지만, 그 축사의 내용이나 축사를 한 사람의 얼굴이나 이름은 기억해내지 못할 수도 있다. 그러니까 아는 것은 의미기억으로부터의 인출을 전제로 벌어지는 일이다.

실험참여자들에게 단어목록을 하나 제시하고 난 후, 재인검사를 실시하는 실험을 고려해보자. 재인검사의 문항 중 절반은 학습목록에 있었던 예 단어이고 나머지 절반은 처음 제시되는 새 단어였다. 참여자의 과제는 각 문항을 두고 학습목록에서 봤던 예 단어인지를 판단하고, 그 판단을 내릴 때 맘속에 있었던 일을 돌이켜보며 그 단어를 회상해냈는지 아니면 그냥 학습목록에 있었다는 사실을 알았는지를 지적하는 일이었다. Tulving(1985)은 일화기억(회상했다는 판단)과 의미기억(알았다는 판단)을 직접적으로 측정할 목적으로 이 방법을 고안했다.

회상했다는 판단과 알았다는 판단에 영향을 미치는 변인이 서로 다른 것으로 드러났다. 예컨대, 어떤 항목이 학습목록에 여러 번 연이어 제시되었을 경우에는 "알았다"는 반응이 더 많았으나 그 항목이 반복적으로 나타나는 그사이에 다른 항목이 여러 개 끼어 있었을 때는 "회상했다"는 반응이 더 많았다(Parkin & Russo, 1993). 다른 보기로는 알코올(Curran & Hildebrandt, 1999)도 또 항불안제인 벤조디아제핀(Bishop & Curran, 1995)도 재인검사에서 예 단어에 대한 "회상했다"는 판단의 횟수를 줄인다는 발견을 꼽을 수 있다. 물론 이들 약물은 "알았다"는 판단에는 영향을 미치지 못했다. 따라서 "회상했다"는 판단은 일화기억을 반영하는데 "알았다"는 판단은 의미기억을 반영한다는 가정을 수용하면, 여기서 소개한 이들 분리도 의미기억과 일화기억이 별개의 기억시스템이라는 주장의 설득력은 더 강해진다(Gardiner & Richardson-Klavehn, 2000).

중다 기억시스템에 대한 비판

인지심리학에서 벌어지고 있는 주요 논쟁 중 하나는 장기기억시스템이 여러 개의 하위시스템으로 구성되어 있다는 주장을 둘러싼 논쟁이다. 중다 기억시스템을 옹호하는 입장과는 달리, 정보처리를 강조하는 입장에서는 서술기억은 단일 시스템이지만 그 안에서 전개되는 처리가 달라서 분리가 나타났을 수도 있다고 주장한다(Hintzman, 1990; Jacoby, 1983; Johnson & Hasher, 1987; Roediger, 1984). 예를 들어, Roediger와 Blaxton(1987)은 학습을 할 때 사람들은 새로운 정보를 조직하는 방식에 초점을 맞춘다는 사실을 발견했다. 하향처리(또는 개념 주도적 처리)를 감행하곤 한다는 뜻이다. 상향처리(또는 자료 주도적 처리)는 자극이나 자료에 의해 강요된다. 학습재료가 시각적으로 제시되었는지 청각적으로 제시되었는지에 따라 처리방식이 달라진다는 뜻이다. 지각점화효과를 측정하는 것 같은 암묵적 기억검사는 자료 주도적 처리의 영향을 더 많이 받는다. 그러나 외현적 기억검사는 개념 주도적 처리의 영향을 더 많이 받을 수도 있다. 공부를 할 때 자극재료의 물리적 모습보다는 그 의미를 생각해보는 일은 외현적 기억검사에만 영향을 미칠 수 있다는 말이다. 왜냐하면 자극의 의미를 생각해보는 일은 개념 주도적 처리에만 영향을 미칠 뿐 자료 주도적 처리에는 영향을 미치지 못하기 때문이다. 기억상실증 환자들이 단어완성검사에서 점화효과를 보이는 것은 점화효과가 자료 주도적 지각과정을 반영하기 때문이라는 게 이들의 설명이다. 따라서 개념 주도적 처리와 자료 주도적 처리의 차이를 이용하면 중다 기억시스템 가설을 지지하는 자료도 다르게 해석될 수 있다는 게 비판적 견해의 주장이다.

또한 Jacoby(1991)는 암묵적 기억검사로 비서술적 기억만 측정되는 게 아니라는 점도 발견했다. 암묵적 기억검사를 받을 때 피검자는 앞서 단어목록을 공부하면서 만났던 점화자극을 봤다고 회상을 할 수도 있다. 따라서 암묵적 기억검사 점수 중 일부는 일화기억을 반영한다고 봐야 옳다. 외현적 기억검사 역시 일화기억만 측정한다고 장담할 수 없다. 예컨대, 재인검사를 받을 때 피검자가 제시된 문항을 두고 '예 단어'라는 반응을 했는데, 그 이유가 학습목록에서 그 단어를 봤다는 사실을 회상해냈기 때문이 아니라 그냥 친숙해보였기 때문일 수도 있다는 말이다. 사람들이 과거에 있었던 사건을 기억해내려고 애를 쓰는 동안에 그 사건을 기억해냈다는 주관적 느낌이 들면, 그 후의 과정은 의식적으로 통제된다. 그러나 과거 경험에서 생기는 친숙성은 자동적으로 발생하는 현상이기 때문에 의도적인 노력을 하지 않아도 기억에 영향을 미칠 수 있다.

이 사실을 예증하기 위해 Jacoby, Woloshyn, Kelley(1989)는 최근에 형성된 특정 이름에 대한 친숙성이 자동적으로 작용하여 그 이름을 유명한 사람의 이름(그 이름은 알려지지 않은 이름인데도)으로 분류하게 할 수 있다는 증거를 제시하였다. 참여자들에게는 이름이 나열된 목록을 읽어주었다. 참여자들 중 일부는 실험자가 읽어주는 이름에 모든 주의를 집중했는데, 다른 일부는 주의를 또 하나의 과제에도 기울여야 했다. 그런 후, 두 번째 목록을 들려주면서 그 속에 있는 이름이 유명한 이름인지 아닌지를 판단해보라고 주문했다. 이 두 번째 목록 속 이름 중 일부는 유명했고 나머지는 유명하지 않았다. 이들 유명하지 않은 이름 중에는 학습목록 속 이름을 반복해서 들려준 이름도 있었다. 주의를 분산시켜야 했던 조건의 참여자들은 유명하지 않은데도 반복해서 들은 이름을 유명한 이름으로 오판하는 확률이 높았다. 주의를 완전히 집중하지 못한 상태에서 그것도 잠깐 겪었던 경험이 자동적으로 기억에 영향을 미치고 있음이 입증된 것이다.

이상이 장기기억시스템이 여러 개의 하위시스템으로 구성되어 있다는 가정에 대한 중요한 비판이다. 하지만 이러한 비판적 관점(처리를 강조하는 관점)으로도 지금까지 가용한 모든 자료를 설명할 수 있을지는 확실하지 않다(Gabrieli, 1998; Schacter, Wagner, & Buckner, 2000). 다른 한편에서 보면, 자료와 가장 잘 어울리는 견해는 이들 두 견해가 어떤 식으로든 통합된 견해일 수 있다. 서너 개의 기억시스템보다는 뇌의 각 영역과 결부된 여남 개의 처리요소가 있을지도 모른다(Cabeza & Moscovitch, 2013). 이들 각 영역이 함께 활성화되는 양상은 기억과제의 구체적 요구특성(예 : 자료 주도적 처리를 요구하느냐 개념 주도적 처리를 요구하느냐)에 따라 달라질 수도 있다. 예를 들어, Cabeza와 Moscovitch(2013)는 서술(일화)기억 시스템을 지원하는 측두엽 내측의 여러 영역 중 일부는 암묵적 기억검사에서도 활성화된다고 지적하였다. 이런 일이 벌어진다는 것은 암묵적 기억과제를 수행하는 데도 외현적 기억이 이용될 수 있다는 뜻이다. Jacoby(1991)가 지적했듯, 어떤 기억검사도 완벽하게 순수하지는 못하기 때문에, 이런 일도 충분히 일어날 수 있다. 또는 중다 기억시스템 이론의 예측과는 반대로 신경영상을 이용한 연구의 결과는 측두엽 내측이 때로는 암묵적 기억에 개입한다는 암시로 생각해볼 수도 있다. 그러나 여기서는 일단 중다 기억시스템 이론이 정확하다고 (또는 이 분야의 일반적인 견해라고) 간주하고 이야기를 전개할 것이다. 따라서 이 책의 나머지 부분에서는 의미성 서술기억과 일화성 서술기억이라는 용어가 계속 사용되고 비서술기억의 여러 유형과 대조될 것이다.

맘속시간여행

지금까지는 일화기억을 과거사를 회상하는 데 필요한 시스템으로 취급했었다. 그런데 Tulving (2002)은 이 시스템이 미래사를 계획하는 수단으로도 이용된다고 주장했다. 미래를 계획할 때는 과거의 적절한 기억을 인출하여 그것을 미래에 일어날 수 있는 시나리오로 각색하는 일이 벌어진다는 게 그의 믿음이었다. 맘속시간여행(mental time travel)이란 과거사를 회상하기 위해 일화기억을 사용하고, 재구성적 인출 과정을 통해 미래사를 마음 속에 그려보는 작업을 일컫는다. 이 개념은 사람들이 자신의 과거사를 회상하거나 미래사를 상상할 때 과거로 또는 미래로 다녀보는 주관적 경험을 강조한다. K. C에 대한 연구에서 우리는 사실적 지식과 개념적 지식은 온전한데도 자서전적 경험에 대한 기억은 잃어버릴 수 있다는 사실을 알았다. 여기서는 K. C가 미래에 벌어질 수 있는 자서전적 경험조차 상상하기 어려웠다는 점을 강조하고자 한다(Tulving, 2002). K. C는 자신의 과거사를 회상하는 역량만 잃은 것이 아니라 자신의 미래를 마음 속에 그려보기 위해 필요한 미래로의 시간여행 역량도 함께 잃어버린 것이다.

기정 신경망

제1장에서 소개했던 것처럼, 맘속시간여행을 가능하게 하는 역량의 기저에는 기정 연결망/신경 망이 작용한다. 우리의 마음은 당면 과제를 수행하기 위한 생각을 하고 있지 않을 때는 그냥 과거 사를 회상해보거나 아니면 미래사를 상상해보는 기정 양식(default mode)에 빠져버린다. 이때 작 용하는 기정 신경망을 우리는 색판 3에서 볼 수 있다. 이 기정 신경망은 후두엽 상측 회(superior occipital gyrus)와의 협력을 통해 과거에 벌어졌거나 미래에 벌어질 개인적 사건을 경험하는 데 필요한 시각-공간적 맥락을 구축한다(Schacter, Addis, & Buckner, 2007). 사건의 시간적, 시각-공간적 관계를 인출하는 일에는 측두엽 내측에 있는 해마 관련 영역이 결정적인 역할을 담당한 다. 미래에 일어날 법한 일은 두정엽의 뒤쪽과 전전두피질 내측의 협력하에서 벌어지는 과거 일 화조각들의 조합으로 재연(simulation)되는 것 같다. 기정 연결망에서 벌어지는 것으로 확인된 다 른 인지작용(예 : 도덕적 추리)과는 달리, 맘속시간여행에는 기억해낸 과거사나 상상해낸 미래사 를 시각화하는 일(마음 속에 그려보는 일)이 필요한데 이 작업에는 후두엽에 있는 시각피질이 개 입한다. Tulving(2002)은 맘속시간여행을 일화기억의 기능으로 간주했지만 사건의 속성에 관한 일반적 지식을 제공하고 또 미래의 시나리오를 구축하는 작업에는 의미기억도 관여할 수 있다 (Schacter et al., 2007).

참여자들에게 과거에 있었던 생일파티 같은 구체적인 사건을 회상해내거나 똑같은 사건이 미 래에 일어나는 상상을 해보라고 지시한 연구가 있다(Szpunar, Watson, & McDermott, 2007). 이 연구에서 기록한 fMRI를 분석한 결과, 과거사를 회상할 때는 물론 미래사를 상상할 때도 측두엽 내측의 기정 연결망과 두정엽 후측 중앙선 영역 그리고 전전두피질 내측과 함께 후두엽 상측 회 가 활발하게 활동하는 것으로 드러났다. 이들 영역의 활동은 참여자들이 버락 오바마 같은 유명 인사와 관련된 사건보다 자신과 관련된 사건을 상상할 때에 훨씬 더 활발해졌다. 버락 오바마는 의미기억에서 매우 친숙한 개념이고 상상을 하기도 쉬운 인물이다. 그런데도 자신의 사건을 재 연하는 일에 관여하는 연결망은 생일파티에 참석한 오바마를 상상하는 일에는 이용되지 않는다. 또한 Szpunar, Chan, McDermott(2009)은 맘속시간여행에 관여하는 연결망이 친숙한 장면(예 : 도서관)에서의 개인적 사건을 상상할 때는 활성화되는데 낯선 장면(예 : 투우장)에서 벌어질 개 인적 사건을 상상할 때는 활성화되지 않았다. 요컨대, 맘속시간여행에 개입하는 연결망은 후두 엽과 자서전적 과거 및 미래를 구축하는 뇌의 기정 영역으로 구성된다.

계획기억

미래에 관해 생각하는 일은 적응 가치가 아주 높은 기억기능이다. 사실 우리는 매일같이 미래에 수행해야 할 행동을 회상해야 할 필요성을 느낀다. 수업시간에 맞추어 학교에 가야 함을 회상하는 일, 이번 주말에는 어떤 일이 있어도 친구와 약속한 그 장소에 정해진 시간에 도착해야 함을 회상하는 일, 정해진 요일의 정해진 시간에 병원에 가야 함을 회상하는 일, 오늘도 정해진 시간에 정해진 횟수대로 약을 복용해야 함을 회상하는 일 등등이 그런 미래에 관한 생각에 속한다. 계획기억(prospective memory)은 미래의 정해진 시간에 어떤 행동을 취해야 함을 회상해내는 작업을 일컫는다(McDaniel & Einstein, 2007). 계획기억에는 잠시 후보다는 비교적 먼 미래의 특정 시점에서 무엇을 해야 할 것인지에 대한 계획이나 의도가 개입된다. 계획기억은 이 책에서 지금까지 논의됐던 회고형 기억과는 근본적으로 다르다. 회고형 기억에는 과거사와 관련된 정보를 회상해내라는 어떤 요구/자극이 존재한다. 예를 들어, 기억검사가 그런 요구에 해당한다. 기말고사의 논술문제는 한 학기 동안 배웠던 내용을 회상해보는 자극으로 작용한다. 또는 어떤 모임에서 특정인과의 만남도 그런 자극으로 작용하여 언제 어디서 만났던 사람인지를 돌이켜보게 하는 계기가 되기도 한다. 이에 반해, 계획기억에서는 그런 자극/요구가 없는 상태에서 회상해내야 할 것을 기억해야만 한다.

계획기억은 주의를 요구하는 일상 활동이 전개되는 중간에 끼여 있다. 그렇기 때문에 의도했던 행동에만 주의를 집중하고 있으면 계획기억은 성사되기 어렵다. 더욱이 일상의 계획기억은 의도했던 행동을 시작하여 완료하는 데 필요한 기회(시간 폭)를 크게 제한하고 있다. 예를 들어, 수업 후에 약속시간에 맞추어 치과에 가야 하는 계획의 경우, 그 계획을 실행하기 위해 학교에서 출발하는 행동을 취하는 데 허용되는 시간 폭은 길어야 10분 이내일 것이다. 이에 비해, 약국에 주문해두었던 약을 찾아와야 하는 일의 경우, 의도했던 행동(학교에서 출발하는 행동)을 시작하는 데 허용되는 시간 폭은 서너 시간이 될 수도 있을 것이다. 계획기억의 실패는 그런 행동을 취하는 데 적절한 시간대를 잊어버리거나 취하고자 했던 활동 자체를 잊어버리는 일이 된다.

그럼 사람들은 미래에 수행해야 할 활동을 어떻게 회상하는 것일까? 한 가지 가능성은 활동을 취하라는 단서를 계속해서 감시하다가 기다리던 단서가 나타나면 그 행동을 취한다는 생각이다. R. E. Smith(2003)는 참여자들에게 알파벳 낱자를 하나씩 연이어 제시하면서 제시된 낱자-열이 사전에 있는 단어(예 : river)인지 사전에 없는 비단어(예 : rovul)인지를 판단하는 어휘판단 과제를 수행하게 하였다. 아울러 계획기억 과제로 참여자들에게 여섯 가지의 범주를 미리 정해주고, 어휘판단 과제에 제시된 단어가 이들 표적범주 중 하나에 속하는지도 살펴보라고 주문했다. Smith는 참여자들의 주의가 표적범주를 감시하는 일에 쏠리게 되면, 어휘판단에 소요되는 시간이 길어질 것이라고 예상했다. 실험결과는 이 예측과 일치했다. 어휘판단 과제를 수행하면서 계획기억 과제까지 수행해야 했을 때의 어휘판단에 소요되는 시간이 어휘판단 과제만 수행했을 때보다 300ms나 길었던 것이다. 실험참여자들은 정해진 행동을 적절한 시간에 실행하기 위한 표적 범주 감시활동에 적지 않은 주의를 쏟아야 했다는 뜻이다. 맘속시간여행이라는 관점에서 봤을 때 우리는 언제나 구체적인 미래 활동에 관한 생각을 하면서 살아간다.

Einstein과 McDaniel(2005)은 감시가 효과적이기는 하나 진행 중인 활동에 부담을 주기도 한다는 사실을 발견했다. 또한 계획기억 과제에 참여했던 사람들의 경우 활동 의도가 필요할 바로 그 때 자동적으로 머리에 떠오르기도 했다고 보고하는 사례도 있었다. 대개의 경우, 의도를 계획한 후 의도를 실행할 때까지의 지연시간이 며칠 또는 몇 주가 되는 등 상당히 길기 때문에, 계획했던 행동을 할 기회를 계속해서 감시하는 데 주의를 집중하는 것은 적응에 도움이 되지 않을 것이다. 노력이 덜 드는 자발적인 인출 수단을 이용하면 감시에만 의존하는 일을 피할 수 있을 것이다. Einstein과 McDaniel은 여러 연구를 통해 자발적 인출이 계획기억을 성취하는 또 다른 작용임을 보여주었다. 주의가 계획기억 표적에 집중되었을 때 자발적 인출이 작용하기 시작한다는 사실을 발견한 것이다. 예컨대, 가능한 표적단어가 6개일 때보다 하나뿐일 때는 동시에 전개되는 계획기억 과제를 수행했음에도 어휘판단에 소요되는 시간이 길어지지 않았고 표적을 정확하게 탐지해내는 확률도 86%나 되었다.

나중에 하기로 한 일을 성공적으로 기억해내는 이 두 가지 방법은 두 가지 별개의 신경경로를 통해 조절되는 것으로 밝혀졌다. 나중에 이행할 행동의 의도를 마음 속에 간직하면서 계획해두었던 행동을 적절한 순간에 이행하는 일에는 하향식 주의통제가 개입한다(McDaniel, LaMontagne, Beck, Scullin, & Braver, 2013). 계획했던 일이 제대로 전개되는지를 감시할 (monitoring) 때는 전전두피질의 전측이 활성화된다. 그러나 주의를 포획하고 표적을 탐지하고 일화를 인출하는 등의 상향식 처리가 벌어질 때는 피질의 정수리 영역 및 복측 영역이 개입한다. 이들 상향식 처리는 계획기억의 수동적 경로에서 벌어진다. 즉, 목표를 활성 상태로 유지하고 상황을 감시하려 하지 않아도 행동의 의도가 맘속에 떠오른다는 말이다. 행동의 의도와 결부됐던 어떤 환경 단서 때문에 계획기억이 촉발되었을 수도 있다. 주의포착, 환경 속 자극탐지, 그리고 일화기억으로부터의 정보인출을 조절하는 뇌의 영역이 계획기억을 촉발하는 상향식 처리를 조정했을 것이다.

계획기억을 이해하고 향상시키는 일은 작업현장에 중요하게 적용되고 있다. 작업현장에서는 계획기억의 실패 때문에 심각한 실수가 자주 발생한다(Dismukes, 2012). 예를 들어, 비행기를 운항할 때 조종사가 날개 조절 장치(wing flaps)를 이륙 위치에 설정하지 않은 채 활주로에서 가속 장치(throttles)를 조작하면 조종실 내에 경보기가 울리기 시작한다. 이 경보는 여러 차례의 항공 비극을 초래했던 계획기억의 실수를 예방하기 위한 수단이다. 의료계에서도 미리 계획해둔 행동을 실행하지 않으면 심각한 일이 벌어질 수 있다. Dismukes(2012)는 힘든 수술을 마친 후 복부의 수술부위를 봉합한 의사의 다음과 같은 사례를 소개하였다—그 환자가 몇 주 후에 심한 복통으로 응급실로 되돌아온 것이다. "X-레이 촬영결과, 수술에 이용됐던 집게 중 하나가 환자의 배 속에 남아 있었던 것으로 밝혀졌다"(p. 215).

사건의 부호화와 저장

앞서 소개했던 저장고 모형에서는 사건에 관한 기억을 장기기억에 부호화하여 저장하는 데는 시연이 필요하다고 가정한다. 이 부호화 과정에 관여하는 시연작업의 본질이 기억에 결정적인 역할을 수행한다는 게 Craik과 Lockhart(1972)의 주장이었다. 유지 시연(maintenance rehearsal)은 정보를 단기기억 또는 작업기억 안에서 되뇌는 작업을 일컫는다. 그리고 정교화 시연(elaborative rehearsal)은 단기기억에 있는 정보를 장기기억에 이미 저장돼 있는 정보와 연관시키는 작업을 일컫는다. 정교화 시연은 여러 가지 형태로 이루어질 수 있다. 개체를 범주로 조직하는 일, 개체를 이미 알고 있는 다른 정보와 결합시키는 일, 개체에 대한 시각적 또는 청각적 이미지를 생성해보는 일 등이 정교화 시연에 속한다. 제4장에서 지적했듯이, 단어를 기억하는 일도 그 단어의 발음을 부호화하고 또 그 단어가 지칭하는 물체를 시각화해보면 더 용이해진다(Paivio, 1971, 1983). 이미지를 마음 속에 생성해보는 심상화 작업은 추상적인 개념(예 : 중력)보다는 그 모습을 마음 속에 그려볼 수 있는 구체적인 물체(예 : 코끼리)가 훨씬 용이하다.

　기억력을 향상시키기 위해 고안된 기억술도 일반적으로는 기억대상을 시각적 이미지로 정교하게 부호화하는 전략이라 할 수 있다(Bower, 1972; McDaniel & Pressley, 1987). 심상이 기억에 결정적인 역할을 한다는 점은 고대 그리스 시대부터 인식되었다. 키케로는 그리스 시인 시모니데스가 로마인들을 위한 연회에서 긴 시를 한 수 읊었다는 이야기 하나를 소개했다. 시를 다 읊은 다음 그가 연회석을 떠나자마자 곧 건물이 무너지는 참사가 일어났다. 그 건물은 완전히 붕괴되고 그 안에 있던 사람 모두가 건물 잔해에 묻히고 말았다. 전설에 따르면, 시모니데스는 그 폐허를 둘러보며 희생자들이 앉아 있었던 자리에 대한 심상(mental image)을 생성해냄으로써 그들의 이름을 기억해낼 수 있었다고 전한다.

　장소법(method of loci)이라고 하는 기억술은 먼저 친숙한 여러 위치(장소)를 찾아낸 후, 각각의 위치에다 기억해야 할 대상의 심상을 하나씩 결부시키는 작업으로 구성된다. 일단 선명한 심상이 형성되고 나면, 각 장소가 대상 인출에 필요한 단서를 제공하게 된다. 각각의 장소를 하나씩 지나가는 심상을 생성하면 각 위치에 결합됐던 대상에 대한 기억이 떠오른다(Bower, 1970). 학습활동 5.1은 장소법을 예시하고 있다.

학습활동 5.1	장소법

장소법이란 친숙한 장소를 기억력 향상에 활용한 기억술이다. 우선, 여러분이 잘 알고 있는 집 안이나 캠퍼스에서 친숙한 위치 열 곳 정도를 마음 속에 그려보라. 이제 다음에 제시된 식품의 이미지를 생성하여 각 위치의 순서에 따라 하나씩 결부시켜보라. 예컨대, 첫 번째 물품인 바나나의 경우, 바나나가 대문이나 현관문에 주렁주렁 달려 있는 모습을 마음 속에 그려볼 수 있을 것이다. 각 물체와 장소의 이미지를 생성할 때는 최대한 독특/괴상한 모습을 만들려고 노력해보라.

바나나	상추
양파	두부
감자	꽁치
버섯	고추
콩나물	미나리

이제, 눈을 감고 앞서 선택한 장소 열 곳을 한 군데씩 맘속으로 지나가보라. 대부분의 사람들은 이런 이미지를 활용한 기억술을 이용하면 10개의 식품 이름을 그냥 마음 속에서 하나씩 되뇌어보는 유지 시연보다 훨씬 더 많은 것을 기억해낼 수 있다고 말한다. 우리는 제4장에서 정보의 결집을 7개 이상 파지하기란 매우 어려운 일이라는 사실을 경험했다. 그런데도, 일종의 정교화 시연인 장소법을 이용하면 10개의 항목도 거뜬히 기억할 수 있게 된다.

장소법 및 관련 기억술을 이용하면 재생확률이 높아지는 한 가지 이유는 우리의 기억시스템에 단어 그 자체에 대한 기억부호와 함께 심상이라는 두 번째 기억부호가 형성되기 때문이다(Paivio, 1971, 1983). 회상해내야 할 단어에 대한 심상을 형성하지 않으면 우리의 기억 속에는 어문적 부호밖에 남지 않는다. 심상과 기억술에 관한 또 다른 연구에서는 심상이 기억 속 사건을 보다 독특하게 만들고, 그래서 재생이 더 용이해진다고 주장한다(Marschark, Richman, Yuille, & Hunt, 1987; McDaniel & Einstein, 1986). 기억술이 기억을 돕는 또 다른 이유는 기억술이 일군의 인출 단서를 제공하는데, 그 단서가 학습재료를 부호화할 때 함께 부호화된 단서와 일치하기 때문이다(Bower, 1970). 장소법에서 여러 곳을 맘속으로 돌아다녀보는 것은 일종의 인출 계획이기도 하지만 부호화 계획이기도 하다. 때문에 인출을 할 때 그 곳곳을 다시 찾아가보며, 그곳에 보관되었던 사건을 어렵지 않게 복원할 수 있게 되는 것이다.

> 유지 시연은 단기기억/작업기억 내에 있는 정보를 되뇌기를 통해 재생하는 작업을 일컫는다. 정교화 시연은 작업기억 속 정보를 장기기억 속 정보와 관련시킴으로써 그 정보를 장기기억으로 보내는 작업을 일컫는다.

Craik와 Lockhart(1972)는 학습한 것을 오랫동안 기억할 수 있게 해주는 것은 정교화 시연뿐이라고 주장했다. 학습재료(자극)의 속성을 넓고 깊게 분석해야만 하기 때문이라는 게 그 이유였다. 유지 시연은 입력된 정보를 작업기억 내에서 되살리는 작업으로만 이루어지기 때문에 그런 작업만으로 정보가 장기기억에 안전하게 저장될 것으로 기대하는 것은 처음부터 지나친 바람일지도 모른다. 초창기의 연구는 유지 시연도 재생에 도움이 된다는 주장을 지지하는 편이었지만(Craik & Watkins, 1973), 유지 시연의 효과는 정교화 시연의 효과에 비해 훨씬 작다는 것이 추가 연구를 통해 분명해졌다(Darley & Glass, 1975; Greene, 1987).

처리 수준

형태재인을 공부한 제2장에서는 형태재인이 진행되는 동안 자극의 감각속성과 의미속성이 분석되는 방식을 검토했었다. 그때 우리는 우리의 인지시스템이 자료 주도적 처리와 개념 주도적 처리를 통해 주변에 산재한 물체와 사건과 기호를 신속정확하게 알아차리게 해준다는 사실을 알았다. 이들 지각작용은 우리가 특정 자극에다 주의만 기울이고 있으면 자동적으로 전개되며, 심지어 주의를 받지 못한 자극을 두고도 그런 일이 어느 정도는 전개된다. 기억에 관한 연구에서 처리수준 또는 처리깊이(levels/depths of processing)란 말은 입력 자극에 대한 처리가 감각속성을 분석하는 수준에서 끝났을 때보다 의미속성을 분석하는 수준까지 깊게 이루어졌을 때 그 자극에 대한 기억이 우월해지는 현상을 일컫기 위한 용어이다.

처리 수준을 조작하는 실험의 일반적 절차는 지향질문(orienting question)을 소개하는 데서 시작된다. 예컨대 "제시된 단어가 대문자인가?", "제시된 단어의 각운이 blue와 같은가?" 또는 "제시된 단어를 'He took off his ____'라는 문장의 빈칸에 넣을 수 있는가?"라는 질문에 답을 하는 것이 참여자의 과제라고 소개한다. 그런 후, 단어를 하나 제시하고는 위에 소개된 세 가지 지향질문 중 하나를 던지고 참여자의 반응을 기다린다. 만약 제시된 단어가 shoe였다면, 위의 지향질문 각각에 대한 반응은 "아니요, 네, 네"가 될 것이다. 우선, 이들 지향질문에 답하기 위해서는 주의가 각각 시각속성, 청각속성 그리고 의미속성에 집중되어야 함을 주목하자. Craik와 Lockhart (1972)는 이들 세 가지 조건에 반영되는 처리 수준/깊이가 다르다고 생각했다. 구체적으로, 시각속성 분석에서 청각속성 분석을 지나 의미속성 분석으로 감으로써 그 처리의 수준/깊이가 깊어진다고 믿었다. 따라서 Craik와 Lockhart는 이후에 실시된 기억검사(재생 또는 재인검사) 점수가 시각 및 청각속성이 분석된 조건에서보다 의미속성이 분석된 조건에서 더 높을 것이라고 예측했고, 이 예측은 사실로 구현되었다. Craik와 Tulving(1975)은 처리 수준/깊이에 따른 이러한 회상률 차이를 해석할 때 정교화 시연이라는 개념을 이용했다. 의미속성 분석, 즉 의미부호화가 표적단어(위의 예에서 shoe)에 대한 보다 정교한 표상을 장기기억에 구축했고, 그 결과 재생 및 재인이 더 용이해졌다는 설명이었다.

그러면 정교화를 극대화시켜 기억까지도 최대한 향상시킬 수 있는 지향과제는 없을까? 사실 정보를 처리할 때 자기개념과 관련지어 처리하는 게 가장 효과적이라는 증거가 확보되

> 처리 수준 또는 처리깊이는 감각수준보다 의미수준에서 처리된 사건에 대한 기억이 더 우수한 현상을 일컫기 위한 용어이다. 사건의 의미를 분석할 때 자기개념을 기준으로 처리하면 그 사건에 대한 기억이 특히 향상된다.

었고, 이 현상을 일컫는 **자기지칭 효과**(self-reference effect)라는 용어까지 개발되어 있다. Rogers, Kuiper, Kirker(1977)는 참여자들에게 특정 단어(예 : 야심차다)를 제시하고 그 단어가 자신에게 적용되는가를 묻는 지향질문을 던져보았다. 나중에 실시된 재생검사에서 이 질문을 받은 참여자들의 점수가 의미-지향 과제를 수행한 참여자들의 점수보다 더 높게 기록되었다. 그림 5.2는 지향 과제 수행에 요구된 처리의 깊이, 즉 물리적 속성 처리, 청각속성 처리, 의미속성 처리, 그리고 자기개념 처리에 따라 재생검사 점수가 증가하고 있는 양상을 보여준다. 재미있는 점은 광고에 제시된 제품에 관한 판단을 할 때도 이와 똑같은 현상이 벌어졌다는 사실이다(D'Ydewalle, Delhaye, & Goessens, 1985). "이 제품을 사용해본 적이 있습니까?"라는 질문에 답을 하게 했더니 의미-지향 과제를 수행했던 집단보다 상표 이름에 대한 재생률이 더 높게 나타났던 것이다. 이 효과를 유발하는 핵심적인 요소는 주어진 정보를 고도로 정교화된 장기기억 속 표상과 관련시킴으로써 뿌리 깊은 정보와 다양한 관계가 확립되기 때문이라는 증거가 확보되었다(Bellezza, 1986).

　최근의 연구에서는 자기지칭도 단어목록을 부호화하는 가장 효과적인 방법이 못 된다는 주장을 내놓고 있다. Nairne, Thompson, Pandeirada(2007)는 인간의 장기기억은 인류가 진화하는 과정에서 생존에 중요한 정보를 보관하기 위해 발달되었을 것이라는 주장을 내놓았다. 연구에 참여한 사람들에게 낯선 나라의 초원에서 발이 묶여 있는데도 아무런 도움을 받을 수 없는 난처한

그림 5.2 처리 수준의 함수로 나타낸 재생량

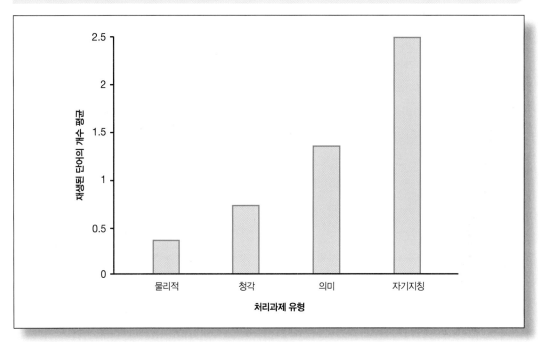

상황에서 살아남아야 하는 처지에 놓여 있다는 상상을 하라고 주문했다. 그런 후 미리 마련해두었던 목록 속의 단어를 하나씩 제시하며, 음식물과 물을 찾는 데 그리고 약탈자로부터 스스로를 보호하는 데 각 단어가 얼마나 중요할 것 같은지를 평정해보라고 지시했다. 그리고는 이러한 생존-지향 과제를 깊은 부호화 과제(각 단어가 각자에게 주는 쾌감 정도를 평정한 과제) 및 자기지칭 과제와 비교해보았다. 이 비교에는 평정 과제에 제시됐던 단어를 두고 예고 없이 실시된 재생검사 점수가 이용되었다. 그 결과 생존-지향 과제를 수행한 조건에서의 재생점수가 쾌감-평정 과제 및 자기지칭 과제를 수행한 조건에서의 재생점수보다 높게 나타났다. 이들 결과는 흥미로울 뿐만 아니라 장기기억의 적응 기능 및 진화 기원에 관한 검토가 중요한 미래 연구과제가 될 것이라고 암시한다.

전이적절 처리

전이적절 처리(transfer-appropriate processing)라는 원리는 검사에서의 수행수준은 학습재료에 대한 부호화 작업과 검사에서 요구하는 부호화 작업과의 부합여부에 따라 결정된다고 말한다. 검사의 본질에 따라 그 검사를 준비하는 공부 방법이 달라져야 할 것이라는 주장이다. 검사(시험)가 논술형(essay)일 때는 아이디어를 생성하여 조직해보는 연습이 적절하겠지만 선다형일 때는 이러한 공부 방법은 별 도움이 되지 않을 수도 있다는 뜻이다.

Morris, Bransford, Franks(1977)는 검사가 시각-지향 또는 청각-지향 과제에 적절한가에 따라 처리 수준의 전형적인 효과가 뒤집히는 현상을 발견하였다. 그들은 부호화 자체의 본질보다는 부호화 당시의 처리와 인출 당시의 처리가 겹치는 정도가 더 중요하다는 사실을 밝혀낸 것이다. 예컨대, 실험의 한 조건에서는 주어진 단어가 앞서 제시되었던 단어와 같은지를 판단해야 하는 전형적인 재인검사 대신 주어진 단어의 각운이 앞서 제시되었던 단어의 각운과 같은지를 판단하는 재인검사가 실시되었다. 이 조건에서는 앞서 제시된 자극단어를 의미 위주로 처리하게 한 경우보다 각운 위주로 처리하게 한 경우에 재인검사 점수가 더 높았다. 단어의 각운에 대한 부호화가 각운-인출 검사에 더 적절했기 때문에, 각운부호가 의미부호보다 더 쉽게 전이되었고, 그 결과 재인검사에서 정반응률도 높았던 것으로 풀이되었다. 그렇지만 특정 사건에 대한 재생과 재인의 성패를 결정하는 핵심 요인은 그 의미(즉, 의미속성)라는 사실은 변하지 않는다. 원하는 사건을 회상해내기 위해서는 그 사건에 대한 의미정보를 인출할 수 있어야 하기 때문에 표준적인 재생 및 재인검사에서 높은 전이를 초래하는 것은 의미부호화인 것이다.

독특성

정보를 저장할 때 그 방식이 얼마나 정교했는가에 따라 저장된 정보가 얼마나 잘 회상될 것인지가 달라지는 것은 분명한 사실이다. 그러면 정교화 작업이 왜 이런 효과를 유발하는 것일까? 한 가지 가능성은 정교화 작업을 통해 학습재료/대상의 독특한 속성이 확정되기 때문이라는 대답이다(Hunt & Einstein, 1981; Hunt & McDaniel, 1993). 독특성(Distinctiveness)이란 학습재료/자극이 서로 간에 그리고 이미 기억된 재료/자극과 얼마나 다른지를 일컫는다. 그 표상을 인출하고자 할 때 다른 자극의 표상과 쉽게 구분될 수 있는 자극을 독특한 자극이라 한다. 그 자극의 표상이 기억 속에서 독특할수록 그 표상을 찾아내기가 쉬워진다는 가정이다.

예를 들어, 우리가 기억해야 할 자극목록이 일련의 무의미 철자와 숫자 하나로 구성되었다고 해보자. 이런 자극목록을 공부한 사람치고 하나뿐인 그래서 독특한 숫자를 기억하지 못하는 사람은 별로 없다. 독특성의 효력은 처리 수준 효과의 변형을 연구한 Eysenck(1979)의 연구에서 분명해졌다. 이 연구에서 Eysenck는 감각−지향 과제와 의미−지향 과제의 효과를 비교하였다. 감각−지향 과제를 수행하기 위해서는 단어의 발음, 즉 감각정보 처리에 주의를 기울여야 했다. 이 과제의 독특한 부호화 조건에서는 단어의 발음이 이상하게 들리도록 조작을 했다. 이는 감각차원에서 처리되는 자극을 독특하게 만들기 위한 조작이었다. 기억검사 결과 이 조건에서의 수행 수준은 의미에 초점을 맞추어 처리된 조건에서와 다르지 않았다. 발음이 그 독특성 때문에 기억 속에서도 두드러졌기 때문이었을 것이다. 일반적으로 의미 위주의 부호화로 정교화가 향상되고, 그 결과 독특한 부호가 저장될 가능성이 높아진다. Eysenck의 발견에 숨은 뜻은 회상에 결정적인 역할을 하는 것은 정교화 작업이나 의미 관련성이 아니라 부호의 독특성이라는 점이다.

그림기억 그림 또는 사진에 대한 사람들의 기억력이 뛰어나다는 사실도 오래된 사실이다. 사진에 대한 재인능력의 탁월성은 각 장의 사진을 살필 시간이 2~3초밖에 되지 않는 조건에서도 입증되었다. 사람들은 수백 장(Shepard, 1967) 심지어는 수천 장(Standing, 1973)의 사진을 잠깐씩 살펴본 후에도 봤던 사진과 못 봤던 사진을 거의 완벽하게 변별해낼 수 있었다. 이런 놀라운 재주를 부릴 수 있었던 이유는 이들 연구에 이용된 사진 속에는 여러 가지 독특한 속성이 들어 있었기 때문인 것으로 보인다. 그러나 과제가 특정 1만 원짜리 지폐를 찍은 사진을 이와 비슷한 수천 장의 사진 속에서 찾아내야 하는 것이라면 이야기는 달라진다. 이 경우에는 모든 사진이 동일한 스키마와 연관돼 있기 때문에 독특성이 사라지고 따라서 재인능력도 볼품이 없어진다(Mandler & Ritchey, 1977; Nickerson & Adams, 1979). 이 점에 대해서는 인출에 작용하는 스키마의 역할을 논의한 후에 다시 살피기로 하자.

섬광기억 독특성의 위력을 이해하는 데 도움이 될 수 있는 아주 재미있는 현상이 있다. 섬광기억 (flashbulb memory)이라고 하는 이 현상은 강렬한 정서반응과 결합된 자서전적 사건에 대한 기억이 생생하게 되살아나는 일을 일컫는다(Brown & Kulik, 1977; Pillemer, 1984). 예컨대, 여러분 중에도 2003년 2월 18일 발생한 대구지하철 참사 또는 2014년 4월 16일 발생한 세월호침몰사고

소식을 접했을 당시 어디서 무엇을 하고, 무엇을 보고, 듣고, 느끼고 있었는지를 비교적 정확하게 회상해내는 사람이 많을 것이다. Pillemer(1984)의 말처럼, "구체적인 일화/에피소드 중 아주 작은 부분의 이미지—사랑했던 사람의 죽음, 생애 첫 출근, 결혼, 대중의 비극을 접하는 일—는 적어도 주관적으로는 그 선명함을 거의 잃지 않고 평생 동안 지속된다"(p. 64). 섬광기억이 어떻게 그렇게 생생하게 회상되는지에 대한 한 가지 설명은 그 기억이 장기기억에서 아주 독특한 기억이기 때문이라는 설명이다(McCloskey, Wible, & Cohen, 1988).

일부 연구자들은 섬광기억이 정말로 다른 기억보다 정확한지를 두고 의심을 하기 시작했다. 예컨대, 미국의 우주선 챌린저호 폭발 사고가 발생한 후 2년 반이 지난 후 실시된 연구에 참여한 사람들은 그 사건과 관련된 많은 세세한 사항을 자신 있게 기억해냈다. 하지만 그들이 기억해낸 많은 사항이 실제로는 정확하지 않은 것으로 밝혀졌다(Neisser & Harsch, 1992). 또한 2001년 9월 11일 테러조직에 의해 세계무역센터가 파괴된 사건에 대한 사람들의 기억 역시 거의 같은 시간대에 일어났던 정서적이지 않은 사건에 대한 기억에 비해 정확성이 높지 않은 것으로 밝혀졌다(Talarico & Rubin, 2003). 그러나 다른 연구자들은 적어도 해당 사건에 의해 사적으로 강렬한 충격을 받은 사람들에게는 그 사건에 대한 섬광기억이 실재한다고 확신한다(예 : Conway et al., 1994).

최근에 실시된 한 대규모 연구에서는 미국 내 7개 도시에 거주하는 주민 3,000명을 대상으로 9 · 11 테러사건에 대한 기억을 사건발생 1주, 11개월, 또는 35개월 후에 실시해보았다. 그 결과 섬광기억을 둘러싼 논쟁이 해결되는 것 같았다(Hirst et al., 2009). 이 연구의 결론에 의하면, 섬광기억이나 일반 기억이나 사건의 세밀한 사항에 대한 망각률이 비슷하며, 1년 후에는 그 속도가 느려진다. 첫해에는 약 20% 정도가 망각되었으나 그 후부터는 망각률이 5~10%에 불과했다. 다시 말해, 그 사건에 대한 일화기억은 그것이 섬광기억이든 아니든 1년 후에 안정적으로 바뀌었다. 이 사실이 의미하는 바는 섬광기억과 보통 기억은 그 생생함에서 차이가 나지만, 동일한 기억시스템에서 처리된다는 것이다. 더욱이 섬광기억과 함께하는 강렬한 정서적 반응도 시간이 지나면서 수그러들고 그 사건을 어떻게 알게 되었는가와 같은 비정서적 속성이 정서적 속성보다 더 오래 파지되는 것으로 드러났다. 정서가 기억에 개입하는 역할에 대해서는 나중에 다시 거론될 것이다.

> 독특한 기억표상은 다른 관련 기억과 구분될 수도 있다. 독특한 사진에 대한 재인이 뛰어난 점도 그리고 섬광기억도 기억력 향상에 작용하는 독특성의 효력을 반영한다.

해각 독특한 부호화 능력의 색다른 증거는 한 편의 유명한 사례연구에서 확보되었다. Luria (1968)는 'S'라고 하는 사람의 기억력을 20년에 걸쳐 연구한 바 있다. Luria는 S의 기억폭을 다양한 방법과 다양한 재료를 이용하여 측정했고 S의 기억폭에는 한계가 없는 것 같다는 놀라운 사실을 발견했다. Luria의 말을 보자.

나는 S에게 일련의 단어를 제시하고 그다음에는 숫자를 그리고 나서는 낱자를 천천히 읽어 주거나 적어서 제시하였다. 그는 주의를 기울여 읽고 들은 후, 제시되었던 그대로를 정확하게 반복했다. 이들 각 요소의 개수를 늘려 많게는 30개, 50개, 심지어는 70개의 단어 또는 숫자를 제시하였다. 이 역시 그에게는 전혀 문제가 되지 않았다.

그는 제시되었던 숫자나 문자를 거꾸로 그러니까 마지막 것부터 처음 것까지 재생하는 일을 처음 것부터 끝까지 재생하는 일과 똑같은 속도로 수행할 수 있었고, 어떤 단어가 어떤 단어 뒤에 왔었는지도 쉽게 기억해냈으며, 내가 어떤 단어를 대면 그 단어 앞에 나타났던 단어도 재생할 수 있었다. 그럴 때는 마치 그 단어를 검색하는 것처럼 잠시 숨을 돌리기도 했지만 내가 던진 질문에 금방 답하곤 했으며 거의 실수를 하지 않았다… 내가 그에게 들려준 단어가 의미 있는 실제 단어이든 의미 없는 무의미 음절이든 또는 숫자든 소리이든 또는 들려주든 적어서 보여주든 그에게는 전혀 문제가 되지 않았다… 실험자인 나 자신이 혼란 상태에 빠져들고 있음을 발견하게 되었다. 제시된 자극의 길이가 늘어나도 S가 겪는 어려움은 늘어나지 않았다. 그의 기억용량에는 뚜렷한 한계가 없다. 그리고 심리학자라면 누구나 할 수 있는 가장 간단한 일, 즉 특정 개인의 기억용량을 측정하는 일조차 나는 수행할 수 없었다 (pp. 9~11).

이 이상의 검사는 Luria(1968)의 혼란만 가중시킬 뿐이었다. S의 기억은 용량은 물론 파지기간에도 한계가 없는 것 같았기 때문이다. 어떤 검사에서는 15년 전에 제시했던 단어목록을 한 치의 실수도 없이 기억해내는 일까지 벌어졌다. S는 심지어 목록이 제시됐던 맥락까지 재생할 수 있었다. 실험자인 Luria가 그에게 단어를 읽어주었던 장소, Luria가 앉았던 의자, 심지어는 Luria가 입었던 옷까지 회상해낼 수 있었다는 말이다.

어린 시절부터 S는 소리를 들을 때 청각경험뿐 아니라 시각경험까지 함께 하는, 감각양식 간 혼선이 일어나는, 해각(synesthesia)을 경험하고 있었다. 보통 사람들도 예컨대 색상을 특정 음고의 소리와 결부시키는 식으로 약간의 해각을 경험하기도 한다(Marks, 1987). 노란색과 하얀색같이 밝은색은 고음과 결부되는데 반해 검은색과 갈색 같은 어두운색은 저음과 결부된다. 그러나 S는 음조(tone)와 잡음(noise)을 색깔을 뿜어내는(puff) 것과 색깔을 뿌리는(splash) 것으로 감지할 정도로 극단적인 형태의 해각을 경험하고 있었다. 그는 말하는 사람의 목소리에 해당하는 '색깔'을 지각했고, 각자의 말소리는 그 자체만의 '색깔'과 '맛'을 가진 시각적 '모양'을 취하고 있었다. 이들 이미지 덕분에 S는 자신만의 특이하고 독특한 기억부호를 생성할 수 있었을 것이다.

관계 처리

그렇다면 분명한 건 기억해야 할 대상/항목이 서로서로 어떻게 다른지를 알아차려야만 기억을 잘 할 수 있다는 것이다. 그러나 기억을 잘 하기 위해서는 대상–구체적 처리만으로는 충분하지 않을 수도 있다. **관계 처리**(relational processing)란 기억해야 할 대상들 서로 간의 관계 및 기억 속에 이미 저장되어 있는 다른 대상/항목들과의 관계에 대한 처리를 일컫는다(Hunt & Einstein, 1981; Hunt & McDaniel, 1993). 관계 처리는 차이점이 아닌 유사성을 찾는다. 조직이 잘 된 정보가 기억도 잘 된다는 건 오래전부터 알려진 사실이다. 학생들이 공부를 할 때는 학습재료를 구성하는 요소들 간 관계를 발견해야만 한다. 겉으로 드러난 관계를 찾을 수 없으면, 자신만의 주관적인 관계라도 창출해내야만 한다.

범주 단서 Tulving과 Pearlstone(1966)은 자유재생과 단서재생을 비교함으로써 조직의 효력을 보여주었다. 실험참여자들에게 48개의 단어로 구성된 목록을 하나 제시하였다. 목록 속에 나열된 이들 단어는 연장, 과일, 운송수단 같은 다양한 범주에서 표집한 단어들이었다. 이들 단어는 목록 속에 무작위로 나열되었다. 그런데도 학생들은 이들 항목(단어)이 조직되어 있음을 알아차렸다(Bousfield, 1953 참조). 힌트나 단서를 제공하지 않고 최대한 많은 단어를 재생해보라고 했더니(자유재생 조건), 참여자들은 관련된 단어를 묶음(예 : 사과, 오렌지, 포도)으로 기억해내는 것이었다. 더욱 흥미로운 것은 특정 범주에 속하는 단어를 하나 기억해낼 수 있을 때는 그 범주에 속하는 다른 단어도 거의 다 기억해낸다는 점이었다. 이와는 반대로 '트럭' 같은 단어를 잊어버렸을 때는 '운송수단'에 속하는 다른 단어도 기억해내지 못했다. 달리 말해, 범주를 기초로 재생이 조직되었다는 말이다.

그러나 위에서 소개한 자유재생 조건에서는 목록 속 단어의 약 1/3밖에 기억해내지 못했다. Tulving과 Pearlstone(1966)은 단서 조건의 참여자들에게 범주 명칭을 인출 단서로 제공해보았다. 놀랍게도 단서 조건의 참여자들은 자유재생 조건의 참여자들에 비해 대략 2배나 많은 단어를 기억해냈다. 조직이 인출에 미치는 효과가 얼마나 강력한지를 여실히 보여주는 결과이다. 또 이 결과는 정보가 기억 속에 있어도 적절한 인출 단서 없이는 기억해낼 수 없을 수도 있다는 증거를 제공하고 있다. 인출 단서에 관해서는 나중에 다시 거론될 것이다.

주관적 조직 동일한 범주에서 표집한 단어들을 함께 묶으려는 우리의 경향성은 어쩌면 당연한 일일 수도 있다. 하지만 조직에 필요한 명백한 근거가 없는 조건에서도 조직은 재생에 결정적인 역할을 수행한다. Tulving(1962)은 참여자들에게 서로 무관한 단어들로 구성된 목록을 제시하고, 학습–재생으로 구성된 실험시행이 반복됨에 따라 자유재생이 어떻게 변하는지를 추적해보았다. 참여자들에게는 제시된 단어를 목록 속 순서에 관계없이 자기들이 원하는 대로 공부하고 기억해내보라고 주문했다. 그런데도 학생들이 내놓은 반응에는 각자만의 양상이 일관성 있게 나타났다. 즉, 참여자 각자는 제시된 단어에다 자기만의 주관적 조직(subjective organization)을 부여하고, 매 시행마다 동일한 묶음의 단어를 함께 재생해냈다. 물론 그 묶음 자체는 순전히 주관적이어서 참여자마다 달랐다. 기억해야 할 단어를 조직하는 데 이용된 범주의 개수가 많으면 많을수록 재생검사 점수도 또 나중에 실시된 재인검사 점수도 더 높게 나타났다(Mandler, Pearlstone, & Koopmans, 1969).

조직(즉, 사건 서로 간 관계와 사건과 선행 지식 간 관계를 설정하는 일)이 학습과 기억을 촉진시키는 이유는 두 가지나 된다. 첫째, 사건을 저장하는 동안에 꾸러미로 꾸릴 수 있다(Mandler, 1979). 의미 있는 꾸러미를 찾아내는 것이 단기기억검사로 측정된 학습을 향상시키듯 장기기억검사로 측정된 경우에도 동일한 효과가 나타날 수 있

> 주관적 조직은 사람들이 기억해야 하는 서로 무관한 단어/항목에다 자신만의 독특한 조직/구조를 부과하는 작업을 일컫는다.

다. 둘째, 조직은 회상에 결정적인 인출 단서를 제공한다(Tulving & Pearlstone, 1966). 재료나 학습자에 의해 부과된 범주/묶음은 매우 효과적인 인출 단서로 작용한다.

일화기억의 기저에서 작용하는 신경망의 비밀도 이제 상세한 것까지 그 모습을 드러내고 있다(Ranganath, 2010). 색판 8이 보여주듯, 새로운 사건에 대한 경험을 부호화하고 보관하는 일에 결정적인 역할을 하는 구조물이 해마이다. 기억되어야 할 대상에 관한 정보는 구체적인 맥락(특정 시간과 장소) 속에 표상된다. 그런 다음 이들 표상은 측두엽 내측에 있는 두 번째 구조물에서 구성요소로 분해된다. 구체적인 대상/항목을 처리하는 일은 코 주변 피질(perirhinal cortex)의 책임이고 맥락 정보를 표상하기 위해 특화된 것은 해마 곁 피질로 간주된다. 이들 둘을 합해서 이루어지는 코 안쪽 피질(entorhinal cortex)은 측두엽 내측에 있는 해마 인근에 위치한다. 코 안쪽 피질을 구성하는 두 구조물을 통해 생성되는 표상은 이제 뇌의 전전두피질로 공급된다. 전전두피질의 복내측에서는 대상/항목 구체적 정보를 처리하고 전전두피질의 배외측에서는 대상/항목들 간 관계를 처리한다. 따라서 기억에서 독특성의 효력을 유발하는 항목-구체적 처리와 조직의 효과를 조장하는 관계 처리는 전전두피질에 있는 별개의 신경망에서 조절되는 것 같다.

정서와 기억

뇌 속 해마 인근에 있는 여러 구조물 중 하나가 편도체이다. 정서적 경험을 하고 난 다음에는 이 편도체에 의해 그 경험에 대한 기억이 굳어진다. 구체적으로, 편도체는 부신에서 분비되는 스트레스 호르몬과 다양한 신경전달물질의 활동을 이용해 정서적 경험을 굳히는 작용을 한다(McGaugh, 2004). 이 작용은 우리가 겪은 경험에서 유발된 정서의 쾌/불쾌에 관계없이 전개되

고, 그 결과는 정서적 경험을 아주 오랫동안 기억 속에 남게 만든다. 편도체는 이 효과를 촉발하기 위해 해마를 활성화시킨다. 활성화된 해마는 일련의 호르몬 작용을 자극하는데, 이 과정은 부신에서 스트레스 호르몬을 방출하는 일로 끝난다. 이렇게 방출된 호르몬은 해마에서 전개되고 있는 굳히기 작업을 완화 또는 촉진시킨다. 쥐의 뇌를 이용한 연구에서는 정서적 반응이 동반된 사건에 대한 장기기억이 편도체의 작용을 통해 강화되는 방식을 세밀하게 소개하고 있다.

부호화 단계와 굳히기의 초기 단계에 벌어지는 편도체의 활성화 정도만 알아도 나중에 그때 만났던 정서적 사건을 얼마나 잘 기억할 것인지를 예측할 수 있는 것으로 확인되었다(Phelps, 2006). 굳히기는 긴 시간에 걸쳐 전개되며 정서적 각성 및 스트레스 호르몬의 즉각적 효과가 끝난 후에도 계속된다. Dolcos, LaBar, Cabeza(2004)의 연구에서는 참여자들이 정서적으로 유쾌, 불쾌, 중립적 사진 중 한 가지를 살피는 동안 참여자들의 머릿속에서 벌어지는 일을 기능성자기공명영상법(fMRI)으로 기록해두었다. 나중에 이들 사진을 참여자가 재생해낼 수 있는 것과 재생해낼 수 없는 것으로 분류하고 이들 각각에 대한 활성화 양상을 비교해보았다. 그 결과 뇌 속 신경세포의 활성화 양상을 기초로 성공적으로 기억된 사진이 어느 것인지를 예측할 수 있는 것으로 밝혀졌다. 구체적으로, 중립적인 사진에 비해 정서반응을 유발한 사진(유쾌한 사진, 불쾌한 사진)을 살피는 동안 편도체와 해마의 활동이 더 컸던 것으로 드러났다. 편도체와 해마 사이에 벌어졌던 순간적 상호작용으로 정서반응을 유발한 사진에 대한 부호화와 견고화(굳히기)가 촉진되었다는 뜻이다. Phelps(2006)가 관찰했던 것처럼, 동물을 이용한 여러 실험의 결과는 정서에 따라 견고화가 달라진다는 강력한 암시를 제공한다. 그러나 인간을 대상으로 실시한 연구에서는 정서가 부호화에 미치는 영향을 통제하고 견고화/굳히기에만 미치는 영향을 분석해내려고 노력한 연구가 거의 없었다. 더욱이 사건의 속성에 대한 부호화가 정서에 의해 촉진되는 정도도 특정 유형의 속성에 한해서 나타나지 모든 속성에서 관찰되는 것은 아닌 것 같다. 예컨대, 범죄를 목격한 사람은 종종 정서적 압박을 받게 되는데, 이 사실은 사건 전체에 대한 기억을 향상시키는 것이 아니라, 복잡한 형태의 일화를 생성시키는 것 같다. 이에 대해서는 기억의 왜곡을 다룬 다음 장에서 다시 거론될 것이다. 또한 다음 절에서도 논의하겠지만, 정서는 기억 속 정보를 인출하는 과정에도 영향을 미치기 때문에 이 역시 고려돼야만 한다.

인출 과정

망각은 기억 속에는 가용한 정보인데도 인출할 능력이 없어서 발생할 수도 있다. 그러한 망각은 그 정보의 가용성이 일시적으로 또는 영원히 사라짐을 반영하는지도 모른다. 그런 망각의 원인은 기억 속에 저장된 비슷한 정보의 간섭 때문일 수도 있고 또는 기억해내고 싶은 정보와 결합된 인출 단서를 활성화시킬 수 없기 때문일 수도 있다. 근래의 연구에서는 회상 및 망각의 단서-의존성에 관심이 집중되고 있다. 기억 속 정보와 연관된 맥락 및 지식이 인출 성공에 어떻게 작용하는지가 강조되고 있다는 뜻이다.

예를 들어보자. 자신의 열 번째 생일잔치 같은 특별한 사건에 관한 정보를 일화기억으로부터 재생하기 위해서는 그 사건이 벌어진 시간과 장소 및 주변 상황과 관련된 기억 속 정보를 인출해야 한다. 그 인출 작업은 그때 형성된 지각경험과 느낌, 그리고 그 잔치 및 그 잔치가 벌어진 맥락에 관한 생각 등에 대한 마음 속 그림을 다시 떠올려보는 노력으로 구성될 수도 있다. 그 잔치에서 찍은 사진 같은 단서가 제공되면 처음에는 기억에서 완전히 사라졌다고 생각됐던 일이 연달아 마음 속에 떠오를 수도 있다. 여기서는 그 단서가 장기기억 속 정보/지식 중에서 그 잔치와 관련된 지식/정보를 활성화시켰고, 그 결과 필요한 정보가 인출 또는 재구성된 셈이다. 일반적으로 생일잔치에 관한 우리의 지식은 그 사람의 열 번째 생일잔치에 관한 정보가 장기기억에 저장/부호화되는 방식 및 나중에 그 정보가 인출되는 방식에도 영향을 미친다.

인출 모드

인출에 개입하는 하위공정은 적어도 두 가지로 나뉜다(Moscovitch, 1992). 한 가지는 특정 사건을 기억해내려고 노력할 때 작용하는 일반적 조작이다. 이런 조작은 검색 성패에 관계없이 관찰 가능한 조작에 해당한다. 인출에 투자되는 이런 노력을 인출 모드(retrieval mode)라 한다. 다른 한 가지는 그 사건의 성공적 인출과 구체적으로 관련된 조작이다.

우리가 어떤 사건을 인출해내려고 노력할 때는 우반구 전전두피질의 한 영역이 활성화된다는 사실이 PET와 fMRI를 이용한 여러 연구에서 밝혀졌다(Buckner, 1996). 이 영역만 활성화되는 것은 아니지만, 이곳이 가장 잘 알려진 영역이다. 예컨대, 색판 9에서 볼 수 있듯이, 일 년 전에 발생했던 매우 정서적인 일화를 회상할 때는 우반구의 뇌섬과 해마 주변에 있는 조직뿐 아니라 우반구 외측에서도 강한 PET 활성화가 관찰되었다(Fink et al., 1996). 앞서 논의했던 것처럼, 이들 영역에서 나는 구조적 차이가 전형적인 자서전적 기억과 관련된 영역과 특출한 자서전적 기억(HSAM)과 관련된 영역을 구분시켜주는 것 같다. 일화기억 속 정보를 인출할 때 활성화되는 우반구 전전두피질 및 그 밖의 영역과는 달리, 좌반구의 전전두피질 내 여러 영역은 사건을 일화기억 속에 부호화할 때 열심히 작용한다. 그림 5.3은 이들 부위를 요약하고 있다. Tulving, Kapur, Craik, Moscovitch, Houle(1994)은 신경영상기법을 통해 수집된 이러한 증거를 설명하기 위해 부호화/인출 반구 비대칭(hemispheric encoding/retrieval asymmetry, HERA) 모형을 제안했다. 구체적으로, 그들은 좌반구의 전전두피질은 의미를 부호화하는 작업에 개입한다는 선행 연구를 이용하여 개인적인 사건을 일화기억 속에 깊숙이 부호화하는 데는 좌반구 전전두피질이 중요한 역할

그림 5.3 일화를 부호화하고 인출하는 작업에 관여하는 좌우 반구의 상이한 영역들

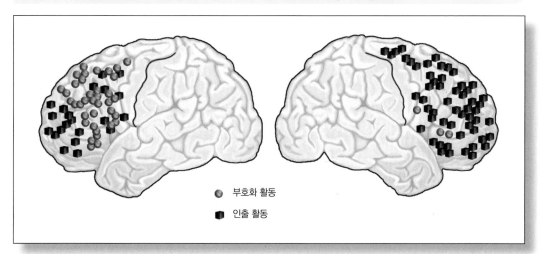

부호화 활동

인출 활동

출처 : Nyberg, L., & Cabeza, R. (2000). Brain imaging of memory. In E. Tulving & F. I. M. Craik (Eds.), *The Oxford handbook of memory* (pp. 501–519). Oxford University Press 허락하에 재인쇄.

을 수행하는데 반해 인출 모드는 우반구 전전두피질이 중요한 작용을 담당한다고 주장했다.

부호화-인출 반구 비대칭(HERA) 이론의 기본 개념을 신경영상 연구에서 기록된 부호화 활동과 인출 활동 간 차이로 본다는 조작적 정의도 중요하다. 공제법을 적용하면, 인출에 적절한 통제조건은 휴식을 취하거나 화면의 중앙을 응시하는 것과는 달리 부호화를 요구하는 과제가 부여된다. 그런 후 부호화와 결부된 활성화 정도를 인출과 결부된 활성화 정도에서 공제한다. 여기서 발견된 차이가 좌반구 전두엽보다는 우반구 전두엽에서 더 크다는 주장이다. 이와 반대되는 절차를 따라가면 좌반구는 주로 장기기억에다 정보를 부호화하는 작업을 수행한다는 주장도 검증할 수 있다. 이번에는 인출과 관련된 활성화 수준을 부호화와 결부된 활성화 수준에서 제하면 된다. 부호화-인출 반구 비대칭 모형에서는 좌반구 전전두피질에서 측정된 이 차이가 더 클 것이라고 예측한다. 부호화-인출 반구 비대칭이라는 개념에 대한 조작적 정의를 이렇게 내린 연구에서는 어문적 재료는 물론 비어문적 재료를 이용한 실험결과 모두 이러한 부호화-인출 반구 비대칭 모형의 예측을 지지하는 것으로 밝혀졌다(Habib, Nyberg, & Tulving, 2003).

신경영상기법의 기술적인 제한점 때문에 우반구 전전두피질의 활성화가 인출 성공이 아닌 인출 모드를 반영한다고 단정하기는 어려웠다(Schacter, Wagner, & Buckner, 2000). 신경영상기법을 이용한 초기의 연구에서는 인출에 성공한 여러 시행에서 확보된 기록과 망각이 쉽게 일어나는 여러 시행에서 확보된 기록을 비교해야 했다. 이러한 비교를 통해 수집된 자료는 많은 상이한 기록을 한 묶음으로 묶는 일이 선행돼야 하기 때문에 자료의 순수성이 보장되지 않는다. 그러나 fMRI 기술이 발달함에 따라 1회의 재인검사로 개별 자극항목에 대한 영상/기록까지 비교할 수

있게 되었다. 즉, 학습목록에 있었던 항목을 정확하게 꼬집어내는 명중(hit) 시행에서 기록된 영상과 학습목록에 없었던 것을 없었다고 말하는 바른 기각(correct rejections) 시행에서 기록된 영상을 비교할 수 있게 된 것이다. 구체적으로, 인출 모드 + 인출 성공을 반영하는 명중 시행에서 포착된 신경영상을 인출 모드만을 반영하는 바른 기각 시행에서 포착된 뇌의 활성화와 비교할 수 있게 되었다는 뜻이다. 이처럼 개별 항목/시행을 반영하는 높은 해상도를 손에 쥐게 되자 그 전에는 거슬렸던 이론적인 문제까지 해결할 수 있게 되었다. 연구자들은 이러한 연구에서 수집된 자료를 통해 명중 시행과 바른 기각 시행 모두에서 우반구 전전두피질의 활성화 정도가 비슷하다는 확신을 가지게 되었다(Buckner, Koutstaal et al., 1998). 우반구 전전두피질의 활성화와 인출 성공과는 무관한 것으로 밝혀진 것이다.

사건에 관한 정보가 장기기억으로부터 성공적으로 인출되었을 때는 뇌의 여러 영역이 활성화된다. 이 사실은 신경영상 연구에 의해 입증되었다. 그리고 인출된 정보가 어문적 정보인가 비어문적 정보인가에 따라 활성화되는 영역도 달랐다(Nyberg & Cabeza, 2000). 특정 사건에 대한 정보는 그 사건을 구성하는 속성별로 나뉘어 여러 곳에 분산 표상된다(제4장 참조). 따라서 특정 사건에 관한 정보가 좌우 반구의 피질 속 여러 곳에 광범하게 분산되어 표상되었을 것이라는 점은 이미 예상할 수 있었던 점이다. 예컨대, 해마는 최근에 학습한 정보를 인출하는 데도 관여한다. 측두엽 내측은 사건에 관한 정보가 신피질의 여러 곳에 분산되어 굳어지기 전의 정보를 저장한다(McClelland et al., 1995). 끝으로, 좌우 반구 내 전전두피질의 특정 영역 몇몇은 인출이 실패했을 때보다 성공했을 때 더욱 활발하게 반응한다(Buckner, 1996). 결국, 특정 사건에 관한 정보를 검색하려는 노력에는 물론 그 정보를 실제로 인출하는 일에도 전전두피질의 다양한 영역이 개입하고 있다고 할 것이다.

행동을 관찰한 연구결과도 인출을 위한 의도적 노력과 성공적인 인출 과정이 서로 다르다는 생각을 지지한다. 앞서 지적했듯이, 부호화 작업에 주의가 할당되지 않으면 그 작업 자체가 부실해진다. 주의를 분산시킨 조작이 부호화와 인출에 미치는 효과를 비교하면 극명한 차이가 나타난다(Craik, Govoni, Naveh-Benjamin, & Anderson, 1996). 부호화 단계에서 주의가 분산되면 재생 및 재인검사 점수가 낮아진다. 이차 과제에 대한 반응시간을 측정하면 부호화에 할애된 노력의 정도를 추정할 수 있다. 이렇게 수집된 자료를 분석한 결과, 부호화에 할당된 노력은 의식적 통제하에 있으며 주의가 분산된 조건에서는 노력도 줄어드는 것으로 드러났다.

이에 반해, 인출 단계에서 분산된 주의는 사건에 관한 정보를 재생 또는 재인하는 일에 거의 영향을 미치지 못했다. 그러나 인출 작업이 의도적으로 전개될 때는 인출, 특히 자유재생에 할애되는 노력의

> 인출 모드란 장기기억으로부터 특정 사건에 관한 정보를 인출하기 위한 노력을 일컫는다. 실제 인출을 일컫는 게 아니다. 전전두피질의 활성화가 인출 모드를 지원하는데 반해 인출 성공은 수많은 영역의 개입으로 이루어진다.

양도 크게 증가되었다. 특히 재미있는 점은 측정된 노력의 양과 성공적으로 인출된 정보의 양(항목의 개수)과는 무관했다는 사실이다. 따라서 측정된 노력의 양은 인출 모드를 반영하는 게 분명했다. 과거사를 회상하기 위한 노력에서 의도에 따라 작용하는 것이 인출 모드이다. 한편 인출의 성공은 자동적으로 전개되기 때문에 주의의 분산에 아무런 영향을 받지 않는 것 같다. Craik 등(1996)의 자료는 신경영상을 이용한 연구의 결과와 잘 부합된다. 우반구 전전두피질에서 수행되는 통제 과정, 즉 인출 모드를 장기기억 속의 정보를 실제로 되살려내는 인출 과정과 구분시켜주는 것이 이들 신경영상 연구결과라는 사실은 여러분도 기억하고 있을 것이다.

부호화 구체성 원리

Tulving(1983)은 사건에 관한 정보를 회상하고 못하고는 인출 작업 시 그 사건과 함께 부호화된 단서를 활성화시킬 수 있느냐/없느냐에 달려 있다고 주장했다. 그가 주장한 **부호화 구체성 원리**(principle of ecoding specificity)(Tulving & Thomson, 1973)는 "기억된 것에 접속할 수 있는 효과적인 인출 단서가 무엇일지는 지각대상에 가해진 구체적인 부호화 작업에 따라 결정된다"라고 단언한다(p. 369). 재인과 재생의 정도가 부호화 조건과 인출 조건과의 상호작용에 의해 결정된다는 뜻이다.

예를 들어, Light와 Carter-Sobell(1970)은 학생들에게 '키위-주스' 같이 단서와 표적단어를 쌍으로 학습하게 하였다. 그런 후, 그 학생들에게 역시 단서와 표적단어를 쌍으로 제시하고는 표적단어(예 : '주스')가 앞에서 공부한 단어 중에 있었는지를 판단하게 했다. 그런데 검사 시 제공된 단서가 표적을 학습할 때 만났던 단서와 다른 경우(예 : 망고-주스)에는 표적을 재인하는 일이 더 어려웠던 것으로 밝혀졌다. 또한 부호화 작업이 특히 독특했고 가용한 인출 단서도 부호화할 때의 단서와 정확하게 일치할 때는 재생이 놀라울 정도로 정확했다. 단서재생 검사를 실시한 Mantyla(1986)의 연구에서는 학습한 단어 600개 중 90% 이상이 정확하게 재생된 것으로 드러났다.

재인 불가 사건의 재생 일군의 단어를 학습하게 하고, 나중에 학습한 단어에 대한 재인검사 혹은 재생검사를 실시해보면, 재생검사보다는 재인검사 점수가 높은 게 보통이다(Kintsch, 1970). 재생검사에서도 단서를 제공하지 않은 자유재생 검사보다 단서가 제공된 단서재생 검사의 점수가 일반적으로 더 높다. 그러나 단서재생조차도 그 정확성에서는 일반적인 재인검사 점수에 미치지 못한다. 이러한 일이 벌어지는 이유는 재인검사에 이용되는 단어가 완벽한 인출 단서, 즉 표적을 복사해놓은 것이기 때문이다. 재인검사에 이용된 단어는 친숙할 뿐만 아니라 실험에서 그 단어를 만났던 맥락까지 인출하게 해준다(Mandler, 1980).

어떤 모임에서 안면이 많은 사람을 만났다고 해보자. 재인은 친숙성에 관한 판단뿐 아니라 그 사람을 만났던 맥락까지 확인할 수 있어야 이루어진다. ("어! 맞아. 저 양반, 우리 동네 세탁소에서 만났던 그 양반이야!") 그런데 이 맥락 확인 작업은 단서가 전혀 없거나 단서가 있어도 관련성이 낮은 경우(우리 동네 사람)보다 그 사람을 바라보고 있을 때 훨씬 용이해진다.

Tulving과 Thomson(1973)은 재인을 할 수 없는 단어인데도 부호화 구체성 원리에서는 그 단어가 정확하게 재생될 것이라고 예측해야 하는 상황을 고안해냈다. Tulving과 Thomson은 참여자들에게 일련의 표적단어(예 : 흑색)를 부호화 단서와 함께 제시했다. 이때 단서로 제시된 단어와 표적과의 관련성은 별로 높지 않았다(예 : 석유). 목록 속 단어를 모두 제시한 후에는 목록 속에 들었던 표적과 의미 관련성이 매우 높은 단어(예 : 백색)를 제시하고는 제시된 단어와 관련된 단어를 생각해내보라고 지시했다. 예상했던 대로 표적단어(여기서는 '흑색')를 생각해내는 경우가 잦았다. 그런 다음, 참여자들에게 자기들이 생성해낸 모든 단어를 하나씩 검토하여 그중 어떤 것이 처음에 공부한 목록에서 표적으로 나타났던 것인지를 지적해보라고 주문했다. 일종의 재인검사를 실시했던 셈이다. 끝으로, 단서재생 검사가 실시되었다. 이 단서재생 검사에 이용된 인출 단서는 앞서 부호화 단서로 이용됐던 단어였다(예 : 석유).

Tulving과 Thomson(1973)의 결과는 놀라웠다. 자기가 생각해낸 표적단어를 학습목록에 있었던 것으로 정확하게 재인하는 경우는 25%에 불과했다. 그런데 적절한 단서(예 : 석유)가 제공되자 전체 표적단어의 66%를 재생해냈다. 이 재생률이 놀라운 것은 단서와 표적과의 관련성이 매우 낮았다는 데 있다. 관련성이 낮은데도 표적단어와 함께 부호화(기억)되었다는 이유만으로 훌륭한 인출 단서로 작용했던 것이다. 그러니까 재인을 할 수 없었던 단어를 재생해낸 이 현상은 부호화 구체성 원리를 지지하는 강력한 증거를 제공한다.

설단 상태 여러분도 어디서 만났는지는 모르면서도 안면이 많다는 생각을 해본 적도 또 분명 아는 사람인데도 그 이름이 얼른 생각나지 않는 경우도 겪어봤을 것이다. 사람들은 누구나 어떤 이름, 단어, 날짜, 또는 기타 정보를 안다/친숙하다고 느끼면서도 원하는 것을 기억해낼 수 없는 경우를 경험한다. 심지어는 분명히 알고 있다고 확신까지 하면서도 당장은 인출을 하지 못한다. 그러한 느낌이 특히 강할 경우를 일컬어 심리학자들은 **설단 상태**(tip of the tongue state)라 한다. 이런 설단 상태를 연구하기 위해 Brown과 McNeill(1966)은 흔히 볼 수 없는 단어의 정의를 사람들에게 들려주고는 그 단어를 재생해보라고 주문했다. 이 실험에 참여한 사람들이 설단 상태를 경험할 때 발견된 재미있는 사실 중 하나는 그 단어는 기억해내지 못하면서도 그 단어의 음절이 몇 개인지를 정확하게 기억해내는 경우가 전체의 60% 이상이라는 점이다. 후속 연구에서 Brown(1991)은 다음과 같은 사실을 발견했다. "설단 상태는 (1) 거의 보편적인 경험이고, (2) 매주 한 번씩은 일어나고, (3) 나이와 함께 증가하며, (4) 고유명사에서 자주 발생하고, (5) 표적단어의 첫 낱자는 회상을 허용하며, (6) 표적과 관련된 단어를 기억나게 하고 (7) 절반 정도는 그 자리에서 해결된다"(p. 204).

　설단 상태가 암시하는 바는 정보가 기억 속에 있는데도 접근할 수 없는 경우도 있다는 점이다. 이런 경우의 망각은 적절한 인출 단서를 찾지 못했기 때문에 발생한 게 분명하다. 때로는 그 기억을 활성화시키는 생각이나 지각을 우연히 마주치게 되어, 잊어버렸다고 생각했던 정보를 재생해 낼 수도 있다. 부호화 구체성 원리는 이런 현상을 일종의 단서−의존성 망각으로 간주한다. 특정 사건을 학습하는 동안에 그 사건과 관련된 구체적인 단서가 나중에 벌어지는 재생작업의 열쇠로 작용한다는 원리는 수많은 연구에서 입증되었다(예 : Begg & White, 1985 ; Jacoby, 1974).

환경적 맥락　부호화 구체성 원리에 따르면, 학습이 이루어진 맥락 역시 검사 시 인출 단서로 작용해야만 한다. 이 예측도 환경적 맥락과 심리적 맥락을 조작한 수많은 실험에서 검증되었다. 예컨대, Smith, Glenberg, Bjork(1978)는 학생들에게 일련의 단어를 학습하게 했다. 이 학습은 특정 실내에서 실시되었고 나중에 실시된 재생검사는 공부했던 방 또는 공부했던 방과는 겉모습이 많이 다른 방에서 진행되었다. 실험결과는 예측과 일치했다. 같은 방은 적절한 인출 단서로 작용했고 재생검사 점수도 높여 놓았다. 그 효과가 그다지 큰 것은 아니었지만, 시험공부는 가능한 한 시험을 치를 방에서 하는 게 유리할 것이라는 조언은 할 수 있다.

　부호화 작업이 벌어졌던 맥락을 복원하는 게 중요하다는 더 강렬한 증거는 Godden과 Baddeley(1975)가 제공했다. 스쿠버 다이버들에게 일련의 단어를 물 속에서 또는 지상에서 학습하게 했다. 그런 후 이들 두 맥락에서 검사를 실시한 결과, 그림 5.4가 보여주듯, 강한 상호작용

그림 5.4 학습장면의 환경과 재생장면의 환경에 따라 정확 재생률이 달라지는 모습

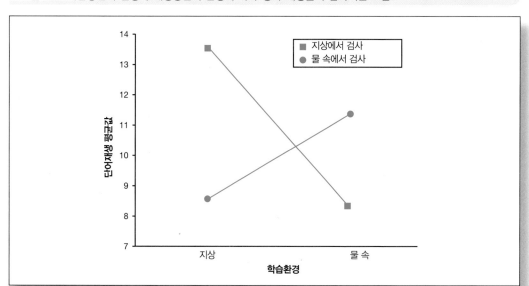

출처 : Godden, D. R., & Baddeley, A. D., Context-dependent memory in two natural environments : On land and underwater. *British Journal of Psychology, 66,* 325 – 331. Copyright © 1975. 허락하에 재인쇄.

효과가 관찰되었다. 학습은 지상에서 하고 검사는 수중에서 받았을 때는 재생검사 점수가 급격하게 떨어졌다. 그러나 물 속에서 학습을 했을 때는 지상에서 시험을 봤을 때보다 물 속에서 봤을 때 재생검사 점수가 높아졌다.

심리적 맥락 학습자 개인의 정서적 상태 역시 효과적인 인출 단서가 될 수 있다. 기분 일치 효과(mood congruence effect)를 관찰하기 위해서는 사람들에게 자신의 삶에서 제일 즐거웠던/행복했던 사건 또는 가장 힘들었던/괴로웠던 사건을 생각해보라고 주문하여, 유쾌한 또는 불쾌한 기분을 유발하기도 한다. 학습재료가 이렇게 유발된 기분과 일치할 때 학습의 효과가 가장 컸다는 게 Bower(1981)의 발견이었다. 따라서 우울한 정보는 기분이 슬플 때 가장 잘 학습된다고 할 것이다(Blaney, 1986).

상태-의존 학습(state-dependent learning)은 학습자의 기분이나 의식 상태(예 : 술에 취한 상태나 술에서 깬 상태)를 학습을 하고 인출을 하는 동안에 직접 조작했을 때 가끔씩 관찰된다. 그런 조건에서는 인출 시 기분이 학습 시 기분과 일치한다고 해서 반드시 재생률이 향상되지는 않는다. 한편, 약물을 많이 섭취하여 말을 '흘리는' 것 같은 분명한 도취 신호가 나타날 정도가 되면 상태-의존 효과를 유발하는 약물은 여러 가지 발견되었다(Eich, 1980, 1989; Overton, 1971). 이들 약물에는 흔히 사용되는 알코올, 바비튜레이트(진정제, 수면제), 마리화나도 포함된다. 멀쩡한 상태에서 학습한 정보는 멀쩡한 상태일 때 재생이 잘 되는데 반해, 도취 상태에서 학습한 정보는 도취 상태에서 검사를 받았을 때 더 잘 기억나는 것으로 밝혀졌다. 그러나 학습에 투자해야 하는 정신적인 노력 및 정교화 작업의 중요성에 관한 우리의 지식이 암시하듯, 정신이 맑은 상태에서 학습하고 정신이 맑은 상태에서 인출할 때 정확 재생률이 가장 높다는 사실은 변하지 않는다.

그러나 이 관계는 강한 비대칭성이 그 특징이다(Eich, 1989). 알코올과 처방 약물(예 : 바리움과 자낙스 같은 벤조디아제핀)은 특정 사건의 세밀한 사항을 부호화하고 저장하는 능력을 감소시킨다(Curran, 2000). 그림 5.5에서 보여주듯, 맑은 정신에서 공부를 했으면, 검사를 맑은 상태에서 받거나 도취 상태에서 받거나 정보가 비교적 쉽게 인출된다. 그러나 경우에 따라 인출 시 취해 있는 게 기억해둔 정보의 인출량을 증가시키기도 한다(Curran, 2000). 취한 상태에서 학습을 했을 경우에는 이와는 전혀 다른 일이 벌어진다. 즉 정신이 맑은 상태에서 검사를 받게 되면 인출량이 한결같이 낮아진다는 말이다.

그러나 학생들에게 더 중요한 것은 취한 상태에서 벌어지는 학습은 부호화 그 자체를 손상시켜버린다는 사실일 것이다. 학습은 정신이 맑은 상태에서 주의를 집중해야만 성공할 수 있다(Curran, 2000). 약물이 망각을 초래할 수 있다는 점은 이미 수백 년 전부터 알려진 사실이다. 이런 특징을 가장 잘 보여주는 약물로 가장 널리 이용되는 것이 바로 알코올이다. 그러나 수백만 명의 사람들이 복용하고 있는 항우울제와 항불안제 역시 기억 관련 문제를 유발할 수 있다. 이 경우

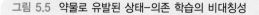

그림 5.5 약물로 유발된 상태–의존 학습의 비대칭성

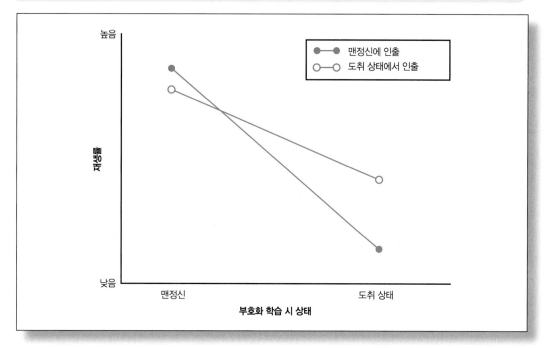

노인들이 특히 취약하다. 노인들은 정신활동에 영향을 미칠 수 있는 약물을 복용하고 있는 중일 수 있기 때문이다. 예를 들어, 65세 이상의 노인들 중 10~15%가 수면제를 복용하고 있는데 이 역시 잠시 동안의 기억상실을 유발할 수 있는 약물이다. 극단적인 경우, 연세가 많은 노인들은 치매를 닮은 혼란 및 기억상실을 경험할 수도 있다. 따라서 의사들은 진정한 기질성 치매와 처방 약물이 초래한 일시적인 치매를 구별하기 위해 노력을 경주해야만 한다.

적용 부호화 구체성 원리에는 의학 전문가, 경 찰, 법조계 인사 등 사례의 사실 여부를 판단

> 설단 현상과 상태–의존 학습은, 부호화 구체성 원리 가 예측하듯, 재생성공에는 적절한 인출 단서가 결 정적 요인임을 보여준다.

할 때 특정인의 회상능력에 의존해야 하는 전문가들에게 중요한 숨은 뜻이 들어 있다. 예를 들어 보자. 의사는 예컨대 환자의 식습관에 대한 자세한 임상 정보를 얻기 위해 환자나 환자의 보호자 와 면담을 한다. 거식증이나 비만 같은 섭식장애를 진단하기 위해서도 또 당뇨병, 고혈압, 심장 질환, 알레르기, 그리고 기타 조건의 원인을 이해하기 위해서도 정확한 정보확보가 필수적인 활 동이다. 하지만 우리의 현재 식습관이 과거의 식습관에 대한 기억을 왜곡하는 것으로 밝혀졌다. 현재의 식습관이 중요한 측면에서 과거의 식습관과 다를 때는 과거에 관한 정보가 부정확해지는 것으로 드러났다는 뜻이다(Croyle, Loftus, Klinger, & Smith, 1992).

학습활동 5.2	인지면담에 이용된 부호화 및 인출 절차

그 사건을 둘러싼 모든 주변 사정을 맘속에 그려보도록 하라.

그 사건과 관련된 것으로 생각되는 모든 것을 보고하라. 온전하지 못한 조각 정보라도 모두 보고해보라.

사건을 한 가지 순서로만 재생하지 말고 여러 가지 순서로 재생해보라.

사건을 재생할 때 한 가지 관점에서만 바라보지 말고 다양한 각도에서 바라보려고 하라.

의학, 경찰, 법률 전문가들이 확보한 정보의 정확성을 향상시키기 위해 Fisher와 Geiselman (1992)은 인지면담법(Cognitive Interview)을 개발하였다. 이 면담법은 학습활동 5.2에 예시되어 있다. 여기서는 면담자에게 (1) 기억해내야 할 사건의 맥락(예 : 개인적 맥락과 환경적 맥락)을 마음 속에 그려보라고 하고, (2) 생각나는 정보를 부분적인 정보까지 모두 보고하라고 하며, (3) 그 구체적인 사건에 대한 재생을 한 가지 순서로만 하지 말고 여러 가지 순서로 해보게 하며, (4) 그 구체적인 사건을 여러 가지 상이한 관점에서 재생해보게 한다. 이 면담 절차의 첫 단계에서는 그 사건이 부호화될 때 형성된 맥락을 복원하는 일에 매달리고 있는데, 이 단계는 부호화 구체성 원리에서 강조하는 단계임을 주목하자. 부분 정보까지 보고하라고 강조하는 목적은, 설단 상태에서 그런 일이 벌어지는 것처럼, 부분 정보가 인출 단서로 작용하여 추가의 정보를 기억해낼 기회를 확보하기 위함이다. 그리고 사건을 상이한 순서와 관점에서 회상해보도록 강요하는 것은 사건을 재구성할 때 하나의 스키마만 이용되는 것을 피하기 위함이다. 이들 작업단계로 구성된 인지면담법을 이용하면, 경찰에서 목격자를 조사하여 얻은 정보의 질(Geiselman, Fisher, MacKinnon, & Holland, 1986)과 음식물 소비에 관한 환자의 회상 능력(Croyle et al., 1992)이 향상되는 것으로 밝혀졌다.

정서와 인출

정서가 자서전적 사건에 관한 정보인출에 미치는 영향을 이해하게 되면, 우울증이나 충격 후 스트레스 장애(PTSD) 같은 정신장애 치료에도 중요한 변화가 일어날 것이다(Buchanan, 2007). 과거에 겪었던 부정적 정서경험의 병리적 효과는 그 경험에 대한 기억이 현재 인출되었을 때만 발생하는 것이기 때문이다. 따라서 그런 병리적 효과 발생의 기본 기제를 충분히 이해하게 되면, 치료적 개입의 목표를 이 인출 과정을 와해시키는 데 둘 수 있게 될 것이다. 문헌 고찰에서도 Buchanan(2007)은 부호화 구체성 원리의 중요성을 단언했었다. 과거에 있었던 정서적 경험에 대한 인출 단서(예 : 대화의 한 토막이나 특정 장면에 대한 시각적 이미지)는 그 사건을 부호화하고 저장하는 일에 관여했던 뇌 영역을 다시 활성화시킬 것이다. 강한 정서경험을 유발했던 사건의 경우, 인출 시 이런 식으로 재활성화될 수 있는 영역으로는 편도체와 전전두피질의 내측 같은 정서작용에 개입했던 곳이 될 것이다. 뇌 속에 있는 이들 구조물의 활동이 일시적인 정서경험을 초래하면, 이 정서경험은 또 다른 인출 단서로 작용하게 된다. 따라서 특정 사건을 부호화하는 일에 관련된 정서는 그 사건을 인출하는 강력한 단서로도 작용한다.

　우리는 앞 장에서 후진형 기억상실증을 이용하면 몇 년에 걸쳐 진행되는 굳히기 과정을 추적할 수 있다고 배웠다. 측두엽 내측에 있는 해마와 기타 영역에 손상을 입은 환자들은 전진형 기억상실증을 겪게 된다. 즉 새로운 경험을 기억하지 못하게 된다. 그러나 시간에 따라 그 정도는 다르지만 후진형 기억상실증도 관찰된다. 구체적으로, 그 손상을 입기 조금 전에 벌어진 사건에 관한 정보는 재생을 할 수 없다. 하지만 먼 과거의 사건은 굳히기를 완전히 거쳤기 때문에 그 손상의 영향을 받지 않는다. 그러므로 먼 과거에 벌어졌던 사건으로, 부호화 및 굳히기가 오래전에 완료된 사건이라면, 그 사건에 관한 정보인출은 정서가 재생에 미치는 효과를 연구하는 데 이용될 수 있다. Buchanan, Tranel, Adolphs(2005)는 측두엽 내측에 입은 손상이 해마에 한정된 환자 집단과 해마는 물론 편도체까지 번진 환자 집단의 자서전적 기억을 비교해보았다. 두 집단 모두 젊었을 적에는 사건에 관한 정보를 기억에 부호화하고 또 부호화된 정보를 몇 년에 걸쳐 굳힐 수 있었던 환자들이었다. 이 환자들에게 자기들이 경험한 사건 중 정서적으로 가장 강렬했던 사건 다섯 가지를 기술해보라고 부탁한 결과, 그들 사건에 대한 기억의 선명함에서도 또 평범함에서도 두 집단 간 차이가 발견되지 않았다. 이 결과는 이들 사건에 관한 정보의 굳히기가 이미 완료된 상태여서 이들 사건에 대한 인출 작업은 해마의 개입 없이 이루어졌다는 결론과 일치한다. 그러나 인출 작업을 두고 봤을 때 해마와 편도체 모두가 손상된 환자들은 해마만 손상된 환자들에 비해 불쾌한 경험을 적게 기억해냈다. 또한 이들 부정적 정서로 채색된 사건에 대한 회상도 덜 강렬했고 덜 선명했다. 따라서 먼 과거의 불쾌한 사건을 인출하는 일에는 편도체가 결정적으로 개입하고 있음이 분명하다. 인출에 작용하는 편도체의 이 역할은 애초에 기억을 부호화하고 굳히는 일에 기여한 편도체의 역할과는 또 다른 역할이다.

공부 전략

대학생들은 자기가 공부하는 분야의 사실적 정보와 새로운 개념도 많이 학습해야 한다. 그러한 의미지식은 일반적으로 강의와 교과서를 통해 제공된다. 이 장에서 소개한 모든 원리는 이들 의미지식을 터득하려는 학습전략에 적용될 수 있다. 예컨대, 장소법 같은 기억술을 이용하는 등의 정교화 시연은 교과목 관련 재료 학습에 활용될 수 있다. 시각적 심상을 이용하는 방법도 또 특정 개념의 독특 속성에 주의를 기울이는 방법도 학습에 도움이 된다. 다양한 개념을 일정한 위계적 구조(예 : 나무 모양 다이어그램)로 정리해보는 작업 같은 조직 전략도 도움이 된다. 앞서도 지적했듯이, 시험을 치게 될 교실에서 시험공부를 하는 방법은 부호화 구체성 원리가 적용되는 전략이다. 앞서 다룬 원리 이외에 아래에 소개되는 공부 전략도 경험적 증거를 통해 그 효과가 입증된 것들이다. 여러분도 익혀서 사용해보기 바란다.

학생들에게는 한 과목을 공부하는 데 할애할 수 있는 시간이 한정돼 있다. 때문에 여러 과목을 공부해야 하는 학생들은 그 한정된 시간을 여러 과목에 어떻게 할당해야 할 것인가라는 문제에 봉착하게 된다. 다시 말해, 일단 특정 과목에 대한 공부를 시작한 후에는 그 과목을 얼마나 오랫동안 붙잡고 있어야 할까? 증거에 따르면, 공부는 학습하려는 재료를 정복할 때까지 계속해야 한다. 그런 후에 끝을 내거나 다른 재료를 공부해야 한다(Rohrer & Pashler, 2007). 과잉학습은 며칠 동안(대략 일주일)의 파지에는 도움이 된다. 하지만 파지해야 할 기간이 그보다 길어지면 과잉학습은 비효율적인 시간 관리법인 것으로 드러났다.

분산 효과란 한정된 공부 시간을 몇 차례로 나누어 공부하는 것이 한정된 시간 동안 한곳에 앉아 집중적으로 공부하는 것보다 효과가 더 큰 현상을 일컫는다. 일반적으로 한정된 시간을 가장 효과적으로 활용하는 방법은 주어진 공부 시간을 몇 개의 단위로 나누고 그 단위를 며칠 또는 몇 주에 걸쳐 분산시키는 방법이다. '벼락치기'하듯, 모든 가용한 시간을 한데 모아 시험 치기 전날 밤에 다 써버리는 전략은 좋은 전략이 못 된다. 분산된 공부 시간 간 간격을 적절하게 설정하는 일도 쉬운 일은 아니다. Rohrer와 Pashler(2007)의 연구에서, 파지기간이 매우 길(6개월) 때는 최적의 간격(각 공부 시간 간 간격이 1개월) 역시 길었는데, 파지하고 싶은 기간이 짧을(10일) 때는 최적의 시간 간격도 짧은(각 공부 시간 간 간격이 1일) 것으로 밝혀졌기 때문이다.

학습재료를 읽고 학습하는 데만 가용한 모든 시간을 투자해야 하는 것일까? 아니면 학습한 것을 인출해보는 데도 어느 정도의 시간을 투자하는 것이 더 효과적일까? 놀랄지도 모르지만 인출 과정 자체도 전반적 학습에 직접적인 도움을 주는 것으로 드러났다. 학습에는 공부만 중요한 게 아니라 공부를 제대로 했는지를 시험해보는 것도 중요하다는 뜻이다. 실험을 예로 들어보자. 이 실험의 학습단계에서는 대학생들에게 과학의 일반적 주제를 다룬 글을 읽게 하였다(Roediger & Karpicke, 2006). 그런 후, 참여자들 중 일부는 그 글을 다시 한 번 공부했고(공-공 조건) 나머지 학생들은 자유재생 검사를 받았다(공-시 조건). 재생검사를 받은 학생들은 앞서 읽은 글의 내용을 기억나는 대로 최대한 많이 적어야 했다. 시험결과에 대한 피드백은 제공되지 않았다. 이들 두 집단 모두에게 실시된 최종 시험은 그 5분 후, 2일 후, 또는 일주일 후에 실시된 자유재생 검사였다. 검사결과, 공-시 집단보다 공-공 집단의 점수가 5분 후에 실시된 검사에서만 6% 정도 높은 것으로 나타났다. 다시 말해 공부를 두 번 해서 얻은 득은 매우 적었고(6% 차이) 5분 후에 실시된 검사에서만 나타났다. 그러나 2일 후와 일주일 후에 실시된 검사에서는 공-공 집단보다 공-시 집단의 검사점수가 높았다(두 경우 모두 14% 높았다). 시험을 본 일, 즉 공부를 해서 배운 사실을 재생하는 연습이 공부를 더 하는 것보다 배운 사실을 장시간 파지하는 데 더 유리했다.

Roediger와 Karpicke는 후속 연구에서 인출 연습을 많이 할수록 일주일 후에 실시된 재생검사의 점수도 더 향상된다는 사실을 발견했다. 학습재료로 제시된 글을 네 번에 걸쳐 공부한 공-공-공-공 조건의 마지막 재생검사 점수가 공부는 세 번 하고 마지막 한 번은 시험을 본 공-공-공-시 조건보다 더 못했다. 가장 높은 재생검사 점수는 공-시-시-시 조건에서 기록되었다. 학습재료를 한 번만 공부하고 공부한 것을 두고 스스로를 반복해서 시험해본 것이 가장 양호한 장기간 파지를 유발했다는 사실, 놀랍지 않은가?

Karpicke, Butler, Roediger(2009)는 많은 대학생을 대상으로 학생들의 전형적 공부 습관을 찾아내기 위한 설문조사를 실시해보았다. 여러분이 지금 수강하고 있는 인지심리학 시험날짜가 다가오고 있다고 하자. 교과서나 공책을 한 차례 공부한 후, 그다음에는 어떤 공부 전략을 택해야 할 것 같은가? 대부분의 학생들(57%)은 교과서나 공책을 다시 읽겠다고 대답했다. 10명 중 2명 정도(18%)만 공책이나 교과서에서 공부했던 정보를 재생하려는 노력을 해보겠다고 대답했다. 이러한 결과에는 학생들은 학습을 새로운 정보를 장기기억에 부호화하는 작업으로 생각한다는 뜻이 담겨 있다. 인출은 학습을 향상시키는 과정이라기보다 학습한 것을 측정하는 수단 정도로 생각한다는 뜻도 담겨 있다. Roediger와 Karpicke(2006)의 실험에서 학생들에게 학습재료를 얼마나 잘 기억해낼 수 있을 것 같은지를 판단해보라고 하자, 공-공-공-공 조건의 예측치가 가장 높았고 공-시-시-시 조건의 예측치가 가장 낮았다. 이미 언급했듯이, 실제 결과는 이 예측과 정반대로 나타났다.

강의나 과제를 통한 학습에서는 공책 정리가 널리 이용되는 전략이다. 그러나 공책을 다시 살피는 것도 유용한 공부 방법이기는 하지만 이 방법은 자체-시험을 통한 인출 연습이 매우 효과적이라는 사실을 유익하게 활용하지 못하는 전략이다. 읽고(Read) 암송하고(Recite) 재고하는(Review) 소위 3R 전략에서는 먼저 읽은 다음 기억에 남는 것을 모두 소리 내어 말해보라고 함으로써 정보인출 활동을 의도적으로 강조하고 있다. 그런 후, 자체-평가의 수단으로 그리고 보충학습의 기회로 읽었던 내용을 재고하게 한다. McDaniel, Howard, Einstein(2009)은 글을 다시 읽거나 읽은 글에 대한 공책 정리 전략보다 3R 전략이 글/책 속에 제시된 내용에 대한 더 나은 자유재생을 초래한다는 사실을 발견했다. 이 3R 전략의 장점은 공부를 한 후 즉각 실시된 검사에서도 또 일주일 후에 실시된 검사에서도 그 모습을 드러냈다. 그러므로 주어진 과제를 다시 읽기 전에 읽은 내용을 암송해보는 노력을 잊지 말아야 할 것이다.

이 장 전체에 걸쳐 교수/학습장면에 중요하게 작용할 원리가 여러 가지 밝혀졌다. 읽기과제에서 학생들이 습득하게 되는 사실과 개념을 고찰한 이 마지막 절에서는 효과적으로 공부하는 데 최고의 연습 방법 세 가지가 부각되었다. (1) 자체-시험을 통해 인출 연습을 자주 하라. (2) 가용한 공부 시간을 한데 묶지 말고 나누어 띄엄띄엄 공부하라. (3) 공책 정리를 3R 전략으로 보완하라. 강의나 독서 과제를 하면서 정리해둔 공책을 공부할 때 3R 전략이 이용될 수 있음을 주목하

라. 또한 앞서 읽거나 들은 재료를 암송하는 일은 따로 시간을 정해서 할 수도 있지만 수시로 해볼 수 있다. 예를 들어, 학생들은 강의실로 걸어가면서도 또 운동을 하면서도 수업 중에 다룬 정보를 인출해보는 연습을 할 수 있을 것이다(McDaniel et al., 2009). 요는, 자체-시험은 공부라는 작업의 일부로 그 작업에서 분리할 수 없는 것이라는 점이다.

요약

1. 장기기억의 구조에 관한 중다 시스템 가설에 따르면, 장기기억은 하나의 저장고가 아니다. 서술기억(사실적 지식) 시스템과 비서술기억(방법지식) 시스템은 장기기억에서 근본적으로 분리되어 있다. 서술기억은 다시 일화기억(그 일이 발생한 구체적인 시간과 장소로 부호화된 사건에 관한 기억)과 의미기억(사실과 개념으로 구성된 일반 지식)으로 나뉜다. 비서술기억에는 기술/기능 학습, 점화, 조건형성, 습관화 등이 포함된다.

2. 맘속시간여행은 일화기억을 이용하여 과거사를 회상하고 재구성적 인출 과정을 이용하여 미래사를 내다보는 일을 일컫는다. 이 개념은 과거사를 회상하고 미래사를 그려보는 일을 할 때는 주관적 경험이 시간과 함께 순행하거나 시간을 거슬러 역행한다는 점을 강조한다. 이때는 마음 속에서 과거로 되돌아가는 여행이나 상상의 미래로 앞서 가보는 여행에 의해 뇌 속 기정 연결망이 활성화된다. 일상에서 벌어지는 미래에 대한 생각은 미래사 기억(계획기억)을 요구하는 과제에서 벌어진다. 계획기억이란 미래의 특정 시점에서 해야 할 일을 회상하는 일을 일컫는다. 사람들은 먼저 특정 시간대에 특정 행동을 수행할 의도를 형성해야 한다. 나중에 해야 할 일을 성공적으로 기억해내기 위해서는 두 가지의 인출 작업이 벌어져야 한다. 그 하나는 계획했던 대로 행동하게 하는 환경 단서를 감시하는 인출 모드에 들어가는 일이다. 이 첫 번째 작업에는 주의가 소모된다. 두 번째는 노력을 하지 않아도 비교적 자발적으로 전개되는 인출 작업에 의존하는 일이다. 이 인출 작업은 해야 할 일이 머릿속에 순간적으로 떠오르는 것처럼, 환경 단서에 의해 자동적으로 촉발된다.

3. 일화정보를 장기기억에 부호화하고 보관하는 일은 단기기억에 간직하고 있는 정보를 어떻게 조작/시연했느냐에 따라 달라진다. 단어목록을 반복해서 읽어보는 작업은 유지 시연에 속한다. 정교화 시연은 유지 시연보다 우수하다. 왜냐하면 이 조작은 예컨대, 학습해야 할 목록 속 단어가 가리키는 물체의 시각적 심상을 생성해보는 일 같이 단기기억에 간직하고 있는 정보를 이미 장기기억에 저장되어 있는 정보와 관련을 지어주기 때문이다. 장소법과 같은 기억술 역시 정교화 시연에 속한다. 단기기억 속 정보를 처리하는 수준도 학습에 영향을 미친다. 피상적으로 처리하는 것보다 의미까지 깊게 처리해보는 게 기억하는 데 훨씬 유리하다. 깊이 있게 처리된 정보는 독

특하게 되어 나중에 인출도 쉽게 이루어진다. 끝으로 새로이 학습한 정보를 성공적으로 재인하고 재생할 수 있기 위해서는 반드시 조직을 해야 한다.

4. 부호화 과정이 중요한 것은 사실이다. 하지만 부호화 과정을 인출 과정과 분리하여 고려할 수 있는 것은 아니다. 부호화 구체성 원리는 사건이 재인 또는 재생되는 일은 학습을 할 때 학습내용과 함께 부호화된 단서가 검사 시 이용되는 인출 단서와 일치할 때만 구현된다. 인출 단서는 기억해 내야 할 일화와 그 맥락이 활성화되게 해준다. 이런 관점에서 봤을 때, 망각은 부적절한 인출 단서 때문에 기억해내고 싶은 일화에 접근을 할 수 없어 발생하는 현상이다.

5. 학생들에게 전하고 싶은 충고는 (1) 인출을 연습하기 위한 자체-시험을 자주 보라, (2) 공부에 할애되는 시간을 가능한 한 분산하라, (3) 공책 정리를 3R(읽고, 암기하고, 재검토하고) 전략으로 보충하라는 말로 요약된다. 이들 공부 전략 외에도 이 장에서 논의된 부호화 및 인출의 모든 원리는 학습재료를 공부하는 데 적용할 수 있다. 예를 들어, 역사학이나 생물학 과목에서 일련의 사실을 기억하고 싶을 때는 물품 목록을 기억할 때 사용했던 장소법을 이용할 수도 있을 것이다.

핵심 용어

계획기억(prospective memory)
관계 처리(relational processing)
기분 일치 효과(mood congruence effect)
독특성(distinctiveness)
맘속시간여행(mental time travel)
부호화 구체성(encoding specificity)
비서술기억(nondeclarative memory)
상태-의존 학습(state-dependent learning)
서술기억(declarative memory)
설단 상태[tip of the tongue(TOT) state]
섬광기억(flashbulb memory)

유지 시연(maintenance rehearsal)
의미기억(semantic memory)
인출 모드(retrieval mode)
일화기억(episodic memory)
자기지칭 효과(self-referent effect)
전이적절 처리(transfer-appropriate processing)
정교화 시연(elaborative rehearsal)
주관적 조직(subjective organization)
처리 수준/깊이[levels(depths) of processing]
특출한 자서전적 기억(highly superior autobiographical memory, HSAM)

생각해볼 문제

• 여러분이 인지심리학 수업에 참여하는 데 이용하는 장기기억은 어떤 유형인가? 서술기억과 비서술기억의 용도를 구체적인 예를 들어 기술해보라.

- 개인적으로 겪었던 섬광기억을 묘사해보라. 이 기억에 독특성 원리가 적용되는 방식을 구체적으로 소개해보라.
- 여러분이 설단 상태를 경험했던 사례를 소개해보라. 그 당시 접근할 수 없었던 정보를 나중에는 재생할 수 있었는가? 이 경험을 이해/설명하는 데 이용할 수 있는 이론적 개념을 논의해보라.
- 설문지의 문항에 답을 적고 있는데, 어떤 구체적인 행동을 얼마나 자주 하는지를 묻는 질문(예컨대, 하루에 몇 분 정도 TV를 시청하는가?)을 만났다고 하자. 이 질문에 답을 적는 데 필요한 기억은 의미기억일까 일화기억일까?

제6장

기억왜곡

학습목표

- 인출의 본질이 재구성이라는 점과 재구성과 관련된 단순화, 동화/흡수, 첨예화 등의 기억착오를 설명한다.
- 부호화할 때 벌어지는 왜곡작용에 해당하는 선별, 해석, 통합을 비교한다.
- 출처 감시 문제가 허위기억에 기여하는 방식을 설명한다.
- 목격자 증언이 왜곡된 회상일 수 있는 이유를 서술한다.
- 충격적 경험에 대한 허위기억을 유발하는 작화, 오보, 주입 간 차이점을 설명한다.

사람들은 매일같이 과거사에 관한 생각과 회상을 하며 살아간다. 미래에 일어날지도 모를 사건에 대한 공상을 할 때도 있다. 사람들이 마음 속에서만 벌어지는 이러한 정신적 경험, 즉 공상의 세계와 실제 세계를 혼동하는 일은 거의 없다. 하지만 과거에 벌어졌던 일을 돌이켜 생각할 때는 사건에 대한 기억을 실제로 일어났던 사건과 혼동을 일으키는 경우가 많아진다. 기억왜곡은 망각보다 더 해로울 수 있다. 당사자는 회상이 잘못되었다는 사실을 알 수가 없기 때문이다. 그럼 정확한 회상과 과거에 관한 공상을 구분하는 경계선은 어디에 있을까? 어떤 사건에 대한 기억이 전혀 왜곡되지 않았다는 것은 어떻게 알 수 있을까?

나중에 알게 되겠지만 부호화, 저장, 인출의 각 단계에서 일화기억이 왜곡될 여지는 정말 많다. 이 장에서는 일화표상(즉, 일화기억)이 구축되는 부호화 단계 그리고 일화표상이 재구성되는 인출 단계에서 스키마(즉, 조직화된 지식)가 수행하는 역할도 소개한다. 세상사에 관한 우리의 지식은 일화기억의 부호화, 저장, 인출에도 영향을 미친다. 우리의 의미기억 저장고에 보관되어 있는 엄청난 양의 지식은 인간의 추상적 사고에 필수적인 요소로 작용한다. 그러나 바로 그 때문에 과거사에 관한 우리의 기억은 완벽에서 거리가 멀어지기도 한다.

재구성적 인출

제2장에서 논의했듯이, 스키마가 지각에 기여하는 결정적인 역할은 예상을 제공하는 일이다. 스키마는 기억에서도 이와 비슷한 역할을 수행한다. 장기기억에 있는 스키마는 우리가 알고 있는 모든 사물을 표상하고 있다. 이들 스키마는 복잡한 관계-망으로 조직되어 있다. 의미기억을 구성하는 사실과 개념 그리고 일화기억을 구성하는 자서전적 사건은 모두가 복잡한 방식으로 얽혀 있다.

고양이가 생쥐를 찾아 배회하는 시나리오를 상상해보자. 그 고양이는 어디에 가야 생쥐를 발견할 수 있을까? 말할 필요도 없이 농장의 곳간일 것이다. 때문에 농장의 이미지가 머릿속에 금방 떠오를 것이다. 여러분이 어린 시절을 보낸 농장이나 어렸을 때 가봤던 농장, 또는 지난주에 관람했던 영화에서 봤던 농장을 재생했을 수도 있다. 이번에는 소, 돼지, 말 같은 가축의 이미지가 마음 속에 떠올랐을 수도 있다. 말에 대한 생각은 이전에 여러분이 친구와 함께 말을 타러 갔던 때를 떠오르게 했을 수도 있다. 그때 같이 갔던 친구들 하나하나를 머릿속에 떠올리면서 더 많은 이미지를 머릿속에 떠올리게 된다. 이러한 자유연상의 가능성에는 끝이 없을 것이다. 장기기억에 있는 스키마는 이처럼 매우 복잡하게 얽혀 있기 때문이다. 그러한 조직/구조 덕분에 어떤 생각이든 몇 차례의 연결을 통해 머릿속에 있는 거의 모든 생각과 연결될 수가 있다.

우리가 학습하고 또 기억에서 인출하는 것은 거의 모두 이 스키마라고 하는 조직망을 통과한다. 스키마는 예상 생성을 통해 우리의 학습을 돕지만, 이들 예상과 일치하지 않는 사건은 놓치게 만들기도 한다. 스키마는 우리의 기억을 돕지만, 스키마 때문에 생성된 순간적인 예상에 맞추기 위해 회상을 일그러트리기도 한다. 여기서 중요한 점은 우리가 과거사를 어떻게 펼쳐낼 것인지가 스키마에 의해 가공된다는 사실이다. 재구성적 인출(reconstructive retrieval)이란 일화기억을 스키마에 맞추어 구성하는 작업, 즉 부호화된 기억표상을 해석하고 꾸미고 통합하고 개조하는 작업이 스키마에 맞추어 진행되는 작업을 일컫는 말이다.

> **재구성적 인출**이란 용어는 부호화된 기억표상을 해석하고 꾸미고 통합하고 개조하는 작업이 스키마에 맞추어 진행됨을 일컫는다.

재생이 스키마에 기초한 재구성의 과정으로 진행되기도 한다는 사실은 많은 실험을 통해 입증되었다. 예컨대, Brewer와 Treyens(1981)는 장소에 대한 우리의 회상이 스키마에 기초를 두고 있다는 사실을 이렇게 밝혀냈다. 실험자의 연구실에서 35초 동안을 대기한 후 참여자들을 다른 실험실로 데리고 가서, 아까 기다리고 있었던 연구실을 재생해보라고 지시했다(그림 6.1 참조). 사실상 모든 참여자가 연구실에 있었던 의자와 책상과 벽은 기억해냈다. 그러나 예상하지 못했던 물건(예 : 두개골)을 기억해낸 참여자는 전체의 1/4에 불과했다. 또한 일부 참여자는 심리학자의

그림 6.1 재구성적 인출을 연구할 때 이용된 연구실 모습

출처 : Brewer, W. F., & Treyens, J. C., Role of schemata in memory for places. *Cognitive Psychology, 13*, 207–230, copyright © 1981. Elsevier 허락하에 재인쇄.

연구실에 관한 선입견과 일치하는 물건(예 : 책)은 없었는데도 있었다고 기억해냈다.

실험실 사건의 재구성

글을 이해하고 기억하는 과정에서 스키마의 역할을 밝혀낸 연구는 매우 많다(Bower, Black, & Turner, 1979; Dooling & Christiansen, 1977; Spiro, 1980). 이들 연구는 물론 이들과 관련된 수많은 연구가 그 기반을 스키마와 재구성을 연구한 Bartlett(1932)의 연구에 두고 있다. Bartlett의 연구 중 특히 널리 알려진 연구는 참여자들에게 북아메리카 인디언의 설화 '유령의 전쟁'을 읽게 한 후, 읽었던 이야기를 재생해보게 한 연구였다. 그 결과에 대한 논의를 읽기 전에 먼저 학습활동 6.1에 소개해둔 '유령의 전쟁'을 읽어보기 바란다. 그런 후 책을 덮고 15분쯤 지나서 읽었던 이야기를 다시 읽을 생각은 하지 말고 기억만을 기초로 적어보라.

　Bartlett의 연구결과를 살펴보면, 재생이 원래 이야기를 재구성 또는 가공으로 이루어졌음을 어

학습활동 6.1	Bartlett의 연구에 이용된 이야기 '유령의 전쟁'

어느 날 밤에 Egulac에 사는 두 젊은이가 물개를 잡으러 강으로 들어갔고, 거기에 머무는 동안 안개가 끼고 사방이 고요해졌다. 그러던 중 함성을 듣고, '이건 전쟁놀이에서 나는 함성이겠지'라고 생각했다. 그들은 강가로 뛰어나가 통나무 뒤에 몸을 숨겼다. 이번에는 카누가 나타났고 그들은 노 젓는 소리를 들었고 카누 하나가 자기들 쪽으로 오는 걸 봤다. 카누에는 장정 5명이 있었고, 그들은 "우리는 강 위에 사는 사람들과 전쟁을 하러 위로 올라가고 있는 중이다. 너희들도 함께 갔으면 하는데, 너희들 생각은 어때?"라고 말했다. 그들 2명 중 1명이 말했다. "나는 화살이 없는데."

"화살은 카누에 있어"라고 그들이 말했다.

"나는 안 가고 싶어. 죽을지도 모르잖아. 우리 친척들은 내가 어디에 갔는지도 몰라. 그러나 너는 가도 되잖아." 옆에 있는 친구에게 말했다.

그리하여 2명 중 1명은 따라가고 1명은 집으로 돌아왔다.

전사들은 강 위로 올라갔고 Kalama의 건너 쪽에 있는 동네에 도착했다. 그곳 사람들이 물가로 나왔고 싸움이 시작되어 많은 사람들이 죽었다. 그러나 함께 갔던 젊은이가 전사들 중 1명이 "빨리, 우리 집에 가자. 그 인디언이 맞았다"라고 말하는 소리를 들었다. 이제 그는 생각했다. '아, 저들은 유령이구나!'라고. 그는 아프지 않았었다. 그러나 그들은 그가 맞았다고 말했다.

그래서 카누는 Egulac으로 돌아왔고, 그 젊은이는 강가에 있는 자기 집으로 가서 불을 지폈다. 그리고 그는 모든 사람에게 이렇게 말했다. "주목해주세요. 나는 유령들과 합류했고 우리는 싸우러 갔습니다. 함께 갔던 많은 동료들이 죽었고, 우리를 공격했던 사람들도 많이 죽었습니다. 그들은 내가 맞았다고 말했습니다. 그러나 나는 아프지 않았습니다."

그는 모두에게 그렇게 말하고는 조용해졌다. 해가 뜨자 그는 쓰러졌다. 그의 입에서 검은 무언가가 나왔다. 그의 얼굴이 찌그러졌다. 사람들은 펄쩍 뛰었다. 그리고 울었다.

그가 죽어 있었다.

출처 : Bartlett, F. C. (1932). *Remembering: A study in experimental and social psychology*. Cambridge University Press 허락하에 재인쇄.

렵지 않게 알게 된다. 이야기를 읽은 지 15분밖에 지나지 않았는데도 참여자들은 추상화된, 즉 요약된 이야기를 재생했던 것이다. 이러한 재구성적 인출을 한 결과 세 가지 오류가 발생했다. 그중 하나인 **단순화**(leveling)는 자세한 사항을 잃어버리는 일을 일컫는다. 단순화는 이야기가 원래보다 짧아진 데서 발견된다. 특히 친숙하지 않은 용어나 생각은 누락돼버린다. 예컨대, 전사들의 여정을 소개하면서 언급됐던 'Kalama'라는 지명은 기억나지 않을 수 있다. 또는 카누를 타고 있던 사람의 수를 언급하지 않는 일 그리고 동네라는 용어가 마을로 기억나는 일도 단순화에 해당한다. 동네라는 용어가 마을로 생각나는 이유는 인디언에 관한 우리의 지식에는 인디언 거주지가 동네라기보다 마을로 부호화되어 있기 때문일 것이다.

재생에서 벌어지는 재구성은 이야기 속 사건을 참여자의 스키마에 흡수시켜버리는 오류를 유발하기도 한다. **흡수/동화**(assimilation)는 회상을 선입견에 맞추어 규범화 또는 합리화한다는 뜻이다. 예를 들어, 인디언이 '맞았다'라는 표현이 '다쳤다'나 '부상을 입었다'로 묘사될 수도 있다. 이들 용어가 우리가 알고 있는 일반 지식과 더 잘 어울리기 때문이다. 이야기에 실제로 사용됐던 용어(예 : 아프지 않았다)가 전투에 관한 스키마에 흡수되어 맞았다로 기억날 수도 있다. 또는 두 젊은이가 강가로 간 것을 물개 사냥을 간 것이 아니라 물고기를 낚으러 간 것으로 기억해낼 수도 있다.

끝으로, 자세한 사항을 잃어버리는 일과 기대에 맞추어 바꾸어버리는 일 외에 참여자는 일부 사실을 꾸며낼 수도 있다. 첨예화(sharpening)는 실제로는 이야기 속에 언급되지 않았는데도 일 반 지식에서 추론해낼 수 있는 세밀한 사실까지 기억해낸다는 말이다. 예를 들어, "그 인디언이 맞았다"라고 기억하는 것이 아니라 "그 인디언이 화살에 맞았다"라고 기억해내는 오류가 첨예 화에 속한다. 이야기 속 어디에도 인디언이 화살에 맞았다는 말은 없다. 하지만 그 말은 그 이야 기 속에 소개된 여러 가지 사실과 우리가 알고 있는 인디언들 간 전쟁에 관한 일반 지식에서 쉽 게 추론될 수 있는 말이다. 전투에서 많은 사람이 부상을 당했다고 기억해내는 것 역시 스키마를 기초로 추론이 벌어졌다는 증거이다. 이야기 속에선 많은 사람이 죽었다고만 말했다. 일부는 부 상을 당했지만 죽지는 않았다는 말이 직접적으로 언급되지는 않았다. 하지만 우리의 머릿속에 들어 있는 전쟁에 관한 스키마는 모든 부상이 치명적이지는 않았을 것이라는 추론을 부추기고 도 남는다.

따라서 재구성적 재생은 세세한 사항은 누락시켜버리고 엉뚱한 사항을 포함시키기도 한다. 이 야기 속에 실제로 소개된 내용보다는 일반적 지식에 바탕을 둔 추론이 도출되기도 한다. 어떤 사 실은 원래의 이야기를 기초로 새롭게 생성된 스키마가 아니라 일반 지식 속에 이미 형성돼 있는 스키마에 흡수되기도 한다. 같은 이야기를 몇 시간, 몇 주, 몇 달, 그리고 몇 년을 두고 반복되는 재생시도에 따라 이들 왜곡은 점점 더 확장된다. 결국 같은 이야기를 다시 할 때마다 원래의 이야 기와는 닮은 점이 점점 더 줄어드는 또 하나의 이야기가 새롭게 재구성되는 셈이다.

이해를 확실하게 하기 위해, 정상적인 재구성 과정을 따를 수 없는 사람의 재생결과를 고려해 보자. 학습활동 6.2a의 이야기는 'V. P'라는 사람이 재생한 것을 그대로 옮겨놓은 것이다. 제5장 에서 소개했던 'S'처럼, V. P는 들은 사건을 놀라울 정도로 세밀한 것까지 들었던 그대로 재생해 놓았다. 더욱 놀라운 점은 이 기록이 V. P가 그 이야기를 들은 1년 후에 확보된 것이라는 데 있다. 6.2b에 소개된 글은 파지기간 15분 후에 대학생한테서 수집한 재생기록이다. 이 학생의 재생기 록에서 단순화, 동화/흡수, 그리고 첨예화의 보기를 찾아내어, 이러한 오류가 V. P의 재생기록에 는 전혀 발견되지 않는다는 사실을 확인해보라.

Bartlett의 선구적인 연구는 이론적으로는 강했으나 방법론에서 약했다. 그런데도 Bartlett의 결 과는 엄격한 실험설계와 자료 분석법을 동원한 검증에서도 재확인되었다(Bergman & Roediger, 1999). 이야기를 들을/읽은 그대로 재생해보라고 지시하면 15분만 지나도 정확하게 재생해내는 정도는 20%에도 못 미친다. 그림 6.2에서 볼 수 있듯이, 그 정확성은 1주일 후에는 그 절반으로 떨어지고 6개월 후에는 다시 그 절반으로 줄어든다. 이에 비해, 글 속 명제의 구성요소에서 나타나는 주요 왜곡은 이 기간 동안 일정하게 유지되었다. 이 후자에 속하는 왜곡으로는 사건을 스키마에 맞추는 정규화(예 : '카누'를 '배'로 바꾸고 '물개 사냥'을 '낚시'로 바꾸는 오류) 또는 없었던 세항을 스키마를 이용해 추론하는 일(예 : 이야기에는 '화살'이란 구체적인 말이 없었는데도 인디언이 '화살'에 맞았다고 재생하는 일)이 포함되었다.

학습활동 6.2a	이야기를 들은 1년 후에 기억술사 V. P가 재생한 '유령의 전쟁'

어느 날 Egliac에 사는 두 젊은이가 물개를 잡으러 강으로 들어갔고, 거기에 있는 동안 갑자기 안개가 자욱하게 끼고 조용해졌다. 그리고 놀라서 노를 저어 뭍으로 나가 통나무 뒤에 몸을 숨겼다. 잠시 후 그들은 물에서 노 젓는 소리를 들었고 카누 하나가 자기들 쪽으로 오는 걸 봤다. 5명의 장정이 타고 있던 카누 중 하나가 물가로 나왔고 그들 중 1명이 "너희들은 어떻게 생각해? 강 위에 있는 사람들과 전쟁하러 그곳으로 가자"라고 말했다.

"나는 너희와 같이 갈 수 없어"라고 젊은이 중 1명이 말했다. "우리 친척들은 내가 어디에 갔는지도 몰라. 뿐만 아니라 내가 죽을지도 모르잖아." 그러나 그는 다른 젊은이 쪽으로 눈을 돌리며 "너희와 같이 갈 거야"라고 말했다. 그래서 젊은이 둘 중 1명은 마을로 돌아가고, 다른 1명은 전투단과 함께 강을 거슬러 올라갔다.

그들은 Kalama를 지나 한 지점으로 갔고, 사람들이 싸움을 하러 물가로 내려와 싸움이 붙었다. 오래지 않아 그 젊은이는 누군가가 "그 인디언이 부상을 입었다"라고 말하는 소리를 들었다. '아마, 저들은 유령이겠구나!'라고 그는 생각했다. 왜냐하면 그는 아무런 문제가 없다고 느꼈기 때문이다. 그 전투단은 떠나자고 주장했고 그들은 떠났다. 그리고 그 젊은이는 자기 마을로 돌아갔다.

그 젊은이는 자기 거주지 앞에서 불을 지폈고, 앉아서 동이 트길 기다렸다가 마을 사람들에게 말했다. "나는 전투단과 함께 사람들과 싸우러 갔습니다. 치열한 싸움이 벌어졌고 많은 사람이 죽고 많은 사람이 다쳤습니다. 그들은 내가 부상당했다고 말했습니다. 그러나 나에게는 아무런 느낌도 없었습니다. 그들이 유령이었던 것 같습니다."

그는 모두에게 그렇게 말했고, 해가 떴을 때 잠시 울었다. 그의 입에서 검은 무언가가 나왔다. 그는 쓰러졌다. 그가 죽어 있었다.

출처 : Hunt, E. B., & Love, T. (1972). How good can memory be? In A. W. Melton & E. Martin (Eds.), Coding Processes in Human Memory (pp. 237-260) Washington, DC: V. H. Winston & Sons.

학습활동 6.2b	대학생이 이야기를 들은 15분 후에 기억해낸 재생기록

남자 2명이 물가에 물개를 낚으러 내려갔다. 고요하고 안개가 자욱해졌다. 그들은 시끄러운 소리를 듣고 언덕으로 나가 통나무 뒤에 숨었다. 노 젓는 소리가 들렸고 카누가 다가오는 것을 봤다. 카누에는 5명의 남자가 타고 있었고, 그들은 이 두 남자에게 자기들과 함께 싸우러 가자고 청했다. 그 남자는 먼저 자기에게는 화살이 없다고 말했다. 그러자 카누를 타고 있던 남자가 화살은 카누에 많이 있다고 말했다. 그러자 그는 자기의 친척들이 자기가 어디에 갔는지를 모르기 때문에 갈 수 없다고 말했다. 하지만 다른 남자는 갈 수 있다고 말했다. 그래서 다른 남자는 그들과 함께 싸우러 갔고 첫 번째 남자는 집으로 갔다. 그들이 마을에 도착하자 그곳 사람들이 싸우러 물가로 내려왔다. 그 남자는 그 인디언들이 자기가 맞았기 때문에 서둘러 떠나자고 하는 말을 들었다. 그는 그들이 싸우는 유령이라고 생각했다. 그리고 그는 그들이 자기를 쐈고 그러나 그는 통증을 느끼지 못했기 때문에 유령들과 함께 있었다고 마을 사람들한테 말했다. 그는 이야기를 끝내고는 조용해졌다. 그다음 날 아침 그는 쓰러졌다. 그의 입에서 어떤 검은 것이 나왔다. 사람들은 그가 죽어가는 것을 바라보았다.

그림 6.2 '유령의 전쟁'을 들은 후 파지간격에 따라 이야기 속 명제가 재생된 비율이 변하는 모습

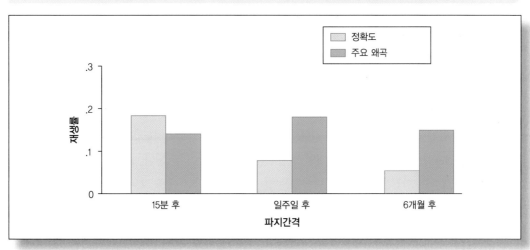

출처 : Bergman, E. T., & Roediger, H. L., III, Can Bartlett's repeated reproduction experiments be replicated? *Memory & Cognition, 27*(6), 937–947, copyright © 1999. Psychonomic Society 허락하에 재인쇄.

자서전적 사건의 재구성

공적 사건이 아닌 개인적 사건에 대한 자서전적 기억이 재구성되는 방식에 관해서도 많은 것이 밝혀져 있다(Conway, 1992). 해상 사고로는 대한민국 최악의 사건으로 기록되고 있는 세월호 사건은 공적 사건이다. 우리는 2014년 4월 16일 진도 팽목항 앞바다에서 인천–제주 정기 여객선 '세월호'가 침몰한 사고를 뉴스를 통해 알고 있다. 이에 반해, 여러분이 2014년에 맞았던 생일은 여러분과 여러분의 부모 그리고 친한 친구나 친척들만 알고 있었을 것이다. 자서전적 사건이란 우리 각자가 개인적으로 경험한 사건을 일컫는다.

Conway(1992)는 사람들이 자서전적 사건을 회상할 때 "내가 갑이라는 곳에 살았을 때…" 또는 "내가 을이라는 회사에 다녔을 때…"와 같은 표현을 사용한다는 사실을 발견했다. 이러한 '때'로 지칭되는 삶의 기간은 몇 년이 될 수도 있고 몇십 년이 될 수도 있다. 이 기간이 1차적 인출 단서로 작용하여 회상 대상사건을 전 생애 중 일정 기간에 벌어진 사건으로 한정시켜준다. 이러한 생애 중 특정 시간대라는 단서는 그 당시의 기분이나 삶의 주요 목적, 또는 그 당시 삶의 일반적 주제를 상기시켜줄 수는 있어도 구체적인 사건까지 기억나게 해주지는 못한다. 다른 단서가 필요하다는 뜻이다. 2차적 인출 단서로는 일반적인 사건이 꼽힌다. 여기서 말하는 일반적 사건은 연대순으로 조직된 사적인 경험들로 주제에 따라 결집된 사건을 일컫는다. 생전 첨으로 사랑에 빠지는 일이나 첫 출근 또는 고등학교 졸업, 대학이 있는 곳으로 이사 가는 일 같은 처음 해보는 경험들은 서로 관련된 일반적 사건 중 하나를 머릿속에 떠올려준다. 3차적 인출 단서에는 감각적 재현으로 구성된 구체적인 이미지나 특정 사건이 포함된다. Conway의 견해로 보면, 사건에 대한

이러한 세밀한 회상은 언제나 일반적 사건의 스키마-기반 표상에 통합되어 있다. 따라서 별개의 기억/회상으로 보이는 것도 실제로는 기억구조의 상위수준과 엮여 있음을 알게 된다.

자신의 삶을 재생하게 되면, 자신을 정의하는 중요한 일반적 사건 또는 일화가 드러나게 된다. 이들 사건과 일화는 고립된 하나하나의 사건으로 재생되는 것이 아니라 삶에 의미를 부여하는 이야기의 일부로 재생된다(Bruner, 1990). 삶에 대한 이야기는 우리가 누구인지에 대한 감을 제공한다. 하지만 이런 이야기는 정확하지 않을 수도 있다. 삶에 대한 이야기 이외에도 우리는 2003년에 있었던 대구지하철 참사 같은 공적 사건에 대한 섬광기억도 또 개인의 특이한 경험도 재생한다(Neisser & Libby, 2000). 개인적 경험은 특히 회상이 잘 된다. 1989년 미국 캘리포니아 주에서 발생했던 지진을 경험했던 사람들은 일 년 반이 지난 후에도 그 사건에 대한 정보를 사나흘 후에 보고했던 것과 거의 같은 수준의 정확 정밀성으로 보고할 수 있었다(Neisser et al., 1996).

사람들은 맘속시간여행을 통해 자신의 경력을 재생한다. 그러나 어릴 적에 찍은 사진을 담고 있는 사진첩이나 기타 사진으로 남은 증거를 들여다보면 이 작업이 촉진되기도 한다. 사진은 인출 단서로 작용하여 실제로 벌어졌던 과거사를 재구성하는 데 많은 도움을 준다. 하지만 사진은 재구성적 작용을 독려하여 과거사를 왜곡할 수도 있다. Lindsay, Hagen, Read, Wade, Garry(2004)는 대학생들에게 각자가 어릴 적에 학교에서 겪었던 경험을 세 가지씩 회상해보라고 주문했다. 두 가지는 실제로 있었던 사건이었는데, 생활사에 관한 질문지를 작성하게 하여 확인된 사실이었다. 그리고 한 가지는 꾸며낸 거짓이었다. Lindsay 등(2004)의 연구에 이용되었던 꾸며낸 사건은 "초등학교 1학년 땐가 2학년 땐가 마텔사에서 장난감으로 생산한 밝은색 젤라틴 같은 끈적이를 선생님의 책상 서랍에 넣어놓았던 일"(p. 150)이었다. 실험참여자들은 모두 이들 사건을 묘사한 글을 읽었다. 그들 중 절반에게는 회상을 돕기 위해 실제 교실을 찍은 사진까지 한 장 보여주었다. 그 사진은 검토 중인 구체적인 사건이 아니라 교실 안에서 포즈를 취하고 있는 모든 사람들의 모습을 담고 있었다. 급우들이 담긴 사진을 보면 재구성적 인출이 촉진될 것으로 기대되었기 때문이다. 기실, 이 사건에 관한 이야기를 읽기만 했는데도 학생들 중 거의 절반이 끈적이 사건에 대한 이 위조기억을 재구성해냈다. 그리고 학급 사진을 본 일이 이 위조기억을 구성해내는 학생의 비율을 70%로 높여놓았다. 사진이 인간의 회상을 왜곡시킬 기회는 언제든지 있다. 이야기 속 이미지가 인쇄물로 또는 인터넷으로 널리 보급되고 있기 때문이다. 사람들은 알고 있다—뉴스 속 사진이 편집됐다는 사실도 또 진실성이 없다는 사실도. 그런데도 사진만 제시되어도 이야기나 그 이야기에 관한 기억을 진실로 믿게 될 가능성은 크게 높아진다(Garry & Gerrie, 2005).

부호화 왜곡

스키마는 재구성적 인출에 영향을 미칠 뿐 아니라 부호화하는 동안에 기억을 적극적으로 그리고 다양한 방식으로 왜곡시키기도 한다. 그러나 이들 효과의 강도와 일반성에 대해서는 아직 논쟁이 진행되고 있는 중이다(Alba & Hasher, 1983; Mandler, 1984). 여기서는 이들 적극성 효과를 잘 보여주는 것으로 간주되는 세 가지 방식인 선별, 해석, 통합만을 소개하기로 한다.

선별

선별(selection)은 선행 지식에 맞는 정보만을 선택적으로 부호화하는 작업을 일컫는다. 이 작업의 효력은 Bransford와 Johnson(1972)에 의해 여실히 입증되었다. 그들은 실험에 참여한 사람들에게 다음과 같은 모호한 글을 제시하였다.

> 그 절차는 실제로 매우 간단하다. 먼저, 물건을 서로 다른 더미로 정돈한다. 물론, 정돈할 것이 많지 않으면 한 더미만으로 충분할 수도 있다. 설비가 없어서 다른 곳으로 가야 한다면, 그렇게 하는 것이 두 번째 단계이다. 그렇지 않으면 준비가 거의 다 된 셈이다. 도를 넘기지 않는 것이 중요하다. 한 번에 많이 하는 것보다는 한 번에 좀 적게 하는 편이 낫다는 말이다. 단기적인 안목으로 볼 때는 이렇게 하는 것이 별로 중요해보이지 않는다. 하지만 이렇게 하지 않으면 일이 쉽게 꼬이는 수가 있다. 한 번의 실수로 꽤 비싼 대가를 치러야 할지도 모른다. 처음에는 이 모든 절차가 복잡해보인다. 그러나 이 일도 곧 일상생활의 또 다른 일부가 되고 만다. 이 일을 하지 않아도 되는 날이 금방 오지는 않을 것 같다. 그러나 이에 대하여는 아무도 장담할 수 없다. 이 절차가 끝나면 이들 물건은 다시 서로 다른 더미로 정돈된다. 그러고 나면 이것들을 적절한 장소에 집어넣을 수 있게 된다. 이것들이 다시 한 번 사용되고 나면 이 모든 절차는 다시 반복된다. 그러나 이것도 일상생활의 일부일 뿐이다(p. 722).

이 글을 처음 읽었을 때는 여러분도 Bartlett(1932)이 말한 소위 '의미추구의 노력'(effort after meaning), 즉 다양한 스키마가 이들 문장을 이해 가능한 모습으로 바꾸어보려는 애를 쓰고 있음을 느꼈을 것이다. 글의 제목이나 주제를 모르고는 특정 스키마에 맞는 문장을 골라내기가 어렵다. 따라서 이해하기도 힘들고 결국에는 재생도 보잘것없게 된다. Bransford와 Johnson(1972)의 실험에서 수집된 자료는 이 사실을 그림 6.3의 '주제 없음'에서 분명하게 보여주고 있다. 글을 읽기 전에 '세탁'이라는 주제를 알려주면, 참여자들의 이해도 평정치 및 재생검사 점수가 크게 향상되었다. 하지만 글을 읽은 후에는 주제를 알려주어도 이해 및 재생에 도움이 되지 않았다. 세밀한 정보를 선별해내기 위해서는 스키마가 학습할 당시에 활성 상태에 있어야만 한다는 뜻이다.

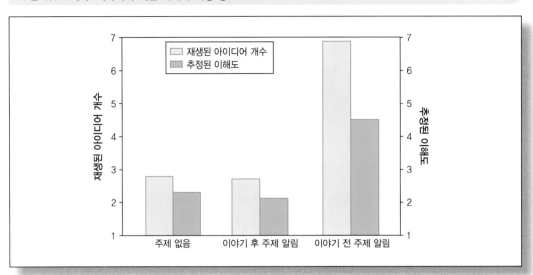

그림 6.3 '세탁' 이야기에 대한 이해와 재생 정도

출처 : Bransford, J. D., & Johnson, M. K., Contextual prerequisites for understanding: Some investigations of comprehension and recall. *Journal of Verbal Learning and Verbal Behavior, 11*, 717–726, copyright © 1972. Elsevier 허락하에 재인쇄.

해석

새로운 재료를 활성화된 스키마에 맞추기 위해 생성되는 추론과 추측을 해석(interpretation)이라 한다. 사건의 의미해석에 필요한 기초는 선행 지식이 제공한다. 그리고 이러한 해석은 기억의 일부가 된다. Johnson, Bransford, Solomon(1973)의 결과는 해석이 일어나고 있음을 멋지게 예시하고 있다. 다음 글 두 토막을 고려해보자. 서로 다른 두 집단의 사람들에게 제시됐던 글이다.

1. 종호는 새집을 고치고 있었다. 그의 아버지가 그가 하는 일을 돕기 위해 밖으로 나왔을 때 종호는 못을 치고 있었다.

2. 종호는 새집을 고치고 있었다. 그의 아버지가 그가 하는 일을 돕기 위해 밖으로 나왔을 때 종호는 못을 찾고 있었다.

작은 차이를 제외하고는 이 두 토막의 글은 동일하다. 나중에 실시된 재인검사에서 Johnson 등(1973)은 다음과 같은 새로운 문장을 포함시켜보았다.

3. 종호가 하는 일을 돕기 위해 그의 아버지가 밖으로 나왔을 때 종호는 망치를 이용해 새집을 고치고 있었다.

재인검사에서는 토막 2보다 토막 1을 읽었던 집단이 토막 3을 앞서 읽은 글에서 봤다고 오인할 가능성이 훨씬 높은 것으로 드러났다. 토막 3에 대한 이러한 오인이 발생했다는 사실은 사람들이 종호가 망치를 이용하고 있었다고 추론을 했음을 뜻한다. 이 추론에서 생성된 "종호가 망치를 이용하고 있었다"는 가정은 그 글 토막에 의해 활성화된 스키마의 기대와 일치도가 높다는 점을 주목하자.

통합

부호화 왜곡의 세 번째 유형인 **통합**(integration)은 상이한 사건의 속성을 단일 기억표상으로 조합하는 일을 일컫는다. 통합의 결과 우리는 사건이 일어난 대로 자세하게 기억해내는 것이 아니라 요점만을 기억해내게 된다. Bransford와 Franks(1971)는 사람들에게 여러 문장을 하나의 목록으로 제시함으로써 통합을 검토하였다. 학습활동 6.3에서 여러분도 이들 문장 중 일부를 읽어볼 수 있다. 읽은 문장을 확실하게 이해할 수 있도록 각 문장 뒤의 질문에 답부터 해보기 바란다.

학습활동 6.3	기억실험 : 제1부

지시문 : 각 문장을 읽고, 다섯까지 센 후, 질문에 답을 한다. 그리고 다음 문장으로 넘어간다.

문장	질문
그 여학생이 베란다의 창문을 부쉈다.	뭘 부숴?
앞마당의 나무가 담뱃대로 담배 피우는 아저씨에게 그늘을 만들어주었다.	어디에?
그 언덕길은 가팔랐다.	무엇이?
짖는 개를 보고 도망치던 고양이는 탁자 위로 뛰어올랐다.	뭘 보고?
그 나무는 컸다.	어떻다고?
그 낡은 차는 언덕길을 올라갔다.	무엇이 그랬다?
개를 보고 도망치던 고양이가 탁자 위로 뛰어올랐다.	어디에?
옆집에 사는 여학생이 베란다에 있는 창문을 부쉈다.	어디 산다고?
그 차는 트레일러를 끌고 있었다.	뭘 했다고?
그 놀란 고양이는 짖는 개를 보고 도망쳤다.	무엇이 그랬다?
그 여학생은 옆집에 산다.	누가 산다고?
그 나무가 담뱃대로 담배 피우는 아저씨에게 그늘을 만들어주었다.	무엇이 그랬다?
놀란 고양이는 탁자 위로 뛰어올랐다.	무엇이 그랬다?
옆집에 사는 여학생이 큰 창문을 부쉈다.	뭘 부숴?
그 아저씨는 담뱃대로 담배 피우고 있었다.	누가 그랬다?
그 낡은 차는 가파른 언덕길을 올라갔다.	무엇이?
그 큰 창문은 베란다에 있었다.	어디에?

(계속)

그 큰 나무는 앞마당에 있었다.	무엇이 그랬다?
트레일러를 끌고 있는 그 차는 가파른 언덕길을 올라갔다.	무엇을 했다?
고양이는 탁자 위로 뛰어올랐다.	어디에?
앞마당에 있는 그 큰 나무는 아저씨에게 그늘을 만들어주었다.	뭘 했다?
트레일러를 끌고 있는 그 차는 언덕길을 올라갔다.	어떤 차?
그 개가 짖고 있었다.	뭘 했다?
그 창문은 큰 창문이었다.	무엇이?
그만! 이제, 위에서 읽은 문장을 덮고, 그림 6.4의 각 문장을 읽고 그 문장이 위에 있었던 문장인지를 판단해보라.	

출처 : Jenkins, J. J., Remember that old theory of memory? Well, forget it! *American Psychologist, 29*, 785–795, copyright © 1974, The American Psychological Association 허락하에 재인쇄.

이제, 잠시 시간을 내어 학습활동 6.4에 제시된 각 문장을 읽고 그것이 학습활동 6.3에 있었던 것인지 아니면 처음 보는 문장인지를 판단하여, 다음 문장으로 넘어가기 전에 '신' 또는 '구'란에 V로 표시해보라. 이 재인검사를 끝낸 후에는 '구'란에 표시한 문장의 개수를 세어보라.

> 사건의 속성 중 일부만 선별하는 일, 사건을 기존의 스키마에 맞추어 해석하는 일, 그리고 여러 사건의 속성을 통합하는 일은 모두 기억의 왜곡을 조장하는 부호화 실패에 해당한다.

학습활동 6.4에 제시된 문장 30개에 대한 반응을 살펴보면, 대부분의 사람들은 절반 이상을 '구' 문장으로 지적한다. 여러분은 몇 개나 선택했는가? 사실 이들 검사문장 중에는 앞서 제시되었던 문장이 하나도 없다. 친구에게 부탁하여 이 학습활동을 해보게 하고 그 친구도 절반 이상을 '구' 문장으로 분류하는지 살펴보라. 왜 이런 일이 벌어지는 것일까? 검사에 이용된 문장이 새로운 건 사실이다. 하지만 원래의 문장을 읽었을 때 활성화됐던 스키마를 기초로 보면 충분히 그럴듯한 문장들이다. 원래의 각 문장에 들어 있던 개별적 아이디어들이 하나로 통합되어 보다 큰 아이디어로 조직된다. 그리고 그 통합의 결과는 매우 강력하다. 때문에 사람들은 모든 관련 아이디어가 담겨 있는 하나의 문장을 봤다는 믿음을 갖게 되며, 그 믿음은 소수의 아이디어가 담겨 있는 몇 개의 문장을 봤다는 믿음보다 더 강하게 형성되었다고 가정하면 왜 그런 일이 벌어지는지가 이해된다. 바로 그런 통합작용 때문에, 읽은 문장 하나하나를 있는 그대로 기억 속에 저장해두었을 때 예상되는 결과와는 정반대되는 결과가 관찰되었다는 설명이다.

그림 6.4는 Bransford와 Franks(1971)의 실험결과를 보여준다. 검사문장 속에 들어 있는 아이디어의 개수가 1개에서 4개까지 늘어났다. 무관 조건의 문장은 완전히 새로운 문장들로 원래 문

장을 읽었을 때 활성화됐던 스키마와도 아무런 관계가 없었다. 이들 문장은 어렵지 않게 '신' 문장으로 인식되었다. 그림이 보여주듯, 참여자들은 아이디어가 2개 이상 들어 있는 새로운 문장을 '구' 문장으로 재인했고 확신(믿음)도 아이디어의 개수와 함께 증가하였다. 원래 읽은 문장이 검사문장으로 제시된 조건에서도 동일한 결과가 관찰되었다. 이들 결과에서 분명히 알 수 있는 것은 통합에 의해 기억이 왜곡되는 것은 통합작용에 의해 여러 사건의 요점이 기억 속에 형성되기 때문이라는 점이다.

학습활동 6.4	기억실험 : 제2부

지시문 : 각 문장을 읽고, 앞서 봤던 문장인지(구) 처음 보는 문장인지(신)를 판단하라.

문장	구	신
1. 그 차는 언덕길을 올라갔다.		
2. 옆집에 사는 그 여학생이 창문을 부쉈다.		
3. 담뱃대로 담배를 피우던 노인이 가파른 언덕길을 올라갔다.		
4. 그 나무는 앞마당에 있었다.		
5. 놀란 고양이는 짖는 개를 보고 도망치다 탁자 위로 뛰어올랐다.		
6. 그 창문은 베란다에 있었다.		
7. 짖던 개는 앞마당에 있는 낡은 차 위로 뛰어올랐다.		
8. 앞마당에 있는 그 나무가 아저씨에게 그늘을 만들어주었다.		
9. 그 고양이는 개를 보고 도망치고 있었다.		
10. 그 낡은 차는 트레일러를 끌고 있었다.		
11. 앞마당에 있는 큰 나무가 그 낡은 차에 그늘을 만들어주었다.		
12. 그 큰 나무가 담배 피우는 아저씨에게 그늘을 만들어주었다.		
13. 놀란 고양이는 개를 보고 도망치고 있었다.		
14. 그 낡은 차는 트레일러를 달고 언덕길을 올라갔다.		
15. 옆집에 사는 그 여학생이 베란다에 있는 큰 창문을 부쉈다.		
16. 그 큰 나무가 아저씨에게 그늘을 만들어주었다.		
17. 그 고양이는 짖고 있는 개를 보고 도망치고 있었다.		
18. 그 차는 낡았다.		
19. 그 여학생이 큰 창문을 부쉈다.		
20. 놀란 고양이는 탁자 위에 뛰어오른 짖는 개를 보고 도망쳤다.		
21. 놀란 고양이는 개를 보고 도망치다 탁자 위에 뛰어올랐다.		
22. 트레일러를 끌고 있는 그 낡은 차는 가파른 언덕길을 올라갔다.		

(계속)

23. 그 여학생은 베란다에 있는 큰 창문을 부쉈다.		
24. 베란다에 있는 창문을 부순 그 놀란 고양이는 나무 위로 올라갔다.		
25. 그 나무는 아저씨에게 그늘을 만들어주었다.		
26. 그 차는 가파른 언덕길을 올라갔다.		
27. 그 여학생이 창문을 부쉈다.		
28. 옆집에 사는 아저씨가 베란다에 있는 큰 창문을 부쉈다.		
29. 앞마당의 큰 나무가 담뱃대로 담배 피우는 아저씨에게 그늘을 만들어주었다.		
30. 그 고양이는 겁을 먹었다.		
그만! 이제 '구'로 판단한 문장의 개수를 세어보라.		

출처 : Jenkins, J. J., Remember that old theory of memory? Well, forget it! *American Psychologist, 29*, 785–795, copyright © 1974, The American Psychological Association. 허락하에 재인쇄.

그림 6.4 문장 속에 표현된 아이디어의 개수에 따라 신, 구 문장 모두에 대한 재인판단의 확신 정도가 변하고 있다.

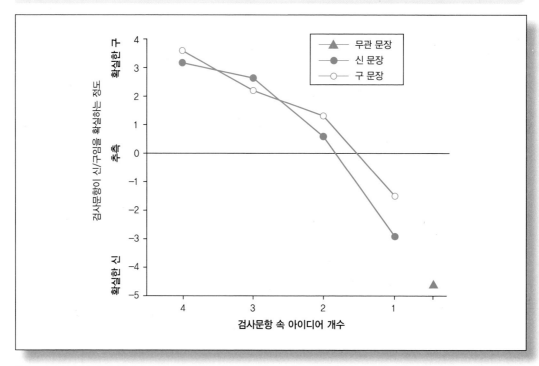

출처 : Bransford, J. D., & Franks, J. J., Abstraction of linguistic ideas. *Cognitive Psychology, 2*, 331–350, copyright © 1971. Elsevier 허락하에 재인쇄.

출처 감시

보통 사람들이 상상 속에서 떠올렸던 사건과 실제로 일어났던 사건을 혼동하는 일은 거의 없다. 왜 그럴까? REM 수면단계에서 꾸는 생생한 꿈도 실제와 혼동되지 않는다. 꿈을 꿀 때는 그렇게 생생했는데도 우리는 그 꿈이 꿈일 뿐이라는 사실을 안다. 어떻게 아는 것일까? 한 가지 이유는 기억에는 출처 감시(source monitoring)라는 작용이 포함되기 때문이다(Johnson, Hastroudi, & Lindsay, 1993). 출처 감시란 정신적 경험의 원천이 어디인지를 사정하는 과정을 일컫는다. 출처가 외부에 있을 때는 주변 사건이 그 원천으로 지각되고, 출처가 내부에 있을 때는 생각이나 상상 또는 꿈이 그 원천으로 지각된다. 기억의 출처를 다루는 실험에서는 참여자들에게 단어를 들려주기도 하고 읽게 하기도 한다. 이때의 출처 감시는 특정 단어에 대한 기억이 시각적으로 제시된 단어를 읽어서 형성된 것인지 아니면 청각적으로 제시된 단어를 들어서 형성된 것인지를 검토하는 작업이다. 실재 감시(reality monitoring)라고 하는 다른 유형의 출처 감시에서는 지각경험을 통해 생성된 기억과 상상을 통해 생성된 기억을 구분하려 한다. 그러니까 실재 감시는 내적 출처와 외적 출처를 구분하려는 노력인 셈이다.

실재 감시의 오류는 자신이 생성한 생각이나 공상 또는 꿈의 출처를 외부에 있는 것으로 판단할 때 발생한다. 강렬하고 선명한 시각적 심상 생성 능력을 지닌 사람일수록 그런 오류를 범할 가능성은 높아진다. 왜냐하면 이들의 맘속표상은 시각적으로 세밀한 사항들로 구성되어 있어 실제로 벌어진 사건을 지각하는 것과 매우 흡사하기 때문이다(Johnson, Raye, Wang, & Taylor, 1979). 실재 감시의 오류는 다른 사람의 목소리로 들은 단어에 대한 상상과 자신의 목소리로 들은 단어에 대한 상상을 비교할 때에도 발생할 수 있다. 최근에 실시된 한 실험에서는 젊은 성인들을 fMRI 스캐너에 눕혀놓고 컴퓨터 모니터를 통해 일련의 단어를 보여주었다(Sugimori, Mitchell, Raye, Greene, & Johnson, 2014). 각 단어를 제시하기 전에 참여자들에게는 다음 두 가지 일 중 하나가 벌어질 것이라고 알려주었다. 즉, 모니터에 제시된 단어를 읽을 때 이어폰으로 그 단어를 듣게 되거나, 그렇지 않으면 다른 사람의 목소리로 그 단어를 듣는다는 상상을 해야만 한다고 알려주었다. 나중에 스캐너 밖에서 실시된 재인검사의 문항에는 새로운 단어도 있었고 또 스캐너 속에서 만났던 단어(이들 단어 중에는 실제로 들은 것도 있고 들었다고 상상한 것도 있었다)도 있었다. 참여자의 과제는 각 단어가 실제로 들었던 단어인지, 들었다고 상상했던 단어인지, 새로운 단어인지를 판단하는 일이었다.

이 과제를 수행하는 동안에도 뇌 속 여러 영역이 활성화됐던 것으로 드러났다. 그러나 우리의 관심은 행동자료(즉, 재인검사 결과)에서 두 조건(들은 조건과 상상한 조건) 간 차이를 가장 분명하게 보여주는 단어, 그리고 그런 단어를 처리할 때 뇌의 어떤 영역이 활성화되었던가에 있다. 그림 6.5의 칸 (a)를 보면, 상상을 했고 참여자도 상상했던 것으로 인정한 단어에 대한 BOLD(blood-oxygen-level-dependent) 신호가 좌반구 전전두피질의 한 영역에서 가장 크게 기록되었음을 알 수 있다. 칸 (a)의 오른쪽에는 화살표로 지적된 영역의 활동에 상응하는 행동자료가 정리되어 있다. 이 영역은 좌반구의 중전두회(중간이마이랑)로 중심앞이랑까지 뻗쳐 있다. 연구자들은 기존의 이론 및 발견을 기초로 이 활성화를 전전두피질에 추가된 처리, 즉 제시된 단어를 읽으면서 소리로 들리는 단어를 상상하는 일을 처리하는 데 개입하는 활동으로 해석하였다. 그림 6.5의 칸 (b)에서는 실재 감시의 오류에 중요하게 작용하는 두 번째 영역으로 확인된 좌반구 아래이마이랑을 볼 수 있다. 이 영역은 단어의 의미처리에 관련된 영역으로 알려져 있다. 재미있는 점은 의미속성의 부호화 같은 깊은 처리가 상상했던 단어의 출처가 외부라고 착각할 가능성을 높여놓는다는 사실이다. 의미부호화는 실제로 제시됐던 단어를 정확하게 기억해낼 가능성을 향상시키는 것처럼, 상상했던 단어가 기억에 남을 가능성까지 향상시킨다는 암시이다. 칸 (b)의 오른쪽에 있는 그래프에서는 좌반구의 아래이마이랑에서 기록된 BOLD 신호는 "들었다"는 반응에서 가장 강했음을 알 수 있다. 이 연구를 통해 우리는 실재 감시의 오류와 관련된 신경계의 활동을 다소나마 알게 되었다.

기억착각

출처 감시는 정신적 경험의 근원을 내부(즉, 생각, 망상, 꿈)인지 아님 외부(즉, 실제 사건에 대한 지각 경험)인지를 평정하는 과정을 일컫는다.

기억의 근원이 내적인지 외적인지를 구분할 수 있어야 일어난 적이 없는 사건을 기억하는 잘못을 범하지 않는다. 기억왜곡의 여러 유형 중 사람을 가장 짜증나게 하는 것이 없었던 사건에 대한 정보를 회상해내는 착각이다(Roediger, 1996). 이쯤에서 읽기를 잠시 멈추고 학습활동 6.5에 제시된 기억실험을 따라 해보라. 목록을 구성하는 단어를 한 번에 하나씩 1초 간격으로 읽는다. 읽기가 끝나면 눈을 돌리고 60부터 거꾸로 하나씩 천천히 세어내려간다. 세기가 끝나면 목록에서 읽었던 단어를 최대한 많이 재생해본다.

기억착각이라는 재미나는 현상을 연구하기 위한 수많은 실험에서 학습활동 6.5에 소개된 것과 같은 단어목록이 이용되었다(Deese, 1959; Roediger & McDermott, 1995). 여러분의 정확 재생률을 스스로 점검해보라. 목록의 앞부분에 있는 단어가 더 많이 재생되는 일, 즉 초두 효과가 관찰되었는가? 그럼 최신 효과는? 목록의 마지막 부분에 있었던 단어를 정확하게 재생한 확률이 높았냐는 뜻이다. 일반적으로 목록의 중간에 있었던 단어가 정확하게 재생되는 경우는 많지 않다. 많은 참여자들이 문턱, 거실, 열다, 커튼, 창틀을 기억해내는 데 어려움을 겪는다. 그러나 창문을 기억해내는 일을 어려워하는 경우는 드물다. 문제는 그 목록 속에는 창문이라는 단어가 없었다는 점이다. 따라서 창문을 기억해내는 일은 기억착각을 일으키고 있는 셈이다. 어문적 허위기억(false

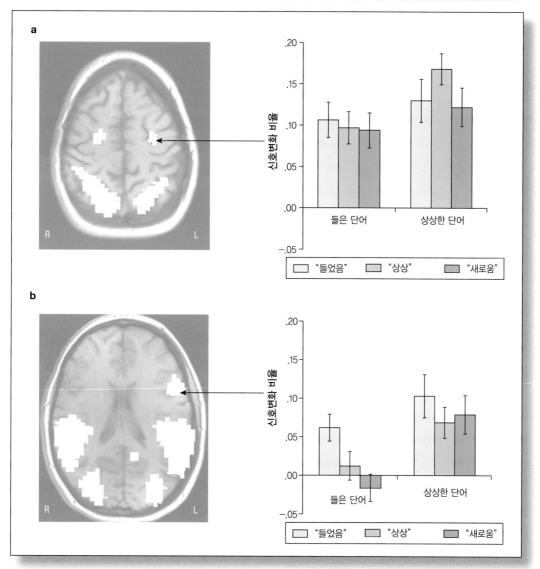

그림 6.5 전전두피질의 영역. 이들 영역에서 벌어지는 부호화 활동에 따라 실재 감시 판단에 대한 예측이 달라진다. (a)는 상상했던 단어에 대해 상상했었다고 정확하게 재인한 단어가 제시되었을 때는 중심앞이랑까지 뻗쳐 있는 좌반구 중심이마이랑에서 BOLD 신호가 가장 크게 기록되었다. 그리고 (b)는 상상했었는데 들었다고 판단한 단어가 제시됐을 때는 좌반구의 아래이마이랑에서 가장 큰 BOLD 신호가 기록되었다.

출처 : Sugimori, E., Mitchell, K. J., Raye, C. L., Greene, E. J., & Johnson, M. K. (2014). Brain mechanisms underlying reality monitoring for heard and imagined words. *Psychological Science, 25*, 403–413.

verbal memory)이라고 하는 이 착각은 읽거나 들은 목록 속 단어들의 의미가 착각을 유발한 단어의 의미와 관련이 있었기 때문에 초래된 현상이다. 목록 속에 들어 있었던 단어는 우리의 의미기억에 저장된 단어 중 창문이란 단어의 가장 강력한 연상어 15개였다. 즉, 사람들이 창문이라는 단

학습활동 6.5	기억실험

아래 목록에 있는 단어를 1초에 하나씩 읽는다. 그런 다음, 단어목록은 덮어놓고, 60에서 0까지 역시 초당 하나씩 거꾸로 세어내려간다. 끝으로, 단어목록은 보지 말고 그 속에 있었던 단어를 최대한 많이 기억해내어 적어보라.

문	창틀	전망
유리	집	미풍
창살	열다	새시
명암	커튼	방충망
창턱	테두리	덧문

어를 듣거나 읽었을 때 머릿속에 제일 먼저 떠오르는 단어(즉, 연상어) 15개가 자극목록 속에 들어 있었다는 뜻이다. 이런 실험에 참여한 사람들이 창문과 같은 표적어를 기억해내는 오류를 범할 확률은 약 50%, 즉 실제로 제시되었던 단어를 정확하게 기억해낼 확률과 대등한 것으로 드러났다.

목록에 제시되지 않았던 표적단어(예 : 창문)가 활성화된 것은 그와 가까운 의미 관련어를 보거나 들었기 때문일 것이다. 제7장에서 보게 되겠지만, 의미기억은 유사성에 따라 조직된다. 때문에 창문과 밀접한 관련어는 창문을 활성화시킬 가능성이 크다. 밀접한 관련어가 15개나 활성화된 상태였기 때문에 기억 속 창문 역시 강하게 활성화되었을 것이고, 그 결과 창문도 실제로 제시되었다는 착각을 일으켰을 것이다. 이러한 허위재생을 피하기 위해서는 잠재적 표적으로 생성되는 단어를 감시하여, 감각-기반 활성화에다 의미-기반 활성화가 첨가된 단어와 의미-기반 활성화뿐인 단어(즉, 표적단어)를 구분할 필요가 있다. 그러므로 이런 착각을 예방하기 위해서는 기억의 출처를 효과적으로 감시해야 한다. 창문이란 단어가 머릿속에 떠올랐을 때 그 경험의 원천이 내적인(예 : 다른 단어를 읽거나 들을 때 창문에 관한 생각을 했다) 것으로 판단되었다면, 재생을 할 때 그것을 누락시켰을 수도 있다. 아마 출처가 내적인 단어에 대한 기억표상에는 외적 출처를 가진 기억표상에만 가용한 청각 및 시각적 속성이 결여되어 있을 것이다.

지각적 세밀함의 가용성에 따라 착각을 범할 가능성이 달라진다는 증거는 매우 강한 편이다. 예컨대, 목록 속 단어를 하나씩 읽어주면서 그때마다 그림을 하나씩 제시하면 결정적 항목(단어)에 대한 오-재인이 크게 줄어든다(Schacter, Israel, & Racine, 1999). 실제로 제시된 단어의 그림 속에 있는 시각적 속성이 내적으로 생성되어 침입한 결정적 항목(단어)이 지닌 시각적 속성과는 많이 달랐기 때문에 참여자들은 이 둘을 구분할 수 있었을 것이다. 이 밖에 Smith와 Hunt(1998)는 단어목록을 들려주지 않고 읽어보게 하면, 결정적 항목에 대한 허위기억과 실제기억이 더 쉽게 구분된다는 사실을 발견했다. 제8장에서 논의되겠지만, 단어를 읽으면, 단어의 발음뿐 아니라 단어의 모습에 대한 표상까지 활성화된다. 따라서 목록 속 단어를 읽은 참여자의 기억 속에는 지각적으로 세밀한 정보가 두 가지나 떠오른다. 학습활동 6.5에 제시된 목록을 읽고 난 후에 기억 착각을 일으키지 않았다면, 이번에는 그 목록을 친구들에게 큰 소리로 읽어주고, 이 청각적 제시 때문에 그들은 착각을 일으키는지 살펴보라.

지각적으로 세밀한 정보가 있으면 어문적 허위기억이 줄어든다는 행동적 증거는 매우 확고하다. 그러나 그 차이를 뇌의 활동양상에서 포착하기는 어려운 것으로 밝혀졌다(Curran, Schacter, Johnson, & Spinks, 2001). 그 이유 중 일부는 fMRI와 PET의 시간적 해상도가 낮다는 데 있다. 두개골 밖에서 측정하는 EEG를 이용하면 시간에 따른 변화를 정밀하게 추적할 수 있다. 그러나 허위기억에 결정적인 역할을 수행하는 해마의 머릿속 위치가 이 기법으로 탐지하기에는 너무 깊은 곳에 숨어 있다. 간질 환자 중에는 약물처치에 반응을 보이지 않는 환자들도 있다. 이런 환자의 경우, 의사들은 간질 발작의 위치를 꼬집어내기 위해 뇌의 경막 아래에다 전극을 1~2주 동안 심어놓기도 한다. 이런 이유로 전극을 자기 머릿속 깊숙이 심어놓는 환자들이 자진해서 실험에 참여하여, 명사로 구성된 단어목록을 부호화한 후 인출하는 과제를 수행하였다(Sederberg et al., 2007). 이 연구결과, 뇌파 중 주파수가 가장 높은, 44~100Hz대의 감마파가 결정적인 것으로 드러났다. 그림 6.6이 보여주듯, 잘못 재생된 단어에 비해 정확하게 재생된 단어에 대응하는 감마 고주파 활동이 해마와 측두엽에서 증가하였다. 또한 성공적으로 부호화된 단어에 대해서도 고주파 활동의 폭발이 이들 영역에서 발견되었다. 이 결과는 검사 시 정확하게 재생해낸 단어가 제시되었을 때 기록해둔 뇌활동과 검사 시 재생되지 않은 단어가 제시되었을 때 기록해둔 뇌활동을 비교하여 산출해낸 것이다. 부호화 구체성 원리의 주장처럼, 단어가 정확하게 재생되기 위해서는 그 단어를 부호화할 때 작용했던 인지작용이 재생되어야 하는 것 같았다.

출처 감시는 부호화 성공 및 인출 성공에도 중요할 뿐 아니라 허위기억을 범하지 않는 데도 중요하게 작용한다. 전전두피질에 손상을 입은 환자들 중에는 출처 감시를 제대로 하지 못하는 경우가 흔하다(Melo, Winocur, & Moscovitch, 1999). 기억하고 있겠지만, 전전두피질은 작업기억의 관리기능, 즉 오류를 조심하고 부적절한 반응을 억제하는 일에 필수적인 신경 기반임을 감안하면, Melo 등의 발견은 충분히 예상할 수 있는 일이다.

꾸며대기

인지는 매우 적극적으로 구성되는 것이기 때문에 과거사에 대한 회상에서는 어떤 사건을 잘못 재인하는 일이 벌어질 수도 있고 없었던 것을 있었다고 잘못 회상하는 일이 벌어질 수도 있다. 그렇다면 인지의 구성적 본질 때문에 허위과거를 생성해내는 일, 즉 과거에 겪어보지 못했던 일에 대한 자서전적 역사를 만들어내는 일이 벌어질 수도 있는 것 아닐까? 없었던 사건에 대한 자서전

그림 6.6 성공적으로 부호화되고 정확하게 재생된 단어에 상응하는 신호로 매우 높은 주파수(또는 EEG 감마 밴드)의 뇌파가 해마와 측두엽의 여러 영역에서 증가했던 것으로 드러났다.

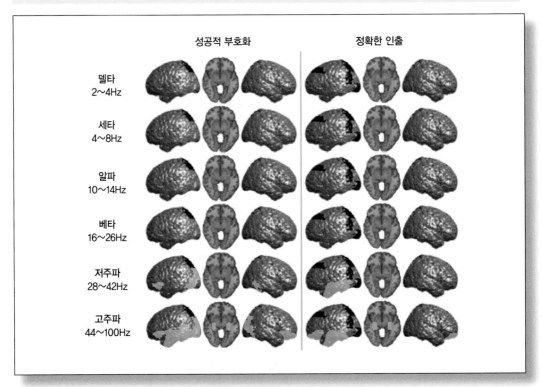

출처 : Sederberg, P. B., Schulze-Bonhage, A., Madsen, J. R., Bromfield, E. B., Litt, B., Brandt, A., & Kahana, M. J. (2007). Gamma oscillations distinguish true from false memories. *Psychological Science, 18*, 927–932, copyright © 2007 Association for Psychological Science.

적 이야기를 만들어내는 이런 일을 **꾸며대기**(confabulation)라 한다.

일어나지 않았던 과거사를 병적으로 꾸며대는 일은 Korsakoff 증후군 같은 혼돈 상태에 있는 사람의 대표적 특징이다(Kopelman, 1999). 만성 알코올 중독에서 유발되는 Korsakoff 증후군의 핵심 증상 중 하나는 심각한 전진형 기억상실증이다. Korsakoff 증후군으로 고생하는 사람들은 대개 최근에 벌어진 일을 제대로 기억하지 못하는 어려움을 겪는다. 환자는 통제할 수도 없고 진위를 감시할 수도 없는 과거사가 저절로 분출되는 것 같은 꾸며대기를 벌이기도 한다. 그런 꾸며대기에는 진실일 수가 없는데도 환자는 그 사건이 실제로 벌어졌었다고 만족해하는 것 같은 괴상한 사건이 포함될 때도 있다.

꾸며대기는 적어도 부분적으로는 공상을 내적으로 귀인하는 능력 그리고 그 내용을 편집하여 허위재생을 예방하는 능력이 망가진 경우에 해당한다. 신경병 환자들이 보이는 자발적 꾸며대기는 실제로 작업기억의 관리기능을 담당하고 있는 전전두피질의 손상과 관련되어 있다

(Kopelman, 1999). 조현병 환자들에게서 나타나는 망상형 기억(delusional memories)도 꾸며대기와 비슷해보이기도 한다. 그러나 망상형 기억은 전전두피질의 손상으로 유발된 증상이 아니다. 예를 들어보자. Kopelman이 소개한 정비공장 기술자는 8년 전에 런던에 사는 귀족 1명이 살해된 사건의 범인이 자기라고 주장했다. 이 이야기의 진실성에 대해서는 철저히 믿고 있었지만, 이 사람에게는 다른 기억문제가 있다는 기미가 보이지 않았고 또 이 "살인"의 망상에 사로잡히기 전까지는 정상적으로 보이는 생활을 하고 있었다. 허위기억에 대한 이 편견 때문에 그 사람은 입원을 하게 되었고 결국에는 조현병이라는 진단을 받게 되었다.

목격자 증언

연구자들은 기억의 구성과정이 목격자 증언의 정확성에 미치는 영향력에 세심한 관심을 기울이고 있다. 법정에서의 형사 재판은 범죄현장에 대한 목격자의 직접적 증언에 의존하는 경우가 많다. 목격자가 의도적으로 거짓말을 하려는 것이 아니라 내용을 정확하게 설명하려고 노력한다고 가정하고, 판사와 배심원은 그 증언이 정확하다는 확신을 어느 정도 할 수 있을까?

Neisser(1981)는 미국 백악관 법률고문이었던 존 딘의 증언을 분석한 바 있다. 그 증언은 1970년대 초 워터게이트 사건 당시 리처드 닉슨 대통령과 딘 자신과의 회담에 관한 것이었다. 닉슨이 그 대화를 비밀리에 녹음을 했기 때문에, 딘의 회상을 점검할 수 있는 녹취록이 있었던 셈이다. 딘은 의회 청문회에서 자신과 대통령과의 대화 내용을 하나하나 열거했고, 그때 뉴스 해설자들은, 많은 세세한 것까지 자신 있게 증언하는 행동을 보고, 딘의 기억력에 크게 놀랐다. 하지만 딘의 증언을 대통령이 의회에 제출한 녹취록과 비교한 Neisser는 딘의 증언에서 오류를 찾아낼 수 있었다.

재구성적 인출

전체적으로 봤을 때, 닉슨이 했던 말의 요점을 재생해낸 딘의 기억력은 매우 우수했던 것으로 드러났다. 그러나 딘은 다른 회담에 관한 정보와 대화를 일반적인 요점에 맞추어 통합하기도 했고 또 자세한 사항의 경우 없었던 점을 덧붙이기도 했다. 다음은 딘이 증언을 하기 9개월 전에 있었던 9월 15일 회담 내용에서 Neisser(1981)가 관찰한 내용을 소개한 것이다.

> 녹취록과 비교한 결과 딘이 한 말 중 진실은 거의 한마디도 없었다. 닉슨이 했던 말로 언급되어 있는 다음과 같은 내용을 닉슨은 말한 적이 없었다―그는 딘한테 앉으라는 말을 하지 않았다. 그는 [H. R.] 홀드먼이 자기에게 새로운 정보를 즉각즉각 보고하고 있었다고 말하지 않았다… 그는 [G. 고든] 리디나 기소장에 관해 아무것도 말하지 않았다. 나중에 자신이

말했었다고 한 것 중에 실제로는 말하지 않은 것도 있었다(p. 9).

세세한 이 모든 것은 딘 자신이 틀림없이 듣고 말하고 행했다고 믿은 것, 즉 재구성된 것이었다. 딘이 증언을 위해 원래의 사건을 재구성할 때 이들 세세한 것까지 첨예화할 수 있었던 것은 스키마 덕분이었을 것이다.

형사 재판의 변호사들은 목격자의 증언이 배심원에게 강력한 영향력을 행사한다는 사실을 잘 알고 있다. 대부분의 배심원들은 목격자가 고의로 거짓을 말한다는 의심스런 행동을 하지 않는 한 목격자의 보고가 정확하다고 믿는다. 그러나 사건에 대한 부정확한 부호화 및 인출 때문에 목격자의 보고도 왜곡될 여지는 충분하다(Loftus, 1979). 목격자가 자신의 증언이 정확하다고 확신할 때조차도 오류는 일어나고 있고 또 일어날 수도 있다. 물론, 그 결과는 잘못된 판결로 이어지기도 한다. 어떤 추정에 의하면, 미국에서만도 판결의 오류가 매년 약 8,500건씩 발생하는데, 그 오판의 절반 가까이가 목격자 증언의 오류 때문에 발생한 것으로 추정된다(Loftus, 1986).

이런 부정확성을 설명하기 위한 노력은 인출의 재구성성 말고도 다음과 같은 점에도 집중되고 있다. (1) 목격자에 의한 선별적 부호화, (2) 유도신문을 통한 목격자 오도, (3) 기억이식. 성인 목격자의 증언이 지닌 잠재적 오류를 입증한 많은 실험증거에도 불구하고 성인 목격자의 증언은 여전히 형사 재판에 중요한 증거로 이용되고 있다(Ross, Read, & Toglia, 1994; C. P. Thompson et al., 1998).

선별적 부호화

조명상태도 좋지 않고 또 범인이 빠르게 움직이고 있었기 때문에 범죄 장면을 명확하게 볼 수 없었을 수도 있다(Buckhout, 1974). 범인을 먼 거리에서 봤다는 사실, 주의는 무기에 쏠려 있었다는 사실, 술에 취해 있었다는 사실 등등은 모두 목격자가 범죄 장면을 정확하게 부호화했을 가능성을 줄이는 요인이다(G. R. Loftus, 2010). 더욱이 폭력 사건을 목격한 사람들은 특히, 자신이 그 사건의 피해자였을 경우, 그 상황이 주는 엄청난 스트레스 때문에 사건을 정확하게 부호화하지 못했을 수도 있다. 이 원리는 덜 심각한 상황에서도 작용한다. 예컨대, 대중 앞에서 연설을 해야 하는 사람들은 다음이 자기 차례일 경우 상당한 사회적 불안을 경험하게 된다. 이 때문에 자기 바로 앞에 연설한 사람의 연설내용을 잘 기억하지 못하는 일이 벌어지기도 한다(Bond & Omar, 1990). 주의가 다음에 자기가 연단에 올라가야 한다는 걱정에 집중되면서 진행되고 있던 연설을 제대로 부호화하지 못했기 때문에 벌어진 일일 것이다.

그러나 범죄를 목격하는 동안 겪게 되는 정서적 고통이 정확한 부호화를 어렵게 만든다는 주장에 모든 학자들이 동의하는 건 아니다. 예컨대, Christianson(1992)은 고강도의 스트레스 때문에 목격자가 잃게 되는 것은 범죄 장면의 주변적 세밀함뿐이라고 결론지었다. 사건의 중심 속성이나 요지는 선별적 주의, 정교화, 독특성 효과를 통해 특히 잘 기억될 때가 많다는 생각이다. 우리의 중추신경계에 있는 편도체는 정서적으로 부정적인 경험의 요지를 특히 잘 기억하도록 해준다(Adolphs, Denburg, & Tranel, 2001). 신경계가 정상인 사람들은 정서적으로 부정적인 자극의 세세한 점은 기억을 잘 못하지만, 중립적인 자극보다 부정적인 자극의 요점은 더 잘 기억한다. 좌우 반구의 편도체가 모두 손상된 환자들의 경우에는 이와 정반대 양상이 나타난다. 즉, 부정적 자극의 세세한 사항은 잘 기억하면서도 요점은 잘 기억하지 못한다. 우리의 편도체는 정서적으로 부정적인 사건의 세세한 사항보다는 그 사건의 요점만 선별적으로 부호화되게 돕는 것 같다. 끝으로, 제5장에서도 지적했지만, 정서적으로 힘든 상태에서 부호화되는 정보는 그 정보가 어떤 정보이든 장기기억에서 굳어질 가능성이 더 크다. 정서적 각성은 굳히기 작업을 촉진시킨다(McGaugh, 2004). 따라서 목격자 증언에서 나타나는 대부분의 오류는 선별적 부호화 이외의 요인에서 초래됐다 할 것이다.

특히, 얼굴모습에 대한 기억은 놀라울 정도로 정확할 때가 많다(Bahrick et al., 1975). 얼굴지각은 특화된 모듈에 의해 이루어지기 때문일 것이다(제2장 참조). 그러나 목격자가 범인의 얼굴이 아닌 범인이 지닌 무기에 주의를 쏟고 있었다면, 방금 범행을 저지른 낯선 사람을 재인하지 못할 수도 있다. 범죄 장면에서는 예기치 못했던 사건이 신속하게 벌어지기 때문에 정확한 정체확인을 방해하는 선별적 부호화밖에 이루어지지 못했을 수도 있다(Naka, Itsukushima, & Itoh, 1996).

목격자의 정체확인에서 관찰되는 오류는 특히, 경찰에서 구성한 용의자 열(lineup)이 적절하지 못할 때 발생하기 쉽다(Wells, 1993). "채우미"란 경찰에서 범죄 용의자로 간주하지 않는 사람들을 일컫는 말이다. 만약 용의자 열에 포함된 채우미의 모습이 사전에 목격자가 제공한 용의자의 일반적 모습과 어울리지 않으면, 채우미를 포함시킨 목적이 무색해진다. 극단적인 경우, 6명으로 구성된 용의자 열에 채우미 5명의 모습이 목격자가 묘사했던 모습과 거리가 멀다고 하자. 이때 무고한 용의자 1명만 목격자의 묘사와 일치했다면, 이 사람이 범인으로 지목될 확률은 매우 높아진다. 모의 범죄를 이용한 실험결과, 범행 당시의 조건과 용의자 열을 구성할 때의 조건 둘 다를 목격자를 속일 목적으로 꾸미면, 엉뚱한 사람을 범인으로 지목하는 오인 가능성이 90%를 능가하는 것으로 밝혀졌다.

용의자 열에서 발생하는 오인의 문제는 목격자와 혐의자의 인종 및 종족이 서로 다를 때 특히 민감해진다(Wells & Olson, 2001). 예컨대, 아시아인은 백인보다 아시아인을 더 잘 재인하고 백인은 아시아인보다 백인을 더 잘 재인한다. 같은 인종을 확인하는 능력이 다른 인종을 확인하는 능력보다 우수하다는 뜻이다. 이 현상에 대한 한 가지 설명은 사람들은 자기와 다른 인종의 얼굴보다 자기와 같은 인종의 얼굴에 더 세심한 주의를 기울이기 때문이라는 가정이다(Anthony, Copper, & Mullen, 1992; Chance & Goldstein, 1981). 최근에 확보된 증거는 같은 인종의 얼굴에 대한 친숙성이 더 크기 때문에, 성공적 얼굴재인을 중재하는 것으로 알려진 통째(holistic) 처리가 더욱 촉진된다고 말한다(Michel, Rossion, Han, Chung, & Caldara, 2006).

오보효과

Loftus와 그녀의 동료들이 수행한 연구에서는 사건이 벌어진 후에 목격자에게 던진 질문에 따라서도 목격자의 기억이 달라질 수 있는 것으로 밝혀졌다. 그러한 질문 속에 들어 있는 오도성 정보에 의해 기억이 비뚤어지는 이 현상을 오보효과(misinformation effect)라 한다. 예를 들어보자. Loftus와 Palmer(1974)는 참여자들에게 교통사고가 담긴 짧은 영상을 보여주었다. 그런 후, 그들이 목격한 것에 관해 검찰이나 변호사가 던졌을 법한 질문을 던졌다. "그 두 대의 차가 서로 부딪혔을(hit) 때 그 속도는 어느 정도였습니까?"가 그런 질문 중 하나였다.

  그 실험의 조건에 따라 질문의 핵심 동사[예 : 부딪혔다(hit)]가 다소 난폭한 단어로 대체되었다(그림 6.7 참조). 실험의 후반부에서는 참여자들에게 사고 당시 차의 주행 속도를 추정해보라는 주문이 떨어졌다. 결과는 분명했다. 참여자들이 추정한 주행 속도가 앞서 제시되었던 질문의 동사에 따라 체계적으로 바뀌고 있었다. 질문에 들이받다(smash)라는 동사를 이용한 것이 그 사건에 대한 참여자들의 기억표상을 일그러뜨려 놓았고 그리하여 주행 속도를 과대 추정하게 만든 게

그림 6.7 오보효과를 예시하는 자료

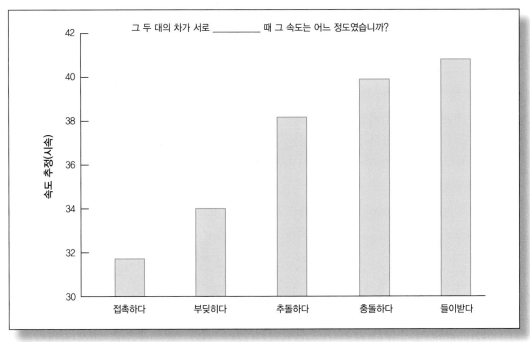

출처 : Loftus, E. F., & Palmer, J. C., Reconstruction of automobile destruction: An example of the interaction between language and memory. *Journal of Verbal Learning and Verbal Behavior, 13*, 585–589, copyright © 1974. Elsevier 허락하에 재인쇄.

분명했다.

그런 일이 있은 일주일 후에는 "깨진 유리 조각을 봤었나요?"라는 새로운 질문이 주어졌다. 기실, 그 동영상 속에는 깨어진 유리 조각이 없었다. 그리고 참여자 중 80%는 보지 못했다는 정반응을 했다. 그런데 봤다고 엉뚱하게 대답한 사람들 중 대부분은 앞서 "그 두 대의 차가 서로 들이받았을 때 그 속도는 어느 정도였습니까?"라는 질문을 받았던 것으로 드러났다. 시간이 지나면서 회상의 본질을 바꾸어놓는 유도신문의 효과는 계속되었던 것이다.

오보효과는 매우 클 수도 있다. Loftus, Miller, Burns(1978)는 참여자들에게 사고를 담은 일련의 슬라이드를 보여주었다. 슬라이드 속 사고는 4거리 교차로에 멈추었던 빨간 자동차가 모퉁이를 돌다가 보행자를 치는 사고였다. 참여자 중 일부는 교차로에서 양보 신호를 봤다. 그러나 20분 후 또는 1주일 후에 받은 질문에서는 "그 빨간 자동차가 정지 신호 앞에 서 있을 때" 다른 차가 그 빨간 자동차를 지나갔었는지를 묻고 있었다. 이러한 오도성 정보를 제공한 후, Loftus의 연구진은 참여자들을 대상으로 재인검사를 실시하였다. 참여자들은 두 장씩 쌍으로 제시되는 슬라이드를 보고, 둘 중 어느 것이 앞서 본 슬라이드에 들어 있었던 것인지를 판단해야 했다. 표적 슬라이드 쌍은 빨간 자동차가 정지(STOP) 신호 앞에 서 있는 슬라이드와 양보(YIELD) 신호 앞에 서 있는 슬라이드로 구성되었다. 사고가 난 20분 후에 오보가 제공되었을 때는 참여자 중 약 60%가 정지 신호를 선택하는 오류를 범했다. 그런데 이런 오보가 1주일 후에 제공되었을 때는 오판의 비율이 80%로 상승하였다.

오도성 정보가 사건을 목격한 한참 후에 제공되었을 때는 검사 시 그 정보에의 접근성이 상대적으로 높고 또 인출도 용이할 가능성이 높다. 오보 인출의 이러한 용이성이 원 정보 인출을 효과적으로 방해했을 수 있다는 뜻이다(Eakin, Schreiber, & Sergent-Marshall, 2003). 경찰의 오도성 질문 말고도 목격자를 움직일 수 있는 다른 유형의 오보도 있다는 게 Eakin 등의 주장이다. 예를 들어, 목격자가 사건을 즉각 보고하지 않고 다른 목격자들과 그 사건에 대한 이야기를 주고받게 되면, 오보는 다른 목격자들의 이야기에서도 충분히 제공될 수 있다는 주장이다. 그뿐아니라 그 사건을 다룬 TV 뉴스를 통해서도 오보는 발생할 수 있다.

> 오보효과란 목격자를 취조하는 사람이 던진 질문에 담긴 오도성 정보에 의해 빚어진 기억의 변질을 일컫는다.

이식된 기억

수사관들이 범죄를 수사하는 동안 특정 혐의자가 범죄에 개입됐다는 말을 되풀이하는 일은 흔히 있는 일이다. 기억이식(memory implantation)은 특정인이, 짐작될 뿐인 사건에 관한 질문과 암시를 통해 다른 사람의 마음 속에다 허위기억을 심어놓는 일을 일컫는다. 문제는 특정 용의자의 유죄를 암시함으로써 목격자의 머릿속에다 허위기억을 이식하는 일이 가능한가라는 점이다.

Loftus와 Pickrell(1995)은 진짜 정보와 가짜 정보를 혼합하여 제시함으로써 기억이식이 이론적으로 가능하다는 사실을 밝혀냈다. 가족 중 가까운 사람에게 부탁하여, 실험참여자들이 과거에 실제로 겪었던 진짜 사건 세 가지와 네 살에서 여섯 살 사이에 겪었을 법한 그러나 실제로는 겪지 않았던 가짜 사건(예 : 백화점에서 엄마를 잃어버렸던 사건) 한 가지에 대한 이야기를 참여자들에게 들려주도록 했다. Loftus와 Pickrell의 실험에 참여했던 성인들 중 일부는 그런 이야기만 듣고도 자기들이 백화점에서 엄마를 잃어버린 적이 있다고 재생하기 시작했다. 기실, 몇 명은 그때 얼마나 겁이 났는지에 대한 구체적인 설명까지 덧붙였다. 그런 허위기억은 시간이 지나면서 더욱 자세하게 변하는 경우도 있었다. Zaragoza와 Mitchell(1996)은 그런 이야기를 반복하자 가짜 사건을 실제로 일어났던 진짜 사건으로 회상할 확률이 높아진다는 사실도 발견했다. 따라서 적어도 실험실에서는 기억이식이 벌어질 수 있는 일이며, 가짜 사건에 대한 이야기를 반복했을 때의 효과는 누구한테서나 나타나고 또 오랫동안 지속된다고 할 것이다.

암시에 대한 민감성 때문에, 어린아이들이 범죄를 목격했을 때는 기억이식에 특히 취약할지도 모른다(Ceci & Bruck, 1993, 1995). 나이 든 아이들이나 어른들에 비해 학령 전 아이들은 암시에 더욱 취약하다. 그러나 학대받은 아이들을 전문적으로 다루는 임상심리학자들은 그러한 발견도 아이들에게 중요한 행동, 특히 개인의 신체적 체험과 관련된 활동에는 적용되지 않는다고 주장한다. 임상심리학, 사회복지학, 정신의학 분야에서 일하는 전문가들의 경우, 아이들은 신체적 학대 같은 충격적인 사건을 두고 거짓말을 하지 않는다는 것, 그리고 일어나지 않았던 학대를 암시를 통해 일어났던 것으로 착각하게 유도할 수도 없다는 것이 사실임을 법정에서 입증해야 하는 경우가 많다. 어린아이들은 중요하지 않은 잡다한 사건을 두고는 암시에 많이 취약할 수는 있어도 성적 학대 같은 중대한 사건에 대한 암시에서는 그처럼 취약할 것 같지 않다는 이유도 있다.

하지만 Ceci, Leichtman, Putnick, Nightingale(1993)은 목욕을 하는 동안 키스를 당했다는 허위기억이 어린아이들의 마음 속에 이식될 수 있다고 발표했다. 인형을 이용한 한 연구에서 3세 아동 중 1/4~1/3 가까이가 "그가 너의 음부에 손을 댔느냐?", "그가 너를 때린 적이 몇 번이나 되냐?" 같은 질문에 정확하지 않은 답을 했던 것으로 드러났다(Goodman & Aman, 1990). 이러한 발견에는 암시가 허위기억을 유발했다는 뜻이 담겨 있다. 그러나 아이들이 사회적인 이유(예 : 벌을 받지 않기 위해, 장난으로, 개인적인 이득) 때문에 거짓말을 했을 수도 있다(Ceci & Bruck, 1993, 1995). 하지만 Ceci, Crossman, Gilstrap, Scullin(1998)이 발표한 7회의 실험에서는 어린아이들이 암시에 넘어갈 가능성이 하찮은 잡다한 사건에만 한정된 게 아닌 것으로 드러났다. 구체적으로, Ceci 등은 아이들이 소아과에서 진료를 받는 동안 성기를 만져 당황스러웠던 사건과 고통스러웠던 사건에 관한 암시에도 넘어간다는 사실을 보여주었다. "특히, 오랜 파지간격을 두고 반복해 제시되었을 경우 암시의 해로운 효과가 침투할 수 없는 사건은 어떤 분야에도 없다"(p.

29)는 게 Ceci 등의 결론이었다.

  그러므로 범죄 목격에 있어서도 특히 목격자가 어린 아동일 경우에는 기억이식이 일어날 가능성이 충분하다고 하겠다. 그럼, 혼란스럽고 피곤하며 두려움에 떨고 있는 용의자의 마음에도 허위기억을 이식할 수 있는 것일까? 이 질문에 대한 답으로 Kassin과 Gudjonsson(2004)은 이렇게 말한다—특정인에 대한 취조는 정보수집을 위한 면담이 끝난 후에야 그 사람이 범행을 저질렀는지를 확인하기 위해 실시된다. 일단 그 사람이 용의자로 인정되고 나면, 다음에 벌어지는 취조는 자백을 받는 데 목적을 둔다. 이때 이용되는 방법은 매우 적대적이며 힐난성이다. 용의자가 범행을 저질렀다는 암시가 반복되는 일은 취조과정에서 벌어지는 상투적인 일에 해당한다. 취조관은 혐의자가 개입됐다는 증거를 가지고 있고 또 혐의자의 과거도 알고 있다는 주장을 서슴지 않는다. 이러한 상황에서는 무고한 혐의자라도 허위자백을 할 가능성이 크다. 또한 실제로 자기가 그 범행을 저질렀다는 믿음까지 형성할 수도 있다. 살인사건 중에도 실제로 그러한 내재화된 허위자백으로 확인된 사례가 더러 있다고 Kassin과 Gudjonsson은 말한다. 이들 사례의 경우, 혐의자들은 자기가 고소당한 범행을 자백했다. 자신들이 실제로 유죄라고 믿었다는 뜻이다. 그러나 그 용의자들은 자기들이 자백한 그 범행을 저질렀을 수가 없다는 증거, 즉 결백함을 입증하는 증거가 불거진 사례에 해당한다.

  내재화된 허위자백에 관한 위의 연구는 어린아이들뿐 아니라 어른들도 범행에 관한 부정확한 증언을 할 수 있다고 말한다. 사실 허위기억을 제공할 위험 수위가 높은 사람들은 얼마든지 있다. "범행 당시 술에 취해 있었던 목격자, 범죄 후에 암시성 질문을 받은 목격자, 범죄 후 마취를 당한 목격자, 또는 처방전을 복용한 목격자"의 증언은 모두 그 신뢰성을 법적으로 철저하게 평가받아야만 한다는 것이 Brainerd(2013)의 주장이었다. 법정에서는 전문가의 과학적 증언을 인용하여 어린아이들이 제공하는 증언의 신뢰성을 의심하는 일은 자주 발생한다. 그러나 의심해야 할 대상은 어린아이들의 증언뿐만 아니라고 할 것이다. 실험실 실험에서 확보된 많은 증거에 따르면, 실제 사건의 요점이 담겨 있는 허위기억은 어린아이 적부터 성인 초기까지 나이와 함께 증가한다(Brainerd, 2013). 일반적으로 기억의 정확성은 나이와 함께 증가하는데 반해, 요점에 대한 허위기억의 발달과정은 나이와 함께 악화된다는 뜻이다. 그러므로 과거사에 대한 기억을 기초로 허위증언을 제공할 가능성은 어린아이들에게만 있다고 생각해서는 아니 될 것이다.

되찾은 기억

겉으로는 멀쩡한데도 외계인에게 유괴를 당해 UFO를 타봤던 일을 기억해내는 사람, 다른 사람으로 살았던 전생을 기억해내는 사람, 악마의 의식에서 성적으로 학대받은 일을 기억하는 사람, 아이를 잡아먹는 장면을 목격했다는 사람 등등에 대한 이야기가 타블로이드판 신문(역자 주 : 미국의 식품점 계산대에서 파는 소형 신문)에 보도될 때가 있다(Loftus & Ketcham, 1994; MBC 일요일 프로그램 중 〈신비한 TV 서프라이즈〉도 참조). 과학적 관점에서 보면, 이러한 보도는 거짓말로 받아들일 수밖에 없다. 너무나 괴상하고 믿기지 않는 이야기이기 때문이다. 그럼, 이런 일을 어떻게 설명/이해해야 할까? 한 가지 설명은 이들 기억을 사회문화적 기제를 통해 사람들의 머릿속에 스며든 망상형 허위기억으로 간주한다(Spanos, 1996). **망상형 허위기억**(delusional false memory)이란 괴상한 사건도 일어날 수 있다는 믿음이 별나게 강한 사람들이 경험하게 되는 특정 사건에 대한 허위기억을 일컫는다. 망상형 신념이 생성되는 방식에 대해서는 알려진 바가 거의 없다. 그러나 그 사람을 둘러싼 문화 및 사회가 중요한 역할을 하고 있다는 게 Spanos의 생각이다. 망상형 기억은 타블로이드판 신문에 보도된 선정적인 이야기, TV에 방영된 괴상한 이야기, 친구나 가족 또는 자기 자신이 한 말에서 오는 암시에 의해 마치 최면에 걸린 것처럼 이식된다.

한 가지 예로, UFO를 만났던 사건에 관한 이야기를 고려해보자. 베티 힐은 자신과 남편이 이상한 불빛이 자기들이 탄 차를 따라오는 것을 봤다고 주장하기 이전부터 UFO를 진지하게 믿는 사람이었다(Klass, 1989). 베티의 여동생은 그녀와 그 남편이 그 빛에 의해 "깨달음을 득하게" 되었다고 주장했다. 오래지 않아 베티는 악몽을 꾸기 시작했는데, 그 꿈속에서 외계인들이 베티와 남편을 UFO로 데리고 갔고, 텔레파시를 통해 생각을 나누었으며, 건강검사를 실시했고, 베티에게 성도(별자리표)를 보여주었다. 심리치료사는 베티의 악몽을 치료하기 위해 최면을 이용해 베티와 남편으로부터 이들 사건에 대한 자세한 보고를 유도해냈다. 베티의 남편은 아내한테서 이들 사건에 대한 이야기를 수도 없이 들어오고 있었다. 그들의 보고에 대한 심리치료사의 결론은 부부가 공유하는 망상형 허위기억이라는 판단이었다. 망상형 허위기억은 어떤 면에서 꾸며대기(confabulation)와 많이 비슷하다. 하지만 망상형 허위기억을 재생하는 사람들은 전전두피질에 손상을 입은 환자가 아니라는 점이 다르다. 이들의 경우, 강한 신념(믿음)이 망상형 기억을 구성해낸 것이다(Kopelman, 1999).

억압 1990년대에는 아동 학대 의혹이, 그런 사건이 벌어지고 몇 해가 지난 후 성인이 된 피해자에 의해 수없이 제보되었다. 심한 정서적 고통으로 일상생활을 영위할 수 없게 된 피해자들이 심리치료를 받던 중 잊고 있었던 학대에 대한 기억이 성인이 된 후 머릿속에 떠오르곤 했던 것이다(Olio, 1989). 그 대표적인 사례로 아일린 프랭클린의 되찾은 기억(recovered memories)을 꼽을 수 있다. 아일린의 아버지는 20년 전에 아일린과 그 여동생을 성적으로 학대했을 뿐 아니라 아일린의 가장 친한 친구까지 살해했었다(MacLean, 1993). 아일린이 그 살인에 대한 억압됐던 기억을 회복했다는 것은 임상의에 의해 입증되었다. 그 살인사건의 충격으로 그 사건에 대한 아일린의 기억이 어린 시절 내내 억압되어 있었다는 것이 그 재판의 증언이었다. 피고 측에서는 유도신문이나 다른 요인 때문에도 기억은 왜곡될 수 있다는 실험실 증거를 인용하기도 했다. 그러나 법정은 아일린 아버지의 살인죄를 확정선고했고, 아일린의 아버지는 그 유죄선고가 항소심에서 재고되기까지 5년을 감옥에서 살아야 했다. 항소심에서는 아일린의 기억이 허위기억일 수도 있다는 이유로 유죄선고가 뒤집히는 일이 벌어졌다.

되찾은 기억을 지닌 사람들을 돕기 위해 노력하는 정신치료사(psychotherapist)들은 대개 그들이 겪은 망각의 원인을 억압으로 간주한다. 억압(repression)이란 사건 관련 정보가 인출되지 못하게 하는 억제작용을 일컫는 말이다. 억압이라는 개념은 생각이 의식의 세계로 들어오지 못하게 하는 무의식적 기제로 정의된다. Freud는 억압을 위협적인 불안 유발 기억으로부터 자아(ego)를 보호하려는 방어기제로 생각했다. 따라서 억압은 잊고 싶은 기억을 억제하려는 의식적인 노력과는 대조되는 개념이다. Freud가 원래 생각했던 억압이라는 개념 속에는 무의식적 방어기제뿐 아니라 위에서 말한 의식적 억제작용(suppression)도 함께 들어 있었다(Erdelyi, 2001). 사람들이 왜 충격적인 경험을 억압해두고 의식의 세계로 들어오지 못하게 막으려 하는지는 누구나 알고 있다. 억압은 충격적인 경험이 다시는 기억나지 않게 함으로써 그러한 경험을 대처할 수 있게 해주는 강력한 방법으로 작용할 수 있다.

무의식적 억압의 타당성은 인지심리학자들에 의해 뜨겁게 토론된 바 있다. 이미 의식의 세계에 들어와 있는 잊고 싶은 경험에 대한 기억을 의도적으로 억제할 수 있다는 생각에 관해서는 이견의 여지가 있을 수 없다. TV 뉴스에서 침몰하고 있는 세월호를 보고 나면 특히 유가족들에게는 2014년 4월 16일의 일이 생각날 것이다. 다시 떠올리고 싶지 않은 과거 경험 및 느낌의 이러한 느닷없는 침습을 받게 되면 대부분의 사람들은 그 기억을 의식에서 억제하려 한다. Anderson과 Levy(2009)가 지적했듯이, "이라크 및 아프가니스탄 참전용사들, 허리케인 카트리나 피해자들, 테러를 목격한 사람들, 그리고 개인적 충격으로 고생하는 수많은 사람들은 이런 침습성 기억을 통제할 필요성 속에서 하루하루를 살아간다"(p. 189). 적극적 망각(motivated forgetting)은 배외측 전전두피질(dorsolateral prefrontal cortex)에서 주의의 관리기능에 개입하는 억제성 통제망을 통해 인출작용을 폐쇄하는 작업으로 이루어진다. 그러니까 인출 중지는 운동반응을 중지하는 것과 비슷하다.

실험실에서는 예컨대, 참여자들에게 단어로 구성된 목록을 읽게 한 후, 방금 봤던 그 목록을 잊어버리라고 지시하는 식의 과제를 이용하여 적극적 망각을 검토해왔다. 이때 단어를 쌍으로 묶어 제시하여 공부하게 하는 쌍-결합 학습과제를 이용함으로써 나중에 각 쌍 중 한 짝(단어 1)을 다른 짝(단어 2)을 인출하는 데 필요한 단서로 이용할 수 있게 해놓았다. 그런 후, 두 번째 조건(생각 대 생각-무)이 조작되었다. 구체적으로, 단어 1이 단어 2를 인출하게 하거나 그 인출이 억제되게 하였다. 동일한 단어 1이 생각 조건의 인출 단서로 제시되었을 때는 정확 재생률이 약 95%로 매우 높았다. 그러나 생각-무 조건의 인출 단서로 제시됐을 때는 정확 재생률이 약 75%로 20% 정도 떨어졌다. 색판 10이 보여주듯, 전전두피질은 해마의 활동을 억제할 수 있다. 이 발견에서 우리는 떠올리지 않고 싶은 기억이 있으면, 사람들은 관리기능 통제망을 작동시켜 인출을 방해함으로써 그런 기억을 억제할 수 있다는 사실을 알게 되었다. 전전두피질의 인출 억제는 원하지 않는 기억을 나중에 인출되기 더 어렵게 만든다는 점에서 유익한 이월효과도 지닌다. 그러므로 해마를 통제하기 위한 노력을 통해 우리는 침습성 회상을 어느 정도 통제할 수 있다고 할 것이다.

되찾은 기억은 억압됐던 사건의 인출을 반영할 수도 있고 또는 부정확하게 재구성된 허위기억을 반영할 수도 있다.

다른 한편으로는 억압도 충격적인 사건에 대한 경험이 의식의 세계로 침입하는 일을 예방하는 기능을 수행할 수 있다. 오랫동안 억압됐던 기억이 의식 위로 불거지는 이런 일을 되찾은 기억 (recovered memory)이라고들 한다. 아마 그 기억은 충격적인 사건(예 : 성적 학대)에 대한 정확한 표상일 수 있다. 그러나 기억연구자들이 주장하는 또 하나의 가능성은 잃어버렸다가 되찾은 것으로 간주되는 성적 학대에 대한 기억이 허위기억일 가능성이다. Freud도 이 가능성을 주장했었다. 되찾은 기억은 스키마, 즉 일어난 적이 없었던 사건을 생생하게 재생하게 해주는 스키마의 재구성 작업을 반영할 수도 있다는 말이다. Freud도 생애 초기에는 자기 환자들이 충격적인 경험에 대한 무의식적 기억을 회복할 수 있도록 도우려 했었다. Freud는 자기 환자들의 히스테리 증상이 충격적인 경험이 의식의 세계에 고개를 내밀지 못하도록 방해하는 억압이라는 방어기제에서 비롯됐다고 가정했다. 따라서 그런 증상을 치유하기 위해서는 억압된 경험을 되찾을 수 있도록, 즉 억압됐던 경험이 의식의 세계로 나오게 하여 적극적 대처를 강구할 수 있도록 해야 한다는 것이 Freud의 믿음이었다. Freud는 기억을 되찾게 하기 위해 최면을 사용하려 했지만, 회상 작업에는 자기가 개발한 자유연상법(free-association procedure)이 더 효과적임을 알게 되었다. Erdelyi(2006)가 설명했듯이, 생애의 후기에 들어 Freud는 "어린 시절의 성적 학대를 기억해냈을 때 그 기억은 항상은 아니지만 '가공된' 경우가 많았다" 즉, "'환상'의 결과가 '상상의 기억'으로 구현된 것이 많았다고 결론지었다"(p. 626).

실험실에서 확보된 증거는 그런 가상의 기억도 충분히 있을 수 있다고 말한다. 그러나 그런 실험실 증거가 실세계의 사건에도 일반화될 수 있을지, 다시 말해, 그런 발견에도 생태학적 타당성 (ecological validity)이 있을지는 아직까지 밝혀지지 않았다. 생태학적 타당성이란 실험실에서 확보된 증거를 실세계에 일반화시킬 수 있을 만큼 실험실 과제와 실세계 과제 간 유사성을 일컫는 개념이다. 재구성적 인출의 기억과정, 출처 감시에서 발생하는 오류, 오보효과, 기억이식 등은 실험실 실험을 통해 명료화할 수 있다. 그런데도, 단어목록을 이용한 실험 및 실험실 비디오에서 목격한 자동차 충돌 사고에서의 주행속도에 대한 기억왜곡으로 밝혀진 어문적 허위기억과 아동기 성적 학대에 대한 허위기억 간에는 큰 차이가 존재한다. 현장 연구에서 입증되었듯이, 사람들은 자기들이 직접 경험한 사건은 물론 듣거나 읽었던 여러 가지 일상적 사건에 관한 허위기억까지 생성할 수 있다(Neisser & Libby, 2000). 그렇다고 하더라도, 어린 시절 성적으로 학대받은 경험은 그 충격 때문에 특별하게 분류돼야 한다고 주장할 수도 있다.

이들 난제를 둘러싼 논쟁 때문에 치료 위주 공동체와 연구 위주 공동체가 분열된 지도 벌써 20년이 넘었다(Lindsay & Read, 1994). 정신치료사들 중 일부는 강간 또는 기타 아동 학대의 충격이 그 사건에 대한 기억상실을 초래하기도 한다고 주장해왔다. 그들의 입장에서 보면 섭식장애, 수면장애, 알코올/약물 남용, 우울 또는 불안장애 같은 현재의 심리적 문제가 충격적인 경험을 억압(repression)하고 있는 데서 비롯됐다고 할 수도 있다. 고객이 충격적인 사건에 관한 생각을 억제(suppression)하려고 노력하는 경우에는 이런 일이 벌어지지 않는다. 아마 억압 때문에 그러한 사건이 일어났다는 기억조차 하지 못할 것이다. 어린 시절의 학대는 끔찍한 충격을 낳는다. 그렇기 때문에 치료전문가들은 억압뿐 아니라 그런 기억을 잊으려는 의식적인 노력도 있을 것이라고 기대한다(Olio, 1989). 피해자들은 정신치료가 진행되는 동안 치유의 일환으로 잊고 있던 이들 사건에 대한 기억을 회복하기도 한다. 부호화 구체성 이론의 관점에서 보면, 그런 경험을 겪을 당시 그에 대한 기억의 일부로 그 사건과 함께 부호화된 정서적 또는 상황적 단서가 복원되면, 오랫동안 잊고 있던 사건에 대한 기억도 충분히 되살아날 수 있다. 고객과의 치료작업은 필요한 인출 단서를 찾아낼 목적으로 진행된다. 또한 치료전문가들은 허위기억에 대한 실험실 증거는 생태학적 타당성이 부족하다는 이유로 강제력이 부족하다고 주장한다.

한편, 일부 학구적 연구자들은 억압은 정확한 설명이 될 수 없다고 주장한다. 의식 상태로 되돌아온 기억은 치료전문가들의 치료활동과 암시에 의해 무심코 유발된 허위기억일 가능성이 훨씬 크다는 생각이다. 기억 관련 치료기법 중 일부는 특히 이식 효과를 유발할 가능성이 매우 크다. 이런 기법에는 어릴 적 사건의 회상을 돕기 위해 일반적인 최면을 사용하는 방법, 최면 상태에서 옛날로 회귀하는 기법(즉, 학대를 당했을 것 같은 당시의 나이로 되돌아갈 수 있다고 상상하게 하는 기법), 그리고 "진실토로 약"으로 나트륨 아미탈을 사용하는 기법이 포함된다. 치료 도중에 성적으로 암시적인 질문을 던지는 일은 오보효과를 유발할 수 있다. 치료전문가는 이들 기법을 억압이라는 방어기제를 타개할 목적으로 이용한다고 하지만, 그 결과는 본래의 의도와는 무관한 허위기억 형성으로 끝날 수 있다.

지난 20여 년에 걸쳐 누적된 허위기억에 관한 연구결과로 되찾은 기억을 바라보는 정신치료사들과 기억과학자들 간 견해 차이가 줄어들기는 했지만 제거되지는 않았다. 연구 지향적인 심리학자들 중에는 "충격적인 사건에 대한 기억이 억압되기도 한다"고 믿는 비율이 30% 이하인데 반해, 여러 가지 유형의 정신치료사들 중에서 이 진술에 동의하는 치료사의 비율은 60%를 넘었다(Patihis, Ho, Tingen, Lilienfeld, & Loftus, 2013). 그 배경에 따른 전문들 간 차이에서 가장 뚜렷한 차이는 임상심리학자들한테서 발견되었다. 연구를 위주로 하는 임상심리학자들 중에서는 충격적인 기억이 억압된다는 생각을 타당하다고 믿는 경우가 약 19%에 불과했다. 그러나 개업의

(60%)와 정신분석가(69%) 중에서 억압을 충격적인 경험에 대처하기 위한 방어기제로 간주하는 사람의 비율은 이보다 거의 세 배나 높았다. 주목을 끄는 점은 충격적인 기억이 억압되기도 한다고 믿는 경향성이 대학생들 중에서 가장 컸다(81%)는 점이다.

그렇지만, 정신치료사 전체로 봤을 때는 최면을 통해 인출된 기억이 진실이라는 주장의 타당성을 의심하는 경우가 오늘날에는 많아졌다. 1990년대 초에는 23%가 그 주장의 타당성을 인정했는데, 약 20년 전에만 해도 그 타당성을 수용하는 비율이 11%로 감소했다. 개업의와 과학자들 사이의 괴리는 여전히 건재하다. 이러한 괴리의 주된 이유를 두고, "임상의(clinician)들은 기억을 되찾았다는 자신만만한 자술보고(self-reports)를 억압된 기억의 정확성을 입증하는 자명한 증거로 간주하는데 반해, 대부분의 연구자들은 그런 추론을 단행하기 위해서는 통제된 연구가 선행돼야 한다고 믿기 때문일 것이다"(p. 529)라는 것이 Patihis 등(2013)의 설명이었다.

그럼, 어떻게 하면 이러한 논쟁을 해결할 수 있을까? 여기서 중요한 한 가지 관찰 결과가 주목을 끈다. 성인들이 충격적인 사건에 대한 기억을 몇 년 동안 잊어버렸다가 나중에 그 기억을 정확하게 회복할 수 있다는 경험적 증거가 놀라울 정도로 빈약하다는 사실이다(Loftus, 1993; Spanos, 1996). 충격적인 사건에 대한 기억을 의식적으로 억제하기는 어렵기로 유명하고 충격 후 스트레스 장애(PTSD)의 정의 속성이기도 하다. PTSD 피해자들의 머릿속에는 그런 충격적인 경험이 너무 쉽게 너무 자주 떠오른다. 그들에게는 과거 충격에 대한 기억이 지나칠 정도로 쉽게 떠올라 그 상황에 대한 환각을 경험하기도 한다. 그 환각이 매우 생생하고 실제 같아서 피해자는 그 사건 전부를 다시 경험하는 것처럼 느낀다. 충격-유발 기억상실이 발생했을 경우에는 충격적인 기억이 조각난 모양으로 저장되어 망각이 용이해진다(Shimamura, 1997). 상황이 이러할진대, 이들 기억조각이 나중에 재구성되면, 그 결과가 왜곡되고 정확하지 않게 될 가능성은 클 수밖에 없다. 따라서 성적 학대 경험에 대한 기억이 처음에는 억압되었다가 나중에 회복된다고 하더라도 그것이 정확할 가능성은 극히 희박하다. 그렇다고 그런 일이 불가능한 일이라는 뜻은 아니다. 기실 과거에 겪었던 학대를 까맣게 잊고 있다가 나중에 되찾은 경우도 더러 있는 것으로 입증되었다(Schooler, Bendiksen, & Ambadar, 1997).

되찾은 기억을 치료할 때 이용되는 최면 및 기타 기법들은 일어나지 않았던 사건을 납득하기 쉽게 암시하는 강력한 잠재력을 가지고 있다(Spanos, 1996). 성인이 되면, 기억에서 인출해낸 사건과 공상에서 생성된 사건을 분명하게 구분할 수 있어야 정상이다(Johnson, 1988). 그러나 소위, 되찾은 기억으로 고생하는 사람들의 경우, 다른 것도 아닌 치료방법 때문에 이런 구분을 지을 수 없게 되는 비극이 벌어지기도 한다(Loftus, 1993). 일부 경우에는 고객이 치료를 받던 중 되찾게 된 성적 학대에 관한 기억이 실제로는 허위기억임을 깨닫게 된 사례도 있다. 이런 경우, 그 허위고소 때문에 그와 관련된 모든 사람의 삶이 산산조각으로 변하게 된다. 다행히 오늘날에는 심리치료사들도 최면 상태에서 인출된 기억의 타당성을 강하게 의심하기 시작했다. 이는 매우 고무

적인 사실이라 할 것이다.

사람들은 누구나 살아가면서 겪었던 일화에 대한 기억을 잊어버리기도 하고 엉뚱하게 기억해 내기도 한다. 하지만 인지심리학자들은 특정인의 특정 기억이 참인지 위인지를 확인할 수가 없다(Bernstein & Loftus, 2009). 과거사에 대한 회상이 진실일 경우, 그 속성 중 하나는 거짓일 때보다 자세한 사항이 더 많이 포함된다는 점이다(Vrij, 2005). 이 단서는 경찰 취조관들이 목격자의 진술이 참인지를 결정하기 위한 예비 작업에서도 이용된다. 그러나 되찾은 기억으로 간주되는 경우, 최면 사용이나 암시 그리고 억압된 기억을 회복시키기 위한 치료에서 감행되는 상상 등도 매우 세밀한, 이식된 허위기억을 유발할 수 있다. 따라서 보고가 상세하다는 점만 가지고는 보고의 진실성을 확정할 수 없다고 봐야 한다.

> 충격에 의한 기억상실증은 희귀한 유형의 의식 단절에 속한다. 피해자는 그 충격이 마치 다른 사람에게 벌어졌던 것처럼 경험하기도 하고 또는 맘속으로 다른 시간에 다른 곳을 여행함으로써 그 충격을 심리적으로 회피한다.

충격-유발 기억상실 실제로 벌어졌던 충격적 경험에 대한 반응이 되찾은 기억으로만 나타나는 것은 아니다. Yuille와 Daylen(1998)에 의하면, 충격적 사건이 기억에 미치는 영향은 매우 복잡하여 사람에 따라 다양한 효과가 발생한다. 극단적인 경우, **충격-유발 기억상실**(trauma-induced amnesia)을 초래하는 의식 단절(dissociation of consciousness)이 발생할 수도 있다. 이런 일이 벌어지면, 피해자는 그 충격이 마치 다른 사람에게 벌어지고 있는 것처럼 경험하기도 하고, 또는 다른 시간의 다른 곳으로 맘속여행을 떠남으로써 모든 충격에서 벗어나려 하기도 한다. 의식의 단절은 사건에 대한 정보를 저장/보관하고 인출하는 단계에도 영향을 미쳐 한때는 기억했던 사건에 대해 기억상실을 초래할 수도 있다. 충격-유발 기억상실은 드문 현상이지만 실제로 그런 사례가 보고되어 있다(Schacter & Kihlstrom, 1989).

그러한 단절 경험의 기저에서 작용하는 뇌기제를 밝혀내기 위한 노력의 일환으로 혹독한 고문을 받았던 피해자 23명을 대상으로 뇌파 활동이 측정되었다(Ray et al., 2006). 이들은 모두 충격 후 스트레스 장애(PTSD)의 준거를 충족시키는 상태였으며, 인권단체에 의해 독일에 있는 난민구호 병원으로 회부된 사람들이었다. 이들은 단절 경험 척도에서도 통제집단의 보통 사람들에 비해 점수가 높았다(예 : 방금 벌어졌던 일을 잘 기억해내지 못하고, 멍한 느낌을 가지며 반응도 느리고, 자기들이 어디에 있었는지도 모르는 등). 뇌파 측정에는 자기뇌파검사법(MEG)이 이용되었다. 이 방법을 이용함으로써 서파(slow-wave) 리듬을 생성하는 신경 부위를 꼬집어낼 가능성을 높이고 싶었던 것이다. 서파 리듬을 포착해야 하는 이유는 정신병리의 유형에 따라 다양한 모습을 취하는 뇌파가 서파이기 때문이다. 단절 척도의 점수와 좌반구 복외측 피질 그리고 좌반구 전체에서 생성되는 비정상적 서파 활동 사이에 정적 상관관계가 발견되었다. 좌반구의 앞쪽 영역은 언어, 관리기능 통제망, 어문정보의 의미부호화와 관련돼 있다. 때문에 Ray 등(2006)은 자기뇌파(MEG)의 비정상성이 단절을 경험하는 사람들이 "의식이 결여되고 자신이 겪었던 충격의 특정 부분을 언어로 표현할 수 없는"(p. 827) 이유를 보여준다고 주장했다.

결론 그림 6.8이 예시하고 있듯, 기억을 되찾게 되는 원인은 여러 가지일 수 있고, 또 충격적 사건에 대한 반응도 여러 가지일 수 있다. 경로 ⓐ에 지적되었듯이, 피해자는 충격적인 사건을 처음부터 쭉 기억하고 있었거나 또는 그 기억이 회복되기[경로 ⓑ] 전까지 일정 기간 동안 억압하고 있었을 수도 있다. 경로 ⓐ와 ⓑ 중간쯤에 또 하나의 대안이 존재할 수도 있다. 이런 반응은 어릴 적의 성적 학대가 설명할 수 없는 이상한 사건인데도 그때는 충격적인 사건으로 인식되지 않았을 때 일어난다. 어릴 적에 학대를 받은 사람들 중 일부는 그런 경험을 "이상하거나 혼란스럽거나 불편한"(p. 129) 것으로 기억했다(McNally & Geraerts, 2009). 그러나 그런 학대를 성적인 경험으로 받아들이지는 않았다. 이러한 사람들은 나중에 아무도 생각나게 해주지 않는 한 그 경험에 대해 아무것도 생각하지 못하게 되거나, 그 이상함 때문에 그 사건에 대한 생각을 적극적으로 회피할지도 모른다. 간단히 말해, 그런 사람들의 경우, 손상된 기억이 반드시 충격적 경험을 억압하는 일이 아닐 수도 있다는 말이다. 만약 그런 학대가 성인이 된 후에 기억났고 또 성적 학대로 재평가되었다면 그 기억은 독이 되어 심리적 고뇌의 근원이 될 수도 있다. 충격적 경험에 대해 일어날 수 있는 또 다른 반응은 부호화 시 벌어진 의식과의 단절 때문에 그 사건 자체를 통째로 잊어버리는 것이다[경로 ⓒ]. 경로 ⓓ에서 지적되었듯, 되찾은 기억은 허위일지도 모른다. 사건을 지각한 것이(실선) 아니라 사건이 일어났었다는(점선) 믿음에서 비롯된 허위기억 말이다.

그림 6.8 충격적 사건에 대한 기억이 되살아날 수 있는 네 가지 시나리오

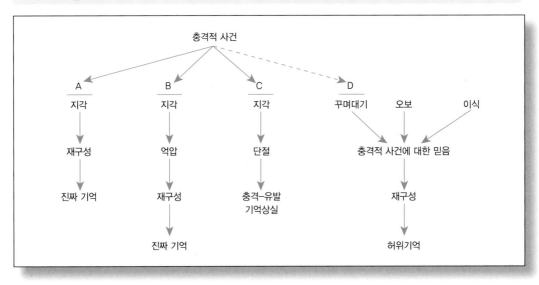

꾸며대기와 오보 및 기억이식이 그런 잘못된 믿음의 근원으로 작용할 수 있다.

되찾은 기억을 둘러싼 논쟁에서 우리는 중요한 결론을 두 가지 도출할 수 있다. 그중 하나는 임상현장에서 이용되는 치료법이 고객에게 해가 되지 않도록 철저하게 검토돼야 한다는 것이다. 되찾은 기억을 치료하기 위해 개발된 특정 기법이 효과적인 것처럼 보이더라도 거기서 얻게 될 득이 그 치료 때문에 허위기억이 형성되었을 때 치러야 할 실보다 큰지를 반드시 따져 봐야만 한다는 말이다. 두 번째 결론은 허위기억에 대한 실험실 연구의 생태학적 타당성 또한 결론을 가져다 쓰기 전에 엄격하게 검토해야 한다는 점이다. 실험실 연구에서는 허위기억이 실제로 존재하며 치료 중인 환자의 경험을 설명하는 데 도움이 되는 것으로 입증되었다. 그렇다고 해서 충격-유발 기억상실이 발생하지 않았다거나 또는 잊었던 충격이 치료장면 안팎에서 다시는 떠오르지 않을 것이라고 단정할 수는 없다. 모진 신체적 또는 심리적 충격이 인간 기억에 미치는 효과를 실험실에서 검토하는 일은 불가능하지는 않더라도 매우 어려운 일이다. 윤리적인 이유 때문에, 강간을 당했거나, 매를 맞았거나, 총을 맞았거나 그 밖의 다른 방법으로 충격을 받은 사람들이 겪은 경험을 실험실에서 평가하는 일은 원칙적으로 불가한 일이다. 폭행 피해자들, 전투에 참여했던 재향 군인들, 강제 수용소에서 살아남은 사람들을 대상으로 한 현장 및 사례연구를 통해 그런 효과에 대한 안목을 넓힐 수는 있을 것이다. 그렇지만 그런 연구의 결과는 엄격하게 통제된 실험실 실험결과만큼 확정적일 수는 없다.

요약

1. 장기기억으로부터 사건 관련 정보가 인출되는 방식은 스키마에 의해 통제된다. 스키마는 조직화된 개념의 집합으로 세상사에 관한 예상을 생성할 수 있게 해준다. 스키마가 하향식 형태재인을 지도하듯, 개념 주도적 처리는 기억으로부터의 사건 재구성을 통제한다. 그 결과, 회상에서는 사건에 관한 세세한 사항을 누락해버리는 단순화가 벌어지기도 한다. 인출 시에는 스키마가 제공하는 예상에 맞추기 위해 자세한 사항이 동화/흡수되기도 하고 정규화되기도 한다. 끝으로 스키마를 기초로 전개되는 재구성 작업은 자세한 사항을 첨예화하기도 한다. 세상사에 관한 일반적 지식을 이용해 실제로 부호화되어 기억 속에 저장되어 있는 정보보다 더욱 정교하게 꾸미는 일이 벌어지기도 한다는 뜻이다.

2. 스키마는 일화기억이 부호화되고 저장되는 작업에도 영향을 미침으로써 기억을 왜곡시키기도 한다. 사건의 여러 속성 중 어느 것이 부호화될 것인지는 스키마가 내놓는 기대/예상에 의해 결정된다. 스키마는 해석이라는 과정을 통해서도 사건의 부호화에 영향을 미친다. 추론은 부호화 단계에서도 생성되지만 재구성적 인출 단계에서도 생성된다. 끝으로, 스키마는 통합을 통해서도

부호화에 영향을 미친다. 통합이란 서로 다른 사건의 속성들이 하나의 기억표상으로 조합되는 일을 일컫는다. 통합의 결과, 사건의 세세한 것에 대한 기억 대신 사건의 요점에 대한 기억만 남게 된다.

3. 출처 감시는 맘속경험의 출처/근원을 내적 또는 외적인 것으로 돌리는 평가 작업을 일컫는다. 주변에서 지각된 사건의 출처는 외부이고 생각이나 공상 그리고 꿈의 출처는 내부이다. 실험실에서 입증된 기억착각의 보기로는 사람들이 특정 표적단어와 밀접하게 결합된 단어들만으로 구성된 목록을 읽은 후에 표적단어도 그 목록에 있었던 것으로 잘못 회상하게 되는 현상을 꼽을 수 있다. 이 착각은 그 표적단어가 내적으로 활성화되었는데도 그 출처를 외부로 돌리는 오류에 해당한다. 일반적으로, 우리는 공상과 실제 기억을 쉽게 구분할 수 있는데, 이는 출처 감시 덕분이다. 만성 알코올 중독과 관련된 Korsakoff 증후군에서는 이 과정이 망가져버린다. Korsakoff 증후군으로 고생하는 환자는 출처를 알 수 없는 허위기억을 만들어낸다. 꾸며대기는 환자 자신도 통제할 수도 없고 또 허위로 판단할 수도 없는 기억이 저절로 쏟아지는 것처럼 보인다.

4. 인간 기억의 구성적 속성과 재구성적 속성에는 우리의 법 제도에서 고려돼야 할 중요한 함의가 담겨 있다. 목격자 증언의 신뢰성에 관한 연구는 광범위하게 수행되어 왔다. 적어도 실험실에서는 선별적 부호화, 조사관의 유도신문, 최면 및 치료를 통한 기억이식 등이 모두 재생을 왜곡시키는 것으로 밝혀졌다. 이러한 연구의 경우에는 그 생태학적 타당성이 문제로 거론된다. 특히 성적 학대 같은 충격적인 사건이 그 사건에 대한 기억상실을 유발했다가 나중에 그 기억을 되찾는 일이 벌어질 수 있는지를 두고 아직도 논쟁이 그치지 않고 있다. 목격자로서의 어린아이들이 갖는 신뢰성과 피암시성 그리고 성적 학대에 대한 억압됐던 기억을 회복한 것으로 간주되는 어른들이 지닌 신뢰성과 피암시성이 그 논쟁의 중심 주제에 속한다.

핵심 용어

꾸며대기(confabulation)

단순화(leveling)

망상형 허위기억(delusional false memory)

생태학적 타당성(ecological validity)

선별(selection)

어문적 허위기억(false verbal memory)

억압(repression)

오보효과(misinformation effect)

재구성적 인출(reconstructive retrieval)

첨예화(sharpening)

출처 감시(source monitoring)

충격-유발 기억상실(trauma-induced amnesia)

통합(integration)

해석(interpretation)

흡수/동화(assimilation)

생각해볼 질문

- 어릴 적에 가졌던 생일잔치 중 하나에 관한 일을 최대한 많이 재생하려 해보라. 몇 번째 생일잔치였나? 케이크가 있었는가? 있었다면 어떤 케이크? 잔치에 온 사람들은 누구누구였나? 노래를 불렀었나? 여러분이 회상해낸 내용에서 단순화, 동화/흡수, 첨예화된 내용은 어떤 것인가? 생일잔치에 관한 여러분의 스키마가 여러분의 재구성적 인출에 어떤 작용을 했을 것 같은가?
- 부호화 왜곡이 대학생들의 기말 고사에 어떤 회상 오류를 유발했을 것 같은가? 선별, 해석, 통합에 해당하는 구체적인 예를 하나씩 들어보라.
- 어문적 허위기억은 의미 관련 단어로 구성된 단어목록을 읽었을 적보다 들었을 적에 더 자주 발생한다(학습활동 6.3 참조). 왜 이런 일이 벌어지는지를 설명하고, 이러한 기억왜곡을 줄일 수 있는 다른 방법을 제시해보라.
- 실제로 겪었던 충격적인 사건에 대한 회상에 억압과 단절이 미치는 효과를 대조해보라. 둘 중 어느 것을 기억이식에서 초래된 오 기억과 구별하기가 더 어려울 것 같은가?

제7장

지식 표상

학습목표

- 지식이 명제로 표상되는 것과 심상으로 표상되는 것과의 차이를 설명한다.
- 인지에서 시각적 심상의 용도와 한계를 묘사한다.
- 규칙을 기초로 형성된 개념과 가족 유사성을 기초로 형성된 개념을 대조한다.
- 인조물(예 : 도구), 자연물(예 : 동물), 추상물(예 : 숫자)의 관념적 표상에 관여하는 신피질 영역을 묘사한다.
- 의미기억이 조직된 방식과 질문 대답에 이용되는 방식을 논의한다.

이 장에서는 의미기억 속의 지식 표상에 관한 기본적인 문제를 다룬다. 제1장에서 논의했던 것처럼, 맘속표상 중 일부는 우리의 의식 밖에 있다. 우리는 이 장에서 세상사에 관한 개념 지식(예 : 닭은 날개를 가지고 있고 날 수 있으며 새라는 보다 큰 범주의 구성원이라는 사실을 알고 있는 것)이 장기기억 속에 조밀한 의미-망으로 저장되어 있다는 것을 알게 될 것이다. 그러한 지식을 명제형 지식이라 하는데, 그 이유는 그 명제를 단언(assertion)으로 진술했을 때 그 진위를 판단할 수 있기 때문이다. 닭이 날개를 가졌다는 진술은 참이지만 닭도 개처럼 짖을 수 있다는 진술은 거짓이다. 우리는 의미-망 속에 저장된 명제를 이용하여 이러한 사실 여부에 대한 판단을 내린다. 하지만 연결망(즉, 의미-망) 자체는 우리가 의식하지 못하는 맘속표상의 거대한 집합체이다. 예를 들어, 우리는 인터넷 검색 엔진을 이용하여 지금 알고 싶은 사실을 찾을 수는 있지만, 인터넷을 구성하고 있는 거대한 연결망 자체를 들여다볼 수는 없다.

이와는 달리, 맘속표상 중 일부는 우리의 의식하에 있고 지각경험과 비슷한 이미지의 모양을 취할 수도 있다. 예컨대, 눈을 감고 5월의 따가운 봄볕을 피해 공원의 큰 나무 그늘 아래 벤치에 앉아서 쉬고 있는 자신의 모습을 상상해보라. 봄바람이 포근하게 전신을 감싸는 상쾌한 느낌을 경험하고 있다고 하자. 근처의 꽃밭에서 은은하게 퍼지는 장미꽃 향기가 코끝을 자극한다. 잔디

밭의 초록색은 그 어느 때보다 선명하고 파아란 하늘 역시 그 푸름에서 지금보다 더 푸른 적은 없었다고 상상해보라. 이러한 상상을 할 때 여러분의 뇌는 지각시스템을 활성화시켜 벤치, 나무, 잔디, 하늘 등의 이미지를 재창출하게 한다. 촉각 이미지 덕분에 봄바람의 포근함을 느낄 수 있고, 후각 이미지 덕분에 장미꽃 향기에 대한 지각경험을 재연해볼 수 있었다. 그러면 이런 상상을 가능하게 한 이들 이미지의 본질은 무엇일까? 이 문제는 인지심리학자들 사이에 뜨거운 논쟁을 불러일으켰다. 한편에서는 장기기억에서 인출된 이미지가 실제로 지각경험과 같다고 주장해왔다. 그 반대편에서는 장기기억에는 이미지도 추상적인 명제로 저장된다고 주장해왔다. 이 견해에 따르면, 근본적으로 모든 지식은 명제로 표상되며 모두가 의식의 밖에 있는 의미-망 속에 함께 저장되어 있다. 명제형 지식을 기초로 이미지를 구축할 수도 있기 때문에 이미지가 표상된 방식을 지각경험과 같다고 단정할 수 없다고 주장한다. 이들은 상상 속 경험이 지각적 이미지를 경험하는 것 같은 느낌을 주는 것은 명제형 지식이 이용되는 방식에서 야기된 착각일 뿐이라고 주장한다.

이 장에서는 먼저 구체적인 물체에 대한 심상이 추상적인 개념 지식과는 다르게 표상되었을 가능성을 다룬다. 그런 다음, 시각적 심상의 본질 및 용도가 자세하게 논의될 것이다. 심상에 관한 많은 연구에서 시각적 심상 같은 맘속표상의 장점과 단점을 밝혀놓았다. 셋째 절에서는 개념의 본질이 자세하게 고려될 것이다. 규칙-기반 개념이 자연물이나 인조물에 대한 개념과 비교되었다. 이들 개념 표상과 관련된 신경 기반도 여기서 논의된다. 끝으로 이 장은 의미기억으로부터 지식이 인출되는 방식에 대한 연구결과를 논의하는 일로 마감된다. 인지심리학자들은 사람들이 간단한 사실적 질문에 답을 하려 할 때 의미기억이 활용되는 방식을 모형으로 정리해왔다.

심상과 추상적 표상

지금까지는 맘속표상을 논의하면서 그 본질은 고려하지 않았다. 즉, 서술형 지식은 우리 맘속에 어떻게 부호화되어 있는 것일까? 그 표상은 어떤 모양새를 취하고 있을까? 등등의 의문은 생각하지 않았다. 제1장에서도 맘속표상이라는 개념만 소개했을 뿐, 표상에 이용된 부호의 본질은 다루지 않았다. 마찬가지로 제5장에서 서술형 기억을 논의할 때도 일화기억 저장고에 저장된 개인적 경험 또는 의미기억 저장고에 보관된 개념을 표상하는 데 이용된 부호는 명시하지 못했다. 그럼 서술형 기억은 우리의 마음 속에 어떻게 부호화되어 있는 것일까? 그 정확한 모양새는 무엇과 같을까? 인지과학에서 거론되고 있는 가설 중 하나는 의미기억 속 개념이 범양식적(amodal)으로 표상되어 있다는 가정이다. 표상은 사물의 중요한 속성과 관계를 기억 속에 저장하는 추상적인 기호형 수단일 뿐 사물에 대한 지각양식이나 관련 행동과는 무관하다는 생각이다(E. E. Smith,

1978). 아래에서 알게 되겠지만, 추상적인 명제는 지식을 저장하는 수단으로 이용된다. 명제는 근본적으로 의미지식을 언어처럼 묘사한다. 하지만 명제는 입말의 청각적 양식 또는 글말의 시각적 양식과 결합된 실제 단어가 아니다. 명제는 범양식적이며 추상적이다. 이 말이 무슨 뜻인지는 디지털 컴퓨터에 지식이 저장되는 방식을 생각해보면 알 수 있다. 디지털 컴퓨터의 기호-처리 구조에는 지식을 저장할 때 0과 1을 조합하여 만든 부호가 이용된다. 컴퓨터는 기호 처리 시스템으로, 모든 양식의 기호(예 : 글로 적은 단어나 입으로 말한 단어, 또는 시각적 그림)를 표상할 수 있는 역량을 갖추고 있다. 그리고 이들 모든 기호를 0과 1로 부호화한다. CD나 DVD에는 시각적 그림도 노랫소리와 노랫말도 장문의 편지도 모두 동일한 추상적 부호로 저장되어 있으며 이 추상적 부호는 이들 기호의 양식과는 아무런 관계가 없다. 이처럼 우리의 뇌에서도 맘속표상을 저장할 때는 그 표상의 근원에 관계없이, 심지어는 우리가 마음 속에 그려볼 수 있는 시각적 심상까지도 모두 범양식적 부호가 이용된다는 가설이다.

범양식적 부호에 대한 대안으로 양식-구체적 부호가 고려되고 있다. 감각-운동 시스템이 제공하는 양식-구체적 부호가 개념을 머릿속(기억저장고)에 표상하는 데 이용된다는 생각이다. 물체의 지각적 속성(예 : 크기, 모양, 색상 등이 어떻게 보이는지)과 그 물체와의 상호작용에 중요한 운동성 속성(예 : 어떻게 만지고, 잡고, 돌리고, 그 위에 앉아보고, 그 밖의 다양한 활용법 등)은 양식-구체적으로 표상된다. 이들 부호는 기호를 대체하는 것이 아니라 물체와 움직임의 상사형(analog)이 마음 속에 표상된 것으로 간주된다. 오늘날에는 실생활에서 발견되는 이와 유사한 상사형 표상은 구식으로 간주된다. 예컨대, 사진의 음화나 전축(LP)판의 울퉁불퉁한 음각은 대표적인 상사형 표상에 해당한다.

맘속표상이라는 관점에서 보면, 이들 두 가지 유형의 표상은 각각 범양식적 명제 표상과 양식-구체적 심상 표상으로 구분될 것이다. 제4장에서 소개했던 기억의 이중 부호화 이론에서는 이 가설을 확장하여, 일화기억은 이미지로 부호화될 수도 있고 또 단어/말로 부호화될 수도 있다고 주장한다. 이 견해에서는 어문적 부호와 심상형 부호가 별개의 양식으로 간주되고 있는 셈이다. 이중 부호화 이론에서는 범양식적 부호가 존재한다는 주장 자체를 수용하지 않는다(Sadoski & Paivio, 2001).

맘속표상의 수단으로 지각적 속성을 직접 전달할 수 있는 것은 **심상형 부호**(imaginal code)이

> 지식 표상의 모양새는 구체적인 지각경험 같은 심상형 부호일 수도 있고 어문적 명제 같은 추상적 부호일 수도 있다.

다. 예컨대, 어떤 물체가 시각이라는 감각양식을 통해 지각되었다면 마음 속에다 그 물체의 심상을 생성할 때 원래의 지각경험과 닮은꼴로 생성하는 일이 가능해진다. **명제형 부호**(propositional code)는 특정 감각양식과는 무관한 맘속표상을 구축하는 데 필요한 추상적 수단에 해당한다. 명제형 표상은 특정 물체의 속성과 그 물체와 다른 여러 물체와의 관계를 표상한다. 새라는 개념을

그림 7.1   참새라는 개념에 대한 심상형 부호와 명제형 부호

예로 들어보자. 그림 7.1a는 참새의 심상형 표상, 즉 새라는 범주의 원형(prototype)을 보여준다. 물론 이 원형은 명제형 부호로도 표상될 수 있다(그림 7.1b 참조). 그림 7.1b의 명제형 표상은 이중 부호화 이론에서 가정했던 어문적 부호와 흡사하다는 점을 주목하자. 명제형 표상도 또 어문적 표상도 물체의 명칭은 장기기억 속에 저장되어 있다고 가정한다(제4장 참조). 그러나 어문적 부호는 말과 글의 지각적 속성과 연관돼 있는데 반해 명제형 부호는 순전히 추상적이라는 점에서 서로 다르다(Paivio, 1986).

그러나 시각부호, 청각부호, 기타 감각부호가 어떻게 맘속에 표상되고 신경계에 부호화되는지를 정확하게 밝히는 일은 아직도 진행되고 있는 어려운 과제임에 틀림없다(Kolers, 1983). 어떤 학자는 심상의 실제 기반은 명제형 표상(즉, 우리가 의식하지 못하는 명제형 표상)이라고 주장하기도 한다(Pylyshyn, 1973, 1981). 한편 일부 증거는 시각적 심상이 명제가 아닌 지각경험처럼 행동한다고 시사한다. 주된 차이점은 시각적 심상은 추상적 명제형 표상 또는 어문적 표상으로는 설명될 수 없는 공간적 상사형(analog) 속성으로 구성된다는 데 있다.

시각적 심상

Shepard의 연구진은 마음 속에서 물체를 회전시켜야 하는 과제를 이용한 실험을 통해 시각적 심상에 대한 연구를 개척하였다(Metzler & Shepard, 1974; Shepard & Cooper, 1983; Shepard & Metzler, 1971). 이들은 3D(입방체) 물체를 담은 그림을 실험자극으로 제시하였다(그림 7.2 참조). 이들 자극을 쌍으로 제시하고 참여자들에게는 각 쌍을 구성하는 2개의 물체가 동일한 물체인지를 판단하라고 주문했다. 그림 7.2의 칸 (a)에 들어 있는 2개의 물체를 비교해보라. 동일한 물체

그림 7.2 아래 각 쌍의 왼쪽 물체를 마음 속에서 회전시켜 오른쪽 물체와 같은지 다른지를 판단해보라.

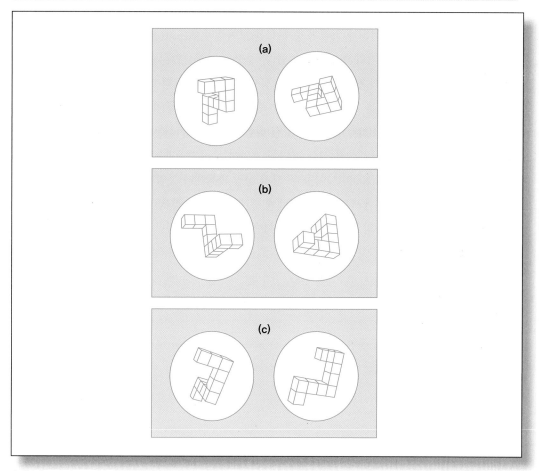

출처 : Shepard, R. N., & Metzler, J. Mental rotation of three-dimensional objects. *Science, 171*, 701–703. Copyright © 1971 AAAS 허락하에 재인쇄.

인가 서로 다른 물체인가? 왼쪽에 있는 물체를 머릿속에서 회전시켜보면 그 물체가 오른쪽의 물체와 동일하다는 사실을 확인할 수 있게 된다. 칸 (b)에 제시된 자극물체에 대해서도 칸 (a)에서와 같이 '동일' 반응을 하게 된다. 그러나 칸 (c)에 있는 자극의 경우, 왼쪽 물체를 360도 회전시켜봐도 오른쪽 물체와 일치하지 않는다. 따라서 이 조건에서의 옳은 반응은 '상이' 반응이 된다.

Shepard의 연구진은 각 쌍의 물체가 동일한지를 판단하기 위해 회전시켜야 하는 각도의 크기를 체계적으로 조작해보았다. 만약 심상(mental image)이 실물을 마음의 눈으로 바라보는 것과 같은 것이라면, 자극 쌍에 대한 '동일/상이' 판단에 소요되는 시간이 그들이 조작한 회전각의 크기에 정비례해야 한다. 하지만 그 판단이 자극물체에 대한 명제 표상을 근거로 이루어진다면 판단에 소요되는 시간과 머릿속에서 회전시켜봐야 하는 각도의 크기와는 관계가 없어야 한다. 그 회전각이 180도이든 90도이든 또는 45도이든 그 값은 명제를 구성하는 여러 인자(예 : 왼쪽 물체, 시계방향 회전, 정면, 회전각) 중 인자 하나(여기서는 회전각)의 값에 불과하기 때문이다. 그림 7.3은 그들이 창출한 여러 실험결과 중 하나를 보여준다(Shepard & Metzler, 1971). 판단에 소요된 시간이 회전각의 크기와 정비례하고 있다. 심상을 회전시키는 것과 그 물체에 대한 맘속표상을 회전시키는 것이 놀라울 만큼 유사하다. 심상이 마치 실물처럼 행동한다는 뜻이다.

　마음 속에 구축된 물체를 회전시키는 일은 공간적 심상 작업의 일종으로 두정엽의 여러 영역을 활성화시킨다(Zachs, 2008). 마음 속 회전 같은 변형에 관여하는 뇌 속 신경망은 특정 물체의 위치를 명시하기 위한 공간적 심상 작업에 개입하는 신경망과는 다른 것 같다. Thompson, Slotnick, Burrage, Kosslyn(2009)은 이들 두 가지 심상 과제에다 동일한 자극을 이용해보았다. 위치−기반 과제의 학습단계에서는 참여자들에게 먼저 여러 낱자의 공간적 배치 상태를 30초 동안 공부하게 했다. 그런 다음의 검사단계에서는 학습단계에서 공부했던 낱자들의 배치 상태에서 특

그림 7.3 물체가 동일한지를 판단하기 위해 회전시켜야 하는 각도와 마음 속에서 회전시키는 시간이 함께 증가하고 있다.

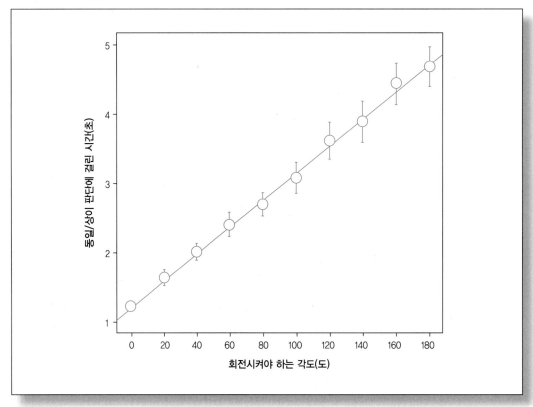

정 낱자가 자리 잡고 있던 영역을 기억해내라는 단서를 제시했다. 이에 반해, 변형–기반 과제의 검사단계에서는 참여자들에게 공부했던 낱자 중 하나를 정해진 각도로 회전시켜보라고 지시했다. 회전 과제는 두정엽을 활성화시키는 것으로 드러났다. Zach(2008)의 발견이 다시 관찰된 것이다. 이에 반해, 낱자의 위치를 명시하는 과제를 수행할 때 활성화된 뇌의 영역은 (1) 두정엽과 후두엽 경계에 있는 홈(sulcus), (2) 이와 밀접하게 관련된 피질, 즉 쐐기앞소엽(precuneus), (3) 대상피질 뒤쪽이었다. 주목할 사실은 시각적 심상이 개입된 두 가지 비슷한 작업(즉, 물체의 심상을 회전을 통해 변형시키는 작업과 그 심상이 있었던 공간 내 위치를 기억해내는 작업)의 기반에서 작용하는 뇌 속 신경망이 다르다는 점이다.

공간적 심상을 이용하여 물체를 변형하는 능력은 특정 직업에 매우 유용할 수 있다. Dror, Kosslyn, Wang(1993)은 비행기 조종사들의 마음 속 회전 능력을 평가해보았다. 성별, 연령, 교육 정도가 대등한 집단에 비해 조종사들은 마음 속 회전 능력뿐 아니라 공간 판단 능력에서도 훨씬 뛰어났다. 직업 훈련 및 작업 과제 수행 자체가 마음 속 회전 능력 발달을 조장했을 수도 있다. 그러나 처음부터 마음 속 회전 능력이 우수한 사람들이 조종사 선발 및 훈련과정을 더욱 우수한 성적으로 통과했을 수도 있다.

상사형 속성 Kosslyn(1980, 1981)과 그의 동료들은 심상의 상사성을 세밀하게 탐구하였다. 그 결과, Kosslyn(1975)은 심상을 주사(scan)하는 데 걸리는 시간이 주사해야 할 '거리'에 따라 달라진다는 사실을 밝혀냈다. 참여자들에게 물체(예 : 그림 7.4에 있는 배)를 담은 사진을 기억하라고 지시했다. 그런 후, 그 물체의 심상을 마음 속에 떠올리고는 주사를 통해 그 물체(심상)의 특정 속성을 찾아내라고 주문했다. 이때 주사를 시작할 위치를 정해주고, 심상 속에서 정해진 속성을 '찾아내는' 즉시 버튼을 누르라고 지시했다. 주사를 시작하는 순간부터 정해진 속성을 찾아내기까지의 시간을 측정했던 것이다. 그 결과, 심상에 대한 주사를 배의 왼쪽 끝에서 시작했을 경우, 찾아내야 할 속성이 현창(porthole)이었을 때보다 닻이었을 때 더 긴 시간이 소요된다는 사실을 발견했다. 사진을 주사할 때 걸리는 시간은 그 사진 속 실제 거리에 따라 달라진다. 그런데 심상을 주사할 때도 똑같은 일이 벌어진 것이다.

이와 비슷한 결과는 심상의 크기를 조작한 실험에서도 확보되었다. 심상의 크기가 큰 경우보다 작은 경우에 그 속에 들어 있는 속성을 찾아내기 위한 주사가 더 어려운 것으로 드러났다. Kosslyn(1975)은 참여자들에게 예컨대, 토끼를 표적동물로 정하고 그 표적동물이 그보다 작은 동물(예 : 파리)의 곁에 있거나 그보다 큰 동물(예 : 코끼리) 곁에 있는 모습을 상상해보라고 주문했다. 여러분도 해보기 바란다. 이 경우, 대부분의 사람들은 파리 옆에 있는 토끼의 심상은 매우 큰데 반해 코끼리 옆에 있는 토끼의 심상은 그보다 훨씬 작다고 말한다. 그런 후 참여자들에게 표적동물의 특정 속성(예 : 귀)을 찾아보라고 지시했다. 이 속성을 찾아내는 데 걸리는 시간이 큰 심상

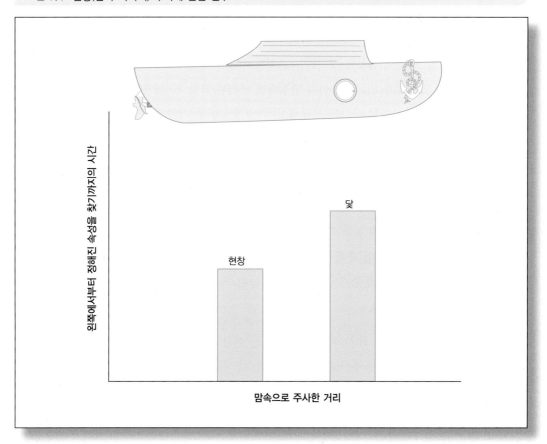

그림 7.4 심상(맘속 이미지) 주사에 관한 연구

출처 : Kosslyn, S. M. (1973). Scanning visual images: Some structural implications. *Perception and Psychophysics, 14*(1), 90–94. Psychonomic Society 허락하에 재인쇄.

을 '들여다볼' 때보다 작은 심상을 '들여다볼' 때에 200ms나 더 걸리는 것으로 밝혀졌다. 그 심상은 실제 토끼와 상사형이기 때문에 작은 심상을 선명하게 시각화하기가 더 어려웠기 때문에 벌어진 일이었을 것이다.

끝으로 Kosslyn, Ball, Reiser(1978)는 실험참여자들에게 지도를 하나 보여주고는 그 속에 있는 여러 곳의 위치를 기억해두라고 주문했다. 그런 다음, 그 지도에 대한 심상을 형성하고는 특정 지점에 주의를 집중하라고 지시했다. 그러고는 그 지도 속 두 번째 지점을 알려주며, 주의를 기울이고 있던 그 지점에서 출발하여 이 두 번째 지점까지의 직선 경로를 맘속으로 찾아보라고 지시했다. 그 결과, 과제가 요구하는 맘속주사에 걸리는 시간이 지도상의 실제 거리와 정비례하는 것으로 밝혀졌다. 두 번째 지점이 출발 지점과 가까우면 주사 시간(직선 경로를 찾는 데 걸리는

시간)도 짧고 두 지점 간 거리가 멀면 주사 시간
도 길었다.

> 기능 동등성 가설은 시각적 심상에 이용되는 표상과 처리과정 및 신경구조가 시지각에 이용되는 표상과 처리과정 및 신경구조와 같다고 주장한다.

심상 대 지각 이상의 모든 연구는 시각적 심상
의 기능이 시지각의 기능과 같다고 암시한다.

기능 동등성 가설(functional equivalence hypothesis)은 심상이 지각과 동일한 것은 아니지만 심상
도 마음 속에 표상되어 있으며 그 기능은 지각과 동일하다고 말한다(Finke, 1989). 예를 들어보
자. 눈을 감은 채 지금 여러분이 앉아 있는 방을 마음의 눈으로 상상해보라. 일단 심상이 형성되
면, 친한 친구가 방으로 들어오더니 여러분 쪽으로 다가온다고 상상해보라. 이때의 경험만을 고
려해보면, 실제로 여러분이 눈을 뜨고 그 방을 지각하며 친구가 여러분 쪽으로 다가오는 것을 바
라보는 경험과 동일하지는 않지만 비슷할 가능성이 매우 높다. 주변의 물체와 그들 간 공간관계
는 실상을 바라볼 때 생성되는 표상과 거의 같다. 이 가설에 따르면, 심상에서 일어나는 변화를
경험하는 것과 지각에서 일어나는 변화를 경험하는 것은 그 모양새가 같아야만 한다. 환경에 대
한 심상의 공간관계는 그 환경의 실제 공간관계와 유사해야 한다는 뜻이다.

최근에 이루어진 신경영상 연구결과 역시 심상과 지각은 동일한 신경기제를 이용한다는 견해
를 지지하고 있다. PET, fMRI, ERP를 이용한 연구에서 심상 작업을 할 때 관찰되는 뇌의 활동
이 시각작업에 이용되는 것으로 알려진 영역에서 발생한다고 밝혔다. 예컨대, 구체적인 물질 명
사(예 : 고양이)로 구성된 단어목록을 제시하고 (1) 각 단어를 읽으면서 그에 대한 심상을 형성해
보는 조건과 (2) 심상은 생성하지 않고 그냥 단어를 읽어만 보는 조건을 설정한다. 그런 후, 이 두
조건에 배치된 참여자들의 일차 시각피질의 활동을 ERP로 기록해보면, 심상을 형성하지 않은 조
건보다 심상을 생성해보는 조건에서 훨씬 큰 ERP가 기록된다(Farah, Peronnet, Gonon, & Girard,
1988). 또한 시각 담당 영역이 손상을 입게 되면, 시각뿐 아니라 심상도 훼손된다(Farah, 1988).
예를 들어, 후두-측두엽의 배쪽에 있는 얼굴지각 영역이 좌우 반구 모두에서 손상된 환자는 자
신이 익히 알고 있던 사람의 얼굴을 상상하는 데 어려움을 겪었다. 그런 환자에게 링컨 대통령의
얼굴(길쭉한 얼굴의 보기)을 상상해보라고 하면, 그 얼굴이 자기에게는 길쭉한 게 아니라 짧고 둥
글게 보인다고 말했다. 끝으로 Kreiman, Koch, Fried(2000)는 간질병 치료를 위한 수술을 받고 있
는 환자의 측두엽 내측에 있는 개별 세포의 활동을 기록하였다. 그 결과 특정 물체(예 : 얼굴, 야
구공)를 바라볼 때만 그리고 이들 물체에 대한 상상을 할 때만 선별적으로 반응하는 신경세포를
찾아낼 수 있었다. 서술기억에 관여하는 것으로 알려진 뇌의 영역에서 기록된 활동은 장기기억
에서 그 물체에 관한 정보를 인출하는 작업을 반영할 수도 있고 또 그 물체의 이미지(심상)를 장
기기억에 유지하는 작업을 반영할 수도 있다.

지각과 심상 형성 간에는 중요한 차이가 있다. 심상은 작업기억에 보존돼야만 하는데 반해 지

학습활동 7.1　　　　심상의 한계

아래에 있는 물체를 살펴보라. 이제, 그 물체의 심상을 형성하고는 그림은 다시 보지는 말고 그 심상 속에서 3각형을 하나 찾아내보라. 찾아내었으면, 이번에는 평행 사변형을 하나 찾아내보라.

시각적 심상의 한계를 보여주는 다윗의 별

아래 물체에 대한 심상을 선명하게 생성한 후, 눈을 감고 그 도형 속에 3각형이 있는지, 평행 사변형이 있는지를 검색해보라.

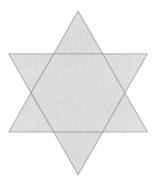

각경험은 기억의 도움 없이 가용한 것이다. 물체의 숨은 부분을 찾아내는 일은 그 물체의 심상을 맘속에 생성했을 때보다 그 물체를 지각할 때가 훨씬 더 쉽다(Reed, 1974). 참여자들에게 학습활동 7.1에 소개된 과제를 수행하게 했을 때, 작업기억 속에 형성돼 있는 심상을 이용해야 하는 조건에서는 숨어 있는 평행 사변형을 정확하게 찾아내는 사람이 전체의 14%밖에 되지 않았다. 이에 반해 3각형을 찾아내는 일은 훨씬 용이했다. 이런 결과를 두고 Reed는 그림 속의 물체를 살펴본 참여자들은 조작 및 검색이 용이한 심상으로 기억하지 않고, '다윗의 별'이라는 이름을 붙이고는 (다윗, 별)이라는 식의 명제로 기억해버렸기 때문에 이런 결과가 나타났다고 결론지었다. 3각형 같은 단순한 도형을 찾아낼 수는 있었지만, 평행 사변형의 복잡성은 심상 속에 숨어 있었던 것이다. 그 이미지에다 말(언어)로 이름을 붙인 일이 순수한 시각-공간적 표상이 아닌 명제형 표상을 조장했을 것이라는 생각이다.

맘속지도　심상은 공간적 맘속모형을 구축하는 데 자주 이용된다. 이를 Tversky(1991)는 다음과 같이 설명하고 있다.

길을 알려주는 말을 듣고 길을 따라갈 때, 사용 설명서를 보면서 자전거를 조립할 때, 아이의 기하학 숙제를 도와줄 때 등등 우리의 일상생활에는 서술문을 듣거나 읽고 공간형 맘속 모형을 구축해야만 할 것처럼 보이는 일이 아주 많다. "첫 번째 신호등을 만날 때까지 쭉 직진하다가 그 네거리에서 좌회전을 한 후, 약 150m쯤 가면 학산로를 만나거든, 그러면 거기서 우회전하면 돼." 이 진술문을 이해하고자 할 때는 공간형 표상(즉, 공간형 맘속모형)을 구축하는 것이 유용할 것이다(p. 109).

맘속지도(mental map)는 환경에 대한 자신의 신념을 나타낸다. 광주와 제주 중 어느 도시가 더 서쪽에 있을까? 대부분의 사람들이 가진 맘속지도에는 광주가 제주보다 더 서쪽에 위치한다(Stevens & Coupe, 1978 참조). 많은 사람들이 제주에 가는 배를 탈 때 부산에서 타기 때문일 것이다. 그러나 실제 지도를 보면 제주가 광주보다 더 서쪽에 위치한다(그림 7.5 참조). 그리고 대부분의 한국인은 에베레스트 산이 백두산보다 북쪽에 위치한다고 생각할 것이다. 그러나 이 역시 사실과 다르다. 사시사철 눈으로 덮인 산으로 기억되어 있기 때문에 에베레스트 산은 추운 북쪽에 자리 잡은 것으로 생각되기 때문일 것이다.

우리 맘속지도의 이와 같은 왜곡은 이 세계가 조직된 방식에 대한 우리의 믿음을 반영한다. 이들 신념 및 신념 관련 심상이 이처럼 단순화되는 것은 사람들이 자주 사용하는 두 가지 휴리스틱

그림 7.5 한반도에 대한 맘속지도와 실제 지도

(heuristics 또는 rules of thumb) 때문이라는 게 Tversky(1981)의 주장이다. 둘 중 하나는 정렬 휴리스틱(alignment heuristic)이다. 한국과 네팔을 포함하는 거대한 아시아의 모습에 대한 심상을 정확하게 형성하기란 어려운 일이다. 때문에 한국 사람들은 한국의 위도를 기준으로 그 모습을 정렬하려 한다. 그러다 보니, 에베레스트 산을 백두산보다 북쪽에 위치시키는 일이 벌어졌다고 할 것이다. 그러나 실제 지도를 살펴보면, 에베레스트 산의 위도가 백두산의 위도보다 훨씬 낮다는 것을 알게 된다.

사람들은 회전 휴리스틱(rotation heuristic)을 이용하기도 한다(Tversky, 1981). 일단 이름이 붙은 영토나 국가의 모습을 실제보다 더 수직적인 모습으로 심상화한다는 뜻이다. 다시 말해, 좌측이나 우측으로 기울어진 실제의 모습이 우리의 마음 속에서는 똑바로 선 모습으로 회전되어 나타난다. 회전 휴리스틱을 이용하면 광주와 제주를 두고 벌어진 혼동이 쉽게 설명된다. 이 경향성/휴리스틱 때문에 약간 좌측으로 기울어져 있는 한국의 실제 모습이 우리 마음의 눈에는 거의 똑바로 선 것처럼 보인다. 그 결과 실제로는 서울의 거의 정남쪽에 위치한 광주가 실제 위치보다 더 서쪽에 위치한 것(서울보다 훨씬 서쪽에 위치한 것)으로 인식된다. 이러한 왜곡 때문에 실제로는 제주보다 약간 동쪽에 위치한 광주가 우리의 맘속지도에는 광주보다 동쪽에 위치하게 된다. 결국, 맘속지도가 이런 회전 휴리스틱에 맞추어 구축되었기 때문에 실재와 어긋날 수밖에 없었다고 할 것이다.

사람들은 맘속지도를 기초로 지리적 판단을 내리기 때문에 오류를 범하곤 한다. 그런데, 물체의 크기에 관한 판단을 내릴 때도 시각-공간 작업기억 속 심상에 의존하게 되면 대개는 오류가 발생하는 것으로 밝혀졌다(Smith, Franz, Joy, & Whitehead, 2005). 예를 들어, 학습활동 7.2에서 보듯이, 대부분의 사람들은 피자의 크기를 과대 추정한다. 기능 동등성 가설에 따르면, 시지각과 시각적 심상은 서로 밀접한 관계여야 한다. 예를 들어, 관찰자로부터 먼 곳에 있는 물체는 가까이 있을 때보다 작아 보인다. 마찬가지로 이와 동일한 물체가 먼 거리에 있다고 상상을 하면 맘속에서도 더 작아 보인다. Smith 등은 사람들이 가까이 두고 사용하는 흔한 물체의 심상은 장기기억에 저장되어 있다가 과제를 수행할 때에 인출될 것이라고 생각했다. 만약 이 생각이 옳다면, 맘속지도가 지리적 판단에 오류를 초래하듯 장기기억에 저장돼 있는 심상도 크기 판단에 착오를

학습활동 7.2	물체의 크기 추정

눈을 감은 상태에서 피자 한 판의 심상을 선명하게 떠올려보라. 일단 심상이 선명해졌으면 눈을 뜨지 말고 양손을 이용하여 그 피자의 지름이 얼마나 되는지를 두 손바닥 간 간격으로 추정해보라. 손바닥을 펴고 두 손을 피자 판의 지름만큼 양옆으로 벌려보라는 말이다. 이제, 손은 움직이지 말고 눈만 뜨고, 두 손바닥 간 간격을 점검해보라. 생각했던 피자판의 지름과 같은가 다른가? 다르면, 과소 추정한 것 같은가 과대 추정한 것 같은가?

유발해야 한다. 이 가설을 검증하기 위해 Smith 등은 우선 특정 물체의 심상이 장기기억에 저장되기 위해서는 그 물체에 대한 많은 시각적 경험이 있어야만 한다고 생각했다. 때문에 Smith 등은 자기 삶의 일부를 맹인으로 살았던 사람들과 보통 사람들에게 이런 과제를 수행하게 하고 그 결과를 비교해보았다. 맹인들은 이 과제를 수행할 때 시각적 표상보다는 근육(manual) 표상에 의지할 것이라고 생각했다. 따라서 피자 같은 흔한 물체의 크기를 손으로 추정하는 일에서는 보통 사람들보다 맹인들이 더 정확할 것이라고 예측했다. 실험결과는 이 예측과 일치했다. 즉 Smith 등의 가설을 지지하였다. 그러므로 시각적 심상과 시지각은 밀접한 관계에 있음에도 불구하고 장기기억에 저장된 맘속지도와 물체의 심상은 판단과제에 흥미로운 착오를 유발하기도 한다고 할 것이다.

명제

지식은 심상 대신 명제라고 하는 추상적인 표상으로 부호화될 수도 있다. 논리학에서는 우리가 그 진위를 판단할 수 있는 지식의 가장 작은 단위를 명제라 한다. "병후는 어리다"는 명제이다. 그러나 '병후'와 '병후는' 그리고 '어리다'는 명제가 아니다. 명제는 평가될 수 있는 단언(assertion)이다. 명제는 언어(어절, 문장, 문단, 연설, 기록 등)로 전달되는 의미의 추상적인 표상이다.

명제의 구성요소를 보여주는 한 가지 방법은 목록을 작성하는 방법이다(Kintsch, 1974). 그 목록은 관계에 대한 기록으로 시작되고 그 뒤에 한 세트의 인자(arguments)가 열거된다. 동사와

> 명제는 한 가지 관계와 진위를 가릴 수 있는 단언을 명시하는 한 세트의 인자로 부호화된다.

형용사 그리고 관계를 표현하는 구나 어절을 먼저 기록한다는 말이다. 인자는 정해진 순서에 따라 기록된다. 행위 주체(예 : X라는 행위를 감행한 개체)가 앞서고 그다음이 그 행위의 객체 그리고 의미 있는 단언에 해당하는 요소가 나열된다(그림 7.6 참조).

따라서 명제형 부호/표상은 지식을 개별 요소로 분석하여 개별 요소들이 서로 관련된 방식을 명시하는 셈이다. Bransford와 Franks(1971)의 실험에 이용된 문장을 몇 개 고려해보자. 이 실험은 기억흔적/표상이 통합되는 방식을 탐구하기 위한 실험이었다. 그림 7.6에서 볼 수 있듯이, 각각의 문장은 한 세트의 추상적인 명제로 표상될 수 있는 것들이었다. 이들 명제가 하나의 관계와 한 세트의 인자로 구성된 목록으로 표현되어 있음을 주목하자.

명제는 어문정보의 의미를 추상적 그리고 분석적으로 표상한다. 명제는 언어가 우리 마음 속에 기록된 부호인 셈이다. Bransford와 Franks(1971)의 연구결과는 이 점을 여실히 보여주고 있다. Bransford와 Franks는 이 연구에서 그림 7.6에 예시된 것과 같은 유형의 문장에 대한 재인기억을 검사하였다(제6장 참조). 사람들은 검사단계에서 처음 보는 문장인데도, 그 문장 속에 학습단계

그림 7.6 기억 속에 부호화하는 과정에서 벌어지는 통합을 검토한 실험에 이용된 문장이 명제로 표상되는 방식

1.	그 젤리는 달았다. (달다, 젤리, 과거)
2.	부엌에 있는 개미가 젤리를 먹었다. (먹다, 개미, 젤리, 과거) (안에, 개미, 부엌, 과거)
3.	개미는 식탁 위에 있던 젤리를 먹었다. (달다, 젤리, 과거) (먹다, 개미, 젤리, 과거) (안에 있다, 개미, 부엌, 과거) (위에 있다, 젤리, 식탁, 과거)

숨은 의미 분석법(LSA)은 글 속에 표현된 명제를 추출하여 표상하기 위한 수학적 기법이다. 이 기법을 이용하면 두 가지 글 속에 들어 있는 명제적 내용의 유사성을 비교할 수 있고 글에 관한 질문에도 답할 수 있다.

에서 만났던 명제가 많이 들어 있으면, 그 문장을 봤던 문장이라고 인식했다. 예를 들어, 거의 모든 참여자들은 "개미는 식탁 위에 있던 젤리를 먹었다"라는 문장을 학습단계에서 봤던 문장으로 오인했다. 이 문장은 학습단계에서 읽었던 문장들 속에 나타났던 거의 모든 명제를 담고 있는 문장의 전형적인 보기에 속한다.

숨은 의미 분석법(latent semantic analysis)은 글 속에 표현된 명제의 의미를 추출하여 표상하기 위해 개발된 수학적 기법이다. 숨은 의미 분석법을 이용하면 수작업으로 각 문장의 명제를 일일이 찾아내야 하는 수고를 하지 않고도 두 글 속의 명제를 비교할 수가 있다(Kintsch, 1998). 컴퓨터 데이터베이스에 들어 있는 백과사전 속의 모든 명제를 표상할 수 있기 때문이다. 이 분석법의 기반은 단어와 맥락이 함께 출현하는 양상에 대한 표상이다(Landauer & Dumais, 1997). 예컨대, 이 책에는 모형이라는 단어가 수많은 맥락(예 : 문단)에서 나타난다. 숨은 의미 분석법에서는 이 모형이라는 단어의 용도-기반 의미를 정의하기 위해 이 단어와 이들 맥락(문단)과의 관련성(association)을 분석한다. 글 속에 나오는 모든 단어를 두고 이 작업(즉, 그 단어와 그 단어가 들어 있는 문단과의 관련성을 분석하는 일)을 적용한다. 동일 맥락에서 나타나는 빈도가 낮은 단어(예 : 모형)는 그 용도가 분명하게 정의되는데, 동일 맥락에서 나타나는 빈도가 높은 단어(예 : 이)는 그 용도에 대한 정의가 덜 분명해진다. 이 분석의 결과를 이용하면 단어와 단어, 단어와 문단, 그리고 문단과 문단 간 의미 유사성을 계산해낼 수 있다.

일단 숨은 의미 분석법을 이용해서 글의 의미를 추출하여 표상하고 나면, 이 기법은 이 표상을 이용하여 글에 관한 질문에 답을 만들어낼 수도 있다. 예를 들어보자. 숨은 의미 분석에 이용된

수학적 기법을 Grolier의 *Academic American Encyclopedia*라고 하는 백과사전 속 단어 460만 개에 적용시켜보았다. 이들 단어는 이 사전에 수록된 기사 3만 473편에서 나온 것이고, 이들 기사의 독자층은 어린 학생들이었다. 이 기법을 통해 확보한 단어의 의미에 관한 지식은 TOEFL을 통해 측정되었다. 각 문항은 검사단어와 함께 4개의 단어가 선지로 제공되는데 선지 4개의 의미는 대동소이했다. 과제는 이들 4개의 선지 중 그 의미가 검사단어의 의미와 가장 밀접한 것을 골라내는 일이었다. 이렇게 실시된 검사에서 숨은 의미 분석법의 정답률은 64.4%였다. 이 값은 비영어권 국가에서 미국 대학에 진학하기 위해 TOEFL에 응시하는 대다수 학생들의 TOEFL 정답률 평균 64.5%와 거의 같다. 앞서 언급했듯이, 숨은 의미 분석법은 두 단어 간 의미의 유사성을 계산할 수 있다. 그런데다가 백과사전을 '읽는 일'로 단어의 의미를 파악하는 훈련을 받았기 때문에, 어떻게 보면 이 분석법에는 바로 이런 TOEFL 문제가 제격이라고 할 수 있다. 그래서인지, 이 연구에 이용된 숨은 의미 분석법의 단어의미에 관한 지식은 상당한 것처럼 보인다. 여기서 주목할 점은 특정 백과사전 속 단어 하나하나가 어디에서 얼마나 자주 나타났었는지를 분석하여 터득한 단어의미의 유사성에 관한 지식만으로도 숨은 의미 분석법은 상당한 어휘를 갖춘 것처럼 행동한다는 사실이다.

결론

지식 표상의 본질을 둘러싼 논쟁에서 태동한 실험(예 : Kosslyn, 1973, 1975)으로 한 가지는 분명하게 해결되었다. 시각적 심상의 상사성을 다룬 이들 실험이 있기 전에는 시각적 심상에 대한 주관적 경험은 맘속표상의 본질에 대한 믿을 만한 길잡이가 못 된다는 Pylyshyn(1973)의 주장이 상당한 설득력을 가졌었다. 이 주장은 시각적 심상에서 볼 수 있었던 그러한 양식-구체적 상사형 표상을 인정하지 않았다. 적어도 이론적으로는 범양식적 기호로도 의식적 심상 생성에 필요한 속성과 관계를 저장할 수 있기 때문이다. 그러나 위에서 봤듯이, 수많은 실험에서 이 주장은 기각되었다. 지식이 머릿속에 표상된 방식을 설명하기 위해서는 두 가지 부호(명제형 부호와 심상형 부호) 모두가 필요하다는 생각을 하게 된 지도 이제 35년이 넘었다(J. R. Anderson, 1978).

그러나 지난 10여 년 동안에는 범양식적 명제형 부호의 심리적 타당성에 관한 의문이 제기되기도 했다(Barsalou, 1999; A. Martin, 2007; Rubin, 2006). 예컨대, 앞 장에서 논의했던 Bransford와 Franks(1971)의 실험에서는 30개의 문장으로 구성된 자극목록을 읽은 후에는 추상적인 아이디어 또는 일련의 명제가 독자의 머릿속에 저장되는 것처럼 보였다. 그런 후, 명제형 부호로 저장된 이들 아이디어는 통합의 과정을 거치면서 재인기억에 오류까지 유발하는 것 같았다. 이러한 결과에 대한 대안적 설명은 각 문장을 구성하는 모든 단어가 양식-구체적인 어문적 부호(즉, 들은 단어 또는 본 단어)로 저장된다는 가설이다. 명제 자체가 근본적으로 언어성(verbal-like)이기 때문에, 표현된 단어 자체와 단어 아래에 깔려 있는 추상적인 명제를 구분하는 것은 쉬운 일이 아니다(Sadoski & Paivio, 2001). 여기서 지적해야 할 점은, 숨은 의미 분석법(LSA)을 글 속에 있는 명제를 추출해내는 수단으로 개념화할 수는 있지만, 분석의 실제 단위는 어문이라는 사실이다. 다시 말해, LSA는 각각의 단어가 글 속에서 다른 단어와 함께 나타나는 빈도를 분석한다는 말이다.

인지신경과학에서 누적되고 있는 증거는 의미기억 속 개념 지식이 뇌에서 벌어지는 지각 및 운동활동에 뿌리를 두고 있다고 강조한다. 예컨대, **동물**이라는 범주/개념을 처리하면, 동물을 보고 동물과 상호작용하는 일에 개입된 지각–운동 양식이 활성화된다. 즉, **동물**이라는 단어를 보거나 들으면, 시각적 모양과 생물성 움직임을 처리하는 머릿속 영역이 활성화된다는 말이다. 이와는 달리, 도구라는 개념/범주는 머릿속에서 활동(예 : 연장을 이용하는 활동)과 생물성 움직임을 처리하는 영역을 활성화시킨다(A. Martin, 2007). 명제형 부호의 타당성을 배제하는 일은 아직 시기상조인 것 같다. 하지만 의미기억 속에다 지식을 저장할 때 뇌가 지각–운동 시스템을 운용하는 방식에 대한 추가 연구를 하게 되면 더 많은 것을 알게 될 것이다.

개념 표상하기

사실 지식과 개념 지식은 말을 하는/듣는 일, 글을 읽는/쓰는 일은 물론 문제를 해결하고 생각을 하는 일에도 핵심 요소로 작용한다. 세상사에 관한 지식과 그 지식을 나타내는 기호를 습득하고 표상하고 사용하는 능력이 없으면 고차적인 인지활동을 할 수가 없다. 우리는 이런 지식이 표상되어 있는 의미기억을 통해 세상사를 범주화하기 때문에 세세한 것은 무시해버리고 구체적인 물체를 일종(즉, 특정 종/범주를 구성하는 구성원 중 하나)으로 보는 것이다. Lakoff(1987)는 범주화의 중요성을 다음과 같이 묘사하고 있다.

우리의 생각, 지각, 활동, 그리고 말에서 범주화보다 더 기본적인 것은 없다. 우리는 눈앞에 있는 물체를 볼 때마다 그 물체를 일종의 나무(예 : 느티나무)로 보는데, 이렇게 보는 것 자체가 바로 범주화에 해당한다. 의자, 국가, 질병, 정서 등 사실 우리가 생각할 수 있는 모든 것에 대한 생각을 할 때마다 우리는 범주를 이용한다. 연필로 글을 쓰는 일이나 망치로 못을 박는 일, 다리미로 옷을 다리는 일 등 어떤 일이든 그 일을 의도적으로 할 때면 우리는 범주를 이용하고 있는 것이다. 그런 일을 할 때 우리가 실행하는 구체적인 활동 역시 일종의 신체적 활동이다. …그들 활동이 정확하게 동일한 방식으로 전개되는 일은 없다. …그런데도 …우리는 그런 활동을 할 때 몸의 어느 부분을 어떻게 놀려야 하는지를 알고 있다. 문장 길이의 언어적 표현을 생성하거나 이해할 때마다 우리는 수백 개가 아니라면 수십 개의 범주

(예 : 말소리, 단어, 구와 절, 그리고 개념적 범주 등)를 운용한다. 사물을 범주화할 능력이 없는 사람은 물리적 세계에서든 사회적 세계에서든 또는 지적 세계에서든 인간으로서의 기능을 수행할 수 없게 된다(pp. 5~6).

개념이란 특정 자극을 서로 관련된 것으로 범주화할 수 있게 해주는 전반적인 관념(idea)을 일컫는다. 예컨대, 나무라는 개념에 의해 생성된 범주(묶음)에 속하는 나무를 하나하나 살펴보면 여러 가지 측면에서 서로 다르다는 것을 알 수 있다. 나무라는 개념에는 뿌리, 밑동, 가지, 잎 등으로 구성된 한 세트의 가변적 차원이 포함되는데, 이들 차원은 각각 개별 나무에 따라 다양한 방식으로 구현된다. 그 독특성에 관계없이 나무는 모두 이 일반적 개념과 일치한다. 이런 식으로 범주화될 수 있는 자극은 나무와 같은 구체적인 물체일 수도 있지만 자유, 의지, 우울 또는 수(number)와 같은 추상적인 관념일 수도 있다.

규칙-기반 개념

개념에 대한 고전적 연구에서는 개념을 한 세트의 필요-충분 속성으로 정의했다. 다시 말해, 특정 개념을 정의하는 속성은 특정 결합규칙으로 결정되는데, 그 규칙은 어떤 대상이 특정 개념으로 분류되기 위해서는 그 개념을 정의하는 각각의 속성을 모두 갖추어야 한다고 말한다. 예를 들어, 황소라는 개념은 '살아 움직임', '4개의 다리', '수놈', '발굽', '성체' 등의 속성과 그 동물을 다른 동물(예 : 낙타)과 구분시켜주는 독특 속성으로 정의될 수 있다. 규칙-기반 개념(rule-governed concept)은 특정 범주의 구성원 신분을 정의하는 속성 및 관계를 실무율로 명시한다(Bourne, 1970; Bruner, Goodnow, & Austin, 1956). 범주화에 대한 고전적 견해에서는 모든 개념을 규칙-기반 개념으로 간주했다.

일부 추상적인 개념도 규칙에 의해 결정되는 것으로 볼 수도 있다. 예컨대 실수, 중력, 절도, 그리고 축구의 골인에 대한 정의는 각각 수학자, 물리학자, 법학자 또는 심판에 의해 결정된다. 축구공이 골대 앞면의 수직면을 바깥쪽에서 안쪽으로 지나가면 골인으로 기록된다. 이런 식의 정의는 예컨대, 어떤 선수가 찬 프리킥의 골인 여부에 대한 주장을 보통 사람들은 할 수 없다는 말을 하기 위함이 아니고 골인이라는 개념은 축구경기의 규칙에 의해 명시될 수 있음을 보여주기 위함이다. 축구 팬들은 심판의 판정, 즉 골인 선언에 관해 동의하지 않을 수도 있다. 그러나 개념 자체에 관해 동의하지 않는 건 아니다.

그러나 모든 개념이 이런 고전적 견해와 일치하는 것은 아니다(Lakoff & Johnson, 1980). 예컨대, 진실 또는 정직을 정의하는 속성은 무엇일까? 또한 우리가 일상생활에서 매일같이 만나는 물체는 규칙-기반 개념에 들지 않는다(Rosch & Mervis, 1975; Smith & Medin, 1981).

물체 개념

물체 개념(object concepts)은 자연적인 종류(예 : 생물)와 사람이 만든 인위적인 종류(예 : 연필)를 일컫는다. 물체 개념은 대개 위계적으로, 즉 하위범주와 기초범주 그리고 상위범주로 조직된다. 예컨대, 참새(하위범주), 새(기초범주), 그리고 동물(상위범주)에서 우리는 자연적 물체(종류)의 위계를 발견한다(Rosch, Mervis, Gray, Johnson, & Boyes-Braem, 1976). 그리고 쇠톱과 톱과 연장은 인위적 물체의 위계를 예시한다.

규칙-기반 개념과는 달리, 물체 개념에는 그 개념을 정의하는 속성의 무리가 보이지 않는다. 철학자 Ludwig Wittgenstein은 언어적 범주에는 속성의 집합으로 정의되지 않는 것도 많다는 이러한 사실을 들어 범주화에 대한 고전적 견해에 반기를 든 첫 번째 인물이었다. 예를 들어 "게임/놀이"이라는 개념을 고려해보자. Lakoff(1987)가 관찰했던 것을 보자.

> 어떤 놀이는 그냥 즐거움만 준다, 강강술래처럼. 다른 놀이/게임에는 경쟁, 즉 승패가 있지만 이 놀이에는 그런 경쟁이 없다. 윷놀이같이 윷가락을 던져 그 결과에 따라 말을 움직여야 하는 놀이에는 운이 작용한다. 장기 같은 놀이에는 기술이 필요하다. 카드놀이 같은 또 다른 놀이에는 운도 기술도 모두 필요하다(p. 16).

게임/놀이는 서로 간에 '가족 유사성'을 가진다. 각각의 놀이는 다른 놀이들과 일부 속성을 공유한다. 그러나 놀이를 정의하는 한 무리의 속성이 모든 놀이에 공통 분모로 작용하지는 않는다. 그러니까 놀이/게임을 하나의 범주로 묶어주는 것은 각각의 놀이(즉, 놀이의 구성원)가 다른 놀이(구성원)와 다양한 방식의 유사성을 가진다는 점이지 모든 놀이에 들어 있는 공통 속성이 아니다. 물체 개념은 정의 곤란 개념에 속한다. 어떤 물체가 특정 범주의 초라한 구성원(보기)일 경우 그것이 그 범주의 적법한 구성원에 속하는지를 결정하는 일이 극히 어렵다는 뜻이다.

범주 구성원을 결정하는 경계가 모호하다는 사실은 Labov(1973)의 연구결과에서 쉽게 볼 수 있다. Labov는 그림 7.7에 그려진 물체와 닮은 컵을 사람들에게 보여주고는 정확하게 어느 지점에서 그것이 컵이 아닌 다른 물체(예 : 그릇, 잔)로 분류되는지를 검토하였다. 첫 줄에 있는 물체 4개는 폭에 대한 깊이의 비율에서 서로 다르다. Labov의 결과에서는 참여자들이 이 과제를 수행할 때 음식물을 생각하고 있으면, 이 비율이 증가함과 함께 그 물체를 그릇이라 칭할 확률이 점차적으로 증가하는 것으로 드러났다. 그리고 물체의 폭에 대한 깊이의 비율이 증가하면서 그 물체를 컵이라고 칭할 확률은 점차적으로 낮아졌다. 그러나 이 비율이 작지도 또 크지도 않은 중간 정도일 때는 두 가지 반응(그릇이란 지칭행동과 컵이라는 지칭행동)이 모두 발견되곤 했다. 범주 구성원을 구분하는 경계가 분명하지 않았다는 뜻이다. 맥락이 중립적일 경우에는 컵이라는 반응확률이 줄어들었다. 그러나 물체 3과 4를 그릇이라고 부르는 반응도 더욱 꺼렸다. 맥락에 따라 판단이 이렇게 달라진다는 것은 물체 개념의 경계가 가변적임을 반영한다. 기억 속에 활성 중인 다

그림 7.7 컵이라는 물체 개념의 경계가 분명하지 않다.

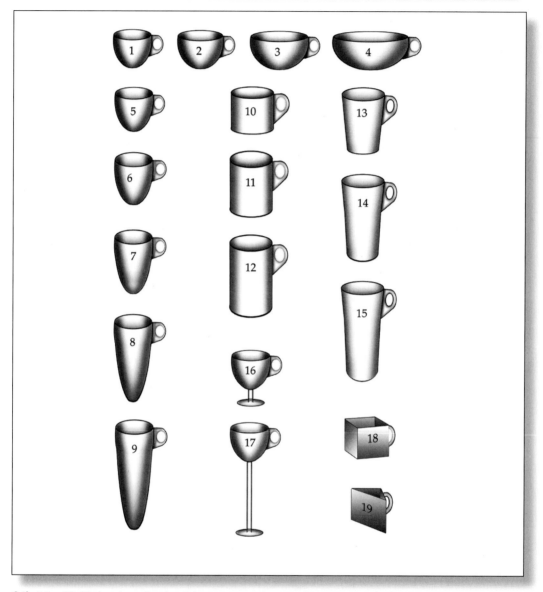

출처 : Labov, W., The boundaries of words and their meanings, in C. J. N. Bailey & R. W. Shuy (Eds.), *New Ways of Analyzing Variations in English*, copyright © 1973. Georgetown University Press 허락하에 재인쇄.

른 개념이 어떤 것이냐에 따라 경계가 달라진다는 말이다.

원형 어떤 물체가 특정 범주 내 다른 구성원(물체)들과 다른 점은 그 물체가 가진 속성과 그 범주 내에서 이들 속성이 발견되는 빈도에서 부각된다(Attneave, 1957). 예를 들면, 새가 서로 다른 것은 각각의 크기와 색깔과 날개의 모양이 다르기 때문이다. 이들 속성이 출현하는 범위와 빈도도 표상된다. 즉, 펭귄은 희귀한 속성을 지니고 있는데 반해 참새는 보다 흔한 속성을 지니고 있다는 사실을 우리는 알고 있다. 원형(prototype)이란 특정 범주의 가장 훌륭한 또는 가장 전형적인 구성원으로 그 범주를 대표하는 맘속표상으로 작용한다. 원형으로부터 멀어지면서 구성원으로서의 전형성/대표성이 점점 떨어진다. 적어도 한국 사람들한테는 참새가 새라는 개념의 원형 역할을 맡고 있을 가능성이 크다(그림 7.8 참조). 펭귄은 원형에서 멀리 떨어져 있는데 제비는 원형에 가깝다. 까마귀나 매는 펭귄보다는 원형에 가깝지만 제비보다는 멀다.

Rosch와 Mervis(1975)는 주변에서 흔히 발견되는 물체의 이름을 사람들에게 제시하고 제시된 물체의 속성 중 자기들이 생각해낼 수 있는 모든 속성을 신속하게 나열해보라고 주문했다. 이들 물체가 속하는 상위범주에는 가구(예 : 의자, 피아노, 전화기), 운송수단(예 : 승용차, 트랙터, 승강기), 과일(예 : 오렌지, 자몽, 올리브), 무기(예 : 총, 탱크, 가위), 야채(예 : 완두콩, 상추, 버섯), 그리고 의복(바지, 잠옷, 목걸이)이 들어 있었다. 각 상위범주별로 20개의 물체가 제시되었는데, 표 7.1에서 알 수 있듯이 이들 물체는 그 전형성에서 많이 달랐다.

주요 결과는 20개의 물체 모두에서 발견되는 속성이 거의 없었다는 점이다. 그리고 모든 물체

그림 7.8 기초수준 범주 구성원의 전형성

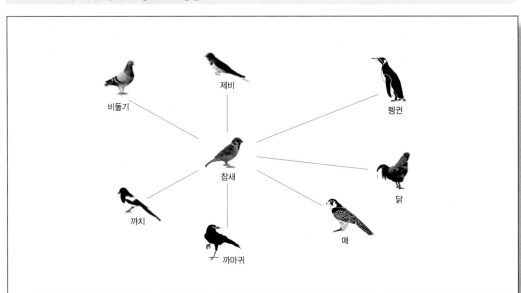

표 7.1 상위수준 범주 속 구성원들의 전형성

항목	가구	운송수단	과일	무기	야채	의복
1	의자	승용차	오렌지	총	완두콩	바지
2	소파	트럭	사과	칼	홍당무	셔츠
3	테이블	버스	바나나	검	강낭콩	드레스
4	옷장	오토바이	복숭아	폭탄	시금치	치마
5	책상	기차	배	수류탄	브로콜리	재킷
6	침대	노면전차	살구	창	아스파라거스	코트
7	책꽂이	자전거	자두	대포	옥수수	스웨터
8	발판	비행기	포도	활과 화살	콜리플라워	팬티
9	램프	배	딸기	골프채	방울양배추	양말
10	피아노	트랙터	자몽	탱크	상추	잠옷
11	쿠션	카트	파인애플	최루탄	비트	수영복
12	거울	휠체어	블루베리	채찍	토마토	신발
13	융단	탱크	레몬	아이스픽	리마콩	조끼
14	라디오	뗏목	수박	주먹	가지	타이
15	스토브	썰매	허니듀	로켓	양파	벙어리장갑
16	시계	말	석류	독물	감자	모자
17	그림	비행선	대추	가위	고구마	앞치마
18	벽장	스케이트	코코넛	말	버섯	핸드백
19	화병	외바퀴수레	토마토	발	호박	손목시계
20	전화	승강기	올리브	드라이버	쌀	목걸이

출처 : Rosch, E. H., & Mervis, C. B., Family resemblances: Studies in the internal structure of categories, *Cognitive Psychology, 7*, 573–605, copyright © 1975. 허락하에 재인쇄.

에서 공통으로 발견된 몇 가지 속성을 기준으로 해서 그 범주와 다른 많은 범주가 구별되지 않았다(예컨대, '먹는 것'이라는 모든 과일의 공통 속성은 모든 음식물의 공통 속성이기도 하다). 특정 범주는 소수의 정의 속성으로 정의되는 것이 아니라 많은 속성으로 정의되는데, 이들 많은 속성은 일부 구성원에게는 적용되지만 모든 구성원에게 적용되지는 않는다는 뜻이다. Rosch와 Mervis(1975)는 이러한 현상을 물체 개념의 가족 유사성 구조(family resemblance structure)라 칭했다. 그런 후, 특정 범주 속 모든 구성원들에게 적용되는 속성의 빈도를 합한 값인 가족 유사성 점수를 계산해보았다. 그 결과 가족 유사성 점수와 전형성 평정치 간에 매우 높은 상관관계를 발견할 수 있었다. 예컨대, '사과'와 '오렌지'는 '과일' 범주에서 전형성도 매우 높은데, 이들은 '과일' 범주 속 모든 구성원들과 공유하는 속성도 많았다. 그리고 '토마토'와 '올리브'는 '과일'로서의 전형성이 매우 낮은데 이들은 '과일' 속 모든 구성원들과 공유하는 속성도 거의 없었다.

　사람들이 특정 물체를 범주화할 때 걸리는 시간은 그 물체가 그 범주의 원형과 닮은 정도와 반비례한다. 사람들이 제비를 새라고 판단하는 데 걸리는 시간은 까마귀를 새라고 판단하는 데 걸리는 시간보다 짧고, 까마귀를 새라고 판단하는 데 걸리는 시간은 펭귄을 새라고 판단하는 데 걸리는 시간보다 짧다(Rosch, 1975). 아이들이 특정 범주의 구성원을 학습하는 순서도 구성원의 전형성에 따라 달라진다. 전형적인 보기(구성원)가 덜 전형적인 보기보다 더 빨리 학습된다(Rosch, 1973). 이러한 전형성 효과(typicality effect)는 특정 물체가 범주 구성원다운 정도 또는 그 물체가 범주를 대표하는 정도를 반영한다.

> 물체 개념은 그 경계선이 모호하고 범주 구성원들의 전형성도 조금씩 다르다.

이론으로서의 개념　물체 개념은 일관성/통일성도 가진다. 물체 개념은 세상사에 관한 이론을 통해 다른 개념과 통합되어 있다는 뜻이다. 달리 말해, 각각의 개념은 사람들의 배경 지식과 범부 이론(folk theory) 속에 묻혀 있다(Keil, 1989; Medin & Ortony, 1989; Murphy & Medin, 1985). 예컨대, 생물에 관한 어떤 사람의 지식은 그 사람이 가진 새라는 개념과 밀접한 연관성을 가지고 있다. 그 사람이 새는 숨을 쉬고 먹이를 먹으며 번식을 한다고 믿고 있으면, 이 사람은 자기가 믿고 있는 바로 이 이론적 제약 때문에 로봇 기술로 제조한 제비는 실제 제비가 아니라고 생각하게 된다. 모습도 행동도 실제 제비와 다를 바 없지만, 이 제비에게는 생명이 없다는 사실이 이 사람이 가진 새라는 개념과 일치하지 않는다.

　개념은 그 개념(범주)의 보기들 사이에 지각적 유사성이나 기능적 유사성이 없는 경우에도 일관성을 가질 수 있다. 예를 들어, 아이들, 돈, 사진첩, 그리고 애완동물을 동일 범주로 묶어주는 유사성은 무엇일까? 이 개념이 세상사에 관한 우리의 지식 속에 끼여 있는 방식을 고려하지 않고는 이 질문은 말이 되지 않는 질문일 뿐이다. 그러나 "집에 불이 났을 때 가지고 나가야 할 것"이라는 제약을 가하는 순간 많은 사람들은 이들 및 다른 물건들을 열거하게 될 것이다(Barsalou, 1983). 이 개념은 사람들이 가진 대상의 중요성 및 그와 관련된 세상사에 관한 지식을 불의 본질과 함께 고려했기 때문에 일관성/통일성을 가지게 된 셈이다.

　따라서 지각적 속성과 기능적 속성의 유사성은 인간의 범주화가 작동하는 방식에 관한 이야기 중 일부에 불과하다고 할 것이다. 표면적 속성뿐 아니라 자연적인 물체의 내적 구조에 관한 이론-기반 속성(예 : 개의 유전적 구조)도 우리의 범주화 행동에 제약을 가한다고 봐야 한다(Gelman, 1988; Keil, 1989). 의미기억 속에 있는 개에 대한 표상에는 그 유기체의 내적 구조에 관한 이론도 포함되어 있다는 뜻이다. 개를 개이게 만드는 실질적인 속성은 바로 이 내적 구조이기 때문이다. '사냥용'과 같은 기능적 용도는 이런 범주화 작업에 크게 중요하지 않다. 그러나 컵과 같은 인공물의 경우에는 기능적 용도(예 : 마시기)가 결정적 속성으로 작용한다. Barton과

Komatsu(1989)는 참여자들에게 물체를 묘사한 글을 보여주었다. 묘사된 물체에는 자연물도 있고 인조물도 있었다. 연구자들은 물체의 내부 구조(예 : 변형 염색체를 가진 염소, 고무 이외의 물질로 만들어진 타이어) 또는 기능적 속성(예 : 젖이 없는 암염소, 구르지 않는 타이어)을 조작해보았다. 이들 조작이 범주화에 미치는 영향을 관찰하고 싶었던 것이다. 자연물을 분류하는 데는 내부 구조가 더 중요하게 작용하는데(예 : 변형 염색체를 가진 염소는 염소라 할 수 없다) 반해, 인공물을 분류하는 데는 외부 구조가 더 중요하게 작용하는 것으로 드러났다(예 : 구르지 않는 타이어는 타이어라 할 수 없다).

인조물과 자연물은 신경 차원의 표상에서 구분되어 있을 수도 있다. fMRI나 PET를 이용한 연구에서 참여자들에게 개념을 지칭하는 단어를 보여주면 뇌의 두 영역이 일관성 있게 반응한다. 한 곳은 좌반구 전전두피질의 복외측(VLPFC)이고 다른 한 곳은 측두엽 뒤쪽의 복측 영역과 내측 영역이다. 우반구보다는 좌반구에서 일어나는 활동이 더 활발하다(A. Martin, 2007). 좌반구 전전두피질의 복외측은 측두엽 뒤편에 저장되어 있는 개념 인출을 유도한다(즉, 의미기억의 하향식 통제에 개입한다). 의미기억의 개념-구체적 손실을 분석해보면, 측두엽 내 일정한 영역이 특정 개념의 저장 및 인출에 관여하고 있음을 알 수 있다. 결합실인증(agnosia) 환자의 경우, 의미에 기초한 범주화 능력에서 아주 구체적인 손상이 나타나기도 한다. 예를 들어 'J. B. R'이라는 환자의 경우, 개나 말 같은 생물의 이름은 기억해낼 수 없었지만 우산이나 의자 같은 무생물의 이름을 기억해내는 데는 아무런 문제가 없었다(Warrington & Shallice, 1984). 대상 재인에 관여하는 정체(what) 경로의 종점이 측두엽에 위치한다는 사실을 우리는 제2장에서 배웠다. 환자들이 그 이름을 기억해내지 못하게 되는 물체의 범주가 무엇인가는 측두엽 내 손상된 곳의 위치에 따라 달라진다(Damasio, Grabowski, Tranel, Hichwa, & Damasio, 1996). 좌반구 측두엽의 앞쪽이 손상되었을 때는 유명인사의 얼굴을 보고 그 사람의 이름을 대는 일에 어려움을 겪는다. 측두피질 아래쪽이 손상되면 동물의 이름을 대는 데 문제가 발생하고, 좌반구 측두피질 뒤쪽에 손상을 입으면 연장(도구)의 이름을 대는 일에 어려움이 발생한다. 측두피질 및 후두피질에서 가장 활발하게 활동하는 구체적인 위치가 환자들이 바라보는 대상이 도구냐 동물이냐 가옥이냐 얼굴이냐 또는 다른 물체냐에 따라 달라진다는 사실은 fMRI를 활용한 연구에서 밝혀졌다(A. Martin, 2007). 얼굴 재인에 관여하는 방추상 얼굴영역(fusiform face area, FFA)이 측두엽 배쪽/복측에서 발견됐다는 사실은 제2장에서도 언급한 바 있다. 이들 영역은 실험참여자들이 복잡한 시각적 장면 또는 단일 물체가 들어 있는 사진을 들여다보는 동안 그들의 뇌 속에서 벌어지는 활동을 신경영상법으로 시각화했을 때도 포착된다.

개념에 대한 신피질 속 표상이 측두엽에만 한정되어 있다는 생각은 금물이다. 수학적 지식의 기반인 수 개념에 대한 연구도 광범하게 진행되어왔다. 그 결과 우리 인간은 유아 적부터 양을 나타내는 수에 대한 지식을 원시적이기는 하지만 갖추고 있으며, 이 능력은 아이들이 세는 법을

그림 7.9 측두엽의 각 영역은 서로 다른 의미표상과 연관되어 있다.

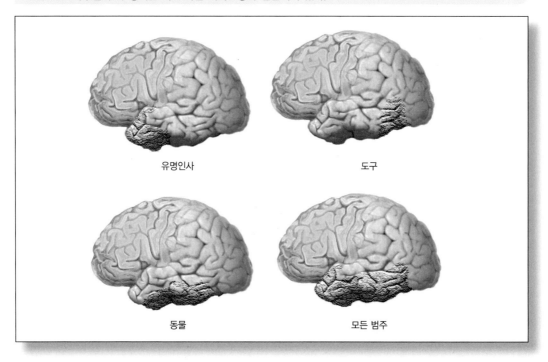

유명인사

도구

동물

모든 범주

배우면서 발달하는 것으로 밝혀졌다(Wynn, 1992). 이 수량 개념(예 : 하나, 둘, 셋 등)은 두정엽의 외측에 있는 두정엽 내열(intraparietal sulcus, IPS)이라는 영역의 구체적인 위치에 표상되어 있다. 아라비아 숫자를 가지고 덧셈, 뺄셈, 곱셈 문제를 풀 때도 이곳(IPS)이 활성화되는데, 이곳은 시각자극 속 점의 개수나 청각자극을 구성하는 음의 개수에 주의를 기울일 때에도 활성화된다(Nieder & Dehaene, 2009). IPS는 대상의 정체가 아니라 대상의 수량에서 일어나는 변화를 탐지하는데 반해, 대상의 개수가 아니라 대상의 정체에서 일어나는 변화는 측두엽의 방추상 회에서 찾아낸다. Piazza, Izard, Pinel, La Bihan, & Dehaene(2004)의 실험에서는 여러 점이 나열된 것을 보여주었다. 그런데 바로 그다음에 제시된 점의 개수가 다르면 IPS가 활동을 하기 시작했다. 이들은 제시된 점의 개수를 차츰차츰 증가시키면서 뇌의 활동을 측정함으로써 IPS가 수량의 변화뿐 아니라 그 변화의 크기에도 민감하게 반응한다는 사실을 밝혀냈다.

의미기억 활용하기

개는 동물일까? 그럼 망치는? 사람들은 이러한 단순한 문제에 답을 할 때 의미기억을 어떻게 활용하는 것일까? 사람들은 이들 문제에 바른 답을 하는 데 필요한 정보, 즉 이들 물체의 개념에 관한 정보를 어떻게 인출하는 것일까? 인지심리학자들은 이들 질문의 구체적인 유형을 조작하고, 문제의 유형에 따라 정답을 대는 데 걸리는 시간이 달라지는 양상을 분석하였다. 그리고 그 결과를 기초로 개념 관련 정보가 인출되는 과정에 대한 모형을 구축하고 검증해왔다. 이 절에서는 이들 모형을 소개함으로써 단순한 질문에 답하는 과정을 밝혀내는 일인데도 그 일이 얼마나 어려운지를 예시하기로 한다.

의미망 모형

개념의 세 가지 수준(하위수준, 기초수준, 상위수준) 그리고 이들 각 수준과 관련된 속성을 조직하는 방법 중 하나는 의미망 모형(semantic network model)이라고 하는 위계적 구조를 이용하는 방법이다. 그림 7.10은 동물이라는 물체의 개념에 관해 우리가 알고 있는 것 중 일부를 나타내는 의미망을 예시하고 있다. 그림에서 수준 0, 1, 2는 각각 하위수준, 기초수준, 상위수준을 나타낸다. Collins와 Quillian(1969)은 이러한 의미망으로부터 정보를 인출하기 위해서는 과제가 요구하는 바에 따라 위계의 아래위를 검색해야 한다고 주장했다. 예컨대, "카나리아는 울 수 있다"라는 명제가 옳은지를 확정하는 작업은 의미망의 수준 0에서 시작하여 카나리아 노드와 연결된 속성을 검색하는 일로 완료될 것이다. 그러나 "카나리아는 날 수 있다"라는 명제가 옳은지를 확정하는 작업은 의미망의 수준 0에서 시작하여 수준 1까지 검색해야 완료될 것이다. 그리고 "카나리아는 피부를 가졌다"라는 명제의 진위를 확정하기 위해서는 수준 2까지를 검색해야 할 것이다. 왜냐하면 "피부를 가졌다"라고 하는 이 속성은 모든 동물에 적용되는, 그래서 상위수준 또는 수준 2에 속하는 속성이기 때문이다.

속성을 이처럼 위계적으로 표상하면 정보를 장기기억 속에 보관하는 데 필요한 공간이 절약된다는 사실을 주목하자. 이론적으로는 "카나리아는 날 수 있고 피부를 가졌다"라는 사실까지 기억 속에 보관할 필요는 없다. 기억의 위계적 조직으로부터 이들을 추론해낼 수 있기 때문이다. 인지경제 원리(cognitive economy assumption)는 각 개념의 속성은 위계의 세(상위, 기초, 하위) 수준 중 한 수준에만 표상되어 있어야 한다고 단언한다. 의미기억이 이런 식으로 조직되면 기억된 정보를 활용하는 데는 더 많은 시간이 소요될 수 있다. 하지만 상위수준에만 저장될 수 있는 속성(예 : 피부를 가졌다)을 기초수준과 하위수준에까지 저장하는 데 필요한 공간은 절약된다.

Collins와 Quillian(1969)은 개념의 속성에 관한 진술문과 개념의 범주에 관한 진술문의 진위를

그림 7.10 개념이 위계적 연결망으로 표상된 모습

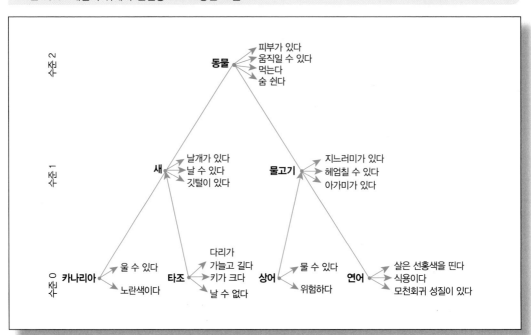

출처 : Collins, A. M., & Quillian, M. R., Retrieval time from semantic memory. *Journal of Verbal Learning and Verbal Behavior, 8*, 240–247, copyright © 1969. 허락하에 재인쇄.

확정하는 데 소요되는 시간을 검토하였다(그림 7.11 참조). 예측했던 대로 속성 관련 진술에 대한 반응시간은 그 속성의 위계와 함께 증가하였다. 또한 "카나리아는 카나리아다"(동일 개념 반복)에 대한 반응시간은 "카나리아는 새다"(기초수준 범주화)에 대한 반응시간보다 짧았다. 상위수준의 범주에 속하는 구성요소(즉, '카나리아는 동물이다')를 확정하는 데 가장 많은 시간이 걸렸다. 범주 관련 진술에 대한 반응을 하기 위해 검색을 한 수준에서 다른 수준으로 옮겨야 할 때 약 1/10초가 걸렸음을 주목하자. 또한 특정 수준의 범주에 속하는 속성을 검색하는 데는 1/5초가 더 소요되었음도 주목하기 바란다.

Collins와 Quillian(1969)의 주장, 즉 개념 또는 개념을 명명하는 단어가 거대한 의미망으로 표상될 수 있다는 주장은 사전을 참신하게 고안하는 데 매우 유용한 것으로 입증되었다. 그러나 Collins와 Quillian의 모형에 대한 후속 연구결과와 이 모형의 부적절한 면이 드러나기 시작했다. 무엇보다도 Rips, Shoben, Smith(1973)는 의미망의 위계적 구조에서 발견되는 모순성을 발견했다. 위계적 의미망이 개념 지식이 머릿속에 표상된 방식을 제대로 반영한다면, "진도개는 동물이다"보다 "진도개는 포유동물이다"를 확정하는 데 걸리는 시간이 더 짧아야 한다. 포유동물은 동물의 하위개념이기 때문에 위계상 거리로 볼 때 진도개와 동물보다 진도개와 포유동물 간 거리가 더

그림 7.11 명사를 범주화하는 데 걸리는 시간과 그 속성을 확정하는 데 걸리는 시간

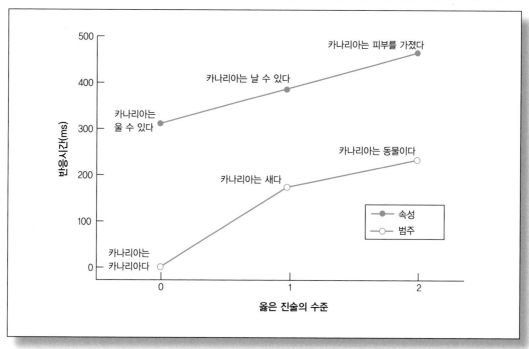

출처 : Collins, A. M., & Quillian, M. R., Retrieval time from semantic memory. *Journal of Verbal Learning and Verbal Behavior, 8*, 240–247, copyright © 1969. 허락하에 재인쇄.

가깝다. 따라서 포유동물을 검색하는 데 걸리는 시간이 더 짧아야 한다는 말이다. 그러나 Rips 등의 실험결과는 이 예측과 달랐다. 우리의 머릿속 개념(범주)은 엄격한 위계적 구조로 조직되어 있지 않다는 뜻이다.

인지경제 원리에서도 문제가 불거지기 시작했다. 관련성의 강도 또는 특정 속성이 출몰하는 빈도가 위계 속 수준보다 더 중요한 것으로 드러난 것이다. Conrad(1972)는 두 개념 간 관련성이 강한 경우(예 : 오렌지는 식용이다), 그 관계를 표현한 진술문에 대한 반응시간이 짧다고 보고했다. 의미망에서는 '식용'이라는 속성이 높은 수준에 저장돼 있기 때문에 "오렌지는 식용이다"를 확정하는 데 걸리는 시간이 상당히 길어야 한다. 또한 Conrad는 Collins와 Quillian(1969)이 예상했던 결과를 확보하지 못하기도 했다. 구체적으로, "상어는 움직일 수 있다", "물고기는 움직일 수 있다", "동물은 움직일 수 있다"라는 세 가지 진술문을 확정하는 데 걸리는 시간이 동일했던 것이다. 여기서, '움직인다'는 상위수준(예 : 동물)에 속한 속성이기 때문에 동물보다 수준이 낮은 물고기와 그보다 수준이 낮은 상어에 관한 진술을 확정하는 데 걸리는 시간은 점점 더 길어져야 한다는 것이 Collins와 Quillian의 예측이었다.

끝으로, 의미망 모형으로는 앞서 소개했던 전형성 효과를 수용할 수가 없다. 왜 '제비가 새임'

전형성 효과와 인지경제 원리의 위반 때문에 Collins와 Quillian의 의미기억 모형은 기각되었다.

을 확정하는 데 걸리는 시간이 '비둘기가 새임'을 확정하는 데 걸리는 시간보다 짧아야 한단 말인 가? Collins와 Quillian(1969)이 처음 제안한 모형 으로는 이들 필수적인 현상을 설명할 수가 없다. 나중의 시도(Collins & Loftus, 1975)에서는 조금 개선되기는 했지만 예측에서 정밀성이 줄어드는 비용을 지불해야 했다(Chang, 1986).

속성 비교 모형

다른 연구자들은 전형성 효과를 설명하기 위해 의미망 모형과는 다른 모형을 사용하였다. Smith, Shoben, Rips(1974)는 "제비는 새인가?"라는 질문에 답하기 위해 사람들은 먼저 특정 개념(여기 서는 '제비')이 가진 전형적인 특징 속성부터 인출한다고 가정했다. 이 특징 속성 목록의 적합성 ('새'라는 개념을 구성하는 속성과 일치하는 정도)은 그 개념이 범주(여기서는 '새')의 원형일 경 우(여기서는 '제비')에 최적일 것이고 원형과 관련된 다른 구성원(예 : '비둘기')일 경우에는 만족 할 정도일 것이다. 그러나 원형과 매우 다른 경우(예 : '펭귄')에는 속성 목록의 적합성(즉, 두 목 록 간 유사성)이 만족스럽지 못할 것이다. 이럴 경우, 적용되는 것이 두 번째 단계의 작업인데, 이 단계에서는 그 개념을 정의하는 정의 속성(지각적 유사성인 특징 속성을 넘어서는 속성)이 인 출돼야만 한다. "제비는 새인가?"라는 질문에 답하기 위해 인출된 제비의 속성 목록과 새의 속 성 목록은 매우 유사할 것이다. 따라서 두 번째 단계의 검색/인출 없이도 "예"라는 대답이 생성 된다. 이에 비해, "펭귄은 새인가?"라는 질문에 답하기 위해 인출된 두 가지 속성 목록은 매우 다 를 것이기 때문에 두 번째 단계의 검색을 완료한 후에야 "예"라는 대답이 생성될 것이다. 그러므 로 속성 비교 모형(feature comparison model)의 주된 가정은 단순 범주화 과제를 수행할 때는 특 징 속성 비교를 통해 신속하게 반응을 하는데, 특징 속성만으로 판단이 어려울 때는 정의 속성까 지 평가한 후에 반응한다고 주장한다.

전형성 효과에 대한 설명 외에도 속성 비교 모형을 이용하면 선행 연구에서 일관성 있게 관 찰된 또 다른 결과(즉, 범주 크기 효과)도 멋지게 설명할 수 있다. D. E. Meyer(1970)는 어떤 관 계가 특정 범주에 적용되는지를 판단하는 데 걸리는 시간은 그 범주가 큰 경우(예 : 모든 제비 는 돌이다)보다 작은 경우(예 : 모든 제비는 보석이다)에 더 짧게 나타나는 현상, 즉 범주 크기 효 과(category size effect)를 보고했다. 위의 두 진술에 대해 "아니요"라는 반응을 하기 위해 참여자 는 자기의 장기기억 속에서 보석이라는 범주와 돌이라는 범주를 각각 검색해야만 한다. 따라서 검색 대상 범주가 클수록 검색에 걸리는 시간, 즉 진술이 사실이 아니라는 판단에 필요한 시간 이 더 길어질 것이라는 것이 Meyer의 생각이었다. "모든 강아지는 개다"나 "모든 강아지는 동물이다"와 같은 진술이 참인 경우에도 동일한 결과가 관찰되었다. 이와 동일한 결과는 Collins와 Quillian(1969)이 보고한 범주–수준 효과를 소개할 때도 언급된 바 있다.

속성 비교 모형에서는 범주가 클 경우에만 두 번째 단계의 처리가 필요하다고 가정함으로써 위에서 소개한 범주 크기 효과를 설명할 수 있다. 예를 들어, 제비가 새인지를 판단해야 할 때는 특징 속성에 대한 비교만으로도 높은 유사성이 나타날 것이기 때문에 "예"라는 반응이 금방 가능해질 것이다. 하지만 제비가 동물인지를 판단해야 할 때는 정의 속성을 비교하는 두 번째 단계가 필요하기 때문에 "예"라는 반응시간도 길어진다. 앞서 지적한 바 있는 범주 크기 효과가 발생하지 않는 이상한 경우는 속성 유사성 때문에 관찰되었을 수 있다. 사람들은 "개는 동물이다"에 대한 판단을 "개는 포유동물이다"에 대한 판단보다 더 신속하게 한다. 개와 동물 간 전반적 유사성이 매우 높다. 때문에 이 경우에는 첫 단계 처리만으로도 "예"라는 반응을 할 수 있었을 것이다. '포유동물'이라는 말은 '동물'이라는 말에 비해 자주 사용되는 말이 아니기 때문에 정의 속성을 비교하는 두 번째 단계의 처리가 필요했다고 할 것이다.

요약하면, 속성 비교 모형은 의미기억에 관한 선행 연구의 주요 결과를 거의 다 설명할 수 있다. 그러나 이 모형에도 문제는 있었다(Chang, 1986). 한 가지는 유사성이 매우 높은 개념으로 구성된 그른 진술을 판단해야 할 때는 두 번째 단계를 거쳐야 하기 때문에 판단에 시간이 더 걸려야 한다. 예컨대, 진술의 진위를 판단하는 과제에서, "개는 모두 고양이다"보다 "동물은 모두 새다"라는 진술을 판단하는 데 더 많은 시간

> 속성 비교 모형은 두 단계에 걸친 처리, 특징 속성을 비교하는 첫 단계와 정의 속성만을 비교하는 두 번째 단계를 가정함으로써 전형성 효과와 범주 크기 효과를 설명할 수 있다.

이 걸려야 한다. 두 번째 진술의 진위 판단에는 첫 단계 처리만 요구되기 때문이다. 그런데도 실제 실험에서는 매우 유사한 개념 간 관계를 소개한 "개는 모두 고양이다"에 대한 부정 반응이 더 빨랐다(Glass & Holyoak, 1975). 우리는 여기서 의미기억이 아주 단순하게 사용되는 방법조차 모형화하기는 복잡하다는 사실을 깨닫는다.

의미기억을 이용해야 답할 수 있는 질문의 답을 만들 때는 의미기억 속 개념들의 속성이 겹치는 정도가 결정적 단서로 작용한다. 앞서 소개된 과제뿐 아니라 다음에 소개되는 범주–기반 귀납추리 과제에서도 이 점은 여실히 입증된다. 귀납추리 과제를 예시해보기로 하자. "참새는 날개를 가졌다", "제비는 날개를 가졌다"라는 진술을 기초로 '모든 새가 날개를 가졌을 확률'을 추정해보라. 얼마나 될 것 같은가? 이번에는 "참새는 날개를 가졌다", "타조는 날개를 가졌다"라는 진술을 기초로 '모든 새가 날개를 가졌을 확률'을 추정해보자. 얼마나 될 것 같은가? Osherson, Smith, Wilkie, Lopez, Shafir(1990)의 실험에 참여한 학생들은 전자의 경우에 그 확률이 훨씬 크다고 추정했다. 이 두 과제의 다른 점은 참새와 제비의 속성이 겹치는 정도가 참새와 타조의 속성이 겹치는 정도보다 크다는 점뿐이다. 따라서 이 두 과제에 대한 반응(확률 추정치)이 다른 것은

과제 속 개념들의 속성이 겹치는 정도가 다르기 때문이라 할 것이다. 속성의 전반적 유사성이 의미기억 속 개념을 이용한 추리에 결정적인 역할을 수행하고 있음이 다시 한 번 입증된 셈이다.

요약

1. 의미기억에는 사실 지식과 개념 지식이 심상과 명제 부호로 저장돼 있다. 심상 부호는 구체적이고 지각경험을 닮은데 반해 명제 부호는 추상적이고 어문을 닮았다. 각각의 명제는 세상사에 관한 하나의 주장으로 그 진위 판단이 가능한 단언을 부호화한 것이다. 따라서 명제형 부호는 지식을 사실의 개별적 요소로 분석한 후, 그들 요소가 서로 관련된 방식을 나타내는 셈이다. 심상의 행동방식은 그것이 표상하는 물체의 행동방식과 거의 같다. 그 기능을 봤을 때 심상과 지각은 대등하다. 예컨대, 실제 물체를 회전하는 데 걸리는 시간이 회전 각도와 함께 증가하듯이, 맘속에서 심상을 회전시키는 데 걸리는 시간도 그 심상을 회전시키려는 각도와 정비례한다. 행동적 증거나 신경영상 증거 모두 인간의 의미기억에는 이중 부호화 시스템이 작동하고 있다고 암시한다.

2. 물체 개념은 자연물(생물체)과 인공물(인간이 만든 물건)을 일컫는다. 특정 물체 개념은 실세계에서 중요한 물체와 사건을 범주화한다. 모든 개념이 그렇듯, 특정 물체 개념은 그 개념이 정의하는 경계 내에 속하는 개체를 모두 동일하게 취급한다. 물체 개념의 경우, 그 구성원의 경계가 분명하지 않고 가변적인 경우가 대부분이다. 개념은 위계적으로 조직될 때가 많다. 하위개념(참새)과 기초개념(새) 그리고 상위개념(동물)을 고려해보면 이 점이 분명해진다. 이에 반해 규칙-기반 개념은 한 무리의 정의 속성들 간 논리적 관계로 정의된다. 따라서 규칙-기반 개념의 구성원을 결정짓는 경계는 엄격하고 불변적이다. 예컨대, 추상적인 수학개념인 정수의 정의는 명백하고 변하지 않는다.

3. 모든 개념은 그 구성원을 구별해주는 차원을 명시하며 그 전형성에 따라 구성원의 순위를 매긴다. 원형은 특정 개념의 최적 구성원을 나타낸다. 또한 개념은 다른 개념 혹은 세상 지식의 다른 표상과 이론적으로 밀접한 관계에 있다는 뜻에서 일관성을 가지기도 한다. 개념은 위계적으로 조직되기도 한다. 이 경우, 기초수준의 개념이 그 구성원에 관한 정보를 가장 많이 제공한다. 서로 관련된 개념들이 의미 있게 조직된 것을 스키마라 한다. 예컨대, 음식점 스크립트라는 스키마에는 음식점에서 벌어지는 상투적인 활동(예 : 음식점에 들어가고, 주문을 하고, 음식을 먹고, 계산을 하는 등등)에 관해 우리가 알고 있는 모든 것이 조직돼 있다.

4. 의미기억으로부터의 정보인출 방식을 묘사하는 주요 모형 두 가지를 소개했다. 연결망 모형은

지식이 위계적으로 표상되었으며, 위계의 상위수준에 연결된 속성은 하위수준에 다시 연결되는 일은 없다고 가정한다. 이 이론에서는 특정 사실을 인출하는 일이 위계망의 여러 수준을 돌아다니며 속성 정보를 표상하는 노드를 검색하는 작업과 같다고 생각한다. 속성 비교 모형에서는 개념이 일군의 특징 속성과 정의 속성으로 구성된 목록으로 표상됐다고 가정한다. 사실을 인출하는 작업은 인출 대상의 속성과 의미기억 속에 저장돼 있는 대상이 갖추고 있는 이들 두 가지 속성을 비교하여 전반적 유사성을 판단하는 작업으로 간주된다. 이 유사성이 낮은 것으로 판단되면 다음 단계의 비교가 이루어지는데 이 작업에는 정의 속성만 비교된다고 본다. 속성 비교 모형을 이용하면 더 많은 실험결과를 설명할 수 있다. 그러나 이 모형으로 설명되지 않는 결과가 없는 건 아니다.

핵심 용어

가족 유사성 구조(family resemblance structure)
규칙-기반 개념(rule-governed concepts)
기능 동등성 가설(functional equivalent hypothesis)
명제(형) 부호(propositional code)
물체 개념(object concepts)
범주 크기 효과(category size effect)
속성 비교 모형(feature comparison model)

숨은 의미 분석법(latent semantic analysis, LSA)
심상(형) 부호(imaginal code)
원형(prototype)
의미망 모형(semantic network model)
인지경제 원리(cognitive economy assumption)
범부 이론(folk theories)
전형성 효과(typicality effect)

생각해볼 문제

- 여러분은 일상생활에서 어떤 활동을 할 때 개념을 표상하기 위해 심상형 표상을 이용하는 것 같은가? 심상형 표상보다는 명제형 표상을 이용할 것 같은 활동도 생각해보라.
- 판사는 우발적 살인을 어떻게 정의할까? 이러한 규칙-기반 개념을 정의하는 속성은 무엇인가? 만약 법에서도 원형이나 모호한 경계가 이용된다면 살인이란 개념은 어떻게 달라질 것 같은가?
- '차갑다'라는 개념을 생각했을 때 여러분의 머릿속에 맨 먼저 떠오르는 단어는 어떤 단어인가? 이제, 이 질문에 대한 여러분의 반응을 자극으로 이용했을 때 그다음으로 생각나는 개념은 어떤 것인가? 이런 연상의 사슬을 여러 단계 더 거쳐보라. 이렇게 생각난 단어/개념들을 이용하여 서로 간 관계의 본질(예 : "__의 보기/구성요소이다", "__한 속성을 가진다", "__과 의미가 반대이다", "__과 의미가 비슷하다" 등)에 맞는 이름이 붙은 의미망을 만들어보라.

제 **8** 장

언어

- 언어를 정의하는 속성을 기술한다.
- 의미론, 구문론, 화용론을 비교한다.
- 좌반구에 있는 Broca 영역과 Wernicke 영역이 언어구사를 지원하는 방식을 논의한다.
- 단어재인의 이중 경로 모형과 개념 주도적 처리가 단어재인을 돕는 방식을 묘사한다.
- 왜 속독기능을 훈련받은 훑어보기 기술로 간주하는 것이 가장 정확한 설명인지를 이해한다.

언어의 정의

언어란 사람들이 생각(아이디어)을 주고받기 위해 이용하는 기호 시스템의 일종이다. 언어에는 맘속표상과 외적 표상이 모두 이용된다. 저자가 독자와 의사를 소통할 때 낱자와 단어라는 기호를 이용하여 아이디어(생각)를 전하려 한다. 대화에서는 청자와 화자가 시각기호가 아닌 청각기호를 이용하여 맘속표상을 교환하려 한다. 모든 언어는 다음 네 가지 속성을 공유한다(Clark & Clark, 1977). (1) 아이들은 언어를 학습할 수 있다. (2) 어른들은 말하고 이해하는 일을 어렵지 않게 해낸다. (3) 어른들은 보통 사람들이 전하고자 하는 아이디어를 알아듣는다. (4) 어른들은 같은 사회문화적 환경 속에 사는 다른 사람들과 의사를 소통할 수 있다.

언어는 사실적 정보를 주고받기 위해 사용될 수 있다. 그러나 사실적 정보 교환이 언어의 유일한 기능은 아니다(Atchison, 1996). 정서를 내뿜고 농담을 주고받으며 인사를 나눌 때도 우리는 언어를 이용한다. 하지만 이때의 언어는 사실 전달과는 무관하다. 또한 사실적 지식 중 일부는 언어로 전달하기 어려운 것도 있다. 손짓이나 몸짓 또는 그림을 그리지 않고 나선형이 무엇인지를 설명하려 해보라. 넥타이 매는 방법을 말만으로 가르치려 해보라. 그러한 시-공성 지식은 쉽게 말로 표현되지 않는다.

언어의 핵심은 기호를 사용하여 의미를 전달한다는 점이다. 인간은 물체, 사건, 욕망, 느낌, 신념, 의도 등을 일컫기 위해 단어 또는 소리의 패턴을 이용한다. 단어는 의미를 옮긴다. 친구가 "나는 행복해"라고 말하면 우리는 이 말을 그 친구의 정서상태가 이러저러하다는 말로 해석한다. 한편 친구가 휘파람을 불면, 이 행동 역시 그 친구의 정서상태에 관한 어떤 것을 나타낸다고 말할 수 있다. 하지만 그 의미는 훨씬 덜 분명하다. 그 친구는 습관적으로 휘파람을 불 수도 있고 화가 나서, 슬퍼서 또는 행복해서 휘파람을 불 수도 있다는 뜻이다. 말과는 달리, 휘파람은 분명한 의미를 전달하기 위해 고안된 행동이 아니다. 우리 인간은 일단 말을 배우고 나면, 그 말의 맘속표상을 인출하여 작업기억에 보관하며 생각을 하는 데 사용할 수 있다. 말은 그것이 가리키는 물체나 사건과는 별개로 우리의 머릿속에 표상된다.

사람들이 사용하는 단어는 임의적인 것이 대부분이다. 단어를 나타내는 기호와 기호가 전달하는 의미 간에는 아무런 연관성이 없다는 말이다. 언어에 따라 기호가 다른 것도 이 때문이다. 하나, uno, ein, one은 모두 동일한 수 개념을 가리키는 소리이다. 땅바닥에 있는 흠집 하나나 진흙판에 난 표시는 개수 하나를 나타내는 비임의적인 방법일 수 있고 그러한 표시 10개는 개수가 10개임을 나타내는 비임의적인 방법일 수 있다. 문제는 비임의적인 기호는 사용하기가 쉽지 않다는 데 있다. 수량을 나타내기 위해 고안된 아라비아 숫자는 예컨대 올리브유 432단지, 포도주 234단지를 나타내는 과제를 아주 단순하게 만들어놓았다.

단어를 다양한 순서로 나열함으로써 우리는 엄청나게 많은 생각을 표현할 수 있게 되었다. 6개의 단어로 구성된 문장을 고려해보자. 그 문장의 첫자리에 놓을 수 있는 단어 10개 중 하나를 골랐다고 하자. 그 문장의 두 번째 자리에 올 수 있는 또 다른 단어도 10개이고 그중 하나를 골랐다고 해보자. 이런 식의 나열을 반복하면, 60개의 단어로도 100만(10^6) 개의 하나뿐인 문장을 만들 수 있다. 우리가 알고 있는 단어가 엄청나게 많다는 사실 그리고 하나의 문장을 만들 때 단어 6개만 사용해야 한다는 법칙도 없다는 사실을 감안하면 우리가 만들어낼 수 있는 하나뿐인 문장의 개수는 거의 무한정에 가깝다 할 것이다.

언어의 기원

언어는 어떻게 생겨났을까? 이 질문의 답은 아직 알려지지 않았고 아마 앞으로도 알려지지 않을 것이다. 그런데도 묻지 않고 넘어가기는 힘든 질문이다. 언어학자들은 약 5,000년 전에 만들어진 기록을 토대로 초기의 언어가 약 1만 년 전에 나타났을 것으로 추정하고 있다(Atchison, 1996). 하지만 학자들은 언어의 기원을 그보다 훨씬 더 오래된 인류 진화사에 있었을 것으로 믿는다. 200만 년 전에 인류의 조상이었던 **호모 하빌리스**(Homo habilis)의 두개골을 기초로 주조된 모형 뇌에도 Broca의 언어영역이었던 곳으로 간주되는 부분이 드러났다(Tobias, 1987). 하지만 인간의 성대가 말을 하는 데 필요한 이상한 모습으로 나타난 것은 그보다 훨씬 뒤인 약 15~20만 년 전의 일로 우리와 같은 종인 호모 사피엔스(Homo sapiens)에서 발견되었다(Corballis, 1989; Lieberman, 1984).

오랫동안 논쟁의 대상으로 군림했던 주장은 언어가 제스처에서 발달했다는 가정이었다. 그러나 언어와 제스처는 함께 진화된 것처럼 보인다(Atchison, 1996). 우리의 선조들이 자신들의 생각을 서로서로 주고받는 일을 맨 처음 시작했을 때 그들은 구체적인 물체를 지칭하고 그 물체들을 서로 관련시킬 방식이 필요했을 것이다. 제스처와 말은 의미를 전달하기 위해 동시에 전개되는 것으로 알려져 있다(Goldin-Meadow, McNeill, & Singleton, 1996). 날 때부터 눈이 멀어 사람들의 제스처를 한 번도 보지 못한 맹인들도 말과 제스처를 동시에 내놓는다. 제스처와 말은 동시에 발달했고 각각은 상이한 정보를 전달하기 위해 특화된 장치일 수 있다.

또 다른 생각은 언어는 인간의 커다란 뇌 덕분에 진화되었다는 주장이다(Gould & Lewontin, 1979). 언어는 그전부터 존재한 생물적 구조가 새로운 기능에 적응된 경우라고 주장할 수도 있다. 그러나 이 생각의 문제는 언어가 매우 복잡한 기능이라는 점에서 발생한다. 기존의 구조에다 그렇게 복잡한 기능에 맞추는 일은 전례가 없는 일인 것 같다. 이를 두고 Atchison(1996)은 이렇게 말하였다. "백로나 학 같은 섭금류는 날개를 차양용으로 사용한다. 어떤 새가 원래는 차양용이었던 것을 날개로 사용한다는 증거는 어디에도 없다"(p. 75).

그럴듯한 대안 중 하나는 언어와 커다란 뇌가 거의 동시에 부상했을 것이라는 생각이다(Deacon, 1997). 인류의 조상들은 삶을 함께 하는 무리가 점점 커지면서 사회적 상호작용도 증가했을 것이다. 그에 따라 생존에 필요한 음식물과 물과 대피소를 취득하는 데 속임수의 장점이 점점 커지게 되었다. 또한 사회적 힘에 의해 좀 더 큰 뇌가 선택되고 동시에 생각을 주고받을 수단이 선택되었다. 따라서 언어와 큰 뇌는 진화의 과정에서 서로를 돕게 되고, 결국에는 의사소통의 수단이 점점 더 다듬어지면서 뇌의 구조 역시 점점 더 복잡해지게 되었다는 믿음이다.

의미와 구조와 용도

의미론 언어에서 가장 명백한 점은 우리가 사용하는 단어와 문장에는 의미가 있다는 사실일 것이다. 의미론(semantics)이란 의미를 탐구하는 학문을 일컫는다. 의미론의 이론은 사람들이 단어와 문장의 의미를 마음 속에 표상하는 방식을 설명하려 한다. 사람들이 자신의 생각을 글/말로 표현하는 일도 독자/청자가 글/말을 읽고/듣고 저자/화자의 생각을 이해하는 일도 맘속표상을 기초로 이루어지기 때문이다. 제7장에서 논의했듯이 문장의 의미는 명제 모양, 즉 그 문장에 언급된 개념과 스키마가 추상적인 부호로 표상된 것일 수 있다. 예컨대, "박 교수는 그 성실한 학생을 칭찬했다"라는 문장의 의미는 다음과 같은 2개의 명제로 분석될 수 있다. 각 명제는 관계로 시작하여 하나 이상의 인자로 끝난다는 사실을 주목하라.

(칭찬하다, 박 교수, 학생, 과거)

(성실하다, 학생)

우리가 문장을 말할 때 생성되는 소리에는 의미가 일관성 있게 부호화되어 있어야 한다. 그래야만 듣는 이가 그 말을 이해할 수 있기 때문이다(그림 8.1 참조). 이 부호화는 한 단어를 다른 단어와 구별시켜주는 음소(또는 음운조각)에서 시작된다. 제2장에서 소개했던 것처럼, 발과 팔이 상이한 의미를 전달할 수 있는 것은 초성 음소가 서로 다르기 때문이다. 각각의 음소는 발성 장치에서 그것만의 방식으로 조음된다. 발에 있는 /ㅂ/과 팔에 있는 /ㅍ/은 거의 동일한 방식으로 발음된다. 유일한 차이는 /ㅂ/을 발음할 때는 성대가 진동하는데 /ㅍ/을 발음할 때는 진동하지 않는다는 점이다. 유성–무성으로 분류되는 이 차이는 '스'에 있는 /ㅅ/과 '즈'에 있는 /ㅈ/ 간에도 발견된다. 손가락을 후골에 대고 각각을 큰 소리로 발음해보면 /ㅈ/을 발음할 때는 진동을 느낄 수 있을 것이다.

각 언어의 음소는 그 언어의 가장 작은 의미단위(이를 '형태소'라 함)를 구성하는 요소에 해당한다. **형태소**(morpheme)는 구체적인 의미를 부호화하기 위해 언어에서 반복적으로 이용하는 말의 최소 단위를 일컫는다. 발과 팔은 각각 형태소에 해당한다. '죽었다'에서 '었'도 그리고 영어에서 자주 보는 접두사(예 : *pre-*)나 접미사(예 : *-es*)도 형태소에 해당한다. 각각의 형태소는 그것만의 독특한 의미를 전달한다. 예컨대, '때리다'를 '때렸다'로 고쳐 말하면 때리는 행동이 과거에 벌

그림 8.1 언어에서 의미를 가진 단위

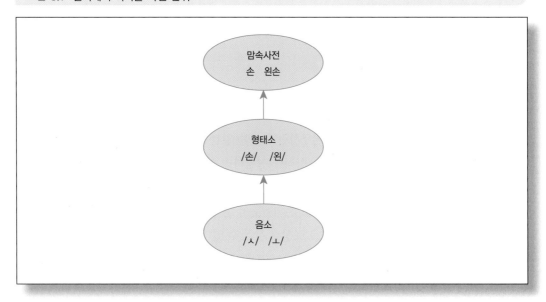

여겼다는 뜻을 전달하게 된다. 따라서 '때렸다'라는 단어는 서로 다른 의미를 전달하는 2개의 형태소로 구성된 단어이다.

맘속사전(mental lexicon)은 특정 언어 속 모든 형태소로 이루어지는 것으로, 사람들이 말을 하고 들을 때와 글을 쓰고 읽을 때 사용하는 장기기억 속 사전으로 간주되기도 한다. 각각의 형태소는 마음 속에 있는 이 사전의 표제어

> 형태소는 말에 구체적인 의미를 부호화하는 최소 단위로 특정 언어에서 반복적으로 사용된다. 단어 밟았다는 '밟다'와 '았'이라는 2개의 형태소로 구성되어 있다.

(entry)에 해당한다. 의미론을 공부하는 사람들의 주된 관심은 내용어(content words)에 있다. 내용어를 구성하는 동사, 명사, 형용사와 일부 부사 중에서도 이들의 관심은 주로 동사와 명사에 집중되고, 명사 중에서는 특히 자연적인(예 : 의자) 또는 형식적인(예 : 결혼의 법적 정의) 개념을 일컫는 명사에 집중된다. 한국어에서는 조사나 접미사, 영어에서는 전치사나 접속사 같은 기능어(function word)는 의미전달보다는 문법 관련 역할을 담당한다. 예를 들어, "상호는 매주 금요일마다 닭고기를 먹는다"라는 문장에서 '-는'과 '-를'은 조사로 그 앞의 단어('상호'와 '닭고기')가 각각 주어와 목적어로 작용하게 만들 뿐 특유의 의미를 전달하지는 않는다. 이에 반해 내용어인 '상호'나 '닭고기' 중 하나만 '상수' 또는 '말고기'로 바꾸어도 그 문장은 완전히 다른 의미를 전달하게 된다.

소리의 구조 한 언어의 소리는 그 언어에 있는 단어를 구성하는 소리조각인 음소(phoneme)에 의해 달라진다. 음운조각 중 일부는 그 언어에서의 의미결정에 영향을 미치는데, 이들 음운조각을 음소라 한다. 영어에 사용되는 음소는 40개이고 그중에는 다른 언어에 사용되는 것도 있고 사용되지 않는 것도 있다. 한국어에 사용되는 음소도 40개인데, 영어의 음소와 동일하지 않다는 사실을 감안하면 위의 단언을 쉽게 수용할 수 있을 것이다. 단어를 구성하는 음소에 따라 단어의 의미(형태소)가 달라진다고 했다. 예를 들어 *look*과 *rook*의 차이 그리고 *lip*과 *rip*의 차이처럼, 자음 *l*과 *r*은 형태소(또는 단어의미)의 차이를 나타낸다. 그러나 한국어나 일본어에서는 이 둘이 구분되지 않는다. 한국인이나 일본인이 영어를 배울 때 이 둘을 혼동하곤 하는 이유도 거기에 있다. 마찬가지로 다른 언어에는 사용되지만 영어에는 없는 소리(음소)도 있다. 스페인어의 경우, rolled의 *r*이 입 앞 가까이에서 조음되어, 그보다 좀 뒤쪽에서 조음되는 프랑스어 rolled의 *r*과 약간 다르다. 그러나 영어에서 *r*을 발음할 때는 이들 두 가지 조음방법 중 어느 것도 사용되지 않는다.

언어의 차이는 음소가 나열되는 적법한 방식에서도 발견된다. 영어의 경우, *pt*로 시작하는 단어가 없는데, 그리스어에는 매우 흔하다. 그리스어에서 온 영어 단어 *pteropod*이나 *pterosaur*을 보면 이 사실을 금방 알 수 있다. 이러한 음운규칙은 특정 언어에 반복해서 노출됨으로써 자신도 모르는 사이에 암묵적으로 학습된다. 따라서 우리는 이런 규칙을 의식적으로 명시할 수 없다. 하지

만 그 뜻을 모르는 낱자의 나열이 단어가 될 수 있는지(예 : *patik*) 또는 될 수 없는지(예 : *ptkia*)를 판단할 수 있는데, 이 판단에 이용되는 규칙이 바로 영어를 배울 때 자신도 모르는 사이에 (무의 식적으로) 학습된 음운규칙인 것이다.

단어의 소리구조는 단어의 의미와 분리되어 있다. 단어의 의미를 처리하는 일과 소리를 처리 하는 일은 우리 뇌 좌반구의 좌측 전두엽에서 벌어지지만 서로 다른 곳에서 일어난다. 말을 하려 고 하는데 우리가 말하고자 하는 단어의 소리가 인출되지 않을 때가 있다. 어떤 단어를 말해야 할 것인지는 알고 있는 게 분명한데도 바로 그 단어가 도무지 생각나지 않는다. 이런 짜증나는 경험 을 '설단 상태'라 하는데, 이 상태는 노년기에 들면서 더 자주 일어난다. 단어찾기에서 어려움을 겪는 일이 장년층보다 노년층에서 더 자주 발생하는 것도 이 때문이다. 그러나 이 상태는 모든 연 령층에서 경험되는 현상으로, 우리의 머릿속에는 단어의 의미와 음운이 각각 별개의 곳에 표상 되어 있다는 뜻으로 이해된다.

끝으로, 언어를 구분시켜주는 소리구조에는 단어는 물론 구와 문장에서까지 나타나는 음절의 강약과 억양도 포함된다. 소리구조의 이러한 측면을 운율(prosody)이라 하는데, 운율은 인간 언 어의 리듬(율동)을 부각시킨다. 음악이나 시에서처럼, 인간의 언어에는 일종의 노래가 스며 있다 는 뜻이다. 단어의 음운과 의미와는 달리 운율은 음악처럼 뇌의 우반구에서 처리된다. 일반적으 로 남성 목소리의 주파수가 여성 목소리의 주파수보다 낮다. 그러나 성별에 관계없이 목소리에 서 나는 억양의 변화는 예측이 가능하다. 예컨대, 질문을 할 때는 문장 끝의 음고가 높아져 청자 에게 그 말이 질문임을 알린다. 영어의 경우, 문장의 억양은 가변적이다. 일부 언어에서는 운율 이 음절의 어조나 음고에서 발생한다. 표준(북방) 중국어 같은 언어에서는 언어의 운율을 창출할 때 음조와 억양이 모두 이용된다.

구문론/통사론   언어의 또 다른 특징은 문법적 구조이다. 단어나 형태소를 어떻게 배열해야 적 법한 문장이 생성되는지를 명시한 문법규칙에 대한 연구를 **구문론**(syntax) 또는 통사론이라 한 다. 엄밀하게 말해, 문법(grammar)은 특정 언어를 사용하는 사람들이 바르게 말하고 쓰는 데 이 용되는 모든 규칙을 일컫는다. 따라서 구문론/통사론은 문법에 대한 연구의 일부일 뿐이다. 그러 나 여기서는 특정 언어의 형태소가 어떻게 배열돼야 적법한 문장으로 인정되는지를 명시하는 구 문규칙의 집합을 문법으로 간주할 것이다. 구문규칙(syntactic rule)은 화자, 청자, 저자, 독자 모 두가 언어를 이용하는 동일한 게임을 할 수 있게 해준다. 언어에 이용되는 단어는 하나씩, 말에 서는 시간적으로 글에서는 공간적으로, 차근차근 나열돼야 하기 때문에 그 순서에 대한 어떤 약 속이 필요할 수밖에 없다(예 : 격조사는 어미에 붙인다). 예컨대, 한국어나 독일어에서의 선언 (declaration)은 주어(S), 목적어(O), 동사(V) 순으로 나열되는데 영어에서는 주어(S), 동사(V), 목 적어(O) 순으로 나열된다.

특정 언어의 문법은 그 언어를 사용하는 사람들이 적법한 모든 문장을 생성하는 데 필요한 규칙을 명시한다고 했다. 이들 규칙은 문법에 맞지 않는 문장생성을 허용하지 않기도 한

> 구문론은 단어와 기타 형태소들이 어떻게 배열돼야 문법에 맞는 문장이 만들어지는지를 명시하는 규칙을 다룬다.

다. 문장이 아닌 것은 이들 규칙 중 하나 이상을 위반할 때 생성된다. 특정 언어를 말하고 그 언어로 하는 말을 이해하는 사람은 그 언어의 문법을 학습했고 또 사용할 수 있는 사람에 속한다. 이 지식은 암묵적이어서 알고 있고 또 사용할 수 있는 규칙인데도 구체적으로 명시할 수는 없다. 외국어를 배우는 학생들은 그 외국어의 문법을 찾아내어 자기 모국어로 분석해내기도 한다(예 : 과거완료형).

문법에 대한 암묵적 지식은 언어에 대한 직관력을 제공하기도 한다(Chomsky, 1965). 그런 직관력 중 하나는 문장의 요소/성분을 찾아내는 능력(예 : 문장의 동사와 주어를 구분하는 능력)이다. 다른 능력은 구조가 다른 문장도 그 의미는 같을 수 있음(예 : 영어의 능동문과 피동문)을 인식하는 능력이다. 문장구조는 같은데 의미는 두 가지 이상일 수 있다는 문장의 중의성을 인식하는 능력은 또 다른 능력에 속한다. 그러나 이들보다 더 기본적인 능력은 한 무리의 단어를 나열해놓은 것이 문법에 맞는 문장인지를 판단할 수 있는 능력일 것이다.

의미(론)와 구문(론) 그리고 언어에 대한 직관력이라는 개념을 좀 더 따져보자. 학습활동 8.1에 있는 3개의 단언을 고려해보자. 첫 번째 단언은 의미도 있고 또 문법적으로도 옳기 때문에 적법한 한국어 문장이다. 두 번째 단언은 문법에 맞지 않기 때문에 문장이 성립되지 않는다. 세 번째 단언은 문법적으로 잘못된 것은 없으나 말이 되지 않는다. 즉, 그 속에는 의미가 없다. 우리 머릿속에 표상된 아이디어라는 개념은 심리학자를 꿈꿀 수도 없지만 잠을 잘 수 있는 것도 아니다.

사람들이 문법에 민감하게 반응한다는 사실은 이해를 검토한 실험에서도 분명하게 드러난다(Garrett, Bever, & Fodor, 1966 참조). Garrett 등은 참여자들에게 이어폰을 통해 일련의 문장을 들려주었다. 이들은 실험용 문장을 테이프에 녹음할 때 '찰칵'소리를 함께 녹음해두었다. '찰칵'소리는 각 문장 속 구절 간 경계를 중심으로 다양한 곳에 위치시켰다. 참여자의 과제는 이 '찰칵'소리를 문장 속 어디에서 들었는지를 확정하는 일이었다. '찰칵'소리가 실제로 발생한 위치는 두

학습활동 8.1　　　　**구문론과 의미론 : 실례**

다음 세 문장 중 문법에 맞는 것은 어느 것이고 의미가 있는 것은 어느 것인가?

1. 그 심리학자는 새로운 아이디어를 꿈꾸다 잠을 설쳤다.
2. 설쳤다 그 아이디어를 새로운 잠을 심리학자는 꿈꾸다.
3. 그 새로운 아이디어는 심리학자를 꿈꾸다 잠을 설쳤다.

구절의 중간이 아니었는데도 참여자들은 그 소리가 두 구절의 중간에서 들렸다고 보고했다. 그림 8.2에는 Garrett 등의 실험에 이용된 문장 중 2개가 들어 있다. 두 문장의 뒷부분("influence the company was given an award")은 한 번 녹음한 것을 두 문장에 나누어 붙인 것이었다. 따라서 참여자들이 들은 단어와 쉼/멈춤, 그리고 *company*라는 단어의 첫 음절과 함께 발생한 '찰칵'소리까지 모두 똑같았다. 그러나 문장 A에서는 *influence*라는 단어가 전치사 구의 마지막 단어이며, 그 다음에 오는 *the*는 이 문장 주절의 첫 단어에 해당한다. 문장 B에서는 *company*라는 단어가 종속절의 끝 단어이며, 그 뒤에 오는 *was*가 주절의 본동사에 해당한다. 참여자들은 문장 B보다 문장 A에서 '찰칵'소리가 더 일찍 들렸다고 보고했다. '찰칵'소리에 대한 지각이 문장이해에 이용되는 중요한 문법적 구조(구절) 쪽으로 이동하는 일이 벌어진 것이다. 이 경계가 문장 A에서는 일찍 있었고 문장 B에서는 늦게 있었다.

화용론　사람들 간의 만남에 이용되는 언어의 기능과 용도가 언어의 세 번째 특징에 해당한다. 사람들은 자신만을 위해 말을 하고 글을 쓰기도 한다. 그러나 사람들이 하는 말과 쓰는 글은 대개 담화 속에 끼여 있다. 언어는 말과 글을 듣고, 읽고, 이해하고, 해석하고, 반응하는 사람들을 위해 만들어지고 또 그 사람들에 의해 조형된다. 예를 들어, 다음 두 발언의 차이를 고려해보자.

이 방이 덥다.

창문을 열지!

첫 문장은 말하는 이가 그 방의 온도에 대한 자신의 느낌을 다른 사람에게 알려준다. 두 번째 문장은 누군가에게 방에 시원한 공기가 들어오도록 해보라는 명령을 내린다. 그러나 경우에 따라 두 번째 문장의 목적을 달성하기 위한 겸손한 수단으로 첫 번째 문장이 이용될 수 있음을 우리는 안다. 직접적인 명령을 내리는 것보다 창문 곁에 서 있는 사람에게 자기의 느낌을 알리는 일만으로도 동일한 효과를 거둘 수 있다는 말이다.

그림 8.2 **문장의 문법적 구조가 자극단어 *company*의 첫 음절 속에 끼워둔 찰칵소리를 지각하는 데 영향을 미친다.**

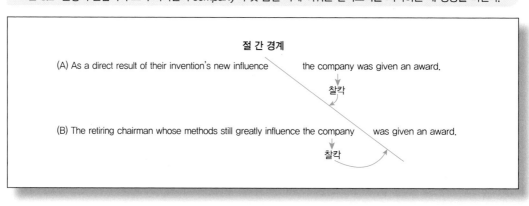

화용론(pragmatics)은 화자가 자신의 의도를 사회적 맥락에 맞추어 전달하는 매너를 일컫는다. 언어행위(speech act)는 화자가 자신의 의도를 청자가 인식할 수 있도록 발언하는 행위를 일컫는다(Grice, 1975). 언어행위는 정보제공, 명령, 질문, 경고, 감사, 도전, 요구 등등 여러 가지로 구분된다. 직접적 언어행위는 특정 기능에 맞추어 제작된 문법적 모양을 가정한다. 예컨대, "창문을 열어라!"는 직접적인 명령이다. 간접적 언어행위는 또 다른 유형의 언어행위를 가장함으로써 특정 기능을 일구어낸다. 예컨대, "창문을 좀 열 수 있겠습니까?"라고 질문을 할 수도 있고, "창문을 열지 않으면 우리는 모두 죽고 말 것이다"라고 경고할 수도 있고, "창문을 열지 않으면 널 죽여버리겠다!"고 위협할 수도 있으며, "그 창문은 열려 있어야 한다"라고 선언할 수도 있고, "이 방 안은 진짜 덥다"라고 알려줄 수도 있으며, "창문을 열어주셔서 감사합니다!"라는 빈정대는 소리로 감사할 수도 있다.

Grice(1975)는 두 사람 간 대화가 시작될 때는 그 둘 사이에 협력의 원리(cooperative principle)라고 하는 암묵적 계약이 이미 체결된 상태라고 주장했다. 대화를 하고 있는 두 사람은 그 대화에 적절한 것만을 말하고 두 사람이 수용할 만한 적당한 시점에서 대화를 끝내기로

> 화용론은 화자가 의도를 전달하는 방식이 사회적 맥락에 따라 다양하게 바뀌는 양상을 다룬다. 언어행위는 정보제공, 명령, 질문, 경고 등등의 기능을 수행하며, 직접적 방식보다는 간접적 방식을 취하기도 한다.

하자는 데 뜻을 같이했다는 뜻이다. 사람들이 이 약속을 위반했을 경우를 회상해보면 이 계약의 의미를 음미할 수 있을 것이다. 대화 중에 무슨 말인지 알아들을 수 없는 허무맹랑한 말을 하는 사람을 본 적이 있는가? 또는 대화를 아무 경고 없이 갑작스레 끝내고 다른 곳으로 가버리는 사람을 본 적은 있는가? 협력의 원리가 그래서는 안 된다고 강요하고 있기 때문이라는 게 Grice의 생각이었다. 우리는 들을 수 있게 큰 소리로 말하고, 청자가 이해할 수 있는 언어를 사용하며, 사용하고 있는 언어의 규칙을 준수하기로 약속한 것이다.

예컨대, 대화를 하는 사람들은 상대방이 알아야 한다고 판단되는 것을 말한다. 그러나 자기가 한 말을 이해하는 데 도움이 되지 않을 것 같은 세세한 것까지는 말하지 않는다. 상대방에게 필요한 정보만을 제공하기 위해 노력한다는 뜻이다. 다음 대화를 살펴보자.

수형 : 원호는 오늘 저녁에 아름다운 여인하고 외식을 할 거야.

수진 : 자기 마누라는 이 사실을 알고 있을까?

수형 : 알고 있고말고. 함께 식사할 여인이 자기 아내거든(Clark & Clark, 1977, p. 122).

여기서 수형이는 아름다운 여인이라는 일반적인 용어를 이용함으로써 수진이로 하여금 엉뚱한 생각을 하게 만들었다. 이에 넘어간 수진이는 그 여인이 원호의 아내가 아닌 다른 여인이라고 추론했던 것이다.

화용론에서는 언어가 대화용으로 많이 쓰인다는 점을 강조한다(Clark, 1996). 대화는 쌍방 간 상호작용이기 때문에 자신이 한 말에 대한 대꾸로 다른 사람이 하는 말도 잘 들어야만 한다. 화자는 실수를 피하기 위해 자신이 한 말을 감시해야 할 뿐만 아니라 자기가 한 말을 청자가 이해했는지도 감시해야만 한다. 말뿐만 아니라 제스처도 대화의 일부로 간주된다. 대화 중인 사람들을 살펴보면 "사람들은 말만 하는 게 아니고 고개도 끄덕이고, 미소도 짓고, 손가락질도 하고, 서로를 마주 보기도 하며, 어떤 것을 내놓고 보여주기도 한다. …저녁 식탁에서는 소금통을 가리키기도 하며 음식물을 건네주기도 하고 빈 그릇을 들어 보여주기도 한다. 사람들의 이야기는 말과 제스처 모두로 구성된다"(Clark & Krych, 2004, p. 62).

대화의 당사자들은 대화를 진행하면서 자신의 말과 제스처의 의미를 확고하게 하려 한다. 서로를 확실하게 이해하도록 하기 위해 또는 적어도 당면 목적에 적절한 이해를 도모하기 위해 협력을 한다. 다시 말해, 대화는 협력활동으로 춤 같은 언어와 별 관계없는 협력활동과 많은 공통점을 가진다. 활동을 성사시키기 위해 함께 노력하지 않으면 안 된다. Clark(1996)는 자신이 가게 점원과 나누었던 다음과 같은 간단한 대화를 통해 이 점을 예시하고 있다. Clark가 자기가 원하는 물건을 지적했을 때 점원은 그 물건을 골라내고, 현금 수납기로 하여금 그 물건의 가격을 읽어내게 하고는 짤막하게 "12 77(twelve seventy-seven)"이라고 말했다. 그러자 Clark는 "어디 보자, 여기 페니(1센트짜리 동전)가 2개 있네"라고 대꾸했다(p. 32).

이들 진술 하나하나는 이 대화에서만 의미가 통하지, 다른 맥락에서는 말이 되지 않는다. 그런데도 이 대화에서는 당사자 간 욕구를 충분히 충족시키고 있다. 점원이 "12 77"이라고 한 말의 의미를 파악하기 위해서는 이 두 사람이 서 있던 계산대 옆에서 Clark가 내어놓는 물건 2개의 값을 점원이 계산기에 등록하는 모습을 봤어야 할지도 모른다. 그리고 Clark가 페니 2개를 내놓기 전에 20달러짜리 지폐를 지불했다는 사실을 알면, 점원이 거스름돈을 내놓으며 한 말이 무슨 뜻인지를 정확하게 알 수 있었을 것이다. 따라서 대화에서는 언어가 제스처와 함께 사용되고 이 둘은 대화에 일관성을 제공하는 협력활동을 근거로 이루어진다. 진술을 나열해놓은 언어는 일관성 없이는 이해하기가 어렵다. 그러한 언어를 이해할 수 있도록 도와주는 것이 '대화는 협력활동'이라는 맥락이다. 위에서 소개한 2개의 말조각 각각은 그 의미가 모호하다. 하지만 두 사람의 협력활동이라는 맥락 덕분에 이해가 가능해진다.

동물의 의사소통과 비교

신호의 형태로 부호화된 정보를 교환하는 능력은 인간 특유의 능력이 아니다. 동물 세계에서 벌어지는 커뮤니케이션에 대한 연구는 von Frisch(1950)에 의해 개척되었다. 꿀벌의 춤은 다른 구성원들에게 멀리 있는 꿀의 출처/원천을 알려준다. 그 춤의 정밀한 특징을 통해 춤추는 벌이 발견한 꿀의 출처까지 거리와 방향에 관한 정보가 전달된다. 1950년 이후, 베짜기개미의 안테나와 머리 놀림, 사바나 원숭이의 경고 신호, 돌고래와 고래의 복잡한 신호 등 커뮤니케이션 시스템에 관한 많은 보고서가 쏟아졌다(Griffin, 1984).

동물의 신호전달과 인간 언어 간 다른 점 중 하나는 동물은 물건을 표상하는 신호를 이용하지 않는다는 점이다. 예컨대, 꿀벌의 춤은 꿀의 원천을 발견한 후 집으로 돌아온 벌이 그 환경에 관한 정보를 전달하는 수단이다. 그러나 그 춤은 신호라 할 수 없다. 춤과 상황/환경이 직결되기 때문이다. 그 춤은 벌이 꿀밭으로부터 돌아왔을 때나 그곳을 갈 준비를 할 때가 아닌 한가한 때에 사용되는 독립된 실체가 아니라는 뜻이다. 인간 언어의 경우, 단어와 그것이 가리키는 대상은 분리되어 있다. 우리는 과거에 있었던 사건을 회상할 때 또는 아직 일어나지 않은 사건을 상상할 때에도 단어를 이용한다. 앞서도 언급했듯이, 우리 인간은 전달되는 개념과는 아무런 관계가 없는 임의적인 기호를 사용한다.

또 다른 근본적인 차이는 거의 모든 동물의 신호전달에는 마음 이론이 관여하지 않는다는 점이다(Seyfarth & Cheney, 2003). 사람들이 하는 말을 듣는 사람들은 말하는 사람의 마음에 관한 일, 즉 그 사람의 태도나 사고 및 행동성향 등을 알게 된다(Pinker, 1994). 동물을 대상으로 한 연구에서는 동물이 다른 동물의 정신상태에 관한 어떤 판단을 한다는 증거를 확보하지 못했다. 이 결론에 대한 예외는 침팬지에 관한 연구에서 발견된다. 침팬지를 대상으로 실시한 마음 이론에 관한 연구결과는 아직도 분명하지 않은 상태이다(Tomasello, 2008). 인간 이외의 거의 모든 종에서는 마음 이론이 결여된 것으로 드러났기 때문에 신호를 보내는 자가 신호를 받는 자의 정신상태에 맞추어 조절하거나 수정하는 일이 벌어지지 않는다. 예컨대, 사바나 원숭이가 표범의 침범을 알리기 위해 지르는 경고 신호는 그 신호를 듣는 다른 원숭이들이 표범이 인근에 있다고 믿거나 믿지 않거나에 따라 달라지지 않는다. 이에 반해 인간은 청자의 마음 상태를 주기적으로 고려하며 그 결과에 따라 말을 바꾸거나 수정하곤 한다.

침팬지, 오랑우탄, 고릴라에게 미국 수화(American Sign Language, ASL)와 특별히 고안된 언어를 가르쳐보려는 노력이 여러 차례 시도되었다. 예컨대, Gardner와 Gardner(1969, 1975)는 워쇼라는 이름의 침팬지를 한 마리 키웠다. 워쇼가 자란 환경은 사람의 아기를 키우는 환경과 대등하였다. 워쇼를 키우는 사람들은 미국 수화로 워쇼에게 '말을 했다.' 이들은 워쇼를 훈련시켜 자기가 원하는 것을 요구할 때는 수화를 사용하도록 했다. 워쇼가 배운 신호도 130가지가 넘었다. 어떤 물건의 사진을 보여주면 워쇼는 적절한 신호를 보낼 수 있었다. 보다 중요한 것은 워쇼도 새로운 신호를 고안해내거나 기존의 신호를 새로운 방식으로 조합하기도 했다는 사실이다. 예컨대, 백조를 처음 보았을 때 워쇼는 물을 나타내는 신호와 새를 나타내는 신호를 만들어 보였다.

그러나 Terrace, Petitto, Sanders, Bever(1979)는 워쇼와 그 밖의 영장류들이 배운 것이 진짜 언

어가 아니었을 수 있다고 주장했다. 구체적으로, 그들 영장류가 보여준 것이 인간 언어의 특징인 생산성이라는 점을 수용하려 하지 않았다. 언어의 생산성(productivity)이란 처음 듣는/보는 문장인데도 그 언어를 사용하는 다른 사람들이 이해할 수 있는 새로운 문장을 만들어낼 수 있는 능력을 일컫는다. Terrace 등은 님 침스키라는 어린 침팬지를 키워보았다. 워쇼와 마찬가지로 님도 약 130가지의 신호를 배웠다. 그리고 이들 신호를 이용하여 그 순간에 자기가 원하는 물건이나 행동을 요구할 수 있었다. 그러나 님의 행동을 담은 비디오테이프를 면밀히 분석한 후 Terrace는 님이 보여준 신호 중에는 그의 보호자가 방금 전에 보여주었던 신호를 반복한 경우가 많았다고 결론지었다. Terrace는 님이 문법에 맞추어 신호를 조합할 수 있다는 증거를 발견하지 못했다. 님은 단 하나의 문장도 생성할 수 없었다는 뜻이다.

> 언어는 시공을 초월해 사건/일을 일컫는 기호를 사용한다. 맘속사전과 언어의 문법은 생산적이어서 그 언어를 사용하는 사람으로 하여금 무한정 많은 새로운 문장을 만들 수 있게 한다.

그러나 영장류는 인간 언어를 배울 역량이 없다는 Terrace의 결론에 의문을 제기하는 연구자들도 있다. 예컨대, Savage-Rumbaugh, McDonald, Sevcik, Hopkins, & Rupert(1986)는 침팬지에게 수화가 아닌 컴퓨터 자판에 부착된 그림단어(lexigram)를 가르쳐 의사소통을 할 수 있게 했다는 성공사례를 보고하였다. 이들이 기호로 이용한 그림단어는 한 세트의 도형이었다. 칸지라는 이름을 가진 침팬지는 실제로 존재한 물건과 보호자가 말한 영어 단어의 소리 그리고 그림단어 간의 연관성(association)을 학습했다. 칸지의 보호자는 칸지에게 일상적인 일(예 : 목욕하기, 간지럼 놀이, 다른 침팬지 방문, TV 시청 및 그 밖의 많은 일)을 말해주었다. 칸지는 오렌지, 땅콩, 바나나, 사과, 침실, 추적을 나타내는 단어와 그림단어를 맨 먼저 배웠다. 이들이 칸지의 관심을 가장 많이 끌었기 때문이었을 것이다. 칸지는 6세가 되면서 말로 들은 단어와 결합된 그림단어를 150개까지 찾아낼 수 있었다. 또한 칸지는 "그 고무 밴드를 저 공 위에 놓아라" 또는 "그 막대기를 물어라" 같은 문장을 이해하고 정확하게 반응하는 경우가 약 70~80%에 달했다. 재미있는 사실은 이런 과제에서 칸지가 보인 수행수준이 2세 아이의 수행수준에 못지않았다는 점이다. 그 아이도 그림문자와 자기의 엄마가 자기에게 하는 말을 듣는 등 칸지와 동일한 경험을 했었다(Savage-Rumbaugh & Rumbaugh, 1993).

하지만 언어능력에서는 훈련받은 영장류보다 아이들이 훨씬 우수하다는 사실을 의심하는 사람은 아무도 없다. 6세 아동의 어휘는 약 1만 6,000단어에 해당한다(Carey, 1978). 성인의 어휘는 수만 단어에 달한다. 인간이 동물보다 더 많은 생각을 표현할 수 있는 데는 어휘력 외에 또 다른 이유가 있다. 앞서도 봤듯이, 문법은 이전에 한 번도 표현해본 적이 없는 새로운 문장을 생성하는 수단으로 사용된다. 예컨대, "우리 강아지가 야구장에서 소주를 주문하자, 투수가 깜짝 놀라는 거 있지"라는 문장을 들어본 사람은 아무도 없을 것이다. 문법지식 덕분에 우리 인간은 이처럼 완전히 새로운 문장을 만들어내는 일도 또 이해하는 일도 전혀 어렵지 않게 해낸다.

언어의 표상

문법과 맘속사전 그리고 언어에서 발견되는 또 다른 요소는 우리 마음 속에 어떻게 표상되어 있을까? 뇌의 어느 영역이 이들 표상의 기반으로 작용할까? 언어적 표상의 어느 정도가 유전적 기질에 의해 마련된 것일까 아니면 모두가 학습된 것일까? 언어적 표상을 조작하는 인지작용의 어느 정도가 언어만을 다루는 것일까? 그리고 그 인지작용 중 어느 정도가 일반적 인지작용(예 : 지각, 주의, 기억, 사고를 조작하는 작용)일까? 이 절에서는 언어의 맘속표상에 관한 이들 문제에 대한 기본적인 답을 제공할 것이다.

보편적 문법

언어에 관한 우리의 지식은 여러 면에서 어릴 적에 우리가 듣거나 배운 언어에 의해 조형된다. 예컨대, 여러분 맘속사전에 있는 단어 중 집에서 기르는 동물을 지칭할 때 사용하는 단어는 여러분이 한국어를 배웠으면 개, 영어를 배웠으면 *dog* 그리고 독일어를 배웠으면 *hund*일 것이다. 그러나 언어의 여러 측면 중에는 문화가 바뀌어도 변하지 않는 것도 있다. 언어의 보편성이란 이 세상에 존재하는 모든 자연어에서 공통적으로 발견되는 속성을 일컫는다. 예를 들어, 생후 3~4개월이 되면 지구상의 모든 아이들은 의미는 없지만 주변 성인들의 말소리와 비슷한 소리를 내기 시작한다. 이 옹알이는 돌이 되기 전에 최고조에 이른다. 돌이 되면 대부분의 아이들은 알아들을 만한 말을 처음으로 발성하기 시작한다(de Villiers & de Villiers, 1978). 아이들이 발성하는 첫말은 예외없이 자음과 모음으로 구성된 한 음절(예 : '마') 또는 동일한 음절이 반복되는 두 음절(예 : 마마나 다다)로 구성된다.

보편적 문법(universal grammar)은 인간 언어에 관해 유전적으로 결정된 지식 덕분에 모든 문화권의 아이들은 자기가 노출된 언어를 신속하게 습득하게 된다는 가설을 일컫는다. 의미론이나 화용론의 여러 측면은 언어에 따라 많이 다르다. 그렇기 때문에 이들은 보편적인 특성으로 분류되지 않는다. 그러나 언어의 구문적 특성은 적어도 부분적으로는 선천적이며 보편적 문법을 반영한다. 언어습득 장치(language acquisition device, LAD)는 우리가 가지고 태어난 기계적 장치로 우리에게 제공되는 언어적 신호를 분석하고 또 자체의 조건을 노출된 언어에 맞추어 조절한다. 보편적 문법과 언어습득 장치는 선천적인 인지모듈(즉 다른 인지시스템과는 별개의 언어처리용으로 특화된 장치)로 간주된다(Chomsky, 1986; Fodor, 1983). 이 이론에 따르면, 보편적 문법은 언어의 여러 조건 중 몇 가지를 언어에 따라 변할 수 있게 해두었다. 그리고 그 조건은 아이들이 언어를 습득하는 동안에 그 언어에 맞추어 설정된다.

조건설정 조건이 설정되는 동안 한국어나 이탈리아어에 노출된 아이는 대명사 생략 조건을 긍정보편적 문법은 유전적으로 결정된 인간 언어에 관한 지식 덕분에 모든 문화권의 아이들은 자기가 노출된 언어를 신속하게 습득하게 된다는 가설이다. 유전적 성향과 학습과정이 어떻게 조합되어 언어가 습득되는지는 밝혀지지 않고 있다.

적으로 설정할 것이다. 영어와는 달리 한국어와 이탈리아어는 동사 앞에 대명사를 생략할 수 있기 때문이다. 예컨대, 영어의 "I love"를 "사랑한다" 또는 "Amo"로 표현해도 된다. 이탈리아어에서는 동사의 변형/굴절 속에 그 문장의 주어에 관한 필수 정보가 담겨 있기 때문에 이런 표현이 가능한 것이다. 이에 반해 영어에 노출된 아이들은 대명사 생략이라는 조건을 부정적으로 설정하게 될 것이다.

다른 예를 들어보자. 앞서 소개한 문법적 순서[주어(S), 동사(V), 목적어(O)]를 생각해보자. 보편적 문법에서는 문장을 구성하는 이들의 순서에 아무런 규제가 없어서는 안 된다고 말한다. 즉, 어떤 순서는 인정하지만 어떤 순서는 인정하지 않는다는 뜻이다. 자연어를 검토한 자신의 연구 결과를 기초로 Greenberg(1966)는 가능한 여섯 가지 순서 중에서 네 가지만 허용되고 그중 하나인 VOS는 매우 드물다고 결론지었다. 자주 이용되는 순서는 SOV, SVO, VSO로 밝혀졌다. 이론적으로, 어린아이들은 자연어에는 문장을 구성하는 주어(S), 동사(V), 목적어(O)의 순서가 OVS나 OSV인 경우가 없다는 암묵적 지식을 가지고 태어났어야 한다. 그리고 지구상에 태어난 모든 아이들은 자기가 노출되어 습득하게 될 언어가 네 가지 어순 중 어느 것인지를 찾아낼 능력도 가지고 태어났어야 한다.

언어는 어순의 변화를 허용하는 정도에서도 서로 다르다. 예를 들어, 한국어나 러시아어는 영어에 비해 문장 속 어순이 바뀌는 정도가 훨씬 크다. Pinker(1990)의 가설에 따르면, 어린아이들은 태어날 때부터 자기 모국어의 어순이 고정돼 있을 것이라는 믿음을 가지고 태어난다. 어린아이들이 초기에 생성하는 발언을 분석한 결과 그들이 배우는 언어에 관계없이 그 발언에 일정한 순서가 있는 것으로 드러났다. 영어의 경우, 초기의 발언이 문법이 정한 어순과 거의 비슷했다. 그러나 러시아 아이들의 발언에서는 러시아에서 이용되는 다양한 어순이 발견되지 않았다. 아마 가지고 태어난 언어습득 장치가 아이들로 하여금 특정 어순부터 먼저 학습하도록 하는 것 같다.

입력의 부재 보편적 문법의 존재를 지지하는 논증으로 두 가지가 주창되었다. 두 가지 모두 언어적 입력을 받아본 적이 없는 기이한 사례를 인용하고 있다. 첫 번째는 태어날 때부터 귀가 멀어 사람이 하는 말을 들어본 적이 없는 아이들의 사례이다. 이 아이들 중 일부는 표준 수화도 배우지 않았다. 말소리나 수신호를 경험해본 적이 없는데도, 이 아이들은 자신들만의 언어(제스처를 사용하는 언어)를 만들어내는데, 이 언어의 속성도 정상 청력을 보유한 보통 아이들이 습득하는 언어의 속성과 다르지 않았다(Goldin-Meadow & Mylander, 1990). 예를 들어, 보통 아이들은 대개 생후 18개월쯤에 한 단어로 구성된 말을 하기 시작해서 두 단어로 구성된 말을 하고 그 후에 세 단어로 구성된 말을 한다. 그런데 농아들도 18개월쯤에 하나의 신호로 구성된 제스처를 만들어 내고 그런 다음 2개의 신호 그리고 3개의 신호로 구성된 제스처를 만들어내는 것으로 관찰되었다. 이러한 공통점이 선천적인 언어습득 장치가 위에서 소개한 것과 같은 일정한 발달과정을 강요한다는 주장의 근거로 작용한다.

두 번째 경우는 언어습득 장치가 언어적 입력에 민감하게 반응하는 결정적 시기와 관련된 사례이다(Lenneberg, 1967). 말을 하는 인간 사회와는 아무런 접촉도 없이 동물과 살아온 아이들이 있다. 5세 이후에 발견된 아이들은 대부분 인간 언어의 음소를 학습할 수 없는 것으로 드러났다. 특정 언어의 음소에 노출되지 않고는, 옹알이에서 시작하여 입말로 발달하는 음소표상 능력이 상실되어버려, 아동기가 지난 후에는 회복조차 불가능해지는 것 같다. 외국어를 학습하는 데도 결정적 시기가 있는 것 같다. 사춘기가 지나기 전에 외국어 음운을 배우지 못하면 외국인만이 갖는 악센트를 지우지 못하는 것으로 알려져 있다(Nespor, 1999).

언어습득에 결정적 시기가 있다는 이 가설에 대한 의심의 불을 지핀 사례가 1970년대에 발견되었다. '늑대아이'만큼이나 심하게 방치됐던 제니라는 아이가 로스앤젤레스에서 발견된 것이다(Curtiss, 1977). 생후 20개월경부터 그 아이가 발견된 13세 때까지 제니의 부모는 제니를 어두운 작은 골방에 고립시켜두었다. 제니의 엄마가 매일 그 방에 들르기는 했으나 그들의 만남은 먹을 것을 제공하기 위한 몇 분에 불과했다. 제니는 라디오나 TV에 노출된 적도 없다. 제니의 아버지는 제니가 시끄럽게 군다고 제니를 때리고는 말을 한다기보다 개처럼 짖어대곤 했다. 제니의 부모는 제니를 상태가 심각한 지진아라고 믿고 있었다. 구출된 후 실시된 언어이해 검사에서 제니에게는 문법에 관한 지식이 전혀 없는 것으로 밝혀졌다. 제니는 이미 사춘기를 지났기 때문에 결정적 시기가 실제로 존재한다면, 언어활동이 풍부한 환경에서 생활하게 해도 제니는 말을 배울 수 없어야 한다. 그러나 명백한 결과는 확보되지 않았다. 구출된 5개월 후쯤에 제니는 한 단어 발언을 시작했고 8개월쯤 지나서는 두 단어 발언을 시작했다. 음운에 관한 제니의 학습은 보통 아이들의 음운학습과 별로 다르지 않았다. 예를 들어, 제니도 자음 + 모음으로 구성된 단음절부터 배우기 시작했고 그런 다음에야 다음절 단어를 학습했다. 이에 반해, 제니의 문법에 관한 지식은 빈약했다. 제니는 문장의 구조에 관한 지식을 완전히 터득하지는 못했다. 야생에서 자란 아이들의 수는 많지 않다. 또 이들 중 일부는 정신지진아일 가능성이 높다. 때문에 지금까지의 결과만을 기초로 강력한 결론을 짓는 일은 위험한 일임이 틀림없다(McDonald, 1997).

언어습득이 보편적 문법에 따라 이루어진다는 가설 덕분에 보편적 문법의 유전적 기반을 탐구하는 연구가 활발해지고 있다. KE라고 하는 가족을 3대에 걸쳐 연구한 결과, 가족 구성원 30명 중 15명이 얼굴 및 입 움직임을 통제하는 신경기제에 아동기부터 발생한 기능장애를 겪고 있었다(Lai, Fisher, Hurst, Vargha-Khadem, & Monaco, 2001). 이 장애는 문법을 포함한 말하기 능력 발달을 손상시켜버렸다. 조음 능력이 심각하게 손상되었고 또한 글쓰기에도 언어적 결함이 관찰되었다. 글쓰기에서 발견된 결함에는 이 기능장애로 손상된 것이 단순한 조음 시스템이 아니라 언어구사에 필요한 맘속표상이라는 뜻이 들어 있다. 이러한 결과는 핵심 언어역량이 손상됐다는 견해, 즉 그 기능장애는 언어표현 능력뿐 아니라 언어수용(이해) 능력까지 손상시켰다는 견해를 지지하기도 한다(Lai, Gerrelii, Monaco, Fisher, & Copp, 2003).

이러한 언어장애가 발생한 것은 그 장애로 고생하는 15명의 유전 인자 중 FOXP2라는 유전자에서 생긴 변이 때문이다. Lai 등(2001)은 그 환자들의 뇌가 발달하는 동안 피질 하의 여러 영역 및 소뇌의 여러 영역에서 이 유전자를 발견하였다. KE의 가족 중 장애를 가진 사람들을 대상으로 실시한 신경영상 연구에서는 이들 영역이 신경병리 영역인 것으로 확인되었다. 연구자들은 이들 영역이 손상되었다는 사실이 FOXP2 유전자가 비서술적 기억발달에 중요한 실행/절차 학습에 관여한다는 가설과 일치한다고 주장했다. 운동기능 학습의 결함은 입놀림과 얼굴움직임의 정상적인 이음/전개 그리고 형태소와 단어를 문법에 맞게 나열하는 능력을 붕괴시켜버린다. FOXP2 발견이 기분 좋은 출발이긴 하지만, 언어습득의 유전적 기반을 찾는 일은 이제 막 시작됐을 뿐이다. 또한 발견된 유전적 기제가 보편적 문법에 기반을 둔 언어습득 장치를 지지하는 증거로 해석될 것인지 아니면 일반적인 기능학습을 지지하는 증거로 해석될 것인지도 기다려봐야 할 일로 남아 있다.

요약하면, 대부분의 4세 아동은 3,000여 개의 어휘력을 이용하여 엄청나게 다양한 문장을 독특하면서도 문법에 맞게 발언할 수 있다. 물론 부모와 주변 어른들이 하는 말을 듣고 배우는 사회 학습도 중요하게 작용하지만 모국어 습득은 공식적인 교육 없이도 이루어진다. 그리고 모국어 습득 속도는 언어적 자극에 노출된 정도에 관계없이 모든 아이들에게서 동일하다. 보편적 문법에 따라 작용하는 언어습득 장치가 존재한다는 가설은 이런 놀라운 현상을 설명하기 위해 제안되었다. 그러나 이 가설의 타당성은 아직 입증되지 않았으며 아직도 논쟁은 계속되고 있다. 예컨대, Tomasello(2008)는 보편적 문법의 존재 자체를 강력하게 부인하고 있으며 언어습득 역시 사회 학습을 통해 이루어진다는 설명을 선호하고 있다. Christiansen과 Kirby(2003)도 언어습득에 필요한 기질을 생성할 생물적 진화의 중요성을 인정하면서도 타고난 문법(보편적 문법)은 그런 기질로 설명할 수 있는 여러 가능성 중 하나일 뿐이라는 점을 강조한다. 예컨대, 입과 성대의 구조 역시 입말 속 음소를 조음할 수 있도록 해주는 생물적 적응/진화의 산물이다(Lieberman, 1984).

인간이 언어를 습득하고 구사하기 위해 가지고 태어난 생물성 역량에 관한 진실이 무엇이든, 그 역량의 유전적 기반은 학습과정과 관련되어 있어야 하며 그 학습과정은 각 개인이 살아 있는 동안에 작용해야 한다. 아울러 인간의 언어습득 및 언어구사 능력을 완전히 설명하기 위해서는 언어가 여러 세대에 걸쳐 문화적으로 전달되는 방식을 이해하는 일 또한 더없이 중요하다는 사실을 인정해야 한다. 예를 들어, 오늘날 우리가 말을 하며 글로 적고 있는 한국어도 한글이 창제된 이후 그 문법과 의미에서 많이 진화되었다. 마지막 분석에서는 언어학자들도 생물성 진화와 유전, 절차/실행 학습 및 사회적 학습의 과정, 그리고 문화의 진화에 따른 변화 등을 모두 수용해야만 한다.

신경계

언어의 국지화 가설은 뇌에 관한 과학적 연구가 시작된 초기에 제안되었다. 1861년 Broca는 말을 의미 있게 할 수 있는 능력은 상실했으나 말을 듣고 이해하는 능력은 잃지 않은 환자 1명을 소개했다(McCarthy & Warrington, 1990). 이 환자는 '탄'이라는 별명으로 불렸는데, 그가 발성할 수 있는 소리가 이 소리뿐이었기 때문이었다. 탄은 먹고 마시는 데 문제가 없었기 때문에 Broca는 그의 발성 기관이 잘못된 것은 아니라고 봤다. Broca는 탄의 발성기관이 아니라 그의 머릿속 입말 통제영역이 손상되었을 것이라고 생각했다. 이 영역은 좌반구 전두엽의 세 번째 두덕에 위치한다. 사실 탄의 뇌는 이미 여러 곳이 손상된 것으로 드러났다. 그러나 'Broca 영역' 하면, 그의 연구업적을 기리기 위해 우리는 아직도 좌반구 전두엽의 세 번째 두덕에 위치한 영역을 가리킨다(그림 8.3 참조). Broca 실어증(Broca's aphasia)은 문법에 맞는 말을 자연스럽게 할 수 없는 조건을 일컫는다. Broca 실어증 환자의 말은 툭툭 끊기고 짤막짤막한 명사의 나열로 이루어지기 때문에 문장의 문법적 구조가 맞지 않는다. 다음은 Broca 실어증 환자가 그림묘사 과제를 수행하는 행동을 Dronkers, Redfern, Knight(2000)가 기록한 것이다.

오, 예~. 거거는 소년 그리고 소녀 . . . 그리고 . . . 어 . . . 자동차 . . . 집 . . . 빛 막(막대기). 개 그리고 배. 글고 거거는 . . . 음음 . . . 어 . . . 커피. 그리고 독서(p. 951).

그러나 Broca 실어증 환자도 하나하나의 단어와 문법에 맞는 간단한 문장은 이해할 수 있다.

Wernicke가 1874년 소개한 환자는 알아들을 수 없는 말이지만 말은 쉽게 하는데도 들은 말을 이해하지 못하는 환자였다(McCarthy & Warrington, 1990). 이러한 환자들은 음소를 뒤섞어 발음함으로써 가끔씩 신기한 단어 또는 새로운 단어를 만들어내곤 했다. 이들 환자 중 1명의 뇌를 사후에 검사한 결과 Broca 영역 바로 뒤쪽에 있는 영역이 손상된 것으로 드러났다(그림 8.3 참조). Wernicke 실어증(Wernicke's aphasia)은 말을 이해하는 능력에 결함이 발견되는 조건을 일컫는다. Wernicke 실어증으로 고생하는 환자들은 앞서도 언급했듯이 입말은 자연스럽게 하지만 그들이 한 말에는 의미가 없을 때가 많다. Dronkers 등(2000)은 Wernicke 실어증 환자들이 말하는 양상을 다음과 같이 예시하였다.

아, 예. 그건, 어 . . . 여러 가지이지요. 그건 . . . 배를 타고 있는 . . . 소녀이고 . . . 아자찌. 개 . . . S는 . . . 배 위에 있는 . . . 또 다른 개이고 . . . 어-오, . . . 기다란. 그 부인, 그는 젊

그림 8.3   좌반구에 있는 Broca 영역과 Wernicke 영역

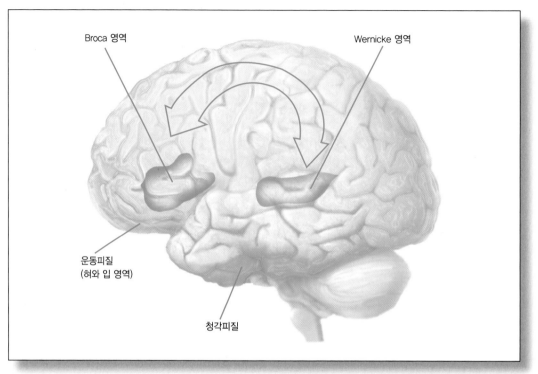

그림 8.3   좌반구에 있는 Broca 영역과 Wernicke 영역

Broca 영역

Wernicke 영역

운동피질
(혀와 입 영역)

청각피질

출처 : Goodglass(1993)를 개작.

은 부인이다. 글고 남자. 그들은 먹고 있다. S가 거기 있고. 이건 . . . 나무 한 그루! 배 한 척.
아니. 이건 . . . 그건 집이다. 여기에는 . . . 케이크. 글고 그건, 그건 엄청 많은 물이고. 아.
좋아. 내가 언급한 것은 배에 관한 말인 것 같네(p. 951).

   Wernicke 또는 유창한 실어증 환자들의 입말에서 발견되는 이러한 오류는 말이 생성되는 정
상적인 방법을 이해하는 수단으로 많은 관심을 모았다. 그림 8.4는 단어를 생성하는 과정에 대
한 연결주의 모형을 보여준다(Dell & O'Seaghdha, 1992). 개와 고양이 그리고 트럭이라는 세 가
지 개념의 의미속성은 최상위수준에 저장돼 있다. 바로 그 아래가 단어노드 수준인데, 이곳에는
우리 각자의 맘속사전에서 우리가 알고 있는 단어 각각에 대한 추상적 표상이 위치한다. 어떤 단
어가 명사인지 동사인지에 관한 정보는 단어 수준에 저장된다. 그리고 스페인어, 프랑스어, 이탈
리아어 그리고 독일어 등 남성과 여성을 구분하는 언어에서 이용되는 문법적 성(gender)에 관한
정보도 이 수준에 저장된다. 발음한 단어의 소리를 구성하는 음운조각(또는 음소)은 최하위수준
에 저장되어 있다. 또한 이 모형에서는 정보가 음소차원에서 단어차원을 거쳐 의미차원으로 전
달되는 상달(feedforward) 작용과 그 반대 방향으로 전달되는 되돌림(feedback) 작용이 벌어진다

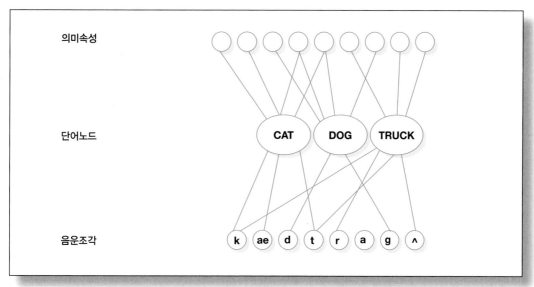

그림 8.4 연결주의자들이 생각하는 단어 생의 모형

출처 : Dell, G., & O'Seaghdha, P. (1992). Stages of lexical access in language production. *Cognition, 42*, 287–314, copyright © 1992. Elsevier 허락하에 재인쇄.

고 가정한다. 이 모형을 이용하여 Wernicke 실어증 환자들이 범하는 오류를 설명하기 위한 시도가 벌어졌다. 우선 우리의 신경망을 본떠 제작한 컴퓨터 모형에다 전반적인 '손상'을 입혀보았다. 즉, 위에서 소개한 세 가지 차원/수준 간 연결 강도를 줄이고 그에 따른 활성화 손실의 속도를 높여보았다. 다시 말해, 신경망을 본뜬 컴퓨터 모형의 연결고리를 훼손시켜 Wernicke 실어증 환자의 머릿속에서 실제로 발생한 뇌손상을 흉내 내려는 노력을 했다는 뜻이다. R. C. Martin(2003)이 요약한 바에 의하면, 앞서 소개한 연결주의 모형을 이런 방식으로 손상시켰더니 음운대체 오류(예 : *glove*를 *golf* 라고 말함)와 음운적으로 비슷한 비단어를 생성해내는 오류(예 : *bread*를 *brind*로 말함) 등 Wernicke 실어증 환자들이 범하는 오류와 같은 오류가 발생했다. 하지만, 의미상 관련된 단어를 말하는 오류(예 : *carrot* 대신 *parsley*라고 말함)는 나타나지 않았다. 위에서처럼, 모형에서 설정한 연결망 전반에다 손상을 입히는 대신 인접 수준의 연결고리만을 훼손시키는 국지적 손상을 입혔을 때는 오류를 범하는 양상이 환자들이 범하는 오류와 더욱 비슷해졌다. 하지만 의미 관련 오류에서는 여전히 환자들이 범하는 오류와 닮아가지는 않았다.

의미저장고 대 음운저장고 환자들 중 일부는 손상이 의미차원에서만 발생했기 때문에 이들은 개념의 의미를 이해하는 능력에만 결함이 생긴 것 같다. 하지만 다른 환자들은 의미보다 낮은 차원/수준의 처리능력이 훼손됐고, 따라서 이들은 개념은 이해하면서도 그 개념에 해당하는 단어의 음소는 찾아내지 못하는 것 같다(R. C. Martin, 2003). 색판 11에서 볼 수 있듯이, 의미정보에 대한 장기기억 표상은 좌반구의 측두엽 내측 이랑과 측두엽 아래쪽 이랑에 보관된다(R. C. Martin, 2005). 이에 반해, 단어의 음운정보는 측두엽 위쪽 이랑의 뒤쪽에 저장된다. 한편, 이 정보를 작업기억의 음운루프에서 사용하는 일은 모서리위 이랑(supramarginal gyrus)이라고 하는 인근의 또 다른 영역의 개입으로 이루어진다. 이 영역은 입말을 처리하는 과정에서 입력되는 음운부호를 잠시 동안 보관하는 영역이다. 재미있는 것은 작업기억에 있는 단기-어문 저장고에 입력되는 정보가 음운부호만 있는 게 아니라는 점이다. 말을 발성할 때 필요한 음운부호는 머릿속의 전혀 다른 영역에 보관되는 것 같다(R. C. Martin, 2005).

끝으로, 좌반구 전두엽에 있는 Broca 영역의 위치를 주목하자. 그 바로 아래쪽 앞에는 의미정보를 단기간 저장하는 작업에 관여하는 영역이 있다. 일부 증거에 따르면, 단기기억에는 제4장에서 논의했던 어문, 시각, 공간정보 저장고 이외에 의미정보를 보관하는 네 번째 저장고가 있는 것 같다. 예를 들어, 뇌손상 환자 중 일부는 어문-작업기억에다 음운부호를 어렵지 않게 보관할 수 있다. 그런데 다른 단기기억 과제에 대한 이들의 수행은 비정상적으로 나타난다. 학습활동 1.1에서 여러분도 경험했듯이, 일반적으로 사람들은 비단어보다는 단어를 더 잘 기억한다. 그러나 의미-단기기억에 결함을 가진 환자들은 비단어보다 단어를 더 잘 기억하는 일이 벌어지지 않는다. 단어의 의미와 관련된 지식, 즉 의미지식은 온전하다. 그런데도 이들은 단기기억 검사에서 요구되는 과제, 즉 자극단어를 파지하고 재생하는 작업을 할 때 단어의 의미정보가 제공하는 도움을 받지 못하는 것 같다.

설단 현상(TOT)을 제5장에서 논의할 때는 특정 정보가 장기기억에 저장돼 있는데도 불구하고 일시적으로 사용할 수 없게 되어 인출이 안 되는 현상으로 소개했었다. 여기서는 설단 현상을 언어적 맥락에서 보다 자세하게 살펴보기로 하자. 어떤 단어를 안다는 말은 그 단어를 아는 사람의 장기기억에 있는 맘속사전에 그 단어의 표상이 사용 가능한 상태에 있다는 뜻이다. 맘속사전에 속하는 단어의 의미시스템은 그 단어의 개념, 그 단어의 명칭, 그리고 그 단어의 속성(예 : 명사, 동사, 부사 등)으로 구성되어 있다. 이 속성은 문법에 맞는 문장을 지을 때 이용된다. 여기서 단어 노드가 활성화되었더라도 때로는 그 단어를 발음하는 데 필요한 음운요소를 인출하기 어려울 수도 있다고 해보자. 그러면, 어떤 단어가 설단 상태에 있다는 말은 그 단어를 구성하는 음운조각들 중 일부(예 : 초성 자음이나 모음 또는 음절의 개수)는 인출되는데(Brown & McNeill, 1966) 전체는 가용불가 상태에 있음을 지칭한다는 뜻이 된다. Vigliocco, Antonini, Garrett(1997)은 단어를 발음하는 데 필요한 정보는 인출할 수 없는데도 그 단어의 문법적 성에 관한 정보는 인출되는 경우를 발견하였다. 이탈리아어 원어민을 참여자로 한 실험에서 Vigliocco 등은 참여자들에게 사전적 정의와 같은 정의를 차례로 제시하고 그 정의에 맞는 단어를 말해보라고 지시했다. 참여자가 적절한 단어를 말하지 못할 때마다, 연구자는 일련의 질문을 시작했다. 그 질문은 예컨대, 음절이 몇 개인 것 같아요? 그 단어에 속하는 낱자 하나라도 추측해보시겠어요? 그 단어의 성은 추측할 수 있나요? 등 참여자가 설단 상태에 있는지를 파악하기 위한 질문이었다. 이들 질문에 반응을 확보한 후, 표적단어를 참여자들에게 보여주며 그 단어가 그들이 회상해내고자 했던 단어인지를 확인하였다. 이런 절차를 통해 설단 상태에 있었던 것으로 확정된 전체 사례 중 80%(우연히 맞출 확률은 50%)의 사례에서 단어의 문법적 성이 정확하게 인출되었던 것으로 밝혀졌다. 이 결과는 특정 단어의 음운차원 정보는 사용할 수 없는데도 그 단어의 어휘차원 노드와 그 속에 저장돼 있는 문법정보는 재인될 수 있다고 암시한다.

Broca 영역은 말소리 생성을 위해 특화되었다는 것이 일반적인 생각이다. 하지만 Broca 영역은 말을 지각하고 이해하는 일에도 한몫한다. 측두엽에 있는 청각정보 처리영역에서 말소리를 받아들이면, Broca 영역이 자리 잡고 있는 전두엽 하측까지 활성화된다. 이때 벌어지는 Broca 영역의 개입은 받아들인 말소리의 음운부호를 보존하기 위한 것으로 보인다(Gernsbacher & Kaschak, 2003). 이들 음운부호는 속으로 말하거나 겉으로 발성을 하기 위한 조음 준비 작업에 이용되는 부호와 같은 부호로 알려져 있다. 그런 Broca 영역에서 발성을 담당하는 운동영역은 말을 지각하는 과정에서 한 부분을 담당하고 있다(제2장 참조). 최근의 연구에서는 지각-운동 간 이러한 고리가 신생아한테서는 보이지 않고 생후 6개월경에야 부상하기 시작하는 것으로 밝혀졌다(Imada et al., 2006). 측두엽에서 벌어지는 말소리 처리와 Broca 영역 간의 이러한 신경고리는 아이들이 이제 막 옹알이를 하며 첫 단어를 발성하기 시작하는 1세 때에 확고하게 굳어진다.

편재성 반구 우세 또는 대뇌 편재화(brain lateralization)는 중요한 운동기능 및 인지기능이 한쪽 반구에 의해 통제된다는 뜻이다. 사람의 경우, 약 90%가 좌반구 우세형, 즉 오른손잡이라는 뜻이다. 우리 뇌의 좌우 반구는 그 자체와 반대쪽을 통제한다. 다시 말해, 몸통의 오른쪽 감각 및 운동 신경은 뇌의 좌반구에서 통제하고 몸통의 왼쪽에 있는 감각 및 운동신경은 뇌의 우반구에서 통제한다. 오른손잡이는 다양한 문화에 걸쳐 보편적으로 발견된다(Corballis, 1989). 그리고 오른손잡이의 경우에는 거의 모두 언어통제 영역이 좌반구에서 발견된다. 따라서 오른손잡이가 좌반구에 손상을 입게 되면 실어증으로 고생할 가능성이 매우 높다(McCarthy & Warrington, 1990). 하지만, 오른손잡이가 우반구에 손상을 입었을 때 언어기능을 상실할 가능성은 희박하다.

언어의 편재화에 대한 조사는 좌우 반구가 분리된 분리-뇌(split-brain) 환자를 대상으로 한 연구에서 주로 실시되었다(Gazzaniga, 1970, 1995; Gazzaniga, Bogen, & Sperry, 1965). 이들은 일반적인 치료법으로는 고칠 수 없는 끔찍한 간질로 고생하는 환자들이었다. 1950년대에는 이들 간질 환자가 겪는 전신발작을 통제하는 수단으로 뇌량(corpus callosum, 좌우 반구를 이어주는 조직)을 잘라버리는(즉, 뇌의 좌반구와 우반구를 분리시켜버리는) 시술이 성행했었다. 간질발작은 돌발적인 폭풍 같기 때문에 뇌량을 잘라버리면 좌(우)반구에서 시작된 발작이 우(좌)반구로 넘어가는 일을 막을 수가 있었다. 그 결과 전신에 발생하던 발작의 효과가 반신에만 나타나도록 통제할 수 있었던 것이다. 더욱이, 수술에서 회복한 후 이 환자들은 적어도 보통 사람이 보기에는 지극히 정상적으로 행동했고 지적 결함도 보이지 않았다. 그러나 치밀한 검사에서는 매우 구체적인 결함이 발견되었다.

눈을 감고 있는 오른손잡이 분리-뇌 환자에게 동전과 같은 흔한 물건을 건네주었을 때 어느 손으로 그 물건을 받느냐에 따라 환자가 물건의 이름을 댈 수 있고 없고가 결정된다. 오른손으로 그 물건을 받았을 경우에는 그 물건의 촉각정보가 좌반구에서 처리되는데, 마침 이 환자의 언어처리 영역도 좌반구에 위치하고 있기 때문에 그 물건의 이름을 쉽게 말할 수 있다. 그러나 그 물건을 왼손으로 받았을 경우에는 그 이름을 댈 수가 없다. 언어처리 영역은 좌반구에 있는데 왼손에 있는 그 물건의 촉각정보가 우반구로만 전달되기 때문이다. 이 결과가 놀라운 것은 우반구에서도 그 물건의 정체(이름)를 알고 있는데도 언어처리가 좌반구에서 이루어진다는 이유 하나 때문에 벌어지는 현상이라는 데 있다.

이 놀라운 결과는 우리의 좌측 시야에 위치한 물체에 관한 정보는 모두 우반구로만 전달된다는 사실(제2장 참조)을 이용한 연구에서도 관찰되었다. 분리-뇌 환자를 화면 앞에 앉히고는 화면의 중앙에 제시된 응시점을 주시하게 한다. 그리고는 자극을 화면의 왼쪽에 잠깐 동안 (100~200ms)만 제시하여 그 자극에 관한 정보가 우반구에만 전달되도록 한다. 짧은 시간 동안만 제시해야 하는 이유는 응시점에 고정되어 있는 시선이 자극이 제시된 약 200ms 후에는 자극으로 이동하여 자극에 관한 정보가 좌우 반구 모두로 전달될 수 있기 때문이다. 이 조건에서도 환자는 그 자극의 이름을 대지 못한다. 그 자극의 이름을 댈 수 있으려면 그 자극에 관한 정보가 좌반구에서도 처리될 수 있어야 한다는 뜻이다. 이번에는 자극물체를 포함한 여러 개의 물체를 화면 아래 보이지 않는 곳에 두고 왼손으로 더듬어서 그 물체를 골라보라고 하면 대부분은 골라낸다. 이는 우반구에서도 그 자극의 정체를 재인했다는 뜻이다.

따라서 오른손잡이의 언어구사 능력은 모두 좌반구의 처리에 따라 결정된다. 하지만 왼손잡이의 경우에는 이야기가 다소 복잡해진다. 위에서 소개된 검사결과를 보면 대부분의 왼손잡이의 언어구사에는 좌우 반구 모두가 관여하는 것으로 나타난다. 그리고 언어처리가 좌반구에서만 이루어지는 환자는 더러 있지만, 우반구에서만 처리되는 환자는 매우 드물다(McCarthy & Warrington, 1990).

또 하나 재미있는 사실은 미국 수화(ASL)를 첫 번째 언어로 배운 농인들도 다른 사람이 하는 수화를 볼 때는 Broca 영역을 포함한 좌반구가 활성화된다는 사실이다(Neville & Bavelier, 2000). 색판 12를 보면, 좌반구의 활성화 양상이 보통 사람들이 영어를 읽을 때 좌반구에서 기록되는 활성화 양상과 흡사함을 알 수 있다. 수화에는 말이 필요 없다. 하지만 일정한 공간 내에서 벌어지는 손 위치와 놀림에 의해 표현되는 수화의 문법은 매우 복잡하다(Poizner, Bellugi, & Klima, 1990). 따라서 fMRI를 이용한 이들 연구결과는 언어의 문법(소리를 이용한 것이든 수신호를 이용한 것이든)을 습득하고 처리하는 데 필요한 생물성 기질이 좌반구에 강력하게 표상되어 있다고 암시한다. Neville과 Bavelier의 연구에 참여한 ASL 사용자들은 문법습득에 필요한 결정적 시기를 넘긴 다음에야 영어를 제2언어로 배운 사람들이었다. 색판 12를 다시 보면, 영어를 읽을 때는 좌반구보다 우반구가 주로 활성화된다는 사실을 알 수 있다. 이 결과는 특정 언어를 결정적 시기가 지난 후에 배웠을 때는 그 언어에 대한 표상이 주로 좌반구에 형성되는 편파가 발생하지 않을 수 있다고 말한다.

좌반구에 위치한 Broca 영역과 Wernicke 영역이 대부분의 우리가 언어를 구사하는 작업에 필수적이라는 생각은 옳을지 몰라도 언어가 좌반구에만 편재한다는 생각은 옳지 않다. 그 밖에도 뇌의 여러 영역이 말을 이해하고 표현하는 작업에 필수적인 기능을 수행한다. 특히 입말이 아닌 글말을 읽고 쓰는 작업을 고려하면 더더욱 그러하다(Goodglass, 1993). 좌반구를 측면에서 바라본 모습이 담긴 그림 8.5를 보면 언어구역이 얼마나 광범한지를 알 수 있다. 우리 뇌의 언어구역은 Broca 영역과 Wernicke 영역을 넘어 앞쪽으로는 전두엽까지 뒤쪽으로는 두정엽까지 퍼져 있다. 또한 좌반구의 수직축을 기준으로 보면, 언어구역은 Broca 영역과 Wernicke 영역 위쪽과 아래쪽까지 퍼져 있다. 신경영상기법을 이용해 문장의 의미를 파악하는 동안 벌어지는 독자의 머릿속 활동을 분석한 결과, 단어/음운처리에 관여하는 Wernicke 영역과 표현/문법처리에 관여하는 Broca 영역 이외에도 전두엽과 측두엽의 일부 영역이 음운 및 단어-의미처리에 관여하는 것

그림 8.5 좌반구에 퍼져 있는 언어구역

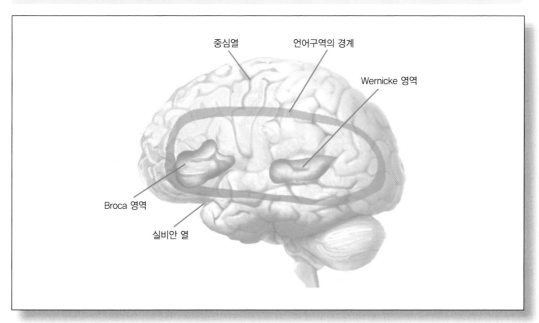

출처 : Goodglass, H., *Understanding Aphasia*, copyright © 1993. Academic Press 허락하에 재인쇄.

으로 밝혀졌다(Gernsbacher & Kaschak, 2003). 특히, 담화 속에서 복잡하게 얽힌 여러 문장을 이해하려 할 때도 이들 영역과 대등한 우반구의 영역도 활성화되는 것으로 밝혀졌다. 따라서 언어처리는 복잡한 인지기능이 뇌의 여러 곳에 분산된 영역의 개입으로 성취된다는 사실을 보여주는 대표적인 보기라고 할 것이다.

언어이해

언어, 즉 말이나 글을 이해하기 위해서는 각 문장을 구성하는 단어를 재인해야 한다. 하지만 문장 속 단어를 재인하는 작업은 시작에 불과하다. 이들 단어와 단어 간의 문법적 관계도 알아차려야만 문장의 의미에 해당하는 정신적 구조를 구축할 수 있다. 또한 앞뒤 문장 간 관계를 파악하기 위해서도 의미를 나타내는 정신적 구조는 구축되어야만 한다. 독자나 청자에 의해 구축되는 이 구조는 단어와 문장이라는 미시적 차원에서 구축되기 시작된다. 하지만 결국에는 장문의 담화에서 발견되는 거시적 차원의 구조까지 구축되어야만 한다. 이러한 구조를 구축할 때는 '행간'을 읽거나 겉으로 명시되지 않은 의미까지를 추론해야만 한다. 그리고 의미가 2개 이상인 단어가 문장 속에 들어 있거나 문장 속 단어가 본래의 의미가 아닌 비유적 의미로 이용되었을 때는 그 문장의 의도된 의미도 찾아내야만 한다.

어떤 구조이든 구조를 구축할 때는 그 기반을 다지는 일이 결정적으로 작용한다(Gernsbacher, 1990). 글의 의미를 기초로 정신적 구조를 구축하는 데 필요한 시간과 노력은 이 구축과정에 관한 중요한 정보를 제공한다. 예컨대, 어떤 문단의 마지막 문장보다 첫 문장을 읽는 데 더 많은 시간이 걸린다. 그 이유는 독자가 그 글의 정신적 구조를 구축하기 위한 기반으로 첫 문장을 이용하기 때문일 수 있다(Cirilo, 1981; Cirilo & Foss, 1980). 주제문이 문단의 뒤에 있어도 첫 문장을 읽는 데 걸리는 시간은 여전히 긴 것으로 밝혀졌다(Kieras, 1978). 따라서 첫 문장 읽기시간이 긴 것은 그 문장이 가장 중요하다거나 가장 많은 정보를 제공한다는 사실을 반영하는 게 아니고 기반을 다지는 작업시간을 반영한다고 할 것이다.

단어재인

제2장에서는 입말 재인의 문제를 지각의 문제, 즉 말로 표현된 문장 속에서 함께 흘러나오는 단어와 동시에 조음되는 음소를 재인해야 하는 문제로 다루었다. 그러나 단어재인을 다룰 때는 기억인출의 문제도 다루어야 한다. 재인이라는 작업은 방금 보거나 들은 단어에 대한 감각표상과 그 단어에 대한 기억표상이 일치할 때에 성취된다. 이 두 표상의 일치여부는 감각표상을 장기기억의 맘속사전에 수록된 단어와 일일이 비교해본 후에야 결정 가능한 일이다. 문제는 감각표상

의 비교 대상인 기억표상(장기기억에 저장된 단어)의 수가 엄청나게 많다는 데서 발생한다. 보통 사람들이 알고 있는 단어, 즉 장기기억의 맘속사전에 기록되어 있는 단어가 3만 개에서 8만 개나 되는데도 거의 모든 단어재인은 순간적으로 일어난다. 따라서 기억인출의 문제는 "사람들은 감각표상과 일치하는 기억표상을 어떻게 그렇게 신속하게 인출할 수 있는 것일까?"로 진술된다.

시각적 형태재인에서 벌어지는 자료 주도적 처리는 자극의 시각속성을 분석하는 일에서 시작된다. 그 형태가 단어일 경우에는 세 가지의 독특한 속성을 찾아내야만 한다(Graesser, Hoffman, & Clark, 1980; Perfetti, 1985; Stanovich, Cunningham, & Feeman, 1984). 예를 들어, 단어 *bird* 와 연관된 속성을 고려해보자. 입으로 표현한 단어를 들을 때는 그 소리의 음운속성(phonological features)에 의해 그 단어가 확정된다. 음운속성이란 화자가 *bird*를 발음할 때 이용하는 음소의 집합을 일컫는다. 이에 비해, 표기속성(orthographic features)은 어떤 단어를 시각적 형태로 표기할 때 사용되는 낱자의 집합을 일컫는다. 단어를 읽을 때는 단어를 구성하는 개별 낱자와 단어의 전반적 모습이 그 단어의 표기속성으로 처리된다. 그리고 표기된 단어의 음소를 시각적으로 나타낼 때 이용되는 자소(grapheme)도 찾아내야만 한다. 그림 8.6에서는 자소가 확정되면 그 단어의 음운속성도 활성화될 수 있음을 보여준다. 이 일은 단어를 소리 내어 읽을 때뿐 아니라 조용히 읽을 때도 벌어질 수 있다. 단어의 음운속성 그리고/또는 표기속성이 확정되면, 상향처리에 의해 그 단어의 의미속성이 활성화(파악)된다. 단어나 형태소라고 하는 것은 특정 개념을 나타내는 어문적 딱지(표시)일 뿐이다. 맘속사전에 수록된 각 단어의 의미는 형태소와 형태소가 지칭하는 개념으로 구성된다는 게 일반적인 견해이다.

그림 8.6 표기된 단어를 재인하는 과정에서 활성화되는 속성의 영역

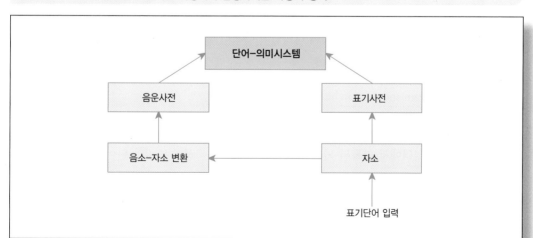

출처 : Caramazza(1991)에서 개작.

PET를 이용한 한 연구에서는 좌반구의 특정 영역이 단어 및 가짜 단어에 반응한다는 사실을 밝혀냈다. 가짜 단어는 의미가 있는 단어는 아니지만 낱자가 영어의 표기법에 맞게 배열됐다는 점에서 단어와 비슷했다(Petersen, Fox, Snyder, & Raichle, 1990). 그리고 색판 8을 보면, 자극글 꼴이 잘못된 경우에도 낱자와 마찬가지로 단어 및 가짜 단어처럼 시각피질이 활성화되고 있다. 이들 자극 네 가지에 대해서는 시각적 속성에 대한 저차원의 분석이 좌우 반구의 뒤쪽에 있는 시각피질에서 이루어진다는 뜻이다. 그러나 좌반구의 언어처리 특화 영역에서 벌어지는 단어의 시각적 형태/모양에 대한 추가 분석은 이들 네 가지 자극 중 단어와 가짜 단어에 대해서만 이루어진다. 글을 잘 읽으려면 단어를 효과적이고도 효율적으로 다룰 수 있어야 한다는 암시이다.

단어재인에는 하향처리 또는 개념 주도적 처리 역시 중요하게 작용한다는 증거도 확실하다. 이에 대해서는 단어우월 효과와 제2장에서 논의된 기타 증거를 통해 이미 확인된 바 있다. 우리는 세상사에 관한 지식과 단어가 나타난 맥락을 활용하여 그 단어의 정체에 관한 가설 및 추측을 형성할 수 있다(Palmer, MacLeod, Hunt, & Davidson, 1985; Thorndike, 1973~1974). 기실 결정적인 자료가 누락된 경우에도 우리는 맥락을 이용해 단어의 정체를 확정하기도 한다(Anderson, 1990; Lindsay & Norman, 1977). 다음 문장을 읽어보라―놀X게X 우X는 모든 글X를 보X 않X도 문X을 읽X X X다.

우리가 실제로 만난 단어가 개념 주도적 처리를 통해 예상했던 단어와 다른 경우에는 상향처리를 통해 확보된 자료를 분석하기 위한 추가의 노력을 경주해야 한다. 독자가 방금 읽은 문장의 의미를 파악하는 동안 그 독자의 뇌파를 측정해보면 이 추가된 노력을 탐지할 수 있다. 사건―관련 전위(event-related potentials, ERP) 중에는 우리가 예상치 못했던 단어를 만났을 때 부적(−) 변화로 나타나는 뇌파로 그 정점이 단어가 나타난 400ms 후에 기록된다고 해서 ERP N400으로 알려진 뇌파가 있다(Kutas & Hillyard, 1980, 1984). Kutas와 Hillyard(1980)는 참여자들에게 일군의 문장을 읽게 하고는 각 문장을 읽는 동안 ERP를 기록하였다. 이들 문장 속에서는 앞뒤 맥락에 어울리지 않는 단어 또는 그런 문장 속에 나타날 가능성이 매우 낮은 단어가 이따금씩 발견되었다. 그런 예로 다음 두 문장을 비교해보라.

He likes ice cream and sugar in his *socks*.

He likes ice cream and sugar in his *tea*.

두정엽의 한 영역에서 기록된 뇌파를 분석한 결과, 첫 문장의 마지막 단어를 읽은 400ms 후 커다란 음(−) 전압의 변화가 관찰되었다. 그러나 두 번째 문장에서는 이런 변화가 관찰되지 않았다. 첫 문장의 마지막 단어(*socks*)는 맥락에 어울리지 않는데 반해, 두 번째 문장의 마지막 단어(*tea*)는 맥락에 잘 어울린다. 즉 그 앞까지의 내용을 기초로 전개되는 개념 주도적 처리를 통해 예측이 가능한 단어라는 뜻이다.

그 밖에 각 문장의 첫 단어(*He*)를 만난 후에 기록된 ERP에서도 커다란 N400이 발견되었고 그 후부터 각 단어 뒤에는 작은 N400이 관찰되었다(Kutas, Van Petten, & Besson, 1988). 각 문장의 첫 단어와 예상 밖에 있었던 첫 문장의 마지막 단어(*socks*)는 상향식으로 처리돼야만 하고 그 문장에 대한 맘속구조에 알맞게 바뀌어야 한다는 사실을 주목하자. 따라서 ERP N400은 단어의 의미에 민감하게 반응하고 그 의미를 예상할 수 없는 단어를 만났을 때 발생하는 뇌파라고 할 것이다. 가장 큰 N400은 의미예측이 불가한 단어를 만났을 때 기록되었고 그 단어의 문장 속 위치(앞, 뒤, 또는 중간)와는 관계없이 발생하였다.

문장이해

단순한 문장보다는 복잡한 문장을 이해하기가 더 어렵다. 예를 들어, 특정 명제를 단언하는 문장보다는 그 명제의 단언을 부정하는 문장을 이해하는 데 더 많은 시간이 걸린다. 청자/독자가 먼저 긍정적 명제를 이해한 후에 그것을 부정하는 작업을 하기 때문일 것이다. Clark와 Chase(1972)는 그림 8.7과 같은 자극을 독자에게 제시한 후, 다음 네 가지 문장 중 하나를 보여주었다.

1. The star is above the plus. (진 긍정)

2. The plus is above the star. (위 긍정)

3. The plus is not above the star. (진 부정)

4. The star is not above the plus. (위 부정)

그림 8.7을 보면, 위의 문장 1과 3은 사실(진)을 진술하고 있는데, 문장 2와 4는 거짓(위)을 진술하고 있음을 알 수 있다. 긍정문(문장 1과 2)보다 부정문(문장 3과 4) 이해에 더 많은 처리가 요구된다는 것이 Clark와 Chase(1972)의 주장이었다. 구체적으로, 부정문을 이해하기 위해서는 "별

그림 8.7 문장이해 과제

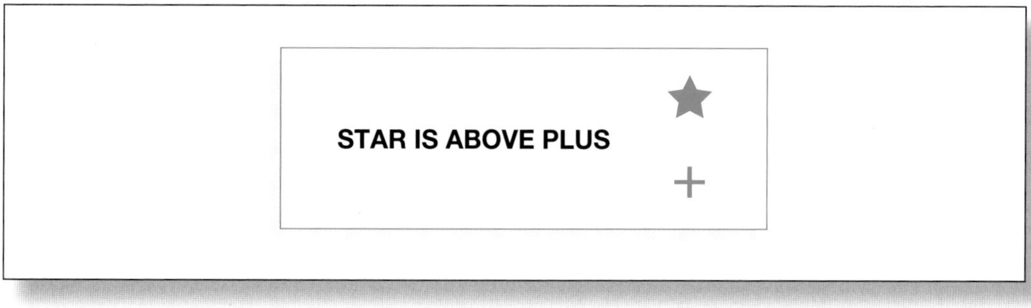

출처 : Clark, H. H., & Chase, W. G., On the process of comparing sentences against pictures. *Cognitive Psychology, 3*, 472–517, copyright © 1972. Elsevier 허락하에 재인쇄.

이 플러스 위에 있다"는 전제와 '이 전제가 거짓'이라는 단언 둘 다를 처리해야 한다는 것이 그들의 생각이었다. 둘 다를 처리해야 하기 때문에 추가적인 노력이 소요됨을 입증하기 위해 Clark와 Chase는 이 두 유형의 문장을 확정하는 데(즉, 각 문장이 사실을 진술하고 있는지를 판단하는 데) 소요되는 시간을 측정하였다.

만약 부정문을 처리할 때 긍정적 주장까지 염두에 둬야 한다면, 그 긍정적 주장을 이해하는 데 걸리는 시간 때문에 부정문의 진위를 판단하는 전체 시간이 길어져야 한다. 위의 네 가지 문장 각각에 대한 반응시간을 검토한 후, Clark와 Chase(1972)는 단순한 문장(예 : The star is above the plus)을 이해하는 데 걸리는 시간은 1,450ms를 약간 상회한다고 추정했다. 그리고 그 주장을 부정하는 데는 약 300ms가 더 소요된다고 추정했다. 문장 3과 4를 처리하는 데 이만큼의 시간이 더 필요했던 것이다.

문장이해를 복잡하게 만드는 또 다른 요인/차원은 태(voice)이다. 피동문보다는 능동문을 이해하기가 더 용이하다. 또 다른 요인은 문장의 복합성이다. 하나의 독립절로 형성된 문장인가 아니면 주절과 종속절로 구성된 문장인가에 따라서도 이해의 용이성은 달라진다는 뜻이다. Just, Carpenter, Keller, Eddy, Thulborn(1996)은 참여자들에게 복합성이 다른 문장을 제시하고는 fMRI를 이용하여 참여자들의 뇌활동을 기록하였다. 이해하기 가장 쉬운 문장은 2개의 대등한 절로 연결된 능동문이었다. 예를 들면, "The reporter attacked the senator and admitted the error"가 그런 문장에 속했다. 그런데 문장의 주어 뒤에 관계절을 끼워 넣으면 똑같은 단어를 이용해서도 이보다 약간 더 복잡한 문장이 만들어진다. 다음 문장이 그런 예에 속한다. "The reporter that attacked the senator and admitted the error." 끝으로 가장 복잡한 문장은 문장의 맨 앞에 나오는 명사가 그 문장의 주어인 동시에 관계절의 목적어로 작용하는 문장이다. 다음 문장이 그런 문장에 속한다. "The reporter that the senator attacked admitted the error." 이런 문장은 문법적으로는 아무런 문제가 없다. 다만 그 구조만 복잡할 뿐이다.

Just 등(1996)의 연구에 참여한 사람들은 각 문장을 읽은 후, 읽은 문장을 제대로 이해했는지를 타진하는 문제에 답을 해야 했다(예 : "The reporter attacked the senator, true of false?"). 실험결과, 문장의 구조가 복잡해질수록 처리하는 데 걸리는 시간이 길어지며 이해를 타진하는 질문에 오답을 할 가능성은 커지는 것으로 드러났다. 또한 좌반구에 있는 Wernicke 영역의 활성화 정도도 증가한 것으로 밝혀졌다. 재미있는 것은 우반구에 위치한 Wernicke 영역에 대등한 영역에서는 활성화 정도가 크게 낮았다는 점이다. 그럼에도 불구하고 문장의 복합성이 증가함에 따라 활성화 정도가 높아지는 양상은 좌반구에서와 동일했다. 또한 비슷한 양상의 결과가 Broca 영역에서도 기록되었다. Broca 영역이 문장이해 작업에 어떤 역할을 하는지는 알려지지 않았다. 하지만 문장 속 단어를 읽는 데 필요한 조음부호를 생성하거나 문장의 구조 분석을 돕고 있었을 수도 있다는 것이 Just 등의 촌평이었다.

대용어와 교량추론 대용어(anaphora)란 앞서 언급됐던 단어나 구를 대신하여 사용되는 용어를 일 컫는다. 다음 세 가지 예문을 살펴보자(Gernsbacher, 1990, pp. 108~109에서 발췌).

1. *William* went for walk in Verona, frustrated with his play about star-crossed lovers. *William* meandered through Dante's square….

2. *William* went for walk in Verona, frustrated with his play about star-crossed lovers. *The Bard* meandered through Dante's square….

3. *William* went for walk in Verona, frustrated with his play about star-crossed lovers. *He* meandered through Dante's square….

작가는 지칭 통일성(referential coherence)을 확립하기 위해 대용어, 위의 예문 3에서 보듯, 특히 대명사를 자주 사용한다. 영문에서 가장 흔히 발견되는 단어 50개 중 거의 1/3이 대명사로 집계되었다(Kucera & Francis, 1967).

> 읽기에서의 구–신 전략은 저자가 이미 알려진 구 정보와 새로운 주장으로 제공되는 신 정보를 구분하여 제시한다고 가정한다.

구–신 전략 Clark(1977)는 독자는 추론을 정확하게 하기 위해 구–신 전략(given-new strategy)을 이용한다고 생각했다. 이 전략의 기본 가정은, 저자는 자기의 글을 독자가 정확하게 이해할 수 있도록 하기 위해 독자와 협력을 한다는 생각이다. 구체적으로 저자는 독자가 이미 알고 있는 정보, 즉 저자와 독자 모두가 알고 있어서 서로 간 의사소통의 바탕으로 작용할 수 있는 구 정보를 분명하게 표시한다. 또한 저자는 자기가 지금 주장하고자 하는 것, 즉 자기가 독자에게 전하고자 하는 신 정보도 표시한다.

위의 예문 1에서 두 번째 문장을 만나면, 독자는 저자가 주장하고 있는 신 정보가 무엇(연극을 쓰고 있는 누군가가 어려움을 겪고 있다)이고 또 구 정보가 무엇(그 누군가가 William이다)인지를 결정한다. 그런 다음 독자는 작업기억에서 구 정보에 해당하는 하나의 선행어(William)를 찾아내고, 그 선행어에다 신 정보를 연결시킨다. 그러면 이 신 정보는 새로운 구조(즉, 두 문장의 술부를 동일한 사람에게 연결시켜놓은 구조)의 일부가 된다. (William은 연극 집필이 순조롭지 않자 산책에 나섰다.)

Haviland와 Clark(1974)는 문장을 읽고 이해하는 데 걸리는 시간이 대용어의 투명성에 따라 달라진다는 사실을 발견했다. 이런 결과는 만약 독자가 글을 읽을 때 구–신 전략을 이용하고 또 구 정보에 해당하는 하나의 선행어를 찾아내는 일이 다소 어려웠다면 충분히 관찰될 수 있는 결과이다. 위의 예문 2에서 발견되는 용어 *The Bard*는 영국문학과 윌리엄 셰익스피어의 작품에 관한 독자의 지식을 적용해야만 발견되는 선행어이다. 그리고 글이 길 때는 대명사 *He*가 대신할 수 있는 선행어가 2개 이상일 수 있다. 때문에 위의 예문 3에서의 지칭 관계가 매우 불투명하다. 결국, 예문 1에서는 그 이름을 있는 그대로 반복하면 하나의 지칭 대상이 명시된다. 예문 2와 3에서는 글 속에 명시되지 않은 선행어와 대용어 간의 관계/고리를 추론으로 결정해야 한다. Haviland와 Clark는 이런 추론을 교량추론(bridging inference)이라 했다. 별개의 문장(절) 속에 들어 있는 2개의 생각/아이디어 간 관계를 파악하기 위해 독자가 이들 두 생각을 이어주는 교량을 구축해야 한다고 생각했던 것이다.

다의성 문장이해에 관한 지금까지의 논의에서는 문장 속 단어가 한 가지 의미만 가질 수 있는 것처럼 취급되었다. 다의성(polysemy)이란 하나의 단어가 두 가지 이상의 의미도 가질 수 있다는 언어의 속성을 일컫는다. 이러한 속성을 고려할 때 발생하는 자연적인 궁금증은 "두 가지 이상의 의미를 가진 단어, 즉 다의어를 만났을 때 우리의 인지시스템은 그중 하나를 어떻게 선택하는 것일까?"가 된다. 동음이의어(homonym)와 비유를 생각해보면, 이해 작업에서 다의어 때문에 생기는 문제를 음미할 수 있다.

독자가 글을 읽는 중 다리나 은행 같은 두 가지로 해석될 수 있는 단어를 만났다고 상상해보자. 이런 경우, 앞서 만났던 단어(예 : 몸통, 팔 등) 때문에 두 가지 의미 중 하나를 선택하게 될 확률이 높아질 수 있다. 그런 일은 문장의 구조 때문에도 벌어질 수 있다(예 : "무장 강도가 은행을 탈취했다", "가을이 되면서 은행이 누렇게 물들고 있다"). 그럼 다른 의미는 어떻게 되는 것일까? 둘 중 하나가 선택되고 나면 다른 의미는 그냥 시간과 함께 소멸될 수도 있을 것이다(Anderson, 1983). 그러나 Gernsbacher와 Faust(1991)는 선택되지 않은 의미는 의도적으로 억제되어, 그냥 시간에 따라 소멸되는 것보다 훨씬 빨리 사라진다고 밝혔다. 맥락에 맞는 한 가지 의미가 선택되고 나면(예 : "진통제를 먹었는데도 여전히 머리가 아프네!"), 부적절한 의미(즉, "머리카락")는 350ms 이내에 불활성 상태로 회귀해버린다. 그러나 맥락을 기초로 적절한 의미를 선택할 수 없을 때는(예 : "머리 때문에 신경질이 나기 시작했다") 두 가지 의미 모두가 약 850ms 동안 활성 상태를 유지하는 것으로 밝혀졌다. 따라서 부적절한 의미를 적극적으로 억제하는 일은 맥락 덕분에 그 의미의 부적절성이 명백해졌을 때에 벌어진다고 할 것이다.

비유문장(예 : "시간은 금이다")을 이해할 때도 단어의 의도된 의미를 포착하기 위해서는 본연의 의미(literal meaning)를 억제해야만 한다. 비유문장을 이해하려 할 때, 우리의 인지시스템은 먼저 본연의 의미로 해석해본 후, 그 의미의 부적절성을 깨닫고는 새로운 의미를 찾아내려 노력할 수도 있다. 그러나 이와는 달리, 처음부터 맥락을 최대한 현명하게 활용함으로써 의도된 의미를 곧바로 찾아낼 수도 있을 것이다. 실험을 통해 밝혀진 바에 의하면, 우리의 인지시스템은 맥락만 적절하면 비유문장의 의도된 의미를 본연의 의미를 따져보지 않고 곧바로 파악한다(Glucksberg, Gildea, & Bookin, 1982; Inhoff, Lima, & Carroll, 1984). 예컨대, Inhoff 등은 다음 예문 1과 같이 비유적으로 해석될 수도 있는 문장을 하나 제시하고 독자가 그 문장을 바라보며 이해하려 노력하는 데 걸리는 시간을 측정했다.

1. 대기업은 소규모 회사의 목줄을 무자비하게 옥죄었다.

한 조건에서는 이 문장 앞에다 다음 예문 2를 맥락 문장으로 그리고 또 한 조건에서는 예문 3을 맥락 문장으로 제시하였다. 예문 2의 내용은 독자로 하여금 예문 1을 비유적으로 해석하라고 부추기는데 반해 예문 3은 본연의 의미로 해석하라고 부추기고 있음을 주목하자.

2. 대기업에서는 경쟁적인 전술을 사용하였다.

3. 대기업에서는 살인적인 전술을 사용하였다.

독자들이 비유문장인 예문 1을 이해하는 데 걸리는 시간은 그 앞에 예문 2를 읽은 조건보다 예문 3을 읽은 조건에서 더 짧았다(Inhoff et al., 1984). 예문 3이 제공한 맥락이 예문 1 속 "목줄을 옥죄다"에 대한 비유적 해석을 조장했기 때문이라는 것이 연구자들의 해석이었다.

> 글 속의 단어는 두 가지 이상의 의미를 가질 수 있기 때문에 적극적으로 해석돼야 한다. 예컨대, 비유 문장을 이해하려 할 때는 본연의 의미가 아닌 비유적 의미가 활성화되어야만 한다.

담화이해

구조는 여러 차원/수준(예 : 단어, 문장, 담화)에서 나타난다(Foss, 1988). 담화라고 하는 거시적 구조를 다룬 모형은 이미 여러 개가 제안되어 있다(Kintsch & van Dijk, 1978; Meyer, 1975; Thorndyke, 1977). 그럼 담화(discourse)란 무슨 뜻으로 쓰이는 말일까? 문장을 여러 개 모아놓으면 담화가 되는 건 아닐까? Johnson-Laird(1983)에 따르면, 담화는 각각의 문장이 지칭하는 대상에서 국지적 통일성(local coherence)이 발견될 때 그리고 이들 문장이 원인과 결과라고 하는 거시적인 틀에 맞아 들어갈 때 나타난다. 우선 지칭 통일성에 관한 문제부터 고려한 후 Kintsch와 van Dijk가 제안한 담화의 거시적 구조에 대한 모형을 살펴보기로 하자.

지칭 통일성 특정 문단 속에 있는 한 문장의 단어나 구가 다른 문장의 단어나 구가 가리키는 것을 분명하게 지칭할 때 이들 문장 간에는 **지칭 통일성**(referential coherence)이 생성된다. Johnson-Laird(1983)는 담화의 이러한 속성을 예시하기 위해 다음 3개의 문단을 제시하였다.

(1) 퍼킨스가 그의 생에서 맞은 전환점 중 하나는 하이튼에서 있었던 크리스마스 파티에서 발생했다. 공작부인이 만약 퍼킨스가 그전에 맺었던 계약을 모두 포기하지 않으면 자신과 공작이 함께 자살하기로 약속했다는, 그 지위에 비추어 과장된 스타일로 작성한, 모호한 내

용이 담긴 3쪽짜리 전보를 보냈던 것이다. 그리고 퍼킨스는 적어도 그 순간에는 생각을 정리할 수 없었기 때문에 자신은 하이튼이 아닌 다른 어떤 곳에든 있었을 수도 있었다는 느낌이 얼렁뚱땅 들었다. (맥스 비어봄의 *Perkins and Mankind*에서)

(2) 스크립스 오닐은 마누라가 둘이었다. 팁을 줄까 말까? 새벽이 마치 사악한 하얀 동물처럼 다운스가에 스며들었다.

(3) 그 들판은 소량의 비를 구입한다. 그 비는 뛰어오른다. 그것은 어떤 두근거리는 지대에서 시끄러운 하늘을 태운다. 그것은 그 아래에다 노란 바람을 조금 묻는다. 그 두근거리는 지대는 그 위에 있는 어떤 사람을 냉동시킨다. 그 지대는 그걸로 죽는다. 그것은 터무니없는 들판을 얼려버린다(pp. 356~357).

이들 중 진짜 담화는 어느 단락인 것 같은가? 어느 것이 진짜 담화라는 이름을 받을 자격이 가장 부족한 것 같은가?

문단 (1)과 (2)의 차이를 찾아내기는 어렵지 않다. 문단 (1)을 구성하는 여러 문장은 서로 관련되어 있다. 이에 반해, 문단 (2)의 문장들 사이에는 그런 연관성이 보이지 않는다. 문단 (3)은 어떤가? 이 문단은 Johnson-Laird가 컴퓨터 프로그램을 이용하여 만들어낸 것이다. 문장 하나하나는 의미가 없다. 하지만 문단 전체로 보면 어떤 구조가 있는 것 같다. 문장 속에 있는 몇 개의 대명사는 그 앞 문장을 지칭하는 것 같고, 몇

> 특정 문단이 지칭 통일성을 갖게 되는 조건은 그 문단 속 특정 문장의 단어와 구가 다른 문장 속 단어와 구를 명료하게 지칭할 때 충족된다.

개의 명사는 앞뒤 문장에서 반복 사용되었다. 의미에서 서로 관련된 단어들, 여기서는 기후를 묘사하는 단어들이 처음부터 끝까지 연결돼 있다. 이러한 것들이 바로 작가들이 진짜 담화를 창출할 때 사용하는 응집성 관계에 속한다(Halliday & Hasan, 1976).

거시적 구조 컴퓨터에 의해 생성된 여러 개의 무의미한 문장으로 구성된 위의 문단 (3)에서 우리는 문장 내 또는 인접 문장에 속한 단어들 간 국지적 응집성(local cohesion)만으로 지칭 통일성이 성취되는 것이 아니라는 사실을 깨닫는다. 문단 내 모든 문장을 아우르는 주제나 요지 또는 거시적 구조도 있어야 지칭 통일성이 확립된다. Johnson-Laird(1983)가 제공한 다음 문단 속 개별 문장 각각은 의미를 가지며, 문장들 간 국지적 관계까지는 만들어낼 수 있다. 하지만 이 문단에는 요지가 없다.

우리 딸은 런던에 있는 도서관에서 일한다. 런던은 아주 훌륭한 자연사 박물관이 있는 곳이다. 이 박물관은 분기학 이론을 바탕으로 조직되어 있다. 이 이론은 생물체의 분류를 다루는 이론이다. 생물은 무생물에서 진화됐다(p. 379).

Kintsch와 van Dijk(1978)는 거시적 구조가 담화의 유형에 대한 스키마에 따라 구축된다고 주장했다. Kintsch와 van Dijk는 글 속 문장으로 표현된 개별 명제를 미시명제(microproposition)라고 했다. 글 속에 들어 있는 미시명제의 개수가 많으면 많을수록 그리고 이들 미시명제를 서로 관련짓기 위해 전개해야 하는 교량추론의 수가 많으면 많을수록 그 글을 읽기는 더욱 어려워진다(Kintsch, 1974; Miller & Kintsch, 1980). 또한 이해 작업에서 지칭 통일성이 확립된 상태에서 특정 명제가 활성 상태로 작업기억에 보존되는 시간이 길어지면 길어질수록 그 명제가 장기기억으로 전이되어 나중에 재생될 확률은 높아진다(Kintsch & Keenan, 1973).

Kintsch와 van Dijk(1978)는 미시명제를 거시명제(macroproposition)와 대조시켰다. 거시명제란 스키마를 기반으로 일반화된 것으로 이야기의 주요 아이디어 또는 요점을 요약하는 명제이다. 이야기를 하거나 사실을 주장하거나 기억 속의 일화를 재생할 때는 각각 상이한 스키마가 활성화된다고 가정한다. 그리고 활성화된 스키마 덕분에 독자는 일정한 목적을 설정하고 이들 목적 달성에 중요한 미시명제가 어느 것인지를 골라낼 수 있게 된다. 또한 스키마는 글의 요지나 요점을 명제 모양으로 요약하게 해준다. 그러한 작업의 최종 결과는 글의 요약, 즉 글의 이해와 글에 대한 기억을 관장하는 거시구조로 나타난다. 그림 8.8이 보여주듯, 읽기는 글 속에서 발견되는 국지적 차원/수준에서의 응집성 확립, 즉 여러 미시명제 속에 반복적으로 언급되는 인자를 찾아내는 일만으로 끝나지 않는다. 읽기가 끝나려면, 글 이해에 필요한 거시적 구조를 제공하는 거시명제까지 구축해야만 한다.

그림 8.8 읽기를 할 때는 국지적 응집성과 거시적 구조가 확립돼야 한다.

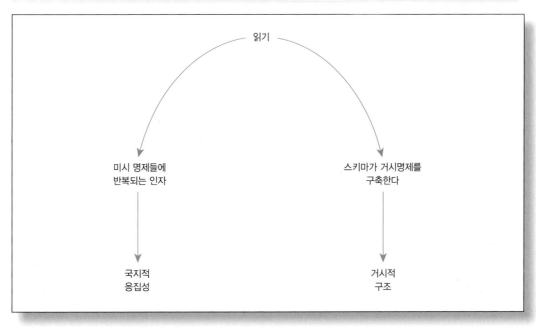

읽기

문사력(literacy)은 글을 읽고 쓰는 능력을 일컫는다. 그러나 글을 짓는 능력보다는 읽은 글을 이해하는 능력에 대한 연구가 훨씬 많이 되어 있다. 이런 비대칭성이 발생하게 된 한 가지 이유는 실험실에서는 말수용 과제를 분석하고 통제한 후 그에 대한 반응을 측정하기보다 말생성 과제를 분석하고 통제한 후, 그에 대한 행동변화를 측정하기가 훨씬 더 어렵기 때문이다. 글짓기의 경우, 연구자는 구체적인 작문 제목을 제시할 수 있지만, 그 제목에 대한 반응으로 참여자가 만들어낼 수 있는 문장의 가짓수는 적어도 이론적으로는 무한에 가깝다. 읽기보다 짓기에 대한 연구가 덜 될 수밖에 없었던 또 다른 이유는 작문의 문제는 문제해결과 의사결정이라는 복잡한 문제에다 언어생성이라는 또 하나의 복잡한 문제가 첨가된 엄청나게 난해한 과제기 때문이다(Kellogg, 1994). 식품가게에 가서 구매할 물품을 적는 일처럼 단순한 일이 아니라면, 작문은 고도의 사고기능과 언어기능을 필요로 하는 매우 복합적인 과제이다. 그런 연유로 인지심리학에서도 읽기에 대한 이해보다는 글짓기에 대한 이해의 폭이 훨씬 더디게 확장되고 있는 것이다. 이 절에서는 읽기에 관한 선행 연구의 두 가지 주제를 소개함으로써 문사력에 대한 인지심리학자들의 노력을 예시하기로 한다.

읽기속도와 이해

대학 공부를 제대로 하기 위해서는 많은 책을 읽어야 한다. 대부분의 사람들은 이해하기 쉬운 글을 읽을 때도 분당 약 250~300단어씩 읽는다. 따라서 이보다 4배 이상 빠른 속도로 읽을 수 있다는 속독법의 유혹을 뿌리치기는 누구에게나 힘든 일이다. 자기들이 개발한 속독 훈련을 받으면 이해 수준을 낮추지 않고도 분당 1,000단어 이상을 읽을 수 있다고 주장하는 광고는 믿기가 어려울 정도이다. 인지심리학자들은 우리가 글을 읽을 때 우리의 작업기억에서 벌어지는 지각과정과 이해과정과의 상호작용을 집중적으로 검토해왔다(Just & Carpenter, 1980, 1992). 이들 지각작용과 인지작용을 조심해서 고려해보면, 속독의 가능성을 보다 분명하게 들여다볼 수 있다.

우선, 우리가 글을 읽을 때는 문장을 구성하는 거의 모든 단어에 우리의 시선이 아주 잠깐 동안이나마 멈추는 것으로 밝혀져 있다. 그리고 그때마다 우리의 시각시스템은 개별적인 입력정보를 추출한다. 이때 시선이 멈추는 시간은 대개 200~350ms 동안 지속되지만 그 변산성은 아주큰 편이다(Pollatsek & Rayner, 1989). 시선이 한 번 멈춘 곳에서 다음 멈출 곳으로 재빨리 이동하는 일은 싸카드(saccade)라고 하는 뜀질식 안구 움직임으로 이루어진다. 우리가 책을 읽을 때 일어나는 한 번의 싸카드로 시선이 좌측에서 우측으로 이동하는 거리는 영어 알파벳 개수로 따져약 5~9개 정도이며, 걸리는 시간은 15~40ms이다. 물론 시선이 우측에서 좌측으로, 즉 앞으로 전진하다가 뒤로 후진하는 경우도 더러 있다. 그러니까 실제로 우리가 책을 읽을 때는 우리의 시선이 책장 속 각 줄을 차례로 바꾸어가며 좌측에서 우측으로 깡충깡충 이동한다. 그리고 그러는 동안 우리의 시각시스템은 글에 관한 정보를 한 토막 한 토막씩 연이어 받아들인다. 시선을 기준으로 각 토막의 폭을 측정해보면, 시선의 좌측보다 우측이 더 넓게 나타난다. 구체적으로, 우리는 시선이 집중된 곳의 좌측으로는 낱자 4개까지의 정보를 추출하고 우측으로는 낱자 15개까지의 정보를 추출하는 셈이다(McConkie & Rayner, 1975). 그러나 싸카드, 즉 뜀질식 이동이 진행되는 동안에는 정보를 추출하지 못하며, 우리는 그런 움직임이 일어나는지도 모른다.

글을 읽을 때 우리의 시선이 멈추는 단어의 비율은 내용어(명사, 동사, 형용사 등)의 경우 약 80%, 기능어의 경우에는 약 20%인 것으로 알려져 있다. 시선이 멈추는 시간은 빈도가 높은 단어보다 낮은 단어에서 더 길다. 단어의 어휘 또는 의미속성이 안구 움직임을 통제한다는 뜻이다. 빈도가 높은 단어는 주로 3~4개의 낱자로 구성된 짧은 단어이다. 그러나 단어의 길이를 일정하게 통제한 조건에서도 빈도가 높을수록 시선이 멈추는 시간은 짧아진다. 빈도도 높고 짧으

> 보통 미국인의 독서 속도는 분당 250~300단어이다. 이 속도는 시선을 단어에 고정시킬 때 작용하는 지각적 요인과 읽은 글에 대한 맘속구조를 구축할 때 작용하는 인지적 요인에 의해 결정된다.

면서 맥락을 통해 예측 가능한 단어는 아예 시선을 붙잡지 못하는 경우도 많다. 또한 단어에 대한 시각적 처리는 시선이 멈추기 전부터 시작된다. 이런 일은 주변 시야 또는 중심와 인근 시야에서 벌어지는 단어 미리보기를 통해 이루어진다. 어떤 경우에는 단어에 시선을 멈추는 일이 직전 멈춤에서의 미리보기에서 시작된 그 단어에 대한 처리를 완료할 목적으로 벌어지기도 한다(Reichle, Pollatsek, Fisher, & Rayner, 1998). 단어에 시선이 멈추는 시간과 단어를 재인하는 데 필요한 시간 그리고 글을 이해하는 데 필요한 맘속구조를 작업기억에 구축하는 데 걸리는 시간 등을 고려하면, 보통 사람들의 독서 속도가 분당 250~300단어라는 사실은 빨라 보이지도 그렇다고 느려 보이지도 않는다. 기실 어려운 글을 읽을 때는 이보다 훨씬 느려질 수도 있다.

연구자들은 시선 멈춤(또는 안구 고정)과 이해를 관련시키기 위해 두 가지 이론적 가정을 설정해왔다(Just & Carpenter, 1980). 그중 하나인 즉각성 원리(immediacy assumption)는 우리가 글을 읽을 때는 시선이 멈출 때마다 그 단어를 해석하는 일(즉, 의미를 부여하는 일)이 벌어진다는 믿음을 일컫는다. 때문에 나중의 멈춤에서 생성된 해석 때문에 앞서 생성된 해석을 수정해야 할 경우도 발생한다. 예컨대, "Mary loves Jonathan…"으로 시작하는 문장을 읽을 때, 독자는 그다음에 나오는 이 문장의 마지막 단어가 'apples'라는 사실을 알고는 그전까지의 생각을 바꾸게 될 것이다(역자 주 : 미국에는 Jonathan이란 이름을 가진 사과가 있다).

눈-맘 가정(eye-mind assumption)이라고 하는 두 번째 가정은 멈춤의 시간 간격은 그 순간에 작업기억에서 처리돼야만 하는 정보의 양에 따라 달라진다는 믿음이다. 달리 말해, 이해 작업이

시선이 멈추고 있는 동안에 벌어지며, 독자가 시선을 옮길 준비가 될 때까지 다음 싸카드가 억제된다는 뜻이다. 앞서도 언급했듯이, 때로는 회귀성 안구 움직임도 벌어진다. 이런 후진 움직임은 애초의 해석이 잘못된 정보를 다시 처리하기 위해 필요한 작업으로 풀이된다. "Mary loves Jonathan apples" 같은 문장을 읽을 때 그런 회귀성 움직임이 발생했을 가능성이 크다. 그러나 독자가 여러 토막의 정보를 받아들여 기억 속에 간직한 채 이들 정보를 처리하기 위해 시선 이동을 지연시키는 일 따위는 벌어지지 않는다.

　　Just와 Carpenter(1980, 1992)는 읽기가 어려운 부분일수록 시선이 멈추는 시간도 길어진다는 사실을 발견했다. 또한 역량이 큰 작업기억을 가진 능숙한 독자도 두 가지의 의미 중 하나를 선택하는 데 추가 시간을 보내는 것으로 드러났다. Just와 Carpenter의 모형과 이러한 발견은 읽기/독서는 많은 시간을 투자해야 하는 고차적인 인지기능이라는 생각과 일치한다. 그렇다면 속독은 어떻게 가능해지는 것일까? 어떻게 분당 1,000단어 이상을 읽으면서 그 내용을 다 이해할 수 있는 것일까?

　　속독 훈련프로그램에서 가르치는 한 가지 방법은 각 줄의 첫 단어에 시선을 집중할 때 첨부터 다소 오른쪽에다 고정시키고 마지막 시선은 그 줄에 있는 마지막 단어의 왼쪽에 고정시키는 작업이다. 다시 말해, 이 방법은 일단 시선이 멈추었을 때 그 좌측과 우측에서 최대한 많은 수의 낱자를 읽어들이는 훈련을 통해 시선 고정/멈춤의 횟수를 최소한으로 줄여보자는 노력이다. 또한 기능어보다는 주로 내용어에다 시선을 고정시키고 괴리를 메우기 위한 추론을 활용하는 노력을 통해서도 읽기속도는 향상될 수 있다. 예컨대, "He walked the dog of a friend"라는 문장을 읽을 때, 주요 어휘정보를 담고 있는 단어(즉, *he, walk, dog, friend*)와 중요한 구문정보를 담고 있는 형태소(즉, *-ed*)에만 시선을 집중하고, 나머지 기능어(즉, *the, of, a*)에는 시선을 멈추지 말고 추론을 통해 알아내야 한다는 뜻이다. 끝으로 속독 훈련에서는 가능한 한 회귀성 안구 움직임을 피하면서, 동시에 전진형 싸카드를 신속하게 진행하기 위해 노력한다. 어떤 속독 프로그램에서는 컴퓨터 화면에다 단어나 구를 한 번에 하나씩 순차적으로 그러나 빠른 속도로 제시함으로써 회귀성 안구 움직임(싸카드)이 일어날 가능성을 제거해버린다. 이렇게 하면, 회귀성 싸카드를 해봐야 이미 필요한 단어는 사라지고 없다는 사실을 주목하자. 회귀성 싸카드를 줄이기 위한 또 다른 방법은 책을 읽을 때 읽고 있는 줄을 따라 검지를 멈추지 않고 빠른 속도로 움직이는 방법이다. 이때 눈이 이 손가락을 따라 움직일 수만 있다면, 회귀성 싸카드는 벌어지지 않을 것이다. 그러나 회귀성 안구 움직임이 할 일 없이 벌어지는 건 아니다. 이 움직임은 글 이해를 어렵게 하는 모호성을 해결하기 위해 벌어지는 필수적인 반응이다. 따라서 읽은 글이 금방 이해되지 않을 경우, 후진형 시선 이동을 피하는 일이 문제를 야기할 수도 있다.

　　독자가 글을 읽을 때 적절한 맘속구조를 구축하는 데 필요한 시간과 노력을 무시한 채 신속하게 지나쳐버리면, 친숙하지 않은 단어나 여러 가지 의미를 가진 단어 또는 전제나 추론을 통해 연관을 지어야만 이해되는 단어 등은 모두 오해의 여지를 떠안게 된다. 생각의 단위가 큰 문단을 통합하는 데도 똑같은 문제가 발생한다. 믿기지 않는 말이 거의 다 그렇듯, 속독은 진정한 읽기가 아니다(Masson, 1983). 분당 1,000단어나 2,000단어 속도로 읽은 글을 제대로 이해하고 기억하는 일은 있을 수 없는 일이다. 그러므로 '속독'은 '능숙한 훑어보기'라는 게 더 옳은 표현이다.

실험실에서 적절하게 제작된 재인검사(즉, 읽은 글을 충분히 이해하지 않고도 추측으로 답할 수 있는 또는 없는 문항으로 구성된 검사지)나 재생검사를 이용하여 읽은 글에 대한 이해 정도와 기억을 세밀하게 측정해보면, 읽기속도가 빨라질수록 이해 정도는 감소하는 일이 예외 없이 벌어진다. 그럼에도 불구하고 능숙한 훑어보기는 익혀볼 만한 가치가 충분한 인지기능에 속한다. 우리는 능숙한 훑어보기를 통해 읽은 글의 자세한 내용을 파악하진 못해도 전반적인 요점정도는 신속하게 파악할 수 있기 때문이다. 훑어보기는 책 속에서 특정 정보를 눈으로 포착해내는 데도 유용하게 쓰인다. 예컨대, 보고서를 작성하기 위한 문헌고찰을 할 때는 사실이나 인용할 내용을 검색하기 위해 또는 책이나 논문의 적절성을 평가하기 위해 많은 양의 재료를 처리해야 하는데, 이때 능숙한 훑어보기가 매우 유용할 수 있다. 또한 능숙한 훑어보기는 글의 주요 주제를 개관하는 데도 유용하게 쓰일 수 있다.

난독증

대개 모국어를 말하고 이해하는 기능은 어렵지 않게 학습된다. 이에 반해 문사력, 즉 글을 읽고 쓰는 기능을 습득하는 일은 쉽지가 않다. 발달성 결함도 입말 구사 능력보다는 이 기능에서 훨씬 자주 나타난다. 난독증(dyslexia)은 인쇄된 단어를 재인하는 능력에서 나타나는 결함을 일컫는다. 어른의 경우에는 뇌에 입은 부상으로 난독증을 겪을 수도 있다. 또한 난독증은 발달성일 수도 있다. 단어 읽는 기능을 아예 배울 수 없는 경우를 발달성 난독증이라 한다. 독해력(reading comprehension)은 적어도 하급 학년의 경우 단어재인 능력과 밀접한 관계에 있다. 난독증으로 고생하는 학생들은 교과서를 이해하는 데 문제가 있을 것이라는 뜻이다(Hulme & Snowling, 2011). 그러나 어떤 학생들은 글을 큰 소리로 유창하고 정확하게 읽는 일에는 전혀 문제가 없는데도 읽은 글을 이해하는 데는 어려움을 겪기도 한다. 이 사실은 글을 구성하는 문장의 의미를 파악하고 글 전체의 거시적 구조를 구축하는 기능에 결함이 발생했다는 뜻이다. 이런 아이들은 글을 소리 내어 읽는 데는 아무런 문제가 없는데도 글의 의미를 따지는 질문에는 반응을 하지 못한다. 따라서 글을 소리 내어 읽을 수 있다는 점에서 난독증으로 고생한다고 말할 수 없는 아이들도 독해에는 어려움을 겪을 수 있다고 할 것이다.

미국의 경우, 초등학교 1학년에서 5학년까지 아동들 중 발달성 난독증으로 고생하는 학생 수는 5%에서 10% 사이로 추정된다(Shaywitz, Escobar, Shaywitz, Fletcher, & Makugh, 1992). 일반적으로 발달성 난독증은 지능지수(IQ)를 기초로 예상되는 읽기능력을 기준으로 아이가 얼마나 글을 잘 읽느냐로 정의된다. 난독증을 이렇게 정의한 것은 인쇄된 단어를 소리 내어 읽는 데는 특별한 어려움이 없을지라도 IQ가 낮을 경우에는 읽기에 어려움이 나타날 수 있다는 사실을 감안했기 때문이다. 이런 경우에 제공될 수 있는 도움은 난독증을 겪은 아이들에게 제공될 수 있는 도움과 다를 수도 있다. 한편, 미숙한 독자들은 음운처리 기능에서 결함을 보이는 것으로 알려져 있다. 이런 아이들은 단어의 음운표상에 접근하기 위해 완수해야 하는 자소를 음소로 바꾸는 작업에 큰 어려움을 겪는다(그림 8.6 참조). 그 결과 이들에게는 적절한 음운지식(phonological awareness)이 부족하다는 진단을 내린다. 따라서 보통 아이들이 단어의 의미에 접근할 때 사용하는 경로 중 하나가 이런 난독증으로 고생하는 아이들에게는 막혀버린 셈이다. 그러므로 이 경로와 관련된 기능을 향상시키려는 훈련, 즉 음운적 결함을 제거하기 위한 훈련은 IQ에 관계없이 미숙한 독자라면 누구에게나 도움이 될 것이다.

Tanaka 등(2011)은 fMRI를 이용하여 미숙한 독자의 경우 지능지수가 높고 낮음에 관계없이, 뇌에서 음운정보를 처리하는 영역이 덜 활성화되는지를 결정하고자 했다. fMRI 주사기 속에 누운 참여자에게 각운 과제를 제시하여 음운처리를 평가하였다. 각 시행마다 한 쌍의 단어가 글로 제시되었다. 각 쌍의 단어는 각운이 같은 경우(예 : gate-bait)도 있고 다른 경우(예 : price-miss)도 있었다. 참여자는 전자의 경우에는 "네"로 후자의 경우에는 "아니요"로 반응해야 했다. 그 결과는 색판 14에서 볼 수 있다. 비-모순 미숙 독자 집단은 IQ가 비교적 낮은(하위 25% 이하) 학생들이었다. 다시 말해, 이 집단에 속하는 학생들은 음운지식에 문제가 없어도 IQ가 낮기 때문에 읽기가 서툴 것으로 예상되었다. 모순 독자 집단은 IQ가 정상 범위에 속하는 학생들이었다. 색판 14의 우측에 있는 그래프에서 볼 수 있듯이, 비-모순 집단과 모순 집단 간에는 차이가 없었다. 즉, 두 집단 모두 음운처리를 담당하는 영역의 활성화 정도가 일반적인 독자 집단에 비해 낮게 기록되었다. 색판 14가 보여주는 뇌영상은 좌반구의 두정엽 아래쪽(LtIPL)이다. 좌반구의 방추 회(LtFG)도 보인다. 방추 회는 두정엽과 후두엽이 접하고 있는 뇌 바닥 부근에 위치한다. 카네기멜론대학교와 스탠퍼드대학교에서 가져온 이들 표집의 경우, 비-모순 집단과 모순 집단의 미숙한 독자들 모두 좌반구의 두정엽 아래쪽(LtIPL)과 좌반구의 방추 회(LtFG)에서 음운처리 능력에 결함이 있음을 그래프로 제시한 자료에서 분명하게 볼 수 있다. Tanaka 등은 좌반구의 두정엽 아래쪽(LtIPL)에서 기록된 결함은 글자 속 낱자를 소리로 바꾸는 일을 방해하는데 반해, 좌반구의 방추 회(LtFG)에서 기록된 낮은 수준의 활성화는 문자에 대한 시각적 분석을 방해한다고 결론지었다. 이들의 결과는 이렇게 발생한 음운지식의 결함을 치료하면 미숙한 독자들은 누구나 IQ에 관계없이 반드시 도움을 받게 될 것이라고 암시한다. 여기서 우리는 뇌영상 기법을 이용한 연구결과가 발달성 인지장애에 대한 이해와 치료법 개발에 도움을 주는 좋은 보기를 보았다.

요약

1. 언어는 두 사람 이상이 서로의 생각/아이디어를 주고받기 위해 이용되는 기호 시스템이다. 언어에는 맘속표상과 외적 표상(예 : 인쇄된 글) 둘 다가 이용된다. 언어에 이용되는 기호는 시공을 초월하여 사건을 지칭하는 임의적 기호에 해당한다. 특정 언어를 구사하는 데 필요한 맘속사전과 문법은 사용자로 하여금 무한히 많은 문장을 생성할 수 있게 해준다는 점에서 생산적이다. 언어는 아이들도 어릴 적부터 배울 수 있고, 또 어른이 되어서는 누구나 쉽게 말하고 들을 수 있는 그런 시스템이어야만 한다. 또한 사회문화적 장면에 있는 사람들 간 의사소통도 어렵지 않게 벌어질 수 있도록 해주는 그런 시스템이어야 한다. 인간이 사용하는 모든 언어에 이용되는 말소리(또는 음운조각)의 개수는 50개 안팎인데, 이들은 모두 우리의 발성기관을 통해 조음된다. 이들 소리 각각을 음소라 하는데, 음소는 특정 언어에서 가장 작은 소리의 단위로 정의된다. 형태소 역시 말소리의 최소 단위인데, 특정 언어의 형태소는 구체적인 의미를 부호화하기 위해 반복적으로 이용된다.

2. 언어를 이해하기 위한 연구는 의미(론)와 구문(론)과 화용성(론)으로 나뉘어 진행된다. 의미론은 기호를 이용하여 세상에서 발견되는 물체와 사건 그리고 생각을 지칭하는 방식을 다룬다. 특정 언어에 이용되는 단어는 그 언어를 유창하게 구사하는 사람들의 머릿속에 표상되어 있는 사전(즉, 맘속사전)을 구성한다. 구문론/통사론은 의미 있고 수용 가능한 문장을 구축하는 데 필요한 문법적 규칙을 다룬다. 화용론은 사회적 맥락에서 언어가 사용되는 방식을 다룬다. 사람들은 직접적 언어행위(예 : "문 좀 열어주세요")나 간접적 언어행위(예 : "이 방 너무 덥지 않아요?")를 통해 지시를 하고 중요한 걸 알려주고 경고를 하는 등 자신의 의도를 전달하려 한다. 협력의 원리라고 하는 암묵적 계약 때문에 대화를 할 때 사람들은 적절한 내용만을 이야기하며 서로가 수용할 수 있는 시점이 돼서야 대화를 마치곤 한다.

3. 보편적 문법이란 인간 언어에 대해 유전적으로 결정된 지식을 일컫는다. 이 지식을 통해 이 세상의 모든 아이들은 자기가 경험하게 되는 언어를 신속하게 습득할 수 있게 된다. 인간의 언어습득 및 구사 능력이 선천적으로 결정된 특이한 능력인가를 두고 치열한 논쟁이 벌어지기도 했지만, 이 문제는 아직도 해결되지 않은 상태로 남아 있다. 오른손잡이의 경우 거의 모든 언어능력이 좌반구에 편재되어 있다. 따라서 좌반구에 있는 Broca 영역이 손상되면 언어장애 또는 실어증을 겪게 된다. Broca 실어증이란 문법에 맞는 말을 자연스럽게 구사할 수 없는 조건을 일컫는다. 이에 비해, Wernicke 영역이 손상되면 언어를 이해할 수 없게 된다. Wernicke 실어증으로 고생하는 사람들은 말은 애쓰지 않고도 유창하게 하는 편인데, 대개는 의미가 없는 말을 한다.

4. 쓰기보다는 이해(즉, 읽기)에 관한 연구가 훨씬 많이 전개되었다. 읽기에서 전개되는 작업과정을 분석해보면, 인지가 적극적인 구축과정임을 실감하게 된다. 독자는 구나 문장 속에 표현된 미시명제를 기초로 국지적 차원의 인지/정신 구조를 구축할 뿐 아니라 문단이나 담화 속에 표현된 거시명제를 기초로 전역적 또는 거시적 차원의 인지/정신 구조도 구축한다. 한 문장 속에 있는 단어나 구가 지칭하는 특정 대상이 동일 문단 속 인접 문장의 단어와 구에 의해서도 지칭되고 있음이 명백해지면 지칭 통일성이 설정됐다고 한다. 인지/정신 구조를 구축할 때 독자는 글 본연의 의미만을 이용하지 않고 그 이상의 의미까지 활용한다. 예를 들어, 독자는 읽은 글을 이해하기 위해 자기가 알고 있는 세상지식을 이용하여 그럴듯한 교량추론을 생성하기도 한다.

5. 미국인들의 독서 속도는 보통 분당 250~300단어에 이른다. 이 속도는 글 속 단어에 시선을 집중할 때 작용하는 지각적 요인과 정신/인지 구조를 구축할 때 작용하는 인지적 요인에 의해 조정된다. 독자는 문장 속 단어를 읽는 족족 즉각적으로 그 의미를 부여하는 것 같다. 즉각적 의미부여는 두 가지 이상의 의미를 가진 단어를 읽었을 때도 예외 없이 전개되는 것으로 드러났다. 특정 단어에 시선이 멈추는 시간 간격은 그 단어를 처리하여 의미를 부여하는 작업에서 겪게 되는 어려움의 크기와 정비례한다.

핵심 용어

거시명제(macroproposition)

교량추론(bridging inference)

구문론(syntax)

구-신 전략(given-new strategy)

난독증(dyslexia)

뇌량(corpus callosum)

눈-맘 가정(eye-mind assumption)

다의성(polysemy)

대뇌 편재화(brain lateralization)

대용어(anaphora)

맘속사전(mental lexicon)

미시명제(microproposition)

보편적 문법(universal grammar)

생산성(productivity)

언어행위(speech act)

의미론(semantics)

자소(grapheme)

즉각성 원리(immediacy assumption)

지칭 통일성(referential coherence)

협력의 원리(cooperative principle)

형태소(morpheme)

화용론(pragmatics)

Broca 실어증(Broca's aphasia)

Wernicke 실어증(Wernicke' aphasia)

생각해볼 문제

- 친구와의 대화를 5분만 녹음한 후, 그 테이프를 재생하여 들어보라. 대화에 이용된 문장이 문법적으로 정확한 문장인가, 아니면 불완전한 조각조각인가? 이 대화에 협력의 원리 및 화용론이 적용되고 있음을 어떻게 설명하겠는가?

- 이 장을 읽는 동안 어떤 곳곳에서 교량추론이 필요했다고 생각하는지를 구체적으로 예시해보라. 교량추론이 필요한 곳에서 여러분도 읽기를 멈추고 뒤로 돌아가 읽었던 문장을 다시 읽어야 했는가? 교과서에 제시된 미시명제를 몇 가지 소개해보라. 이 장의 기본 요지를 전달하는 거시명제 몇 가지를 소개해보라.

- 대학생이 되어 외국어를 학습한다고 생각해보라. 여러분이 외국어로 하고 있는 말이 어떤 점에서 Broca 실어증 환자가 하는 말과 비슷한가? 어떤 점에서 여러분의 발언과 이해가 Wernicke 실어증 환자의 이해 및 발언과 비슷한가?

제 **9** 장

문제해결

학습목표

- 다음 각 쌍의 반대말에서 나는 차이점을 설명한다—지향적 사고 대 비지향적 사고, 분명한 문제 대 불분명한 문제, 생산형 사고 대 재생형 사고.
- 인간이 해결책을 찾기 위해 문제공간을 표상하고 탐색하는 방법을 컴퓨터가 모사하는 방식을 논한다.
- 문제공간을 탐색하는 방법으로서의 알고리즘과 휴리스틱을 비교하고, 수단-목적 분석, 후진 작업, 유비추론 (유추)을 정의한다.
- 창의의 단계와 창의의 과정의 장애물을 논한다.

우리는 아침에 잠을 깨면서부터 저녁에 잠들 때까지 많은 문제를 해결하며 살아간다. 출근/ 등교에 늦지 않으려면 몇 시에 일어나야 할까? 첨으로 가는 곳을 어떻게 해야 늦지 않게 찾 아갈 수 있을까? 무엇을 먹을까? 등등. 먹을 것을 찾는 일마저도 어디에 사는 사람인가, 직장이 있는 사람인가, 부엌이 있는 데 사는 사람인가에 따라 중대사가 될 수도 있고 하찮은 일이 될 수 도 있다. 또한 저녁 식사를 할 수 있기 위해서는 행동계획을 세워야 한다. 식료품 가게나 즉석 요 리점 또는 거창한 음식점에 가는 약도를 상상해야 할지도 모른다. 계획을 세울 때는 먼저 목적(예 : 삼겹살 구이를 먹는다)을 생각해야 하고, 그 목적으로 안내하는 수많은 경로(예 : 집에서, 전문 점에서, 가까운 곳에서, 비싼 곳에서)를 검토해야 한다.

　각각의 경로는 목적지로 안내하는 수많은 단계로 구성되는데, 이들 단계 중 일부를 적절하게 조합하면 구체적인 하위목적을 설정할 수 있게 된다. 예컨대, 집에서 삼겹살을 구워 먹기로 했다 면, 그 하위목적으로는 숯불을 피우는 일이 될 수도 있고, 이 하위목적을 달성하기 위해서는 여 러 단계를 거쳐야 할 것이다—창고로 가는 일, 숯을 찾는 일, 숯을 화덕에 넣는 일, 점화용 기름 을 붓는 일, 숯에 불을 지피는 일 등등. 이들 중 어느 단계에서든 새로운 하위목적으로 이어지는 경로가 생겨날 수 있다. 예를 들어, 숯을 사러 가게에 가야 하는 일이 벌어질 수도 있고, 성냥을 찾기 위해 온 집 안을 뒤지는 일이 벌어질 수도 있으며, 주변에 흩어진 점화용 기름에 붙은 불을 끈다고 혼이 나는 일이 벌어질 수도 있다.

우리는 매일같이 새로운 문제로 고민을 해야 한다. 이처럼 문제해결은 우리 삶의 중심에 자리 잡고 있기 때문에, 사고의 본질에 관심을 가진 심리학자들의 핵심적 연구주제로 군림해왔다. 각 각의 문제는 그 요구특성에서 서로 다르고 또 상이한 유형의 사고를 하게 한다는 점에서도 다르 다. 이 장에서는 유형이 다른 사고를 몇 가지 소개한 후, 문제를 표상하고 해결책을 탐색하는 작 업에 관여하는 요소를 고려할 것이다. 인지심리학자들은 모든 문제해결에 적용되는 다목적 표상 과 다목적 탐색 절차를 찾아내기 위한 노력을 아끼지 않고 있다. 그러나 문제해결을 위한 우리 인 간의 노력은 이들 다목적(general-purpose) 문제해결 전략에만 국한된 게 아니었음도 알게 될 것이 다. 그리고 문제해결을 어렵게 만드는 장애요소를 고려한 후, 창의성의 정의와 근원, 그 단계에 관한 논의가 마지막으로 전개될 것이다.

사고의 유형

앞서 소개됐던 저녁 문제 해결에 이용된 사고는 **지향적 사고**(directed thinking)에 속한다. 목표 지 향적이고 합리적으로 전개되는 사고라는 뜻이다(Gilhooly, 1982). 이런 사고는 그 목표가 명백하 고 분명하다. 이런 경우, 주요 과제는 목표 지점으로 가는 경로를 최대한 신속하게 찾아내는 일 이다. 물론 그 경로를 택했을 때 드는 비용도 계산에 넣어야 한다. 예컨대, 가까이 있는 삼겹살 전 문점을 쉽게 찾을 수도 있지만, 시간과 비용을 따지면 집에서 구워 먹는 게 득이 훨씬 크다. 일반 적으로 지향적 사고는 맹목적 방황, 특이한 대안 검색, 창의적 해결책 모색을 피하려 한다. 하지 만 그러한 맹목적 방황이 진짜 신기한 해결책을 마련하는 데 필수적일 수도 있다. 예컨대, 옆집 에서 굽는 삼겹살을 '꾸어다 먹는 일'은 파렴치한 짓이고 위험한 일일 수도 있지만, 창의적이며 비용도 많이 들지 않는 그럴듯한 해결책에 속한다.

방황하는 사고를 심리학자들은 **비지향적 사고**(undirected thinking)라 한다. 비지향적 사고는 정 해진 목적지 없이 어슬렁거리기 때문에 합리적인 지향적 사고와는 거리가 멀다(Berlyne, 1965). 일찍이 Freud(1900/1953)는 실재라고 하는 통상적인 제약을 전혀 받지 않고 전개되는 비지향적 사고의 일종으로 꿈과 백일몽을 꼽았다. 비지향적 사고의 종착역은 흐리고 뭉툭할 때가 많지만 예리한 경우도 있다. 비지향적 사고는 창의성에 한몫을 할 수도 있으며 명확하게 정의되지 않은 불분명한 문제의 해결책을 찾는 데도 중요한 역할을 할 수 있다.

분명한 문제와 불분명한 문제

지향적 사고는 당면 문제가 분명한 문제(well-defined problem)라는 가정하에 시작된다. 전문 용어로 표현하면, 그런 문제는 시초 상태(initial state)(예 : 저녁이 필요함)와 목표 상태(goal state)(예 : 삼겹살 구이) 그리고 목표 상태로 안내하는 하나 이상의 경로(path)를 구체적으로 정의할 수 있는 문제에 해당한다. 각 경로는 일련의 중간 상태(이들 중 일부는 결정적인 하위목표에 해당한다)로 명시될 수 있다. 그리고 이들 하위목표(subgoal) 중 일부(예 : 숯불을 피우는 일)는 목표 상태에 이르는 데 결정적인 역할을 맡을 수도 있다. 한 상태에서 다음 상태로 이동하는 방식은 규칙에 따라 정해진다. 시초 상태에서 중간 상태를 거쳐 최종 목표 상태로 이동하는 적법한 방법(예 : 바둑/장기의 한 수)은 허용된 조작행동(operator)으로 결정된다. 저녁으로 삼겹살을 구워 먹기로 작정한 문제를 해결하려 할 경우, 문제해결에 이용될 수 있는 조작행동은 많다. 그러나 도둑질을 그런 조작행동에 포함시키지 않게 되면, 옆집에서 구워놓은 삼겹살을 훔쳐오는 행동은 창의적인 방법이기는 하나 적법한 방법이 아니기 때문에 고려대상 조작행동에서 아예 제외돼버린다. 이상에서 소개한 모든 상태와 허용된 조작행동을 통틀어 문제공간(problem space)이라 한다.

이쯤에서 인지심리학자들이 사람들의 문제해결 행동을 연구할 때 사용한 게임과 수수께끼를 몇 가지 살펴보기로 하자. 체스가 그런 게임 중 하나에 속한다. 여기서는 체스보다 우리와 더 친근한 장기를 고려해보기로 한다. 장기에서 시초 상태는 장기를 두기 위해 장기판 양쪽 가에다 말을 배열해둔 상태이고 목표 상태는 상대방의 궁이 피할 수도 방어할 수도 없게 되는 외통 "장군이오!"를 외칠 수 있는 상태가 된다. 그리고 조작행동은 각 말이 취할 수 있는 적법한 행마[예 : 포(包)는 전후좌우 이동과 궁성 안에서의 간선 이동이 가능하긴 하나, 반드시 다른 기물을 하나만 넘어서 이동해야 한다]가 된다. 장기에서의 문제공간이 얼마나 큰지는 계산된 바 없는 것으로 알고 있다. 그러나 체스의 경우, 64개의 정방형과 여섯 종류의 말로 생성되는 문제공간은 그 크기가 너무나 방대하여 심지어는 슈퍼컴퓨터조차도 게임에서 한 수를 결정하기 전에 모든 상태를 점검할 수 없을 정도인 것으로 밝혀져 있다(Simon, 1990).

그림 9.1은 장기보다 훨씬 단순한 수수께끼의 문제공간 중 일부를 보여준다. 이 수수께끼는 하노이 탑 문제로 알려져 있다. 그림의 맨 위에 있는 시초 상태는 크기가 서로 다른 3개의 원반이 막대기 3개 중 왼쪽 막대기에 쌓여 있는 상태이다. 이 수수께끼의 문제는 이들 원반을 오른쪽 막대기로 옮겨, 그림의 맨 아래 오른쪽 모서리에 그려진 목표 상태의 모양으로 쌓는 것이다. 여기서 허용된 조작행동은 막대기의 가장 위에 있는 원반을 다른 막대기로 옮기는 행동밖에 없다. 이때 큰 원반이 작은 원반 위에 놓이는 일은 허용되지 않는다.

그림 9.1 속에서 3개의 막대로 구성된 작은 그림은 하노이 탑 문제의 문제공간을 구성하는 각각의 상태를 나타낸다. 이들 각 상태는 허용된 조작행동을 적용하여 다다를 수 있는 적법한 상태

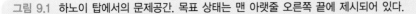

그림 9.1 하노이 탑에서의 문제공간. 목표 상태는 맨 아랫줄 오른쪽 끝에 제시되어 있다.

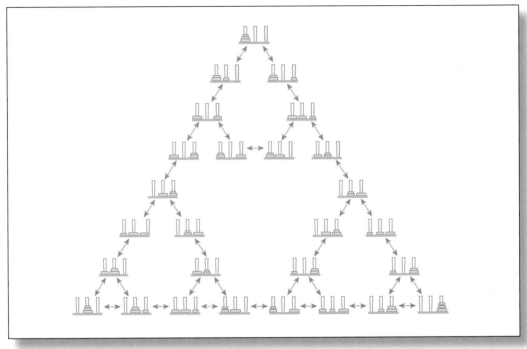

출처 : Klahr, D., & Kotovsky, K., Complex Information Processing: The Impact of Herbert A. Simon. Published by Lawrence Erlbaum Associates. Copyright © 1989 Taylor & Francis.

에 해당한다. 그림에 그려놓았듯이, 시초 상태인 상태 1에서는 소형 원반을 중간 막대(막대 2)로 옮길 수도 있고 오른쪽 막대(막대 3)로 옮길 수도 있다. 그 원반을 막대 2로 옮겼다면, 그다음 수는 중형 원반을 막대 3으로 옮기는 수뿐이다. 여기서는 두 가지 행동이 가능함을 알 수 있다. 하노이 탑 문제를 해결하기 위해서는 시초 상태에서 목표 상태로 나아가는 경로를 문제공간 내에서 찾아내야 한다. 그림 속 왼편에 있는 경로는 목표 상태가 있는 곳과는 다른 방향으로 나아간다. 지향적 사고가 이 문제에 빈틈없이 적용되었다면, 그림에서 가장 오른쪽에 있는 경로가 선택되었을 것이며, 단 일곱 수만에 이 문제는 해결되었을 것이다.

여기서 주목해야 할 것은 어떤 사람 앞에 펼쳐진 문제공간에는 적법한 상태가 누락된 경우도 있을 수 있고 오류가 포함되어 있을 수도 있다는 점이다. 만약 허용된 조작행동을 잘못 이해했다면 생성된 문제공간 자체에 흠이 있을 수도 있다. 또한 장기를 배운 지가 얼마 되지 않아, 상(象)과 같은 특정 말을 전혀 사용하지 않는다면 그 사람 앞에 놓인 문제공간은 불완전할 수밖에 없다.

물론 우리가 일상생활에서 마주치는 대부분의 문제는 위에서 예로 든 문제, 즉 저녁 식사 문제, 장기 두기, 하노이 탑 문제와는 많이 다르다. 진로를 선택하여 성공을 거두는 일은 이 책을 읽고 있는 학생들에게 아주 중요한 문제일 것이다. 그런 문제의 시초 상태는 명백할지 몰라도 목표 상태는 전혀 명백하지 않다. 성공한 삶이라는 목표 상태는 다양한 방식으로 정의될 수 있기 때문이다. 물론 무엇이 성공인지를 미리 정확하게 정의함(예 : 삼성전자 사장 또는 대한민국 대통령)으로써 문제를 체계화할 수도 있다. 그러나 문제가 정말로 분명할 경우에는 그 문제의 문제공간을 구성하는 적법한 중간 상태와 이들 중간 상태를 생성하는 조작행동까지 명시될 수 있어야 한다. 그런데 삼성전자의 사장이 되기 위해 또는 대한민국 대통령이 되기 위해 취해야 하는 조작행동을 나열하는 일은 불가능하거나 무척 어려운 일이며, 거기에 도달하는 경로도 엄청나게 많다.

> 분명한 문제란 그 시초 상태, 목표 상태, 하위목표를 명료하게 기술할 수 있는 문제를 일컫는다. 이들 상태에다 정해진 조작을 이용해서 이동해갈 수 있는 모든 상태를 합해놓은 것이 문제공간에 해당한다.

　　시초 상태와 목표 상태 그리고 조작행동 중 하나라도 분명하지 않은 문제를 인지심리학자들은 불분명한 문제(ill-defined problem)라 한다. 글짓기, 그림 그리기, 정원 만들기 등은 불분명한 문제로 분류된다. 완성된 작품과 그것을 만들어내기까지의 과정(경로)을 미리 명시할 수 없기 때문이다. 그림 9.2에 제시된 점 아홉 문제 역시 불분명한 문제 중 하나에 속한다. 더 읽기 전에 이 문제부터 한번 풀어보기 바란다.

생산형 사고와 재생형 사고

20세기 초반 독일의 게슈탈트 심리학자들은 사고를 생산형 사고와 재생형 사고로 대분하였다(Wertheimer, 1959). 재생형 사고(reproductive thinking)는 검증된 방법을 문제해결에 적용하는

그림 9.2 점 아홉 문제

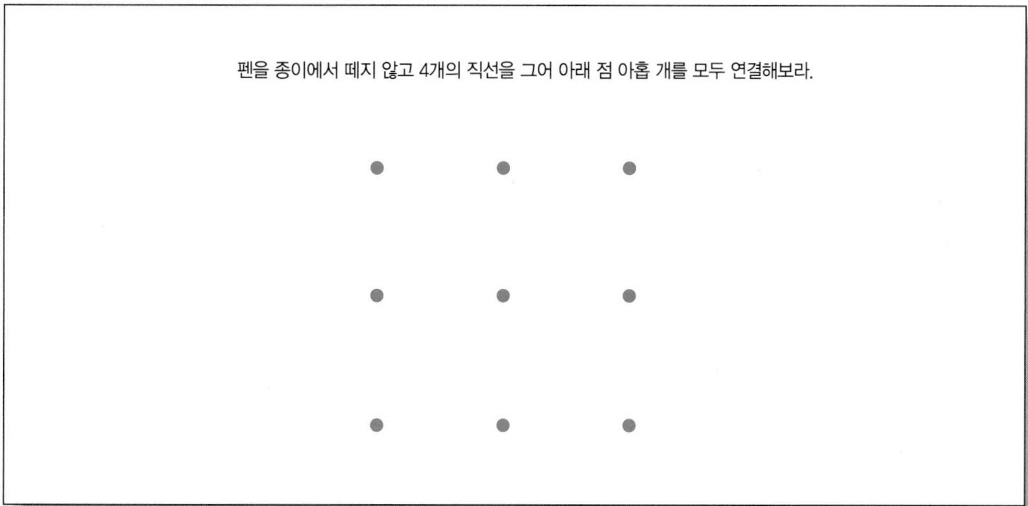

펜을 종이에서 떼지 않고 4개의 직선을 그어 아래 점 아홉 개를 모두 연결해보라.

인지활동을 일컫는다. 재생형 사고를 통해 문제를 해결하려는 사람은 당면 문제를 해결해주는 것으로 알려져 있는 절차를 기억 속에서 인출해내어 그대로 따라간다. 이에 반해 생산형 사고 (productive thinking)는 통찰력과 창의성을 필요로 하는 정신활동을 일컫는다. 게슈탈트 심리학자들은 생산적으로 생각하기 위해서는 문제를 새롭게 조직하는 방식, 즉 사고와 지각의 요소를 새롭게 조직하는 방식을 찾아내야만 한다고 생각했다.

또 다른 게슈탈트 심리학자였던 Köhler(1925)는 사람들의 문제해결 방식을 통찰-기반 문제해결과 시행착오-기반 문제해결로 구분했다. 시행착오를 통한 문제해결은 일종의 재생형 사고에 속한다. 독자들 중에는 E. L. Thorndike(1898)가 문제상자 속에 갇힌 고양이의 시행착오 행동을 관찰했다는 사실을 알고 있는 학생도 있을 것이다. 상자 속에 갇힌 고양이는 문을 열어주는 지렛대를 누름으로써 상자 밖으로 도망칠 수 있었다. 상자 속에 갇히는 순간 고양이는 상자 속 이곳저곳을 할퀴고 다닌다. 갇혔다는 사실에 짜증이 났기 때문일 것이다. 따라서 처음에는 고양이의 행동이 시행착오적이었다. 그러나 일단 도주용 지렛대를 발견한 후에는 상자 속에 갇힐 때마다 재빨리 지렛대를 조작하여 문을 열고 나가는 행동(문제해결에 필요한 행동)을 할 수 있었다.

Köhler(1925)는 제1차 세계대전 당시 대서양의 테네리페라는 섬에 갇혀 있었던 7년 동안 침팬지의 문제해결 행동을 연구했다. 그는 다음과 같은 문제를 고안했다. 여러 개의 나무 상자가 흩어져 있는 큰 우리 속에 침팬지를 넣어둔다. 우리의 천장에는 바나나를 달아놓았다. 그러나 천장이 너무 높아 바나나는 손에 닿지 않는다. 이러한 상황에 처하자 침팬지는 생각에 잠기는 것 같았고, 얼마 후에는 소위 말하는 번쩍이는 아이디어가 갑자기 생각난 것처럼 행동했다. 침팬지가 갑자기 널려 있던 나무 상자를 바나나 밑에 쌓아올리고는 그 위에 올라서서 바나나를 잡아챘다는 것이 Köhler의 보고였다. 바나나를 우리 밖에 걸어놓은 또 다른 문제장면에 처한 침팬지는 2개의 막대기를 연결하여 바나나를 따내는 통찰력을 보였다. Köhler가 관찰한 이러한 생산형 또는 창의적 문제해결은 Thorndike의 고양이가 보여주었던 시행착오적 문제해결과는 명백히 구별된다.

용어들 간 관계

불분명한 문제를 해결하기 위해서는 생산형 사고를 감행해야 할 때가 많다. 나중에 알게 되겠지만, 비지향적 사고가 통찰을 얻는 수단 중 하나인 건 분명한 것 같다. 그리고 분명한 문제를 해결하려 할 때는 재생형 문제해결 방식과 지향적 사고가 주로 이용된다. 그러나 이들 용어(개념)를 사용할 때 잘못 사용할 가능성도 크다. 예컨대, Köhler(1925)의 문제에서 '바나나를 거머쥘 수 있는 상태'인 목표 상태는 분명하게 정의될 수 있는 상태이다. 다만 그 목표 상태에 도달하는 데 필요한 조작행동이 불분명할 뿐이다. 그림 9.3에 제시된 체커판 문제 역시 분명한 문제의 속성은 물론 통찰력을 필요로 하는 불분명한 문제의 속성까지 가지고 있다(Kaplan & Simon, 1990; Wickelgren, 1974).

체커판 문제의 경우, 64(8 × 8)개의 칸으로 구성된 원래의 판에서 반대쪽 모서리에 있는 칸 2개를 없애버렸다. 과제는 남아 있는 62개의 칸을 31개의 도미노 패로 덮으면 완수된다. 도미노 패 하나하나의 모양은 직사각형이고 크기는 체커판 두 칸의 크기와 동일하다. 도미노 패를 체커판의 칸과 대각으로 놓는 행동은 허용되지 않는다. 문제는 어떻게 이 과제를 완수할 수 있는지를 보여주거나 이 과제는 완수될 수 없다는 것을 논리적으로 입증하면 해결된다. 우선, 여러분도 이 문제를 한번 풀어보기 바란다. 이 문제에 대해서는 나중에 다시 거론될 것이다. 해결책도 그때 제공될 것이다. 여기서는 이 문제가 시초 상태도 또 목표 상태도 분명하며 도미노 패를 놓는 규칙도 명백하게 제시되었다는 점에서 분명한 문제처럼 보인다는 점을 주목하기 바란다. 하지만 Kaplan과 Simon(1990)이 지적했듯, "이 문제를 해결하려는 사람들이 거의 언제나 형성하는 1차적 표상으로는 이 문제가 해결되지 않는다…. 문제에 대한 표상을 이상한 방법으로 바꾸어야 한

그림 9.3 체커판 문제

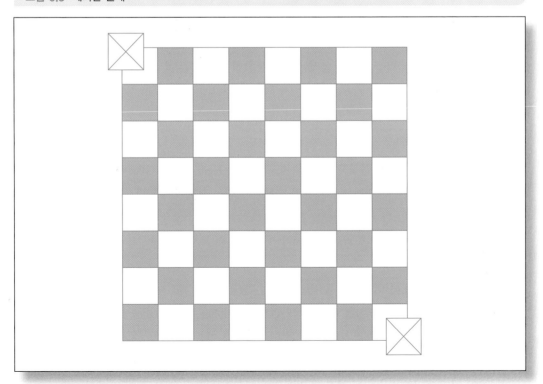

출처 : Kaplan, G. A., & Simon, H. A., In search of insight. *Cognitive Psychology, 22*, 374–419, copyright © 1990. Elsevier 허락하에 재인쇄.

다"(p. 378).

또한 모든 문제의 해결책이 재생형 사고 아니면 생산형 사고로만 생성된다고 생각하는 것도 잘못이다. 옛일을 회상하는 일과 새로운 것을 창출하는 일이 깔끔하게 구분되는 게 아니기 때문이다. 장기기억 속 정보를 회상해내는 일에는 언제나 상상력 또는 창의성이 가미된다. 인간의 창의성은 재구성형 재생에서나 문제해결에서나 똑같은 방식으로 활용된다. 기실, 5년 전에 있었던 사건을 기억해내야 하는 과제를 문제로 간주한다고 해도 전혀 이상할 게 없다. 문제를 해결하려는 사람은 누구나 맘속모형을 구축하고 재생단서를 이용하는 등의 일을 해야 한다. 따라서 재생형 사고와 생산형 사고는 물론 지향적 사고와 비지향적 사고도 모두 재생문제(recall problem)를 해결하는 작업이 된다.

비슷한 논리로, 예리한 문제해결 능력 역시 창의력은 물론 과거 경험 및 지식을 기억해내는 능력에 의해서 달라진다. 과거 지식을 인출해내어 새로운 아이디어를 오래된 아이디어와 관련짓지 않는 한 생산형 사고는 일어나지 않는다. 셰익스피어, 바흐, 피카소, 아인슈타인의 위대한 창의성은 진공상태나 아무것도 없는 상태에서 돋아난 게 아니다(Boden, 1992). 이들의 창조 행동은 다른 사람들이 쌓아놓은 지식을 활용한 것이다. 이들 위대한 사람들처럼, Köhler(1925)가 연구한 침팬지 역시 과거에 막대기를 사용하고 나무 상자를 옮겨본 경험을 이용하여 바나나를 따내는 방식에 대한 통찰력을 발휘할 수 있었을 것이다.

> 분명한 문제해결에는 주로 지향적인 재생형 사고가 이용되는데 불분명한 문제해결에는 비지향적인 생산형 사고가 이용된다.

다목적 문제해결 모형

Ernst와 Newell(1969)은 다목적 문제해결사(General Problem Solver, GPS)라는 컴퓨터 시뮬레이션을 개발했다. 인간이 감행하는 문제해결 행동의 본질을 파헤치기 위한 시도였다. 그들의 목적은 일반적 방법에 기초한 인공지능(AI) 프로그램으로도 다양한 많은 문제를 해결할 수 있다는 것을 보여주는 것이었다. 심리학자들은 GPS가 정말 인간의 문제해결 방식을 제대로 흉내 낼 수 있는지를 검증했다.

GPS는 먼저, 문제에 대한 묘사를 내적으로 번역/표상한다. 이 작업에 이용되는 번역 장치는 문제를 서술하고 있는 각 문장을 해석하여, 시초 상태와 목표 상태 그리고 조작행동을 찾아낸다. 따라서 문제공간, 즉 문제해결 방법이나 기법을 이용해 검색되어야만 하는 문제공간이 곧 문제에 대한 표상이 된다. 그리고 GPS는 시초 상태에서 목표 상태까지 데려다주는 경로를 발견해야만 한다. 마지막 단계에서는 이 해결 경로에 대한 표상이 생성된다.

인간의 문제해결 과정이 GPS가 문제를 해결하는 과정과 같다고 생각해보면 많은 것을 배우게 된다. 문제해결 과정에서 핵심이 되는 두 가지 요소 중 하나는 문제를 표상하는 일이며 다른 하나는 문제공간을 검색하여 해결책을 찾아내는 일이다.

문제표상

UNDERSTAND 문제를 해결하는 과정에서 결정적인 단계는 문제를 표상/이해하는 바른 방법을 찾아내는 일이다. 이 점은 UNDERSTAND(이해하다)라고 하는 또 하나의 인공지능 프로그램에서 거론되었다(Simon & Hayes, 1976). UNDERSTAND라는 프로그램은 문제를 서술해놓은 글 속 문장의 의미를 추출하여 문제의 전반적 의미(global description)를 구축하기 위해 독해 시스템을 이용했다. 이 프로그램에서는 독해(즉, 글을 읽고 그 의미를 파악하는 일)가 작업기억과 장기기억의 상호작용으로 성취되었다. UNDERSTAND가 문장을 하나씩 받아들이면 장기기억에서는 구문과 의미를 처리하여 그 문장의 의미를 도출해냈다. 작업기억에서는 이들 의미에다 장기기억에 저장해둔 구성규칙(construction rules)을 적용하여 문제공간(즉, 목표 상태, 시초 상태, 조작행동)이 구축되었다. 이렇게 형성된 문제공간은 GPS의 작업공정(이에 대해서는 잠시 후 소개될 것임)에 따라 검색되었다.

우선, UNDERSTAND의 작용 방식부터 살펴보자. 그림 9.4는 Simon과 Hayes(1976)에서 발췌한 문제가 소개되어 있다. UNDERSTAND는 구성규칙을 이용하여 물체와 그 물체가 지닌 속성들 간 관계를 표현해놓은 문장을 찾고 있었다. 구체적으로, UNDERSTAND가 찾고 있는 것은 문제의 시초 상태와 그 시초 상태를 변경하는 데 사용될 조작행동이었다. UNDERSTAND는 조작행동의 모양이 예컨대, "A를 X에서 Y로 옮겨라", "X와 Y를 교환하라", "A를 X에 끼워넣어라"와 같다고 가정했다. 다시 말해, 물체와 그 물체가 지닌 속성이 어떻게 바뀌어야 하는지를 진술한다고 가정했다.

그 결과, UNDERSTAND는 그림 9.4의 문장 S1과 S2의 의미를 무시해버리고, 문장 S3을 이용해 문제를 표상했다. 그런 후, 문장 S4와 3개의 조건을 제시한 문장 S6, S7, S8을 이용해 조작행동을 설정했다. UNDERSTAND는 주어진 정보를 맥락으로 새로운 정보를 해석했다. UNDERSTAND는 이미 구축된 문제표상에 맞게 조작행동을 해석하는 법을 알고 있었다.

Simon과 Hayes(1976)는 사람들의 문제해결 성패를 좌우하는 것은 문제를 어떻게 표상/이해하느냐에 달렸다고 주장했다. Simon과 Hayes는 이 주장을 검증하기 위해 그림 9.4에 제시된 문제와는 서술에 이용된 말만 다른 문제를 하나 개발했다. 이들 두 문제는 그 근본적 표상이 비슷하기 때문에 동형문제(isomorphic problem)라 한다. 구체적으로, 두 번째 문제가 첫 번째 문제와 다른 점은 두 문장밖에 없었다.

그림 9.4 괴물 문제

괴물 문제	
S1.	5개의 손을 가진 외계에서 온 괴물 셋이서 수정공 3개를 가지고 있다.
S2.	그들 이웃의 양자역학적 특이성 때문에 이들 괴물은 물론 공도 그 크기가 대형, 중형, 소형 세 가지뿐이고 예외도 없었다.
S3.	중형 괴물이 소형 공을 가지고 있고 소형 괴물은 대형 공을 가졌으며 대형 괴물은 중형 공을 가지고 있었다.
S4.	이러한 상태가 자기들이 중요하게 생각하는 대칭성과 어긋난다고 판단했기 때문에 이들은 각자가 가진 공을 다른 괴물에게 건네주어 각자의 크기에 맞는 공을 가지기로 하였다.
S5.	이들이 준수하는 다음과 같은 예절 때문에 이 문제가 쉽게 해결되지 않았다.
S6.	(1) 공은 한 번에 하나만 건네야 한다.
S7.	(2) 동시에 2개의 공을 들고 있을 경우에는 큰 공부터 건네야 한다.
S8.	(3) 더 큰 공을 가진 괴물에게는 공을 건넬 수 없다.
S9.	건네는 순서를 어떻게 배열해야 이 문제를 해결할 수 있을까?

출처 : Simon, H. A., & Hayes, J. R., The understanding process: Problem isomorphs. *Cognitive Psychology, 8*, 165–190, copyright © 1976. Elsevier 허락하에 재인쇄.

S4. 이러한 상태가 (⋯) 판단했기 때문에, 이들은 각자 자기가 가진 공의 크기에 어울리도록 자신의 크기를 키우거나 줄이기로 하였다.

S7. (2) 두 괴물의 크기가 같을 경우에는 큰 공을 가진 괴물부터 변해야 한다.

이리하여 문제가 건네기 문제에서 바꾸기 문제로 바뀌기는 했지만, 문제의 근본 구조는 여전히 똑같았다. 고정된 크기의 괴물들 사이에 공을 옮기는 대신, 공의 크기가 고정된 상태에서 괴물의 크기를 바꾸어야 하는 문제가 되었지만, 시초 상태와 목표 상태는 바뀌지 않았다.

UNDERSTAND가 이 두 문제를 해결하는 방식은 Simon과 Hayes(1976)의 실험에 참여했던 사람들이 해결했던 방식과 많이 닮았었다. 이 결론은 실험참여자들의 어문적 보고를 분석하여 그 결과를 시뮬레이션 결과와 비교한 후 내린 결론이다. 첫째, UNDERSTAND는 문제를 해결하려 하기 전에 문제에 대한 표상부터 구축했다. Simon과 Hayes의 실험에 참여했던 대학생 14명은 이들 문제를 해결하기 위한 조작행동을 감행하기 전(즉, 수를 쓰기 전)에 핵심 문장에 해당하는 문장 S3, S4, 그리고 S6~S8을 총 64회나 읽었다. 거의 모든 학생들이 문제를 풀려고 시도하기 전에 실험자에게 질문도 했다. 둘째, UNDERSTAND는 괴물 문제의 건네기–판에 대한 문제표상을 구축할 때 조작행동의 적법성을 쉽게 점검할 수 있도록 구축했다. 그러나 바꾸기–판의 경우에는 표상에 훨씬 많은 노력을 투자했으며, 시뮬레이션을 해보는 데도 훨씬 많은 시간이 걸렸다. 학생들도 바꾸기 문제를 훨씬 더 어려워했다. 바꾸기 문제보다 건네기 문제를 해결한 학생들이 더 많았으며, 해결하는 데 걸리는 시간도 11분이나 더(17분 대 28분) 짧았다.

　　따라서 우리는 Simon과 Hayes(1976)의 연구를 통해 문제를 서술할 때 사용된 언어에 따라 문제가 맘속에 표상되는 방식이 크게 달라짐을 알았다. 만약 언어에 따라 문제에 대한 맘속표상이 달라지지 않았다면, Simon과 Hayes의 실

> 어떤 문제의 해결책을 찾는 데 있어 결정적인 단계는 그 문제를 표상(이해)하는 좋은 방법을 찾아내는 것이다.

험에 참여했던 학생들은 (물론 UNDERSTAND도) 바꾸기 문제를 건네기 문제로 어렵지 않게 변형시킬 수 있었을 것이다. 이 두 문제는 동형이었고, 바꾸기 문제를 표상하기가 훨씬 더 어려웠다. 그런데도 학생들은 바꾸기 문제의 표상을 변형시켜 건네기 문제를 해결하는 데 이용하지 못했다. 여기서 문제가 어떻게 지각되고 이해되는지에 따라 문제해결이 쉬워지기도 하고 어려워지기도 한다는 사실이 분명해졌다.

체커판 문제　그림 9.3에 소개됐던 체커판 문제로 되돌아가보자. 여러분은 그 문제를 어떻게 표상/이해했는가? Kaplan과 Simon(1990)은 대부분의 사람들이 사각형과 도미노 패의 개수와 그들이 배열된 모양부터 먼저 고려한다는 사실을 발견했다. 문제를 소개하는 그림과 말에 대한 지각 및 이해가 그러한 맘속표상이 구축되도록 유도했기 때문일 것이다. 그러나 문제를 이러한 식으로 표상/이해하게 되면, 도미노 패를 배열할 수 있는 방법(경우의 수)이 매우 많아진다. 컴퓨터 프로그램을 이용하여, 31개의 도미노 패를 가지고는 62개의 정사각형을 모두 덮을 수 없다는 사실을 입증하기 위해, 모든 가능성(경우의 수)을 따져봤더니 도미노 패를 75만 8,148번 놓아봐야 했다. 화공학 전공 대학원생 1명이 18시간에 걸쳐 실험실용 공책 61쪽 분량의 메모를 해가며 문제를 풀려고 했으나 실패하고 말았다(Kaplan & Simon, p. 379). 그 학생의 공책에는 체커판과 도미노 패의 위치에 대한 그림 외에도 수많은 방정식과 분석이 들어 있었다. 아마 우리도 십중팔구 이와 같은 방식으로 문제를 지각하고 이해했을 것이다.

　　사실 이 문제의 해결책은 매우 간단하다. 물론 문제를 처리하기 쉽게 표상했을 경우에 그렇다. 그러나 이런 일은 "아하!"라는 경험을 한 후에야 벌어진다. 이런 경험을 하고 싶으면 "첫 번째 시도에서 실패하면 다른 문제공간을 검색해보라!"(p. 381)고 Kaplan과 Simon(1990)은 권한다. 체커판 문제를 해결하게 해주는 문제공간은 동등성(parity), 즉 흑색과 백색 정방형이 번갈아 나타나는 형태가 고정됐다는 점에서 발견된다. 다음이 그 해결책이다.

　　도미노 패 31개는 각각 정방형 2개씩을 덮기 때문에 처음에는 문제가 해결될 것처럼 보인다. 그러나 실제로는 완전히 덮는 일이 불가함을 알기 위해서는 도미노 패 하나로는 반드시

흑색 정방형 하나와 백색 정방형 하나가 덮인다는 사실을 주목해야 한다. 그런데 체커판 속 64(=8 × 8)개의 정방형 중 반대쪽 모서리를 차지하고 있는 정방형 2개는 모두 검은색 아니면 흰색이다. 때문에 반대쪽 모서리에 있는 정방형을 제거하고 남은 정방형 62개 중에는 32개가 검은색(흰색)이고 30개가 흰색(검은색)이다. 따라서 30개의 도미노 패로 30개의 흰색 정방형과 30개의 검은색 정방형을 덮고 남는 정방형 2개는 모두 흰색이거나 검은색일 수밖에 없다. 그러므로 검은색 정방형과 흰색 정방형 하나씩으로 구성된 도미노 패 하나로 흰색 또는 검은색 정방형 2개를 덮어야 하는 불가능한 상황이 창출된다(pp. 378~379).

Kaplan과 Simon(1990)은 동등성이 사람들의 눈에 잘 띄도록 만들기 위해 체커판을 그림 9.5와 같이 만들어 제시해보았다. 빵과 버터라는 명칭이 학생들로 하여금 항상 함께 출몰하는 한 쌍에 관한 생각을 촉발하게 할 것이고, 그에 따라 표준형 빨강/검정 체커판보다 이 새로운 체커판이 문제해결을 더 쉽게 만들 것이라는 게 Kaplan과 Simon의 가설이었다. 실험결과는 이 가설을 지지하는 것으로 드러났다.

그럼, 문제를 표상하는 가장 좋은 방법을 규정하는 일반적 원리를 만들어낼 수는 없는 것일까? 아직은 분명하지 않다. 체커판 문제에 이용된 동등성 표상은 그 문제에만 적용되는 것 같다. 문제를 해결하려는 사람들에게 문제를 표상하려 할 때마다 동등성 표상을 최선의 표상으로 고려해보라는 충고를 한다는 것은 말이 되지 않는다는 뜻이다. 예를 들어, 학습활동 9.1에 진술된 문제를 고려해보자. 이 등산로 문제는 문제를 잘못 표상했을 때 겪게 되는 어려움을 예시하는 고전적 수수께끼이다. 하지만 이 문제를 바르게 표상하는 것과 동등성과는 아무런 관계가 없다. 이 문제는 소개하는 사람에 따라 다양한 모습으로 나타난다. 여기서는 Batchelder와 Alexander(2012, p. 64)가 소개한 것을 각색한 것이다.

체커판 문제에서처럼, 등산로 문제도 처음에는 수학적 표상을 종용할 수도 있다. 예를 들어, 산을 오를 때 이동한 거리와 속도가 들어가는 대수 방정식을 하나 만들고 하산할 때의 이동 속도와 거리를 이용한 대수 방정식을 하나 더 만들어보면 되지 않을까? 이 방법을 이용하여 올라가는 동안과 내려오는 동안에 특정 장소와 시간이 일치하는지를 결정하면 되는 것 아닐까? 그러나 이

학습활동 9.1   **등산로 문제**

경수의 집은 상당히 높은 동네 뒷산의 자락에 자리 잡고 있다. 뒷문을 나서면 그 산의 정상에 있는 야영장까지 데려다주는 좁은 등산로가 하나 나 있다. 경수는 토요일이면 정확하게 오전 6시에 뒷문을 나서 등산로를 따라 올라간다. 쉬지도 뒷걸음질도 않고 올라가면 오후 6시 전에 도착한다. 야영장에 텐트를 치고 하룻밤을 보낸 후, 일요일 아침 6시 정각에 올라갔던 길을 따라 하산하기 시작하여, 쉬지 않고 뒷걸음질도 않고 내려오면 오후 6시가 되기 전에 집에 도착한다. 하산하는 일요일 특정 시간에는 토요일 날 등산길에 지났던 특정 지점을 내려올 때와 똑같은 시간에 지나게 된다. 그런 지점이 몇 개나 있을 수 있을까?

그림 9.5 동등성을 강조하는 체커판 표상

버터	빵	버터	빵	버터	빵	버터	빵
빵	버터	빵	버터	빵	버터	빵	버터
버터	빵	버터	빵	버터	빵	버터	빵
빵	버터	빵	버터	빵	버터	빵	버터
버터	빵	버터	빵	버터	빵	버터	빵
빵	버터	빵	버터	빵	버터	빵	버터
버터	빵	버터	빵	버터	빵	버터	빵
빵	버터	빵	버터	빵	버터	빵	버터

출처 : Kaplan, G. A., & Simon, H. A., In search of insight. *Cognitive Psychology, 22*, 374–419, copyright © 1990. Elsevier 허락하에 재인쇄.

러한 방법으로 문제를 해결하기에는 정보가 충분하지 않다. 시각적 심상을 이용하는 전략도 별로 도움이 되지 않는다. 산을 오를 때 힘들게 천천히 이동하는 모습을 맘속에 그려봐도 어떤 특정 장소를 지나간 바로 그 시간에 빠른 속도로 하산하는 길에 그 장소를 지날 수 있는지를 판단할 방법이 보이지 않는다는 뜻이다. 그러나 문제를 다르게 표상해보면 해결책이 쉽게 떠오를 수도 있다. 이번에도 시각적 심상의 도움을 받지만, 이 새로운 표상에서 해결책이 분명해지는 이유는 문제 속 등장인물을 한 사람이 아닌 두 사람으로 해석한 데 있다. 1명은 아침 6시에 등산을 시작하고 다른 1명은 같은 시각에 하산을 시작했다고 해보자. 이 두 사람이 특정 시간에 특정 지점에서 마주치는 일을 맘속에 그려보는 일은 전혀 어렵지 않다. 이러한 발견에서는, Batchelder와 Alexander(2012)가 지적했듯, 어떤 문제든 올바르게 표상하는 것이 중요하다는 점을 강조하는 것 말고 바르게 표상하는 데 필요한 일반적 원리 구축에 관한 정보는 아무것도 찾을 수가 없다.

문제공간 탐색하기

문제해결 방법에서 반드시 구분되어야 할 두 가지가 휴리스틱과 알고리즘이다. **알고리즘** (algorithm)이란 규칙 적용을 통해 문제를 해결하는 방식으로, 문제해결에 필요한 규칙 적용에 충분한 시간과 노력만 투자하면 문제가 반드시 해결되는 방식이다. 예를 들어, 문자 수수께끼 해결에 이용될 수 있는 알고리즘 하나는 바른 단어(해결책)가 만들어질 때까지 모든 가능한 문자/낱자를 모든 가능한 위치에 집어넣어보는 방법이다. 수수께끼로 주어진 낱자가 *atc*라면 이 방법도 훌륭한 방법이 될 수 있다. 그러나 주어진 낱자가 *npisatmisaelndsoi*일 경우에는 이야기가 달라진다. 알고리즘을 제대로 적용하기만 하면 언제나 바른 해결책이 생성되기는 하지만 그것을 이용하는 데 드는 비용이 너무 크다. 알고 있겠지만, 인지는 언제나 그 계산 비용 때문에 한계점에 봉착할 수밖에 없다(제1장 참조). 'minimaxing'이라는 알고리즘을 이용하면 컴퓨터를 프로그램하여 완벽한 체스를 두게 할 수도 있다. 그러나 체스 말이 점할 수 있는 위치의 수가 너무 많다는 데서 문제가 발생한다. 그 수는 우리가 알고 있는 우주 속에 존재할 것으로 추정되는 분자의 수보다 더 많다.

두 번째 유형의 검색 방법은 휴리스틱으로 알려져 있다. **휴리스틱**(heuristic)은 소위 주먹구구식 문제해결 방법으로, 그럴듯한 해결책을 신속하게 그것도 저렴한 비용으로 마련해줄 수 있는 일반적인 전략을 일컫는다. 휴리스틱의 단점은 알고리즘과 달리 해결책을 보장하지 못한다는 점이다. 정해진 휴리스틱을 제대로 따른다고 해도 문제가 해결되지 않을 수도 있다는 뜻이다. 문자 수수께끼에 이용될 수 있는 휴리스틱 하나는 영어 단어에 자주 등장하는 낱자-열(예 : *-tion, dis-, -ism, -ness*)을 찾아보는 방법이다. 또 하나는 자주 나타나지 않는 낱자 조합(예 : *np, ii*)을 제거하는 방법이다. 또한 단어가 만들어지는 방식에 대한 지식[예 : 대개 음절은 자음-모음-자음(*pen*)으로 구성된다는 지식]을 이용하는 것도 휴리스틱에 해당

> 알고리즘이란 충분한 시간과 노력을 들여 그대로 따라만 가면 문제해결이 보장되는 규칙이다. 휴리스틱은 정확한 해결책을 보장하지는 못하지만 시간과 비용은 알고리즘에 비해 훨씬 적게 드는 전략이다.

한다. 그러나 문제해결에 이용되는 다목적 휴리스틱도 많다. 아래에서는 이들 중 몇 가지가 소개될 것이다.

후진 전략 문제에 따라 그 목표 상태에서 출발하여 시초 상태로 후진하는 것이 더 유용한 해결책일 경우도 있다. 예를 들어, 종이에 그려진 미로에서 가장 짧은 경로를 찾고자 할 때는 끝에서 출발해보면 더 쉽게 발견되기도 한다. 후진 작업이 도움이 되기도 하는 이유는 목표 상태에서 출발하면 하위목표가 보이기 시작한다는 데 있다. 목표 상태에서 시초 상태로 이어지는 일련의 하위목표를 맘속에 그려볼 수 있게 되면, 시초 상태에서 목표 상태로 이어지는 하위목표를 찾아내기가 쉬워질 수 있다.

그러나 후진 전략은 단 하나의 목표 상태가 분명하게 정의됐을 때만 유용하다(Wickelgren, 1974). 예컨대, 기하학의 증명 문제에서는 목표 상태가 정밀하게 진술된다. 따라서 문제공간 내의 입증돼야 할 목표 상태에서 후진 작업을 통해 불필요한 경로는 잘라내는 것이 유리할 수 있다. 다른 수학문제도 그 정답이 제공되어 있을 경우, 이런 식으로 접근해볼 수 있다. 이에 반해 체스는 목표 상태가 분명하지만 하나로 명시될 수 없는 문제에 해당한다. 목표는 상대의 왕이 어떠한 수도 쓸 수 없는 외통수를 두는 것이다. 그러나 그런 외통수를 둘 수 있는 조건(즉, 체스판 위에 말이 놓인 상태)이 하나뿐이 아니라 무수히 많다. 구체적인 하나의 목표 상태가 없기 때문에 체스나 장기 및 바둑에서는 후진 전략을 사용할 수가 없는 것이다.

유추 전략 유추 전략은 당면 문제와 과거에 해결해본 적이 있는 문제 간의 유사성을 활용하는 전략이다. 수학이나 통계학 문제를 풀 때 이 전략을 사용해보지 않은 학생이 없을 것이다. 기실 저명한 수학자 Polya(1957) 역시 이 전략을 강력히 추천했다. 이 전략은 과학이나 공학에도 적절한 전략이다. 이 경우, 주어진 과제와 비슷한 문제를 교과서에서 찾아내어 그 문제가 해결된 방식을 분석한다. 시험에서도 이와 같은 전략이 자주 이용된다. 시험에서는 비슷한 문제를 기억 속에서 찾아내야 한다는 점만 다르다.

Gick과 Holyoak(1980)은 그림 9.6에 제시된 문제를 이용하여 유추 전략이 어떻게 사용되는지를 연구했다. 이 문제는 형태주의 심리학자 Duncker(1945)가 통찰의 중요성과 문제를 구성하는 요소를 재조직하는 작업의 중요성을 검토하기 위해 만든 문제이다. Gick과 Holyoak의 실험결과는 Duncker의 결과와 같았다. "아하!"를 경험하고 그럴듯한 해결책을 도출해내는 사람이 거의 없었다. 사실 이 문제는 하찮은 문제가 아니다. 오늘날에는 AIDS 연구자들을 괴롭히고 있는 중대한 문제와도 관련돼 있다. Thomas(1992)는 자신의 저서 *The Fragile Species*에서 이렇게 설명하고 있다―우리는 어떻게 해서든 AIDS를 유발하는 레트로바이러스를 죽이면서 그 바이러스가 들어 있는 체세포는 손상시키지 않는 바이러스를 고안해내야만 한다. 여기서 읽기를 멈추고 먼저 Duncker의 방사성 문제를 풀어보기 바란다.

Gick과 Holyoak(1980)은 사람들이 이런 문제를 해결하기 위해서는 다른 문제와의 유사성을 찾아내어 당면 문제를 재조직해야 한다고 생각했다. 사람들이 이런 일을 할 수 있도록 돕기 위해 Gick과 Holyoak은 실험참여자들에게 그림 9.6에 제시된 공격-분산 문제를 먼저 풀어보라고 주문했다. 그리고 공격-분산 문제의 해결책이 방사선 문제를 해결하는 데도 도움이 될 수 있다는 힌트까지 제공했다. 여러분도 공격-분산 문제를 읽은 후 Duncker의 방사성 문제를 한 번 더 풀어보기 바란다. (답은 그림 9.7에 있다.) 방사선 문제를 하나만 따로 제시했을 때 그 문제를 해결한 사람은 참여자 중 8%에 불과했다. 그러나 힌트를 제공했을 때는 그 수치가 92%로 껑충 뛰었다(Gick & Holyoak, 1980). 거의 모든 참여자가 공격-분산 문제를 유추 전략에 이용했음이 분명했다.

Gick과 Holyoak(1980)의 연구에서 힌트가 제공되지 않은 조건에서는 참여자들이 공격-분산 문제의 적절성을 알아채지 못했다. 공격-분산 문제를 읽기만 하고 방사선 문제를 해결하려 한 참여자들은 거의 모두가 문제해결에 실패했다. 이 사실에서 우리는 추상적인 유사성을 알아차리는 것이 어려운 문제를 해결하는 데 매우 중요함에도 불구하고 사람들은 그런 유사성을 쉽게 알아채지 못한다는 교훈을 얻는다.

그런데 사람들은 문제 간 표면적 유사성을 쉽게 발견하는 것 같다. 그러나 표면적 유사성 발견은 문제해결에 별로 도움이 되지 않는다. 예를 들어보자. Ross(1987)는 특정 원리(예 : 조건확률을 계산하는 알고리즘)를 이용하여 통계학 문제를 푸는 방식을 참여자들에게 가르쳤다. 특정 원리를 가르칠 때 이용된 예는 구체적인 맥락(예 : 일기예보) 속에 제시되었다. 그런 후, 일기예보와 관련된 새로운 문제를 제시했을 때(이 문제에는 앞서 배웠던 것과는 다른 추상적인 통계학 원리가 적용돼야 했다), 참여자들은 엉뚱하게도 앞서 제시됐던 보기(예)에서 유사성을 끌어내곤 했다. 참여자들이 올바른 원리를 적용하지 못한 것은 새로 제시된 문제와 앞서 보기로 든 문제와의 표면적 유사성 때문인 것으로 드러났다. 정확한 유사성을 도출해내는 것은 매우 유용한 휴리스틱인데도 사람들은 그런 전략을 쉽게 사용하지 못하고 있는 것이다.

수단-목적 분석 전략 수단-목적 분석(means-end analysis) 전략은 광범하게 적용할 수 있고 또 인

그림 9.6 방사선 문제와 해결 도우미

방사선 문제와 해결 도우미

어떤 환자의 위에서 악성 종양이 자라고 있다. 이 환자는 수술을 받을 수 없는 상태인데, 종양을 없애지 않으면 죽음을 면할 수 없는 상태이다. 이 종양을 없앨 수 있는 방사선이 없는 것은 아니다. 충분한 강도의 방사선 여럿을 동시에 그 종양에 투사하면 그 종양을 파괴할 수 있다. 문제는 그 강도가 매우 강하여 이렇게 투사한 방사선이 종양에 다다르기 전에 거치게 되는 건강한 조직이 모두 파괴된다는 점이다. 물론 강도를 낮추면 건강한 조직에는 피해가 없지만 종양 또한 파괴할 수 없게 된다. 이 방사선을 어떻게 사용하면 건강한 조직에는 해를 가하지 않고 종양만 파괴시킬 수 있겠는가?

공격-분산 문제

조그마한 나라를 통치하는 독재자가 있다. 이 독재자는 튼튼한 요새에서 근무한다. 나라의 중심부에 자리 잡고 있는 그 요새는 농장과 마을로 둘러싸여 있다. 그 요새에서 나오는 여러 길이 바퀴의 살처럼 사방팔방으로 뻗어나 있다. 큰 부대를 지휘하는 장군 1명이 봉기하며, 요새를 점령한 후 독재자를 체포하여 국가를 독재자의 지배에서 벗어나게 하겠다고 맹세했다. 그 장군은 자신의 부대원 모두가 동시에 그 요새를 공격하면 그 요새를 점령할 수 있다는 사실을 알고 있었다. 이 장군은 요새에서 뻗어나온 길 하나를 선택하여 자기의 모든 부대원을 그 길 끝에 모이도록 했다. 공격을 준비하는 중이었다. 그런데 적지에 보낸 첩자가 좋지 않은 정보를 가지고 왔다. 그 교활한 독재자가 요새로 들어오는 모든 길목에다 지뢰를 묻어두었다는 정보였다. 그런데 그 독재자도 자기의 부대원과 일꾼들을 요새로 드나들게 해야 했기 때문에 지뢰를 묻을 때 적당한 간격을 두어 소규모 집단은 안전하게 통과할 수 있도록 설치했다는 것이었다. 그러나 대규모 병력이 함께 이동하면 지뢰가 폭파될 수밖에 없다는 것이었다. 그렇게 되면 길을 못 쓰게 될 뿐 아니라 독재자는 그에 대한 보복으로 많은 마을을 파괴해버릴 것이다. 따라서 이 장군은 모든 병력을 출동시키는 총공격을 펼칠 수가 없는 상태였다.

출처 : Gick, M. L., & Holyoak, K. J., Analogical problem solving. *Cognitive Psychology, 12,* 306–355, copyright © 1980. Elsevier 허락하에 재인쇄.

그림 9.7 방사선 문제의 해결책과 공격–분산 이야기

문제의 해결책
방사선 문제의 해결책
방사선을 하나하나로 나누고 그 강도를 살아 있는 조직에 해를 미치지 않을 정도로 낮춘다. 그리고 종양을 중심으로 몸통을 돌아가며 상이한 위치에다 이들 방사선을 하나씩 위치시킨다. 그런 후, 모든 방사선을 동시에 투사하면 종양 파괴에 충분한 강도의 방사선이 종양에 집중된다.
공격–분산 문제의 해결책
장군은 어떻게 대처해야 할지를 정확하게 알고 있었다. 그는 부대원을 소집단으로 나누어 각 집단을 상이한 도로 끝에 배치시켰다. 출동 준비가 완료된 후에는 모든 부대원에게 출동명령을 내려 각각의 길을 따라 요새로 진군하게 했다. 모든 부대원을 같은 시각에 요새에 도착하게 함으로써, 총공격을 감행할 수 있었고, 그 결과 요새를 함락할 수 있었다.

출처 : Gick, M. L., & Holyoak, K. J., Analogical problem solving. *Cognitive Psychology, 12*, 306–355, copyright © 1980. Elsevier 허락하에 재인쇄.

공지능(AI) 시뮬레이션에서는 프로그램으로 작성하기도 용이한 휴리스틱이다. 앞서 소개한 다목적 문제해결사(GPS)에 이용된 검색 전략도 수단–목적 분석 전략이었다. GPS는 하노이 탑 문제만 해결할 수 있는 게 아니라 논리 문제, 대수 문제, 미적분 문제도 풀 수 있다(Ernst & Newell, 1969; Newell & Simon, 1972). 수단–목적 분석이란 자신의 현재 상태와 목표 상태를 비교하여 그 차이를 줄이는 데 필요한 수단/조작행동을 찾는 작업을 일컫는 말이다. 이 분석 결과 적법한 조작행동을 적용할 수 없는 것으로 드러나면, 현재 상태와 목표 상태를 비교분석 하는 작업이 반복된다. 다시 말해, 이 전략을 운용한 결과 조작행동 1을 적용할 수 있는 상태(처음에 하려고 했던 그 일)로 가기 위해 조작행동 2를 적용해야 할 필요성이 발견되었을 수 있다는 말이다. 따라서 이 비교분석 과정은 반복적(recursive) 과정이다. 현재 상태와 목표 상태를 비교하고 그 괴리를 줄일 수 있는 조작행동을 찾는 작업, 즉 하위목적을 설정하고 그 하위목적을 달성하는 방법을 찾아내는 작업을 최종 목표상태로 가는 경로를 찾아낼 때까지 반복한다는 뜻이다.

Newell과 Simon(1972)은 GPS에 사용된 수단–목적 분석 전략을 다음과 같이 묘사했다.

1. 만약 주어진 물체가 원하는 물체가 아니면, 그 주어진 물체와 원하는 물체 사이에 차이가 발견될 것이다.
2. 조작행동은 조작대상의 속성 중 일부에만 영향을 미치고 나머지는 그대로 둔다. 따라서 조작행동의 특징은 그 조작행동이 야기하는 변화로 정의될 수 있으며, 그 조작행동이 적용된 물체와 원하는 물체 사이의 차이를 줄이려는 작업에 이용될 수 있다.
3. 만약 바람직한 조작행동을 적용할 수 없으면, 그 조작행동을 적용할 수 있도록 조작하려는 대상을 수정하는 게 득이 될 수 있다.
4. 차이는 경우에 따라 제거하기 어려운 것도 있고 쉬운 것도 있을 것이다. 그러므로 제거하

기 어려운 차이를 제거하려고 시도하는 것은 비록 그 때문에 덜 어려운 차이가 새롭게 생성되더라도 득이 된다. 이 공정은 진전이 보다 어려운 차이를 제거하는 방향으로 전개되는 한 반복될 수 있다(p. 416).

수단-목적 분석 전략이 적용되는 경우를 살펴보기 위해, Luchins(1942)가 맨 처음 분석했던 물동이 문제를 고려해보자. 지금 눈앞에는 그 용량이 다음과 같은 3개의 물동이가 있다고 하자.

물동이 A : 8리터

물동이 B : 5리터

물동이 C : 3리터

물동이 A에는 물이 가득 차 있고 물동이 B와 C는 비어 있다. 이들 물동이를 가지고 어떻게 하면 물동이 A와 B를 각각 4리터의 물로 채울 수 있을까? 물동이에는 눈금이 없기 때문에 물동이에 담긴 물을 옮길 때는 받는 물동이를 가득 채우거나 비우는 물동이를 완전히 비우는 수밖에 없다.

GPS는 이 문제에 접근할 때 물동이 A와 B에 현재 담겨 있는 물의 양과 최종적으로 담겨 있어야 할 물의 양을 비교하는 일로 시작한다(그림 9.8 참조). 그런 후 시초 상태(현재 상태)와 목표 상태 간 차이를 줄일 수 있는 조작행동을 모색한다. 맨 처음 적용할 수 있는 수(조작행동)를 고려해보자. GPS가 적용할 수 있는 수(조작행동)는 두 가지다. 한 수는 물동이 A의 물을 물동이 B에다 가득 붓는 수(행동)이다. 이 조작행동은 물동이 A에는 3리터의 물을 남기고 물동이 B에는 5리터의 물이 담겨 있는 상태를 초래한다. 이 수를 쓰고 난 다음의 총 차이는 2리터다. 다시 말해, 물동이 A에는 아직도 물 1리터가 모자라고 물동이 B에는 이미 1리터가 남는 상태가 된다.

> 문제해결에 이용되는 다목적 휴리스틱에는 목표 상태에서 시초 상태를 찾아가는 후진 전략, 해결책을 알고 있는 비슷한 문제를 찾아 이용하는 유추 전략, 그리고 목표 상태로 이동하는 수단을 찾아 이용하는 수단-목적 분석 전략 등이 있다.

적법한 조작행동(수) 두 가지 중 다른 한 수는 물동이 A의 물로 물동이 C를 채우는 행동이다. 이 수는 물동이 A에는 물 5리터가 남아 있고 물동이 C에는 3리터가 차 있는 상태를 초래한다. 물론 물동이 B는 비어 있는 상태다. 그러므로 이 수를 둔 후에 남는 총 차이는 5리터가 된다. 물동이 B에서는 4리터가 모자라고 물동이 A에서 1리터가 남는 상태이므로. 여러분 같으면 어떤 수를 두겠는가? 두 번째 수의 결과로 남는 차이가 첫 번째 수의 결과로 남는 차이보다 목표 상태에서 더 멀기 때문에 수단-목적 분석 전략(휴리스틱)을 따르면 첫 번째 수, 그러니까 물동이 A의 물을 물동이 B에 붓는 행동을 선택하게 된다.

이 질문을 연구한 Atwood와 Polson(1976)은 대학생들의 십중팔구는 물동이 A의 물을 물동이

C에 붓는 수보다 물동이 B에 붓는 수를 선호한다는 사실을 발견했다. 거의 모든 사람들이 수단-목적 분석 전략이 지적하는 수를 선택했다는 이 사실은 GPS가 인간의 행동을 어느 정도는 모사한다는 증거가 된다. 사람들이 수단-목적 분석 전략을 자신도 모르는 사이에 이용한다는 또 하나의 강력한 증거는 문제공간의 뒤쪽 지점에서 제공된다.

물동이 문제의 해결 경로 중 하나가 그림 9.8의 오른쪽에 그려져 있다. 상태 (11)에서는 물동이 B의 물을 물동이 C에다 부어야만 한다. 이 수(조작행동)의 결과는 물동이 B에 4리터의 물이 담겨

그림 9.8 물동이 문제에서 목표 상태로 가는 여러 가지 경로. 각 상태는 물동이 A, B, C의 내용을 보여준다. 각각의 상태 사이에는 한 물동이에서 다른 물동이로 물을 옮기는 방향이 그려져 있다.

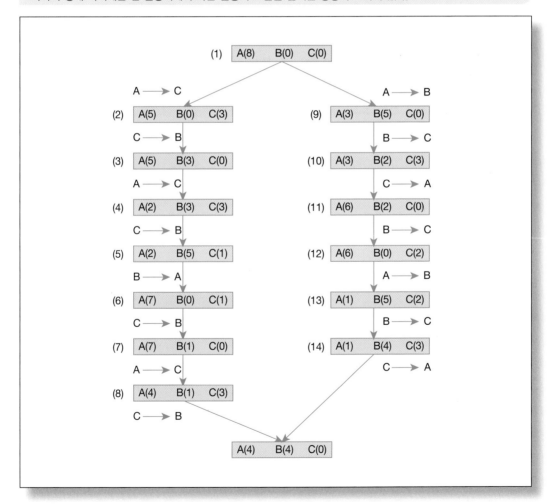

출처 : Atwood, M. E., & Polson, P. G., A process model for water jar problems. *Cognitive Psychology, 8*, 191–216. Copyright © 1976. Elsevier 허락하에 재인쇄.

있어야 하는 목표 상태로부터 더 멀어지는 상태를 초래한다. 따라서 이 수는 수단–목적 분석 전략의 행동원칙에 위배되는 수(조작행동)이다. Atwood와 Polson(1976)에 의하면 절반 이상의 참여자들이 여기서 머뭇거리며, 수단–목적 분석 전략도 범했을 실수, 즉 먼저 물동이 A의 물을 물동이 C에 부어보는 실수를 범했다.

영역 구체적 지식과 메타인지

지금까지 고려됐던 일반적인 문제해결 모형은 범용 검색 전략과 문제표상 절차에만 의존하고 있었다. 인간이 진화하면서 광범한 영역의 문제를 해결할 수 있는 능력이 필요해졌다. 때문에 사람들은 다양한 문제에 적용할 수 있는 다목적용 전략(휴리스틱)을 개발했을 것이라는 가정을 해볼 수 있다. 하나의 범용 인지시스템으로 음식물 확보, 전쟁 기획, 대피소 구축, 그림 그리기 등등 다양한 과제를 해결할 수 있었다면, 이들 각 영역의 문제를 해결하기 위한 개별 시스템(전략)을 고안할 필요가 없었을 것이다. 또한 GPS 같은 하나의 인공지능(AI) 모형도 컴퓨터 과학, 로봇 공학, 공학 등 실세계의 기술적 문제를 해결하는 데 유용할 것이라는 희망을 품는 것도 무리는 아닐 것이다. 만약 범용 프로그램으로도 자연환경 속을 활보하는 로봇이 해결해야 하는 다양한 문제를 해결할 수만 있다면 굳이 특정 문제만을 해결하는 모형을 만들 필요가 없을 것이기 때문이다.

지식과 힘 수십 년에 걸친 연구결과, 인간지능 및 인공지능에 대한 보편적인 견해 이상의 것이 필요한 것으로 드러났다(Glaser, 1984). 첫째, 구체적인 영역에 관한 지식이 언제나 일반적 전략을 보완하는 것으로 밝혀졌다. 문제를 표상하는 방식과 문제공간을 검색하는 방식에 관한 깨달음이 영역 구체적 지식에 의해 촉진된다는 뜻이다. 예컨대, 영역 구체적인 문제를 많이 해결해본 과거의 경험은 유추 전략에 이용될 수 있는 많은 구체적인 사례를 제공한다. 또 다른 예로는 바둑판에 놓은 바둑알의 위치에 관한 기억은 하수보다 고수가 훨씬 우수하다(Chase & Simon, 1973). 이는 고수의 기억력이 하수보다 좋아서 벌어지는 일이 아니다. 행마법에 관한 세밀한 지식 덕분에 고수는 정보를 묶음으로 기억하는 전략에서 훨씬 뛰어났을 뿐이다.

이 능력은 Chi(1978)의 연구에서 극적으로 입증되었다. Chi는 체스를 상당히 잘 두는 10세 아동들과 체스를 전혀 모르는 어른들의 행동을 분석해보았다. 숫자폭 검사에서는 어른들의 점수가 훨씬 높았다. 그러나 체스말의 위치에 관한 검사에서는 반대의 현상이 벌어졌다. 어린아이들은 영역 구체적 지식만으로도 마치 기억전문가처럼 행동했다. 생각을 하고 또 문제를 해결해야 하는 상황에서는 아는 게 힘이라는 사실을 입증한 연구는 이 밖에도 많다(Glaser, 1984; Larkin, McDermott, Simon, & Simon, 1980). 둘째, 아이들은 성장과 학습을 통해 일반적 전략(휴리스틱) 이상의 것 그리고 영역 구체적 지식 이상의 것을 터득한다. 생각을 하는 동안 자신이 하는 생각을 감독하는 것도 배우고 자신이 알고 있는 것을 반성하는 법도 배운다. 자신의 머릿속에서 벌어지는 인지활동과 지식의 상태를 감시(monitoring)하는 일을 **메타인지**(metacognition)라 한다. 인지에 관한 인지 또는 생각에 관한 생각이라는 뜻이다. 메타인지 기능은 문제를 해결하는 동안에 전개되어야 하는 감시활동에 특히 도움이 된다. 비생산적인 문제표상 방법이나 비생산적인 문제공간 검색법을 포기하고 다른 방법을 찾아보는 일이 벌어지기 위해서는 일이 잘못되고 있다는 사실에 대한 자각이 있어야 하기 때문이다. 생각을 잘 하는 사람들은 문제를 해결하는 중에 자신의 노력을 평가할 줄 알고 또 문제를 해결한 다음에는 언제나 자기가 터득한 것을 확고하게 만들 줄 안다(Hayes, 1989). 생각을 잘 하지 못하는 사람들은 이런 메타인지 기능이 부족하다.

물리학에서의 사례 물리학 문제를 해결하는 방식에서 나는 전문가와 초보자의 차에 대한 연구를 예로 들어보자. 연구에 이용된 문제는 초보자도 해결할 수 있는 문제였다. 여기서 말하는 초보자란 고등학교 때 물리학을 공부했고 또 대학에서는 한 학기 정도 물리학을 공부한 학생을 일컫는다. 그리고 전문가는 물리학 박사학위를 가진 사람들로 연구와 수업의 일환으로 정기적으로 물리학 문제를 푸는 사람들을 일컫는다. 실험에 이용된 문제 중 하나는 경사면을 미끄러져 내려가는 물체가 그 경사면의 끝 지점을 통과할 때의 속도를 구하는 것이었다. 일반적으로 문제는 한 문단을 읽고 주어진 정보와 계산해내야 하는 정보를 찾아내야 하는 서술 문제로 제시되었다. 참여자들에게는 이렇게 제시된 문제를 풀어가는 동안 자신의 머릿속에 떠오르는 생각을 말로 표현하게 하고 그 결과(프로토콜)를 기록했다. 수집된 프로토콜을 분석한 결과 초보자와 전문가는 영역 구체적 지식뿐 아니라 메타인지에서도 달랐다.

첫째, 전문가는 공식을 평가하기 전에 문제부터 꼼꼼히 생각한다(Glaser & Chi, 1988). 초보자에 비해 전문가는 문제를 연구하고 여러 가지 대안을 심사숙고하는 작업을 좋아한다. 초보자에 비해 지식이 훨씬 더 풍부하여 보다 많은 접근법이 가용하기 때문일 것이다. 그러나 문제를 연구하는 데 더 많은 시간을 보내는 것은 단지 지식이 많기 때문만은 아니다. 과제에 활용하는 메타인지의 통제범위가 훨씬 넓기 때문이기도 하다. 사실 전문가들은 문제를 먼저 연구한 다음에는 수학공식이 포함되지 않은 간단한 다이어그램을 그려보는 경향성이 매우 강하다. 전문가들은 문제를 최대한 단순하게 해주는 전략을 선택하기 위해 노력한다. 그렇게 함으로써 계산에 시간과 노력을 투자하기 전에 여러 가지 대안을 검토한다.

둘째, 전문가들은 이론, 공식, 사실, 원리를 효과적으로 기억하고 있으며 필요할 때는 이들을 체계적으로 조직하는 전략까지 개발해두고 있다. 전문가들의 지식 구조는 초보자들의 지식 구조보다 풍부할 뿐만 아니라 조직도 더 잘 되어 있다. 그렇기 때문에 전문가들은 문제를 초보자들과는 다르게 지각/인식한다(Chi, Feltovich, & Glaser, 1981). 서술해놓은 문제를 읽을 때 전문가들의 머릿속에서는 해결에 필요한 적절한 스키마가 금방 떠오르게 된다.

Chi 등(1981)은 지식 구조의 역할을 연구하기 위해 전문가와 초보자들에게 물리학 문제를 범주로 분류해보라고 주문했다. 초보자들은 물리적 속성에 따라 경사면과 관련된 문제, 스프링과 관련된 문제, 또는 자유낙하 물체와 관련된 문제 등으로 분류했다. 초보자들은 분석의 표면적 차원에서 문제를 바라보았다. 예를 들면, 그림 9.9에 그려놓은 두 문제의 다이어그램은 Chi 등의 연구에 참여한 초보자들이 같은 범주에 포함시켜놓은 것이다. 이 두 문제는 모두 경사면이 포함돼 있다는 점에서 서로 관련된 문제인 것처럼 보인다. 그러나 유사성은 외견상 속성일 뿐이다. 이 두 문제를 해결하는 절차는 크게 다르다.

> 특정 영역의 전문성은 두 가지 방식으로 문제해결을 돕는다. 첫째, 영역 구체적 지식은 문제를 표상하고 해결하는 일반적 방법을 보완해준다. 둘째, 전문성은 문제해결의 과정에 메타인지성 통제력을 제공한다.

이에 반해, 전문가들은 훨씬 깊은 이론적 차원에서 관련 원리나 법칙을 찾아낸다. 예컨대, 뉴턴의 운동법칙 각각에는 일군의 문제가 포함되어 있지만 이들 문제는 표면상으로는 전혀 다르게 보인다. 또 다른 보기로 그림 9.10에 그려놓은 문제 2개를 고려해보자. 이 둘은 에너지 보존의 법칙을 적용하면 풀리는 문제들이다. 두 문제 중 한 문제에는 경사면이 포함되어 있고 다른 문제에는 스프링이 포함되어 있는데도, Chi 등(1981)의 연

그림 9.9 물리학 초보자들이 동일 범주로 묶어놓은 두 문제의 다이어그램과 그에 대한 설명

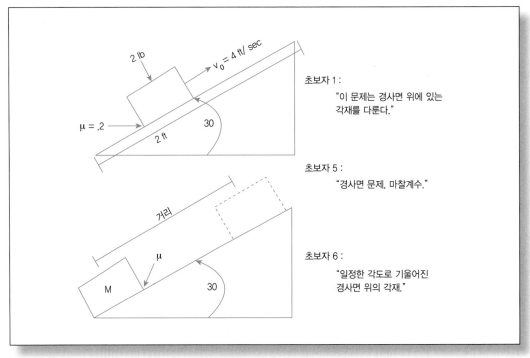

출처 : Chi, Feltovich, & Glaser (1981). Lawrence Erlbaum Associates, Inc 허락하에 재인쇄.

그림 9.10 물리학 전문가들이 동일 범주로 분류한 두 문제의 다이어그램과 그에 대한 설명

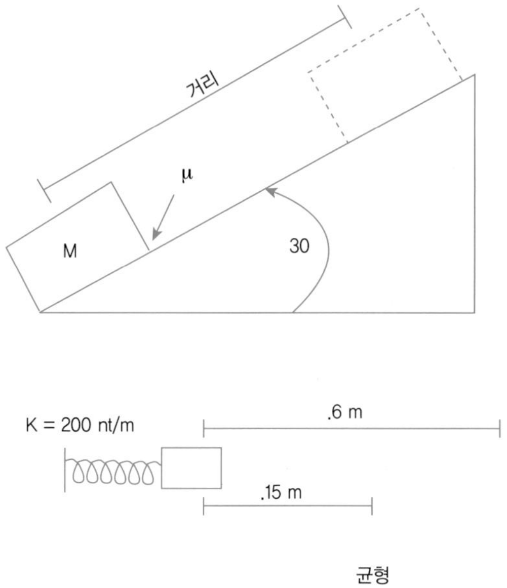
거리
μ
M
30
K = 200 nt/m
.6 m
.15 m
균형
전문가 2 :
"에너지 보존."
전문가 3 :
"작업 에너지 공리 :
모두 간단한 문제야."
전문가 4 :
"에너지를 고려하면
해결될 문제야.
에너지 보존의 법칙을
알면 되는데, 모르면
힘들 거야."

출처 : Chi, Feltovich, & Glaser (1981). Lawrence Erlbaum Associates, Inc 허락하에 재인쇄.

구에 참여한 전문가들은 이 둘을 어렵지 않게 관련된 문제로 분류했다. 전문가들에게 중요한 건 표면적인 특징이 아니라 이론적 원리였다는 뜻이다.

지식이 체계적으로 조직되었을 때 나타나는 또 다른 특징으로는 전문가가 구사하는 전략은 초보자가 구사하는 추리 전략과 다르다는 점이다(Larkin et al., 1980). 초보자는 각재(block)가 경사면의 맨 끝에 있을 때의 속도 같은 미지수(알려지지 않은 양)부터 고려할 가능성이 크다. 그런 미지수에서 시작하여 주어진 값(기지수)으로 진행하는 후진 작업을 시도한다. 즉, 미지수가 들어 있는 등식부터 찾는다. 찾아낸 등식에 또 다른 미지수가 있으면, 그 문제를 해결해줄 또 다른 등식을 찾는다. **후진 추리**(backward chaining) 전략으로 알려진 이 절차는 문제에서 주어진 정보가 들어 있는 등식이 발견될 때까지 계속된다.

전문가는 전진형으로 추리한다. 문제를 두고 심사숙고하고 질적 다이어그램까지 그린 후에는 주어진 정보를 즉각 사용하는 등식을 찾는다. 이 등식을 이용해 계산한 결과는 다음 공식에 대입할 수 있는 또 하나의 정보가 된다. 이러한 **전진 추리**(forward chaining) 전략은 미지의 값인 속도를 구해 문제가 해결될 때까지 계속된다. 전문가들은 주어진 문제를 금방 해결할 수 있겠다는 생

각이 들 때마다 전진 추리 전략을 사용한다. 결국 이런 전진 전략이 훨씬 효율적 전략으로 부상한다. 초보자들이 문제해결에 투자한 시간의 반의반만 투자하는데도 문제가 해결되기 때문이다.

창의성

인지심리학자들은 생산적 사고 또는 창의적 사고에 관해 무슨 말을 할 수 있을까? 많은 말을 할 수는 있겠지만, 다른 사고과정에 비해 창의적 사고에 대한 실험실 연구는 턱없이 부족한 편이다. 작문, 작곡, 건축 설계, 컴퓨터 프로그래밍, 공학 설계, 그림, 조각 등이 창의적 사고를 필요로 하는 대표적인 과제에 속한다. 하지만 이들은 그런 과제 중 극히 일부에 해당한다. 우리는 이제 막 이들 과제를 연구하고 이해하기 시작했다. 그러나 최근 와서는 창의성에 대한 인지심리학자들의 관심도 크게 확장되고 있다(Runco, 2004).

먼저, 중요한 사실부터 하나 언급하기로 하자. 창의적 사고는 좌반구와 우반구 모두를 필요로 한다. 그런데도 창의적 사고는 우반구 주도적으로 전개된다는 오해가 널리 퍼져 있다. 우반구는 주로 시각-공간정보를 처리하는데 반해 좌반구는 주로 언어를 처리한다(Ornstein, 1997). 그림 같은 많은 창의적 예술품이 우반구의 특수성에 의존하는 건 사실이다. 그러나 글로 인쇄된 제품은 좌반구의 특수성에 의존한다고 할지라도 소설을 쓰는 일 또는 교과서를 쓰는 일까지도 창의성을 필요로 한다. 더욱이 주어진 과제는 그것이 그림이든 작문이든 어문적 정보의 순차처리와 시각-공간정보의 동시처리의 도움을 받는다. 기실, 생산형 사고의 요구특성은 좌반구와 우반구 모두의 활동이 반드시 고려되어야만 함을 보여주는 완벽한 보기에 해당한다. 창의적 활동이 이루어지기 위해서는 좌반구는 물론 우반구도 활동해야 하며 또 좌우 반구의 활동이 통합되어야만 한다(Katz, 1997). 창의적 사고는 한쪽 반구의 활동만으로 전개되기에는 너무나 복합적인 활동이다.

역사적 창의성 대 과정의 창의성

사회적으로 가치가 있다고 칭찬받는 천재적인 활동을 역사적 창의성(historical creativity)이라고 한다. 이 정의에 따르면, 역사적 창의성은 동서고금을 통틀어 신기한 아이디어를 생성하는 능력을 일컫는다(Boden, 1992). 창작자는 다른 사람들에 의해 평가받을 수 있는 작품(그 사람의 아이디어를 구현한 가시적 산물)을 만들어낸다(Sternberg, 1988). 예술 작품이나 물리학 이론의 공식을 고려해보자. 석굴암, 모나리자, 열역학 법칙, 일반 상대성 이론과 특수 상대성 이론 등이 역사적으로 창의적인 작품에 해당한다.

Hayes(1989)는 인간이 만들어낸 작품이 창의적 작품으로 인정받기 위해서는 세 가지 준거를 충족시켜야 한다고 주장한다. 첫째, 새롭거나 독특해야 한다. 이 준거는 창의성에 대한 우리의 일상적인 논의에도 그리고 앞서 만났던 재생형 사고와 생산형 사고 간 차이에도 함축돼 있는 특성이다. 둘째, 작품이 어떤 맥락에서든 유용한 것으로 판단돼야 한다. 유용성의 의미는 맥락에 따라 달라질 수 있다. 병따개는 일상의 문제를 해결하는 데, 원소 주기율표는 화학반응

일반적으로 사람들은 누구나 일상의 문제를 해결할 때 창의적인 생각을 할 수도 있다. 그러나 그런 활동이 역사적 의미에서 창의적 활동으로 인정받기에는 문제가 너무 사소하며 해결책의 창의성도 너무 빈약하다.

을 이해하는 데, 그리고 미켈란젤로의 조각 David는 미적감각을 자극하는 데 유용할 수 있다. 다채로운 개념이긴 하지만 많은 예술가, 발명가, 과학자, 철학자가 이 준거를 충족시키는 데 실패했다. 그들의 작품은 새롭기는 했지만 전혀 쓸모가 없었다는 뜻이다. 어떤 작품이든 과거와 현재를 연결시켜주거나 문화적 맥락에서 적절한 자리를 발견했을 때 창의적인 작품으로 인정될 기회가 생기는 것이다. 이런 평가를 받기 위해서는 창작자가 가진 시간보다 더 오랜 시간을 기다려야 할 수도 있다. 어떤 작품은 그 창작자가 죽은 후에야 창의적인 작품으로 칭찬을 받기도 한다. 셋째, 작품이 그 창작자가 지닌 특별한 능력이나 재주에 의해 생성된 것이어야 한다. 신기함과 유용성 그리고 재능이라고 하는 창의적 작품에 대한 Hayes의 준거를 수용하면, 창의성이 무엇인가라는 문제에 대한 답이 문화적 관점에 따라 크게 달라진다.

Boden(1992)과 Sternberg(1988)는 이러한 난처함을 해결하기 위해 창의의 과정도 그 산물만큼 중요하다고 지적했다. 그 과정이 신기한 아이디어를 내놓기만 하면 그 사람이 어떻게 그런 깊은 안목을 갖추게 되었는지를 명시하는 일도 중요하다는 뜻이다. 과정의 창의성을 따질 때는 그 아이디어의 유용성이나 천재성에 대한 다른 사람들의 판단은 전혀 중요하지 않다. 기실 사회적 관점만 고려하면 그 아이디어가 신기하고 하지 않고는 아무런 문제가 되지 않는다. 예를 들어, 2명의 과학자가 서로 아무런 연락 없이 암 치료제를 개발했다고 해보자. 그 과정만 따지면 둘 다 창의적이다. 그러나 역사적으로는 그중 1명만 창의적 인물로 기록될 것이다.

창의의 과정

창의의 과정은 4단계를 거친다고 알려져 왔다(Wallas, 1926). 준비(preparation) 단계인 첫 단계에서는 공부하고 학습하고 해결책을 만들어내는 등 창작을 위한 노력이 벌어진다. 예를 들어보자. 여러분은 그림 9.2에 제시된 점 아홉 문제를 해결하기 위한 시도를 몇 번이나 해봤는가? 누구든 그 문제를 풀려는 생각을 해보지도 않고 또 다음 단계를 위한 준비를 하지도 않은 채 그 문제를 풀었을 가능성은 희박하다. 사회적인 칭찬을 받을 만한 작품을 창출할 수 있기 위해서는 오랜 시간의 교육을 받아야 할 뿐 아니라 특출하기 위한 의도적 노력도 해야만 한다. 어떤 분야에서든 그런 준비 단계에 10년은 투자해야 하는 것 같다. 기말 보고서의 주제를 찾아내는 일, 개인적인 문

제의 답을 모색하는 일, 또는 화단에 어떤 씨앗을 어떻게 뿌려야 일 년 내내 아름다운 꽃을 가까이 두고 볼 수 있을지를 궁리하는 일 등 일상의 창의적 활동에서도 준비가 중요한 건 마찬가지다. 다만 이러한 경우에는 준비 단계를 포함한 창작과정 전체가 짧을 뿐이다.

주요 창작작업에서는 준비가 철저해야 하기 때문에 누구든 가족은 물론 친구, 스승, 또래의 격려를 받아야 한다(MacKinnon, 1978; Simonton, 1988). 이 준비 단계에서는 사회, 경제, 문화적 지원도 중요한 역할을 한다(Hayes, 1989; Ochse, 1990). 공식적, 비공식적 교육에 필요한 재정적 사회적 지원도 없고 또 창의적 업적을 높이 평가하는 문화적 배경도 없으면, 창의적 잠재력도 시들고 만다. 어떤 국가에서든 창의적 잠재력이 가장 중요한 자원이기 때문에 모든 국민의 창의적 잠재력을 제고하려는 정책을 펼치지 않는 일보다 더 무모한 일은 없다(Mumford & Gustafson, 1988; Taylor & Sacks, 1981).

창의과정의 두 번째 단계에 해당하는 **부화**(incubation)는 문제를 잠시 제쳐두고 다른 일을 해보는 단계를 일컫는다. 부화 단계는 그 모양과 기간에서 크게 다를 수 있다. 중대한 창의적 프로젝트를 두고 일을 할 때는 휴가를 이용한 부화를 꾀하기도 한다. 그리고 통계학 문제와 같은 특히 어려운 문제와 씨름할 때는 샤워를 하거나 산보를 하거나 가벼운 외식을 통해 부화를 꾀할 수도 있다. 이들 모든 경우, 준비 단계의 초점에 있던 문제/과제와는 다른 것(그것이 무엇이든)에 대한 생각을 한다는 점을 주목하자. 부화를 조장하는 또 다른 방법으로 수면을 취하기도 한다. 꿈과 관련된 REM 수면도 심지어는 REM이 아닌 서파 수면도 문제가 뇌에서 부화되는 기회를 제공할 수 있다.

세 번째 단계는 **깨달음**(illumination)이다. 당면 문제의 본질 또는 해결책이 갑자기 의식을 사로잡는 일, 즉 "아하!"라는 느낌으로 기쁨이 넘치는 단계를 일컫는다. 여러분은 점 아홉 문제를 풀 때 이런 깨달음 단계를 경험했는가 아니면 중도에 포기했는가? 다음 그림 9.13은 점 아홉 문제의 답을 보여준다. 깨달음은 문제공간을 탐색하는 조작행동의 방향을 엉뚱한 곳으로 향하게 하는 마음가짐(mental set)이 바뀌는 일일 수도 있다. 깨달음은 오래 지속되지 않고 순식간에 벌어지는 일이기 때문에 자세한 해결책을 제공하지는 않는다. 그다음 단계인 실증 단계를 거쳐야 문제가 해결된다. **실증**(verification) 단계는 통찰 단계에서 생성된 개략적인 해결책을 구체적으로 분석하고 세밀하게 검토하는 일이 벌어지는 단계이다. 터득한 통찰로 수용할 만한 해결책이 생성되지 않을 수도 있다. 창작작업은 터득한 깨달음/통찰이 작문, 계산, 조각, 그림, 설계, 구축과 같은 힘든 노작을 통해 실증될 때에 완성된다.

최근의 한 연구에서는 창의적 문제해결에 필요한 부화의 구체적인 종류를 자세하게 탐색해보았다(Cai, Mednick, Harrison, Kanady, & Mednick, 2009). 이 연구진은 RAT(Remote Association Test)라고 하는 창의력 검사를 이용하였다. RAT의 각 문항은 그 의미로 보아 전혀 무관해보이는 단어 3개와 네 번째 단어를 적을 공란(예 : COOKIES, SIXTEEN, HEART, _____)으로 구성되어 있다. 피검자의 과제는 이들 3개의 단어를 관련 지을 고리로 작용하는 네 번째 단어를 생각해내는 것이다. 이 예문의 경우, 정답은 SWEET인데 그 이유는 복합어 *sweetheart*, *sweet sixteen*이

> 창의적 문제해결의 네 단계는 준비, 부화, 깨달음, 실증으로 구성된다.

라는 구(특히, 미국과 캐나다에서는 여자아이가 16세가 되면 성인이 된다고 생각한다), 그리고 cooky는 달다(*cookies are sweet*)라는 말이 만들어지기 때문이다. RAT는 3개의 단어를 보고 금방 떠오르는 연상어를 생성하는 능력이 아니라 창의적인 해결책을 생각해내는 능력을 측정하는 검사이다.

　Cai 등(2009)의 연구에서는 참여자들에게 아침 9시에 RAT를 실시한 후, 단어유추력 검사까지 실시했다. 이 유추력 검사는 경우에 따라 RAT 검사의 해결책을 조장할 수도 있었다. 예컨대, (CHIPS : SALTY = CANDY : S＿＿＿)이라는 유추력 검사문항에 정답을 적은 피검자의 경우 맘속 사전에 등록돼 있는 SWEET라는 단어가 활성화되었을 것이다. 이 두 검사를 마친 피검자는 실험실에서 나간 후 오후 1시에 돌아와 오수를 취하거나 조용히 휴식을 취하였다. 오수 집단에 배치된 참여자들은 침대에 2시간까지 누워 있었고 최대 90분까지 잠을 잘 수 있었다. 휴식 집단에 배치된 참여자들은 90분 동안 기악곡을 들었다. 참여자들이 이렇게 수면 또는 휴식을 취하는 동안 그들의 뇌파(EEG)를 관찰하여, REM 수면 상태에 들어가는지 또는 비–REM 수면상태에 빠지는지를 살폈다. 그런 후, 오후 5시에 RAT를 다시 실시하였다.

　그 결과, 부화 기법 세 가지 모두 RAT 검사의 정답 생성을 향상시키는 것으로 드러났다. 오전

그림 9.11　점 아홉 문제의 해결책

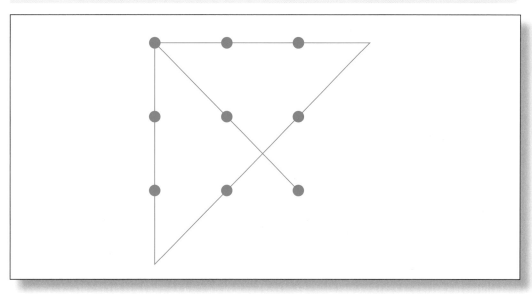

9시에 실시한 검사의 점수보다 오후 5시에 실시한 재검사의 점수가 높았다. 그리고 이러한 점수 차는 휴식만 취한 사람들, 비-REM 수면에 빠진 사람들, 그리고 REM 수면을 취한 사람들 모두에서 기록되었다. 그러나 오전에 받은 유추력 검사의 정답에 의해 조장된 해결책을 이용한 집단은 REM 수면을 취한 집단뿐이었다. 이 집단은 유추력 검사에서 조장된 단어를 이용해 해결책을 생성할 수 있는 RAT 문항에 대한 해결책 생성이 거의 40%나 향상되었다. 이를 바탕으로 Cai 등(2009)은 의미기억에 저장된 개념들 간에 새로운 관련성을 창출하는 일에 REM 수면이 도움을 준다는 주장을 내놓았다. 의미기억을 담고 있는 신피질에서 기록된 활성화 확산이 더욱 광범했던 것은 평상시에 해마에서 신피질로 투입되던 억제성 신호가 REM 수면이 일어나는 동안 억제되었기 때문이다. 따라서 REM 수면에 꿈을 꾸는 일이 창의적 활동에 중요한 역할을 수행한다고 볼 수 있다. 요컨대, 꿈을 꾸면 의미기억 속 개념들 간 관련성(association)이 더욱 풍부해지고 그 결과, 사고의 유창성도 향상되는 것 같다는 생각이다.

다른 연구자들은 단어들 간 관계를 찾아내야 하는 어문 문제해결에 나타나는 통찰의 순간을 탐구하기 위해 RAT를 이용했다. Kounios와 Beeman(2009)은 뇌의 어떤 영역이 "아하!"를 경험하는 갑작스런 통찰의 기저에 깔려 있는지를 밝혀내기 위해 fMRI를 이용했다. 그들은 뇌파(EEG)까지 기록함으로써 뇌 속에서 벌어지는 경험을 1/1,000초 단위까지 정밀하게 추적해보고자 했다. 우리는 제1장에서 fMRI는 시간적 해상도에서 떨어지는데 반해 EEG(뇌파)는 공간적 해상도에서 떨어진다는 것을 배웠다. 따라서 이 두 가지 방법을 통합하면, 둘 중 하나만 이용할 때보다 인지과정에 대한 보다 더 완전한 그림을 그릴 수 있게 된다. RAT 문제와 비슷한 문제가 한 번에 한 문제씩 제시됐고 참여자는 답이 머릿속에 떠오르는 순간 버튼을 눌렀다. 예컨대 *crab*, *pine*, *sauce*가 그런 문제 중 하나였다. 이 문제를 본 참여자의 머릿속에 *apple*이라는 단어가 떠오르면 참여자는 그 답의 정확성 점검은 접어두고 최대한 신속하게 버튼을 눌러야 했다. 그런 다음 그 단어를 큰 소리로 말하고 나서 그 답이 분석과 노작적 사고를 통해 찾아낸 것인지 아니면 통찰을 통해 얻은 것인지를 지적하는 버튼을 눌렀다. 이는 해결책을 찾아내는 데 개입한 정신작용에 관한 지시형 회고였다. 이 역시 일종의 생각 말하기에 해당하지만 문제를 해결하면서 그때 벌어지는 사고를 동시에 말해보라는 요구는 하지 않는다. 여기서는 문제가 해결되고 난 다음에 문제를 해결할 때 일어났던 생각을 떠올려 보고하라고 재촉한다. Kounios와 Beeman은 "아하!" 경험만을 꼬집어내기 위해 통찰을 통해 문제가 해결되었을 때 기록된 뇌의 활동양상에서 통찰이 아닌 방법으로 문제가 해결되었을 때 기록된 뇌의 활동양상을 공제해보는 공제법(method of subtraction)을 이용했다.

그 결과는 색판 15에서 볼 수 있다. 색판 15의 A에서 알 수 있듯이, 통찰 문제에서 비통찰 문제를 공제하고 난 후의 뇌파(EEG)에는 고주파(약 40Hz) 감마 신호가 발견되었다. 노란색 R은 참여자가 자신의 마음 속에 문제의 해결책이 떠올랐음을 알리기 위해 반응한(버튼을 누른) 순간을 나타낸다. 감마 신호는 버튼을 누르는 반응(R)보다 약 300ms 전에 발생했다. 버튼을 누르는 데 필요한 프로그램을 작성하고 그 프로그램에 따라 운동명령을 이행하는 일 같은 단순한 반응에 대개 300ms가 걸리는 것으로 알려져 있다. 색판 15의 B는 감마 신호를 생성하는 것으로 보이는 뇌의 영역을 국지화시키는 기법을 이용해 통찰 문제를 해결할 때 발생하는 감마 신호의 근원을 보여준다. 여러분도 볼 수 있겠지만, 그 근원은 우반구 측두엽 전측에서 귀 바로 위에 위치하고 있다. 끝으로, fMRI 자료를 이용해, 통찰을 통한 문제해결 당시의 활성화 정도에서 통찰을 통하지 않은 문제해결 당시의 활성화 정도를 공제함으로써 그 위치를 보다 정밀하게 꼬집어낼 수 있다. 색판 15의 C를 보면, 우반구 측두엽 전측 이랑이 강렬한 활성 상태에 있음을 알 수 있다. 이로써 "아하!" 경험과 관련된 신경활동의 근원이 바로 우반구 측두엽 전측 이랑임이 확증되었다. 그러나 이 영역이 모든 통찰 경험에 작용한다고 볼 수는 없다. 무엇보다도 개념(예 : 사과)에 관한 의미지식을 보관하고 있는 곳이 측두엽이라는 점을 감안하면, 어문적 문제를 해결할 때 발생하는 통찰 경험이 언어적 개념과 결합된 영역, 즉 측두엽과 결부되어 있다는 것은 어떻게 보면 당연지사일 것이다. 그렇다면, 그림 9.2에 제시된 점 아홉 문제를 해결할 때 "아하!"를 경험할 때는 뇌속 전혀 다른 영역이 활성화될 수도 있을 것이다.

창의 방해 요인

점 아홉 문제를 어떻게 지각하느냐에 따라 그 문제를 두고 생성하게 되는 가정은 달라진다. 아홉 개의 점으로 정의되는 정방형을 보게 되면, 누구나 4개의 선분이 이 정방형 안에 놓여야 한다는 생각을 하게 될 것이다. 즉, 4개의 선분을 이 정사각형 안에 그려야만 해결되는 문제로 이해할 것이다. 문제진술문에는 이들 선분이 정방형 테두리를 벗어날 수 없다는 말은 어디에도 없다. 그런데도 그 문제에 대한 우리의 지각은 그래야 한다는 강한 인식(표상)을 생성해놓는다. 이 인식/가정 때문에 이 문제는 해결할 수 없는 문제가 되어버린다. 이 분석에서 우리는 불필요한 제약(예 : 선분이 정방형을 벗어나서는 안 된다는 말이 없는데도 그래야 한다는 인식)이 창의적 사고를 방해하는 중요한 요인임을 알게 되었다. 반짝하는 통찰력은 선분이 정방형의 테두리를 벗어나서는 안 된다는 불필요한 가정을 버릴 때 생성된다.

Weisberg와 Alba(1981)는 점 아홉 문제를 해결하는 대학생들의 능력을 검토했다. 통제집단은 스무 번을 시도하게 했다. 그러나 문제를 해결하는 사람은 아무도 없었다. 3개의 실험집단 참여자들에게는 열 번을 시도해보게 한 후, 문제에 대한 통찰이 생성되도록 고안된 힌트를 제공했다. 첫 번째 집단에게는 "사각형 밖으로 나가보라"고 말해주고 두 번째 집단에게는 첫 번째 집단에게 말해준 것 외에도 우하단 점에서 좌상단 점을 잇는 대각선까지 보여주었다. 세 번째 집단에게는 두 번째 집단에 제공한 힌트 외에 처음 그린 대각선의 좌상단 꼭짓점에서 좌하단 꼭짓점을 통과하는 수직 선분까지 보여주었다. 다시 말해, 집단에 따라 해결책에 점점 더 가까워지는 힌트를 제공한 것이다.

"사각형 밖으로 나가보라"는 힌트를 받은 첫 번째 집단의 경우 문제를 해결한 참여자가 전체의 20%밖에 되지 않았다. 통제집단에 비해 수행수준이 많이 향상되었다. 그러나 학생들이 이 문제에서 겪는 어려움의 근원이 4개의 선분이 정방형 안에 있어야 한다는 가정뿐이었다면 수행수준이 이보다 훨씬 더 컸어야 한다. 따라서 Weisberg와 Alba(1981)는 학생들을 가로막고 있는 장애물이 또 있다고 주장했다. 문제공간이 너무 크다는 것이었다. 즉 4개의 선분을 배열할 수 있는 방법이 너무 많다는 뜻이다. 그러므로 선분을 1~2개 그려주어 문제공간의 크기를 줄여주면 해결책이 보다 뚜렷해질 것이라고 생각했다. 그리고 그들의 예상은 적중했다. "사각형 밖으로 나가보라"는 힌트에다 선분을 하나 그려준 두 번째 집단은 구성원의 60%, 그리고 선분을 2개 그려준 세 번째 집단은 모든 구성원이 문제를 해결해냈다.

고착 문제해결에 불필요한 제약이 생성되는 또 다른 이유는 문제를 해결하는 한 가지 방법만 고집하는 데 있다. 일반적으로 이 방법은 과거에 당면 문제와 비슷한 문제를 만났을 때 성공적으로 사용됐던 방법이다. 그런데 그런 방법이 당면 문제를 해결하는 데는 역효과를 야기하고 있는 셈이다. 앞서 소개한 물동이 문제로 되돌아가보자. 그런데 이번에는 수돗물을 사용할 수 있어 그 크기가 서로 다른 물동이 3개에다 물을 여러 번 부어볼 수 있다고 하자. 물동이에는 눈금이 없기 때문에 물동이에 물을 부을 때는 반드시 가득 채워야만 한다. 원하는 물의 양은 5리터인데, 물동이 A의 용량은 10리터, B의 용량은 4리터, C의 용량은 1리터라고 하자. 이 문제의 경우, 먼저 물동이 A를 가득 채운 후, 그 물로 물동이 B를 가득 채운다. 그런 후 남는 물로 물동이 C를 가득 채우면(즉, A-B-C), 문제가 해결된다. 이제, 읽기를 잠시 멈추고, 그림 9.12에 제시된 문제 6개를 모두 풀어보라.

> 고착은 비슷한 문제에 대한 성공 경험 때문에 당면 문제의 해결책을 만들어내기가 어려워지는 일을 일컫는다.

Luchins(1942)는 이 물동이 문제에서도 고착 현상을 발견했다. 사람들은 앞에 제시된 두어 문제가 예컨대, B-A-2C로 해결된다는 사실을 알아차린 후부터는 그다음 문제에도 이 공식을 적용하는 경향을 보였다. 6번 문제를 다시 한 번 들여다보자.

비록 B-A-2C로도 문제는 풀리지만, A-C라는 해결책에 비하면 효율성이 훨씬 떨어진다. **고착**(fixation)은 비슷한 문제에 대한 성공 경험 때문에 당면 문제의 해결책을 만들어내기가 어려워지는 현상을 일컫는다.

Smith, Ward, Schumacher(1993)는 설계 과제에서의 고착을 분석하였다. 실험에 참여한 학생들에게는 지구와 비슷한 위성에서 살고 있을 것으로 생각되는 생물을 최대한 많이 고안해보라고

그림 9.12 문제를 해결할 때 발생하는 고착 예증

		물동이 크기		
	A	B	C	목표
문제 1	21	127	3	100
문제 2	14	163	25	99
문제 3	18	43	10	5
문제 4	9	42	6	21
문제 5	20	59	4	31
문제 6	23	49	3	20

출처 : Luchins, A. S. (1942). Mechanization in problem solving. *Psychological Monographs, 54* (Whole No. 248) 인용.

주문했다. 고안된 생물은 기존의 생물과 완전히 달라야 한다는 점도 강조했다. 한 집단의 참여자들에게는 과제를 시작하기 전에 세 가지 낯선 생물을 보기로 잠깐 보여줌으로써 고착이 발생할 기회를 제공했다. 통제집단의 참여자들에게는 아무런 보기도 보여주지 않았다. 보기를 보고난 참여자들은 대개 구체적인 속성에 고착되어 다리가 넷이거나 안테나(더듬이)를 가졌거나 꼬리를 달고 있는 생물을 고안하는 경향을 보였다. 참여자들에게 고안된 생물은 보기로 제시된 생물과는 전혀 다른 새로운 생물이어야 한다고 강조를 했음에도 불구하고, 보기를 잠깐 보기만 한 일 때문에 참여자들의 창의적 안목이 좁아지고 만 것이다.

Langer(1989)는 고착 효과를 특히, 사람들이 타인을 대할 때 자주 나타나는 행동인 일종의 무심증으로 간주했다. 사람들은 누구나 과거에 별문제가 없었던 것으로 드러난 하나의 관점이나 규칙에 따라 행동하는 경향이 강하다. 다르게 행동해볼 기회를 모색하기 위해 주변을 조심스럽게 살피는 일은 거의 하지 않고, 지금까지 해온 행동에 별문제가 없는지를 확인하는 데 충분한 속성만을 표집하는 게 사람이라는 뜻이다. 예컨대, 최근에 다른 사람과 인사를 나눈 경우나 다른 사람이 우리한테 한 일 때문에 화를 낸 경우, 흔히 만나는 문제를 집단의 구성원 자격으로 해결하려 했던 경우를 고려해보자. 이들 각각의 경우, 대부분의 사람들은 무심하게 행동한다. 우리도 보통 사람들과 마찬가지로 완전히 새로운 방안을 모색하려고 노력하기보다는 전에 해오던 대로 행동했을 것이다.

고착은 해결책 모색에만 영향을 미치는 것이 아니라 문제를 표상(정의)하는 데도 영향을 미친다. 수학교수가 학생들한테서 다음과 같은 질문을 받았다. "다음 숫자 열에 이어질 숫자를 찾으

시오—32, 38, 44, 48, 56, 60"(Rubinstein, 1975). 제공된 힌트는 이 숫자 열이 그 교수에게는 매우 친숙할 것이며 해결책도 간단하다는 멘트였다. 수학자라면 누구나 따랐을 법한 전략에 따라 이 교수도 다항 방정식이라는 문제공간을 펼쳐놓고는 전혀 간단하지 않은 매우 복잡한 해결책을 생성해내려고 노력했다. 교수는 포기했고, 학생들은 말했다. 문제의 답은 '메도우라크'였다고. 이 해결책을 보는 일은 한 가지 마음가짐을 버리고 다른 마음가짐만 택하는 일로 충분히 가능했다. 그 교수는 매일같이 지하철을 탔고, 그 기차가 멈추는 곳은 32번가, 38번가, … 60번가 정거장이었으며, 그는 그다음 정거장 메도우라크에서 내렸던 것이다.

기능적 고착 문제해결사가 특정 물건의 가장 보편적인 기능에 관해 생각을 할 때는 기능적 고착이라고 하는 특별한 유형의 고착이 일어난다(Duncker, 1945). **기능적 고착**(functional fixedness)이란 물체를 바라볼 때 그 물체의 가장 전형적인 용도/기능만을 생각하는 경향성을 일컫는다. 예를 들어, 망치를 못을 박는 연장으로만 보는 것이다. 우리는 물건/물체를 범주화하는 기준으로 지각적 속성을 사용하기도 하지만 기능적 속성을 사용하기도 한다. 범주화에 기능적 속성이 사용될 때는 범주 대상 물체/물건의 전형적인 기능이 우리의 사고방식을 지배한다. Duncker의 실험에 참여한 사람은 탁자가 하나 있고 그 위에는 여러 가지 작은 물건(예 : 각 상자 속에는 두어 대의 초, 여러 개의 압핀, 성냥개비가 들어 있는 종이 상자 3개, 재떨이, 종이, 종이집게, 줄, 연필, 은박지)이 놓여 있는 것 외에는 빈방과 다름없는 곳으로 안내된다. 거기서 실험자는 참여자에게 시각실험을 위해 방을 준비하고 있는 중이라고 말하면서, 초에 불을 붙여 눈높이에 맞추어 벽에다 세우라고 지시한다. 탁자 위에 놓인 물건은 무엇이든 사용해도 좋다고 덧붙인다. 여러분 같으면 이 문제를 해결할 수 있겠는가?

Duncker(1945)의 실험에 참여한 사람들 중에서는 43%만 이 문제의 해결책을 내놓을 수 있었다. 절반 이상의 사람들이 문제를 해결하지 못하는 사실을 두고 Duncker는 이들이 상자를 가장 전형적인 기능으로, 즉 물건을 담는 그릇으로만 생각하는 고착 현상에 빠졌기 때문에 벌어진 일이라는 가설을 세웠다. 이 가설을 검증하기 위한 실험에서는 초와 압핀과 성냥을 상자에서 꺼내놓음으로써 상자 3개를 비워두었다. 참여자들로 하여금 기능적 고착에서 벗어날 수 있게 하려는 조처였다. 이번에는 Duncker의 예상대로 참여자 모두가 문제를 해결했다. 먼저, 압핀을 이용해 상자를 벽에다 붙임으로써 초를 세울 수 있는 기반을 다진 후, 불을 붙인 초를 그 위에 세웠다.

여러분도 부화 단계에서 벌어지는 "아하!" 경험을 즐긴 적이 있을 것이다. 모든 인지활동에는 최소한의 창의성이 개입한다는 사실을 인정하면 "아하!"를 유발하는 통찰도 다달이, 매주, 심지어는 매일매일 일어날 수도 있다. 다음은 Boden(1992)이 소개한 유명한 통찰의 순간들이다.

아르키메데스는 너무 기쁜 나머지 자신의 욕조에서 뛰쳐나와 시라큐스 거리를 질주하면서 "유레카!"라고 외쳐댔다. 여러 날을 자신을 괴롭혔던 문제, 즉 어떻게 하면 금관같이 그 모양이 일정하지 않은 물체의 부피를 측정할 수 있을지를 해결했던 것이다. −케쿨레는 난로 옆에서 졸다가 꾼 꿈속에서 그의 애를 태웠던 벤젠의 분자 구조가 고리일 것이라는 영감을 얻었다. 그 결과 완전히 새로운 과학의 한 분야(방향화학)가 설정되었다. −수학자 자크 아다 마르는 오랫동안 해결하지 못했던 문제를 그것도 두 번씩이나 "갑작스런 각성의 순간에" 찾 아냈다. −앙리 프앵카레는 지질 탐험을 떠나는 버스를 탑승하면서 자기가 최근에 발견했고 자신을 여러 날 동안 사로잡고 있던 함수의 근본적인 수학적 속성을 발견했다(p. 15).

의식하지 못하는 사이에 벌어지는 이러한 문제해결은 부화 효과에 대한 한 가지 설명을 제공 한다. 부화는 당면 문제와는 다른 것에 관한 생각을 하는 동안에 벌어지는 일이다. 따라서 그 과 정은 무의식의 수준에서 진행되다가 아무런 경고도 없이 해결책을 의식의 세계로 순간적으로 밀 어낸다고 생각할 수 있다. 우리가 무엇을 먹고 있을 때, 목욕을 하고 있을 때, 운동을 하거나 잠 을 자고 있을 때 우리의 마음 속에서는 여러 가지 생각을 그것도 의식적으로 하곤 한다. 그러면 서도 우리의 마음 속에서는 우리가 알지 못하는 사이에 문제해결이라는 어려운 일을 해내고 있다 는 뜻이다. 그러나 경험적 연구로는 분간하기 어렵지만, 무의식적 문제해결로 보는 견해와는 다 른 두 가지 견해도 있다. 첫째, 준비 기간 동안에 바른 문제해결을 방해하는 전진형 간섭이 누적 되었을 수도 있다. 다시 말해, 문제를 해결하기 위한 여러 차례의 시도가 모두 실패로 점철되면 서 기억이 온통 엉뚱한 해결책으로 가득해 옳은 해결책을 인출할 수 없게 되었을 수도 있다는 말 이다. 이때 휴식을 취하면 이들 엉뚱한 접근법에 대한 기억이 쇠잔해지고 그 결과로 나타나는 게 부화 효과라는 설명이다. 두 번째 견해는 준비 때문에 누적된 피로가 부화 단계에서 사라진다고 보는 것이다. 피로가 사라지면서 정신적 에너지가 회복되고, 그 결과 문제를 해결하기 위한 노력 이 금방 결실을 거두게 되는 게 부화 효과라는 설명이다.

부화는 통찰력을 자극하여, Duncker(1945)가 찾아낸 기능성 고착을 극복하게 하는 한 가지 방 법일 수도 있다. 이와 똑같은 효과를 의도적으로 야기할 수 있는 휴리스틱도 있을까? McCaffrey (2012)는 발명가들이 디자인 문제에서 획기적인 발전을 이룩할 때는 대개 그 문제에서 어떤 모 호한 속성을 찾아내고는 그 속성에서 해결책을 구축한다는 사실을 발견했다. 기능성 고착은 특 정 물체/물건의 부분, 재료, 크기, 모양을 간과하는 경향에서 발생하고, 이들 속성을 간과하는 이 유는 그들 속성이 그 물건/물체의 기능과 완전히 결부되어 있기 때문인 것 같다는 게 McCaffrey 의 생각이었다. 그는 이 모호−속성 가설을 검증하기 위해 실험에 참여한 사람들에게 먼저 그 문 제를 어문적으로 묘사하게 한 후, 묘사한 것을 더욱 세밀하게 분해해보라고 주문했다. 예컨대, Duncker의 촛불 문제의 경우, 참여자들은 특정 물건(예 : 초)을 그 구성요소로 분해하려 했을 수 도 있다. 초는 한편으로는 심지로 묘사될 수도 있지만 다른 한편으로는 밀랍(wax)으로 묘사될 수 도 있다. 그런 다음 심지는 줄/실로 그리고 실/줄은 다시 긴 섬유질 끈을 꼬아놓은 것으로 묘사될 수 있다. 물체를 이런 식으로 분해해보라고 하자 참여자들은 그 물체의 모호한 속성을 볼 수 있게 되었다. 그리고 그 결과는 문제에 대한 해결책으로 이어졌다(McCaffrey, 2012). 이 전략을 사용한 참여자들이 통제집단의 참여자들보다 더 많은 통찰 문제를 해결했다는 뜻이다.

창의성의 근원

역사적 의미에서 창의적인 인물은 소수에 불과하지만, 과정의 의미에서 보면 우리 모두는 창의적인 사람들이다. 누구를 막론하고 지각하고 재생하고 상상하는 일을 정확하게 동일한 방식으로 반복할 수는 없다. 때문에 모든 인지활동을 창의적인 활동으로 간주해도 무방하다(Weisberg, 1986). 고대 그리스의 헤라클레이토스가 말했듯이, 우리는 동일한 강물에 두 번 들어갈 수 없다. 현재 상황에서 요구되는 바가 과거에 공부를 할 때의 상황과 똑같을 수는 없다는 말이다. 우리의 스키마는 새롭게 반응하고 새롭게 적응하는 데 필요한 충분한 융통성과 역동성을 갖추고 있는 셈이다.

창의성을 인간의 본성으로 보는 이 견해는 천재의 창의적 행동을 신이나 시인 또는 설명할 수 없는 영감의 발로로 간주하는 옛날의 견해와는 상반된다. 이 창의성을 영감으로 간주하는 이 낭만적인 설명을 고찰한 Boden(1992)은 이 견해를 기각함으로써 Weisberg(1986)의 생각을 공유했다.

플라톤은 이렇게 말했다. "시인은 신성하여 영감을 얻을 때까지 시를 절대 지을 수 없고 그 이유도 시인에게 있지 않다…. 왜냐하면 시인은 기술로 말하지 않고 신성한 힘으로 말하기 때문이다."

…20세기가 지난 후, 희곡 아마데우스에서도 모차르트와 그와 동시대 작곡가였던 살리에리가 비슷한 방식으로 대조되었다. 모차르트는 그의 모든 생활에서 난폭하고 세속적이고 게으르고 자제력도 부족한 인물로 소개되었지만, 작곡을 할 때만은 신성한 영감에 따랐던 것으로 소개되었다. 런던의 비평가 Bernard Levin도 타임지의 칼럼에서 모차르트는 다른 모든 위대한 예술가가 그렇듯, 말 그대로 성스러운 영감을 받았다는 말을 내놓곤 했다(p. 5).

Boden(1992)이 주장했듯, 이 낭만적 견해는 창의성에 대한 설명을 시도할 수도 없다. 이 견해에서는 창의성을 시인의 직관이라고만 말할 뿐이다. 따라서 이 견해는 과학적 설명을 원하는 우리에게는 아무런 도움이 되지 않는다.

이와는 대조되는 견해에서는 앞서 논의했던 문제해결에 대한 연구에서도 창의의 과정에 관한 많은 것을 배울 수 있다고 본다. 이 견해에서는 문제해결에 이용되는 문제의 표상(정의/이해), 문제해결 전략 검색, 그리고 다양한 모양의 지식이 모두 중요하다고 생각한다. 문제가 분명하고 불분명하고를 막론하고 이 장 전체에 걸쳐 논의됐던 문제해결 과정은 모두 창의성을 이해하는 데 중요한 단서가 될 것이다(Boden, 1992; Weisberg, 1986). 신의 영감을 기다리는 일은 일고의 가치도 없는 전략이다.

창의적 생산성

미국 특허청에서 개인에게 수여한 특허권 수의 최대 기록은 1,093건이다. 이 기록은 아직도 토머스 에디슨이 쥐고 있다. Simonton(1997)이 지적했듯, 이 모든 특허권이 유용한 것은 아니었다. 그리고 에디슨도 많은 값비싼 실수를 겪었다. 그런 실패작 중 하나를 개발하는 데 든 비용이 그가 전구를 개발해서 번 이익보다 더 큰 경우도 있었다. 그러나 앨버트 아인슈타인, 찰스 다윈, 지그문트 프로이트, 파블로 피카소, 요한 제바스티안 바흐 같은 유명한 역사적 천재들처럼, 에디슨도 대량의 작품을 내놓았다. 예컨대, 피카소가 일생 동안 내놓은 작품만 해도 2만 점이 넘는다. 따라서 창의적인 사람들은 많은 것, 특별히 놀라운 작품은 아니어도 창의성 이론으로 설명돼야만 하는 그런 작품을 많이 창작한다고 할 것이다.

Simonton(1997)은 다음과 같은 이유를 들어 창의적 생산성의 본질을 다윈식이라고 주장했다. 첫째, 아이디어를 관념적으로 조합하여 수많은 변형 아이디어를 생성해낸다. 둘째, 변형-선별 과정에서 대부분의 아이디어를 무가치한 것으로 골라내어버린다. 이렇게 보면, 역사적 천재들의 높은 생산성은 그들만의 성공 비결에 해당한다. 만약 그들이 새로운 변형 아이디어를 생성해내는 비율이 더 낮았더라면, 추려내는 과정에서 너무 많은 아이디어가 제거됐을 것이다. 따라서 창의성에 대한 다윈식 견해에서는 어떤 사람이 만들어내는 번쩍이는 아이디어 1~2개는 수많은 보잘것없는, 그래서 제거되어버린 아이디어가 먼저 생성되었기 때문에 발견될 수 있었다는 가정을 해야만 한다.

변형 생성-선별 과정은 순수한 무작위형 과정이라고 할 수 있다. 특정 분야에서 창의적 문제해결사는 누구든 문제를 찾아내고, 문제공간을 표상(이해)한 후, 그 공간을 검색하는 데 필요한 휴리스틱을 사용했음이 분명하다. 그러나 역사적으로 중요한 창작활동의 경우에는 문제해결사의 과거 경험이 이런 전략적 활동에 아무런 도움이 되지 않았을 수도 있다. 이런 경우, 문제공간을 비지향적으로 무작정 검색하는 방법밖에는 별도리가 없다는 게 이 모형의 설명이다.

변형 생성-선별 과정은 개별적 차원에서도 또 사회적 차원에서도 전개된다. 예컨대, 문제해결사는 우선 입증 단계를 거쳐야 할 아이디어를 선택한다. 여기서 입증된 해결책은 다음 개발을 위해 또 다른 선별 과정을 거치게 된다. 그런 개발 작업은 출판이 될 수도 있고, 특허를 받는 일이 될 수도 있으며 상품을 생산하는 작업이 될 수도 있을 것이다. 사회적 차원에서의 선별은 창작자의 일을 맡은 셈이다. 학술지에 투고한 논문 중 일부는 또래집단의 심사과정을 통해 출판 여부가 결정된다. 선별이 창작자가 아닌 다른 사람들에 의해 결정된다는 뜻이다. 특허 중 일부는 서류로 남겨지는데 반해, 나머지는 기업체에서 상품으로 개발한다. 시장에서도 또 한 번의 선별이 이루어진다. 상인들이 구입하겠다는 것과 팔릴 기회를 기다리는 것 또는 상품으로서의 가치가 없는 것 등으로. 이처럼 선별은 여러 차원에서 이루어지기 때문에 창작자도 어떤 해결책은 성공할 것이고 어떤 해결책은 시간 낭비로 드러날 것인지를 예상하기가 어렵다.

유동지능

최근에는 전두엽의 전전두피질하고 지능을 연관시키려는 노력이 진행되고 있다. 여기서 말하는 지능은 문제해결 능력으로 정의된다. 전전두피질은 작업기억에서 주의를 관리하는 기능에 개입하고 있다. 전두엽에 손상을 입고 나면 특히 일반적인 유동지능 검사점수가 곤두박질치는 것으로 알려져 있다(Duncan, Burgess, & Emslie, 1995). 유동지능(fluid intelligence)이란 생소한 문제를 해결하는 능력을 일컫는다(Cattell, 1963). 문제해결 능력으로 간주되는 지능은 고정지능(crystallized intelligence)과 대조된다. 고정지능은 각자가 가지고 있는 지식의 폭과 깊이를 일컫는다. 뇌의 다른 영역에 손상을 입은 환자들에 비해, 전두엽이 손상된 환자들은 낯선 문제를 해결하는 능력을 측정하는 검사의 점수가 현저하게 떨어진다. 그러나 기억 속 개념과 사실을 인출하는 능력에서는 손상이 발견되지 않는다. 여기서, 그럼 왜 전두엽 손상은 고정지능은 그대로 두고 유동지능만 훼손시키는 것일까?

작업기억의 역할

전전두피질의 여러 영역은 작업기억에서 관장하는 주의의 관리기능에 관여되어 있다. Engle 등(1999)은 낯선 문제를 해결하는 일에는 적절한 표상에 주의를 집중하면서 그 표상을 작업기억에 유지하는 능력이 가장 중요하다고 생각했다. 문제를 해결하는 작업에 결정적인 역할을 수행할 정보에다 주의를 집중할 수 있는 역량은 크면 클수록 좋다. 따라서 Engle 등은 작업기억 역량을 측정할 때 주의의 관리기능까지 측정되도록 하면, 그 측정치에서 나는 개인차와 유동지능 간에는 높은 상관관계가 발견될 것이라고 예상했다. 그들의 연구결과에서는 숫자폭 검사 같은 단기기억 검사(제5장 참조)는 일반 유동지능과 상관이 없는 것으로 드러났다. 그러나 두 가지 상호 독립적인 과제의 조정을 필요로 하는 작업기억 검사의 점수는 일반 유동지능과 상관이 높은 것으로 밝혀졌다.

예를 들어, 조작폭 검사라고 하는 작업기억 역량 검사에서는 간단한 산수문제를 풀고 난 후 단어를 기억해야 하는 과제가 부과된다. 다음은 그런 과제의 보기에 해당한다.

$8 \div 4 - 1 = 1$? 곰

$6 \times 2 - 2 = 10$? 콩

$10 \times 2 - 6 = 12$? 엄마

그런 후, 제시됐던 단어(위의 예에서는 3개)에 대한 재생능력을 검사한다. 문제와 단어의 개수는 피검자가 산수문제를 푼 후, 단어를 더는 정확하게 재생할 수 없을 때까지 증가시킨다. 작업능력 역량이 큰 사람들은 두 가지 과제를 적절하게 조정하여 단어를 최대 5~6개까지 재생한다. 이들은 산수문제를 풀면서도 단어를 읽고 암송하는 작업에 주의의 관리기능을 적절하게 활용한다는 뜻이다. 단어를 작업기억의 어문저장고에 보관하면서 산수문제를 풀어야 하는 이런 두 가지 과제를 동시에 수행하는 데는 작업기억의 중앙 관리기가 그 소임을 완수해야 한다. 이와 유사한 많은 검사결과를 조사하여 분석한 Engle 등(1999)은 중앙 관리기의 역량에서 나는 개인차와 일반적 유동지능 간 상관계수가 최소한 .49는 된다고 추정했다.

만약 중앙 관리기의 기능이 유동지능에 결정적인 역할을 수행한다면, 즉 Engle 등(1999)의 주장이 옳다면, 낯선 문제를 해결하는 사람의 전두피질에서는 보통 이상의 활성 상태가 기록돼야만 한다. 그림 9.13은 두 가지 유형의 예

> 전전두피질의 여러 영역에 기반을 두고 있는 작업기억의 관리기능은 일반적 유동지능 또는 낯선 문제를 해결하는 능력에 결정적인 역할을 수행한다.

문을 보여준다. 한 가지는 일반 유동지능이 높은 사람들만 풀 수 있는 문제이고 다른 유형은 거의 모든 사람이 풀 수 있는 문제이다. 사람들에게 이들 두 가지 유형의 문제를 제시하고 문제를 푸는 동안 그들의 머릿속 활동을 PET 스캔으로 기록하였다(Duncan et al., 2000). 그 결과는 그림 9.14와 같이 정리하였다. 그림 9.14를 들여다보면, 거의 모든 사람들이 풀 수 있는 문제보다 유동지능이 높은 사람들만 풀 수 있는 문제를 푸는 동안에 좌반구 전전두피질 외측에 있는 신경세포들의 활성 상태가 훨씬 높게 기록되었음을 알 수 있다. 공간문제를 풀고 있을 때에는 좌반구와 우반구 중 시각-공간 정보처리에 개입하는 것으로 알려진 영역도 활성 상태가 높게 기록되었다. 작업기억 속 중앙 관리기가 적어도 한 가지 중요한 지적 능력에 결정적인 역할을 수행한다고 암시하는 증거가 신속하게 누적되고 있다고 할 것이다.

그림 9.13이 보여주는 문제는 시각적 유추 문제에 속한다. 각각의 문제는 특정 세트의 관계 또는 양상(pattern)을 나타내는 4개의 자극으로 구성되어 있다. 그중 하나가 나머지 3개에 의해 정의되는 양상에 어울리지 않는다. 유동지능을 측정하기 위해 널리 이용되는 검사가 이런 유형이다. Raven의 행렬(Raven's Advanced Progressive Matrices) 검사의 경우, 각 문제를 풀어나감에 따라 그 난이도가 점차적으로 높아진다. 이러한 유동지능 검사에서의 수행수준이 작업기억 역량과 정비례한다는 주장을 감안하면, 작업기억 역량을 향상시키는 인지훈련을 통해 지능도 향상시킬

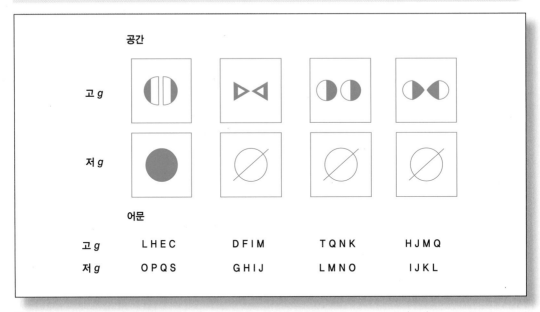

그림 9.13 유동지능을 크게 또는 적게 요구하는 문제를 푸는 사람들의 뇌에서 어떤 영역이 활성화되는지를 찾기 위해 PET 스캔 연구에 이용된 문제의 유형(답은 이 장의 생각해볼 문제 끝에 있음)

출처 : Duncan, J., Seitz, R. J., Kolodny, J., Bor, D., Herzog, H., Ahmed, A., Newell, F., & Emslie, H. (2000). A neural basis for general intelligence, *Science, 289*, 457 – 460, copyright © American Association for the Advancement of Science 허락하에 인용.

수 있을까라는 문제가 자연스럽게 제기된다. 다시 말해, 작업기억의 저장 및 처리역량을 증진시키기 위해 개발된 훈련프로그램에서 작업기억을 단련시키는 일이 가능할까? 가능하다면, 그 훈련의 효과가 Raven의 행렬 검사에도 전이될까?

이 두 가지 질문 모두에 대한 답이 긍정적임을 암시하는 증거가 확보되었다(Jaeggi, Buschkuehl, Jonides, & Perrig, 2008). 작업기억 역량을 강화하기 위해 고안된 이 훈련프로그램에서는 두 가지 판의 2-BACK 과제를 동시에 수행하는 훈련을 시킨다. 둘 중 하나인 시각-판에서는 두 시행(trial) 앞에서 나타났던 특정 자극의 위치를 보고해야 했다. 이 과제를 제대로 수행하기 위해서는 작업기억의 내용을 끊임없이 갱신해야 한다는 사실을 주목하자. 그러니까 현 시행에서부터 세 시행 전에 만났던 자극은 공간정보를 보관하는 단기기억에서 밀어내고 두 시행 전에 만났던 자극과 한 시행 전에 만났던 자극 그리고 현 시행의 자극만 간직해야 했다는 뜻이다. 이 프로그램에 참여했던 사람들은 이와 동시에 청각자극으로 구성된 2-BACK 과제도 수행해야 했다. 이 청각과제에서는 문자(낱자)를 들려주었다. 이 두 가지 과제의 자극은 매 3초마다 한 쌍씩 즉 동시에 제시되었다. 모든 이중 과제에서 그렇듯이, 이 과제에서도 작업기억 내 어문정보 저장고 및 공간정보 저장고의 내용을 갱신하고 중다 과제를 수행하기 위한 관리용 주의가 필요했다. 여러분도 그렇게 생각했겠지만, 사실 훈련 초기에는 이 과제가 매우 어려운 것으로 밝혀졌다. 기실, 이 과

그림 9.14 어문문제와 공간문제를 해결할 때 활성화된 피질의 영역(PET 스캔 결과)

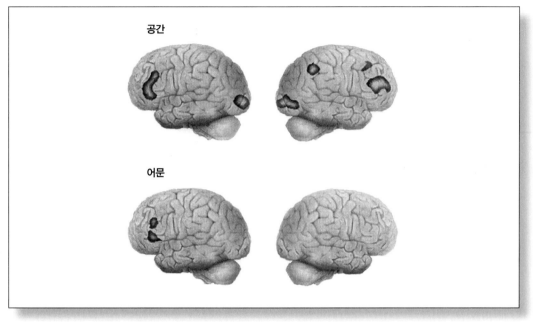

공간

어문

출처 : Duncan, J., Seitz, R. J., Kolodny, J., Bor, D., Herzog, H., Ahmed, A., Newell, F., & Emslie, H. (2000). A neural basis for general intelligence, *Science, 289*, 457–460, copyright © American Association for the Advancement of Science 허락하에 재인쇄.

제는 다중 과제를 수행할 수 있는 사람을 추려내기 위해 이용된 과제(제3장에서 소개했음)와 동류 과제에 해당한다. 두 가지 과제를 수행하면서 둘 중 어떤 과제의 수행도 희생시키지 않고 둘 다를 제대로 수행할 수 있는 사람, 즉 '초인'[동시작업가능자(supertasker)]의 수는 전체 모집단의 3%에도 못 미친다. 그런데도 여러 날을 두고 집중적인 훈련을 받고 나면 수행수준이 점증하는 일이 벌어졌다. 가장 많은 훈련을 받은 집단은 19일에 걸쳐 훈련을 받았고, 2-BACK 과제를 수행하는 능력도 이들이 가장 크게 향상되었다. 훈련받는 일수가 17일, 12일, 8일로 줄어들자 향상되는 정도도 점감했다. 여기서 진짜 중요한 문제는 이들의 과제 수행능력 향상이 2-BACK 과제에만 한정된 것인지 아니면 실제로 작업기억 역량이 향상된 것인지를 결정하는 일이다. Raven의 행렬 검사로 훈련을 8일 받은 집단을 평가하고 또 이보다 더 어려운 행렬 검사를 이용해 훈련을 더 많이 받은 집단을 평가한 결과 실제로 향상된 것이 작업기억 역량, 즉 유동지능의 향상인 것으로 확증되었다. 통제집단, 즉 2-BACK 과제로 훈련을 받지 않은 집단에 비해 훈련을 받은 집단이 유동지능을 요구하는 과제의 수행수준이 훨씬 높은 것으로 드러난 것이다. 사실, 유동지능이 향상된 정도는 훈련을 받은 정도와 함께 점증, 즉 정비례했다. 이 결과의 잠재적 중요성은 엄청나기 때문에 확고한 결론을 짓기 전에 같은 결과가 반복해서 관찰되는지부터 따져봐야 할 것이다. 이 발견의 신뢰성이 입증되었다고 가정하면, 이 훈련효과의 상한선이 있는지, 있다면 얼마나 되는지를 밝히는 일이 극히 중요한 과제가 될 것이다. 예를 들어, 훈련시간을 38일로 늘려도 유동지능이 계속 향상될까? 그럼 훈련시간을 76일 또는 석 달 열흘로 늘리면 어떻게 될까?

아인슈타인의 뇌

창의적 변혁의 역사에서 물리학자 아인슈타인의 업적을 능가하는 업적을 발견하기는 어렵다. 아인슈타인은 뉴턴의 우주를 4차원의 시공 연속체로 바꾸어놓았다. 이 새로운 우주에서는 시간의 흐름마저도 측정에 이용되는 시계에 따라 달라진다. 우리의 과학사에는 시간의 흐름을 측정하는 시계의 속도가 빛의 속도에 가까워질수록 시간의 흐름도 더 느려진다는 관념보다 더 반직관적이며 더 중대한 발견은 없다. 그리고 거기에서 나온 것이 방정식 $E = mc^2$이다. 자신의 창의적 안목으로 세상을 놀라게 한 과학자도 많고 예술가도 많다. 그러나 아인슈타인은 우리의 문화사에서 특별한 위치를 점하고 있다. 때문에 아인슈타인이 생각하는 방식은 나머지 사람들이 생각하는 방식과 다르지 않았을까라는 궁금증이 많은 사람들의 호기심을 자극했다. 아인슈타인의 아들은 아버지의 뇌를 과학적 연구를 위해 기증하기에 이른다. 아인슈타인의 뇌와 보통 사람들의 전형적인 뇌가 어떻게 다른지를 살펴, 그의 비상한 문제해결 역량을 설명할 수 있을지를 가늠할 수 있게 된 것이다(Falk, Lepore, & Noe, 2013). 그러나 이 작업은 보통 사람들이 생각하는 것만큼 그렇게 간단한 과제가 아니다.

오늘날까지 인지신경과학의 목표는 대부분의 사람들의 맘속에서 벌어지는 일반적인 인지활동을 지지하는 뇌의 영역을 찾아내는 데 있었다. 다시 말해, '평균적인' 인간의 뇌가 지닌 특징을 파악하는 일이 인지신경과학의 목적이었다. 모든 심리적 또는 생물적 특성이 그렇듯이, 인간이 지닌 특성에서는 모집단을 대표하는 집중 경향치와 그를 중심으로 변이가 있게 마련이다. 과학적 창의성이라는 특성을 두고 봤을 때 아마 아인슈타인은 집중 경향치에 해당하는 '평균적' 인물과는 많이 그것도 아주 많이 다른 사람이었다. 바로 이런 진기한 특성이 그의 뇌가 갖춘 독특한 구조로 나타났을 수도 있다. 따라서 무엇을 조심해야 할 것인지도 명심해야 한다—무엇보다도 이 분야의 연구만으로는 사람들마다 뇌의 구조가 서로 다른 점에 관해 어떠한 말도 할 수가 없다. 또한 그러한 구조적 특징이 인지기능에 어떤 영향을 미치는지도 알지 못한다. 이러한 점을 염두에 두고, 아인슈타인의 뇌에서 발견된 점을 고려해보자.

사후에 실시된 아인슈타인의 뇌에 대한 검사과정에서 찍은 사진을 분석한 결과 몇 가지 재미있는 특색이 발견되었다. 그중 하나는 두정엽이 이상했다는 점이다. 두정엽은 맘속 회전 능력과 공간적 심상 능력을 책임지고 있는 곳으로 알려져 있다(Zachs, 2008). 그의 두정엽 구조에서 발견된 특이성은 그의 시각–공간적 천재성과 수학적 천재성과 관련되었을 가능성도 있다. 아인슈타인의 유명한 사색실험, 즉 빛의 속도로 여행하는 동안 그가 보게 될 것을 보고한 실험은 그의 두정엽이 특이성과 무관하지 않을 수도 있다는 말이다. 따라서 뇌영상 기법을 이용하여 두정엽의 구조가 아인슈타인의 두정엽 구조와 비슷한 사람을 찾아내어, 이들의 맘속 회전 능력도 비범한 지, 아니면 두정엽의 특이성과 인지기능과는 무관한지를 검토해볼 수 있을 것이다. 또한 Falk 등 (2013)은 아인슈타인의 전전두피질이 이상할 정도로 크다고 보고했다. 앞서도 지적했듯이, 신경 영상 연구 및 뇌손상 연구결과 전전두피질 외측은 작업기억 내 주의의 관리기능을 조절하는 것 으로 알려져 있다. 따라서 아인슈타인이 남다른 문제해결 능력을 가졌던 것은 그의 예외적인 전 전두피질과 무관하지 않을 수 있다. 물론 이들 가능성이 그냥 가능성이 아닌 실제임을 입증하기 위해서는 더 많은 연구가 이루어져야만 한다. 과연 많은 사람을 대상으로 분석했을 때도 전전두 피질의 부피와 문제해결 기능이 정비례할까? 이 질문의 답이 무척 궁금해진다.

요약

1. 우리가 생각을 할 때 우리의 머릿속에서는 세상에 대한 맘속표상을 조작한다. 그런 표상을 사용 할 수 있기 때문에 우리는 실제 행동을 취하기 전에 이러저러한 행동을 했을 때 그 결과가 어떠 할 것 같은지를 예상해보고, 그에 맞추어 행동계획을 세울 수 있게 되는 것이다. 문제해결 과정 에 대한 연구를 통해 우리는 사람들이 이런 일을 어떻게 감행하는지에 관한 힌트를 얻고 있다. 문 제를 해결하고자 할 때 사람들은 분명한 목적을 가지고 주변 환경에 대한 모형을 맘속에 구축하 곤 한다. 그런 후 사람들은 그 목표 지점으로 곧바로 이어지는 경로를 찾아내려고 애를 쓴다. 이 러한 문제해결 행동을 (목표) 지향적 사고라 한다. 이에 반해, 꿈이나 백일몽 등 정처 없이 떠도는 생각을 비지향적 사고라 한다. 비지향적 사고는 합리성도 없고 달성하려는 목표도 없다.

2. 분명한 문제는 시초 상태와 목표 상태 그리고 가능한 조작행동이 명확한 문제를 일컫는다. 시초 상태에서 중간 상태를 거쳐 목표 상태로 옮아가는 적법한 행동을 조작행동이라 한다. 이들 모든 상태와 적법한 모든 조작행동을 통틀어 문제공간이라 한다. 분명한 문제를 해결하기 위해서는 문제공간 내의 경로를 따라 목표 상태로 옮아가는 일련의 조작행동을 선택해야만 한다. 문제공 간을 정의하는 시초 상태와 목표 상태 그리고 적법한 조작행동 중 하나 이상이 명백하지 않은 문 제를 불분명한 문제라 한다. 불분명한 문제를 해결하는 데는 통찰력이나 창의성이 중요하게 작 용할 때가 많다. 형태주의 심리학자들은 이러한 사고를 생산형 사고라 일컬었다. 하지만 분명한 문제 중에도 창의적 통찰을 요하는 경우는 드물지 않다.

3. 문제해결의 일반적 모형에서는 먼저 문제를 표상한 후 문제공간을 검색하여 목표 지점으로 가는 경로를 찾아야 한다고 가정한다. 문제해결에는 문제공간을 적절하게 표상하는 일(즉, 문제에 대 한 올바른 이해)이 결정적인 역할을 수행하며 검색 과정(즉, 문제해결 작업)에 못지않은 통찰력

을 요구한다. 알고리즘은 문제공간을 검색하는 규칙으로 문제의 해결은 보장되지만 시간과 노력이 너무 많이 들어 사용하기 어려울 때가 많은 문제해결 전략에 해당한다. 휴리스틱이라는 전략은 문제의 해결을 보장하지는 않지만 알고리즘에 비해 드는 비용이 훨씬 적다. GPS는 인간의 문제해결 행동을 모사하기 위해 만들어놓은 인공지능 프로그램 중 하나이다. 이 프로그램의 기본전제는 수단–목적 분석 전략이라고 하는 일반적인 휴리스틱을 이용하면 광범한 문제를 충분히해결할 수 있다는 믿음이다. 오늘날에는 인간의 문제해결 행동을 적절하게 모사할 수 있기 위해서는 일반적 휴리스틱뿐 아니라 영역 구체적 지식과 메타인지의 효과도 충분히 고려돼야만 한다는 점이 사실로 수용되고 있다. 문제를 효과적으로 해결하기 위해서는 작업기억 역량도 넉넉해야 한다. 교란정보는 억제하면서 적절한 표상을 작업기억에 유지하기 위해서는 주의를 집중해야한다. 작업기억을 구성하는 중앙 관리기의 역량이 크면 클수록 새로운 문제를 해결하기가 용이해진다.

4. 형태주의 심리학자들은 지각에도 또 문제해결에도 구성요소를 적절하게 조직하는 능력이 중요함을 인지했다. 그들은 문제해결을 방해하는 두 가지 장애물을 찾아냈다. 그중 하나인 고착은 우리의 마음이 상투적인 문제해결 방법에 안주하려는 경향성을 일컫는다. 이처럼 문제해결에 상투적인 접근법을 따르게 되면 문제를 표상하고 문제공간을 검색하는 이상적인 방법을 간과하는 경우가 많다. 또 하나의 장애물인 기능적 고착은 물건을 바라볼 때 그 전형적인 용도로만 보려는 우리의 경향성을 이르는 말이다. 사람들은 문제를 구성하는 요소(물건)를 그 전형적인 기능에 따라범주화하는 이런 경향성 때문에 그 물건의 새로운 기능을 간과하는 경우가 잦다.

5. 역사적인 창의적 작품은 문화사의 맥락에서 새로운 아이디어/작품을 일컫는다. 역사적으로 창의적인 인물로 간주되는 인물은 소수에 불과하다. 그러나 우리 모두는 창의적인 인지활동을 하며살아간다. 다만 우리의 창작품은 새롭고 유용하고 특출하다는 평가를 받지 못할 뿐이다. 창의의과정은 준비 단계, 즉 상당 기간 동안 문제와 씨름하는 단계로 시작된다. 문제에 대한 생각을 잠시 접어두는 부화는 그다음 단계에 벌어진다. 문제의 해결로 이어지는 통찰 또는 깨달음은 세 번째 단계에서 벌어지는 일이다. 네 번째 단계인 실증 단계에서는 통찰/깨달음이 구현되어 검증을받는 일이 벌어진다. 창의의 과정은 다윈식 과정에 따라 전개되는 것 같다. 첫째, 아이디어를 관념적으로 조합하여 수많은 변형 아이디어가 생성된다. 둘째, 변형 생성–선별 작업이 벌어진다. 이때 대부분의 아이디어가 무가치한 것으로 도태된다. 따라서 역사적으로 인정받는 천재들의 생산성이 극히 높은 것은 곧 그들의 성공 비결이다. 그들이 훌륭한 아이디어를 낼 수 있었던 것은애초에 많은 아이디어를 생성할 수 있었기 때문이라는 뜻이다.

핵심 용어

고정지능(crystallized intelligence)

고착(fixation)

기능적 고착(functional fixedness)

깨달음(illumination)

동형 문제(isomorphic problem)

메타인지(metacognition)

목표 상태(goal state)

문제공간(problem space)

부화(incubation)

분명한 문제(well-defined problem)

불분명한 문제(ill-defined problem)

비지향적 사고(undirected thinking)

생산형 사고(productive thinking)

시초 상태(initial state)

실증(verification)

알고리즘(algorithm)

역사적 창의성(historical creativity)

유동지능(fluid intelligence)

재생형 사고(reproductive thinking)

전진 추리(forward chaining)

조작행동(operator)

준비(preparation)

지향적 사고(directed thinking)

하위목표(subgoal)

후진 추리(backward chaining)

휴리스틱(heuristic)

생각해볼 문제

- 지난주에 해결했던 문제를 하나 고려해보자. 그 문제는 분명한 문제와 불분명한 문제 중 어느 쪽에 속한다고 생각하는가? 지향적 사고와 비지향적 사고가 그 문제를 해결하는 데 어떤 역할을 했는가?

- 여러분은 자신의 문제를 해결하기 위한 휴리스틱으로 유비추론(유추)과 후진 작업을 이용한 경우를 기억해낼 수 있는가? 수단-목적 분석법을 이용한 경우는?

- 창의력 검사 중 하나는 피검자에게 특정 물체의 용도를 가능한 한 많이 생각해내보라고 한다. 예를 들어, 망치가 이용될 수 있는 방법/수단을 최대한 많이 생성해보라. 이것이 창의력을 측정하는 척도로 간주되는 이유는 무엇일까?

- 창의적 통찰에 도달하는 데 부화가 도움이 된 경우를 생각해내보라. 그때 부화가 도움이 된 이유는 무엇이라고 생각하는가?

그림 9.13에서 예로 든 문제에 대한 답

공간 고 g-요소 3, 대칭성 차이 때문

공간 저 g-요소 1, 확고하기(고체이기) 때문

어문 고 g-요소 3, 그것의 낱자가 알파벳에 동등한 간격으로 떨어져 있기 때문

어문 저 g-요소 1, 그것의 낱자가 알파벳의 계열과 일치하지 않기 때문

제 10장

추리와 의사결정

- 삼단논법형 추리에서 흔히 범하는 오류와 그런 오류를 유발하는 인지적 제약을 묘사한다.
- 타당한 조건추리 대 부당한 조건추리의 모양과 그러한 추리에서 오류를 유발하는 인지적 요인을 설명한다.
- 주관적 효용성 곡선을 그리고 이 곡선이 의사결정에서의 위험 혐오와 틀 효과를 설명하는 데 이용되는 방식을 설명한다.
- 불확실 상황에서의 의사결정 결과에 대한 확률추정에 개입하는 대표성 휴리스틱 및 가용성 휴리스틱과 이들과 신속간결 휴리스틱과의 관계를 비교한다.

조리 있게 생각할 수 있는 능력이야말로 인간을 인간답게 만들어주는 대표적 특징이다. 고금을 막론하고 철학자들은 인간이 다른 동물을 뛰어넘을 수 있게 해준 발판으로 이런 사고력과 언어구사력을 꼽았다. 영장류도 언어를 어느 정도는 학습할 수 있는 것 같다는 연구결과를 기초로 일부 철학자들은 언어가 인간을 인간답게 만들어준 토대로 작용했다는 믿음이 무너졌다고 생각하기도 했다. 하지만 대다수 철학자들은 그렇게 생각하지 않는다. 여기서는 이들 두 가지 토대 중 추리/사고와 의사결정에 대한 연구를 다룬다. 먼저, 철학자들이 정의해놓은 그대로의 추리/사고에 대한 연구가 고려될 것이다. 여기서 놀라운 점은 다른 동물의 추리/사고력이 인간만큼 우수하다는 데 있는 게 아니라 인간의 추리력이, 적어도 그 고전적 의미를 기초로 제작된 추리 과제에서는, 예상보다 훨씬 못하다는 데 있다. 수학자들의 이론을 기초로 판단했을 때는 인간의 의사결정 능력도 기대보다 훨씬 떨어진다. 이들 증거 역시 많은 철학자들을 충격의 도가니로 몰아넣었으며, 인간의 사고력에 대한 새로운 견해를 생성케 하는 계기가 되었다.

이 장은 먼저 삼단논법형 추리(syllogistic reasoning) 과제에 대한 소개로 시작된다. 다음 진술을 고려해보자. 모든 사람은 죽는다. 소크라테스는 사람이다. 그러므로 소크라테스는 죽는다. 삼단논법형 추리 과제는 대전제와 소전제를 바탕으로 결론을 평가하라고 주문한다. 이 작업을 정확하게 수행하는 데 필요한 규칙은 술어계산(predicate calculus)이라고 하는 형식적 시스템에 의해 정의된다. 이 시스템은 철학의 한 분야인 기호논리학에서 나온 것이다. 아마 여러분 중에는 논리학 강좌에서 이런 삼단논법을 평가하는 적절한 방법에 대한 강의를 들어본 사람도 있을 것이다. 우리의 목적은 왜 이런 재료를 학습하기가 그렇게 어려운지 그에 대한 심리적 이유를 살펴보는 데 있다.

그런 다음, 조건추리가 고려될 것이다. "만약 P라면 Q이다. P가 진이다. 그러므로 Q도 진이어야만 한다"를 평가해보라. 조건추리의 규칙은 인간의 지적 특징을 고려하면 그 자체가 수렁이다. 조건추리에서 어떻게 적절한 결론을 도출해낼 것인지를 결정하기가 사람들에게 아주 어려운 일로 밝혀졌다.

끝으로 의사결정의 과정이 고려될 것이다. 한편으로는 규범적 모형의 관점에서 의사결정 과정이 고려될 것이고 다른 한편으로는 인간의 마음 속에서 실제로 벌어지는 일을 기초로 의사결정 과정이 고려될 것이다. 추리의 방식에서 그러했듯이, 의사결정에서도 실제로 사람들이 자주 이용하는 방식은 수학적 모형에서 최적의 방식으로 간주된 방식과는 사뭇 다르다는 사실을 알게 될 것이다.

삼단논법형 추리

삼단논법형 추리란 참/진으로 간주되는 2개의 전제에서 필수적으로 귀납되는 결론이 어떤 결론인지를 평가하는 작업으로 구성된다. 제시되는 두 가지 전제를 대전제와 소전제라 한다. 이들 전제는 실세계에서 말이 되든 되지 않든 참으로 간주된다. 다음 세 가지 삼단논법형 추리를 고려해보자.

추리 1

대전제 : 모든 남자는 동물이다.

소전제 : 동물 중 일부는 공격적이다.

결론 : 남자 중 일부는 공격적이다.

추리 2

대전제 : 모든 남자는 동물이다.

소전제 : 동물 중 일부는 암컷이다.

결론 : 남자 중 일부는 암컷이다.

추리 3

대전제 : 모든 A는 B이다.

소전제 : B 중 일부는 C이다.

결론 : A 중 일부는 C이다.

추리 1의 결론은 타당하다고 생각하는가? 거의 모든 독자는 그렇게 생각할 것이다. 공격적으로 보이는 사람을 몇 명 머릿속에 떠올리는 일은 어려운 일이 아니지 않은가? 더군다나 모든 사람이 공격적이라는 결론도 아니지 않은가?

그럼, 추리 2는 어떤가? 성전환 수술을 고려하지 않는 한 이 결론은 말이 되지 않는다. 이 결론의 의미가 틀렸다는 말이다. 그러나 그 형식만 보면, 추리 1과 2는 똑같다. 추리 3을 보면 이 사실이 더욱 분명해진다. 추리 3의 결론은 어떤가? 그 타당성이 추리 2와 추리 1에 비해 어떤 것 같은가?

철학자들은 이 과제를 제대로 수행하기 위해서는 전제의 의미를 깡그리 무시해야 한다고 말한다. 전제는 논증을 위해 무조건 참으로 수용해야만 한다는 주장이다. 따라서 전제의 의미를 무시하고 나면 이 세 가지 삼단논법형 추리는 동일한 것이 된다. 이들은 구조 또는 구문이 동일하기 때문에 결론도 동일한 방식으로 평가되어야 한다. 즉 세 가지 결론이 모두 타당하든 아니면 모두 부당하다고 평가돼야 한다는 뜻이다.

전제에 의미가 있고 없고는 전혀 중요하지 않다. 그러니까, 말을 다음과 같이 했어도 무방하다는 뜻이다. 모든 남자는 코끼리이다. 코끼리 중 일부는 식물이다. 그러므로 남자 중 일부는 식물이다. 여기서 중요한 것은 그 결론이 주어진 전제에서 논리적으로 도출되느냐는 것이다. **타당한 연역적 결론**(valid deductive conclusion)이란 전제가 참일 때는 반드시 참인 결론을 일컫는다. 더 읽어나가기 전에 위의 보기 세 가지에 대한 여러분의 판단부터 내려보기 바란다.

> 타당한 연역적 결론이란 대전제와 소전제가 참일 때는 반드시 참이어야만 하는 결론을 일컫는다.

삼단논법의 형식

다음 표 10.1에는 자주 등장하는 삼단논법의 형식이 타당한 결론과 함께 나열되어 있다. 여기에 제시된 타당한 결론은 대전제와 소전제에서 필연적으로 도출되는 결론이다. "말할 수 없다"라는 결론은 부당한 논법, 즉 전제로부터 필연적으로 따르는 결론이 없는 경우에 해당한다. 표 10.1에서 맨 처음에 제시된 형식은 유명한 "모든 사람은 죽는다"라는 대전제로 시작되는 형식이다. 표에서도 볼 수 있듯이, 소크라테스는 사람이었다고 내린 결론은 옳은 결론이다. 다시 말해, 전제가 참

표 10.1 타당한 삼단논법과 부당한 삼단논법의 보기

전제	결론
1. All B are C All A are B.	All A are C
2. All A are B Some B are C	Can't say
3. No A are B All C are B	No A are C
4. Some B are not A All B are C	Can't say
5. All A are B No C are B	No A are C
6. No B are A Some B are not C	Can't say
7. Some A are B All B are C	Some A are C
8. All B are A All C are B	Some A are C
9. No A are B No B are C	Can't say
10. Some A are B Some B are C	Can't say
11. Some A are not B All B are C	Can't say
12. Some B are A No B are C	Some A are not C
13. All B are A All B are C	Some A are C
14. Some A are not B Some B are not C	Can't say
15. Some B are A Some C are not B	Can't say
16. All A are B All C are B	Can't say
17. No B are A Some B are C	Can't say
18. Some B are not A Some C are B	Can't say
19. All B are A No B are C	Some A are not C
20. All A are B No B are C	No A are C

출처 : Bourne, L. E., Dominowski, R. L., Loftus, E. F., Healy, A., *Cognitive Processes, 2nd Edition*, copyright ⓒ 1985. Pearson Education, Inc., Upper Saddle River, NJ 허락하에 재인쇄.

인 한 결론도 참이라는 뜻이다. 표에서 두 번째 형식이 앞에 제시된 보기와 같은 형식이다. 놀랐을 수도 있지만, 이런 전제에서는 타당한 결론을 도출할 수가 없다. 위의 보기에서 내린 여러분의 판단이 틀렸다면, 여러분도 대부분의 사람들과 같다는 뜻이다. 논리를 공부하지 않은 대학생 중에서 타당한 결론이나 부당한 결론을 정확하게 찾아낼 수 있는 학생은 약 10%에 불과하다(Dominowski, 1977).

그림 10.1은 연역적 추리에서 만나게 되는 전제 네 가지 유형을 보여준다. Euler 원은 포함관계(set/class)를 기초로 이들 각 유형의 의미를 간편하게 표상하고 있다. 그림에서 알 수 있듯이, 보편적 긍정—all A are B—은 두 가지 의미로 해석될 수 있다. A가 가리키는 세트와 B가 지칭하는 세트가 같거나 A는 세트 B의 부분집합을 가리킨다. 보편적 부정—no A is B—은 의미가 한 가지밖

그림 10.1 범주형 삼단논법의 전제를 나타내는 Euler 원

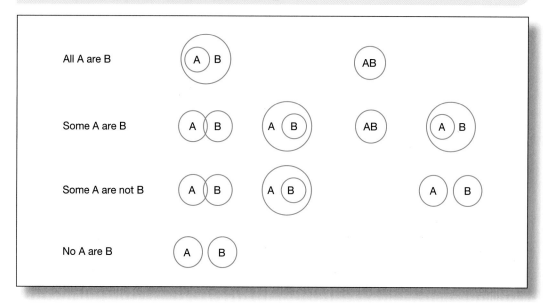

에 없다. 나머지 두 가지 유형의 전제, "Some A are B"라고 하는 특수 긍정과 "Some A are not B"라고 하는 특수 부정을 자세히 살펴보고 각각의 의미가 어떻게 생성되는지를 이해하기 바란다.

술어계산에 따라 결론을 평가하기 위해서는 세 단계를 거쳐야 한다. 첫째, 전제와 결론이 가질 수 있는 의미를 모두 그리고 정확하게 고려해야만 한다. 둘째, 대전제와 소전제가 가질 수 있는 모든 의미의 모든 조합을 고려해야 한다. 다시 말해, 단계 1에서 찾아낸 모든 쌍의 의미를 고려해야 한다. 셋째, 결론의 모든 가능한 의미가 전제의 모든 가능한 조합과 일치하는지를 결정해야 한다. 결론의 의미 중 하나라도 전제의 조합으로 만들어지는 의미 중 단 하나와 일치하지 않아도 타당한 결론을 도출할 수 없다. 이 말을 질문 형식으로 표현하면, "전제의 의미를 조합한 것 중에는 결론의 모든 해석과 일치하지 않는 것이 하나도 없는가?"에 대한 답이 "있다"라면 그 결론은 부당하다. 그림 10.2에서는 앞서 사용됐던 삼단논법의 보기에 대한 술어계산의 세 단계를 예시하고 있다.

그림 10.2에서 볼 수 있듯이, "All A are B"라는 전제에 있을 수 있는 의미는 두 가지이며 "Some B are C"라는 전제에 있을 수 있는 의미는 네 가지이다. 따라서 이 두 전제의 의미를 조합해서 만들 수 있는 의미는 모두 여덟 가지나 된다. 우선, 이들 조합 중 두 가지, 즉 대전제의 첫 번째 의미와 소전제의 첫 두 의미를 조합한 것만 고려해보자. 조합 1은 대전제("All A are B")의 의미 1과 소전제("Some B are C")의 의미 1을 합친 것이고 조합 2는 대전제의 의미 1과 소전제의 의미 2를 합친 것이다. 대전제의 집합 B가 소전제에 표현된 B와 C 간 관계로 대체된 방식을 주목하자.

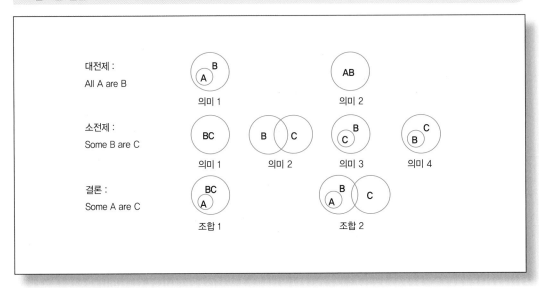

그림 10.2 대전제와 소전제의 모든 가능한 의미와 이들 의미를 조합하여 만들 수 있는 여덟 가지 중 두 가지.
조합 2는 결론 "Some A are C"와 어긋난다.

조합 1에서의 결론은 집합 A가 집합 BC 안에 속한다는 데서 연역된 결론이다. 그러나 조합 2에서
는 결론이 다이어그램과 일치하지 않는다. 즉 집합 A가 집합 C와 교차하지 않는다. 결론에 대한 해석
중 적어도 하나는 전제를 조합했을 때 만들어지는 의미 중 하나와 일치하지 않는다. 그러므로 이
결론은 부당하다. 이제, 대전제의 의미와 소전제의 의미를 조합해서 만들어지는 나머지 여섯 가
지의 의미를 검토하여 그중 몇 가지가 "Some A are C"라는 결론을 지지하는지를 판단해보라.

일반적인 오류

Ceraso와 Provitera(1971)는 사람들이 네 번에 세 번 정도(75%)는 타당한 결론(예 : 표 10.1에서 보
기 1, 3, 5, 7, 8)을 찾아낸다는 사실을 발견했다. 전제의 유형과 전제가 제시되는 순서를 바꾸면
총 64가지의 삼단논법이 생성된다. 표 10.1은 이들 중 일부만 보여주고 있다. 타당한 결론이 도
출되는 경우는 총 64가지 중 19가지에 불과하다.

사람들의 수행수준은 타당한 결론이 도출되지 않는 45가지의 부당한 삼단논법에서 훨씬 떨어
진다. 사람들은 확실한 결론을 내릴 수 없는 논법인데도 결론이 타당하다고 판단하는 경우가 많
다. 예컨대, 위의 보기에서 3번이 '타당'이라는 반응을 자주 유발했다. Ceraso와 Provitera(1971)
는 삼단논법 과제에 문자를 사용함으로써 사람들이 결론의 의미를 바탕으로 평가할 가능성을
제거해버렸다. 그럼에도 불구하고 부당한 결론을 정확하게 골라낸 참여자는 3명 중 1명꼴에 불
과했다.

사람들의 수행수준은 부당한 삼단논법에서 떨어질 뿐 아니라 오류의 양상에서도 상당한 일관성이 발견되었다(Dickstein, 1978). 대전제가 보편적(all) 긍정문으로 진술되고 소전제가 특별한(some) 긍정문으로 진술되었을 때는 거의 모든 사람들이 *some*이라는 단어가 들어 있는 결론을 타당한 결론이라고 판단했다. 이에 반해, 대전제와 소전제 둘 다 보편적 부정문으로 진술되었을 때는 *no*라는 단어가 들어 있는 결론을 타당한 결론으로 수용하는 경우가 많았다. 표 10.1의 보기 9번을 보면 이런 행동은 오류임을 알 수 있다.

인지적 제약

Woodworth와 Sells(1935)가 초창기에 제안한 설명인 **분위기 가설**(atmosphere hypothesis)은 사람들이 결론을 논리적으로 평가하려는 시도조차 하지 않는다고 가정했다. Begg와 Denny(1969)는 분위기 가설을 이렇게 진술했다. 첫째, 전제 중 하나 이상이 부정적이면(보편–특수성을 막론하고), 대개는 부정적인 결론이 수용된다. 둘째, 하나 이상의 전제가 특수성 또는 단어 'some'이 들어 있는 문장으로 진술되면, 특수성 또는 'some'이 들어 있는 결론이 수용된다. 그러나 이 가설로는 오류의 일부밖에 설명할 수 없다. 또한 이 가설은 총명한 대학생들이 왜 정확하게 추리하려 하지 않고 이러한 휴리스틱을 무조건 따르려 하는지에 대한 근거를 제공하지 못한다(Dickstein, 1978).

작업기억 그 이유를 작업기억 역량이 제한적이라는 사실에서 찾을 수도 있다. 보통 사람들과 마찬가지로 대학생들도 애초에 전제의 가능한 조합을 모두 표상할 수도 없고 또 잊어버렸을 수 있다. Johnson-Laird와 Steedman(1978)은 사람들은 전제의 조합을 단순화하기 위해 포함/부분집합 관계 같은 조합을 회피하려 한다고 보고했다. 그림 10.2로 되돌아가서 여러 전제 중 일부의 의미에는 포함/부분집합 관계(예 : A는 B의 부분집합이다)가 들어 있음을 주목하자. 작업기억 역량이 한정되어 있기 때문에 사람들은 대전제와 소전제의 의미를 조합할 때 이런 포함/부분집합 관계의 조합을 간과할 것이다. 하지만 의미의 단순한 조합(예 : A, B, C가 모두 동일 범주를 지칭한다)은 주저하지 않고 선택할 것이다. 또한 사람들은 결론을 평가할 때도 있을 수 있는 전제의 조합 중 일부만 고려할 것이다. 그리고 결론이 이들 조합의 전부가 아닌 일부와 일치해도 사람들은 그 결론을 타당하다고 판단하게 될 것이라는 설명이다(Dickstein, 1978).

부당한 전환 또 하나의 인지적 제약으로 전제에 대한 오해를 꼽을 수 있다. **부당한 전환**(illicit conversion)은 "All A are B"를 "All B are A"로 전환함으로써 원래의 전제는 물론 전환

> 전제에 대한 그릇된 해석(예 : 부당한 전환) 그리고 전제의 가능한 조합을 모두 고려하지 못하는 일을 고려하면, 사람들이 삼단논법의 결론 도출에서 범하는 오류 중 많은 부분을 설명할 수 있다.

해놓은 전제도 참이라고 생각하는 경향성을 일컫는다. 이러한 경향성 때문에 사람들은 "Some A are B"를 "Some A are not B"로 전환한다(Ceraso & Provitera, 1971; Revlis, 1975). 분위기 가설과는 달리, 이 가설에서는 사람들이 추리를 정확하게 하려고 노력은 한다고 가정한다. 따라서 오류의 근원이 노력의 부재에 있는 것이 아니라 전제를 잘못 해석하는 데 있다고 본다. Ceraso와 Provitera(1971)는 그러한 전환을 하지 못하게 하면 오류가 줄어든다는 사실을 밝혀냄으로써 부당한 전환의 중요성을 보여주었다. 이들은 오해를 예방하기, 즉 전환을 하지 못하게 하기 위해 전제를 확대시켰다(예 : A는 모두 B이다. 그러나 B 중에는 A가 아닌 것도 있다).

의미와 지식　기억과 사고에서 의미는 결정적인 역할을 수행한다. 때문에 사람들은 추상적인 추리 문제를 구체적인 문제, 즉 의미 있는 문제로 만들기 위해 애를 쓴다(Gentner & Stevens, 1983; Johnson-Laird, 1983; Johnson-Laird & Bara, 1984). 예컨대, 전제를 의미 있게 진술하면 부당한 전환을 예방할 수 있다(Revlis, 1975). 남자는 모두 동물이라는 말을 들으면, 동물은 모두 남자라는 생각을 할 가능성이 희박해진다. 그런데 전제를 "모든 A는 B이다"라고 진술함으로써 의미를 제거해버리면, 바로 그런 부당한 전환을 범하게 된다. 논리학 수업에서 가르치고 있는 Euler 원이나 벤 다이어그램은 문제를 구체적으로 만들어 해결책을 검토하기 쉽게 도와주는 외적 표상에 해당한다. 그러나 외적 표상의 모양새에 따라 그 효과는 달라지며 어떤 모양새는 별로 도움이 되지 않는 것도 있다(Lee & Oakhill, 1984).

　신념편파(belief bias)는 자신의 신념과 일치한다는 이유만으로 특정 결론을 수용하는 태도를 일컫는다(Henle, 1962). 인간 사고의 핵심에서 작용하는 것은 철학자들이 만들어놓은 술어계산이나 여러 가지 추상적인 시스템이 아니라 신념과 의미이다. 북미 대륙에 있는 대학생들은 세상사에 관해 자기들의 지식/신념과 어긋나는 결론은 타당한 결론으로 수용하지 않는다. 의미 있는 신념/지식을 더욱 중요하게 생각하는 것은 어디에서나 발견되는 보편적인 현상인 것 같다. 기실, 비서구 문화권에서 공교육을 받지 못한 사람들은 타당성이라는 개념조차 이해하지 못한다(Cole & Scribner, 1974; Luria, 1976).

　Luria(1976)는 중앙아시아 거주민 중 글을 깨치지 못한 농부들에게 삼단논법을 이용하는 연역 추리를 해보라고 주문했다. 이에 대한 그들의 반응은, 적어도 서양인의 관점에서 보면, 비논리적으로 보였다. 다음 보기를 고려해보자.

실험자 :　　　　눈으로 덮인 북극 지방에 사는 곰은 모두 흰색이다. Nova Zem은 북극에 있는 지역이다. 그 지역에 사는 곰은 무슨 색깔일까?

농부 :　　　　모르겠다. 검은 곰을 본 적은 있다, 다른 색은 본 적이 없다⋯. 각 지역마다 토종 동물이 있다. 그곳 곰이 흰색이면 흰색 곰이고, 노란색이

면 노란색 곰이겠지(pp. 109~110).

Luria(1976)가 발견한 것은 그곳의 농부들은 자기들의 지식과 맞지 않는 전제는 그냥 무시해버리거나 잊어버리고 보편적 진술문(예 : "북극에 사는 모든 곰은 흰색이다")을 보편적인 진술로 해석하지 않는다는 점이었다. 그들은 그런 진술문을 특정인의 견해로 간주했다. 간단히 말해, 그들은 추리 과제를 추상적인 게임으로 생각하지 않고 자기 자신들 또는 다른 사람들의 실제 경험에 바탕을 둔 질문으로 간주했다.

Cole과 Scribner(1974) 역시 Liberia의 크펠레 종족을 대상으로 한 연구에서 거의 동일한 현상을 발견했다. 그 사람들은 추리를 자신들의 개인적 지식을 기초로 전개했다. 실험자가 제시한 가상적 전제를 바탕으로 한 결론 도출을 거부했다. 실험자가 결론을 말해보라고 강요하면, 전제를 기초로 결론을 도출하는 것이 아니라 사적인 지식을 기초로 자기들의 답을 정당화했다. 다음 대화에서도 이 사실을 알 수 있을 것이다.

실험자(크펠레 남자) : 예전에 거미가 축제에 갔었다. 그는 이 질문에 대답을 해야 음식을 먹을 수 있다는 말을 들었다. 그 질문은 "거미와 검은 사슴은 언제나 함께 먹는다. 거미가 먹고 있다. 검은 사슴도 먹고 있나?"였다.

피험자(마을 노인) : 그들이 숲 속에 함께 있었나?

실험자 : 그렇다.

피험자 : 그들이 함께 먹고 있었나?

실험자 : 거미와 검은 사슴은 언제나 함께 먹는다. 거미가 먹고 있다. 검은 사슴도 먹고 있나?

피험자 : 하지만 나는 그곳에 있지 않았다. 어떻게 그런 질문에 답을 할 수 있나?

실험자 : 대답할 수 없다고? 거기에 있지 않았어도 답은 할 수 있다.
[질문을 반복한다]

피험자 : 어, 어, 검은 사슴이 먹고 있다.

실험자 : 검은 사슴이 먹고 있다고 말하는 이유는?

피험자 : 그 이유는 검은 사슴은 하루 종일 숲 속을 걸어다니며 항상 푸른 잎을 먹기 때문이다. 그러다가는 잠시 쉬었다 일어나서 다시 먹기 시작한다.

신념편파는 전제는 깡그리 무시하고 결론에만 집중할 때 특히 강력하게 작용한다(Evans, Barston, & Pollard, 1983). 이러한 경우 사람들은 믿을 만한 결론(예 : "뛰어난 아이스 스케이터 중 일부는 프로 하키선수가 아니다")은 수용해버리고 믿기 어려운 결론(예 : "프로 하키선수 중 일부는 뛰어난 아이스 스케이터가 아니다")은 기각해버린다. 어문 프로토콜을 이용한 연구에서 Evans 등은 전제를 연구하고, 연구한 결과를 바탕으로 추리하려고 애쓰는 사람도 있다는 사실을 발견했다. 이런 사람들의 경우, 타당한데도 믿기 어려운 결론을 만나면 심한 갈등을 겪는 것으로 나타났다. 정치인들은 신념편파를 아주 유효하게 이용하는 사람들이다. 대다수의 사람들이 믿고 있는 견해를 대변하는 정치인은 그 견해를 지지하는 전제와 논리를 내세우기 때문에 그 전제와 논리에 대한 치밀한 검증을 피할 수 있게 된다.

> 신념편파는 연역추리에서 오류를 유발하는 요인으로 작용한다. 결론이 자신의 개인적 신념과 일치하면 무조건 타당한 결론이라고 가정한다.

조건추리

개념 확정을 논의할 때 주목했듯이, 조건규칙은 'if~, then'(만약 ~면, __) 형식으로 진술된다. 조건추리는 연역추리 중 다음 보기와 같은 유형을 일컫는다.

연역 1

만약 기압이 떨어지면, 폭풍이 올 것이다.

기압이 떨어지고 있다.

그러므로 폭풍이 올 것이다.

연역 2

만약 P가 참이면, Q도 참이다.

P가 참이다.

그러므로 Q도 참이다.

앞서 소개했던 삼단논법의 보기에서처럼, 위의 연역 1과 2는 동일한 모양의 조건추리에 해당한다. 두 가지 경우 모두 조건규칙의 앞부분이 참이기 때문에 각각의 결론도 반드시 참이 된다는 것이 이 경우의 타당한 연역이다. 그런데 추상적 모양을 취하고 있는 연역 2에서는 의미가 제거

다음과 같은 조건규칙을 고려해보자—만약 대학 강좌에서 등급을 매기지 않는다면 학생들은 그 교과목에 대한 공부를 하지 않을 것이다. 이 규칙이 옳은지를 판단하는 데는 어떤 증거자료가 필요할까? 그런 증거를 확보하기 위해, 개설된 대학 강좌 중 하나를 골라 등급을 매기지 않고 한 학기를 마친 후, 그 강좌를 이수한 학생들을 대상으로 공부한 정도를 측정해보는 실험을 해볼 수도 있을 것이다. 이 규칙의 진위를 확정하기 위해 또 다른 실험을 해봐야 할 필요가 있을까? 있다면 그 실험은 어떤 실험일까? 이 규칙이 항상 적용된다는 확신을 갖기 위해서는 어떤 실험을 얼마나 많이 해야 할까?

되어 구체적인 경험을 기초로 모형을 구축해보는 일반적인 접근법을 이용할 수 없게 되었다.

타당한 조건추리와 부당한 조건추리

논리학자들은 조건규칙에서 타당한 결론을 연역하는 방식을 두 가지로 규정하고 있다. 위에서 예로 든 연역 1과 연역 2가 그중 하나로 전건긍정(modus ponens; affirming the antecedent)으로 알려진 방식을 예시한다. 연역 2에서의 P를 전건(antecedent)이라 하고 Q를 후건(consequent)이라 한다. 전건을 긍정한다는 말은 두 번째 전제가 P를 참이라고 단언한다는 뜻이다. "P가 참이면 Q 역시 참이어야만 한다"는 것이 전건긍정식 연역이다. 진술된 그대로의 규칙에 따르면, P가 참인 한 Q는 절대 거짓일 수가 없다. 그러나 그 전제가 후건인 Q가 참이 아니라고 단언하면 어떤 일이 벌어질까? 밖에 나갔더니 날씨가 상쾌하다고 하자. 이 지식을 조건규칙에서 타당한 결론을 연역하는 두 번째 방식으로 알려진 후건부정(modus tollens; denying the consequent)에 적용해보자. Q가 거짓인 한(폭풍이 불지 않는 한) P 또한 반드시 거짓이어야 한다. 조건규칙에 따르면, Q가 거짓이라면 P는 절대 참일 수 없다.

조건규칙을 두고 잠깐만 반성해보면, 다른 두 가지 형식의 추리도 해볼 만하다는 생각이 들 수도 있다. 그러나 나머지 두 가지 방식은 부당한 결론을 도출하게 된다는 사실을 논리학자들은 알고 있다. 이들 둘 중 첫째가 전건부정(denying the antecedent)이다. 기압계를 점검해보니 기압이 올라가고 있다고 해보자. 이 증거를 기초로 전건은 부정된다(not P). 그럼 이 전제를 기초로 우리는 폭풍이 오지 않을 것이라(not Q)는 결론을 내릴 수 있을까? 그런 결론을 내릴 수는 있지만, 확신은 할 수 없다고 논리의 규칙은 말한다. 기상학자들은 기압계와 날씨에 관한 과거의 경험을 바탕으로 전개되는 귀납적 추리를 통해 전혀 다른 결론을 내릴 수도 있다. 그러나 여기서 우리의 관심사는 조건규칙을 바탕으로 전개되는 연역적 추리, 즉 논리적 규칙에서 정하는 참이 무엇인지를 정하는 일임을 유념해야 할 것이다.

그럼 not P가 폭풍이 온다(Q)는 뜻은 아닐까? 여기서도 가타부타를 말할 수 없다. 'If, then'의 형식으로 진술된 조건규칙은 전건이 참이라고 확정됐을 때 반드시 참이어야 하는 것이 무엇인지를 말하고 있을 뿐이다. 따라서 전건이 거짓으로 드러나면 모든 것이 백지상태로 돌아간다. 진술된 대로의 조건규칙에 따르면, 폭풍이 올 것인지 말 것인지는 전건이 참일 때에만 연역될 수 있다.

두 번째 방식의 부당한 추론은 후건긍정(affirming the consequent)이다. 문을 열고 나가 봤더니 폭풍이 일기 시작한다고 해보자. 이 사실만으로 기압계가 내려간다고 확실하게 말을 할 수 있을까? 그런 결론을 내릴 수도 있다. 하지만 확신은 할 수 없다는 것이 논리의 규칙이다. 조건규칙은 우리가 확실한 결론을 내릴 수 있는 경우는 기압이 내려가고 있을 때뿐이라고 말한다. 조건규칙은 폭풍이 올 때에 기압이 어떻게 변할 것인지에 관해서는 아무 말도 하지 않는다. 다시 말해, 조건규칙은 기압이 내려갈 그때 단지 그때에만 폭풍이 올 것이라고 주장하지는 않는다. (사실, 기상학자들은 기압계와 날씨에 관한 지금까지의 관찰결과를 기초로 생성한 자기들의 예상을 바탕으로 기압이 내려갈 때만 폭풍이 올 것이라는 말을 분명히 하고 싶을 것이다.)

일반적인 오류

사람들은 삼단논법형 추리에서 그랬던 것처럼, 조건추리에서도 체계적인 오류를 범한다(Marcus & Rips, 1979; Rips & Marcus, 1977). 전건긍정을 적용할 때는 오류를 범하지 않는다. 다시 말하면, "If P, then Q"라고 하는 조건규칙에 의하면, P가 진이면 Q도 반드시 진이어야 한다. 이처럼 전건긍정은 이론의 여지가 없는 명백한 결론이 도출할 수 있게 해준다. 그리고 사람들은 언제나 그렇게 말한다. 그러나 다른 세 가지 형식의 추리에서는 오류를 범한다. 가장 놀라운 오류는 후건부정 추리에서 발생한다. "If not Q, then not P"로 진술되는 조건규칙에 따르면, 만약 Q가 위이면 P도 반드시 위이어야 한다. 그러나 사람들이 이런 결론을 내리는 경우는 60%에도 못 미친다. 사람들은 후건을 부정하는 것은 곧 전건을 부정하는 것과 같다는 점을 알아차리지 못한다. 후건을 부정하지 못하는 것은 인간의 추리에서 끊임없이 발생하는 오류에 속한다. 이런 문제를 다루는 대학 수준의 논리학 강좌를 이수한 학생들의 추리 결과도 참담한 실정이다. 기실, 이런 강좌를 이수한 후에도 이 과제에 후건부정의 논리를 적용하는 학생들의 능력은 전혀 향상되지 않았다(Cheng, Hoyoak, Nisbett, & Oliver. 1986). 학습활동 10.1에서, 여러분은 한 가지 자료/증거를 더 확보해야 한다고 답해야 했다. 그리고 학생들이 공부를 하지 않는 강좌를 조사한 후, 그 강좌에서도 등급을 매기지 않는지를 검토해봐야 한다고 말해야 했다. 만약 이런 생각을 하지 못했다면, 여러분은 후건부정이라는 타당한 형식의 논증이 있다는 사실을 몰랐던 것일 수 있다.

또한 사람들은 전건을 부정하고 후건을 긍정하는 것도 명백한 결론이 도출되는 타당한 추리의 형식이라는 엉뚱한 가정을 할 때도 있다. 만약 P가 위라면, Q도 언제나 위이어야 한다는 결론이 옳다고 판단하는 학생들도 약 20%나 된다는 말이다. 하지만 이러한 전건의 부정은 확고한 결론을 허용하지 않는다. P가 참이 아닌 조건에서는 "If P, then Q"라는 조건규칙 자체를 적용할 수

전건긍정과 후건부정은 조건추리에서 두 가지 타당한 형식이고, 전건부정과 후건긍정은 조건추리의 두 가지 부당한 형식이다.

없다. 왜냐하면, 이 규칙은 'P가 참인 조건에서만'이라고 말하고 있기 때문이다. 따라서 P가 참이 아닌 조건/경우에는 Q가 진이라도 좋고 위이어도 무방하다. 마찬가지로, 후건긍정, 즉 Q가 참인 걸 안다고 해도 P가 반드시 참이라고 말할 수 없다. "If P, then Q"라는 규칙의 진술된 그대로의 의미는 P가 참이 아닐 때라도 Q는 참일 가능성을 배제할 수 없다고 말한다. 지금쯤 여러분도 알았겠지만, 이러한 장면을 부당한 형식의 추리로 인식하는 일은 전건긍정의 타당성을 인식하는 일보다 훨씬 어렵다. 혹시 여러분은 학습활동 10.1에서, 등급을 매기는 강좌를 찾아내고 그 과목을 수강한 학생들이 공부를 했는지도 조사해봐야 한다고 생각하지는 않았는가? 전건을 부정하는 이러한 형식은 부당한 조건추리에 해당한다.

인지적 제약

Wason과 Johnson-Laird(1972)는 조건추리에서 발생하는 오류를 분석하기 위한 실험을 실시하였다. 그들은 그림 10.3에서와 같은 넉 장의 카드를 참여자들 앞에 펼쳐놓았다. 각 카드의 한 면에는 문자가 하나 적혀 있고 그 뒷면에는 숫자가 하나 적혀 있다고 알려준 후, 다음과 같은 조건규칙을 제시하였다.

만약 어떤 카드의 한 면에 모음이 적혀 있으면, 그 뒷면에는 짝수가 적혀 있다.

참여자의 과제는 이 조건규칙이 준수되고 있는지를 입증하려면, 이들 넉 장 중 어떤 카드(또는 카드들)를 뒤집어봐야만 하는지를 결정하는 것이었다. 뒤집어보지 않아도 되는 카드를 뒤집는 일은 없도록 하라고 지시했다.

이런 실험에 참여한 사람들 중 절반에 가까운 참여자들이 E가 적힌 카드와 4가 적힌 카드를 뒤집어봐야 한다고 판단했다. 전건긍정에 따르면 E가 적힌 카드는 뒤집어봐야 한다. 왜냐하면 그

그림 10.3 Wason의 카드선별 과제

카드 뒷면에 홀수가 적혀 있다는 것은 이 규칙은 지켜지지 않고 있다는 증거이기 때문이다. 따라서 그 카드를 뒤집어보는 행동은 옳은 행동이다. 그러나 4가 적힌 카드를 뒤집는 행동은 오류에 해당한다. 그 카드를 뒤집어도 문제의 규칙이 준수되는지를 판단하는 데 아무런 도움이 되지 않기 때문이다. 왜냐하면, 후건이 긍정된다고 해도(즉, Q가 참이라고 해도), 우리는 그 뒷면에 모음이 있어야 하는지 자음이 있어야 하는지를 명백하게 단정할 수 없기 때문이다. 이와는 정반대로, E가 적힌 카드와 7이 적힌 카드를 뒤집는 경우는 4%에 불과했다. 7이 적힌 카드는 후건을 부정하고 있다. 따라서 후건부정에 따르면, 그 카드 뒤에 모음이 적혀 있으면 문제의 규칙이 지켜지지 않고 있음이 입증된다. 그런데도 카드 7을 뒤집어보는 사람은 거의 없었다.

의미와 지식 사람들이 그런 오류를 범하는 한 가지 이유는 그 과제의 조건규칙을 이중-조건규칙으로 잘못 이해했을 가능성이다. 사람들이 "If P, then Q"라는 진술을 "If and only if P, then Q"라고 해석했을 수도 있다는 뜻이다(Taplin & Staudenmeyer, 1973). 실제로 이런 오해가 벌어졌다면, 카드선별 과제에서 많은 사람들이 E가 적힌 카드와 함께 4가 적힌 카드를 뒤집는 행동도 이해가 된다. 이중-조건규칙에서는 카드의 뒷면에 모음이 있을 때 오로지 그때에만 그 앞면에 짝수가 올 수 있다고 말하기 때문이다. 그러므로 4가 적힌 카드를 뒤집는 행동도 의미 있는 행동이 되는 것이다. 우리가 그런 오해를 하게 된 것은 우리의 일상 경험과 언어를 사용하는 방식 때문이다. "나 대신 이 짐을 옮겨주시면, 당신께 1만 원을 드리겠습니다"라는 제안을 받은 사람은 거의 모두가 만약 자기가 그 짐을 옮겨주지 않으면 그 제안을 한 사람이 자기에게 1만 원을 주지 않을 것이라고 생각할 것이다(Geis & Zwicky, 1971).

사람들이 후건부정을 제대로 사용하지 못하는 결과를 겉으로만 보면, 사람들의 추리가 비합리적인 것처럼 보일 수도 있다. 그러나 실세계에 사는 사람들은 누구나 중요한 신념을 갖추고 있으면서 특정 목적 달성에 도움이 되는 방향으로 추론한다. 예컨대, 하늘이 먹구름으로 덮여 있으면, 사람들은 너 나 할 것 없이 우산을 챙겨야 한다는 추론을 할 것이다. 사람들의 추리가 후건부정식에 어긋나는 것을 두고, Evans와 Over(1996)는 인간의 비합리성을 알게 되었다기보다 실생활과 무관한 과제가 지닌 심리학 실험재료로서의 가치에 대해 더 많은 것을 알게 되었다고 꼬집었다. 앞면에 모음이 적힌 카드의 뒷면에 짝수가 있어야 하는지를 결정하는 일을 잘 못한다고 우리의 추리력에 문제가 있다는 주장은 부당하다는 뜻이다.

기실, 자기에게 중요했던 과거의 신념을 실험과제에 적용할 수 있게 되면, 과제 수행의 결과도 달라지는 것으로 밝혀졌다. 특정 과제 때문에 실제 경험에서 구축된 스키마가 활성화되면, 후건부정의 적용도 쉬워진다는 뜻이다(Cheng & Holyoak, 1985). 예를 들어, 넉 장의 카드가 여러분 앞에 펼쳐져 있다고 하자. 이번에는 카드의 한 면에는 어떤 사람의 나이(16세 또는 22세)가 적혀 있고 그 뒷면에는 그 사람이 마시고 있는 것(콜라 또는 맥주)이 적혀 있다. 다음 규칙이 지켜지고 있는지를 확인하려면 어떤 카드를 뒤집어봐야 할까?

만약 어떤 사람이 맥주를 마시고 있다면, 그 사람의 나이는 20세 이상이다.

다른 카드선별 과제에서처럼, 이 조건규칙이 적용되고 있는지를 결정하는 데 반드시 필요한 카드(들)만 뒤집어야 한다. 이 문제상황은 여러분이 고등학생이었을 때 만났을 법한 실제 상황과 많이 닮았다고 느꼈을 것이다. 이와 같은 과제를 이용한 Griggs와 Cox(1982)의 실험에서는 '맥주'가 적힌 카드와 '16세'가 적힌 카드를 뒤집는 학생이 전체의 75%에 달했다. 이 수치는 Wason과 Johnson-Laird(1972)가 문자와 숫자를 이용한 실험에서 확보한 정반응률(4%)보다 18배나 높은 수치이다.

음주−연령 문제가 친숙하고 의미가 있어 보이는 이유를 두고, 우리 인간은 태어날 때부터 규칙을 지키지 않는 사기꾼을 점검할 수 있

> 일상생활과 무관한 추상적인 조건추리 문제에서는 후건부정을 제대로 활용하는 사람이 거의 없고 후건긍정을 이용하는 오류를 범하는 경우가 많다. 그러나 구체적인 실생활 상황에 관한 추리에서는 이런 오류가 크게 줄어든다.

도록 진화된 존재이기 때문이라는 것이 진화심리학자들의 설명이다(Cosmides & Tooby, 1992). 카드선별 문제를 속임수를 쓰는 사람을 잡아내는 과제로 바꾸어 제시하면, 그 어렵던 문제도 하찮은 문제가 되어버린다. 우리가 믿고 따르는 암묵적 사회계약은 정해진 조건(21세 이상)을 충족시키지 못하는 사람이 특혜(술을 마실 권리)를 받아서는 안 된다고 말한다. Cosmides와 Tooby (1992)는 우리 인간에게는 사기꾼을 잡아내는 휴리스틱이 진화돼 있고, 그 이유는 그래야만 집단 구성원 서로가 이득을 교환하게 될 것이기 때문이라고 주장했다. 우리 선조들은 자기에게 보답할 것으로 기대되는 사람을 돕는 일에는 전혀 인색하지 않았다. 받기만 하고 줄 줄을 모르는 사람을 찾아내는 능력은 생존 확률을 높이는 중요한 능력이다. 때문에 그런 사람을 잡아내는 인지기제 발달에 개입하는 유전인자가 인간 게놈의 일부로 자리 잡게 되었을 것이라는 생각이다.

그럴 수도 있다. 그러나 여기서 중요한 것은 과제 관련 개념의 의미를 기억에서 인출해낼 수 있을 만큼 충분한 과제 관련 지식을 갖추는 것이 추리에 결정적이라는 사실이다. 이 사실은 조건추리뿐 아니라 유비추리(analogical reasoning)에도 똑같이 적용된다. 다음과 같은 문제를 풀어야 한다고 생각해보자.

구름이 스펀지 같은 이유는?

(1) 둘 다 수분을 담고 있기 때문이다.

(2) 둘 다 물을 방출하기 때문이다

(3) 둘 다 부드럽기 때문이다.

(4) 둘 다 솜털 같기 때문이다.

답 (1)과 (2)는 관계에 초점을 맞추고 있다. 그러니까 이 둘 중 하나를 골랐다면, 구름과 스펀지의 기능적 유사성을 기준으로 둘을 관련지었다는 뜻이다. 이 일이 가능하기 위해서는 구름에 관해 알고 있는 것이 스펀지에 결부되는 방식을 알아야 한다. 어른들에게 이런 문제를 제시했을 때는 거의 모두(89%)가 관계에 초점을 맞춘 답을 골랐다. 그러나 4~5세 어린이와 7~8세 어린이 중에서 이런 관계에 초점을 맞춘 답을 선택하는 경우는 각각 61%와 69%에 불과했다(Gentner & Stevens, 1983). 답 (3)과 (4)는 물체의 지각적 속성만 묘사할 뿐 각 물체의 기능은 간과하고 있다. 그러므로 Gentner와 Stevens의 발견은 어른들은 구름과 스펀지에 관해 많은 것을 알고 있었기 때문에 이들에 관한 추리를 할 때도 겉으로는 보이지 않는 기능까지 고려할 수 있었다는 주장을 할 수 있게 해준다.

확증편파   사람들은 누구나 기존 신념의 부당함을 입증하는 증거 대신 타당함을 확증하는 증거를 찾아내려는 경향성을 지녔다. 후건부정을 적용하지 못하게 하는 이 경향성은 확증편파(confirmation bias)로 알려져 있다. 후건부정을 적용하지 못하게 하는 또 다른 요인은 조건규칙의 부당성을 입증하려는 대신 자신의 신념이 옳다는 증거를 찾으려는 우리의 경향성이다. 사실 우리는 우리의 믿음이 부당하다는 증거는 일부러 회피하는지도 모른다. 확증편파는 카드선별 문제뿐 아니라 다른 과제에서도 자주 발견된다(Kayman & Ha, 1987; Krauth, 1982). 예컨대, 태도 변화에 관한 실험에서 사람들은 자신의 신념이 옳지 않다는 증거보다 옳다는 증거에 더 많은 주의를 기울이는 것으로 드러났다(Petty & Cacioppo, 1981). 인간은 생각하는 동물이라기보다 믿는 동물이라는 표현이 더 정확한 것 같다.

확증편파의 놀라운 보기는 귀납추리 과제를 이용한 Wason(1968)의 연구에서 제공되었다. 삼단논법이나 조건추리 같은 연역과는 달리, 귀납에서는 주어진 전제를 뛰어넘어 일반적 법칙을 생성해야 한다. 귀납적 결론은 결론지은 이의 세상사에 관한 신념이라고 생각하면 도움이 된다. 새로운 증거가 누적되면 이 신념에 대한 주관적 확률 또는 신념의 강도가 바뀌게 된다(Ripps, 1990). 경우에 따라 새로운 증거가 이전에 형성된 신념을 의심스럽게 만들기도 하고 더욱 확고하게 만들기도 한다. 자신이 지닌 신념이 옳을 수도 있는 만큼 그를 수도 있다는 뜻이다. 자신의 신념에 대한 확증을 가지기 위해서는 그 신념이 그르지 않음을 입증해야 한다. 그러기 위해서는 자신의 신념이 그릇됐음을 입증하는 데 필요한 증거를 찾아내야만 한다. 그런데 확증편파라고 하는 경향성 때문에 우리는 이와 반대되는 행동을 하게 된다. 즉 우리는 우리의 신념이 잘못되었음을 입증하는 데 필요한 증거를 찾으려 하는 게 아니라 옳음을 입증하는 데 필요한 증거를 찾으려 한다.

귀납추리를 검토한 Wason(1968)의 실험을 고려해보자. 실험참여자들에게는 특정 숫자 배열의 구성요소를 예상할 수 있는 규칙을 찾아내는 일이 과제라고 말해주었다. 그리고 2, 4, 6이 그 규칙에 맞는 배열이라는 말까지 해주었다. 규칙을 찾아내기 위해 참여자들은 추가의 요소를 제안해볼 수 있었다. 그러면 실험자는 제안된 그 요소의 배열이 규칙에 맞는지를 알려주었다. 대부분의 참여자들이 즉각 채택하는 가설은 "수치가 2씩 커진다"는 규칙이었다. 일단 이런 가설을 염두에 두고 나면, 참여자들은 이 가설을 검증하기 위해 2씩 증가하는 수의 배열을 수도 없이 제안해본다. 예컨대 8, 10, 12, 14, 16을 내놓는다. 그러면 실험자는 그 배열이 규칙과 일치한다 말해준다. 다음에는 5, 7, 9, 11, 13, 15, 17을 내놓는다. 이번에도 실험자는 맞다고 말해준다. 이처럼 자신이 염두에 둔 가설이 옳다는 증거가 누적됨에 따라 참여자들은 자기들이 생각했던 규칙이 옳다는 믿음을 굳혀간다. 그러면서 이 규칙과 일치하는 또 하나의 배열을 내놓는다. 그런 후, 자신들이 옳다고 판단한 규칙을 말로 표현하고는 실험자가 그 규칙이 틀렸다고 알려주면 화를 내는 사람도 있다.

Wason이 염두에 두고 있었던 규칙은 '크기가 2씩 커지는 수의 배열'이 아니라 '크기가 커지는 수의 배열'이었다. 그러니까 1, 2, 3을 제안했더라도 실험자는 맞다고 말했을 것이라는 뜻이다. Wason의 실험결과에서 중요하고도 흥미로운 점은 자기들이 세운(염두에 둔) 가설이 틀렸음을 입증하는 데 필요한 수의 배열을 내놓는 참여자가 거의 없었다는 점이다. 거의 모든 참여자들은 자신의 가설이 옳음을 입증하기 위한 증거만 찾았다는 뜻이다. 따라서 사람들은 너 나 할 것 없이 자신이 세운 가설 또는 믿음이 옳음을 입증하기 위한 증거를 자주 찾는다. 이러한 확증편파 때문에 우리는 부당한 결론을 내리곤 한다.

우리의 정치풍토에서 자주 발견되는 특정 유형의 확증편파가 하나 있다. 우리 편 편파라고 하는 확증편파는 우리는 자신들의 정치, 종교, 윤리, 경제적 신념과 태도가 옳다는 증거만을 골라서 평가한다는 사실을 일컫는다. 예컨대, 유산을 옹호 또는 반대하는 논증이 제시되면, 사람들은 양편 모두를 고려하는 논증보다 한편만 일방적으로 고려하는 논증을 더 좋아한다(Stanovich & West, 2008). 논증의 절반은 유산을 찬성하는 근거이고 절반은 반대하는 근거로 구성되어 있으면, 자신의 이전 선택이나 신념에 따라 그 논증을 전적으로 수용 또는 기각하기가 어려워진다. 우리 편 편파가 아주 확고할 때는 자기들의 과거 신념을 정당화해주는 증거를 가장 확고한 증거로 평가하는 일이 벌어진다. 재미있는 점은 이런 효과가 학업적성검사(SAT) 점수가 높은 사람들한테서도 똑같은 강도로 나타난다는 사실이다. 학업적성검사 점수와 지능지수는 상관이 매우 높은 것으로 밝혀져 있다. 따라서 이 연구결과는 지적 능력의 고하에 관계없이 사람들은 자신의 기존 신념을 지지하는 증거를 더 좋아한다고 말한다. 이러한 사실이 놀라운 이유는 지능이 높을수록 비판적으로 생각할 수 있고 또 완전히 합리적인 결정을 내릴 수 있을 것이라는 게 보통 사람들의 믿음이기 때문이다. 그러나 일단 자신의 개인적 신념이 걸린 문제에 있어서는 누구도 논증을 냉철하게 이성적으로 고려할 수 없게 되고 또 높은 인지역량을 갖추어도 이 사실은 바뀌지 않는다(Stanovich, West, & Toplak, 2013).

의사결정

기실, 모든 인간은 일상생활의 매 순간 어떤 행동을 취할 것인지에 관한 결정을 하며 살아간다. 현명한 결정의 중요성에 대해서는 논할 필요조차 없다. 수학자들은 최적의 결정법을 확립하기 위해 결정이론이라는 수학의 한 분야를 개발하기도 했다(Hastie, 2001). 수학적 관점에서 볼 때 결정권자란 여러 가지 행동방침을 마주하고 있는 사람일 뿐이다. 이들 방침이 수행되는 환경에 따라 각각의 방침은 상이한 결과를 초래한다. 이론적으로 우리 각자는 각각의 행동방침이 가져다줄 결과의 효용성을 평가할 수 있다. 기대효용 이론에 따르면, 여러 가지 행동방침 중에서 가장 큰 이득을 가져다줄 방침을 선택하는 결정을 내려야 한다. 이 이론은 사람들이 다양한 결과에다 효용성을 부과하고 그 일이 벌어질 확률로 그 효용성을 평가하고 가장 큰 효용성을 가져다줄 행동방침을 신택한다는 뜻이다.

주관적 효용

결과에 대한 결정은 대부분 불확실 상황에서 위험 부담을 안고 내려진다. 사람들은 보통 자기의 행동이 초래할 결과에 대해 잘 알지 못한다. 어떤 결정권자가 결과 1을 기대하면서 행동 A를 선택했다고 해보자. 그러나 행동 A가 결과 1이 아닌 결과 2를 야기할 위험도 있다. 또한 그 위험의 정도를 정확하게 명시할 수도 없다. 행동 A가 결과 2가 아닌 결과 1을 초래할 확률을 분명하게 알 수 있는 경우는 드물고 추측 정도만 할 수 있을 뿐이다.

　그럼, 결과에 대한 확률을 알고 있는 **위험 상황에서의 의사결정**(decision under risk)은 어떻게 내리고 또 결과에 대한 확률을 모르고 있는 **불확실 상황에서의 의사결정**(decision under uncertainty)은 어떻게 내릴까? 두 가지 내기/도박 중 하나를 선택할 기회가 생겼다고 해보자. 하나는 이길 확률이 1/3인 10만 원짜리 도박이고 다른 하나는 이길 확률이 5/6인 3만 원짜리 도박이다. 어떤 내기를 선택하겠는가?

　의사결정 이론에 따르면, 이 문제의 답은 선택된 각각의 행동에서 기대되는 효용을 계산하여 비교하면 구해진다. 각 선택의 기대효용은 이겼을 때 따는 금액에다 이길 확률을 곱하여 얻은 값을 일컫는다. 그러니까 전자의 내기를 선택했을 때 그 기대효용은 100,000(원) × 1/3 = 33,333(원)이고 후자의 도박을 선택했을 때는 그 기대효용이 30,000(원) × 5/6 = 25,000(원)이다. 따라서 만약 사람들이 기대효용 이론이라고 하는 규범적 모형에 따라 행동방침을 선택한다면 사람들은 언제나 전자의 내기를 선택하여 10만 원짜리 도박을 해야 한다. (여기서 규범적이란 말은 수학적 관점에서 볼 때 그 선택이 최적이라는 뜻이다.) 그런데 사람들은 이 예측과는 정반대되는 결정을 내리는 강력한 편파를 보인다(Kahneman & Tversky, 1984). 사람들은 세 판 중 두 판은 빈손으로 나와야 하는 위험보다는 3만 원이지만 손에 쥘 확률이 높은 내기를 선택하는 경향성이 강하다는 뜻이다. 다시 말해, 사람들은 불확실 상황에서 위험 부담을 안고 결정을 내릴 때는 소위, 기대효용을 계산하여 그 크기를 기초로 마음을 정하는 그런 작업을 하지 않는다는 말이다.

이러한 연구를 기초로 Kahneman과 Tversky(1984)는 사람들이 많은 돈이지만 딸 확률이 불확실한 내기보다는 작은 돈이지만 확실하게 딸 수 있는 내기를 더 좋아하는 이유를 이해할 수 있게 되었다. 그림 10.4는 그들의 발견과 이론적 이유를 보여준다. 이 그림은 주관적 효용(Y축)과 객관적 효용(X축) 간 관계를 보여준다. 여기서 객관적 효용은 특정 행동방침을 따랐을 때 잃거나 따게 될 금액을 나타낸다. 만약 사람들이 기대효용 이론에 따라 행동했다면, 피부로 느끼는 주관적 효용과 규범적 모형을 기초로 계산된 객관적 효용 간 관계가 직선 관계여야 한다. 다시 말해, 그림 10.4에서 이들 두 가지 효용 간 관계를 나타내는 선분이 그림에서처럼 굽은 곡선이 아니라 좌하단에서 출발해 원점을 지나 우상단으로 올라가는 직선이어야 한다. 그런데 실제로 관찰된 관계는 직선 관계가 아닌 곡선 관계였다. 구체적으로, 따는 돈의 액수가 0에서 점점 증가하면 주관적 효용은 직선형으로 증가하지 않는다. 기대효용 이론에서 예측하는 대로 계속 증가하지 않는

그림 10.4   주관적 효용은 득실의 양과 함께 직선적으로 증감하지 않는다.

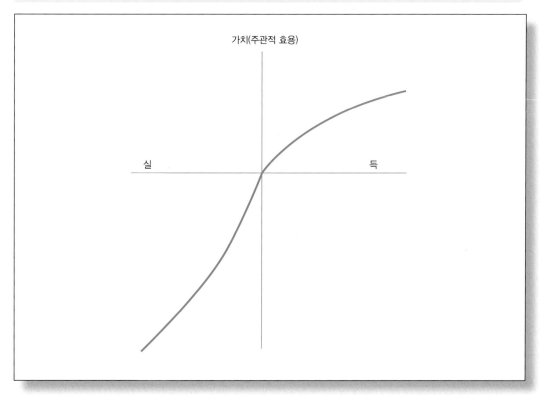

출처 : Kahneman, D., & Tversky, A. (1984). Choices, values, and frames. *American Psychologist, 39*, 341–350. 허락하에 재인쇄.

다는 말이다.

주관적 효용을 나타내는 Y축을 중심으로 그 우측, 즉 득이 늘어나고 있는 부분을 보면, 득실에 따른 주관적 효용 증감을 나타내는 선분이 약간 위쪽으로 굽어 있다. 이는 득의 양이 증가하는 만큼 주관적 효용이 커지지 않는다는 뜻이다. 더 많은 돈을 따는 데서 우리가 경험하는 주관적 효용이 줄어들기 시작하는 지점이 있다. Y축을 중심으로 그 좌측, 즉 실이 늘어나고 있는 부분을 보면, 실이 커지면서 주관적 효용이 줄어드는 모습을 나타내는 선분이 약간 아래쪽으로 굽어 있다. 이는 실의 양이 증가하는 만큼 주관적 효용이 줄어들지 않는다는 뜻이다. 간단히 말해, 많은 돈을 잃고 난 다음에는 실에 대한 주관적 효용 추락률이 줄어든다는 뜻이다. 이는 좋은 현상이다. 그렇지 않았다면 견딜 수 없는 지점에 들어서야(감당하기 어려울 만큼 잃고 나서야) 상실에 대한 가책을 느낄 것이기 때문이다. 끝으로, 그래프 속 곡선의 기울기가 실이 느는 영역에서 더 가파르다는 점을 주목하자. 여기서 유발되는 것이 바로 위험에 대한 혐오감이다. 사람들이 따는 것을 좋아하는 것보다 잃는 것에 대한 혐오감이 더 큰 이유는 주관적 효용이 상승하는 속도보다 추락하는 속도가 더 빠르기 때문이다.

위에서 예로 든 내기(도박)에서 따는 돈 10만 원의 주관적 효용은 따는 돈 3만 원의 주관적 효용보다 이론적으로는 훨씬 커야 하지만 실제로는 그렇게 크지 않다. 만약 주관적 효용이 객관적 효용의 증감과 정비례한다면, 10만 원의 주관적 효용이 3만 원의 주관적 효용보다 3배 이상 커야 한다. 그러나 따는 돈이 증가하는 부분(Y축의 우측)에서 효용 증가 곡선의 기울기가 점점 감소한다는 사실에는 실제로 주관적 효용이 증가하는 정도는 이와 다르다는 뜻이 숨어 있다. 이 점을 분명히 하기 위해, 따는 돈 3만 원의 주관적 효용을 U라고 하고 10만 원의 주관적 효용은 2U밖에 안 된다고 해보자. 그러면, 첫 번째 내기의 기대가치는 $1/3 \times 2U = 0.67U$가 되고 두 번째 내기의 기대가치는 $5/6 \times U = 0.83U$가 된다. 따는 금액은 적어도 확실하게 이길 것으로 판단되는 내기의 주관적 효용이 따는 금액은 많은데도 이길 가능성이 낮은 내기의 주관적 효용보다 크다.

> 득실의 함수로 나타낸 주관적 효용은 곡선형이다. 실 쪽에서는 움푹 꺼지고 득 쪽에서는 볼록 튀어나온다. 사람들이 위험 혐오적인 이유는 주관적 효용이 잃는 돈에서는 급격하게 감소하는데 따는 돈에선 서서히 증가하기 때문이다.

그림 10.4가 보여주는 효용 곡선은 합리적이라고 보기 어려운 결정을 내리게 한다. 틀 효과(framing effect)는 주관적 효용 곡선상 어느 지점에 자신이 있다고 지각하는가에 따라 결정이 달라지는 일을 일컫는다. 그러한 예로 Kahneman과 Tversky(1984)는 가상적인 구매 상황 두 가지를 비교했다. 한 가게에서 1만 5,000원짜리 물건을 살펴보고 있던 어떤 사람이 다른 가게에서는 동일한 물건을 1만 원에 팔고 있다는 사실을 알게 되었다. 문제는 그 사람이 5,000원을 아끼기 위해 시간과 노력을 들이겠는가라는 점이다. 이런 상황에서는 대부분의 사람들이 5,000원을 아끼기 위해 다른 가게로 가는 시간과 노력을 아끼지 않는다. 아마 주관적 효용 곡선에서 실 쪽의 경사

가 더 급하기 때문일 것이다. 자기 지갑에서 1만 원이 나가는 것에 대한 상실감의 크기(예 : 100)보다 1만 5,000원이 나가는 것에 대한 상실감이 상대적으로 더 크기(예 : 150이 아닌 170) 때문일 것이라는 뜻이다. 이번에는 찾고 있던 물건의 값이 12만 5,000원이었다고 하자. 이 경우에도 사람들은 같은 물건을 12만 원에 팔고 있는 다른 가게로 갈까? 손해를 보는 금액은 이번에도 5,000원인데도 이번에는 다른 가게로 가겠다고 하는 사람은 별로 없다. 자기 지갑에서 12만 원이 나가는 것에 대한 상실감의 크기(예 : 1,200)와 12만 5,000원이 나가는 것에 대한 상실감의 상대적 크기(예 : 1,250이 아닌 1,220)가 크게 다르지 않기 때문일 것이다. 실 쪽에서는 주관적 효용성 곡선의 경사가 처음에는 급하다가 실이 커지면서 완만해진다는 사실을 기억하고 있을 것이다.

도박과 투자에서 발견되는 사람들의 행동을 설명할 때는 주관적 효용 곡선을 고려해야 한다. 월가에서 벌어지는 투자자들의 행동을 분석한 Odean(1998)은 투자자들이 증권을 구입한 후 오래지 않아 자신들의 기준점을 바꾸는 경향성을 발견했다. 여기서 기준점이란 득과 실을 판단하는 지점으로 주관적 효용이 0인 지점, 즉 주관적 효용을 그린 그래프에서 원점에 해당한다. 투자자들이 설정한 기준점이 어디냐에 따라 자기들이 지닌 증권을 간직하는 것이 너무 위험한지 파는 것이 너무 위험한지에 대한 결정이 달라진다. 구체적으로, 증권을 구입한 후에는 나중에 가격이 강등세로 돌아설 일에 대한 기대의 변동이 투자자들로 하여금 오른 주식은 너무 일찍 팔게 만들고 내린 주식은 너무 오래 보유하게 만든다.

예를 들어보자. 투자자들은 특정 주식의 시장 가격이 너무 높은 건 아닌지를 결정해야만 한다. 만약 어떤 투자자가 그 주식의 가치가 오를 것이라는 믿음을 갖게 되면 자기가 지불해야 할 시장 가격의 위험도 감수하려 할 것이다. 만약 주식의 가치가 오르고 자기가 구입한 가격을 기준점으로 사용하게 되면 그 주식 가격은 효용 그래프의 득 쪽(우측)에 놓여, 그 주식의 주관적 효용의 증가율은 주가가 높아질수록 낮아진다. 그러나 주식을 구입한 후, 투자자가 그 주식의 가치가 높아질 것에 대한 기대를 낮추어 잡으면 그 구입가가 그래프의 좌측(실 쪽)에 놓인다. 따라서 주식의 가치가 오르는 일이 일어나도 그 가격은 이제 주관적 효용 곡선에서 경사가 가파른 부분인 위험 혐오 부분에 떨어진다. 그 결과, 가격이 오르고 있는 주식조차도 너무 위험해 보여 너무 일찍 팔아버리는 일이 벌어진다.

그럼 주식의 가치가 떨어지면 어떤 일이 벌어질까? 기대의 하향조정으로 투자자는 자신도 모르게 느긋해진다. 이때는 실이 주관적 효용 곡선의 가파른 부분에 놓이지 않고 그보다 더 낮으면서도 폭락률도 낮은 부분에 놓이게 된다. 투자자들은 바로 이쯤에서 잃는 금액에 대한 걱정을 덜면서 돈을 벌기 위한 위험은 두려워하지 않기 시작한다. 이해하기 어려운 일은 이때 투자자들은 이미 자신의 돈을 까먹고 있는 주식을 팔아버리지 않고 가지고 있으려고 한다는 사실이다. Odean(1998)은 대규모 중개업소에서 거래된 1만 건의 계좌를 분석한 결과에서 투자자들은 손해를 보는 주식은 너무 오래 거머쥐고 있고 득이 되는 주식은 너무 일찍 팔아버리는 경향성을 발견했다. 투자자들이 이렇게 행동하는 가장 그럴듯한 이유는 투자자들은 주식을 구입한 후에는 기준점을 낮추어 그 주식에 대한 기대를 낮추어버리기 때문인 것 같다.

불확실 상황에서 추리를 하기 위해서는 확률을 평가해야 한다. 따라서 사람들이 그 확률을 어떻게 판단하느냐에 따라 결정은 달라지게 되어 있다. 이에 대한 몇 가지 연구결과와 논쟁을 살펴보기로 하자. 먼저, 사람들은 사건이 일어나는 상대적 빈도를 비교적 잘 기억한다는 사실에서 시작하자. 앞서 논의됐던 것처럼, 사건에 관한 경험이 장기기억 속에 부호화될 때 그 사건이 일어난 빈도도 자동적으로 기록된다(Hasher & Zacks, 1984). 그렇기 때문에 어떤 사건이 일어날 확률을 추정해보라는 주문을 받으면, 대부분의 사람들은 상당히 정확하게 추정해낸다. 하지만 사람들이 추정하는 주관적 확률과 실제 확률 사이에 차이가 있을 때는 그 차이에서 매우 체계적인 편파가 발견되었다. 즉, 사람들은 자주 일어나는 사건의 확률은 과소 추정하는데 반해 자주 일어나지 않는 사건의 확률은 과대 추정하는 경향이 있다(Kahneman & Tversky, 1984). 일어날 확률이 매우 낮은 사건의 경우, 사람들은 그 사건이 실제보다 더 자주 일어난다고 판단하기 때문에 결정을 내릴 때에도 필요 이상의 무게를 부과한다(그림 10.5 참조). 이 때문에 보험회사에서는 자기들이 정해놓은 보험료를 부과할 수 있는 것이다. 태풍이나 화재로 가옥이 파괴될 실제 확률은 매우 낮다. 그러나 주택을 가진 사람들의 눈에는 이들 사건이 실제보다 더 자주 발생하는 것으로 보인다. 주택 소유자들이 태풍이나 화재로 인한 주택 손해보험에 가입할 때는 이 주관적 확률을 적용하기 때문에 보험료가 높아도 기꺼이 지불하게 된다.

그림 10.5 주관적 확률이 실제 확률에서 체계적으로 벗어나는 모습

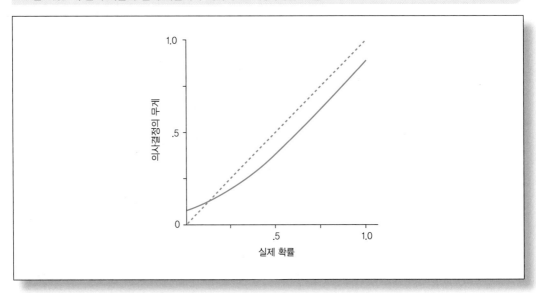

의사결정용 휴리스틱

1970년대와 1980년대에는 불확실 상황에서의 의사결정 과제에서 다양한 인지적 편파와 규범적 오류가 발견되었다. 연역추리에 관한 연구에서도 사람들의 수행능력을 판단하기 위해 규범적 시스템이 이용되었던 것처럼, 사람들이 불확실 상황에서 내리는 의사결정의 합리성을 결정할 때에도 통계적 이론을 바탕으로 설정된 의사결정 모형과 비교되었다. 이러한 연구를 주도한 Kahneman과 Tversky(1973)는 초창기의 연구를 고찰한 논문에서 다음과 같이 결론지었다.

> 불확실 상황에서 예측을 하고 판단을 할 때 사람들은 가능성의 계산 또는 통계학적 예측 이론을 따르지 않는다. 사람들은 때로는 그럴듯한 판단을 제공하고 때로는 심각한 체계적인 오류를 범하게 하는 휴리스틱 몇 가지를 이용한다(p. 237).

대표성 그러한 휴리스틱 중 하나를 예시하기 위해 동전을 여섯 번 던졌을 때 나타날 수 있는 여러 결과 중 다음 두 가지만 고려해보자. 둘 중 하나는 앞면이 연달아 세 번 나오고 나머지 세 번은 뒷면이 나온 결과(앞-앞-앞-뒤-뒤-뒤)이고 다른 하나는 '앞-뒤-뒤-앞-뒤-앞'이었다고 하자. 이들 두 가지 결과가 일어날 확률이 같을까 다를까? 다르다면 어떤 결과의 확률이 더 클까? 이 과제 및 이와 비슷한 과제를 이용한 실험에서 Kahneman과 Tversky(1972)는 대부분의 사람들이 두 번째 결과, 즉 무선적으로 보이는 결과가 일어날 확률이 더 높다고 판단한다는 사실을 발견했다.

통계학을 조금 공부했고 또 공부한 것을 효과적으로 활용할 수 있는 사람들에게는 정답이 분명한 간단한 질문이다. 두 가지 결과가 일어날 확률은 동일한데, 그 이유는 동전을 던지는 각각의 행동은 상호 독립적이기 때문이다. 다시 말해, 동전을 던질 때마다 앞면이 나올 확률이 동일하다는 뜻이다. 동전을 여섯 번 던졌을 때 일어날 결과의 가짓수는 2^6 = 64가지이다. 그러니까 이들 각각이 일어날 확률은 모두 1/64로 동일하다.

Kahneman과 Tversky(1972)는 동전 던지기에서 사람들 대부분이 무선적으로 보이는 결과가 일어날 확률이 더 높다고 판단하는 편파가 일어나는 이유를 사람들이 대표성 휴리스틱을 이용하기 때문이라고 설명했다. **대표성 휴리스틱**(representativeness heuristic)이란 특정 부류/유형의 사건 중에서 가장 대표적인/전형적인 사건이 일어날 확률을 다른 사건에 비해 더 높게 평정하는 사람들의 경향성을 일컫는다. 특정 사건의 대표성은 그 부류/유형의 사건으로 분류되는 다른 많은 사건과의 유사성으로 평정되고 그 평정치가 높을수록 대표적인 사건으로 간주된다. 동전을 6회 던져서 발생할 수 있는 결과(사건)가 모두 64가지라는 말은 앞뒷면의 배열 모습이 여섯 번 모두 앞(앞-앞-앞-앞-앞-앞)이거나 여섯 번 모두 뒤인 경우 이외에 앞뒤가 번갈아 나타나는 모습이 모두 62가지라는 뜻이다. 이들 중에서 앞뒤가 배열된 모습이 '앞-앞-앞-뒤-뒤-뒤'인 경우는 매우 드물어 보인다. 다시 말해, 다른 결과(사건)와 비슷한 정도 또는 대표성이 낮아 보이고 따라서 그런 사건(결과)이 일어날 확률 또한 실제보다 낮게 보인다. 그리고 특정 사건(결과)의 양상이 그런 유형의 사건이 생성되는 과정과 비슷해도 그 사건의 대표성은 높은 것으로 간주된다. 동전 던지기의 결과는 무선적으로 결정되는 것으로 판단되기 때문에 우리는 그 결과도 무선적일 것으로 기대한다는 말이다. 던진 동전이 여섯 번 모두 앞면이나 뒷면이 나올 확률은 아예 염두에 두지도 않은 것이다.

　동전을 1,000번 이상 던지고 그 결과(앞면 또는 뒷면)를 관찰하는 것 같이 표본의 크기가 매우 커지면, 그 표본 중에서 앞면의 상대적 빈도(즉, 확률)가 .50으로 뒷면이 관찰되었을 확률과 같아진다. 그러나 여섯 번 같이 표본의 크기가 작을 경우에는 동전을 여섯 번 던져 여섯 번 모두 앞면이 나왔다고 해도 그 동전을 두고 공정하게 만들어진 동전이 아니라고 말하기 어렵다. 그런데도 사람들은 표본의 크기에 대해서는 주의를 기울이지 않는다(Bar-Hillel, 1980; Kahneman & Tversky, 1972). 작은 수 법칙(law of small numbers)에 따르면, 사람들은 표본 크기가 작은 경우에도 결과가 무선적으로 나타날 것이라고 기대하며 그런 결과를 얻게 될 확률도 표본이 큰 경우에만 확보되는 확률과 같을 것이라고 기대한다(Tversky & Kahneman, 1971).

> 도박사의 오류는 표본의 크기가 클 때에만 확보되는 확률을 표본의 크기가 작은 경우에도 확보될 것이라는 잘못된 믿음을 일컫는다.

　도박사들은 종종 대표성 휴리스틱의 덫에 걸리곤 한다. 도박사의 오류(gambler's fallacy)란 각각의 새판에서 벌어질 결과(예 : 동전을 새로 던져 앞면이 나오는 일, 주사위를 새로 던져 6이 나오는 일)는 그 앞에 일어났던 결과와 관련이 있다는 잘못된 믿음을 고수하는 태도를 일컫는다. 예를 들어 주사위 하나를 다섯 번 던졌는데 다섯 번 모두 6이 나오는 걸 지켜본 사람들은 대부분 그다음 여섯 번째에는 6이 나오지 않을 것이라고 믿는다는 말이다. 사람들은 주사위를 수없이 많이 던지면(표본의 크기가 큰 경우에는) 그중 6을 보게 될 확률이 1/6이라는 사실을 기초로 주사위를 몇 번 던지지 않아도(표본의 크기가 작아도) 6을 보게 될 확률이 1/6이라고 기대하기 때문에 이런 일이 벌어진다는 설명이다.

가용성　확률 추정에 이용되는 두 번째 휴리스틱의 기반은 당면 사건에 해당하는 보기를 얼마나 쉽게 머릿속에 떠올릴 수 있는가에 있다. 가용성 휴리스틱(availability heuristic)은 적절한 보기를 머릿속에 쉽게 떠올릴 수 있으면 그 보기가 속한 범주(사건)가 벌어질 확률을 실제보다 더 높게 추정하게 한다.

　간호사 중에는 남자가 얼마나 될까? 자동차 정비공으로 일하는 여성은 얼마나 될까? 아는 사람 중에 남자 간호사가 있거나 여자 정비공이 없는 한 대부분의 사람들은 이 두 질문에 대한 확률을 낮게 추정한다. Kahneman과 Tversky(1973)는 재생(recall) 용이성이 세상사에 관한 우리의 믿음에 미치는 영향을 실험으로 분석했다. 그들은 먼저 사람 이름이 적힌 4개의 목록을 마련했다.

각 목록에는 여성 이름 19개와 남성 이름 20개가 적혀 있었다. 목록 2개에는 남성만 유명했고(예 : 박정희) 나머지 2개의 목록에는 여성만 유명했다(예 : 이미자). 실험조건은 재생조건과 추정조건 두 가지였다. 실험에 참여한 대학생들에게는 목록에 적힌 이름을 읽어주었다. 그런 후 재생조건의 참여자들에게는 기억해낼 수 있는 한 최대한 많은 이름을 적어보라고 지시했고 추정조건의 참여자들에게는 그들이 들은 목록에 남자 이름이 더 많았는지 여자 이름이 더 많았는지를 판단해보라고 지시했다.

예상했던 대로 참여자들은 유명한 사람의 이름을 그렇지 않은 사람의 이름보다 더 많이 기억해냈다. 그러나 중요한 결과는 재생의 용이성이 확률 추정에 직접적인 영향을 미쳤다는 사실이다. 구체적으로, 유명한 여자들의 이름이 적힌 목록에는 여자 이름이 더 많았다고 판단했고 유명한 남자들의 이름이 적힌 목록에는 남자 이름이 더 많았다고 판단했다.

가용성 휴리스틱은 신문, 인터넷, 방송 등을 통해 쏟아지는 건강관련 정보 때문에 건강문제에 관한 우리의 이해를 왜곡시킬 수도 있다. 대중매체에서 어떤 이야기를 심도 있게 다루면 그 이야기는 그 기사를 읽은/들은 사람들의 기억 속에서 나중에도 쉽게 되살아날 수 있다. 이들 매체를 통해 선전된 질병의 실제 위험 정도는, 우리가 실제로 직면할 가능성이 훨씬 높은 질병의 위험 정도에 비하면 턱없이 낮을 수도 있다. 그 반대로 우리가 직면하게 될 가능성도 높고 또 위험성도 높은 질병인데도 매체를 통해 선전이 되지 않아 우리의 주의를 끌지 못했고 그 결과 우리의 머릿속에는 쉽게 떠오르지 않는 질병도 있다. 이런 경우, 가용성 휴리스틱 때문에 건강위험에 대한 우리의 인식이 잘못될 수도 있다. 구체적으로 이런 경우, 우리는 위험성이 높은데도 선전이 되지 않아 우리의 머릿속에 쉬 떠오르지 않는 질병보다는 위험성이 낮은데도 매체에 선전이 많이 된 질병을 두고 더 많은 걱정을 하게 될 것이다.

Slovic, Fischhoff, Lichtenstein(1982)이 실시한 위험 지각에 관한 연구결과에 의하면, 사람들은 사고로 죽는 사람이 질병으로 죽는 사람만큼이나 많다고 추정한다. 그러나 실제로는 질병으로 죽는 사람이 사고로 죽는 사람보다 16배나 많다. 아마, 질병으로 죽은 사람의 이야기에 비해 사고로 죽은 사람의 이야기가 대중매체에 거론되는 경우가 훨씬 많기 때문일 것이다. 또한 사람들은 살인으로 죽는 사례도 뇌졸중으로 죽는 사례만큼이나 흔하다고 판단한다. 하지만 실제로는 뇌졸중으로 죽는 경우가 11배나 더 흔하다. 미국인의 경우, 보툴리누스 중독 및 토네이도로 발생하는 사망자의 빈도가 크게 과대 추정되고 있다. 과소 추정이 가장 심각한 사망 원인으로는 천연두 예방접종, 당뇨, 위암이 꼽힌다고 Slovic 등은 보고했다.

가용성 휴리스틱으로 위험성 평가에서 발견된 이러한 왜곡을 설명할 수 있는지를 검증하기 위해 실시된 한 연구에서는 신문에 소개된 사망 사건을 수개월에 걸쳐 검토하였다. 예상했던 대로, 비교적 흔한 사망 원인에 속하는 당뇨, 폐기종, 암 등이 신문에 보도되는 경우는 드물었다. 이와는 영 판판으로 살인, 교통사고, 토네이도, 화재, 익사, 그 밖의 폭력성 사망원에 대한 보도는 잦았다. 특히 살인은 실제 빈도에 비해 아주 심각하게 보도되었다. 이러한 발견은 공중위생 및 안전 프로그램에 심각한 의구심을 제기한다. 누구든 위험을 피하기 위한 합리적인 조치를 취하기 위해서는 실제 위험이 무엇인지부터 정확하게 파악하고 있어야 하기 때문이다.

가용성 휴리스틱은 인간의 위험 지각에서 발견되는 일반적인 편파를 설명하는 데도 도움이 된다. 일단 사건 X가 발생하고 나면, 사람들은 사건 X가 일어날 수밖에 없었다는 믿음을 쉽게 굳힌다(Fischhoff, 1975, 1977; Hell, Gigerenzer, Gauggel, Mall, & Muller, 1988; Hoch & Lowenstein, 1989). 혜안편파(hindsight bias)는 사람들은 일단 어떤 사건이 일어나고 난 다음에는 자신은 진작부터 그 사건이 일어날 것임을 알고 있었다고 믿는 경향성을 일컫는다. 어떤 사건이든 그 사건이 벌어지기 전에는 누구도 확고한 예상을 할 수가 없다. 그런데도 일단 일이 벌어진 후에는 대부분의 사람은 이렇게 말한다. "난 진작부터 그럴 줄 알고 있었어!" 일단 결과에 관한 결정적인 정보를 손에 쥐고 나면, 사람들은 그 정보를 무시할 수 없게 된다. 실은, 그 정보가 당면 상황에 관한 우리의 회상 및 상상을 지배하게 되어 우리의 판단에 관한 확신을 왜곡시켜버리기까지 한다.

혜안편파에 관한 연구는 의료업에 종사하는 사람들에게 중요한 의미를 가진다(Arkes, 2013). 의사들이 내리는 결정은 환자의 건강 및 복지에 엄청난 결과를 초래한다. 인지심리학자들은 의과대학생들에게 혜안편파를 깨닫게 해주고 그 편파가 그들의 의사결정에 미치는 영향력을 최대한 줄일 수 있는 방법을 알려줌으로써 의과대학생들의 교육 및 실습에도 도움을 제공할 수 있다. 예를 들어, 전공의 훈련의 일환인 임상병리협의(CPC)를 고려해보자. Arkes(2013; 356)에 의하면, "부검 보고서 말고는 죽은 환자와 관련된 모든 서류가" 젊은 전공의들에게 제공된다. 며칠을 두고 공부한 후, 전공의는 그 사례를 경험이 많은 의사들이 포함된 의료진에게 발표하고, 사인에 대한 결론을 공표한다. 그러면 병리학자가 나서서 정확한 진단을 공표한다. 젊은 의사가 내놓은 증거를 기초로 의료진 중에 누군가가 병리학자가 제시한 진단이 뻔한 것 아니었냐는 결론을 짓는다면 혜안편파가 발동했다고 할 수 있다. 일단 정확한 진단을 알고 난 청중들에게는 앞서 제시되었던 모든 사실이 딱 한 가지 결론만을 지적하고 있는 것처럼 보이게 된다.

기실, Dawson 등(1988)은 임상병리협의(CPC)에서 발표하는 의사가 다섯 가지 진단을 내놓은 다음에 잠시 협의를 멈추게 하고는 혜안편파를 측정해보았다. 협의에 참석한 청중에게 이들 다섯 가지 진단 각각이 정확할 확률을 평정해보라고 주문했다. 그들 중 절반인 예지(foresight)집단의 청중은 이 시점에서 반응을 했다. 나머지 절반인 혜안(hindsight)집단의 의사들은 병리학자가 진짜 사인을 공표한 후에야 제시된 주문에 반응했다. 혜안집단의 확률 추정치가 예지집단의 추정치보다 훨씬 높았다(평균 40% 대 28%). 사례가 어렵지 않은 것으로 간주된 경우에는 경험이 많은 의사도 또 경험이 많지 않은 의사도 똑같은 편파를 보였다. 경험이 아주 많은 의사들만 혜안편파의 왜곡 효과에서 벗어날 수 있었는데, 그것도 어렵다고 판단된 사례에서만 그러했다. 임상병리협의(CPC)의 목적이 의료진들의 진단능력을 향상시키기 위한 훈련이라면, 혜안편파에서 벗어나지 못하는 한 그 협의의 목적은 결코 달성될 수 없을 것이다. 전통적 방식의 임상병리협의(CPC)에 참석한 의사들은 그 협의에서 배우는 게 거의 없을 것이라는 뜻이다. Arkes(2003)는 "그 결과, 임상병리협의(CPC)의 교육적 혜택이 감소된다. 자기들의 진단이 비교적 정확했다고 판단하는 한, 협의에 참석했던 사람들은 배울 게 거의 또는 전혀 없다고 생각하기 때문이다"라고 지적했다(p. 357).

신속간결 휴리스틱 대표성 휴리스틱과 가용성 휴리스틱에 대한 연구를 통해 휴리스틱은 복잡한 문제를 신속하게 해결해주는 간편한 문제해결 방법으로 알려지고 있다. 이러한 관점을 취하고 보면 주의와 작업기억의 역량에 제한이 없다면 휴리스틱도 필요가 없어진다. 정보도 많고 더 많을 계산을 할 수 있고 또 결정짓는 데 필요한 시간도 충분하다면, 소위 통계학자들이 만들어놓은 규범적 모형에 맞추어 최적의 결정을 내리는 일도 전혀 문제가 되지 않는다. 이와 다른 관점에서 보면, 휴리스틱은 적응적 가치가 매우 높은 사고의 양식이 된다(Gigerenzer, 2006). 인간의 사고를 논리성 및 합리성과 비교함으로써 결함을 찾아내는 대신 이 다른 견해는 규범 자체를 의심한다. 인간의 사고기능이 삶 속에서 문제를 만났을 때 최소한의 정보로 신속하게 훌륭한 해결책을 찾아낼 수만 있다면 그 기능은 환경에 잘 적응한 기능으로 간주되어야 한다. 휴리스틱은 논리학과 수학에서 정의하는 최적의 해결책을 찾아내려고 노력하는 대신 최소한의 시간과 인지자원을 요구하는 실용적 해결책을 찾아내려고 노력한다. 특히 **신속간결 휴리스틱**(fast and frugal heuristic)은 최소한의 정보를 검색하는 인지작용으로 환경 속에서 진화된 능력과 구조를 활용하는 요소로 구성되어 있다.

예를 들어, 우리의 시각시스템은 공간 내 물체를 추적하기 위해 진화됐다. 시각환경은 물체들 간 관계(시각으로 측정된 물체들 간 거리)와 시간에 따른 그들 관계의 변화로 조직되어 있다. 그렇다면 외야수는 높이 뜬 공을 어떻게 받는 것일까? 수학적 계산을 따르는 규범적 관점에서 보면, 높이 뜬 공의 궤적을 계산하기 위해 외야수는 공의 초기 속도, 각도, 그리고 자기로부터의 거리를 계산에 넣어 일군의 미분방정식을 풀어야만 한다. 이 계산에는 그날 야구장의 습도와 바람의 방향에 따라 변하는 저항 및 그에 따라 순간순간 변하는 공의 속도까지 보충해야만 한다. 그러나 신속간결 휴리스틱의 관점에서 보면, 외야수는 이런 정보는 물론 계산도 할 필요가 없다. 그대신 외야수는 응시 휴리스틱(즉, 시선을 공에 고정하고 달려가면서 속도를 조절하여 응시각을 일정하게 하라)을 이용해 자신의 물체 추적 능력과 환경 속에 들어 있는 정보를 활용하면 된다. 뜬 공을 받기 위해 외야수의 머리가 집중해야 하는 결정적 정보는 단 하나, 바로 응시각(angle of gaze)이다. 즉 지면을 기준으로 형성되는 공과 눈 사이의 각도뿐이다. 물론 외야수는 공이 떨어질 위치를 알지 못하지만, 응시 휴리스틱은 그를 공이 떨어질 정확한 지점에 데려다준다. 그러다 보니 어떤 때는 이용한 응시 휴리스틱 때문에 외벽과 부딪히는 일이 벌어지기도 한다. 하지만 이것

말고는 공에다 시선을 고정시키고, 달리기 시작하여, 달리는 속도를 조절하는 일만 잘 하면 공을 받는 데 필요한 모든 일은 끝난다.

의사결정 과제에서는 친숙하지 않은 것보다 눈/귀에 익은 대안을 선택하는 것이 유리할 수 있다(Gigerenzer, 2006). 예컨대, 초콜릿 아이스크림 두 가지 중 하나를 사고 싶다고 해보자. 이미 알고 있는 상표가 신상품보다 더 나을 가능성이 50% 이상인 한, 알고 있는 상표를 사는 게 신속하고 간편한 휴리스틱이 될 것이다. 그러나 선택의 여지가 아주 많다면 어떻게 해야 할까? 새로 나온 휴대전화 30가지 중에서 하나를 구입해야 한다고 해보자. 이런 경우에는 상표 이름 중 알고 있는 것만 우선 선택함으로써 선택의 여지를 크게 줄일 수 있을 것이다. 하지만 아직도 선택의 여지가 두 가지 이상일 가능성이 높다. 그런데 이들 모두가 양질의 상품이라고 하면, 이들 중 가장 저렴한 상품을 선택하는 것이 가장 현명한 결정일 것이다. 신속한 점 이외에도 '구관이 명관'이라는 휴리스틱을 이용하면 최소한의 정보로도 결정을 내릴 수 있다. 샌디에이고와 샌안토니오 중 어느 곳의 인구가 더 많은가라는 질문을 받으면, 독일서 온 학생들은 모두 그 이름을 더 많이 들어본 샌디에이고라고 정답을 골랐다(Goldstein & Gigerenzer, 2002). 이에 반해, 미국 학생 중에서 샌디에이고를 선택한 학생은 62%에 불과했다. 알고 있는 정보가 너무 많았기 때문에 더 많이 들어봤다는 이유만으로 선택을 할 수 없었던 것이다.

신속간결 휴리스틱 사용의 두 번째 보기는 결정에 필요한 좋은 이유 하나만 찾으면 검색을 중단하는 것이다. "최선을 택하라"는 이 휴리스틱은 단서를 그 타당성 순으로 검색한다. 검색 목록의 가장 위에 있는 단서가 최선의 선택을 신호하는 단서로 간주된다. "최선을 택하라"는 휴리스틱은 가장 타당한 단서로 시작하여 그것이 두 가지 대안을 구분시켜주는지를 결정한다. 만약 둘 중 하나를 선택할 수 있게 해주면 최선의 대안이 선택된 것이다. 그러나 그 단서로 선택이 불가하면 두 번째로 타당한 단서를 기초로 선택이 가능한지를 판단한다. 이 휴리스틱의 핵심은 두 가지 대안 중 하나를 선택할 수 있게 해주는 첫 번째 단서가 발견되자마자 검색이 중단된다는 점이다.

최선을 취하는 휴리스틱은 병원 응급실 의사들이 환자를 관상질환 집중치료병동에 보내야 할 것인지를 결정할 때 효과적으로 이용되어 왔다(Gigerenzer, 2006). 가장 타당한 단서는 응급실에서 측정한 심전도에서 특이한 점이 발견되었을 경우이다. 특이한 점이 발견되면, 환자를 지체 없이 즉각 관상질환 집중치료병동으로 보낸다. 그러나 그런 특이한 점이 발견되지 않으면, 가슴통증이라는 두 번째 타당한 단서가 주된 호소인지를 평가한다. 주된 호소가 가슴통증도 아니면 환자를 일반병실로 보낸다. 하지만 가슴통증이 주된 호소이면, 마지막에 해당하는 세 번째 단서, 즉 여러 가지 진단검사 결과에서 관상질환치료가 필요하다는 증거가 나타났는지를 평가한다. 이들 각 단계에서는 양자택일 결정을 내린다. 의사는 환자를 관상질환 집중치료병동으로 보내야 할 한 가지 이유를 찾는다. 최선 선택 휴리스틱이 채택되기 전에는 응급환자들은 거의 언제나(응급실에 오는 환자들 중 90%) 관상질환 집중치료병동으로 이송되었다. 더욱 중요한 건 바로 이런 신속간결 휴리스틱으로 내린 결정의 정확성 평균이 의사들이 직관적으로 내리는 결정의 정확성 평균보다 높았다는 점이다. 또한 신속간결 휴리스틱의 정확성은 최종 결정을 지을 때 이용되는 복잡한 계산모형의 정확성보다도 높았다. 이 계산모형의 결정에는 휴대용 계산기가 이용되며 50 가지 확률을 주어진 공식에 따라 조합하는 일이 벌어진다. 이 계산모형은 직관보다는 나았으나 신속간결 휴리스틱보다는 못했으며 특별하게 정확하지도 않았다.

　이 절을 마감하기 전에, 사람들이 신속간결 휴리스틱에 의존한다는 놀라운 사실을 하나 고려해보자. 미국인들은 잠재적 장기기증자가 전 국민의 28%인데 비해 프랑스인들은 99.9%가 잠재적 장기기증자인 것으로 드러났다(Todd & Gigerenzer, 2007). 그런데 이 차이는 사회적 양심/윤리에서 발견되는 모집단의 차이와는 무관한 것 같다. 그런 것보다는 양국 국민들 모두 신속간결 휴리스틱[그들이 말하는 '기정 선택법(default choice)이 있으면 그걸 택하라'는 휴리스틱]을 따랐기 때문에 이런 차이가 발생했다는 게 Todd과 Gigerenzer의 주장이다. 프랑스에서는 장기기증을 하지 않겠다는 선택을 할 수 없는데 반해, 미국의 대다수 주에서는 장기기증을 하겠다는 선택을 해야 하는 것으로 밝혀졌다. 국가 및 문화와는 관계없이 인간은 누구나 가장 간편한 길을 따르고 기정의 행동방침을 수용하는 경향이 강하다는 뜻이다.

정서와 사고

위험 혐오 현상은 의사결정이 의도적으로 통제되는 작용(예 : 기대효용을 계산할 때 가정하는 작용)뿐 아니라 자동적으로 전개되는 정의적 작용에 의해서도 달라질 수 있음을 보여준다. 전통적으로 경제학에서는 정서는 물론 그 밖에도 다양하게 생성될 수 있는 편파를 고려하지 않았다. 경제학자들은 장기적인 안목에서 자원 확보를 최대화할 수 있는 행동방침을 선택하는 것이 가장 합리적인 의사결정이라고 생각했다. 위험 혐오가 입증하듯, 잠재적인 손실에 대한 정서적 반응은 의사결정에 영향을 미치는 게 분명하다. 사실 위험 혐오는 인간의 사고과정을 제대로 이해하기 위해서는 정서가 반드시 고려돼야 한다는 여러 가지 증거 중 하나에 불과하다(Shafir & LeBoeuf, 2002). 정서가 격해지면, 일상적으로 내리는 결정과는 다른 결정을 내리게 될 때도 많다. 예를 들어, 사람들이 기분이 좋을 때는 될 수 있는 한 부정적인 생각을 피함으로써 기분 좋은 상태를 유지하고 싶어 한다. 이 때문에 위험 혐오는 더욱 심해진다. 사람들은 긍정적인 기분상태를 유지하기 위해 특히 손해 보는 일을 피하려 한다(Isen, Nygren, & Ashby, 1988). 두려움 역시 위험 혐오를 가중시킴으로써 우리의 판단에 영향을 미칠 수 있다. Fischhoff, Slovic, Lichenstein, Reid, Combs(1978)은 우리 사회의 여러 가지 기술이 주는 위험과 혜택에 관한 사람들의 태도를 분석하였다. 그 결과, 기술의 안전성에 관한 판단이 정서적 요인에 의해 달라지는 것으로 드러났다. 예컨대, 일반적으로 사람들은 원자력을 두려워한다. 그 이유 중 일부는 우리가 마시는 물과 공기를 오염시키지 않으려면 방사능 폐기물을 수천 년 동안 안전하게 매장해둬야 하기 때문이다. 또 다른 이유는 원자력 기술을 이용하면 엄청난 괴력을 가진 핵무기를 만들 수 있다는 점이다. 핵기술을 두고 느끼는 두려움 때문에 사람들은 필요 이상의 위험 혐오, 즉 정서를 배제한 공학적 계산만으로 핵 사고의 확률만 따졌을 때 생성될 수 있는 위험 혐오보다 훨씬 강한 혐오감을 가지게 된다.

최근 빠른 속도로 부상하고 있는 분야 중 하나인 신경경제학에서도 인간의 의사결정에는 의도적 사고과정(예 : 기대효용성 이론에서 가정하는 사고과정)과 자동적 정서과정이 상호작용한다는 사실을 인정한다. 신경경제학에서는 위험의 신경생물학적 견해를 중요하게 생각하며, 경제학의 표준 가정, 즉 의사결정이 단순히 효용을 최대화하기 위해 진행된다는 가정을 기각한다. 또한 신경경제학에서는 작업기억에서 전개되는 두 가지 과정(정서적 영향 같은 자동적 작용과 비교 및 계산을 필요로 하는 통제된 과정)을 강조한다(Loewenstein, Rick, & Cohen, 2008).

우리 인간은 규범 모형의 가정처럼, 반성을 통해 합리적으로 생각할 수 있는 역량을 가졌다. 그런데도 우리는 합리성을 무시하고 섣부른 판단을 내리기도 한다. 이러한 인간의 특성을 설명하기 위해 다양한 이중–처리 이론이 제안되었다(예 : Evans & Over, 1996; Sloman, 1996). 이들 이론은 자동적 시스템과 통제된 시스템이라고 하는 두 가지 시스템을 제안한다(Stanovich, 1999). 시스템 1은 노력하지 않아도 자동적으로 진행되는 무의식적 추리 시스템이다. 이 시스템은 즉각적 정서반응 및 연상을 기초로 결정을 내리는 것이 그 특징이다. 이에 반해 시스템 2는 노력의 통제를 받으며 전개되는 의식적인 추리 시스템이다. 규칙–기반 사고 및 냉철한 반성을 통해 결정을 내리는 것이 그 특징이다.

이중–처리라는 개념을 보다 정확하게 이해하기 위해 위험 또는 불확실 상황에서 벌어지는 의사결정을 고려해보자. 물론 우리는 시스템 2를 활용함으로써 위험을 냉정하게 평정할 수도 있다. 하지만 우리는 시스템 1의 작용에 따라 정서적으로 반응하기도 한다. 특정 활동의 비용에 대한 이들 두 시스템의 평가 결과는 사뭇 다르다. 정서에 따라 자동적으로 전개되는 시스템 1에서는 낯선 위험을 친숙한 위험보다 더욱 위험한 것으로 평가한다. 낯선 위험이 실제로 발생할 확률은 매우 낮은데도 불구하고 일어날 확률이 훨씬 높은 친숙한 위험보다 더욱 위험한 것으로 평가한다는 뜻이다. Loewenstein, Weber, Hsee, Welch(2001)는 이런 편파를 '느낌의 위험'(risk as feelings)이라 칭했다. 이 현상을 이용하면 "예컨대, 사람들이 9·11 사태 직후 몇 년 동안은 테러에 대한 과민반응을 보이다가 시간이 지나면서 훨씬 친숙한 운전 위험(예 : 운전 중 먹고 마시는 행동과 휴대전화 사용, 안전띠 미착용, 아동용 의자 미장착 등)보다 더 둔감하게 되는 신기한 현상을 설명할 수 있다"(Lowenstein et al., 2008, p. 652).

체성표지 가설   Damasio(1994)는 정서가 의사결정에 영향을 미친다는 사실을 기초로 **체성표지 가**

설(somatic marker hypothesis)을 제안하기에 이른다. 이 가설에 따르면, 사람들은 결정을 내릴 때 자기 신체의 내장에서 일어나는 느낌(직감 또는 육감)을 경험한다. 이 느낌은 내리고자 하는 결정이 가져다줄 고통/쾌락에 대한 예상을 바탕으로 결정에 영향을 미친다. 결정을 내리기 전에 수행되는 행동방침에 대한 평가 작업은 정서반응도 함께 유발한다. 이 정서반응 중 하나인 신체상태(즉, 체성표지)가 의사결정에 개입한다는 게 이 가설의 주장이다. 이들 체성표지는 비서술적 표상으로 특정 정서를 경험하는 동안 우리의 몸이 어떤 느낌을 갖게 되는지에 관한 지식을 표상한다. 체성표지는 과거에 내린 결정의 결과를 그 결과가 유발한 정서반응 중 하나인 신체상태와 결부시켜준다. 그 결과, 우리는 미래에 이행할 결정을 지을 때, 여러 행동방침 중 어떤 것은 최선의 선택이고 어떤 것은 최악의 선택이라는 육감을 직관적으로 느끼게 된다. 체성표지는 안구 바로 위에 있는 안와전두피질 속 한 영역과 그 부근에 있는 전전두피질 복내측에 저장/기억되어 있다. 그렇기 때문에 나중에 이행할 행동방침을 평가할 때는 전전두피질 속에 있는 이들 영역에 보관되어 있는 체성표지가 활성화되고 그 결과 의사결정이 한편으로 기울게 된다. 예를 들어, 특정 행동방침이 과거에 고통을 초래한 적이 있었다면, 전전두피질은 그 행동방침을 되풀이하지 않는 쪽으로 기울게 될 것이다. 그런데 안와전두피질 및 전전두피질 복내측에 손상을 입은 환자는 의사결정에 체성표지를 활용할 수 없게 된다. 그 결과, 정서적 관점에서 볼 때는 모든 선택(즉, 과거에 초래했던 게 고통이냐 쾌락이냐에 관계없이 모든 행동방침)이 똑같이 바람직한 행동방침으로 변해버린다.

색판 16의 A는 안와전두피질과 인접해 있는 전전두피질 복내측 영역을 보여주고 있다. 우반구 아래쪽에서 바라본 모습이다. 제3장에서 주의의 관리기능을 소개할 때 함께 논의됐던 대상피질 앞쪽도 보인다. A에는 의사결정에 중요하게 작용하는 2개의 다른 구조물[즉, 중뇌 깊숙이 숨어 있는 측실바닥앞쪽꼬리−핵(nucleus accumbens)과 흑질]도 보인다. 뇌의 보상 시스템에 속하는 이들 요소는 우리가 쾌감을 느낄 때 활성화된다. 중뇌에 속하는 측실바닥앞쪽꼬리−핵과 흑질은 전전두피질과 정보를 주고받는다. B에서는 좌반구에 바깥 측면에서 바라보는 전전두피질의 등쪽을 보여준다. 이 영역은 바로 그 아래 앞쪽에 위치한 복외측 영역과 함께 몸놀림을 준비하는 전−운동피질에 병합되어 있다. 이에 반해, 안와전두피질과 전전두피질 복내측은 정서처리 구조물인 변연계에 병합되어 있어 체성표지를 보관하면 활성화시킬 수 있게 되어 있다.

정보를 표상하는 체성표지가 의사결정에 미치는 영향력을 연구하는 데는 아이오와 도박과제라 하는 카드게임이 이용되었다. 이 게임에는 네 모(deck)의 카드가 이용된다. 각 카드의 뒷면에는 따거나 잃는 금액이 적혀 있다. 실험참여자는 네 모 중에 어느 모에서든 한 번에 하나의 카드를 선택한다. 선택한 카드를 뒤집으면 자기가 딴/잃은 돈이 얼마인지를 알게 된다. 그 카드의 뒷면에는 '득 1만 원' 또는 '득 8만 원'이 적혀 있었거나 '실 5,000원' 또는 '실 12만 원'이 적혀 있었을 것이라는 뜻이다. 네 모 중 두 모는 참여자에게 불리한 모였는데, 따는 돈은 대개 1만 원인데

잃는 돈은 6만 원, 8만 원, 또는 12만 5,000원이었다. 그러나 참여자에게 유리한 두 모에서는 따는 돈이 대개는 5,000원으로 작은 금액이었지만 잃는 돈 역시 8,000원 또는 1만 원 정도였다. 참여자가 이 게임을 하는 목적은 최대한 많은 돈을 따는 데 있었다. 그런 목적을 달성하기 위해 참여자가 카드를 한 번에 하나씩 집어 뒤집어보는 행동을 반복하는 동안 실험자는 어느 모의 카드가 선택되는지를 관찰하였다.

뇌에 손상이 없는 보통 사람들은 네 모 각각에서 카드를 뒤집어본 후 곧 득이 가장 큰 모를 선호했다. 그러나 뒤집어보기를 여러 차례 반복하는 동안 따는 돈이 가장 큰 모가 실제로는 잃는 돈이 더 크다는, 즉 자기에게 불리하다는 사실을 깨닫게 된다. 결과적으로 따는 돈도 적지만 잃는 돈도 적은 모가 자기에게 더 유리하다는 사실을 알게 된다는 말이다. 그러나 체성표지가 저장되어 있는 전전두피질의 여러 영역에 손상을 입은 환자들한테서는 이런 적응성 행동이 관찰되지 않았다(Bechara, Damasio, Tranel, & Damasio, 1997).

통제집단의 보통 사람들과 마찬가지로 뇌손상 환자들도 처음에는 따는 금액이 큰 모를 선호했다. 그러나 보통 사람들과는 달리, 환자들은 가진 돈을 모두 잃을 때까지 이들 위험한 카드를 계속해서 선택했다. 환자들은 큰돈을 잃었을 때 경험하게 될 나쁜 느낌을 예상할 수 없었고 그 결과 불리한 모를 피하는 행동을 학습하지 못했던 것이다. 간단하게 말해, 전전두피질에 손상을 입은 환자들은 정서를 표상하는 체성표지를 활용할 수 없게 되고 그 결과 육감에 기반을 둔 의사결정 능력까지 잃고 말았다. 과거사에서 학습해두었던, 각각의 결정에 따라오는 즐거움/고통을 당장의 의사결정에 이용할 수 없게 된 것이다. 뇌손상 환자들은 불리한 모에 있는 카드를 계속해서 뒤집었다. 그들이 수행하는 도박과제에서는 그렇게 하면 따는 돈보다 잃는 돈이 더 많은데도 말이다. 또한 환자들은 통제집단의 보통 사람들에 비해 큰돈을 잃고 난 직후에 불리한 모에서 카드를 다시 선택하는 일이 더 빨랐다. 통제집단의 보통 사람들은 스스로 최선의 전략을 깨닫기 전에 이미 유리한 모에 속한 카드를 선택하라고 자동적으로 알려주는 체성표지를 느끼는 게 분명했다.

안와전두피질에 입은 손상의 결과를 가장 잘 이해하는 방법은 엘리엇이라는 환자의 생활을 살펴보는 일일 것이다(Damasio, 1994). 특출한 성적으로 대학을 졸업한 후, 자기가 원했던 직장에서 빠르게 두각을 나타내기 시작하던 엘리엇은 안와전두피질에서 자라고 있는 뇌종양 진단을 받았다. 수술로 제거할 수밖에 없는 종양이었다. 다행히 수술은 잘 끝났고 심리검사 결과 그의 지능, 기억력, 언어구사력, 그리고 시각-공간 능력에는 아무런 문제가 없는 것으로 밝혀졌다. 관리기능 그리고 전전두피질의 특정 영역이 개입되어 있는 것으로 알려진 기타 장기기억 역량도 정상이었다. 그러나 엘리엇의 삶은 수술한 후 몇 개월 지나지 않아 부질없는 삶이 되고 말았다. 직감을 통해 배울 수도 없고 또 직감에 주의를 기울일 수도 없게 되자 엘리엇의 의사결정 능력이 악화되어버린 것이다. 직장은 그만뒀고, 아내와는 이혼했고 알고 지낸 지 한 달밖에 되지 않은 매춘부와 결혼을 했고, 그 후 6개월도 못 되어 파경에 이르자 부모 집으로 들어갈 수밖에 없는 처지가 되었다. 한 가지 직업을 오랫동안 가질 수도 없었으며 사기를 당해 많은 돈까지 잃고 말았다. 여기서 우리는 변연계와 전두엽의 특정 영역 사이에 벌어지는 정서-정보 교환이 신중하게 생각할 수 있는 인간의 역량에 결정적인 작용을 하고 있음을 알게 된다.

도덕적 의사결정 사람들은 윤리적인 문제를 안고 있는 결정을 어떻게 내릴까? 즉 이렇게 하면 윤리적으로 옳은데 저렇게 하면 옳지 않은 경우에는 결정을 어떻게 내리는 것일까? 윤리적 추리를 할 때는 마음 이론이 필요할 때가 많다. 타인의 관점에서 세상을 바라볼 수 있고 또 다른 사람의 어려움을 공감할 수 있는 능력이 필요할 때가 많다는 뜻이다. 제1장에서 지적했듯이, 윤리적 추리에는 기정 연결망으로 알려진 뇌 속 다양한 영역이 개입한다. 그러나 과거사를 재생하려 할 때에도 기정 연결망 외에 여러 특이한 영역이 활성화되는 것과 마찬가지로 윤리적 추리에도 똑같은 일이 벌어진다. 예컨대, 사회적 정서에 중요하게 작용하는 전전두피질의 복측 영역은 윤리적 의사결정에도 개입한다.

전전두피질 복측이 손상된 환자들은 일반적으로 그런 손상을 입지 않은 사람들에 비해 정서적 반응이 미약한 편이다. 특히 동정심이나 부끄러움 및 죄책감 같은 사회적 정서에서 더욱 그러한 편이다(S. W. Anderson, Bechara, Damasio, Tranel, & Damasio, 1999). 도덕적 가치관에 관한 서술적 지식에서는 이들 환자도 전혀 문제가 없다. 윤리적인 관점에서의 옳고 그름을 정확하게 구분한다는 뜻이다. 그러나 이 환자들은 타인의 고통에 동정심을 느끼는 능력 또는 자신이 저지른 잘못이나 실수를 두고 죄책감을 느끼거나 부끄러움을 경험하는 능력이 감퇴된 상태에 있다. 배우자나 기타 가족 구성원의 관점에서 볼 때, 이 환자들은 사회적 정서가 심하게 손상된 상태에 있다. 도덕적 판단을 요하는 과제를 수행할 때는 뇌의 기정 연결망이 활성화된다는 사실을 기억할 것이다. 마음 이론처럼, 도덕적 추리 역시 다른 사람의 관점을 취할 수 있어야 가능해진다. 다른 사람의 느낌을 공감하는 능력은 도덕적 판단을 내리는 데 필수적인 요소이다.

도덕적 추리를 연구할 때는 두 가지 행동방침 중 어느 것을 택해도 문제가 발생하는 딜레마가 자주 이용된다. 예컨대, 연구에 참여한 사람들에게 다른 여러 사람이 생명을 잃게 놔둘 것인지 아니면 그들의 생명을 구하기 위해 한 사람의 생명을 희생시킬 것인지를 결정하게 한다. 공리주의적 관점에서 보면, 가장 많은 사람들에게 득이 되는 결과를 초래할 선택이 최선의 선택이 된다. 예컨대, 고장 난 트럭이 내리막길을 내려가고 있다. 그대로 두면 저 아래서 작업하는 인부 5명이 죽는데 방향을 오른쪽으로 틀면 1명이 죽는다. 이런 경우, 공리주의적 관점에서는 그 트럭의 방향을 오른쪽으로 트는 게 옳다. 또는 길가에 서 있는 사람 1명을 고의로 넘어뜨려 그 트럭을 멈출 수가 있다면, 그렇게 하는 것이 옳다는 게 공리주의적 관점이다. 그러나 길가에 서 있는 사람을 억지로 밀어 넘어뜨리는 일을 두고는 대부분의 사람들이 강한 반감을 느낀다. 사람을 밀어 넘어뜨리는 일 같은 대인 행동이 트럭의 방향을 바꾸는 일 같은 대물 행동보다 정서적으로 훨씬 두드러진다는 뜻이다. Koenigs 등(2007)은 두 집단의 참여자들에게 이들 두 가지 상황을 제시해보았다. 한 집단은 전전두피질의 복측이 손상된 환자들로 구성되고 다른 집단은 건강한 사람들로 구성된 통제집단이었다. 대물 행동이 요구되는 상황에서는 두 집단의 반응이 다르지 않았다. 두 집단 모두 다섯 사람을 살리고 한 사람을 희생시키는 선택을 한 사람이 약 55%였다. 대인 행동을 감행해야 하는 상황에서는 두 집단의 반응이 달랐다. 통제집단에 속했던 보통 사람들의 경우, 공리주의적 관점에 따라 길가에 서 있는 한 사람을 밀어뜨려 5명을 살려야 한다는 선택을 한 사람의 수가 대물 행동 상황에 비해 절반으로 줄어들었다. 그러나 환자들의 경우에는 공리주의적 선택을 한 사람의 수가 대물 행동 상황에서와 다르지 않았다. 가만히 서 있는 사람을 억지로 밀어뜨리는 일도 환자들의 도덕적 나침판은 움직이지 못했다는 뜻이다. 환자들은 공감, 부끄러움, 또는 죄책감을 느끼지 못하기 때문이었을 것이다.

최후통첩 게임은 의사결정에서 도덕적 느낌의 역할을 연구하는 데 이용되는 과제이다. 학습활동 10.2에서 소개하듯이, A라는 사람이 예를 들어 100만 원을 B라는 사람과 어떻게 나누어 가질지를 결정한다. A는 B에게 줄 금액을 자기 마음대로 결정할 수 있고 B는 그런 A의 결정을 받아들일 수도 있고 거부할 수도 있다. B가 A의 결정을 거부할 경우에는 두 사람 모두 한 푼도 가질 수 없게 된다. 기대효용 이론의 관점에서 보면, A가 내놓겠다고 제의한 금액이 얼마이든 B는 A의 제의를 받아들여야 한다. 그러는 게 자기에게 득이 되기 때문이다. 단돈 1,000원이라도 받는 게 한 푼도 받지 않는 것보다는 낫다는 뜻이다. 그런데 실제로 사람들은 자기가 보기에 불공평하다고 생각되는 제의는 거절하는 것으로 드러났다. 그러니까 A가 50만 원씩 나누어 갖자고 제의하면 B는 그 제의를 덜컥 받아들인다. 그러나 30만 원 또는 20만 원을 내주겠다는 제의를 받았을 때는 불공평하다는 생각에서 그 제의를 거절하는 사람도 있다는 말이다.

fMRI를 이용한 연구에서 Sanfrey, Rilling, Aronson, Nystrom, Cohen(2003)은 B가 그 제의의 공평성을 평가할 때 뇌섬 피질(insular cortex)이 활성화된다는 사실을 발견했다. 색판 16의 C는 뇌섬(insula)을 보여준다. 체성표지 가설에 의하면, 중앙-변연(mesolimbic) 도파민 시스템은 기저핵을 거쳐 이어지는 뇌섬과의 관계 속에서 공정성이라는 도덕적 정서평가에 개입한다(C 참조). 중앙-변연 도파민 시스템은 보상이라는 긍정적 느낌을 조정한다. 중뇌의 또 다른 영역인 복측

학습활동 10.2　　**최후통첩 게임**

이 게임에서는 내가 가진 100만 원을 우리 두 사람이 내가 제안하는 대로 나누어 가질 수가 있다. 똑같이 나누어 가지자고 제안할 수도 있고, 당신에게 그보다 더 또는 덜 주겠다고 제안할 수도 있다. 당신도 나의 제안을 수용할 수도 있고 기각할 수도 있다. 그러나 만약 당신이 나의 제안을 기각하면 우리는 둘 다 한 푼도 못 가지게 된다. 내가 40만 원을 주겠다면 수용하겠는가? 20만 원을 주겠다면? 10만 원을 주겠다면? 내가 얼마를 주겠다고 제안하면 당신은 너무 적다고 그 제안을 기각하겠는가?

피개핵(ventral temental nucleus)은 물론 변연계의 측실바닥앞쪽꼬리-핵(nucleus accumbens)과 중뇌의 흑질(A 참조)은 도파민을 이용해 즐거움을 유발한다. 복측 피개핵에 있는 도파민 신경세포의 표적에는 기저핵도 포함된다. 이 기저핵은 뇌섬과 연결되어 있다. 이 모형에 따르면, 갈망 또는 혐오에 해당하는 신체의 느낌은 뇌섬 안에 표상돼 있다. 최후통첩 게임에서 뇌섬이 활성화되는 이유도 갈망/혐오에 해당하는 신체의 느낌이 뇌섬 안에 표상돼 있기 때문이다(Naqvi, Shiv, & Bechara, 2006).

　　Haidt(2008)는 정서와 도덕적 판단을 둘러싼 이러한 발견을 사고의 이중-시스템이라는 개념과 관련지었다. 전전두피질은 직감을 처리하고, 타인의 관점을 취해보고, 공감 및 기타 사회적 정서를 경험해보는 수단을 제공한다. 때문에 도덕적 판단은 시스템 1에서 벌어지는 신속한 직관적 처리로 완료될 경우가 많다. 고의적인 도덕적 추리, 즉 시스템 2식 처리의 필요성은 도덕적 직관의 속도와 만연함에 의해 생략되어버린다. 우리는 비윤리적 행동을 보면(예 : 신체적 폭행을 목격하는 일) 그것이 혐오스런 행동임을 즉각 알아차린다. 사람들은 문제에 관한 추리를 하지 않고도 무엇이 옳고 무엇이 그른지를 육감을 통해 안다는 말이다. 이러한 Haidt의 관점에서 보면, 사람들이 도덕적 추리를 의도적으로 해야 할 경우는 자신의 직관을 정당화할 때나 여러 가지 직관이 서로 상충하는 희귀한 사태를 해결하려 할 때뿐이다.

청소년의 뇌

청소년기 및 성인 초기는 모험의 시기이다. Steinberg(2007)가 말했듯이 "자동차 충돌사고, 폭음, 피임약 사용, 범죄 등에 대한 통계치가 말해주는 것처럼 청소년과 대학생 또래 사람들은 어린이나 성인에 비해 모험을 더 많이 한다"(p. 55). 의사결정을 다루는 인지신경과학에서는 청소년들이 모험을 마다하지 않는 경향을 어떻게 설명할까? 청소년들은 아직 논리적으로 생각하는 법을 터득하지 못해 의사결정도 서툴기 때문이라고 설명할 수도 있을 것이다. 청소년들은 비교적 엄한 감독을 받고 있는 아동들에 비하면 훨씬 자유로워 모험적 행동을 취할 수 있는 기회가 많을 수 있다. 그런데 안전한 의사결정을 위해 논리를 사용하는 능력은 어른들에 비해 덜 발달된 상태이기 때문에 청소년들의 모험심이 유독 강하다고 설명한다. 그러나 면밀하게 따져보면, 이 설명은 성립되지 않는다. 인지발달에 관한 연구결과, 아이들의 논리적 추리능력은 아동기를 거치는 동안 크게 향상되는 것으로 밝혀져 있다. 기실 아이들의 추리능력은 15세경에 이미 성인 수준에 도달하는 것으로 알려져 있다(Steinberg, 2007). 청소년들도 범죄행동, 무방비상태의 성행동, 지나친 음주, 무모한 운전의 위험에 관한 많은 정보를 알고 있고 또 그런 행동을 하지 않는 게 최선이라는 결정도 논리적으로 지을 수 있다. 그런 훌륭한 추리 실력을 가졌는데도 청소년들은 어떻게든 그런 행동을 너무 자주 감행한다.

또 하나의 설명은 모험 억제기능을 담당하는 뇌의 신경망이 충분히 성숙하지 못했기 때문이라는 해석이다. 전전두피질 배외측과 대상회 전측 그리고 두정엽 후측의 여러 영역으로 구성된 인지-통제용 신경망은 주의의 관리기능을 조절한다(제2장 참조). 인지-통제용 신경망이 아직도 발달하고 있는 중이어서 청소년의 자제력(즉, 미래에 발생할 결과를 미리 내다보고 위험 부담이 큰 행동은 억제하는 능력)은 성인의 자제력처럼 효과적으로 작용하지 않는다는 설명이다.

위험 부담이 크다는 사실을 알고 내린 결정을 기초로 충동적인 행동을 감행한다는 것은 잘못된 행동임이 분명하다. Steinberg(2007)가 지적했듯이, 이러한 자제력이 부족한 한 가지 이유는 인간 발달 과정에서 전전두피질이 가장 늦게 성숙하기 때문일 수 있다. 불필요한 시냅스-연결은 솎아내고 전전두엽 신경망 속 축삭을 수초로 감싸는 작업은 20대 중반까지 계속된다. 그와 동시에 사춘기의 시작과 그에 따른 호르몬의 변화로 두 번째 신경망의 활동이 고조된다. 이 두 번째 신경망은 사회-정서적 신경망으로 그 작용의 일부는 변연계와 안와전두피질 및 전전두피질 내측에 의해 조절된다. 이들 구조물은 체성표지 가설을 논의할 때 정서에 기초한 의사결정에서 중요하게 작용한다고 소개했었다. 이 신경망은 보상처리에 중요한 사회적 정서적 자극에 반응한다. 이 신경망의 작용은 정서가 매우 고조된 사회적 환경에서 그리고 특히 10대 청소년들이 또래로부터 모험을 감행하라는 압력을 받고 있을 때 집요하게 작용한다. 10대 청소년의 머릿속 인지-통제용 신경망은 상대적으로 허약하기 때문에 그 작용이 급격히 상승하는 사회-정서적 신경망의 작용에 의해 추월당할 수 있다(Steinberg, 2007). 따라서 모험행동은 논리적 관점에서 보면 어리석어 보이지만 청소년들에게는 보상이 너무 커서 그냥 지나치기 힘든 행동이라는 설명이다.

요약

1. 삼단논법형 추리에서는 주어진 2개의 전제가 참이라고 했을 때 어떤 결론이 반드시 참인지를 평가한다. 연역추리에서는 주어진 2개의 전제가 참이면 타당한 결론도 반드시 참이다. 삼단논법형 추리에서 사람들이 타당한 결론을 찾아낼 가능성은 대략 75% 정도 된다. 그러나 결론이 부당할 때는 그것이 부당함을 알아차릴 가능성은 약 33%로 낮아진다. 오류의 양상은 일관성이 매우 크다. 대전제에 모두(all)라는 단어가 들어 있고 소전제에는 일부(some)라는 단어가 들어 있으면 사람들은 일부(some)라는 단어가 들어 있는 결론을 타당하다고 생각한다. 대전제와 소전제 둘 다에 모두가 아니라는 의미의 아니다(no)라는 단어가 들어 있으면 사람들은 아니다(no)라는 단어가 들어 있는 결론을 타당한 결론으로 간주한다.

2. 사람들이 범주형 추리를 잘 못하는 이유 중 하나는 부당한 전환에 있다. 사람들은 "모든 A가 B이면, 모든 B가 A이다(If all A are B, then all B are A)"라는 엉뚱한 가정을 한다. 또 하나의 이유는

두 가지 전제가 의미하는 바를 조합해서 생길 수 있는 모든 결과를 고려하기에는 우리의 작업기억 역량이 너무 적다는 점이다. 사람들은 자연스럽게 생성될 수 있는 조합 중 일부만 고려하고 그중에서도 해석하기 쉬운 조합만을 고려함으로써 추리 과제 자체를 단순화시켜버린다. 일반적으로 사람들은 맘속모형을 구축함으로써 말이 되는 방식으로 추리를 한다. 문제는 이들 모형이 논리학자들이 만들어놓은 형식적 시스템을 반영하지 못한다는 데서 발생한다. 아주 재미있는 보기 중 하나로 신념편파가 자주 꼽힌다. 주어진 전제가 무엇이든, 사람들은 자신의 신념과 일치하는 결론을 타당한 결론으로 수용하는 일이 벌어진다.

3. 조건추리는 "If P, then Q"(P가 참이면, Q도 참이다)라는 형식의 규칙을 기초로 타당한 결론을 연역하는 작업이다. 조건추리에서 타당한 결론을 도출하는 한 가지 방법은 전건을 긍정하는 형식이다. 전건긍정이라는 조건추리 법칙에 따르면, P가 참이면 Q도 참이어야 한다. 두 번째 방법은 후건을 부정하는 형식이다. 후건부정에 따르면, Q가 거짓으로 드러나면 P도 거짓이어야 한다. 후건을 긍정할 때는 추리에서 실수를 하는 사례가 거의 없다. 확증편파 또는 결론이 타당함을 입증하는 증거를 찾는 경향이 매우 강하게 나타난다. 그러나 결론의 부당함을 입증하는, 즉 후건을 부정하는 증거를 찾는 사람은 거의 없다. 더욱이, 사람들은 후건을 부정하는 것이 추리의 타당한 형식임을 이해하지도 못한다.

4. 불확실 상황에서 내리는 결정에는 다양한 시나리오가 전개될 확률을 주관적으로 추정해야 한다. 주관적 확률은 대개 객관적 확률을 따라간다. 하지만 확률이 매우 낮은 사건의 경우에는 주관적 확률이 과대 추정되는 경향이 있다. 불확실 상황에서 추론을 할 때는 의사결정에 다양한 휴리스틱을 이용한다. 대표성 휴리스틱은 특정 범주에서 전형적인 구성원으로 판단되는 사건이 발생할 확률을 높게 추정한다. 그리고 가용성 휴리스틱은 특정 사건의 구체적인 예를 머릿속에 쉽게 떠올릴 수 있는 사건이 발생할 확률을 높게 추정한다. 최소한의 정보를 근거로 결정을 내리는 신속간결 휴리스틱은 진화된 능력과 환경 내 구조를 최대한 활용한다. 예를 들어, 두 가지 대안이 주어지면 사람들은 그중 자기들이 쉽게 인식하는 대안을 선택한다—인간의 기억은 친숙성을 처리하도록 진화되었고, 대안 중에는 그 결과로 실보다는 득을 가져다준 경우가 절반 또는 우연수준 이상인 대안이 (더 친숙해서) 쉽게 인식된다.

5. 정서는 추리와 의사결정에 영향을 미치며 그 영향력은 노력하지 않아도 신속하게 자동적으로 발휘된다. 체성표지 가설에 따르면, 사람들은 결정을 지을 때 그 결정의 결과가 가져다줄 것으로 기대되는 통증/쾌감을 기초로 판단을 유도하는 신체의 느낌을 경험한다. 상이한 행동방침이 평가될 때마다 상이한 정서가 생성된다. 그러면 이렇게 생성된 정서와 결부된 신체상태(체성표지)가 의사결정 과정을 돕는다는 게 체성표지 가설의 주장이다. 주변에서 벌어지는 사건과 그 사건에 의해 생성된 체성표지 간 관계는 안구 바로 위에 위치한 전전두피질의 한 영역인 안와전두피

질에 저장/기억되어 있다. 여러 가지 행동방침을 평가할 때는 안와전두피질에 보관되어 있는 체성표지가 활성화되고, 그 결과 의사결정이 한쪽으로 기울게 된다. 어떤 행동방침은 좋은 방침으로 또 어떤 것은 좋지 못한 방침으로 느껴지는 일은 직감으로 이루어진다. 전전두피질의 복측에 위치한 여러 영역은 공감, 부끄러움, 죄책감 같은 사회적 정서를 조절하기도 한다. 특정 행동방침을 두고 시비를 평가할 때 사회적 정서가 자동적으로 신속하게 영향력을 발휘할 때 생기는 것이 도덕적 직관이다. 그리고 특히 청소년들은 모험을 마다하지 않는데, 그 이유는 10대 청소년들의 경우 의사결정 과정에서 사회-정서적 신호에 민감하게 반응하는 신경망/연결망이 인지-통제 신경망/연결망의 활성정도에 비해 더 강하게 활성화되기 때문이다.

핵심 용어

가용성 휴리스틱(availability heuristic)
대표성 휴리스틱(representativeness heuristic)
도박사의 오류(gambler's fallacy)
부당한 전환(illicit conversion)
분위기 가설(atmosphere hypothesis)
불확실 상황에서의 의사결정(decisions under uncertainty)
삼단논법형 추리(syllogistic reasoning)
신념편파(belief bias)
신속간결 휴리스틱(fast and frugal heuristic)
위험 상황에서의 의사결정(decisions under risk)

작은 수 법칙(law of small numbers)
전건긍정(affirming the antecedent)
전건부정(denying the antecedent)
체성표지 가설(somatic marker hypothesis)
타당한 연역적 결론(valid deductive conclusion)
틀 효과(framing effect)
혜안편파(hindsight bias)
확증편파(confirmation bias)
후건긍정(affirming the consequent)
후건부정(denying the consequent)

생각해볼 문제

- "내가 열심히 공부하면, 나는 기말고사를 잘 칠 것이다"라는 조건법칙을 고려해보자. 후건부정이라는 형식을 이용하여 이 법칙의 타당성을 입증하려면 어떻게 해야 할 것 같은가? 이 법칙을 검증하려 할 때 '공부를 열심히 하지 않고 어떤 일이 벌어지는지'를 살피는 일은 왜 도움이 되지 않을까?

- 과거에 대표성 휴리스틱이나 가용성 휴리스틱 또는 신속간결 휴리스틱을 사용했던 적이 있었는가?

- 중요한 결정을 내릴 때 육감/직감을 사용해본 적이 있는가? 그 경우에 벌어졌던 의사결정의 과정

을 체성표지 가설로 묘사해보라.

- 인지신경과학자들에 의해 청소년들의 뇌, 그중에서도 특히 의사결정에 중요하게 작용하는 것으로 알려진 전전두피질이 완숙하지 못했음이 입증되었다. 16세 소년 소녀의 범행을 두고 판결을 내릴 때 이 증거가 고려돼야 할까? 공공정책을 수립할 때는 이런 증거가 어떻게 이용돼야 할 것 같은가?

용어해설

가용성 휴리스틱(availability heuristic) : 특정 사건/일이 발생할 확률을 추정해야 하는 과제에서 그 사건/일의 보기를 기억 속에서 인출하기 쉬운 정도를 기초로 그런 사건이 발생할 확률을 추정하는 전략.

가족 유사성 구조(family resemblance structure) : 자연물 개념이 그 개념으로 정의되는 범주 구성원 중 일부에는 적용되지만 모두에는 적용되지 않는 속성들로 규정되는 특징(사실)을 일컫는 용어. 규칙-기반 개념과 대조되는 용어.

감지력(sentience) : 처리되지 않는 감각과 느낌 및 경험을 자각할 수 있는 기본 능력.

개념 주도적 처리(conceptually driven processes) : 장기기억 속 스키마에서 도출되는 기대로 형태 재인 및 기억부호화에 영향을 미친다. 하향처리라고도 하는, 자료 주도적 처리와 대조되는 개념.

거시명제(macroproposition) : 글의 요지나 요약을 대변하는 단언.

결집(chunking) : 별개의 물건 또는 항목을 의미 있는 묶음으로 꾸려서 단기기억에 하나의 통합된 표상이 형성되도록 하는 일.

결합실인증(associative agnosia) : 지각능력은 온전한데도 특정 물체의 의미 관련 기능을 인식하지 못하는 조건. 통각실인증과 대조되는 조건.

경두개자기자극법(Transcranial magnetic stimulation, TMS) : 인지신경과학자들이 뇌의 활동을 기록하기 위해 사용하는 방법 중 하나. 실험참여자의 두개골에다 자기장을 생성시켜 피질의 신경세포를 자극함으로써 뇌 속 특정 부위에서 벌어지는 신경세포의 기능을 일시적으로 바꾸어놓고 그 효과가 인지과제 수행에 미치는 양상을 분석할 수 있게 해준다.

경보(alerting) : 외부 자극에 대한 민감도를 증가시켜 대기태세를 유지시켜주는 주의의 기능.

계열위치 효과(serial position effect) : 일련의 단어를 하나씩 학습한 후 실시된 재생검사에서 각 단어가 정확하게 재생될 확률이 그 단어가 제시된 순서(목록 내 위치)에 따라 달라지는 현상. 그 목록의 앞쪽과 뒤쪽에 있었던 단어가 중간에 있었던 단어보다 정확하게 재생될 확률이 높다. 앞부분과 뒷부분에 제시된 단어의 정확 재생률이 높은 것을 각각 초두 효과와 최신 효과라 한다.

계획기억(prospective memory) : 미래의 정해진 시간에 어떤 행동을 해야 할 것인지에 대한 기억.

고정지능(crystallized intelligence) : 지능을 구성하는 지적 능력 두 가지 중 자신의 경험을 통해 형성되는 부분을 일컫는 용어로 유동지능과 대조되는 개념.

고착(fixation) : 특정 문제의 해결책으로 가는 경로가 그 문제와 비슷한 문제를 해결해본 과거 경험 때문에 차단되어버리는 일.

공간 무시(spatial neglect) : 시력이 정상인데도 시야의 일부가 선별적으로 무시되는 인지적 주의 장애.

공제법(method of subtraction) : 주어진 과제 수행에 관여하는 정보처리의 특정 단계가 지닌 속성을 분리해내기 위해 이용되는 기법. 분리해내고 싶어 하는 그 단계에서만 다른 두 가지 과제를 수행할 때 벌어지는 차이를 비교한다.

관계 처리(relational processing) : 학습해야 할 항목들이 서로서로 그리고 기억 속에 저장된 다른 항목들과 어떤 관계에 있는지를 따지는 인지과정.

교량추론(bridging inferences) : 앞뒤 문장 속 동일 실체/개념이 다른 단어(예 : 명사와 대명사)나 구로 표현되었을 때 이 둘이 동일체임을 확정하기 위해 전개되는 추론.

구문론(syntax) : 단어 및 형태소가 어떻게 배열되어야 적법한 문장이 성립되는지를 명시하는 문법적 규칙.

구-신 전략(given-new strategy) : 이해 전략 중 하나로 이 전략을 구사하는 독자는 주어진 문장 속에서 이미 알려진 구 정보를 찾아낸 후 새로운 신 정보를 찾아내어 그들 간 관계를 설정함으로써 문장의 의미를 파악하려 한다.

굳히기/견고화(consolidation) : 사건에 관한 정보를 장기기억에다 확실하게 저장하여 나중에 재생할 수 있도록 그 표상을 강화하는 작업과정.

규칙-기반 개념(rule-governed concepts) : 그 범주/개념의 구성원을 정의하는 속성과 관계를 실무율을 기반으로 명시한다. 가족 유사성 구조와 대조되는 개념.

기능성자기공명영상법(functional magnetic resonance imaging, fMRI) : 신경영상법 중 하나로 강력한 자기장을 이용하여 뇌의 신경조직을 세밀하게 밝혀내고 또 뇌의 활성화된 영역에서 벌어지는 대사율의 변화를 포착하여 시각적으로 묘사하는 방법.

기능 동등성 가설(functional equivalence hypothesis) : 시각심상이 지각경험과 동일한 것은 아니지만, 그 표상 방식 및 기능은 지각경험과 동일하다는 생각.

기능적 고착(functional fixedness) : 문제해결의 장애물 중 하나로 문제해결에 유용한 물건의 기능을 그 전형적인 용도로만 바라보는 일반적인 경향성을 일컫는 말.

기분 일치 효과(mood congruence effect) : 학습할 때의 기분과 기억검사를 받을 때의 기분이 같을 때 검사점수가 높아지는 현상. 예컨대, 기분이 좋은 상태에 있을 때는 힘들었던 과거사보다 즐거웠던 과거사를 회상해내기가 더 용이해진다.

기정 연결망(default network) : 사람들이 아무런 외적 요구를 받지 않고 자유롭게 생각할 때와 과거사를 회상하거나 미래사를 마음 속에 그려볼 때, 그리고 다른 사람들이 생각하고 지각하는 것을 상상할 때 활성화되는 뇌 속 여러 영역.

기호 모형(symbolic models) : 마음의 구조가 디지털 컴퓨터의 구조와 흡사하다는 가정을 기초로 인지구조(cognitive architecture)를 묘사하려는 모형의 총체. 이 부류에 속하는 모형에서는 기억 속에 저장되어 있으면서 정해진 규칙에 따라 조작되는 기호를 맘속표상이라고 간주한다. 연결주의 모형과 대조되는 개념.

깨달음(illumination) : 당면 문제의 해결책에 대한 통찰이 터지는 창의과정의 세 번째 단계로 준비, 부화, 실증과 비교되는 단계.

꾸며대기(confabulation) : 일어난 적이 없는 사건을 자세하게 이야기하는 기억왜곡 현상.

난독증(dyslexia) : 글로 적힌 단어를 인식하는 능력이 훼손된 조건.

뇌량(corpus callosum) : 대뇌의 좌반구와 우반구를 연결시켜주는 한 다발의 신경섬유를 일컫는 말.

눈-맘 가정(eye-mind assumption) : 특정 대상에 시선이 집중되었을 때 그 대상을 두고 처리해야 할 정보가 많을수록 거기에 시선이 집중돼 있는 시간이 길어진다는 주장.

단순화(leveling) : 인출의 재구성 과정에서 비롯된 기억왜곡의 일종으로 특정 사건의 세밀한 사항에 대한 정보가 회상에서 누락되는 현상.

단어우월 효과(word superiority effect) : 특정 낱자(letter)가 홀로 제시되었을 때보다 단어의 일부로

(즉, 단어 속에) 제시되었을 때 더 쉽게/빨리 재인되는 현상.

대뇌 편재화(brain lateralization) : 우리 뇌의 좌반구와 우반구가 각각 특정 인지기능에 특화된 정도.

대상 회 전측(anterior cingulate gyrus) : 자동적 반응을 억제하고 바른 반응을 선별하는 감독형 주의시스템에 관여하는 뇌의 영역.

대용어(anaphora) : 앞서 제시된 단어나 구를 대신하여 사용된 단어.

대표성 휴리스틱(representativeness heuristic) : 특정 범주의 보기가 전형적인 구성원일수록 그런 보기가 나타날 확률을 상대적으로 과대 추정하는 확률 추정 원리.

도박사의 오류(gambler's fallacy) : 동전이나 주사위 던지기 같은 게임에서 다음 시행에서 앞면이나 6이 나올 확률이 그전까지의 사건에 따라 달라질 것이라는 엉뚱한 믿음.

독특 속성(distinctive features) : 특정 자극을 비슷한 다른 자극으로부터 구분할 수 있게 해주는 지각적 속성.

동시검색(parallel search) : 기억 속에 저장되어 있는 항목이 하나씩 순차적으로가 아니라 모두 동시에 검토되는 일.

동시조음(coarticulation) : 단어를 발음할 때 생성되는 음향신호의 조각 속에는 두 가지 이상의 음소에 관한 정보가 들어 있어, 단어를 구성하는 음소가 순차적이면서도 동시에 조음되는 현상을 일컫는다.

동시처리(parallel processing) : 인지조작이 동시다발적으로 전개되는 경우를 일컫는 말로 순차처리와 대조되는 개념.

동형 문제(isomorphic problems) : 겉으로는 다른 문제로 보이는데도 그 내면을 분석해보면 문제공간이 동일한 한 쌍의 문제.

두정엽(parietal lobe) : 대뇌피질의 한 영역으로 중심 열(고랑)에서 시작하여 뒤쪽으로는 후두엽, 옆쪽으로는 측두엽까지 펼쳐져 있는 영역.

따라 말하기(shadowing) : 주의를 기울이지 않는 채널에 제시된 자극은 무시하면서 주의를 기울이고 있는 채널에 제시된 자극만을 소리 내어 반복하는 작업.

말소리 분석도(speech spectrogram) : 특정 발성의 음향에너지가 변하는 모습을 그려놓은 그래프로, 헤르츠(Hz) 단위로 기록된 주파수(y-축)가 시간의 흐름(x-축)에 따라 변하는 모습을 1/1,000초 단위로 분석한 것.

맘속시간여행(mental time travel) : 재구성적 인출 과정을 통해 과거사를 회상하고 미래사를 내다보는 일 또는 능력.

맘속사전(mental lexicon) : 언어를 구사할 때, 즉 듣고 말하고 읽고 쓸 때 이용되는 단어 및 형태소에 관한 정보가 기록되어 있는 장기기억 속 사전.

맘속표상(mental representation) : 정보에 상응하는 부호가 마음 속에 형성된 것.

망상형 허위기억(delusional false memory) : 일종의 착각성 기억으로 기괴한 일이 벌어질 수 있다는 믿음이 확고한 사람들이 실제로 그런 사건에 대한 경험을 했다고 기억하게 되는 일.

맹시(blindsight) : 후두엽에 입은 손상 때문에 물체의 존재여부를 의식하지 못하면서도 그 물체의 위치는 찾아낼 수 있는 시각능력.

메타인지(metacognition) : 다른 인지작용에 관한 인지활동을 일컫는다. 예컨대, 자신의 영어 구사력을 스스로 평가해보는 일 같이, 어떤 맘속표상의 작업 대상이 다른 맘속표상인 경우에 벌어지는 정신작용이 이에 해당한다.

명제형 부호(propositional code) : 맘속표상의 추상적인 수단으로 지각적 표상이라기보다는 스키마식 어문적 표상을 일컫는 말.

모듈(module) : 머릿속에 있는 다른 인지시스템과는 별개의 독립된 시스템. 자동적으로 신속하게 맡은 일을 완수하는 일군의 공정으로 구성된 것으로 간주됨.

목표 상태(goal state) : 특정 문제가 해결된 상태 혹은 그 문제의 해결책으로 문제공간에서 마지막 단계로 정의된다. 시초 상태 및 하위목표와 대조되는 개념.

묶기 문제(binding problem) : 뇌의 여러 영역에 분산 표상된 여러 속성이 어떻게 통합되기에 우리는 그들 속성으로 정의되는 하나의 물체를 지각할 수 있게 되는 것일까라는 문제.

문제공간(problem space) : 주어진 문제의 시초 상태, 목표 상태, 조작행동 그리고 시초 상태에서 목표 상태로 가는 도중에 적법한 조작행동으로 거칠 수 있는 모든 상태로 구성된 가상의 공간.

물체 개념(object concepts) : 자연발생적인 생물

체 및 사람이 만든 인조물을 분류/범주화하는 데 쓰이는 정의.

미시명제(micropropositions) : 하나의 단순한 문장으로 표현된 단언/주장.

반응시간(reaction time) : 특정 과제 수행에 소요되는 시간.

범부 이론(folk theories) : 과학적 사건에 대한 과학자들의 설명이 아니라 과학적 현상에 대한 보통 사람들의 상식적인 설명.

범주 크기 효과(category size effect) : 주어진 물체가 특정 범주의 구성원인지를 결정하는 데 걸리는 시간이 그 범주의 크기와 함께 길어지는 현상. 예컨대, "스피츠가 동물인가?"에 답하는 데 걸리는 시간이 "스피츠가 개인가?"에 답하는 데 걸리는 시간보다 길다.

범주적 지각(categorical perception) : 음소차원에서 벌어지는 말소리의 연속적인 변화가 비연속적인 범주로 분류되는 현상.

변화 맹(change blindness) : 시야에서 벌어지는 큰 변화를 알아차리지 못하는 현상을 일컫는 말.

보편적 문법(universal grammar) : 언어에 대한 선천적 지식 덕분에 아이들은 자라는 문화권에 관계없이 누구나 자기가 경험하는 언어를 쉽게 터득할 수 있다는 가설.

부당한 전환(illicit conversion) : "All A are B"를 "All B are A"로 변형하여 전자가 참이면 후자도 참이라고 간주함으로써 주어진 명제를 잘못 이해(재진술)하는 오류.

부주의 맹(inattentional blindness) : 지각대상에 주의를 기울이지 않으면 그 대상을 구성하는 속성이 하나의 묶음으로 통합되지 않아 그 대상을 지각할 수 없게 되는 일.

부호화 구체성(encoding specificity) : 저장된 정보를 인출할 때 효과적으로 이용될 단서의 본질이 부호화 작용의 본질에 따라 결정된다는 주장.

부화(incubation) : 창의과정에서 거치게 되는 두 번째 단계로 당면 문제를 잠시 제쳐놓고 다른 일을 하는 단계. 준비, 깨달음, 실증과 비교되는 개념.

분명한 문제(well-defined problem) : 시초 상태, 목표 상태, 조작행동이 명백하게 진술될 수 있는 문제. 불분명한 문제와 대조되는 개념.

분석적 처리(analytic processing) : 하나의 자극을 구성하는 속성을 지각하는 일. 통째 처리와 대조되는 개념.

분위기 가설(atmosphere hypothesis) : 사람들은 연역적 추리 과제를 수행할 때 논리적 규칙을 기준으로 결론을 평가하지 않고 결론과 전제 간 유사성을 비교한다는 가정.

분할 주의(divided attention) : 하나의 자극에 모든 주의자원을 집중하는 것이 아니라 2개 이상의 자극에 한정된 주의자원을 분배하는 능력. 선별적 주의와 대조되는 개념.

불분명한 문제(ill-defined problem) : 문제공간을 구성하는 시초 상태, 목표 상태, 그리고 적법한 조작행동이 명백하게 정의되지 않은 문제. 분명한 문제와 대조되는 개념.

불확실 상황에서의 의사결정(decisions under uncer-tainty) : 활동의 결과가 어떻게 벌어진 것인지에 대한 확률을 알지 못하는 상태에서 내리는 의사결정.

비서술기억(non-declarative memory) : 기능(skills) 및 그와 관련된 실행 지식.

비지향적 사고(undirected thinking) : 백일몽에서처럼 부유하는 사고로 특정 문제에 대한 창의적인 해결책을 촉발하기도 한다. 지향적 사고와 대조되는 개념.

사건관련 전위(event-related potential, ERP) : 뇌파(EEG) 신호 중 특정 자극의 개시에 대한 뇌의 반응을 반영하는 신호를 일컫는 말.

삼단논법형 추리(syllogistic reasoning) : 참으로 수용되는 2개의 전제가 주어졌을 때 연역적으로 반드시 참이어야만 하는 결론이 어떤 결론인지를 평가하는 인지작업.

상태-의존 학습(state-dependent learning) : 학습자의 기분이나 의식 상태를 조작하여 학습 당시의 상태와 인출 당시의 상태를 같게 또는 다르게 했을 때, 이 두 상태가 같을 때 재생이 더 잘 이루어지는 현상을 일컫는 말.

생산성(productivity) : 같은 언어를 사용하는 다른 사람들이 이해할 수 있는 새로운 문장을 만들어낼 수 있는 언어적 능력.

생산형 사고(productive thinking) : 특정 문제의 해결책을 모색할 때에 통찰력과 창의성을 활용하는 사고. 재생형 사고와 대조되는 개념.

생태학적 타당성(ecological validity) : 실험실에서 발견된 결과를 일반화할 수 있게 해주는 실험실 과제와 실세계 과제 간 유사성.

서술기억(declarative memory) : 사건, 사실, 개념에 관한 지식을 일컫는 용어.

선별(selection) : 선행 지식과 어울리는 정보만을 선별적으로 부호화하는 작업.

선별적 주의(selective attention) : 동시에 제시된 수많은 자극 중에서 관심을 끄는 특정 자극에만 주의를 기울여 지각하고 나머지는 무시할 수 있는 능력. 분할 주의와 대조되는 개념.

설단 상태(tip of the tongue, TOT state) : 특정 이름, 단어, 날짜 및 기타 정보를 기억하고 있는 것이 분명한데도 당장은 인출해낼 수 없고 혀끝에서 맴도는 상태.

섬광기억(flashbulb memory) : 자서전적 사건에 대한 기억 중 특히, 강력한 정서반응과 결합되어 그 사건과 관련된 생생한 사항까지 회상해낼 수 있는 기억.

속성 비교 모형(feature comparison model) : 특정 대상을 범주화하는 작업에 이용되는 의미기억 속 개념이 대상의 특징 속성과 정의 속성으로 구성되어 있다고 생각하는 가설.

속성 통합 이론(feature integration theory) : 우리가 하나의 물체로 지각하게 되는 것은 먼저 그 물체의 속성이 주의를 기울이기 전에 자동적으로 분석되고, 그런 후 주의를 기울여 이들 속성을 함께 묶는 통합과정을 거쳐서 달성된다고 보는 관점.

순차검색(serial search) : 기억 속 항목이 검색되는 방법 중 하나로, 특정 방식으로 정렬되어 있는 항목을 첫 번째 항목부터 한 번에 하나씩 검색하는 방법.

순차처리(serial processing)：일련의 인지적 조작이 한 번에 하나씩 벌어지는 경우를 일컫는 용어로 동시처리와 대조되는 개념.

숨은 의미 분석법(latent semantic analysis, LSA)：특정 글 속에 표현된 명제의 의미를 자동적으로 추출하여 표상하는 수학적 기법.

스키마(schema)：관련된 개념들에 관한 지식을 조직해놓은 맘속표상.

시초 상태(initial state)：주어진 문제의 시작점으로 그 문제의 문제공간에서 처음 상태를 일컫는 용어로, 목표 상태 및 하위목표와 비교되는 개념.

신념편파(belief bias)：자신의 신념체계와 일치하는 결론만을 수용하는 우리의 그른 경향성.

신속간결 휴리스틱(fast and frugal heuristic)：의사결정에 필요한 최소한의 정보검색만으로 신속한 결정을 내릴 수 있게 해주는 장점을 그 특징으로 하는 전략.

실증(verification)：창의과정의 네 번째 단계에 전개되는 작업으로 통찰로 얻은 해결책을 구체화하여 조심스럽게 점검하는 작업과정. 준비, 부화, 깨달음과 비교해보라.

심상형 부호(imaginal code)：대상의 지각성 특질을 거의 그대로 담고 있는 맘속표상의 한 가지 수단.

알고리즘(algorithm)：특정 문제의 바른 해결책을 생성하는 규칙. 이 규칙을 정확하게 적용하면 정답을 찾을 수는 있지만, 많은 시간과 노력이 요구될 수도 있다.

약화(attenuation)：감각자극이 주의를 기울이지 않은 채널로 입력될 경우, 그 자극의 강도를 낮추어 놓는 주의의 기능을 일컫는 말.

양전자방출단층촬영법(positron emission tomography, PET)：신경영상기법 중 하나로 방사능 딱지를 붙인 물(수소와 산소 15)을 이용하여 뇌 속에서 대사율이 높은 영역을 탐지해내는 기법.

어문적 보고법(verbal protocols)：행동측정의 일종으로 사람들이 인지과제를 수행할 때 자신의 머릿속에 떠오르는 생각을 말로 표현하게 하여 그것을 기록하는 방법.

어문적 허위기억(false verbal memory)：표적단어와 관련된 일군의 단어를 공부한 후에 실시된 재생기억 검사에서 제시되지 않았던 표적단어를 기억해내는 착각성 기억.

억압(repression)：정신분석학에서 말하는 방어기제 중 하나로 불쾌한 사건에 대한 기억이 의식의 세계로 스며들어 스스로가 불안해지는 일을 예방함으로써 불안으로부터 자아를 보호하는 장치.

언어행위(speech act)：화자가 자신의 의도를 표현하기 위해 청자가 인식할 수 있는 문장으로 발성하는 행위를 일컫는 말.

얼굴실인증(prosopagnosia)：인지장애 중 얼굴재인 능력을 선별적으로 상실한 조건.

역사적 창의성(historical creativity) : 인류 발달사적 관점에서 봤을 때 새로우면서도 사회 전체에 득을 가져다준 것으로 널리 인정되는 천재적인 사고 및 행동능력.

역하 지각(subliminal perception) : 주의를 기울이지 않는 자극이 통째로 지각된다는 주장인데 아직까지는 근거가 없는 것으로 간주되고 있음.

연결주의 모형(connectionist models) : 마음의 구조가 뇌의 구조를 닮았다는 가정과 분산된 맘속 표상, 대규모 신경형 단위들 간 상호연결, 그리고 동시처리 등의 구성개념을 바탕으로 지어놓은 인지구조. 기호 모형과 대조되는 개념.

영상기억(iconic memory) : 시각적 속성을 잠시 동안 저장하는 감각기억.

오보효과(misinformation effect) : 일종의 기억왜곡으로 특히, 장기기억에 저장되어 있는 사건을 두고 오해 가능성이 농후한 질문을 던져 유발되는 현상.

완전검색(exhaustive search) : 단기기억 속 정보를 검색하는 방법 중 하나로 검색 대상 항목 중에서 찾고 있는 표적항목이 발견된 후에도 나머지 항목을 모두 검색하는 방법. 자동종결검색과 대조되는 방법.

원형(prototype) : 특정 범주의 구성원 중에서 가장 전형적인 구성원으로 그 개념을 대표하는 표상으로 작용하는 구성원.

위험 상황에서의 의사결정(decisions under risk) : 활동의 결과로 벌어지게 될 일에 대한 확률을 알고 있는 상태에서 내리는 결정.

유동지능(fluid intelligence) : 지능의 두 가지 능력 중 낯선 문제를 해결하는 능력으로 고정지능과 대조되는 개념.

유지 시연(maintenance rehearsal) : 단기기억/작업기억 속 정보를 속말로 되뇜으로써 그 정보를 잃지 않으려 하는 작업.

음운유사성 효과(phonemic similarity effect) : 자극의 발음 유사성 때문에 단기기억 과제에서 오류의 발생확률이 높아지는 현상.

음소(phoneme) : 특정 언어의 말소리를 구성하는 가장 작은 단위 요소로, 그 요소가 바뀌면 단어의 의미가 따라 바뀌게 된다.

음향기억(echoic memory) : 청각시스템의 한 요소로 소리를 잠깐 동안 보관하는 일 또는 저장고.

의미기억(semantic memory) : 세상사에 관한 사실적 지식과 개념적 지식 그리고 그런 지식을 부호화하는 데 이용된 단어에 관한 지식을 일컫는 말.

의미론(semantics) : 말의 의미를 연구하는 언어학의 한 분야.

의미망 모형(semantic network model) : 위계적 의미기억 모형으로 이 모형에서는 개념이 하위, 기초, 상위 등의 수준 및 그 속성에 따라 조직되어 있다고 가정한다.

이중 부호화 이론(dual-coding theory) : 어문적 부호와 이미지 부호로 저장된 정보가 두 가지 중 한 가지 부호로 저장된 정보보다 회상될 확률이 높다고 주장하는 이론.

이중 분리(double dissociation) : 독립변인 하나는

과제 A에는 영향을 미치지만 과제 B에는 영향을 미치지 못하고 다른 독립변인은 그 반대로 과제 A에는 영향을 못 미치지만 과제 B에는 영향을 미치는 상황을 일컫는 용어.

인지구조(cognitive architecture) : 머릿속에서 정보를 처리하는 일에 관여하는 구성요소 및 하위 시스템들이 고안되어 조직된 모습을 일컫는 말.

인지경제 원리(cognitive economy assumption) : 특정 개념의 속성이 그 개념의 위계를 구성하는 하위, 기초, 상위수준 중 한 곳에만 표상된다는 주장.

인지과학(cognitive science) : 인지심리학, 생물학, 인류학, 컴퓨터과학, 언어학, 그리고 철학 간 관계 그리고 이들의 집성을 연구하는 학문의 한 분야.

인출 모드(retrieval mode) : 장기기억에서 과거사에 대한 표상을 검색하기 위한 의도적 노력이 전개되는 인출의 초기 단계.

일화기억(episodic memory) : 과거에 특정한 곳의 특정한 시간에 벌어졌던 사건에 대한 기억.

자기뇌파검사(magnetoencephalography, MEG) : 뇌 속에서 벌어지는 전기적 활동을 1/1,000초 단위로 추적하기 위해 그 전기적 활동과 관련된 자기장을 측정하여 공간적 해상도가 높은 MRI(자기공명영상)와 조합하는 기법.

자기지식(self-knowledge) : 자신을 하나의 개체로 알아차리는 일 또는 능력.

자기지칭 효과(self-reference effect) : 학습재료 중 특정 항목을 자기개념과 관련지어 부호화하면 기억이 향상되는 현상.

자동적 처리(automatic processes) : 자신도 모르는 사이에 아무런 노력을 하지 않는데도 저절로 벌어지는 인지작용. 통제된 처리와 대조되는 개념.

자동종결검색(self-terminating search) : 찾고 있는 항목이 발견되자마자 종료되는 검색법을 일컫는 용어로 완전검색과 대조되는 개념.

자료 주도적 처리(data-driven processes) : 형태재인 및 기억부호화 과정에서 감각기억에 붙잡혀 있는 입력 자료(예 : 선분, 가장자리)가 분석되는 일로, 상향처리라고도 하는 개념 주도적 처리와 대조되는 개념.

자소(grapheme) : 글말에서 의미를 전달하는 최소 단위로 한글의 경우, 기역니은에 해당한다.

작업기억(working memory) : 활성 상태의 인지과제 수행에 중요한 맘속표상을 일시적으로 유지하는 기억시스템.

작은 수 법칙(law of small numbers) : 표본의 크기가 작은데도 그런 표본에서 관찰된 확률적 특징이 모집단 또는 대표본에서 관찰된 확률적 특징과 다르지 않을 것이라는 착각.

재구성적 인출(reconstructive retrieval) : 장기기억에 저장된 일화기억 표상이 인출 과정에서 스키마-위주 구성작용에 의해 해석되고 미화되고 통합되고 변형되는 현상을 일컫는 말.

재생형 사고(reproductive thinking) : 특정 문제를 해결하는 일에 과거에 성공적으로 사용됐던 절차를 따르는 방식으로 생산형 사고와 대조되는 개념.

전건긍정(affirming the antecedent) : 조건추리의 타당한 수단 중 하나(If P, then Q; P is true).

전건부정(denying the antecedent) : 조건추리에서 부당한(옳지 않은) 방식(If P, then Q; P is false).

전두엽(frontal lobe) : 대뇌피질의 한 영역으로 이마에서 중심열(고랑)까지 그리고 측두엽 경계까지 펼쳐진 영역.

전이적절 처리(transfer-appropriate processing) : 학습재료의 부호화에 개입했던 작업과정과 검사과제 수행에 요구되는 작업과정이 일치하는 정도에 따라 기억검사의 수행수준이 결정되는 현상을 일컫는 말.

전진형 간섭(proactive interference) : 앞서 배웠던 것이 나중에 새로운 정보를 학습하고 기억하는 일에 방해가 되는 일

전진형 기억상실증(anterograde amnesia) : 인지장애 중 하나로 장애가 발생한 이후에 벌어진 일/사건을 회상해낼 수 없는 것을 그 대표적인 특징으로 하는 장애.

전진 추리(forward chaining) : 문제해결의 휴리스틱 중 하나로 문제에서 알려진 것을 먼저 찾아낸 후, 아직 밝혀지지 않은 것을 밝혀내려고 시도하는 전략.

전형성 효과(typicality effect) : 특정 범주를 구성하는 요소가 그 범주/개념을 대표하는 정도에 따라 그 요소에 대한 범주 관련 판단 시간이 달라지는 현상.

점화(priming) : 앞서 제시된 자극이 뒤에 제시된 자극의 처리를 용이하게 혹은 어렵게 하는 작용.

정교화 시연(elaborative rehearsal) : 단기기억 속 정보를 장기기억 속에 이미 저장된 정보와 관련 짓는 작업.

정보접근성(informational access) : 맘속표상과 그 표상 위에서 벌어지는 정신활동을 의식하고 보고할 수 있는 가능성.

정신적 노력(mental effort) : 특정 인지작업을 수행하는 데 할당되는 주의자원.

조작행동(operator) : 주어진 문제를 해결하는 데 감행할 수 있는 적법한 활동. 문제해결사는 조작행동을 통해 문제공간 내 한 지점(상태)에서 다른 지점으로 옮아간다.

주관적 조직(subjective organization) : 기억 속에 저장되어 있는 무관한 항목을 기억해낸 결과에서 발견되는 개인 고유의 조직 양상.

주의(attention) : 여러 가지 자극 중에서 특정 자극을 선별하여 그 자극에다 인지자원을 투자하는 정신작용을 일컫는 말.

주의의 관리기능(executive attention) : 사고와 느낌과 반응 간 알력을 감시하여 주어진 상황에 부적절한 맘속표상은 억제하고 적절한 맘속표상은 활성화시킴으로써 그 알력을 해결하는 신경망의 역할.

준비(preparation) : 창의과정(부화, 깨달음, 실증과정)의 첫 단계로 문제를 공부하고 학습하고 공식화하여 해결책을 창출해내려고 노력하는 일이 벌어지는 단계.

중앙 병목(central bottleneck) : 이중 과제를 수행하는 조건에서도 반응선별은 동시적이 아닌 순

차적으로 벌어져야 함을 일컫는 말. 첫 번째 과제의 반응선별 작업 때문에 두 번째 과제에 대한 반응시간이 느려지게 된다고 암시한다.

즉각성 원리(immediacy assumption) : 문장을 읽을 때 그 문장을 구성하는 단어 각각을 읽는 족족 그 의미를 해석하여 그 문장의 의미를 즉각적으로 구축함으로써 문장의 마지막 단어를 읽는 순간 그 문장의 의미를 파악하게 된다는 주장.

지칭 통일성(referential coherence) : 특정 문단 속 어떤 문장을 구성하는 단어나 구가 같은 문단 속 다른 문장을 구성하는 단어나 구를 명백하게 지칭하는 경우를 일컫는 말.

지향(orienting) : 주의의 초점을 필요한 또는 원하는 대상/자극으로 돌리는 마음 속 작업. 그 대상이 시각자극일 경우, 실제로 시선을 그쪽으로 옮기기도 하고 그렇지 않고 마음 속으로만 옮기기도 한다.

지향적 사고(directed thinking) : 문제해결에 이용되는 목표 지향적 사고방식을 일컫는 용어로, 비지향적 사고와 대조되는 개념.

처리단계(stages of processing) : 주어진 인지과제를 수행하기 위해 맘속표상을 형성하고 수정하고 사용하는 데 필요한 단계.

처리 수준/깊이(levels or depths of processing) : 감각기관을 통해 입력된 동일한 자극도 처리되는 정도가 다를 수 있다는 생각을 나타내는 용어. 일반적으로, 감각속성에 대한 처리는 얕은데 비해 의미속성에 관한 처리는 깊다고 가정한다.

첨예화(sharpening) : 재구성적 인출 과정에서 유발되는 기억왜곡 중 사건에 대한 회상이 더욱 세밀해지는 현상으로 일반적 지식에 기초한 추론에 의한 왜곡으로 간주된다.

체성표지 가설(somatic marker hypothesis) : 사람들은 자기가 내린 결정의 결과에서 얻게 될 고통이나 즐거움에 대한 신체적 육감을 바탕으로 결정을 짓는다는 생각.

초기 선별(early selection) : 탐지된 자극에 대한 감각처리가 끝난 후 의미 있는 지각처리가 시작되기 전에 작용하는 주의의 여과 작용.

초두 효과(primacy effect) : 일련의 항목을 공부한 후 실시된 기억검사에서 그 목록의 앞쪽에 제시되었던 항목에 대한 재생확률이 높게 나타나는 현상으로, 최신 효과와 비교되는 개념.

최신 효과(recency effect) : 기억실험에 이용된 자극 목록의 끝 부분에 제시된 항목이 중간 부분에 제시된 항목보다 정확하게 재생할 확률이 높게 나타나는 현상. 초두 효과와 비교되는 현상.

출처 감시(source monitoring) : 정신적 경험의 출처를 엉뚱한 데로 돌리는 일의 발생여부를 평가하는 작용.

충격–유발 기억상실(trauma-induced amnesia) : 충격적인 사건을 겪은 후 발생하는 기억력 상실 또는 의식의 혼란.

측두엽(temporal lobe) : 대뇌의 양쪽 옆에 있는 바깥 골 아래쪽에 위치한 피질 부위로, 그 위쪽 앞에는 전두엽, 위쪽 뒤에는 두정엽, 뒤쪽에는 후두엽이 자리 잡고 있다.

타당한 연역적 결론(valid deductive conclusion) :

삼단논법형 추리에서 주어진 전제가 참일 때는 반드시 참이 되는 결론.

통각실인증(apperceptive agnosia) : 특정 지각적 범주의 속성을 인식하는 능력이 손상된 조건. 결합실인증과 대조되는 조건.

통제된 처리(controlled processes) : 의식하에서 의도적으로 그리고 노력을 요구하는 인지작업. 자동적 처리에 대조되는 개념.

통째 처리(holistic processing) : 물체가 통째로 지각된다는 생각을 일컫는 용어로, 분석적 처리에 대조되는 개념.

통합(integration) : 상이한 사건의 여러 속성을 단일 기억표상으로 조합하는 작업.

틀 효과(framing effect) : 의사결정 과정에서 득실에 따른 주관적 효용성의 변화를 나타내는 곡선형 함수 관계에서 자신의 위치에 대한 주관적 판단에 따라 결정이 달라지는 현상.

포르만트(formant) : 말소리에서 특정 주파수의 에너지 띠.

하위목표(subgoals) : 특정 문제공간에서 시초 상태에서 목표 상태로 가기 위해 반드시 거쳐야만 하는 중요한 중간 상태.

해마(hippocampus) : 측두엽 내측에 자리 잡은 변연계를 구성하는 구조물 중 하나로 학습, 즉 새로운 사건을 장기기억에 저장하는 작업에 결정적인 역할을 하는 영역.

해석(interpretation) : 새로이 습득한 정보를 기억 속에 부호화할 때 장기기억 속에 활성화된 스키마를 기초로 생성되는 추론 및 추측.

협력의 원리(cooperative principle) : 대화는 의미 전달이 성공적으로 이루어지도록 대화 당사자가 서로 협력해야 한다는 암묵적 계약을 바탕으로 전개된다는 주장.

형태소(morpheme) : 특정 언어에서 말을 할 때 반복적으로 이용되는 말소리의 최소 단위로 의미를 나타내는 요소(예 : 단어, 접두사, 접미사).

형태재인(pattern recognition) : 환경 속 특정 자극이 감각기관의 작용에 의해 변환된 후 의미 있는 물체로 범주화/지각되기까지 벌어지는 일 또는 그 일이 벌어지는 단계.

혜안편파(hindsight bias) : 사람들은 누구나 어떤 일/사건이 벌어지고 난 후에는 그 사건/일이 벌어질 것을 자기는 미리 알고 있었다는 믿음이 강해지는 현상.

화용론(pragmatics) : 화자가 자신의 의도를 전달하는 방식이 사회적 상황에 따라 달라지는 현상을 구명하고자 하는 언어학의 한 분야.

확산텐서영상기법(diffusion tensor imaging, DTI) : 뇌 속 백질신경로를 따라 퍼져나가는 물 분자의 확산을 탐지하기 위해 사용되는 자기공명영상법.

확증편파(confirmation bias) : 기존의 신념을 기각하는 데 필요한 증거보다는 확인하는 데 필요한 증거를 찾아서 평가하는 사람들의 경향성.

후건긍정(affirming the consequent) : 조건추리의 부당한 수단 중 하나(If P, then Q ; Q is true).

후건부정(denying the consequent) : 조건추리에서 타당한(옳은) 방식(If P, then Q; Q is false).

후두엽(occipital lobe) : 대뇌피질 중 작은 골 위에 있는 뒤 꼭지를 중심으로 퍼져 있는 일정한 영역으로 주로 시각정보를 처리하는 일이 그 주된 역할로 알려져 있다.

후진 추리(backward chaining) : 문제해결 휴리스틱 중 하나로, 특정 문제에서 알려지지 않은 정보(예 : 미지수)를 확정한 후, 거기서부터 주어진 정보, 즉 알고 있는 정보 쪽으로 역추적하여 문제를 해결해보려는 시도.

후진형 간섭(retroactive interference) : 최근의 학습이 그전에 학습한 것에 대한 재생을 방해하는 현상.

후진형 기억상실(증)(retrograde amnesia) : 인지장애 중 하나로 그 장애가 발생하기 전에 벌어진 사건을 기억해내지 못하는 것이 그 주된 특징이다.

휴리스틱(heuristic) : 주먹구구식 같이 많은 계산을 하지 않고도 비교적 쉽게 해결책을 발견할 수 있게 해주는 문제해결 전략.

흡수/동화(assimilation) : 재구성적 인출과정에서 야기되는 기억왜곡으로 회상해낸 것이 스키마-기반 기대와 일치하는 방향으로 변하는 현상.

Broca 실어증(Broca's aphasia) : 문법에도 맞지 않고 또 유창하지도 않게 말을 발성하는 언어장애.

Stroop 효과(Stroop effect) : 단어재인이 자동적으로 전개됨을 입증하는 현상으로, 특정 색깔(예 : 빨강)을 지칭하는 단어(이 예에서는 빨강)를 그 단어가 지칭하는 빨간색 잉크로 적어놓았을 때보다 그와는 다른 색(예 : 파란색) 잉크로 적어놓았을 때, 그 잉크색을 명명하기(이 예에서는 "파랑"이라고 말하기)가 더 어려워지는 현상.

Wernicke 실어증(Wernicke's aphasia) : 언어장애 중 하나로, 말을 이해하는 능력이 크게 손상되었으며 발성은 비교적 유창한데도 의미가 없는 말을 생성하는 경우가 많은 것이 그 주요 특징인 장애.

참고문헌

Abelson, R. P. (1981). Psychological status of the script concept. *American Psychologist, 36,* 715–729.

Adolphs, R., Denburg, N. L., & Tranel, D. (2001). The amygdala's role in long-term declarative memory for gist and detail. *Behavioral Neuroscience, 115,* 983–992.

Alba, J. W., & Hasher, L. (1983). Is memory schematic? *Psychological Bulletin, 93,* 203–231.

Allport, D. A., Antonis, B., & Reynolds, P. (1972). On the division of attention: A disproof of the single channel hypothesis. *Quarterly Journal of Experimental Psychology, 24,* 225–235.

Anderson, A. K. (2005). Affective influences on the attentional dynamics supporting awareness. *Journal of Experimental Psychology: General, 134,* 258–281.

Anderson, J. R. (1978). Arguments concerning representations for mental imagery. *Psychological Review, 85,* 249–275.

Anderson, J. R. (1983). *The architecture of cognition.* Cambridge, MA: Harvard University Press.

Anderson, J. R. (1990). *Cognitive psychology and its implications* (3rd ed.). New York: Freeman.

Anderson, M. C., & Levy, B. J. (2009). Suppressing unwanted memories. *Current Directions in Psychological Science, 18,* 189–194.

Anderson, S. W., Bechara, A., Damasio, H., Tranel, D., & Damasio, A. R. (1999). Impairment of social and moral behavior related to early damage in human prefrontal cortex. *Nature Neuroscience, 2,* 1032–1037.

Anthony, T., Copper, C., & Mullen, B. (1992). Cross-racial facial identification: A social cognitive integration. *Personality and Social Psychology Bulletin, 18,* 296–301.

Antrobus, J. (1991). Dreaming: Cognitive processes during cortical activation and high afferent thresholds. *Psychological Review, 98,* 96–121.

Antrobus, J. S., Singer, J. L., Goldstein, S., & Fortgang, M. (1970). Mindwandering and cognitive structure. *Transactions of the New York Academy of Sciences, 32,* 242–252.

Arkes, H. R. (2013). The consequences of the hindsight bias in medical decision making. *Current Directions in Psychological Science, 22,* 356–360.

Atchison, J. (1996). *The seeds of speech: Language origin and evolution.* Cambridge, UK: Cambridge University Press.

Atkinson, R. C., & Shiffrin, R. M. (1968). Human memory: A proposed system and its control processes. In K. W. Spence & J. T. Spence (Eds.), *The psychology of learning and motivation* (Vol. 2, pp. 89–195). Orlando, FL: Academic Press.

Atkinson, R. C., & Shiffrin, R. M. (1971). The control of short-term memory. *Scientific American, 225,* 82–90.

Attneave, F. (1957). Transfer of experience with a class schema to identification of patterns and shapes. *Journal of Experimental Psychology, 54,* 81–88.

Atwood, M. E., & Polson, P. G. (1976). A process model for water jar problems. *Cognitive Psychology, 8,* 191–216.

Averbach, E., & Coriell, A. S. (1961). Short-term memory in vision. *Bell System Technical Journal, 40,* 309–328.

Baars, B. J. (1988). *A cognitive theory of consciousness.* Cambridge, UK: Cambridge University Press.

Baddeley, A. D. (1986). *Working memory*. New York: Oxford University Press.

Baddeley, A. D. (1996). Exploring the central executive. *Quarterly Journal of Experimental Psychology, 49A*, 5–28.

Baddeley, A. D. (2001). Is working memory still working? *American Psychologist, 56*, 849–864.

Baddeley, A. D. (2012). Working memory: Theories, models, and controversies. *Annual Review of Psychology, 63*, 1–29.

Baddeley, A. D., & Logie, R. H. (1999). Working memory: The multiple component model. In A. Miyake & P. Shah (Eds.), *Models of working memory: Mechanisms of active maintenance and executive control* (pp. 28–61). Cambridge, UK: Cambridge University Press.

Baddeley, A. D., & Scott, D. (1971). Short-term forgetting in the absence of pro-active interference. *Quarterly Journal of Experimental Psychology, 23*, 275–283.

Baddeley, A. D., & Warrington, E. K. (1970). Amnesia and the distinction between long-term and short-term memory. *Journal of Verbal Learning and Verbal Behavior, 9*, 176–189.

Bahrick, H. P. (1983). The cognitive map of a city: Fifty years of learning and memory. In G. H. Bower (Ed.), *The psychology of learning and motivation: Advances in research and theory* (Vol. 17, pp. 125–163). New York: Academic Press.

Bahrick, H. P. (1984). Semantic memory content in permastore: Fifty years of memory for Spanish learned in school. *Journal of Experimental Psychology: General, 113*, 1–29.

Bahrick, H. P., Bahrick, P. C., & Wittlinger, R. P. (1975). Fifty years of memories for names and faces: A cross-sectional approach. *Journal of Experimental Psychology: General, 104*, 54–75.

Bar-Hillel, M. (1980). What features make samples seem representative? *Journal of Experimental Psychology: Human Perception and Performance, 6*, 578–589.

Baron-Cohen, S. (1995). *Mindblindness: An essay on autism and theory of mind*. Cambridge, MA: MIT Press.

Baron-Cohen, S., Leslie, A. M., & Frith, U. (1985). Does the the autistic child have a "theory of mind"? *Cognition, 21*, 37–46.

Barrett, L. F., & Wager, T. D. (2006). The structure of emotion: Evidence from neuroimaging studies. *Current Directions in Psychological Science, 15*, 79–83.

Barsalou, L. W. (1983). Ad hoc categories. *Memory & Cognition, 11*, 211–227.

Barsalou, L. W. (1999). Perceptual symbol systems. *Behavioral & Brain Sciences, 22*, 577–660.

Barsalou, L. W., & Sewell, D. R. (1985). Contrasting the representation of scripts and categories. *Journal of Memory and Language, 24*, 646–665.

Bartlett, F. C. (1932). *Remembering: A study in experimental and social psychology*. Cambridge, UK: Cambridge University Press.

Bartlett, J. C., & Searcy, J. (1993). Inversion and configuration of faces. *Cognitive Psychology, 25*, 281–316.

Barton, M. E., & Komatsu, L. K. (1989). Defining features of natural kinds and artifacts. *Journal of Psycholinguistic Research, 18*, 433–447.

Batchelder, W. H., & Alexander, G. E. (2012). Insight problem solving: A critical examination of the possibility of formal theory. *The Journal of Problem Solving, 5*, 56–100.

Beatty, J. (2001). *The human brain: Essentials of behavioral neuroscience*. Thousand Oaks, CA: SAGE.

Bechara, A., Damasio, H., Tranel, D., & Damasio, A. R. (1997). Deciding advantageously before knowing the advantageous strategy. *Science, 275*, 1293–1295.

Begg, I., & Denny, J. P. (1969). Empirical reconciliation of atmosphere and conversion interpretations of syllogistic reasoning errors. *Journal of Experimental Psychology, 81*, 351–354.

Begg, I., & White, P. (1985). Encoding specificity in interpersonal communication. *Canadian Journal of Psychology, 39*, 70–87.

Bellezza, F. S. (1986). A mnemonic based on arranging words on visual patterns. *Journal of Educational Psychology, 78,* 217–224.

Bergman, E. T., & Roediger, H. L., III. (1999). Can Bartlett's repeated reproduction experiments be replicated? *Memory & Cognition, 27,* 937–947.

Berlyne, D. E. (1965). *Structure and direction in thinking.* New York: John Wiley.

Bernstein, D. M., & Loftus, E. F. (2009). The consequences of false memories for food preferences and choices. *Perspectives on Psychological Science, 4,* 135–139.

Bertoncini, J., Bijeljac-Babic, R., Jusczyk, P. W., Kennedy, L. J., & Mehler, J. (1988). An investigation of young infants' perceptual representations of speech sounds. *Journal of Experimental Psychology: General, 117,* 21–33.

Biederman, I. (1985). Human image understanding: Recent research and a theory. *Computer Vision, Graphics, and Image Processing, 32,* 29–73.

Biederman, I. (1987). Recognition-by-components: A theory of human understanding. *Psychological Review, 94,* 115–147.

Biederman, I., Glass, A. L., & Stacy, E. W. (1973). Searching for objects in real world scenes. *Journal of Experimental Psychology, 97,* 22–27.

Biederman, I., & Ju, G. (1988). Surface vs. edge-based determinants of visual recognition. *Cognitive Psychology, 20,* 38–64.

Bishop, K., & Curran, H. V. (1995). Psychopharmacological analysis of implicit and explicit memory: A study with lorazepam and the benzodiazepine antagonist, flumazenil. *Psychopharmacology, 121,* 267–278.

Blakemore, C., & Cooper, G. F. (1970). Development of the brain depends on the visual environment. *Nature, 228,* 477–478.

Blaney, P. H. (1986). Affect and memory: A review. *Psychological Bulletin, 99,* 229–246.

Boden, M. (1992). *The creative mind: Myths and mechanisms.* New York: Basic Books.

Bond, C. F., & Omar, A. S. (1990). Social anxiety, state dependence, and the next-in-line effect. *Journal of Experimental Social Psychology, 26,* 185–198.

Bonnie, R. J., & Scott, E. S. (2013). The teenage brain: Adolescent brain research and the law. *Current Directions in Psychological Science, 22,* 158–161.

Boring, E. G. (1957). *A history of experimental psychology.* Englewood Cliffs, NJ: Prentice Hall.

Bourne, L. E., Jr. (1970). Knowing and using concepts. *Psychological Review, 77,* 546–556.

Bourne, L. E., Jr., Dominowski, R. L., Loftus, E. F., & Healy, A. F. (1986). *Cognitive processes* (2nd ed.). Englewood Cliffs, NJ: Prentice Hall.

Bousfield, W. A. (1953). The occurrence of clustering in the recall of randomly arranged associates. *Journal of General Psychology, 49,* 229–240.

Bower, G. H. (1970). Analysis of a mnemonic device. *American Psychologist, 36,* 129–148.

Bower, G. H. (1972). Mental imagery and associative learning. In L. W. Gregg (Ed.), *Cognition in learning and memory* (pp. 51–88). New York: John Wiley.

Bower, G. H. (1981). Mood and memory. *American Psychologist, 36,* 129–148.

Bower, G. H., Black, J. B., & Turner, T. J. (1979). Scripts in memory for text. *Cognitive Psychology, 11,* 177–220.

Brainerd, C. J. (2013). Developmental reversals in false memory: A new look at the reliability of children's evidence. *Current Directions in Psychological Science, 22,* 335–341.

Bransford, J. D., & Franks, J. J. (1971). Abstraction of linguistic ideas. *Cognitive Psychology, 2,* 331–350.

Bransford, J. D., & Johnson, M. K. (1972). Contextual prerequisites for understanding: Some investigations of comprehension and recall. *Journal of Verbal Learning and Verbal Behavior, 11,* 717–726.

Brewer, W. F., & Treyens, J. C. (1981). Role of schemata in memory for places. *Cognitive Psychology, 13,* 207–230.

Broadbent, D. E. (1957). A mechanical model for human attention and immediate memory. *Psychological Review, 64,* 205–215.

Broadbent, D. E. (1958). *Perception and communication.* New York: Pergamon.

Broadbent, D. E. (1975). The magic number seven after fifteen years. In A. Kennedy & A. Wilkes (Eds.), *Studies in long-term memory* (pp. 3–18). London: Wiley.

Brooks, L. R. (1968). Spatial and verbal components of the act of recall. *Canadian Journal of Psychology, 22,* 349–368.

Brown, A. S. (1991). A review of the tip-of-the-tongue experience. *Psychological Bulletin, 109,* 204–223.

Brown, J. A. (1958). Some tests of the decay theory of immediate memory. *Quarterly Journal of Experimental Psychology, 10,* 12–21.

Brown, R., & Kulik, J. (1977). Flashbulb memories. *Cognition, 5,* 73–99.

Brown, R., & McNeill, D. (1966). The "tip-of-the tongue" phenomenon. *Journal of Verbal Learning and Verbal Behavior, 5,* 325–337.

Bruner, J. S. (1990). *Acts of meaning.* Cambridge, MA: Harvard University Press.

Bruner, J. S., Goodnow, J. J., & Austin, G. A. (1956). *A study of thinking.* New York: John Wiley.

Buchanan, T. W. (2007). Retrieval of emotional memories. *Psychological Bulletin, 133,* 761–779.

Buchanan, T. W., Tranel, D., & Adolphs, R. (2005). Emotional autobiographical memories in amnesic patients with medial temporal lobe damage. *Journal of Neuroscience, 25,* 3151–3160.

Buckhout, R. (1974). Eyewitness testimony. *Scientific American, 231,* 23–31.

Buckner, R. L. (1996). Beyond HERA: Contributions of specific prefrontal brain areas to long-term memory retrieval. *Psychonomic Bulletin & Review, 3,* 149–158.

Buckner, R. L., Andrews-Hanna, J. R., & Schacter, D. L. (2008). The brain's default network: Anatomy, function, and relevance to disease. *Annals of the New York Academy of Sciences, 1124,* 1–38.

Buckner, R. L., Goodman, J., Burock, M., Rotte, M., Koutstaal, W., Schacter, D., . . . Dale, A. M. (1998). Functional-anatomic correlates of object priming in humans revealed by rapid presentation event-related fMRI. *Neuron, 20,* 285–296.

Buckner, R. L., Koutstaal, W., Schacter, D. L., Dale, A. M., Rotte, M., & Rosen, B. R. (1998). Functional-anatomic study of episodic retrieval: Selective averaging of event-related fMRI trials to test the retrieval success hypothesis. *NeuroImage, 7,* 151–162.

Buckner, R. L., & Petersen, S. E. (2000). Neuroimaging of functional recovery. In H. S. Levin & J. Grafman (Eds.), *Cerebral organization of function after brain damage* (pp. 318–330). New York: Oxford University Press.

Bukach, C. M., Gauthier, I., & Tarr, M. J. (2006). Beyond faces and modularity: The power of an expertise framework. *Trends in Cognitive Sciences, 10,* 159–166.

Cabeza, R., & Moscovitch, M. (2013). Memory systems, processing modes, and components: Functional neuroimaging evidence. *Perspectives in Psychological Science, 8,* 49–55.

Cai, D. J., Mednick, S. A., Harrison, E. M., Kanady, J. C., & Mednick, S. C. (2009). REM, not incubation, improves creativity by priming associative networks. *Proceedings of the National Academy of Sciences, 106,* 10130–10134.

Cantor, N., Mischel, W., & Schwartz, J. C. (1982). A prototype analysis of psychological situations. *Cognitive Psychology, 14,* 45–77.

Caramazza, A. (1991). *Issues in reading, writing, and speaking: A neuropsychological perspective.* Dordrecht, Netherlands: Kluwer.

Carey, S. (1978). The child as word learner. In M. Halle, J. Bresnan, & G. Miller (Eds.), *Linguistic theory and psychological reality* (pp. 264–293). Cambridge, MA: MIT Press.

Cattell, R. B. (1963). Theory of fluid and crystallized intelligence: A critical experiment. *Journal of Educational Psychology, 54,* 1–22.

Cavanagh, J. P. (1972). Relation between the immediate memory span and the memory search rate. *Psychological Review, 79,* 525–530.

Ceci, S. J., & Bruck, M. (1993). Suggestibility of the child witness: A historical review and synthesis. *Psychological Bulletin, 113,* 403–439.

Ceci, S. J., & Bruck, M. (1995). *Jeopardy in the courtroom: A scientific analysis of children's testimony.* Washington, DC: American Psychological Association.

Ceci, S. J., Crossman, A. M., Gilstrap, L. L., & Scullin, M. H. (1998). Social and cognitive factors in children's testimony. In C. P. Thompson, D. J. Hermann, D. J. Read, D. Bruce, D. G. Payne, & M. P. Toglia (Eds.), *Eyewitness memory: Theoretical and applied perspectives* (pp. 15–30). Mahwah, NJ: Lawrence Erlbaum.

Ceci, S. J., Leichtman, M., Putnick, M., & Nightingale, N. (1993). Age differences in suggestibility. In D. Cicchetti & S. Toth (Eds.), *Child abuse, child development, and social policy* (pp. 117–137). Norwood, NJ: Ablex.

Ceraso, J., & Provitera, A. (1971). Sources of error in syllogistic reasoning. *Cognitive Psychology, 2,* 400–410.

Chance, J. E., & Goldstein, A. G. (1981). Depth of processing in response to own and other-race faces. *Personality and Social Psychology Bulletin, 7,* 475–480.

Chang, T. M. (1986). Semantic memory: Facts and models. *Psychological Bulletin, 99,* 199–220.

Chase, W. G., & Simon, H. A. (1973). Perception in chess. *Cognitive Psychology, 4,* 55–81.

Cheesman, I., & Merikle, P. M. (1984). Priming with and without awareness. *Perception and Psychophysics, 36,* 387–395.

Chein, J. M., & Fiez, J. A. (2010). Evaluating models of working memory through the effects of concurrent irrelevant information. *Journal of Experimental Psychology: General, 139,* 117–137.

Cheng, P. W., & Holyoak, K. J. (1985). Pragmatic reasoning schemas. *Cognitive Psychology, 17,* 391–416.

Cheng, P. W., Holyoak, K. J., Nisbett, R. E., & Oliver, L. M. (1986). Pragmatic versus syntactic approaches to training deductive reasoning. *Cognitive Psychology, 18,* 293–328.

Cherry, C. (1953). Some experiments on the recognition of speech with one and with two ears. *Journal of the Acoustical Society of America, 25,* 975–979.

Chi, M. T. H. (1978). Knowledge structures and memory development. In R. S. Siegler (Ed.), *Children's thinking: What develops?* (pp. 73–96). Hillsdale, NJ: Lawrence Erlbaum.

Chi, M. T. H., Feltovich, P. J., & Glaser, R. (1981). Categorization and representation of physics problems by experts and novices. *Cognitive Science, 5,* 121–152.

Chomsky, N. (1965). *Aspects of the theory of syntax.* Cambridge, MA: MIT Press.

Chomsky, N. (1986). *Knowledge of language: Its nature, origin, and use.* New York: Praeger.

Christiansen, M. H., & Kirby, S. (2003) Language evolution: Consensus and controversies. *Trends in Cognitive Sciences, 7,* 300–307.

Christianson, S. A. (1992). Emotional stress and eyewitness memory: A critical review. *Psychological Bulletin, 112,* 284–309.

Çiçek, M., Deouell, L. Y., & Knight, R. T. (2009). Brain activity during landmark and line bisection tasks. *Frontiers in Human Neuroscience, 3,* 1–8.

Cirilo, R. K. (1981). Referential coherence and text structure in story comprehension. *Journal of Verbal Learning and Verbal Behavior, 20,* 358–367.

Cirilo, R. K., & Foss, D. J. (1980). Text structure and reading time for sentences. *Journal of Verbal Learning and Verbal Behavior, 19,* 96–109.

Clark, H. H. (1977). Inferences in comprehension. In D. LaBerge & S. J. Samuels (Eds.), *Basic processes in reading: Perception and comprehension* (pp. 243–263). Hillsdale, NJ: Lawrence Erlbaum.

Clark, H. H. (1996). *Using language.* Cambridge, UK: Cambridge University Press.

Clark, H. H., & Chase, W. G. (1972). On the process of comparing sentences against pictures. *Cognitive Psychology, 3,* 472–517.

Clark, H. H., & Clark, E. V. (1977). *Psychology and language*. New York: Harcourt Brace Jovanovich.

Clark, H. H., & Krych, M. A. (2004). Speaking while monitoring addressees for understanding. *Journal of Memory and Language, 50,* 62–81.

Cohen, J. D., Barch, D. M., Carter, C., & Servan-Schreiber, D. (1999). Context-processing deficits in schizophrenia: Converging evidence from three theoretically motivated cognitive tasks. *Journal of Abnormal Psychology, 108,* 120–133.

Cole, M., & Scribner, S. (1974). *Culture and thought: A psychological introduction*. New York: John Wiley.

Cole, R. A., & Jakimik, J. (1980). A model of speech perception. In R. A. Cole (Ed.), *Perception and production of fluent speech* (pp. 133–163). Hillsdale, NJ: Lawrence Erlbaum.

Collins, A. M., & Loftus, E. F. (1975). A spreading activation theory of semantic processing. *Psychological Review, 82,* 85–88.

Collins, A. M., & Quillian, M. R. (1969). Retrieval time from semantic memory. *Journal of Verbal Learning and Verbal Behavior, 8,* 240–247.

Conrad, C. (1972). Cognitive economy in semantic memory. *Journal of Experimental Psychology, 92,* 49–54.

Conrad, R. (1964). Acoustic confusions in immediate memory. *British Journal of Psychology, 55,* 77–84.

Conway, M. A. (1992). A structural model of autobiographical memory. In M. A. Conway, D. C. Rubin, H. Spinnler, & W. A. Wagenaar (Eds.), *Theoretical perspectives on autobiographical memory* (pp. 167–193). Dordrecht, Netherlands: Kluwer.

Conway, M. A., Anderson, S. J., Larsen, S. F., Donnelly, C. M., McDaniel, M. A., McClelland, A. G., . . . Logie, R. H. (1994). The formation of flashbulb memories. *Memory & Cognition, 22,* 326–343.

Conway, M. A., Cohen, G., & Stanhope, N. (1991). On the very long-term retention of knowledge acquired through formal education: Twelve years of cognitive psychology. *Journal of Experimental Psychology: General, 120,* 395–409.

Corballis, M. C. (1989). Laterality and human evolution. *Psychological Review, 96,* 492–505.

Corbetta, M., & Shulman, G. L. (2002). Control of goal-directed and stimulus-driven attention in the brain. *Nature Reviews, 3,* 201–215.

Corbetta, M., & Shulman, G. L. (2011). Spatial neglect and attention networks. *Annual Review of Neuroscience, 34,* 569–599.

Coren, S. (1984). Subliminal perception. In R. J. Corsini (Ed.), *Encyclopedia of psychology* (Vol. 3, p. 382). New York: John Wiley.

Cosmides, L., & Tooby, J. (1992). Cognitive adaptations for social exchange. In J. H. Barkow, L. Cosmides, & J. Tooby (Eds.), *The adapted mind: Evolutionary psychology and the generation of culture* (pp. 163–228). New York: Oxford University Press.

Cowan, N. (1988). Evolving conceptions of memory storage, selective attention, and their mutual constraints within the human information-processing system. *Psychological Bulletin, 104,* 163–191.

Cowan, N. (2001). The magical number 4 in short-term memory: A reconsideration of mental storage capacity. *Behavioral and Brain Sciences, 24,* 87–185.

Craik, F. I. M., Govoni, R., Naveh-Benjamin, M., & Anderson, N. C. (1996). The effects of divided attention on encoding and retrieval processes in human memory. *Journal of Experimental Psychology: General, 125,* 159–180.

Craik, F. I. M., & Lockhart, R. S. (1972). Levels of processing: A framework for memory research. *Journal of Verbal Learning and Verbal Behavior, 11,* 671–684.

Craik, F. I. M., & Tulving, E. (1975). Depth of processing and the retention of words in episodic memory. *Journal of Experimental Psychology: General, 104,* 268–294.

Craik, F. I. M., & Watkins, M. J. (1973). The role of rehearsal in short-term memory. *Journal of Verbal Learning and Verbal Behavior, 12,* 599–607.

Crick, F. H. C. (1994). *The astonishing hypothesis: The scientific search for the soul*. New York: Scribner.

Crowder, R. G. (1982). Decay of auditory memory in vowel discrimination. *Journal of Experimental Psychology: Learning, Memory, and Cognition, 8,* 153–162.

Crowder, R. G. (1993). Short-term memory: Where do we stand? *Memory & Cognition, 21,* 142–146.

Croyle, R. T., Loftus, E. G., Klinger, M. R., & Smith, K. D. (1992). Reducing errors in health-related memory: Progress and prospects. In J. R. Schement & B. D. Ruben (Eds.), *Information and behavior: Between communication and information* (Vol. 4, pp. 255–268). New Brunswick, NJ: Transaction.

Curran, H. V. (2000). Psychopharmacological perspectives on memory. In E. Tulving & F. I. M. Craik (Eds.), *The Oxford handbook of memory* (pp. 539–554). New York: Oxford University Press.

Curran, H. V., & Hildebrandt, M. (1999). Dissociative effects of alcohol on recollective experience. *Consciousness and Cognition, 8,* 497–509.

Curran, T., Schacter, D. L., Johnson, M. K., & Spinks, R. (2001). Brain potentials reflect behavioral differences in true and false recognition. *Journal of Cognitive Neuroscience, 13,* 201–216.

Curtiss, S. (1977). *Genie: A psycholinguistic study of a modern-day "wild child."* New York: Academic Press.

Damasio, A. R. (1994). *Descartes' error: Emotion, reason, and the human brain.* New York: Avon.

Damasio, H., Grabowski, T. J., Tranel, D., Hichwa, R. D., & Damasio, A. R. (1996). A neural basis for lexical retrieval. *Nature, 380,* 499–505.

Daneman, M., & Carpenter, P. A. (1980). Individual differences in working memory and reading. *Journal of Verbal Learning and Verbal Behavior, 18,* 450–466.

Darley, C. F., & Glass, A. L. (1975). Effects of rehearsal and serial list position on recall. *Journal of Experimental Psychology: Learning, Memory, and Cognition, 104,* 453–458.

Darwin, C. J., Turvey, M. T., & Crowder, R. G. (1972). An auditory analogue of the Sperling partial report procedure: Evidence for brief auditory storage. *Cognitive Psychology, 3,* 255–267.

David, A. S. (1993). Spatial and selective attention in the cerebral hemispheres in depression, mania, and schizophrenia. *Brain & Cognition, 23,* 166–180.

Dawson, N. V., Arkes, H. R., Siciliano, C., Blinkhorn, R., Lakshmanan, M., & Petrelli, M. (1988). Hindsight bias: An impediment to accurate probability estimation in clinicopathologic conferences. *Medical Decision Making, 13,* 258–266.

Deacon, T. W. (1997). *The symbolic species: The co-evolution of language and the brain.* New York: Norton.

Decety, J., & Cacioppo, J. (2010). Frontiers in human neuroscience: The Golden Triangle and beyond. *Perspectives on Psychological Science, 5,* 767–771.

Deese, J. (1959). On the prediction of occurrence of particular verbal intrusions in immediate recall. *Journal of Experimental Psychology, 58,* 17–22.

Dell, G., & O'Seaghdha, P. (1992). Stages of lexical access in language production. *Cognition, 42,* 287–314.

Della Sala, S., Gray, C., Baddeley, A. D., Allamano, N., & Wilson, L. (2000). A means of unwelding visuospatial memory. *Neuropsychologia, 20,* 626–646.

Deutsch, J. A., & Deutsch, D. (1963). Attention: Some theoretical considerations. *Psychological Review, 70,* 80–90.

de Villiers, J. G., & de Villiers, P. A. (1978). *Language acquisition.* Cambridge, MA: Harvard University Press.

Dickstein, L. S. (1978). Error processes in syllogistic reasoning. *Memory & Cognition, 6,* 537–543.

Dismukes, R. K. (2012). Prospective memory in workplace and everyday situations. *Current Directions in Psychological Science, 21,* 215–220.

Dolcos, F., LaBar, K. S., & Cabeza, R. (2004). Interaction between the amygdala and the medial temporal lobe memory system predicts better memory for emotional events. *Neuron, 42,* 855–863.

Dominowski, R. L. (1977). Reasoning. *Interamerican Journal of Psychology, 11,* 68–77.

Dooling, D. J., & Christiansen, R. E. (1977). Episodic and semantic aspects of memory for prose. *Journal of Experimental Psychology: Human Learning and Memory, 3,* 428–436.

Drews, F. A., Johnston, W. A., & Strayer, D. L. (2003). Cell phone–induced failures of visual attention during simulated driving. *Journal of Experimental Psychology: Applied, 9,* 23–32.

Drews, F. A., Pasupathi, M., & Strayer, D. L. (2008). Passenger and cell phone conversations in simulated driving. *Journal of Experimental Psychology: Applied, 14,* 392–400.

Dronkers, N. F., Redfern, B. B., & Knight, R. T. (2000). The neural architecture of language disorders. In M. S. Gazzaniga (Ed.), *The new cognitive neurosciences* (pp. 949–958). Cambridge, MA: MIT Press.

Dror, K. E., Kosslyn, S. M., & Wang, W. (1993). Visual-spatial abilities of pilots. *Journal of Applied Psychology, 78,* 763–773.

Duncan, J., Burgess, P., & Emslie, H. (1995). Fluid intelligence after frontal lobe lesions. *Neuropsychologia, 33,* 261–268.

Duncan, J., Seitz, R. J., Kolodny, J., Bor, D., Herzog, H., Ahmed, A., . . . Emslie, H. (2000). A neural basis for general intelligence. *Science, 289,* 457–460.

Duncker, K. (1945). On problem-solving. *Psychological Monographs, 58* (Whole No. 270).

D'Ydewalle, G., Delhaye, P., & Goessens, L. (1985). Structural, semantic, and self-reference processing of pictorial advertisements. *Human Learning, 4,* 29–38.

Eakin, D. K., Schreiber, T. A., & Sergent-Marshall, S. (2003). Misinformation effects in eyewitness memory: The presence and absence of memory impairment as a function of warning and misinformation accessibility. *Journal of Experimental Psychology: Learning, Memory, and Cognition, 29,* 813–825.

Ebbinghaus, H. (1964). *Über das Gedächtnis: Intersuchungen zur experimentellen psychologie* (H. A. Ruger & C. D. Bussenius, Trans.). New York: Dover. (Original work published 1885)

Eich, J. E. (1980). The cue-dependent nature of state-dependent retrieval. *Memory & Cognition, 8,* 157–173.

Eich, J. E. (1989). Theoretical issues in state-dependent memory. In H. L. Roediger, III, & F. I. M. Craik (Eds.), *Varieties of memory and consciousness: Essays in honour of Endel Tulving* (pp. 331–354). Hillsdale, NJ: Lawrence Erlbaum.

Eimas, P. D. (1974). Auditory and linguistic processing of cues for place of articulation by infants. *Perception and Psychophysics, 16,* 531–521.

Eimas, P. D., & Miller, J. L. (1992). Organization in the perception of speech by young infants. *Psychological Science, 3,* 340–344.

Eimas, P. D., Miller, J. L., & Jusczyk, P. W. (1987). On infant speech perception and the acquisition of language. In S. Harnad (Ed.), *Categorical perception* (pp. 161–195). New York: Cambridge University Press.

Einstein, G. O., & McDaniel, M. A. (2005). Prospective memory: Multiple retrieval processes. *Current Directions in Psychological Science, 14,* 286–290.

Ekman, P. (1972). Universals and cultural differences in facial expressions of emotion. In J. Cole (Ed.), *Nebraska symposium on motivation* (pp. 207–283). Lincoln: University of Nebraska Press.

Engle, R. W., Cantor, J., & Carullo, J. J. (1992). Individual differences in working memory and comprehension: A test of four hypotheses. *Journal of Experimental Psychology: Learning, Memory, and Cognition, 18,* 972–992.

Engle, R. W., Tuholski, S. W., Laughlin, J. E., & Conway, A. R. A. (1999). Working memory, short-term memory, and general fluid intelligence: A latent variable approach. *Journal of Experimental Psychology: General, 128,* 309–331.

Erdelyi, M. H. (2001). Defense processes can be conscious or unconscious. *American Psychologist, 56,* 761–762.

Erdelyi, M. H. (2006). The ups and downs of memory. *American Psychologist, 65*, 623–633.

Ericsson, K. A., & Simon, H. A. (1980). Verbal reports as data. *Psychological Review, 87*, 215–251.

Ernst, G. W., & Newell, A. (1969). *GPS: A case study in generality and problem solving.* Orlando, FL: Academic Press.

Estes, W. K. (1988). Human learning and memory. In R. C. Atkinson, R. J. Herrnstein, G. Lindsay, & R. D. Luce (Eds.), *Stevens' handbook of experimental psychology* (2nd ed., Vol. 2, pp. 351–415). New York: John Wiley.

Evans, J. St. B. T., Barston, J. L., & Pollard, P. (1983). On the conflict between logic and belief in syllogistic reasoning. *Memory & Cognition, 11*, 295–306.

Evans, J. St. B. T., & Over, D. E. (1996). *Rationality and reasoning.* Hove, UK: Psychology Press.

Evans, L. (1991). *Traffic safety and the driver.* New York: Van Nostrand Reinhold.

Eysenck, H. J. (1979). *The structure and measurement of intelligence.* New York: Springer.

Falk, D., LePore, F. E., & Noe, A. (2013). The cerebral cortex of Albert Einstein: A description and preliminary analysis of unpublished photographs. *Brain, 136*, 1304–1327.

Farah, M. J. (1988). Is visual imagery really visual? Overlooked evidence from neuropsychology. *Psychological Review, 95*, 307–317.

Farah, M. J. (1990). *Visual agnosia: Disorders of object recognition and what they tell us about normal vision.* Cambridge, MA: MIT Press.

Farah, M. J. (1998). What is "special" about face perception? *Psychological Review, 105*, 482–498.

Farah, M. J., Peronnet, F., Gonon, M. A., & Girard, M. H. (1988). Electro-physiological evidence for a shared representational medium for visual images and visual percepts. *Journal of Experimental Psychology: General, 117*, 248–257.

Fink, G. R., Markowitsch, H. J., Reinkemeier, M., Bruckbauer, J., Kessler, J., & Heiss, W. D. (1996). Cerebral representation of one's own past: Neural networks involved in autobiographical memory. *Journal of Neuroscience, 16*, 4275–4282.

Finke, R. A. (1989). *Principles of mental imagery.* Cambridge, MA: MIT Press.

Fischhoff, B. (1975). Hindsight foresight: The effect of outcome knowledge on judgment under uncertainty. *Journal of Experimental Psychology: Human Perception and Performance, 1*, 288–299.

Fischhoff, B. (1977). Perceived informativeness of facts. *Journal of Experimental Psychology: Human Perception and Performance, 3*, 349–358.

Fischhoff, B., Slovic, P., Lichtenstein, S., Reid, S., & Combs, B. (1978). How safe is safe enough? A psychometric study of attitudes towards technological risks and benefits. *Policy Science, 9*, 127–152.

Fischler, I. (1998). Attention and language. In R. Parasuraman (Ed.), *The attentive brain* (pp. 381–400). Cambridge, MA: MIT Press.

Fisher, R. P., & Geiselman, R. E. (1992). *Memory-enhancing techniques for investigative interviewing: The cognitive interview.* Springfield, IL: Charles C. Thomas.

Fivush, R., Gray, J. T., & Fromhoff, F. A. (1987). Two-year-olds talk about the past. *Cognitive Development, 2*, 393–409.

Flavell, J. H., Miller, P. H., & Miller, S. A. (1993). *Cognitive development* (2nd ed.). Englewood Cliffs, NJ: Prentice Hall.

Fodor, J. A. (1983). *The modularity of mind.* Cambridge, MA: MIT Press.

Foss, D. J. (1988). Experimental psycholinguistics. *Annual Review of Psychology, 39*, 301–348.

Foss, D. J., & Hakes, D. T. (1978). *Psycholinguistics: An introduction to the psychology of language.* Englewood Cliffs, NJ: Prentice Hall.

Foulke, E., & Sticht, T. (1969). Review of research on the intelligibility and comprehension of accelerated speech. *Psychological Bulletin, 72*, 50–62.

Freud, S. (1953). The interpretation of dreams. In J. Strachey (Ed.), *The standard edition of the complete psychological works of Sigmund Freud* (Vols. 4–5). London: Hogarth. (Original work published 1900)

Friedman, A. (1979). Framing pictures: The role of knowledge in automatized encoding and memory for gist. *Journal of Experimental Psychology: General, 108,* 316–355.

Gabrieli, J. D. E. (1998). Cognitive neuroscience of human memory. *Annual Review of Psychology, 49,* 87–115.

Gallahue, D. L. (1989). *Understanding motor development: Infants, children, adolescents* (2nd ed.). Indianapolis, IN: Benchmark Press.

Gardiner, J. M., & Richardson-Klavehn, A. (2000). Remembering and knowing. In E. Tulving & F. I. M. Craik (Eds.), *The Oxford handbook of memory* (pp. 229–244). New York: Oxford University Press.

Gardner, B. T., & Gardner, R. A. (1975). Evidence for sentence constituents in the early utterances of child and chimpanzee. *Journal of Experimental Psychology: General, 104,* 244–267.

Gardner, R. A., & Gardner, B. T. (1969). Teaching sign language to a chimpanzee. *Science, 165,* 644–672.

Garrett, M., Bever, T., & Fodor, J. (1966). The active use of grammar in speech perception. *Perception & Psychophysics, 1,* 30–32.

Garry, M., & Gerrie, M. P. (2005). When photographs create false memories. *Current Directions in Psychological Science, 14,* 321–325.

Gazzaniga, M. S. (1970). *The bisected brain.* New York: Appleton-Century-Crofts.

Gazzaniga, M. S. (1995). Principles of human brain organization derived from split-brain studies. *Neuron, 14,* 217–228.

Gazzaniga, M. S., Bogen, J. E., & Sperry, R. W. (1965). Observations on visual perception after disconnection of the cerebral hemispheres on man. *Brain, 88,* 221–236.

Gazzaniga, M. S., Ivry, R. B., & Mangun, G. R. (1998). *Cognitive neuroscience: The biology of mind.* New York: Norton.

Geis, M. L., & Zwicky, A. M. (1971). On invited inferences. *Linguistic Inquiry, 2,* 561–566.

Geiselman, R. E., Fisher, R. P., MacKinnon, D. P., & Holland, H. L. (1986). Enhancement of eyewitness memory with the cognitive interview. *American Journal of Psychology, 99,* 385–401.

Gelman, S. A. (1988). The development of induction within natural kind and artifact categories. *Cognitive Psychology, 20,* 65–95.

Gentner, D., & Stevens, A. L. (1983). *Mental models.* Hillsdale, NJ: Lawrence Erlbaum.

Gernsbacher, M. A. (1990). *Language comprehension as structure building.* Hillsdale, NJ: Lawrence Erlbaum.

Gernsbacher, M. A., & Faust, M. (1991). The role of suppression in sentence-comprehension. In G. B. Simpson (Ed.), *Understanding word and sentence* (Advances in Psychology, No. 77, pp. 97–128). Amsterdam: North-Holland.

Gernsbacher, M. A., & Kaschak, M. P. (2003). Neuroimaging studies of language production and comprehension. *Annual Review of Psychology, 54,* 91–114.

Gibson, E. J. (1969). *Principles of perceptual learning and development.* New York: Prentice Hall.

Gick, M. L., & Holyoak, K. J. (1980). Analogical problem solving. *Cognitive Psychology, 12,* 306–355.

Gigerenzer, G. (2006). Bounded and rational. In R. J. Stainton (Ed.), *Contemporary debates in cognitive science* (pp. 115–133). Oxford, UK: Blackwell.

Gilhooly, J. J. (1982). *Thinking: Directed, undirected, and creative.* New York: Academic Press.

Glanzer, M., & Cunitz, A. R. (1966). Two storage mechanisms in free recall. *Journal of Verbal Learning and Verbal Behavior, 5,* 351–360.

Glaser, R. (1984). Education and thinking: The role of knowledge. *American Psychologist, 39,* 93–104.

Glaser, R., & Chi, M. T. H. (1988). Overview. In M. T. H. Chi, R. Glaser, & M. J. Farr (Eds.), *The nature of expertise* (pp. xv–xxxvi). Hillsdale, NJ: Lawrence Erlbaum.

Glass, A. L., & Holyoak, K. J. (1975). Alternative concepts of semantic memory. *Cognition, 3,* 313–339.

Glucksberg, S., Gildea, P., & Bookin, H. B. (1982). On understanding nonliteral speech: Can people ignore metaphors? *Journal of Verbal Learning and Verbal Behavior, 21,* 85–98.

Godden, D. R., & Baddeley, A. D. (1975). Context-dependent memory in two natural environments: On land and underwater. *British Journal of Psychology, 66,* 325–331.

Goldin-Meadow, S., McNeill, D., & Singleton, J. (1996). Silence is liberating: Removing the handcuffs on grammatical expression in the manual modality. *Psychological Review, 103,* 34–55.

Goldin-Meadow, S., & Mylander, C. (1990). Beyond the input given: The child's role in the acquisition of language. *Language, 66,* 323–355.

Goldman-Rakic, P. S. (1995). Cellular basis of working memory. *Neuron, 14,* 477–485.

Goldstein, D. G., & Gigerenzer, G. (2002). Models of ecological rationality: The recognition heuristic. *Psychological Review, 109,* 75–90.

Goodglass, H. (1993). *Understanding aphasia.* San Diego, CA: Academic Press.

Goodman, R., & Aman, C. (1990). Children's use of anatomically detailed dolls to recount an event. *Child Development, 61,* 1859–1871.

Gould, S. J., & Lewontin, R. C. (1979). The spandrels of San Marco and the Panglossian paradigm: A critique of the adaptionist programme. *Proceedings of the Royal Society of London, 205,* 281–288.

Graesser, A. C., Hoffman, N., & Clark, L. F. (1980). Structural components of reading time. *Journal of Verbal Learning and Verbal Behavior, 19,* 135–151.

Graf, P., Squire, L. R., & Mandler, G. (1984). The information that amnesic patients do not forget. *Journal of Experimental Psychology: Learning, Memory, and Cognition, 10,* 164–178.

Greenberg, J. H. (1966). *Language universals.* The Hague, Netherlands: Mouton.

Greene, R. L. (1986). Sources of recency effects in free recall. *Psychological Bulletin, 99,* 221–228.

Greene, R. L. (1987). Effects of maintenance rehearsal on human memory. *Psychological Bulletin, 102,* 403–413.

Greene, R. L. (1992). Unitary and modular approaches to human memory. In D. K. Detterman (Ed.), *Is mind modular or unitary? Current topics in human intelligence* (Vol. 2, pp. 229–250). Norwood, NJ: Ablex.

Grice, H. P. (1975). Logic and conversation. In P. Cole & J. L. Morgan (Eds.), *Syntax and semantics: Speech acts* (Vol. 3, pp. 41–48). New York: Seminar Press.

Griffin, D. R. (1984). *Animal thinking.* Cambridge, MA: Harvard University Press.

Griggs, R. A., & Cox, J. R. (1982). The elusive thematic-materials effect in Wason's selection task. *British Journal of Psychology, 73,* 407–420.

Habib, R., Nyberg, L., & Tulving, E. (2003). Hemispheric asymmetries of memory: The HERA model revisited. *Trends in Cognitive Sciences, 7,* 241–245.

Haidt, J. (2008). Morality. *Perspectives on Psychological Science, 3,* 65–72.

Halliday, M. A. K., & Hasan, R. (1976). *Cohesion in English.* London: Longman.

Hämäläinen, M. S. (1992). Magnetoencephalography: A tool for functional brain imaging. *Brain Topography, 5,* 95–102.

Hasher, L., & Zacks, R. T. (1979). Automatic and effortful processes in memory. *Journal of Experimental Psychology: General, 108,* 356–388.

Hasher, L., & Zacks, R. T. (1984). Automatic processing of fundamental information: The case of frequency of occurrence. *American Psychologist, 39,* 1372–1388.

Hashtroudi, S., Parker, E. S., DeLisi, L. E., Wyatt, R. J., & Mutter, S. A. (1984). Intact retention in acute alcohol amnesia. *Journal of Experimental Psychology: Learning, Memory, and Cognition, 10,* 156–163.

Hastie, R. (2001). Problems for judgment and decision making. *Annual Review of Psychology, 52,* 653–683.

Haviland, S. E., & Clark, H. H. (1974). What's new? Acquiring new information as a process in comprehension. *Journal of Verbal Learning and Verbal Behavior, 13,* 512–521.

Haxby, J. V., Clark, V. P., & Courtney, S. M. (1997). Distributed hierarchical neural systems for visual memory in the human cortex. In B. Hyman, C. Duyckaerts, & Y. Christen (Eds.), *Connections, cognition, and Alzheimer's disease* (pp. 167–180). New York: Springer.

Hayes, J. R. (1989). *The complete problem solver* (2nd ed.). Hillsdale, NJ: Lawrence Erlbaum.

Healy, A. F., & McNamara, D. S. (1996). Verbal learning and memory: Does the modal model still work? *Annual Review of Psychology, 47*, 143–172.

Hebb, D. O. (1949). *The organization of behavior: A neuropsychological theory.* New York: John Wiley.

Hell, W., Gigerenzer, G., Gauggel, S., Mall, M., & Muller, M. (1988). Hindsight bias: An interaction of automatic and motivational factors? *Memory & Cognition, 16*, 533–538.

Henle, M. (1962). On the relation between logic and thinking. *Psychological Review, 69*, 366–378.

Herculano-Houzel, S. (2012). The remarkable, yet not extraordinary, human brain as a scaled-up primate brain and its associated cost. *Proceedings of the National Academy of Sciences, 199*, 10661–10668.

Hilgard, E. R. (1986). *Divided consciousness: Multiple controls in human thought and action.* New York: John Wiley.

Hintzman, S. L. (1990). Human learning and memory: Connections and dissociations. *Annual Review of Psychology, 41*, 109–139.

Hirst, W., Phelps, E. A., Buckner, R. L., Budson, A. E., Cuc, A., Gabrieli, J. D. E., . . . Vaidya, C. J. (2009). Long-term memory for the terrorist attack of September 11: Flashbulb memories, event memories, and the factors that influence their retention. *Journal of Experimental Psychology: General, 138*, 161–176.

Hoch, S. J., & Lowenstein, G. F. (1989). Outcome feedback: Hindsight and information. *Journal of Experimental Psychology: Learning, Memory, and Cognition, 15*, 605–619.

Holender, D. (1986). Semantic activation without conscious identification in dichotic listening, parafoveal vision, and visual masking: A survey and appraisal. *Behavioral and Brain Sciences, 9*, 1–23.

Holzner, B., Kopp, M., Langer, P., & Magnet, W. (2005). Hands-free mobile conversation impairs the peripheral visual system to an extent comparable to an alcohol level of 4–5 g 100 ml, *Human psychopharmacology: Clinical and experimental, 20*, 65–66.

Howe, M. L., & Courage, M. L. (1993). On resolving the enigma of infantile amnesia. *Psychological Bulletin, 113*, 305–326.

Hubel, D. H., & Wiesel, T. N. (1959). Receptive fields of single neurons in the cat's striate cortex. *Journal of Physiology, 148*, 574–591.

Hubel, D. H., & Wiesel, T. N. (1963). Receptive fields of cells in the striate cortex of very young, visually inexperienced kittens. *Journal of Neurophysiology, 26*, 994–1002.

Hulme, C., & Snowling, M. J. (2011). Children's reading comprehension difficulties: Nature, causes, and treatments. *Current Directions in Psychological Science, 20*, 139–142.

Hummel, J. E., & Biederman, I. (1992). Dynamic binding in a neural network for shape recognition. *Psychological Review, 99*, 480–517.

Hunt, E. B. (1989). Cognitive science: Definition, status, and questions. *Annual Review of Psychology, 40*, 603–629.

Hunt, E. B., & Love, T. (1972). How good can memory be? In A. W. Melton & E. Martin (Eds.), *Coding processes in human memory* (pp. 237–260). Washington, DC: V. H. Winston & Sons.

Hunt, R. R., & Einstein, G. O. (1981). Relational item-specific information in memory. *Journal of Verbal Learning and Verbal Behavior, 19*, 497–514.

Hunt, R. R., & McDaniel, M. A. (1993). The enigma of organization and distinctiveness. *Journal of Memory and Language, 32*, 421–445.

Imada, T., Zhang, Y., Cheour, M., Taulu, S., Ahonen, A., & Kuhl, P. K. (2006). Infant speech perception activates Broca's area: A developmental magnetoencephalography study. *NeuroReport, 17*, 957–962.

Inhoff, A. W., Lima, S. D., & Carroll, P. J. (1984). Contextual effects on metaphor comprehension in reading. *Memory & Cognition, 12*, 558–567.

Isen, A. M., Nygren, T. E., & Ashby, F. G. (1988). The influence of positive affect on the subjective util-ity of gains and losses: It's just not worth the risk. *Journal of Personality and Social Psychology, 55,* 710–717.

Jacoby, L. L. (1974). The role of mental contiguity in memory: Registration and retrieval effects. *Journal of Verbal Learning and Verbal Behavior, 13,* 483–496.

Jacoby, L. L. (1983). Perceptual enhancement: Persistent effects of an experience. *Journal of Experimental Psychology: Learning, Memory, and Cognition, 9,* 21–38.

Jacoby, L. L. (1991). A process dissociation framework: Separating automatic from intentional uses of memory. *Journal of Memory and Language, 30,* 513–514.

Jacoby, L. L., & Dallas, M. (1981). On the relationship between autobiographical memory and percep-tual learning. *Journal of Experimental Psychology: General, 110,* 306–340.

Jacoby, L. L., Woloshyn, V., & Kelley, C. M. (1989). Becoming famous without being recognized: Unconscious influences of memory produced by dividing attention. *Journal of Experimental Psychology: General, 118,* 115–125.

Jaeggi, S. M., Buschkuehl, M., Jonides, J., & Perrig, W. J. (2008). Improving fluid intelligence with train-ing on working memory. *Proceedings of the National Academy of Sciences, 105,* 6829–6833.

James, W. (1890). *The principles of psychology* (Vol. 1). New York: Holt.

Jenkins, J. J. (1974). Remember that old theory of memory? Well, forget it! *American Psychologist, 29,* 785–795.

Johansen-Berg, H., & Rushworth, M. F. S. (2009). Using diffusion imaging to study human connectional anatomy. *Annual Review of Neuroscience, 32,* 75–94.

Johnson, M. K. (1988). Discriminating the origin of information. In T. F. Oltmans & B. A. Maher (Eds.), *Delusional beliefs: Interdisciplinary perspectives* (pp. 34–65). New York: John Wiley.

Johnson, M. K., Bransford, J. D., & Solomon, S. K. (1973). Memory for tacit implications of sentences. *Journal of Experimental Psychology, 98,* 203–205.

Johnson, M. K., & Hasher, L. (1987). Human learning and memory. *Annual Review of Psychology, 38,* 631–668.

Johnson, M. K., Hastroudi, S., & Lindsay, D. S. (1993). Source monitoring. *Psychological Bulletin, 114,* 3–28.

Johnson, M. K., Raye, C. L., Wang, A. Y., & Taylor, T. H. (1979). Fact and fantasy: The roles of accuracy and variability in confusing imaginations with perceptual experiences. *Journal of Experimental Psychology: Human Learning and Memory, 5,* 229–240.

Johnson-Laird, P. N. (1983). *Mental models: Towards a cognitive science of language, inference, and con-sciousness.* Cambridge, MA: Harvard University Press.

Johnson-Laird, P. N., & Bara, B. G. (1984). Syllogistic inference. *Cognition, 16,* 1–61.

Johnson-Laird, P. N., & Steedman, M. (1978). The psychology of syllogisms. *Cognitive Psychology, 10,* 64–99.

Johnston, W. A., & Heinz, S. P. (1978). Flexibility and capacity demands of attention. *Journal of Experimental Psychology: General, 107,* 420–435.

Jonides, J., Lacey, S. C., & Nee, D. E. (2005). Processes of working memory in mind and brain. *Current Directions in Psychological Science, 14,* 2–5.

Just, M. A., & Carpenter, P. A. (1980). A theory of reading: From eye fixations to comprehension. *Psychological Review, 87,* 329–354.

Just, M. A., & Carpenter, P. A. (1992). A capacity theory of comprehension: Individual differences in working memory. *Psychological Review, 99,* 122–149.

Just, M. A., Carpenter, P. A., Keller, T. A., Eddy, W. F., & Thulborn, K. R. (1996). Brain activation modu-lated by sentence comprehension. *Science, 274,* 114–116.

Kahneman, D. (1973). *Attention and effort.* Englewood Cliffs, NJ: Prentice Hall.

Kahneman, D., & Tversky, A. (1972). Subjective probability: A judgment of representativeness. *Cognitive Psychology, 3,* 430–454.

Kahneman, D., & Tversky, A. (1973). On the psychology of prediction. *Psychological Review, 80,* 237–251.

Kahneman, D., & Tversky, A. (1982). On the study of statistical intuitions. *Cognition, 11,* 123–141.

Kahneman, D., & Tversky, A. (1984). Choices, values, and frames. *American Psychologist, 39,* 341–350.

Kail, R. (1984). *The development of memory in children* (2nd ed.). New York: Freeman.

Kane, M. J., & McVay, J. C. (2012). What mind wandering reveals about executive-control abilities and failures. *Current Directions in Psychological Science, 21,* 348–354.

Kaplan, G. A., & Simon, H. A. (1990). In search of insight. *Cognitive Psychology, 22,* 374–419.

Karpicke, J. D., Butler, A. C., & Roediger, H. L., III. (2009). Metacognitive strategies in student learning: Do students practice retrieval when they study on their own? *Memory, 17,* 471–479.

Kassin, S. M., & Gudjonsson, G. H. (2004). The psychology of confessions: A review of the literature and issues. *Psychological Science in the Public Interest, 5,* 33–67.

Katz, A. (1997). Creativity in the cerebral hemispheres. In M. A. Runco (Ed.), *Creativity research handbook* (pp. 203–236). Cresskill, NJ: Hampton Press.

Kaufman, L., & Rock, I. (1962). The moon illusion. *Science, 136,* 953–961.

Keil, F. C. (1989). *Concepts, kinds, and cognitive development.* Cambridge, MA: MIT Press.

Kellogg, R. T. (1994). *The psychology of writing.* New York: Oxford University Press.

Kieras, D. E. (1978). Good and bad structure in simple paragraphs: Effects on apparent theme, reading time, and recall. *Journal of Verbal Learning and Verbal Behavior, 17,* 13–28.

Kihlstrom, J. F., Schacter, D. L., Cork, R. C., Hunt, L. A., & Bahr, S. E. (1990). Implicit and explicit memory following surgical anesthesia. *Psychological Science, 1,* 303–306.

Kinchla, R. A. (1992). Attention. *Annual Review of Psychology, 43,* 711–742.

Kintsch, W. (1970). *Learning, memory, and conceptual processes.* New York: John Wiley.

Kintsch, W. (1974). *The representation of meaning in memory.* Hillsdale, NJ: Lawrence Erlbaum.

Kintsch, W. (1998). *Comprehension: A paradigm for cognition.* Cambridge, UK: Cambridge University Press.

Kintsch, W., & Keenan, J. M. (1973). Reading rate as a function of the number of propositions in the base structure of sentences. *Cognitive Psychology, 5,* 257–274.

Kintsch, W., & van Dijk, T. A. (1978). Toward a model of text comprehension and production. *Psychological Review, 85,* 363–394.

Klass, P. J. (1989). *UFO abductions: A dangerous game.* Buffalo, NY: Prometheus.

Klayman, J., & Ha, Y. W. (1987). Confirmation, disconfirmation, and information in hypothesis testing. *Psychological Review, 94,* 211–228.

Knight, R. T. (1996). Contribution of human hippocampal region to novelty detection. *Nature, 383,* 256–259.

Koenigs, M., Young, L., Adolphs, R., Tranel, D., Cushman, F., Hauser, M., & Damasio, A. (2007). Damage to the prefrontal cortex increases utilitarian judgments. *Nature, 446,* 908–911.

Koffka, K. (1935). *Principles of Gestalt psychology.* New York: Harcourt, Brace.

Köhler, W. (1925). *The mentality of apes.* London: Routledge & Kegan Paul.

Kolers, P. A. (1983). Perception and representation. *Annual Review of Psychology, 34,* 129–166.

Kopelman, M. D. (1999). Varieties of false memory. *Cognitive Neuropsychology, 16,* 197–214.

Kosslyn, S. M. (1973). Scanning visual images: Some structural implications. *Perception and Psychophysics, 14,* 90–94.

Kosslyn, S. M. (1975). Information representation in visual images. *Cognitive Psychology, 7,* 341–370.

Kosslyn, S. M. (1980). *Image and mind.* Cambridge, MA: Harvard University Press.

Kosslyn, S. M. (1981). The medium and the message in mental imagery. *Psychological Review, 88,* 46–66.

Kosslyn, S. M., Ball, T. M., & Reiser, B. J. (1978). Visual images preserve metric spatial information: Evidence from studies of visual scanning. *Journal of Experimental Psychology: Human Perception and Performance, 4,* 47–60.

Kotovsky, K., & Fallside, D. (1989). Representation and transfer in problem solving. In D. Klahr & K. Kotovsky (Eds.), *Complex information processing: The impact of Herbert A. Simon* (pp. 69–108). Hillsdale, NJ: Lawrence Erlbaum.

Kounios, J., & Beeman, M. (2009). The *Aha!* moment: The cognitive neuroscience of insight. *Current Directions in Psychological Science, 18,* 210–216.

Krauth, J. (1982). Formulation and experimental verification of models in propositional reasoning. *Quarterly Journal of Experimental Psychology, 34,* 285–298.

Kreiman, G., Koch, C., & Fried, I. (2000). Imagery neurons in the human brain. *Nature, 408,* 357–361.

Kroll, N. E.A., Knight, R. T., Metcalfe, J., Wolf, E., & Tulving, E. (1996). Cohesion failure as a source of memory illusions. *Journal of Memory and Language, 35,* 176–196.

Kucera, H., & Francis, W. N. (1967). *A computational analysis of present-day American English.* Providence, RI: Brown University Press.

Kunst-Wilson, W. R., & Zajonc, R. B. (1980). Affective discrimination of stimuli that cannot be recognized. *Science, 207,* 557–558.

Kutas, M., & Hillyard, S. A. (1980). Reading senseless sentences: Brain potentials reflect semantic incongruity. *Science, 207,* 203–205.

Kutas, M., & Hillyard, S. A. (1984). Brain potentials during reading reflect word expectancy and semantic association. *Nature, 307,* 161–163.

Kutas, M., Van Petten, C., & Besson, M. (1988). Event-related potential asymmetries during the reading of sentences. *Electroencephalography and Clinical Neurophysiology, 69,* 218–233.

LaBerge, D., & Buchsbaum, M. S. (1990). Positron emission tomographic measurements of pulvinar activity during an attention task. *Journal of Neuroscience, 10,* 613–619.

Labov, W. (1973). The boundaries of words and their meanings. In C. J. N. Bailey & R. W. Shuy (Eds.), *New ways of analyzing variations in English* (pp. 340–373). Washington, DC: Georgetown University Press.

Ladefoged, P. (1982). *A course in phonetics* (2nd ed). New York: Harcourt Brace Jovanovich.

Laeng, B., Sirois, S., & Gredebäck, G. (2012). Pupillometry: A window to the preconscious. *Perspectives on Psychological Science, 7,* 18–27.

Lai, C. S. L., Fisher, S. E., Hurst, J. A., Vargha-Khadem, F., & Monaco, A. P. (2001). A forkhead-domain gene is mutated in a severe speech and language disorder. *Nature, 413,* 519–523.

Lai, C. S. L., Gerrelli, D., Monaco, A. P., Fisher, S. E., & Copp, A. J. (2003). FOXP2 expression during brain development coincides with adult sites of pathology in severe speech and language disorder. *Brain, 126,* 2455–2462.

Lakoff, G. (1987). *Women, fire, and dangerous things.* Chicago: University of Chicago Press.

Lakoff, G., & Johnson, M. (1980). The metaphorical structure of the human conceptual system. *Cognitive Science, 4,* 195–298.

Landauer, T. K., & Dumais, S. T. (1997). A solution to Plato's problem: The latent semantic analysis theory of the acquisition, induction, and representation. *Psychological Review, 104,* 211–240.

Langer, E. J. (1989). *Mindfulness.* Reading, MA: Addison-Wesley.

Larkin, J. H., McDermott, J., Simon, D. P., & Simon, H. A. (1980). Expert and novice performance in solving physics problems. *Science, 208,* 1335–1342.

Leahy, T. H. (1987). *A history of psychology: Main currents in psychological thought* (2nd ed). Englewood Cliffs, NJ: Prentice-Hall.

LeDoux, J. E. (2000). Emotion circuits in the brain. *Annual Review of Neuroscience, 23,* 155–184.

Lee, G., & Oakhill, J. (1984). The effects of externalization on syllogistic reasoning. *Quarterly Journal of Experimental Psychology, 36A,* 519–530.

Lenneberg, E. H. (1967). *Biological foundations of language.* New York: John Wiley.

LePort, A. K. R., Mattfeld, A. T., Dickinson-Anson, H., Fallon, J. H., Stark, C. E. L., Kruggel, F., Cahill, L., & McGaugh, J. L. (2012). Behavioral and neuroanatomical investigation of Highly Superior Autobiographical Memory (HSAM). *Neurobiology of Learning and Memory, 98,* 78–92.

Leslie, A. M. (1987). Pretense and representation: The origins of "theory of mind." *Psychological Review, 94,* 412–426.

Levy, J., & Pashler, H. (2008). Task prioritization in multitasking during driving: Opportunity to abort a concurrent task does not insulate braking responses from dual-task slowing. *Applied Cognitive Psychology, 22,* 507–525.

Levy, J., Pashler, H., & Boer, E. (2006). Central interference in driving: Is there any stopping the psychological refractory period? *Psychological Science, 17,* 228–235.

Liberman, A. M., Cooper, F., Shankweiler, D., & Studdert-Kennedy, M. (1967). Perception of the speech code. *Psychological Review, 74,* 431–459.

Lieberman, P. (1984). *The biology and evolution of language.* Cambridge, MA: Harvard University Press.

Light, L. L., & Carter-Sobell, L. (1970). Effects of changed semantic context on recognition memory. *Journal of Verbal Learning and Verbal Behavior, 9,* 1–11.

Lindsay, D. S., Hagen, L., Read, J. D., Wade, K. A., & Garry, M. (2004). True photographs and false memories. *Psychological Science, 15,* 149–154.

Lindsay, D. S., & Read, J. D. (1994). Psychotherapy and memories of childhood sexual abuse: A cognitive perspective. *Applied Cognitive Psychology, 8,* 281–338.

Lindsay, P. H., & Norman, D. A. (1977). *Human information processing: An introduction to psychology* (2nd ed.). New York: Academic Press.

Lisker, L. (1986). "Voicing" in English: A catalog of acoustic features signalling /b/ versus /p/ in trochees. *Language & Speech, 29,* 3–11.

Lisker, L., & Abramson, A. (1970). The voicing dimension: Some experiments in comparative phonetics. In *Proceedings of Sixth International Congress of Phonetic Sciences, Prague, 1967* (pp. 563–567). Prague, Czechoslovakia: Academia.

Livingston, M. S., & Hubel, D. H. (1987). Psychological evidence for separate channels for the perception of form, color, movement, and depth. *Journal of Neuroscience, 7,* 3416–3468.

Loewenstein, G. F., Rick, S., & Cohen, J. D. (2008). Neuroeconomics. *Annual Review of Psychology, 59,* 647–672.

Loewenstein, G. F., Weber, E. U., Hsee, C. K., & Welch, N. (2001). Risk as feelings. *Psychological Bulletin, 127,* 267–286.

Loftus, E. F. (1979). *Eyewitness testimony.* Cambridge, MA: Harvard University Press.

Loftus, E. F. (1986). Ten years in the life of an expert witness. *Law and Human Behavior, 10,* 241–263.

Loftus, E. F. (1993). The reality of repressed memories. *American Psychologist, 48,* 518–537.

Loftus, E. F., & Ketcham, K. (1994). *The myth of repressed memory.* New York: St. Martin's.

Loftus, E. F., & Loftus, G. R. (1980). On the permanence of stored information in the human brain. *American Psychologist, 35,* 409–420.

Loftus, E. F., Miller, D. G., & Burns, H. J. (1978). Semantic integration of verbal information into a visual memory. *Journal of Experimental Psychology: Human Learning and Memory, 4,* 19–31.

Loftus, E. F., & Palmer, J. C. (1974). Reconstruction of automobile destruction: An example of the interaction between language and memory. *Journal of Verbal Learning and Verbal Behavior, 13,* 585–589.

Loftus, E. F., & Pickrell, J. E. (1995). The formation of false memories. *Psychiatric Annals, 25,* 720–725.

Loftus, G. R. (2010). What can a perception-memory expert tell a jury? *Psychonomic Bulletin & Review, 17,* 143–148.

Logan, G. D. (1988). Toward an instance theory of automatization. *Psychological Review, 95,* 492–527.

Luchins, A. S. (1942). Mechanization in problem solving. *Psychological Monographs, 54* (Whole No. 248).

Luria, A. R. (1968). *The mind of a mnemonist.* New York: Basic Books.

Luria, A. R. (1976). *Cognitive development: Its cultural and social foundations* (M. Cole, Ed.; M. Lopez-Morillas & L. Solotaroff, Trans.). Cambridge, MA: Harvard University Press.

Mack, A., & Rock, I. (1998). *Inattentional blindness.* Cambridge, MA: MIT Press.

MacKay, D. G. (1973). Aspects of the theory of comprehension, memory, and attention. *Quarterly Journal of Experimental Psychology, 25,* 22-40.

MacKinnon, D. W. (1978). *In search of human effectiveness.* New York: Creative Education Foundation.

MacLean, H. N. (1993). *Once upon a time: A true story of memory, murder, and the law.* New York: HarperCollins.

MacLeod, C. M. (1991). Half a century of research on the Stroop effect: An integrative review. *Psychological Bulletin, 109,* 163-203.

MacNeil, J. E., & Warrington, E. K. (1993). Prosopagnosia: A face-specific disorder. *Quarterly Journal of Experimental Psychology, 46,* 1-10.

Mandler, G. (1979). Organization and repetition: Organizational principles with special reference to rote learning. In L. G. Nilsson (Ed.), *Perspectives on memory research: Essays in honor of Uppsala University's 500th anniversary* (pp. 293-328). Hillsdale, NJ: Lawrence Erlbaum.

Mandler, G. (1980). Recognizing: The judgment of previous occurrence. *Psychological Review, 87,* 252-271.

Mandler, G., Pearlstone, Z., & Koopmans, H. J. (1969). Effects of organization and semantic similarity on recall and recognition. *Journal of Verbal Learning and Verbal Behavior, 8,* 410-423.

Mandler, J. M. (1984). *Stories, scripts, and scenes: Aspects of schema theory.* Hillsdale, NJ: Lawrence Erlbaum.

Mandler, J. M., & Ritchey, G. H. (1977). Long-term memory for pictures. *Journal of Experimental Psychology: Human Learning and Memory, 3,* 386-396.

Mantyla, T. (1986). Optimizing cue effectiveness: Recall of 500 and 600 incidentally learned words. *Journal of Experimental Psychology: Learning, Memory, and Cognition, 12,* 66-71.

Marcel, A. J. (1983). Conscious and unconscious perception: Experiments on visual masking and word recognition. *Cognitive Psychology, 15,* 197-237.

Marcus, S. L., & Rips, L. J. (1979). Conditional reasoning. *Journal of Verbal Learning and Verbal Behavior, 18,* 199-223.

Marks, L. E. (1987). On cross-modal similarity: Auditory-visual interactions in speeded discrimination. *Journal of Experimental Psychology: Human Perception and Performance, 13,* 384-394.

Marschark, M., Richman, C. L., Yuille, J. C., & Hunt, R. R. (1987). The role of imagery in memory: On shared and distinctive information. *Psychological Bulletin, 102,* 28-41.

Martin, A. (2007). The representation of object concepts in the brain. *Annual Review of Psychology, 58,* 25-45.

Martin, A., Wiggs, C. L., & Weisberg, J. A. (1997). Modulation of human temporal lobe activity by form, meaning, and experience. *Hippocampus, 7,* 587-593.

Martin, R. C. (2003). Language processing: Functional organization and neuroanatomical basis. *Annual Review of Psychology, 54,* 55-89.

Martin, R. C. (2005). Components of short-term memory and their relation to language processing. *Current Directions in Psychological Science, 14,* 204-208.

Massaro, D. W. (1970). Preperceptual auditory images. *Journal of Experimental Psychology, 85,* 411-417.

Massaro, D. W. (1994). Psychological aspects of speech production. In M. A. Gernsbacher (Ed.), *Handbook of psycholinguistics* (pp. 219-263). San Diego: Academic Press.

Massaro, D. W., & Cowan, N. (1993). Information processing models: Microscopes of the mind. *Annual Review of Psychology, 44,* 383-425.

Masson, M. E. (1983). Conceptual processing of text during skimming and rapid sequential reading. *Memory & Cognition, 11,* 262–274.

McCaffrey, T. (2012). Innovation relies on the obscure: A key to overcoming the classic problem of functional fixedness. *Psychological Science, 23,* 215–218.

McCarthy, R. A., & Warrington, E. K. (1990). *Cognitive neuropsychology: A clinical introduction.* San Diego: Academic Press.

McClelland, J. L., & Elman, J. L. (1986). The TRACE model of speech perception. *Cognitive Psychology, 18,* 1–86.

McClelland, J. L., McNaughton, B. L., & O'Reilly, R. C. (1995). Why there are complementary learning systems in the hippocampus and neocortex: Insights from the successes and failures of connectionist models of learning and memory. *Psychological Review, 102,* 419–457.

McCloskey, M., Wible, C. G., & Cohen, N. J. (1988). Is there a special flashbulb-memory mechanism? *Journal of Experimental Psychology: General, 117,* 171–181.

McConkie, G. W., & Rayner, K. (1975). The effective stimulus during a fixation in reading. *Perception and Psychophysics, 17,* 578–586.

McCulloch, W. S., & Pitts, W. (1943). A logical calculus of the ideas immanent in nervous activity. *Bulletin of Mathematical Biophysics, 5,* 115–133.

McDaniel, M. A., & Einstein, G. O. (1986). Bizarre imagery as an effective memory aid: The importance of distinctiveness. *Journal of Experimental Psychology: Learning, Memory, and Cognition, 12,* 54–65.

McDaniel, M. A., & Einstein, G. O. (2007). *Prospective memory: An overview and synthesis of an emerging field.* Thousand Oaks, CA: SAGE.

McDaniel, M. A., Howard, D. C., & Einstein, G. O. (2009). The read-recite-review study strategy: Effective and portable. *Psychological Science, 20,* 516–522.

McDaniel, M. A., LaMontagne, P., Beck, S. M., Scullin, M. K., & Braver, T. S. (2013). Dissociable neural routes to successful prospective memory. *Psychological Science, 24,* 1791–1800.

McDaniel, M., & Pressley, M. (Eds.). (1987). *Imagery and related mnemonic processes.* New York: Springer-Verlag.

McDonald, J. L. (1997). Language acquisition: The acquisition of linguistic structure in normal and special populations. *Annual Review of Psychology, 48,* 215–241.

McElree, B. (2001). Working memory and focal attention. *Journal of Experimental Psychology: Learning, Memory, & Cognition, 27,* 817–835.

McGaugh, J. L. (2004). The amygdala modulates the consolidation of memories of emotionally arousing experiences. *Annual Review of Neuroscience, 27,* 1–28.

McGeoch, J. A. (1942). *The psychology of human learning: An introduction.* New York: Longmans, Green.

McGlone, R. E. (1998). Deciphering memory: John Adams and the authorship of the Declaration of Independence. *Journal of American History, 85,* 411–438.

McNally, R. J., & Geraerts, E. (2009). A new solution to the recovered memory debate. *Perspectives on Psychological Science, 4,* 126–134.

Medin, D. L., & Ortony, A. (1989). Psychological essentialism. In S. Vosniadou & A. Ortony (Eds.), *Similarity and analogical reasoning.* New York: Cambridge University Press.

Melo, B., Winocur, G., & Moscovitch, M. (1999). False recall and false recognition: An examination of the effects of selective and combined lesions to the medial temporal lobe/diencephalon and frontal lobe structures. *Cognitive Neuropsychology, 16,* 343–359.

Merikle, P. M. (1980). Selection from visual persistence by perceptual groups and category membership. *Journal of Experimental Psychology: General, 109,* 279–295.

Merikle, P. M., & Reingold, E. M. (1992). Measuring unconscious perceptual processes. In R. F. Bornstein & T. S. Pittman (Eds.), *Perception without awareness: Cognitive, clinical, and social perspectives* (pp. 55–80). New York: Guilford.

Metzler, J., & Shepard, R. N. (1974). Transformational studies of the internal representations of three-dimensional objects. In R. L. Solso (Ed.), *Information processing and cognition: The Loyola Symposium* (pp. 147–201). Hillsdale, NJ: Lawrence Erlbaum.

Meyer, B. J. F. (1975). *The organization of prose and its effect on memory.* Amsterdam: North-Holland.

Meyer, D. E. (1970). On the representation and retrieval of stored semantic information. *Cognitive Psychology, 1,* 242–300.

Michel, C., Rossion, B., Han, J., Chung, C., & Caldara, R. (2006). Holistic processing is finely tuned for faces of one's own race. *Psychological Science, 17,* 608–615.

Miller, G. A. (1956). The magical number seven, plus or minus two: Some limits on our capacity for processing information. *Psychological Review, 63,* 81–97.

Miller, G. A. (1999). On knowing a word. *Annual Review of Psychology, 50,* 1–19.

Miller, J. L., & Eimas, P. D. (1983). Studies on the categorization of speech by infants. *Cognition, 13,* 135–165.

Miller, J. R., & Kintsch, W. (1980). Readability and recall of short prose passages: A theoretical analysis. *Journal of Experimental Psychology: Human Learning and Memory, 6,* 335–354.

Milner, B. (1965). Visually-guided maze learning in man: Effects of bilateral hippocampal, bilateral frontal, and unilateral cerebral lesions. *Neuropsychologia, 3,* 317–338.

Milner, B. (1966). Amnesia following operations on the temporal lobes. In C. W. M. Whitney & O. L. Zangwill (Eds.), *Amnesia* (pp. 109–133). London: Butterworth.

Minsky, M. L. (1977). Frame-system theory. In P. N. Johnson-Laird & P. C. Wason (Eds.), *Thinking: Readings in cognitive science* (pp. 355–376). Cambridge, UK: Cambridge University Press.

Mishkin, M. (1978). Memory in monkeys severely impaired by combined but not separate removal of the amygdala and hippocampus. *Nature, 273,* 297–298.

Mitchell, D. B. (2006). Nonconscious priming after 17 years: Invulnerable implicit memory? *Psychological Science, 17,* 925–929.

Monahan, J. L., Murphy, S. T., & Zajonc, R. B. (2000). Subliminal mere exposure: Specific, general, and diffuse effects. *Psychological Science, 11,* 462–466.

Moran, J., & Desimone, R. (1985). Selective attention gates visual processing in the extrastriate cortex. *Science, 229,* 782–784.

Moray, N. (1959). Attention in dichotic listening: Affective cues and the influence of instructions. *Quarterly Journal of Experimental Psychology, 11,* 56–60.

Moray, N., Bates, A., & Barnett, T. (1965). Experiments on the four-eared man. *Journal of the Acoustical Society of America, 42,* 196–201.

Morris, C. D., Bransford, J. D., & Franks, J. J. (1977). Levels of processing versus transfer appropriate processing. *Journal of Verbal Learning and Verbal Behavior, 16,* 519–533.

Morrison, A. B., & Chein, J. M. (2011). Does working memory training work? The promise and challenges of enhancing cognition by training working memory. *Psychonomic Bulletin and Review, 18,* 46–60.

Moscovitch, M. (1982). Multiple dissociations of function in amnesia. In L. S. Cermak (Ed.), *Human memory and amnesia* (pp. 337–370). Hillsdale, NJ: Lawrence Erlbaum.

Moscovitch, M. (1992). Memory and working-with-memory: A component process model based on modules and central systems. *Journal of Cognitive Neuroscience, 4,* 257–266.

Mrazek, M. D., Franklin, M. S., Phillips, D. T., Baird, B., & Schooler, J. W. (2013). Mindfulness training improves working memory capacity and GRE performance while reducing mind wandering. *Psychological Science, 24,* 776–781.

Mumford, M. D., & Gustafson, S. B. (1988). Creativity syndrome: Integration, application, and innovation. *Psychological Bulletin, 103,* 27–43.

Murdock, B. B. (1974). *Human memory: Theory and data.* Hillsdale, NJ: Lawrence Erlbaum.

Murphy, G. L., & Medin, D. L. (1985). The role of theories in conceptual coherence. *Psychological Review, 92,* 289–316.

Murray, J. E., Yong, E., & Rhodes, G. (2000). Revisiting the perception of upside-down faces. *Psychological Science, 11,* 492–496.

Nairne, J. S., Thompson, S. R., & Pandeirada, J. N. S. (2007). Adaptive memory: Survival processing enhances retention. *Journal of Experimental Psychology: Learning, Memory, & Cognition, 33,* 263–273.

Naka, M., Itsukushima, Y., & Itoh, Y. (1996). Eyewitness testimony after three months: A field study on memory for an incident in everyday life. *Japanese Psychological Research, 38,* 14–24.

Naqvi, N., Shiv, B., & Bechara, A. (2006). The role of emotion in decision making. *Current Directions in Psychological Science, 15,* 260–264.

Nash, M. (1987). What, if anything, is regressed about hypnotic age regression? A review of the empirical literature. *Psychological Bulletin, 102,* 42–52.

National Institutes of Health (2010). Alzheimer's Disease Fact Sheet. Downloaded March 31, 2014. http://www.nia.nih.gov/alzheimers/publication/alzheimers-disease-fact-sheet.

Navon, D., & Gopher, D. (1979). On the economy of the human-processing system. *Psychological Review, 86,* 214–255.

Neisser, U. (1963). Decision time without reaction time: Experiments in visual scanning. *American Journal of Psychology, 76,* 376–385.

Neisser, U. (1967). *Cognitive psychology.* New York: Appleton.

Neisser, U. (1976). *Cognition and reality.* San Francisco: Freeman.

Neisser, U. (1981). John Dean's memory: A case study. *Cognition, 9,* 1–22.

Neisser, U. & Becklen, R. (1975). Selective looking: Attending to visually-specified events. *Cognitive Psychology, 7,* 480–494.

Neisser, U., & Harsch, N. (1992). Phantom flashbulbs: False recollections of hearing the news about *Challenger.* In E. Winograd & U. Neisser (Eds.), *Affect and accuracy in recall: Studies of "flashbulb memories"* (pp. 9–31). Cambridge, UK: Cambridge University Press.

Neisser, U., & Libby, L. K. (2000). Remembering life experiences. In E. Tulving & F. I. M. Craik (Eds.), *The Oxford handbook of memory* (pp. 315–332). New York: Oxford University Press.

Neisser, U., Winograd, E., Bergman, E. T., Schreiber, C. A., Palmer, S. E., & Weldon, M. S. (1996). Remembering the earthquake: Direct experience vs. hearing the news. *Memory, 4,* 337–357.

Nelson, K. (1990). Remembering, forgetting, and childhood amnesia. In R. Fivush & J. A. Hudson (Eds.), *Knowing and remembering in young children* (pp. 301–316). New York: Cambridge University Press.

Nespor, M. (1999). Acquisition of phonology. In R. A. Wilson & F. C. Keil (Eds.), *The MIT encyclopedia of the cognitive sciences* (pp. 642–643). Cambridge, MA: MIT Press.

Neville, H. J., & Bavelier, D. (2000). Specificity and plasticity in neurocognitive development in humans. In M. S. Gazzaniga (Ed.), *The new cognitive neurosciences* (pp. 83–98). Cambridge, MA: MIT Press.

Newell, A., & Simon, H. A. (1972). *Human problem solving.* Englewood Cliffs, NJ: Prentice Hall.

Nickerson, R. S., & Adams, M. J. (1979). Long-term memory for a common object. *Cognitive Psychology, 11,* 287–307.

Nieder, A., & Dehaene, S. (2009). Representation of number in the brain. *Annual Review in Neuroscience, 32,* 185–208.

Nipher, F. E. (1878). On the distribution of errors of numbers written from memory. *Transactions of the Academy of Sciences of St. Louis, 3,* ccx–ccxi.

Nissen, M. J., Knopman, D., & Schacter, D. L. (1987). Neurochemical dissociation of memory systems, *Neurology, 37,* 789–794.

Norman, D. A. (1968). Toward a theory of memory and attention. *Psychological Review, 75,* 522–536.

Norman, D. A., & Shallice, T. (1986). Attention to action: Willed and automatic control of behavior. In R. J. Davidson, G. E. Schwarts, & D. Shapiro (Eds.), *Consciousness and self-regulation: Advances in research and theory* (pp. 1–18). New York: Plenum.

Nyberg, L., & Cabeza, R. (2000). Brain imaging of memory. In E. Tulving & F. I. M. Craik (Eds.), *The Oxford handbook of memory* (pp. 501–519). New York: Oxford University Press.

Oberauer, K., & Kliegl, R. (2006). A formal model of capacity limits in working memory. *Journal of Memory and Language, 55,* 601–626.

Ochse, R. (1990). *Before the gates of excellence.* New York: Cambridge University Press.

Odean, T. (1998). Are investors reluctant to realize their losses? *Journal of Finance, 53,* 1775–1798.

Olio, K. A. (1989). Memory retrieval in the treatment of adult survivors of sexual abuse. *Transactional Analysis Journal, 19,* 93–100.

Ornstein, R. E. (1997). *The right mind: Making sense of the hemispheres.* New York: Harcourt Brace.

Osherson, D. N., Smith, E. E., Wilkie, O., Lopez, A., & Shafir, E. (1990). Category-based induction. *Psychological Review, 97,* 185–200.

Overton, D. A. (1971). State-dependent learning produced by alcohol and its relevance to alcoholism. In B. Kissin & H. Begleiter (Eds.), *The biology of alcoholism: Physiology and behavior* (Vol. 2, pp. 193–217). New York: Plenum.

Paivio, A. (1971). *Imagery and verbal processes.* New York: Holt, Rinehart & Winston.

Paivio, A. (1983). The empirical case for dual coding. In J. Yuille (Ed.), *Imagery, memory, and cognition: Essays in honor of Allen Paivio* (pp. 307–332). Hillsdale, NJ: Lawrence Erlbaum.

Paivio, A. (1986). *Mental representations: A dual coding approach.* New York: Oxford University Press.

Paivio, A. (1991). Dual coding theory: Retrospect and current status. *Canadian Journal of Psychology, 45,* 255–287.

Palmer, J., MacLeod, C. M., Hunt, E., & Davidson, J. E. (1985). Information processing correlates of reading. *Journal of Memory and Language, 24,* 59–88.

Palmer, S. E. (1975). The effects of contextual scenes on the identification of objects. *Memory & Cognition, 3,* 519–526.

Parker, E. S., Cahill, L., & McGaugh, J. L. (2006). A case of unusual autobiographical remembering. *Neurocase, 12,* 35–49.

Parkin, A. J., & Russo, R. (1993). On the origin of functional differences in recollective experience. *Memory, 1,* 231–237.

Pashler, H. (1992). Attentional limitations in doing two tasks at the same time. *Current Directions in Psychological Science, 1,* 44–50.

Patihis, L., Ho., L. Y., Tingen, I. W., Lilienfeld, S. O., & Loftus, E. F. (2013). Are the "Memory Wars" over? A scientist-practitioner gap in beliefs about repressed memory. *Psychological Science, 25,* 519–530.

Payne, J. D. (2010). Memory consolidation: The diurnal rhythm of cortisol, and the nature of dreams: A new hypothesis. *International Review of Neurobiology, 92,* 101–134.

Penney, C. G. (1975). Modality effects in short-term verbal memory. *Psychological Bulletin, 82,* 68–84.

Penney, C. G. (1989). Modality effects and the structure of short-term verbal memory. *Memory & Cognition, 17,* 398–422.

Perfetti, C. A. (1985). *Reading ability.* New York: Oxford University Press.

Perris, E. E., Myers, N. A., & Clifton, R. K. (1990). Long-term memory for a single infancy experience. *Child Development, 61,* 1796–1807.

Petersen, S. E., Fox, P. T., Snyder, A. Z., & Raichle, M. E. (1990). Activation of extrastriate and frontal cortical areas by visual words and word-like stimuli. *Science, 249,* 1041–1044.

Peterson, L. R., & Peterson, M. J. (1959). Short-term retention of individual verbal items. *Journal of Experimental Psychology, 58,* 193–198.

Petty, R. E., & Cacioppo, J. T. (1981). *Attitudes and persuasion: Classic and contemporary approaches.* Dubuque, IA: William C. Brown.

Phelps, E. A. (2006). Emotion and cognition: Insights from studies of the human amygdala. *Annual Review of Psychology, 57,* 27–53.

Piazza, M., Izard, V., Pinel, P., Le Bihan, D., & Dehaene, S. (2004). Tuning curves for approximate numerosity in the human intraparietal sulcus. *Neuron, 44,* 547–555.

Pillemer, D. B. (1984). Flashbulb memories of the assassination attempt on President Reagan. *Cognition, 16,* 63–80.

Pinker, S. (1990). Language acquisition. In D. N. Osherson & H. Lasaik (Eds.), *An invitation to cognitive science: Language* (Vol. 1, pp. 199–241). Cambridge MA: MIT Press.

Pinker, S. (1994). *The language instinct.* New York: HarperCollins.

Pinker, S. (1999). *How the mind works.* New York: Norton.

Place, E. J. S., & Gilmore, G. C. (1980). Perceptual organization in schizophrenia. *Journal of Abnormal Psychology, 89,* 125–144.

Poeppel, D., & Monahan, P. J. (2008). Speech perception: Cognitive foundatations and cortical implementation. *Current Directions in Psychological Science, 17,* 80–85.

Poizner, H., Bellugi, U., & Klima, E. S. (1990). Biological foundations of language: Clues from sign language. *Annual Review of Neuroscience, 13,* 283–307.

Pollatsek, A., & Rayner, K. (1989). Reading. In M. I. Posner (Ed.), *The foundations of cognitive science* (pp. 401–436). Cambridge, MA: MIT Press.

Polya, G. (1957). *How to solve it: A new aspect of mathematical method* (2nd ed.). Garden City, NY: Doubleday.

Posner, M. I., Cohen, Y., & Rafal, R. D. (1982). Neural systems control of spatial orienting. *Philosophical Transactions of the Royal Society of London, 298B,* 187–198.

Posner, M. I., & DiGirolamo, G. J. (1998). Executive attention: Conflict, target detection, and cognitive control. In R. Parasuraman (Ed.), *The attentive brain* (pp. 401–424). Cambridge, MA: MIT Press.

Posner, M. I., & Petersen, S. E. (1990). The attention system of the human brain. *Annual Review of Neuroscience, 13,* 25–42.

Posner, M. I., Petersen, S. E., Fox, P. T., & Raichle, M. E. (1988). Localization of cognitive operations in the brain. *Science, 240,* 1627–1631.

Posner, M. I., & Raichle, M. E. (1994). *Images of mind.* New York: Scientific American Library.

Posner, M. I., & Rothbart, M. K. (2007a). *Educating the human brain.* Washington, DC: American Psychological Association.

Posner, M. I., & Rothbart, M. K. (2007b). Research on attention networks as a model for the integration of psychological science. *Annual Review of Psychology, 58,* 1–23.

Posner, M. I., & Snyder, C. R. R. (1974). Attention and cognitive control. In R. L. Solso (Ed.), *Information processing and cognition: The Loyola Symposium* (pp. 55–85). Hillsdale, NJ: Lawrence Erlbaum.

Posner, M. I., & Snyder, C. R. R. (1975). Facilitation and inhibition in the processing of signals. In P. M. A. Rabbit & S. Dornic (Eds.), *Attention and performance* (Vol. 5, pp. 669–682). New York: Academic Press.

Premack, D., & Woodruff, G. (1978). Chimpanzee problem solving: A test for comprehension. *Science, 202,* 532–535.

Pylyshyn, Z. W. (1973). What the mind's eye tells the mind's brain: A critique of mental imagery. *Psychological Bulletin, 80,* 1–25.

Pylyshyn, Z. W. (1981). The imagery debate: Analogue media versus tacit knowledge. *Psychological Review, 88,* 16–45.

Rafal, R. D., & Posner, M. I. (1987). Deficits in human visual spatial attention following thalamic lesions. *Proceedings of the National Academy of Sciences, 84,* 7349–7353.

Raichle, M. E. (2003). Functional brain imaging and human brain function. *The Journal of Neuroscience, 23,* 3959–3962.

Raichle, M. E. (2009). A paradigm shift in functional brain imaging. *The Journal of Neuroscience, 29,* 12729–12734.

Rajaram, S., & Roediger, H. L., III. (1997). Remembering and knowing as states of consciousness during recollection. In J. D. Cohen & J. W. Schooler (Eds.), *Scientific approaches to the questions of consciousness* (pp. 213–240). Hillsdale, NJ: Lawrence Erlbaum.

Ranganath, C. (2010). Binding items and contexts: The cognitive neuroscience of episodic memory. *Current Directions in Psychological Science, 19,* 131–137.

Ray, W. J., Odenwald, M., Neuner, F., Schauer, M., Ruf, M., Wienbruch, C., Rockstroh, B., & Elbert, T. (2006). Decoupling neural networks from reality. *Psychological Science, 17,* 825–829.

Reed, S. K. (1973). *Psychological processes in pattern recognition.* New York: Academic Press.

Reed, S. K. (1974). Structural descriptions and the limitations of visual images. *Memory & Cognition, 2,* 329–336.

Reed, S. K., & Johnson, J. A. (1975). Detection of parts in patterns and images. *Memory & Cognition, 3,* 569–575.

Reicher, G. M. (1969). Perceptual recognition as a function of meaningfulness of stimulus material. *Journal of Experimental Psychology, 81,* 275–280.

Reichle, E. D., Pollatsek, A., Fisher, D. L., & Rayner, K. (1998). Toward a model of eye movement control in reading. *Psychological Review, 105,* 125–157.

Reitman, J. S. (1974). Without surreptitious rehearsal, information in short-term memory decays. *Journal of Verbal Learning and Verbal Behavior, 13,* 365–377.

Repp, B. H., & Liberman, A. M. (1987). Phonetic boundaries are flexible. In S. Harnad (Ed.), *Categorical perception: The groundwork of cognition* (pp. 89–112). Cambridge, UK: Cambridge University Press.

Revlis, R. (1975). Two models of syllogistic reasoning: Feature selection and conversion. *Journal of Verbal Learning and Verbal Behavior, 14,* 180–195.

Richardson-Klavehn, A., & Bjork, R. A. (1988). Measures of memory. *Annual Review of Psychology, 39,* 475–543.

Richler, J. J., Cheung, O. S., & Gauthier, I. (2011). Holistic processing predicts face recognition. *Psychological Science, 22,* 464–471.

Rips, L. J. (1990). Reasoning. *Annual Review of Psychology, 41,* 321–353.

Rips, L. J., & Marcus, S. L. (1977). Supposition and the analysis of conditional sentences. In M. A. Just & P. A. Carpenter (Eds.), *Cognitive processes in comprehension* (pp. 185–220). Hillsdale, NJ: Lawrence Erlbaum.

Rips, L. J., Shoben, E. J., & Smith, E. E. (1973). Semantic distance and the verification of semantic relations. *Journal of Verbal Learning and Verbal Behavior, 12,* 1–20.

Rissman, J., & Wagner, A. D. (2012). Distributed representations in memory: Insights from functional brain imaging. *Annual Review of Psychology, 63,* 101–128.

Rock, I., & Kaufman, L. (1962). The moon illusion: Part 2. *Science, 136,* 1023–1031.

Rodriguez, H. S., Porjesz, B., Chorlian, D. B., Polich, J., & Begleiter, H. (1999). Visual P3a in male subjects at high risk for alcoholism. *Biological Psychiatry, 46,* 281–291.

Roediger, H. L., III. (1984). Does current evidence from dissociation experiments favor the episodic/semantic distinction? *Behavioral and Brain Sciences, 7,* 252–254.

Roediger, H. L., III. (1996). Memory illusions. *Journal of Memory and Language, 35,* 76–100.

Roediger, H. L., III, & Blaxton, T. A. (1987). Retrieval modes produce dissociations in memory for surface information. In D. S. Gorfein & R. R. Hoffman (Eds.), *Memory and cognitive processes: The Ebbinghaus Centennial Conference* (pp. 349–379). Hillsdale, NJ: Lawrence Erlbaum.

Roediger, H. L., III, & Karpicke, J. D. (2006). Test-enhanced learning: Taking memory tests improves long-term retention. *Psychological Science, 17,* 249–255.

Roediger, H. L., III, & McDermott, K. (1995). Creating false memories: Remembering words not presented in lists. *Journal of Experimental Psychology: Learning, Memory, and Cognition, 21,* 300–318.

Rogasch, N. C., & Fitzgerald, P. B. (2013). Assessing cortical network properties using TMS-EEG. *Human Brain Mapping, 34,* 1652–1669.

Rogers, T. B., Kuiper, N. A., & Kirker, W. S. (1977). Self-reference and the encoding of personal information. *Journal of Personality and Social Psychology, 35,* 677–688.

Rohrer, D., & Pashler, H. (2007). Increasing retention without increasing study time. *Current Directions in Psychological Science, 16,* 183–186.

Rojas, D. C., Teale, P. D., Sheeder, J. L., & Reite, M. L. (2000). Neuromagnetic alpha suppression during an auditory Sternberg task: Evidence for a serial, self-terminating search of short-term memory. *Cognitive Brain Research, 10,* 85–89.

Rosch, E. H. (1973). Natural categories. *Cognitive Psychology, 4,* 328–350.

Rosch, E. H. (1975). Cognitive representations of semantic categories. *Journal of Experimental Psychology: General, 104,* 192–233.

Rosch, E. H., & Mervis, C. B. (1975). Family resemblances: Studies in the internal structure of categories. *Cognitive Psychology, 7,* 573–605.

Rosch, E. H., Mervis, C. B., Gray, W. D., Johnson, D. M., & Boyes-Braem, P. (1976). Basic objects in natural categories. *Cognitive Psychology, 8,* 382–439.

Ross, B. H. (1987). This is like that: The use of earlier problems and the separation of similarity effects. *Journal of Experimental Psychology: Learning, Memory, and Cognition, 13,* 629–639.

Ross, D. F., Read, J. D., & Toglia, M. P. (1994). *Adult eyewitness testimony: Current trends and developments.* Cambridge, UK: Cambridge University Press.

Rubin, D. C. (2006). The basic-systems model of episodic memory. *Perspectives on Psychological Science, 1,* 277–311.

Rubin, D. C., & Wenzel, A. E. (1996). One hundred years of forgetting: A quantitative description. *Psychological Review, 103,* 734–760.

Rubinstein, M. F. (1975). *Patterns of problem solving.* Englewood Cliffs, NJ: Prentice Hall.

Runco, M. A. (2004). Creativity. *Annual Review of Psychology, 55,* 657–687.

Rundus, D. (1971). Analysis of rehearsal processes in free recall. *Journal of Experimental Psychology, 89,* 63–77.

Russo, J. E., Johnson, E. J., & Stephens, D. L. (1989). The validity of verbal protocols. *Memory & Cognition, 17,* 759–769.

Sacks, O. (1970). *The man who mistook his wife for a hat and other clinical tales.* New York: HarperCollins.

Sadoski, M., & Paivio, A. (2001). *Imagery and text: A dual coding theory of reading and writing.* Mahwah, NJ: Lawrence Erlbaum.

Saffran, J. R., Aslin, R. N., & Newport, E. L. (1996). Statistical learning by 8-month-old infants. *Science, 274,* 1926–1928.

Salasoo, A., & Pisoni, D. (1985). Interaction of knowledge sources in spoken word identification. *Journal of Memory and Language, 24,* 210–231.

Salzman, C. D., & Fusi, S. (2010). Emotion, cognition, and mental state representation in amygdala and prefrontal cortex. *Annual Review of Neuroscience, 33,* 173–202.

Sanders, R. E., Gonzalez, E. G., Murphy, M. D., Liddle, C. L., & Vitina, J. R. (1987). Frequency of occurrence and the criteria for automatic processing. *Journal of Experimental Psychology: Learning, Memory, and Cognition, 13,* 241–250.

Sanfrey, A. G., Rilling, J. K., Aronson, J. A., Nystrom, L. E., & Cohen, J. D. (2003). The neural basis of economic decision-making in the Ultimatum Game. *Science, 300,* 1755–1758.

Savage-Rumbaugh, E. S., McDonald, K., Sevcik, R., Hopkins, B., & Rupert, E. (1986). Spontaneous symbol acquisition and communicative use in pygmy chimpanzees (*Pan paniscus*). *Journal of Experimental Psychology: General, 115,* 21–35.

Savage-Rumbaugh, E. S., & Rumbaugh, D. M. (1993). The emergence of language. In K. R. Gibson & T. Ingold (Eds.), *Tools, language, and cognition in human evolution* (pp. 86–108). Cambridge, UK: Cambridge University Press.

Schacter, D. L. (1987). Implicit memory: History and current status. *Journal of Experimental Psychology: Learning, Memory, and Cognition, 13,* 501–518.

Schacter, D. L. (2001). *The seven sins of memory: How the mind forgets and remembers.* Boston: Houghton Mifflin.

Schacter, D. L., Addis, D. R., & Buckner, R. L. (2007). The prospective brain: Remembering the past to imagine the future. *Nature Reviews Neuroscience, 8,* 657–661.

Schacter, D. L., Israel, L., & Racine, C. (1999). Suppressing false recognition in younger and older adults: The distinctiveness heuristic. *Journal of Memory and Language, 40,* 1–24.

Schacter, D. L., & Kihlstrom, J. F. (1989). Functional amnesia. In F. Boller & J. Grafman (Eds.), *Handbook of neuropsychology* (Vol. 3, pp. 209–231). New York: Elsevier Science.

Schacter, D. L., & Tulving, E. (1994). What are the memory systems of 1994? In D. L. Schacter & E. Tulving (Eds.), *Memory systems* (pp. 1–38). Cambridge, MA: MIT Press.

Schacter, D. L., Wagner, A. D., & Buckner, R. L. (2000). Memory systems of 1999. In E. Tulving & F. I. M. Craik (Eds.), *The Oxford handbook of memory* (pp. 627–643). New York: Oxford University Press.

Schank, R. C., & Abelson, R. (1977). *Scripts, plans, goals, and understanding.* Hillsdale, NJ: Lawrence Erlbaum.

Schiffman, H. R. (2000). *Sensation and perception: An integrated approach* (5th ed.). New York: John Wiley.

Schneider, W., & Shiffrin, R. M. (1977). Controlled and automatic human information processing: Detection, search, and attention. *Psychological Review, 84,* 1–66.

Schooler, J. W., Bendiksen, M., & Ambadar, A. (1997). Taking the middle line: Can we accommodate both fabricated and recovered memories of sexual abuse? In M. A. Conway (Ed.), *Recovered memories and false memories* (pp. 251–292). New York: Oxford University Press.

Seamon, J. G., Marsh, R. L., & Brody, N. (1984). Critical importance of exposure duration for affective discrimination of stimuli that are not recognized. *Journal of Experimental Psychology: Learning, Memory, and Cognition, 10,* 465–469.

Searcy, J. H., & Bartlett, J. C. (1996). Inversion and processing of component and spatial relational information in faces. *Journal of Experimental Psychology: Human Perception and Performance, 22,* 904–915.

Sederberg, P. B., Schulze-Bonhage, A., Madsen, J. R., Bromfield, E. B., Litt, B., Brandt, A., & Kahana, M. J. (2007). Gamma oscillations distinguish true from false memories. *Psychological Science, 18,* 927–932.

Sejnowski, T. J., & Churchland, P. S. (1989). Brain and cognition. In M. I. Posner (Ed.), *Foundations of cognitive science* (pp. 301–356). Cambridge, MA: MIT Press.

Seyfarth, R. M., & Cheney, D. L. (2003). Signalers and receivers in animal communication. *Annual Review of Psychology, 54,* 145–173.

Shafir, E., & LeBoeuf, R. A. (2002). Rationality. *Annual Review of Psychology, 53,* 491–517.

Shah, P., & Miyake, A. (1999). Models of working memory: An introduction. In A. Miyake & P. Shah (Eds.), *Models of working memory: Mechanisms of active maintenance and executive control* (pp. 1–27). Cambridge, UK: Cambridge University Press.

Shapiro, K. L. (1994). The attentional blink: The brain's "eyeblink." *Current Directions in Psychological Science, 3,* 86–89.

Shaywitz, B. A., Fletcher, J. M., & Shaywitz, S. E. (1995). Defining and classifying learning disabilities and attention-deficit/hyperactivity disorder. *Journal of Child Neurology, 10* (Suppl. 1), S50–S57.

Shaywitz, S. E., Escobar, M. D., Shaywitz, B. A., Fletcher, J. M., & Makugh, R. (1992). Evidence that dyslexia may represent the lower tail of a normal distribution of reading ability. *New England Journal of Medicine, 326,* 145–150.

Shepard, R. N. (1967). Recognition memory for words, sentences, and pictures. *Journal of Verbal Learning and Verbal Behavior, 6,* 156–163.

Shepard, R. N. (1984). Ecological constraints on internal representation: Resonant kinematics of perceiving, imagining, thinking, and dreaming. *Psychological Review, 91,* 417–447.

Shepard, R. N. (1990). *Mind sights.* New York: Freeman.

Shepard, R. N., & Cooper, L. A. (1983). *Mental images and their transformations.* Cambridge, MA: MIT Press.

Shepard, R. N., & Metzler, J. (1971). Mental rotation of three-dimensional objects. *Science, 171,* 701–703.

Sherry, D. F., & Schacter, D. L. (1987). The evolution of multiple memory systems. *Psychological Review, 94,* 439–454.

Shiffrin, R., & Schneider, W. (1977). Controlled and automatic human information processing: II. Perceptual learning, automatic attending, and a general theory. *Psychological Review, 84,* 127–190.

Shimamura, A. P. (1986). Priming effects in amnesia: Evidence for dissociable memory function. *Quarterly Journal of Experimental Psychology, 38A,* 619–644.

Shimamura, A. P. (1997). Neuropsychological factors associated with memory recollection: What can science tell us about reinstated memories? In J. D. Read & D. S. Lindsay (Eds.), *Recollections of trauma: Scientific research and clinical practice* (pp. 253–272). New York: Plenum.

Simon, H. A. (1969). *The sciences of the artificial.* Cambridge, MA: MIT Press.

Simon, H. A. (1990). Invariants of human behavior. *Annual Review of Psychology, 41,* 1–19.

Simon, H. A., & Hayes, J. R. (1976). The understanding process: Problem isomorphs. *Cognitive Psychology, 8,* 165–190.

Simons, D. J., & Ambinder, M. S. (2005). Change blindness: Theory and consequences. *Current Directions in Psychological Science, 14,* 44–48.

Simons, D. J., & Chabris, C. F. (1999). Gorillas in our midst: Sustained inattentional blindness for dynamic events. *Perception, 28,* 1059–1074.

Simonton, D. K. (1988). *Scientific genius: A psychology of science.* Cambridge, UK: Cambridge University Press.

Simonton, D. K. (1997). Creative productivity: A predictive and explanatory model of career trajectories and landmarks. *Psychological Review, 104,* 66–89.

Skinner, J. F. (1938). *Behavior of organisms: An experimental analysis.* New York: Appleton-Century-Crofts.

Skinner, J. F. (1957). *Verbal behavior.* Englewood Cliffs, NJ: Prentice-Hall.

Sloman, S. A. (1996). The empirical case for two systems of reasoning. *Psychological Bulletin, 119,* 3–22.

Slovic, P., Fischhoff, B., & Lichtenstein, S. (1982). Facts versus fears: Understanding perceived risk. In D. Kahneman, P. Slovic, & A. Tversky (Eds.), *Judgment under uncertainty: Heuristics and biases* (pp. 463–489). New York: Cambridge University Press.

Smith, E. E. (1978). Theories of semantic memory. In W. K. Estes (Ed.), *Handbook of learning and cognitive processes. Vol. 6: Linguistic functions in cognitive theory* (pp. 1–66). Hillsdale, NJ: Lawrence Erlbaum Associates.

Smith, E. E., & Jonides, J. (1997). Working memory: A view from neuroimaging. *Cognitive Psychology, 33,* 5–42.

Smith, E. E., & Medin, D. L. (1981). *Categories and concepts.* Cambridge, MA: Harvard University Press.

Smith, E. E., Shoben, E. J., & Rips, L. J. (1974). Structure and process in semantic memory: A featural model for semantic decisions. *Psychological Review, 81,* 214–241.

Smith, M., Franz, E. A., Joy, S. M., & Whitehead, K. (2005). Superior performance of blind compared with sighted individuals on bimanual estimations of object size. *Psychological Science, 16,* 11–14.

Smith, R. E. (2003). The cost of remembering to remember in event-based prospective memory: Investigating the capacity demands of delayed intention performance. *Journal of Experimental Psychology: Learning, Memory, & Cognition, 29,* 347–361.

Smith, R. E., & Hunt, R. R. (1998). Presentation modality affects false memory. *Psychonomic Bulletin & Review, 5,* 710–715.

Smith, S. M., Glenberg, A., & Bjork, R. A. (1978). Environmental context and human memory. *Memory & Cognition, 6,* 342–353.

Smith, S. M., Ward, T. B., & Schumacher, J. S. (1993). Constraining effects of examples in a creative generation task. *Memory & Cognition, 21,* 837–845.

Spanos, N. P. (1996). *Multiple identities and false memories: A sociocognitive perspective.* Washington, DC: American Psychological Association.

Spear, N. E. (1979). Experimental analysis of infantile amnesia. In J. F. Kihlstrom & F. J. Evans (Eds.), *Functional disorders of memory* (pp. 75–102). Hillsdale, NJ: Lawrence Erlbaum.

Spelke, E., Hirst, W., & Neisser, U. (1976). Skills of divided attention. *Cognition, 4,* 215–230.

Sperling, G. (1960). The information available in brief visual presentation. *Psychological Monographs, 74* (Whole No. 498).

Spiro, R. J. (1980). Accommodative reconstruction in prose recall. *Journal of Verbal Learning and Verbal Behavior, 19,* 84–95.

Spitzer, H., Desimone, R., & Moran, J. (1988). Increased attention enhances both behavioral and neuronal performance. *Science, 240,* 338–340.

Squire, L. R. (1992). Declarative and nondeclarative memory: Multiple brain systems supporting learning and memory. *Journal of Cognitive Neuroscience, 4,* 232–243.

Squire, L. R., Amaral, D. G., & Press, G. A. (1990). Magnetic resonance measurements of hippocampal formation and mammillary nuclei distinguish medial temporal lobe and diencephalic amnesia. *Journal of Neuroscience, 10,* 3106–3117.

Squire, L. R., Haist, F., & Shimamura, A. P. (1989). The neurology of memory: Quantitative assessment of retrograde amnesia in two groups of amnesic men. *Journal of Neuroscience, 9,* 828–839.

Squire, L. R., & Wixted, J. T. (2011). The cognitive neuroscience of human memory since H. M. *Annual Review of Neuroscience, 34,* 259–288.

Standing, L. (1973). Learning 10,000 pictures. *Quarterly Journal of Experimental Psychology, 25,* 207–222.

Stanovich, K. E. (1999). *Who is rational?: Studies of individual differences in reasoning.* Mahwah, NJ: Lawrence Erlbaum.

Stanovich, K. E., Cunningham, A. E., & Feeman, D. J. (1984). Intelligence, cognitive skills, and early reading progress. *Reading Research Quarterly, 19,* 278–303.

Stanovich, K. E., & West, R. F. (2008). On the failure of intelligence to predict myside bias and one-sided bias. *Thinking & Reasoning, 14,* 129–167.

Stanovich, K. E., West, R. F., & Toplak, M. E. (2013). Myside bias, rational thinking, and intelligence. *Current Directions in Psychological Science, 22,* 259–264.

Steeves, J., Dricot, L., Goltz, H. C., Sorger, B., Peters, J., Milner, D. A., . . . Rossion, B. (2009). Abnormal face identity coding in the middle fusiform gyrus of two brain-damaged prosopagnosic patients. *Neuropsychologia, 5,* 2584–2592.

Steinberg, L. (2007). Risk taking in adolescence: New perspectives from brain and behavioral science. *Current Directions in Psychological Science, 16,* 55–59.

Sternberg, R. J. (1988). *The nature of creativity: Contemporary psychological perspectives*. Cambridge, UK: Cambridge University Press.

Sternberg, S. (1966). High-speed scanning in human memory. *Science, 153*, 652–654.

Sternberg, S. (1969). Memory scanning: Mental processes revealed by reaction time experiments. *American Scientist, 57*, 421–457.

Sternberg, S. (1995). Inferring mental operations from reaction-time data: How we compare objects. In D. Scarborough & S. Sternberg (Eds.), *An invitation to cognitive science: Methods, models, and conceptual issues* (Vol. 4, pp. 365–454). Cambridge, MA: MIT Press.

Stevens, A., & Coupe, P. (1978). Distortions in judged spatial relations. *Cognitive Psychology, 10*, 422–437.

Stillings, N. A., Feinstein, M. H., Garfield, J. L., Rissland, E. L., Rosenbaum, D. A., Weisler, S. E., et al. (1987). *Cognitive science: An introduction*. Cambridge, MA: MIT Press.

Strayer, D. L., & Drews, F. A. (2007). Cell-phone-induced driver distraction. *Current Directions in Psychological Science, 16*, 128–131.

Strayer, D. L., Drews, F. A., & Crouch, D. J. (2006). Comparing the cell-phone driver and the drunk driver. *Human Factors, 48*, 381–391.

Stromeyer, C. F., & Psotka, J. (1970). The detailed texture of eidetic images. *Nature, 225*, 346–349.

Stroop, J. R. (1935). Studies of interference in serial verbal reactions. *Psychological Monographs, 50*, 38–48.

Sugimori, E., Mitchell, K. J., Raye, C. L., Greene, E. J., & Johnson, M. K. (2014). Brain mechanisms underlying reality monitoring for heard and imagined words. *Psychological Science, 25*, 403–413.

Sutherland, N. S. (1968). Outlines of a theory of visual pattern recognition in animals and man. *Proceedings of the Royal Society of London, 171*, 297–317.

Szpunar, K. K., Chan, J. C., & McDermott, K. B. (2009). Contextual processing in episodic future thought. *Cerebral Cortex, 19*, 1539–1548.

Szpunar, K. K., Watson, J. M., & McDermott, K. B. (2007). Neural substrates of envisioning the future. *Proceedings of the National Academy of Sciences, 104*, 642–647.

Talarico, J. M., & Rubin, D. C. (2003). Confidence, not consistency, characterizes flashbulb memories. *Psychological Science, 14*, 455–461.

Talmi, D., Grady, C. L., Goshen-Gottstein, Y., & Moscovitch, M. (2005). Neuroimaging the serial position curve: A test of single-store versus dual-store models. *Psychological Science, 16*, 716–723.

Tanaka, H., Black, J. M., Hulme, C., Stanley, L. M., Kesler, S. R., Whitfield-Gabrieli, S., Reiss, A. L., Gabrieli, J. D. E., & Hoeft, F. (2011). The brain basis of the phonological deficit in dyslexia is independent of IQ. *Psychological Science, 22*, 1442–1451.

Taplin, J. E., & Staudenmeyer, H. (1973). Interpretation of abstract conditional sentences in deductive reasoning. *Journal of Verbal Learning and Verbal Behavior, 12*, 530–542.

Taylor, C. W., & Sacks, D. (1981). Facilitating lifetime creative processes: A think piece. *Gifted Child Quarterly, 25*, 116–118.

Terrace, H. S., Petitto, L. A., Sanders, R. J., & Bever, T. G. (1979). Can an ape create a sentence? *Science, 206*, 891–902.

Thomas, L. (1992). *The fragile species*. New York: Maxwell Macmillan International.

Thompson, C. P., Hermann, D. J., Read, D. J., Bruce, D., Payne, D. G., & Toglia, M. P. (Eds.). (1998). *Eyewitness memory: Theoretical and applied perspectives*. Mahwah, NJ: Lawrence Erlbaum.

Thompson, P. G. (1980). Margaret Thatcher: A new illusion. *Perception, 9*, 483–484.

Thompson, R. F. (2000). *The brain: A neuroscience primer* (3rd ed.). New York: Worth.

Thompson, W. L., Slotnick, S. D., Burrage, M. S., & Kosslyn, S. M. (2009). Two forms of spatial imagery: Neuroimaging evidence. *Psychological Science, 20*, 1245–1253.

Thorndike, E. L. (1898). Animal intelligence: An experimental study of associative processes in animals. *Psychological Monographs, 2* (Whole No. 8).

Thorndike, R. L. (1973–1974). Reading as reasoning. *Reading Research Quarterly, 9,* 135–147.

Thorndyke, P. W. (1977). Cognitive structures in comprehension and memory of narrative discourse. *Cognitive Psychology, 9,* 77–110.

Tobias, P. V. (1987). The brain of *Homo habilis*: A new level of organization. *Journal of Human Evolution, 16,* 741–761.

Todd, P. M., & Gigerenzer, G. (2007). Environments that make us smart: Ecological rationality. *Current Directions in Psychological Science, 16,* 167–171.

Tomasello, M. (2008). *Origins of human communication.* Cambridge, MA: MIT Press.

Treisman, A. M. (1960). Contextual cues in encoding listening. *Quarterly Journal of Experimental Psychology, 12,* 242–248.

Treisman, A. M. (1970). Contextual cues in selective listening. *Quarterly Journal of Experimental Psychology, 12,* 242–248.

Treisman, A. M. (1987). Properties, parts, and objects. In K. Boff, L. Kaufman, & J. Thomas (Eds.), *Handbook of perception and performance* (pp. 159–198). New York: John Wiley.

Treisman, A. M., & Gelade, G. (1980). A feature-integration theory of attention. *Cognitive Psychology, 12,* 97–136.

Treisman, A. M., & Sato, S. (1990). Conjunction search revisited. *Journal of Experimental Psychology: Human Perceptual Performance, 16,* 459–478.

Tulving, E. (1962). Subjective organization in free recall of "unrelated" words. *Psychological Review, 69,* 344–354.

Tulving, E. (1983). *Elements of episodic memory.* New York: Oxford University Press.

Tulving, E. (1985). How many memory systems are there? *American Psychologist, 40,* 385–398.

Tulving, E. (2002). Episodic memory: From mind to brain. *Annual Review of Psychology, 53,* 1–25.

Tulving, E., Kapur, S., Craik, F. I. M., Moscovitch, M., & Houle, S. (1994). Hemispheric encoding/retrieval asymmetry in episodic memory: Positron emission tomography findings. *Proceedings of the National Academy of Sciences, 91,* 2012–2015.

Tulving, E., Mandler, G., & Baumal, R. (1964). Interaction of two sources of information in tachistoscopic word recognition. *Canadian Journal of Psychology, 18,* 62–71.

Tulving, E., & Pearlstone, Z. (1966). Availability versus accessibility of information in memory for words. *Journal of Verbal Learning and Verbal Behavior, 5,* 381–391.

Tulving, E., & Schacter, D. L. (1990). Priming and human memory systems. *Science, 247,* 301–306.

Tulving, E., & Thomson, D. M. (1973). Encoding specificity and retrieval processes in episodic memory. *Psychological Review, 80,* 352–373.

Tversky, A., & Kahneman, D. (1971). Belief in the law of small numbers. *Psychological Bulletin, 76,* 105–110.

Tversky, A., & Kahneman, D. (1973). Availability: A heuristic for judging frequency and probability. *Cognitive Psychology, 5,* 207–232.

Tversky, B. (1981). Distortions in memory for maps. *Cognitive Psychology, 13,* 407–433.

Tversky, B. (1991). Spatial mental models. *Psychology of Learning and Motivation, 27,* 109–145.

Valentine, T. (1988). Upside-down faces: A review of the effect of inversion upon face recognition. *British Journal of Psychology, 79,* 471–491.

Vigliocco, G., Antonini, T., & Garrett, M. F. (1997). Grammatical gender is on the tip of Italian tongues. *Psychological Science, 8,* 314–317.

Vokey, J. R., & Read, J. D. (1985). Subliminal messages: Between the devil and the media. *American Psychologist, 40,* 1231–1239.

von Frisch, K. (1950). *Bees: Their vision, chemical senses, and language.* Ithaca, NY: Cornell University Press.

von Neumann, J. (1958). *The computer and the brain.* New Haven, CT: Yale University Press.

Vrij, A. (2005). Criteria-based content analysis: A qualitative review of the first 37 studies. *Psychology, Public Policy, and Law, 11*(1), 3–41.

Wagner, T., Valero-Cabre, A., & Pascual-Leone, A. (2007). Noninvasive human brain stimulation. *Annual Review of Neuroscience, 9*, 527–565.

Wallas, G. (1926). *The art of thought.* New York: Harcourt Brace.

Warren, R. M. (1970). Perceptual restoration of missing speech sounds. *Science, 167*, 392–393.

Warrington, E. K. (1982). Neuropsychological studies of object recognition. *Philosophical Transactions of the Royal Society of London, 298B*, 13–33.

Warrington, E. K. (1985). Agnosia: The impairment of object recognition. In P. J. Vinken, G. W. Bruyn, & H. L. Klawans (Eds.), *Handbook of clinical neurology* (pp. 333–349). New York: Elsevier Science.

Warrington, E. K., & Shallice, T. (1972). Neuropsychological evidence of visual storage in short-term memory tasks. *Quarterly Journal of Experimental Psychology, 24*, 30–40.

Warrington, E. K., & Shallice, T. (1984). Category-specific semantic impairments. *Brain, 107*, 829–854.

Warrington, E. K., & Weiskrantz, L. (1970). Amnesia: Consolidation or retrieval? *Nature, 228*, 628–630.

Wason, P. C. (1968). On the failure to eliminate hypotheses: A second look. In P. C. Wason & P. N. Johnson-Laird (Eds.), *Thinking and reasoning* (pp. 44–75). New York: Penguin.

Wason, P. C., & Johnson-Laird, P. N. (1972). *Psychology of reasoning: Structure and content.* Cambridge, MA: Harvard University Press.

Waters, G. S., Rochon, E., & Caplan, D. (1992). The role of high-level speech planning in rehearsal: Evidence from patients with apraxia of speech. *Journal of Memory and Language, 31*, 54–73.

Watson, J. B. (1913). Psychology as the behaviorist views it. *Psychological Review, 20*, 158–177.

Watson, J. M., & Strayer, D. L. (2010). Supertaskers: Profiles in extraordinary multitasking ability. *Psychonomic Bulletin & Review, 17*, 479–485.

Waugh, N. C., & Norman, D. A. (1965). Primary memory. *Psychological Review, 72*, 89–104.

Weisberg, R. W. (1986). *Creativity: Genius and other myths.* New York: Freeman.

Weisberg, R. W., & Alba, J. W. (1981). An examination of the alleged role of "fixation" in the solution of several "insight" problems. *Journal of Experimental Psychology: General, 110*, 169–192.

Weiskrantz, L. (1986). *Blindsight: A case study and its implications.* Oxford, UK: Oxford University Press.

Weiskrantz, L., & Warrington, E. K. (1979). Conditioning in amnesic patients. *Neuropsychologia, 17*, 187–194.

Weiskrantz, L., Warrington, E. K., Sanders, M. D., & Marshall, J. (1974). Visual capacity in the hemianopic field following a restricted occipital ablation. *Brain: A Journal of Neurology, 97*, 709–728.

Wells, G. L. (1993). What do we know about eyewitness identification? *American Psychologist, 48*, 553–571.

Wells, G. L., & Olson, E. A. (2001). The other-race effect in eyewitness identification: What do we do about it? *Psychology, Public Policy, and Law, 7*, 230–246.

Wertheimer, M. (1959). *Productive thinking.* New York: Harper & Row.

White, A. M. (2003). What happened? Alcohol, memory blackouts, and the brain. *Alcohol Research & Health, 27*, 186–196.

Wickelgren, W. A. (1974). *How to solve problems: Elements of a theory of problems and problem solving.* San Francisco: Freeman.

Wickens, C. D. (1980). The structure of attentional resources. In R. Nickerson (Ed.), *Attention and performance* (Vol. 8, pp. 239–257). Hillsdale, NJ: Lawrence Erlbaum.

Wickens, D. D. (1972). Characteristics of word encoding. In A. W. Melton & E. Martin (Eds.), *Coding processes in human memory* (pp. 191–215). New York: Winston.

Wickens, D. D., Dalezman, R. E., & Eggemeier, F. T. (1976). Multiple encoding of word attributes in memory. *Memory & Cognition, 4*, 307–310.

Willis, J., & Todorov, A. (2006). First impressions: Making up your mind after a 100-ms exposure to a face. *Psychological Science, 17,* 592–598.

Winston, J. S., Strange, B. A., O'Doherty, J., & Dolan, R. J. (2002). Automatic and intentional responses during the evaluation of trustworthiness of faces. *Nature Neuroscience, 5,* 277–283.

Woodworth, R., & Sells, S. (1935). An atmosphere effect in formal syllogistic reasoning. *Journal of Experimental Psychology, 18,* 451–460.

Wynn, K. (1992). Addition and subtraction by human infants. *Nature, 358,* 749–750.

Yarbus, A. L. (1967). *Eye movements and vision* (B. Haigh, Trans.). New York: Plenum.

Yuille, J. C., & Daylen, J. (1998). The impact of traumatic events on eyewitness memory. In C. P. Thompson, D. J. Hermann, D. J. Read, D. Bruce, D. G. Payne, & M. P. Toglia (Eds.), *Eyewitness memory: Theoretical and applied perspectives* (pp. 155–178). Mahwah, NJ: Lawrence Erlbaum.

Zachs, J. (2008). Neuroimaging studies of mental rotation: A meta-analysis and review. *Journal of Cognitive Neuroscience, 20,* 1–19.

Zaragoza, M. S., & Mitchell, K. J. (1996). Repeated exposure to suggestion and the creation of false memories. *Psychological Science, 7,* 294–300.

Zola-Morgan, S., & Squire, L. R. (1990). Neurophysiological investigations of memory and amnesia: Findings from humans and nonhuman primates. In A. Diamond (Ed.), *The development and neural bases of higher cognitive functions* (pp. 434–456). New York: New York Academy of Sciences.

Zola-Morgan, S., & Squire, L. R. (2000). The medial temporal lobe and the hippocampus. In E. Tulving & F. I. M. Craik (Eds.), *The Oxford handbook of memory* (pp. 485–500). Oxford, UK: Oxford University Press.

Zola-Morgan, S., Squire, L. R., & Amaral, D. G. (1986). Human amnesia and the medial temporal region: Enduring memory impairment following a bilateral lesion limited to field CA1 of the hippocampus. *Journal of Neuroscience, 6,* 2950–2967.

찾아보기

지은이

Ronald T. Kellogg는 현재 세인트루이스대학교 심리학과 교수로 재직 중이다. 아이오와대학교에서 심리학 전공으로 학사학위(BS)를 받은 후, 실험심리학 석사학위(MA)와 박사학위(PhD)는 콜로라도대학교에서 받았으며, 박사후 과정은 스탠퍼드대학교에서 밟았다. 과거에는 주의, 장기기억, 개념 학습 그리고 글짓기에 관여하는 인지과정을 연구하였다. 현재의 연구는 작문에서의 작업기억 그리고 언어 생성 과정에서 벌어지는 의미처리에서 발견되는 반구 간 차이에 집중되어 있다. 그는 *The Psychology of Writing*(1994), *Cognitive Psychology*(2판, 2003), 그리고 *The Making of the Mind: The Neuroscience of Human Nature*(2013) 등의 저서와 많은 논문을 출판해 왔다.

옮긴이

박권생은 현재 계명대학교 심리학과 교수로 재직 중이다. 계명대학교에서 교육학 전공으로 학사학위를 받았고, 위스콘신대학교에서 심리학 전공으로 석사학위(MS)를 받았으며, 박사학위(PhD)는 Texas A&M 대학교에서 받았다. 과거에는 방향지각, 안구 움직임, 깊이 지각, 움직임 지각 등에 관심을 기울였으나 실험장비 부족으로 별 성과를 거두지 못하였다. 결국 큰 실험장비를 필요로 하지 않았던 단어 재인에 관한 연구로 시간을 보내면서 창의력, 비판적 사고력, 정서의 본질을 구명하려는 노력도 아끼지 않았다. 현재는 독자가 무엇을 어떻게 해야 읽은 글의 의미를 정확하게 파악할 수 있을까라는 문제의 답을 만드는 일에 전념하고 있다.

색판 1

뇌 속 백질의 섬유 구조. 흰색의 섬유를 그 방향별로 색깔로 부호화해놓았다. 빨간색 = 좌-우, 초록색 = 전-후, 보라색 = 뇌간 통과

출처 : Laboratory of Neuro Imaging and Martinos Center for Biomedical Imaging, Consortium of the Human Connectome Project-www. humanconnectomeproject.org. Data collection and sharing for this project was provided by the MGH-UCLA Human Connectome Project (HCP; Principal Investigators: Bruce Rosen, M.D., Ph.D., Arthur W. Toga, Ph.D., Van J. Weeden, MD). HCP funding was provided by the National Institute of Dental and Craniofacial Research (NIDCR), the National Institute of Mental Health (NIMH), and the National Institute of Neurological Disorders and Stroke (NINDS). HCP data are disseminated by the Laboratory of Neuro Imaging at the University of California, Los Angeles.

색판 2

수행해야 하는 언어과제에 따라 뇌의 상이한 영역이 활성화된다는 사실을 양전자방출단층촬영법 (PET)을 이용해 확보한 기록에다 공제법을 적용하여 밝혀냈다. 예컨대, 단어를 말할 때 활성화되는 영역에서 동사를 생성할 때 활성화되는 영역을 분리해놓았다. 신경세포의 활성화는 PET에 탐지된 혈류를 기초로 추론되었고, 활성화가 높은 곳부터 흰색에서 빨간색, 주황색, 녹색, 청색, 보라색 순으로 구분해놓았다.

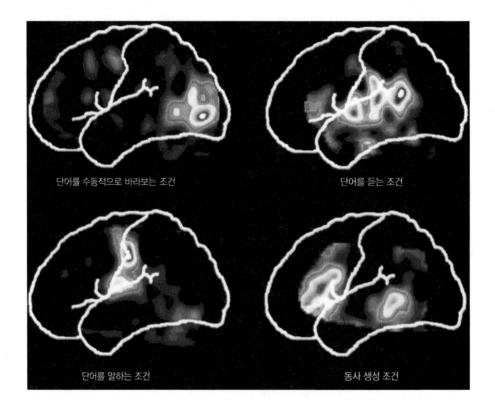

출처 : Petersen, S. E., Fox, P. T., Posner, M. I, & Raichle, M. E., Positron emission tomographic studies of the cortical anatomy of single-word processing, in *Nature, 333*, pp. 585-589, copyright ⓒ 1988. Nature Publishing Group 허락하에 재인쇄.

색판 3

인간 뇌의 기정-망. 일화기억은 자서전적 기억을 회상하는 작업과 미래사를 내다보는 작업에 기정-망을 이용한다. 마음 이론 과제와 윤리적 의사결정 과제를 해결할 때에도 구체적인 사건에 대한 상상 및 기억을 조작해봐야 하기 때문에 기정-망이 이용된다.

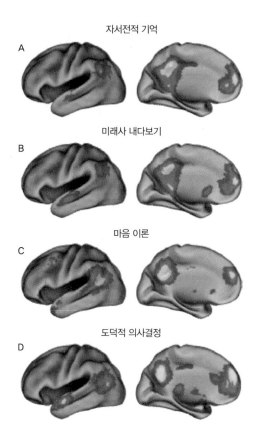

출처 : Buckner, R. L., Andrews-Hanna, J. R., & Schacter, D. L. (2008). The brain's default network: Anatomy, function, and relevance to disease. *Annals of the New York Academy of Sciences, 1124*, 1–38.

색판 4

Stroop 과제의 자극물. 다음 글자의 색깔을 최대한 신속하게 명명하라.

Black **Green** **Yellow** **Red** **Blue**

Red **Black** **Blue** **Green** **Yellow**

Green **Yellow** **Red** **Blue** **Black**

색판 5

정상적인 시각적 검색(a)에는 좌우 반구 둘 다가 개입하며, 뇌간의 각성에서부터 우반구의 활성도가 더 높은 편이다. 공간 무시(b)의 경우, 우반구에 입은 손상 때문에 우반구와는 반대쪽인 좌측 시야에 주의를 기울일 수 없게 되고 결국, 검색은 우측 시야에서만 이루어진다.

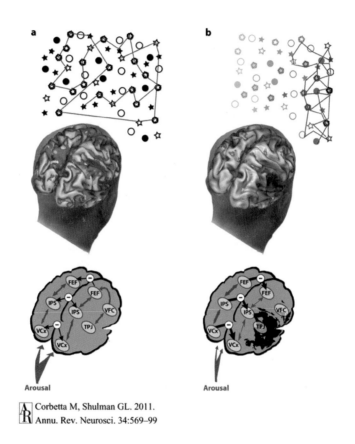

Corbetta M, Shulman GL. 2011.
Annu. Rev. Neurosci. 34:569–99

출처 : Corbetta, M., & Shulman, G. L. (2011). Spatial neglect and attention networks. *Annual Review of Neuroscience, 34*, 569–599.

색판 6

돌출(pop-out) 검색(위)과 조합형(conjunctive) 검색(아래) 과제에 이용된 자극물. 각각의 자극판에서 빨간색의 X를 찾아내야 하는 게 과제였다.

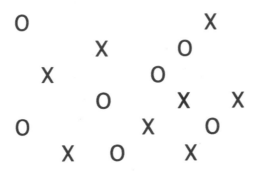

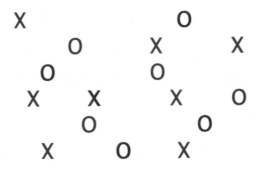

색판 7

해마를 품고 있는 측두엽 내측 엽(temporal medial lobe)은 그림을 기억으로 부호화하는 작업에 의해 활성화된다. 아래 사진은 기능성자기공명영상법(fMRI)을 이용해 좌우 반구의 해마가 활성화되고 있는 모습을 보여준다.

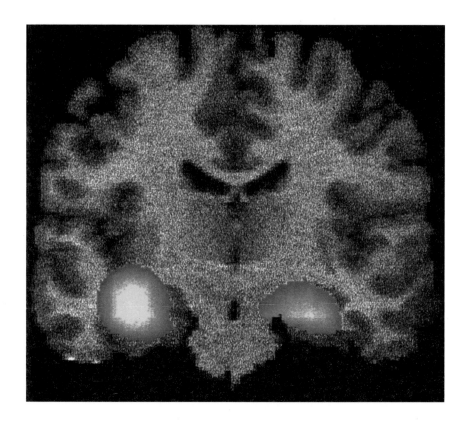

출처 : Martin, A., Wiggs, C. L., & Weisberg, J. A. (1997). Modulation of human temporal lobe activity by form, meaning, and experience. *Hippocampus, 7*, 587–593. John Wiley & Sons, Inc 허락하에 재인쇄.

색판 8

전전두피질 및 측두엽 내측은 일화기억 내의 항목 구체적 처리 및 관계 처리를 돕는다.

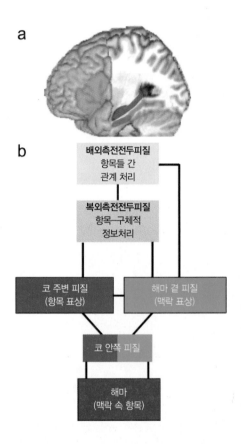

출처 : Ranganath, C. (2010). Binding items and contexts: The cognitive neuroscience of episodic memory. *Current Directions in Psychological Science, 19*, 131-137.

색판 9

일화기억에서 정서적인 사건을 인출할 때는 우반구의 전두엽 및 측두엽에 속한 여러 영역이 활성화된다. 아래에 제시된 그림은 어떤 사람이 일 년 전에 일어났던 정서가 높은 일화를 회상할 때 PET 스캔한 것이다.

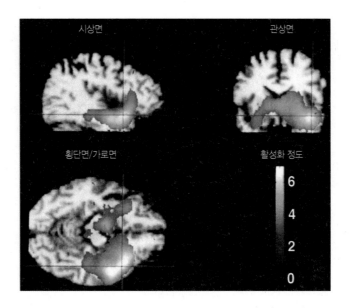

출처 : Fink, G. R., Markowitsch, H. J., Reinkemeier, M., Bruckbauer, J., Kessler, J., & Heiss, W. D. (1996). Cerebral representation of one's own past: Neural networks involved in autobiographical memory. *Journal of Neuroscience, 16*, 4275-4282. Society for Neuroscience 허락하에 재인쇄.

색판 10

과거사에 대한 기억을 억제할 때는 전전두피질 외측/바깥쪽 영역에서 해마를 억제하는 일이 벌어진다. 억제는 주의의 관리기능 중 하나에 속한다. 억제성 통제는 뇌의 양쪽에서 일어나지만, 아래 그림에서는 해마가 뇌의 안쪽에 자리 잡고 있다는 사실을 보여주기 위해 한쪽만을 제시하였다.

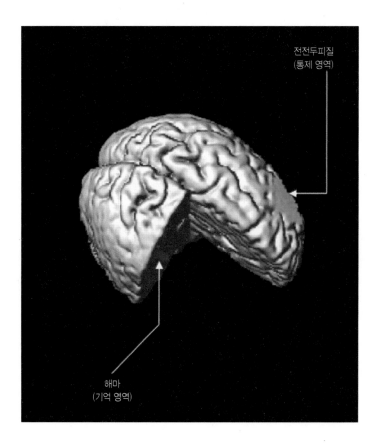

출처 : Anderson, M. C., & Levy, B. J (2009). Suppressing unwanted memories. *Current Directions in Psychological Science, 18*, 189-194.

색판 11

좌반구에서 뒤쪽에 있는 피질 내 영역은 음운정보를 저장하고 말소리 처리에 관여하는데 반해, 앞쪽의 Broca 영역 근처에 있는 영역은 의미부호를 처리한다.

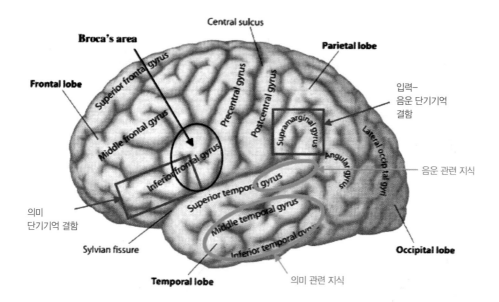

출처 : Martin, R. C. (2005). Components of short-term memory and their relation to language processing. *Current Directions in Psychological Science, 14*, 204–208.

색판 12

정상적인 참여자가 영어를 읽을 때 그리고 농인으로 태어난 참여자가 미국 수화의 신호를 바라볼 때는 좌반구에서 활성화가 관찰된다. 미국 수화를 하는 선천성 농인이 외국어에 해당하는 영어를 읽을 때는 활성화된 영역이 좌반구가 아닌 우반구에서 주로 관찰된다.

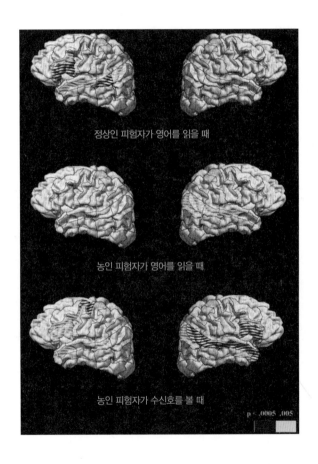

출처 : Gazzaniga, M., *The New Cognitive Neurosciences, 2nd Edition*, copyright ⓒ The MIT Press. 허락하에 재인쇄.

색판 13

아래 표에 제시된 네 가지 자극은 모두 시각피질에 있는 영역을 활성화시킨다. 단어와 영어 표기법에 맞는 가짜 단어는 좌반구 뒤쪽에 있는 언어영역까지 활성화시킨다.

시각자극 네 가지의 보기

거짓 글자체	낱자 열	가짜 단어	단어
ꓤꓵꓱ	VSFFHT	GEEL	ANT
ꓵꓲꓵꓴ	TBBL	IOB	RAZOR
ꓤꓳꓥꓵ	TSTFS	RELD	DUST
ꓔꓱꓲꓵ	JBTT	BLERCE	FURNACE
ꓥꓴꓱꓵꓵ	STB	CHELDINABE	MOTHER
ꓤꓱꓵꓵ	FFPW	ALDOBER	FARM

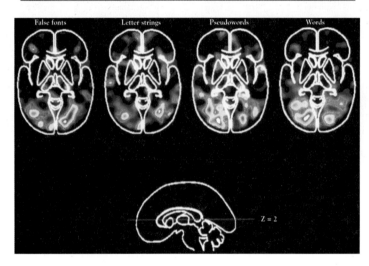

출처 : Petersen, S. E., Fox, P. T., Snyder, A. Z., & Raichle, M. E. Activation of extrastriata and frontal cortical areas by visual words and word-like stimuli. *Science, 249*, 1041–1044, copyright ⓒ 1990. AAAS 허락하에 재인쇄.

색판 14

보통 독자의 경우, 좌반구 두정엽 아래쪽(LtIPL)과 방추 회(LtFG)에서 강한 활성화가 발견된다. 미숙한 독자의 경우에는 이들 영역의 활성화 정도가 비교적 낮은 편이다. 이 현상은 IQ가 낮은 미숙한 독자(이들은 난독증을 겪을 것으로 예상된 아이들에 해당한다)는 물론 IQ는 높은 미숙한 독자(이들은 난독증을 겪지 않을 것으로 예상된 아이들에 해당한다)한테서도 똑같이 나타난다.

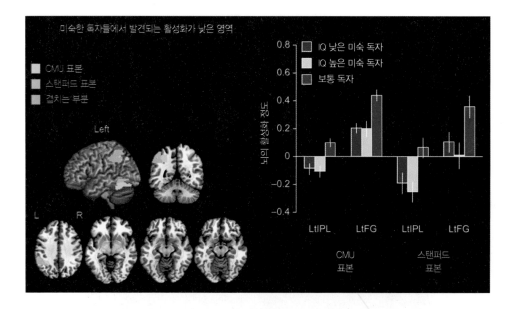

출처 : Tanaka, Hiroko, Black, J. M., Hulme, C., Stanley, L. M., Kesler, S. R., Whitfield-Gabrieli, S., Reiss, A. L., Gabrieli, J. D. E., & Hoeft, F. (2011). The brain basis of the phonological deficit in dyslexia is independent of IQ. *Psychological Science, 22*, 1442–1451.

색판 15

EEG(뇌파)를 기록해보면, 문제해결에서 경험하는 통찰의 순간에 고주파(약 40Hz) 감마 대역 활동이 발견된다(A). 이 감마 대역 활동의 대략적 출처는 EEG 신호에 의해 포착되고(B), 보다 정밀한 출처는 fMRI를 통해 확보된다(C).

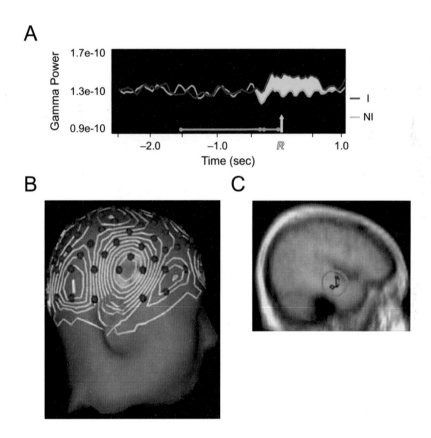

출처 : Kounios, J., & Beeman, M. (2009). The aha! moment: The cognitive neuroscience of insight. *Current Directions in Psychological Science*, *18*, 210-216.

색판 16

의사결정에 관여하는 뇌의 영역. 시상면(A)은 대상 회 전측(ACC), 전전두피질 내측(MPFC), 안와전두피질(OFC), 측실바닥앞쪽꼬리–핵(NA), 흑질(SN)을 보여준다. 좌반구를 바깥쪽에서 바라본 그림(B)에서는 전전두피질 배외측(DLPFC)과 두정엽 내외측(LIP)을 볼 수 있다. A와 B에서 흰색 선분을 따라 잘랐을 때 만들어지는 축면(C)은 뇌섬(INS)과 기저핵(BG)을 보여준다.

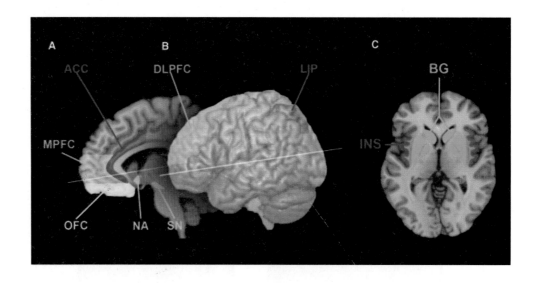

출처 : Sanfey, A. G., (2007). Current Directions in Psychological Science, 16, 151–155. Published by SAGE on behalf of the Association for Psychological Science.